# 论语新识

刘强◎著

有竹居古典今读之一

岳麓書社

# 名人论孔子

**司马迁论孔子**

太史公曰：《诗》有之："高山仰止，景行行止。"虽不能至，然心乡往之。余读孔氏书，想见其为人。适鲁，观仲尼庙堂车服礼器，诸生以时习礼其家，余祗回留之不能去云。天下君王至于贤人众矣，当时则荣，没则已焉。孔子布衣，传十余世，学者宗之。自天子王侯，中国言六艺者折中于夫子，可谓至圣矣！（《史记·孔子世家》）

**利玛窦论孔子**

中国最伟大的哲学家是孔子。他所说的和他的生活态度，绝不逊于我们古代的哲学家；许多西方哲学家无法与他相提并论。故此，他所说的或所写的，没有一个中国人不奉为金科玉律；直到现在，所有的帝王都尊敬孔子，并感激他留下的遗产。（《中国传教史》）

**伏尔泰论孔子**

"我读孔子的许多书籍，并作笔记，我觉着他所说的只是极纯粹的道德，既不谈奇迹，也不涉及玄虚。""他谦虚地探索，让人不要迷失于世界，让精神被理性之光照亮，他只用智者的身份说话，而不是站在先知的角度，然而我们相信他，在他自己的国家也是这样的。"（《风俗论》）

**梁启超论孔子**

吾将以教主尊孔子。夫孔子诚教主也，而教主不足以尽孔子。教主感化力所及，限于其信徒，而孔子则凡有血气莫不尊亲，举中国人，虽未尝读孔子之书者，而皆在孔子范围中也。

吾将以教育家尊孔子。夫孔子诚教育家也，而教育家不足以尽孔子。教育家之主义及方法，只能适用于一时代、一社会，而孔子之教育，则措四海而皆准，俟百世而不惑也。

吾将以学问家尊孔子。夫孔子诚学问家也，而学问家不足以尽孔子。学问家以学问故而成家，而孔子则学问之所出也。

吾将以政治家尊孔子。夫孔子诚政治家也，而政治家不足以尽孔子。食政治家之赐者，不过一国……不过百年，而孔子之因时的政治，可以善当时之中国，可以善 2000 年迄今之中国。(《世界伟人》)

**柳诒徵论孔子**

孔子者，中国文化之中心也。无孔子，则无中国文化。自孔子以前，数千年之文化赖孔子以传，自孔子以后，数千年之文化赖孔子而开。(《中国文化史》)

**夏曾佑论孔子**

孔子一身，直为中国政教之源，中国历史，孔子一人之历史而已。（《中国古代史》）

**梁漱溟论孔子**

孔子的学问是最大的学问，最根本的学问。——明白他自己，对他自己有办法，是最大最根本的学问，我们想认识人类，人是怎么回事，一定要从认识自己入手。……孔子学说的价值，最后必有一天，一定为人类所发现，为人类所公认，重光于世界。（《乡村建设》旬刊4卷第5期，1934年9月16日）

**吴宓论孔子**

孔子者，理想中最高之人物也。其道德智慧，卓绝千古。无人能及之，故称为圣人。（《孔子之价值及孔教之精义》）

**赫伯特·芬格莱特论孔子**

毋庸置疑，孔子的主要成就之一，就是以一种在中国前无古人的方式发现并教导我们：人的存在有一种精神——道德的维度。（《孔子：即凡而圣》）

# 读《论语》法

## 班固谈《论语》

《论语》者，孔子应答弟子、时人及弟子相与言而接闻于夫子之语也。当时弟子各有所记。夫子既卒，门人相与辑而论纂，故谓之《论语》。汉兴，有齐、鲁之说。传《齐论》者，昌邑中尉王吉、少府宋畸、御史大夫贡禹、尚书令五鹿充宗、胶东庸生，唯王阳名家。传《鲁论语》者，常山都尉龚奋、长信少府夏侯胜、丞相韦贤、鲁扶卿、前将军萧望之、安昌侯张禹，皆名家。张氏最后而行于世。(《汉书·艺文志》)

## 程颐谈《论语》

程子曰:"读《论语》，有读了全然无事者；有读了后其中得一两句喜者；有读了后知好之者；有读了后直有不知手之舞之足之蹈之者。"

程子曰:"今人不会读书。如读《论语》，未读时是此等人，读了后又只是此等人，便是不曾读。"

程子曰:"颐自十七八读《论语》，当时已晓文义。读之愈久，但觉意味深长。"

程子曰:"学者须将《论语》中诸弟子问处便作自己问，圣人答处便作今日耳闻，自然有得。虽孔、孟复生，不过以此教人。若能于《语》《孟》中深求玩味，将来涵养成甚生气质!"(朱熹《四书章句集注》)

**钱穆谈《论语》**

《论语》应该是一部中国人人人必读的书，不仅中国，将来此书，应成为一部世界人类的人人必读书。……因此，我认为，今天的中国读书人，应负两大责任：一是自己读《论语》，一是劝人读《论语》。

《论语》本文，若平淡易简；然学者能循此求之，一说之外复有一说，众说纷纭，而各有所见，亦各有所据。正在此等处，可以长聪明，开思悟，闻见日广，识虑日精。仅于《论语》一书能如此求之，而义理、考据、辞章三方面之进益，有不知其然而然者。有日新月异，益深益远，已臻于为学之上乘而初不自觉者。（《劝读论语和论语读法》）

我自七岁起，无一日不读书。我今年九十三岁了，十年前眼睛看不见了，但仍每日求有所闻。我脑子里心向往之的，可说只在孔子一人，我也只是在想从《论语》学孔子为人千万中之一二而已。别人反对我，冷落我，我也不在意。我只不情愿做一孔子《论语》中所谓的小人。（《九十三岁答某杂志问》）

读《论语》，贵能逐章分读，又贵能通体合读，反复沉潜，交互相发，而后各章之义旨，始可透悉无遗。（《论语新解》）

## 王恩洋谈 《论语》

《论语》一书，孔门弟子记录孔门言行之书也。盖同于后世之语录。中以论学为主，故曰论语。门弟子随所见闻而记录之，无定时地，录之者又不必为一人。读之似无系统条贯，此与后之《中庸》《大学》有意为文阐明圣学者异也。然所记载，为圣贤中心自得之语，或为因人施教之词，精要亲切，含义无尽。启发愚昧，如明镜照物，如迅雷震耳。学者苟能读之以口，而返诸心，修之于身，如遇良医，如迷者得导，作圣作贤无难也。（《论语新疏》）

## 杨绛谈 《论语》

“四书”我最喜欢《论语》，因为最有趣，读《论语》，读的是一句一句话，看见的却是一个一个人，书里的一个个弟子，都是活生生的，一个一个样儿，各不相同。……孔子诲人不倦，循循善诱，他从来没有一句教条，也全无道学气。他爱音乐，也喜欢唱歌，听人家唱得好，一定要请他再唱一遍，大概是要学唱吧！他如果哪天吊丧伤心哭了，就不唱歌了。孔子是一位可敬可爱的人，《论语》是一本有趣的书。（《我是怎样读〈论语〉的》）

# 例　言

一、本书以朱熹《论语集注》为底本，佐以皇侃《论语集解义疏》、邢昺《论语注疏》、刘宝楠《论语正义》、杨伯峻《论语译注》诸书，参校同异，择善而从。各篇之章节次第，并不以朱子为必是，诸本为必非，反之亦然。鉴于本书非以校勘为主，故一般不出校语。

二、本书对《论语》全书进行新的注释、今译和解析，每章分经文、"新注""新译""新识"四部分，并以不同字体区别之，便于读者观览。

三、本书对经文章句的注释在折中古注与今注基础上，力求简明、准确；今译则参考诸家，出以己意，力求通俗、易懂。对同一章句的不同见解，有助于读者取资者，稍作介绍，两说均可通者，择善而从，详细之辨析则见诸"新识"。

四、本书名曰《论语新识》，重心自然在"新识"部分。举凡《论语》之编撰细节、篇章结构、义理脉络、人物关系、历史现场及生命情境诸方面，皆予以不同程度的开掘、寻绎、还原、勾连、透析与阐释。笔者之初衷，大抵在融会古今众多《论语》注疏、诠解及研究之基础上，瞻前顾后，远绍旁搜，疏通窒碍，溯源引流，并试图有所发明，翻出新意。

五、本书如有些许价值，颇得益于前人及时贤的研究成果，"新识"中引用他人观点，一律随文标明，以示不敢掠美。主要征引参考文献附于书后，一般通用之文史典籍，版本易见，恕不一一列举。在此对古今之大德硕儒，一并表示感谢！

六、本书动笔于 2015 年初夏，完稿于 2016 年 4 月，修订于 5、6 月之交，历时一年，三易其稿。限于学识与闻见，不足之处定复不少，尚祈读者方家，不吝赐教，以俾改正！

# 自　序

最近这十年，我和《论语》结下了不解之缘。读之，学之，讲之，注之，循序渐进，步步为营，曲径通幽，乐此不疲。

这份缘，似乎来得有点迟。但，毕竟还是来了。我深知，不是任何一个人都能拥有这份缘。特别是经受过近百年反传统思潮的强势侵袭，领略过欧风美雨无孔不入的浸润洗礼，扮演过或主动、或被动的各种新锐角色之后，完全乱了方寸、失了方向、画不成方圆的现代人，已经在思维方式、话语形式、学术范式、处世模式诸方面，发生了深刻而巨大的“基因突变”，自以为“是”、且自以为“新”的我们，怎么可能会向故纸堆里的经典示好？向被扫地出门的传统示弱？向充满道德教训的《论语》示爱？向被泼了一百多年污水的孔夫子示敬呢？

这个弯儿，对于言必称革命、行必道先锋、理必称平等、学必标自由的左右两派“新青年”们，尤其难拐！

不过，于我而言，这似乎不是“拐弯儿”，而是一次命中注定且又自然而然的“回正”。回到源头活水，回到祖宗家法，回到母语和故园，回到仁本和中道！

因为说到底，每个中国人都是儒家。不过程度深浅、自觉与不自觉、认可与不认可，情况各不相同而已。那些经常批判儒家的人，事实上也是潜在的儒家，因为自古以来，儒家士大夫就是最敢对强权和无道说“不”的人！

为此，我不得不感恩造化，感恩生命，感恩经典，感恩圣贤。冥冥之中，或许真有一只看不见的手，在为我这样一个资质驽钝却又不甘平庸的问津者，指引一条路，打开一扇门，点亮一盏灯！

我想，不该只有极少数人拥有这个缘。孔夫子，早就坐在那 20 篇泛黄的竹简里、500 章鲜活的章句里、16000 多个蹦跳的汉字里，虚席以待，翘首以盼！——斯文在兹，吾道不孤，百世以俟，来者不拒！

他等来了三千弟子七十二贤；等来了子思、孟子和荀子；等来了毛亨、孔安国和董仲舒；等来了司马迁、扬雄和班固；等来了马融、包咸和郑玄；等来了王肃、何晏和王弼；等来了刘勰、皇侃和王通；等来了杜甫、韩愈和柳宗元；等来了周敦颐、张载和邵雍；等来了欧阳修、范仲淹和胡瑗；等来了二程、朱熹和陆九渊；等来了吴澄、王阳明和刘宗周；等来了顾炎武、黄宗羲和王夫之；等来了颜习斋、戴震和阮元；等来了刘逢禄、曾国藩和张之洞；等来了廖平、康有为和梁启超；等来了熊十力、马一浮和梁漱溟；等来了王国维、陈寅恪和钱宾四；等来了徐复观、唐君毅和牟宗三。……

我知道，孔夫子还在等，并且还会等下去。等你。等他。等我。等世世代代的炎黄子孙，等前赴后继的中华儿女！

夫子的耐心足够好！不管你怎么看他，他都那么望之俨然，即之也温，威而不猛，气定神闲！他把自己坐成了一道云卷云舒的风景，坐成了一座仰之弥高的山，坐成了一汪浩瀚无垠的海，坐成了一场可以说走就走、且没有终点的生命漫游和精神旅行！

夫子其人，大概是数千年中国历史上，记载最丰富、细节最生动、面目最清晰、气象最宜人的伟大圣哲，也是华夏文明之学统和道统的重要奠基者，更是“千古一圣”的不二之选，也是中国文化的最大恩人。

《论语》其书，几乎是中国古代最早的私家著述，其取法之高、化人之深、流传之广、影响之大，绝非一般经典之可比，即便称其为“中国人的圣经”，亦毫不为过。窃以为，凡有血气、通文墨、思进取、求良知、明善道的中国人，皆应在有生之年阅读此一“圣经”，而且，起始年龄越早越好，阅读次数多多益善！

其实，只要是读书人，都应该寻找这个缘，把握这个缘，扩充这个缘。我素所敬仰的史学大师钱穆先生说：“今天的中国读书人，应负两大责任：一是自己读《论语》，一是劝人读《论语》。”诚哉是言也！

我因读《论语》而受益，久而久之，不免技痒心动，必欲加入“劝人读《论语》”的行列而后快。本书之撰写，盖缘于此。

作为“有竹居古典今读”系列的一部，本书计划甚早，而动笔甚晚。最早的想法，是延续《今月曾经照古人》和《一种风流吾最爱》的路子写下去，甚至书名都想好了——“风乎舞雩咏而归：论语今读”。然而，当我终于完成现在这部《论语新识》之时，却不由得暗自庆幸：幸亏当时没有率尔操觚，信马由缰，否则岂不唐突圣贤、误人子弟？盖《论语》非一般文学经典，稍有“玩赏”甚至“赏析”之心，便有可能乱其肌理、泄其元阳、散其真气！故此书写作暂且搁置起来，而且一放就是七年！

这七年，我在等待，在沉潜，同时也经历了学术及思想上的一次“蜕变”。简言之，即由西而中，由文而玄，由玄而佛，由佛而儒！十年弹指一挥：弥望中，“山重水复疑无路”；猛回头，“轻舟已过万重山”！之所以转换如此迅速而自然，盖因西学、文学、玄学、佛学四端，哪一样我都未曾精研深究，哪一样都谈不上根深立定，唯其如此，反而易于辗转跳脱，另辟蹊径。当我囫囵吞枣地读过可以读到的大量儒书之后，终于发现，原来“风景这边独好”，大有柳暗花明、相见恨晚之感！

前辈学者徐梵澄先生在《孔学古微·序》中说：“过往的历史显示出中国人非常保守，在某种程度上完全可以说，中国人之所以能够战胜所有内乱和外侵，主要是因为在2500年的历史中我们一直坚守着儒家的道路。公元6世纪上半叶，曾经有人试图用佛教统治一个大帝国，但是失败了。除此之外，道家是这个民族思想中的巨大暗流，但从未显著地浮上过表面。”又说：“流行的观念认为儒学在本质上是世俗的，或以为儒学仅为一堆严格的道德训诫或枯燥的哲学原则。事实却恰恰相反，儒学在本质上是极具精神性的，亦有难以逾越的高度和不可测量的深度，有极微妙精细处乃至无限的宽广性和灵活性，甚或遍在之整全性。”徐先生也是一位学贯中西的大师，其写于1966年的这段话之所以毫无那个狂躁年代的语言印记和思想征候，除了因为彼时其人侨居印度，未受世俗之侵蚀，还因为其学植深厚，精通多种语言，会通中、西、印三种文化，视野开阔，信道诚笃，故能超越一时一地之“我执”，登高望远，吐纳古今。半个世纪过去了，其对儒学和孔子的精微体贴和无上尊崇，犹如一面质地优良而一度封尘的铜镜，甫一出匣，便光芒四射！

近读吴学昭所写《吴宓与陈寅恪》一书，陈寅恪先生下面一段自白，又让我眼前一亮：

但在我辈个人如寅恪者，则仍确信中国孔子儒道之正大，有裨于全世界，而佛教亦纯正。我辈本此信仰，故虽危行言殆，但屹立不动，决不从时俗为转移。彼民主党派及趋时之先进人士，其逢迎贪鄙之情态，殊可鄙也。

至此，我终于了悟：为何标举“独立之精神，自由之思想”的陈先生，竟以“三纲六纪”为中国“抽象理想最高之境”！这是那种“为此一文化所化”之“文化托命者”才会产生的一种民族身份识别、文明本位认同和文化价值信仰。在西学东渐、新旧磨荡、咸与维新和革命之年代，唯此一种“屹立不动，决不从时俗为转移”之文化信仰，方能使人格挺立，风骨刚健，慧命延展，理想不磨，斯文不灭！

儒学非高头讲章，而是守先待后、躬行践履的生命学问。陆放翁诗云：“古人学问无遗力，少壮工夫老始成。纸上得来终觉浅，绝知此事要躬行。”王阳明亦云：“只说一个知，已自有行在；只说一个行，已自有知在。……某今说个知行合一，正是对病的药。”

儒学，更是“百姓日用而不知”的人需之学，其良知良能、全体大用，真可谓放诸四海而皆准，百世以俟圣人而不惑者也。

儒学，又是大人之学、君子之学。《礼记·中庸》说，“君子尊德性而道问学，致广大而尽精微，极高明而道中庸，温故而知新，敦厚以崇礼”，盖此之谓也。

儒学的刚健与仁厚、理性与诚敬、通达与包容、变革与批判、精进与坚守，皆非一时、一地、一人、一家之所独有，而应该、也一定会薪火相传、继往开来、永垂不朽！

孟子说：“学问之道无他，求其放心而已矣。”此言素为我所深喜，真可谓践行为己之学、反求诸己的方便法门。所以，这本小书只能算是我这些年“求放心”的一张答卷，尽管私心颇不满意，但还是愿意以此表明心迹，确定坐标。——下一站，我已知道在哪里。

2016 年 5 月 18 日初稿，6 月 4 日改毕

# 《论语》次第

学而第一：学也者，所以学为圣人也，故《学而》居首。
为政第二：学优则仕，故《为政》次之。
八佾第三：政之衰僭，乐者为之也，故《八佾》次之。
里仁第四：礼乐虽衰于上，而风俗尚清于下，故《里仁》次之。
公冶长第五：乡里之仁风成于家庭之雍睦，故《公冶长》次之。
雍也第六：家既齐则国可治，故《雍也》次之。
述而第七：国卒不得而治，乃有志著述，故《述而》次之。
泰伯第八：著述之事，首在表章至德，故《泰伯》次之。
子罕第九：让纯乎义，后人之争纯乎利，故《子罕》次之。
乡党第十：弭争者须以身作则，故《乡党》次之。
先进第十一：居乡须守先型，故《先进》次之。
颜渊第十二：承先之责，惟大贤乃胜任，故《颜渊》次之。
子路第十三：仁者必有勇，故《子路》次之。
宪问第十四：知耻近乎勇，故《宪问》次之。
卫灵公第十五：邦之无道，由于人君，故《卫灵公》次之。
季氏第十六：诸侯失道，政在大夫，故《季氏》次之。
阳货第十七：大夫失道，政在陪臣，故《阳货》次之。
微子第十八：陪臣柄政，贤人远隐，故《微子》次之。
子张第十九：贤人虽隐，仍讲学以延道脉，故《子张》次之。
尧曰第二十：由尧舜至孔子，皆一脉相承，故以《尧曰》终焉。

今按：此文未详撰人，盖辗转引据，今录于卷首，以明《论语》次第也。

# 目　录

# 学而第一

**1.1　子[1]曰："学而时习之，不亦说乎[2]？有朋自远方来，不亦乐乎[3]？人不知而不愠，不亦君子乎[4]？"**

**新注**　①子：古时对男子的尊称。这里指孔子。　②学：觉也；效也。时：按时；时常。习：实习；践行。说（yuè）：通"悦"，喜悦。　③朋：朋友。这里指来学之弟子。《礼记》郑玄注："同门曰朋，同志曰友。"乐：快乐。　④愠（yùn）：怒；生气。《论语》中君子有两义：一指有位者，一指成德者。此指后者。

**新译**　孔子说："学了知识和道理，并能时时实习和践行，不也很愉悦吗？有志同道合的朋友从远方来，相与切磋和讲习，不也很快乐吗？别人不了解我，我并不恼怒生气，不也是君子应有的修养吗？"

**新识**　此乃《论语》开篇第一章，实为全书总纲。孔子之学，无远弗届，若得登堂入室，其必由学。孔子之学，既是悦乐之学，关乎生命之总体幸福；又是君子之学，关乎进德修业之内在超越。

"学而时习之"，当是"学习"一词的来处。"学"有二义：一为"觉"，良知善性，本心自具，启发觉悟，非学莫办，所谓"先知觉后知，先觉觉后觉"也；一为"效"，模仿效法，是一切学问之始基，古今中外，概莫能外，所谓“夫子步亦步，夫子趋亦趋”也。“习”，正体字作“習”，是一会意字，《说文解字》（下称《说文》）称：“习，数飞也。”《礼记·月令》：“季夏之月，……鹰乃学习。”元戴侗《六书故·动物》：“习，鸟肄飞也。……引之则凡数数扇阖者，皆谓之习。”西晋诗人左思《咏史》诗云：“习习笼中鸟，举翮触四隅。”据此可知，“习”之本义为“飞翔”，引申为对所闻之知与所明之理的躬行实践，即学以致用、学而不厌、反复不已、自强不息之意，并非通常所谓对所学知识的机械式“温习”“复习”。

如说“学”乃关乎“知”，“习”则关乎“行”。孔子此言，又可理解为：“知而能行之，不亦说乎！”王阳明“知行合一”之教，在此已见端倪。阳明说：“知是行之始，行是知之成”，“知行一体，未有知而不行者，知而不行，只是未知。”（《传习录》卷上）换言之，行其所知，才是真知，否则不过是“纸上谈兵”的“为人之学”罢了。近代教育家陶行知曾名“知行”，后改为“行知”，盖亦深忧一般学者重求知而轻践行之弊。“学”之不难，“行”之不易，知而能行，知行合一，才是真学问，方得大愉悦，才能好学而不厌，乐此而不疲。

钱穆先生回顾其治学生涯说：“我只是一路抹黑，在抹黑中渐逢光明。所谓光明，只是我心中感到一点喜悦处。因有喜悦，自易迈进。因有迈进，更感喜悦。如此循环不已，我不敢认为自己对学问上有成就，我只感得在此茫茫学海中，觅得了我自己，回归到我自己，而使我有一安身立命之处。”此真可谓“学而时习之，不亦说乎”的最佳注脚。可惜今人不解圣意，以为“学”乃纯为求知，“习”即反复“温习”，抽离了学问本身所蕴含的学在己身、道在行中的实践意义，故而使学习过程偏重于“记问”“作业”，使学习目的执着于“考试”“求职”，求知与行道两不相关，自然失去学习的快乐。今之学童“苦学”日久，由“厌学”以至于“废学”，甚至高考前撕书烧书，自然也就不难理解了。陆游诗云：“古人学问无遗力，少壮工夫老始成。纸上得来终觉浅，绝知此事要躬行。”其斯之谓欤！

“有朋自远方来，不亦乐乎？”“有朋”二字，古本亦有作“朋友”“友朋”者，均可通。“朋友”二字可拆开解，如旧注云：“同门曰朋，同志曰友。”又《礼记·曲礼上》：“礼闻来学，不闻往教。”故此“朋”字，可作慕名来学的“朋辈”“同侪”解，犹今所谓“同窗共学”之学友。何以“有朋自远方来”而能“乐”之？其“乐”何来？窃以为其乐有三：朋友或师弟子之关系，不同于血缘亲族，前者以道义合，后者以亲情合；有朋自远方来，足证“德不孤，必有邻”“道不远人”，此一乐也。古代交通不便，“道阻且长”，必是近者先悦，而后远者始来，孔子门下弟子三千，通六艺者七十余，正孟子所谓“得天下英才而教育之”，此二乐也。又，《礼记·学记》云：“独学而无友，则孤陋而寡闻。”同道问学，贵在切磋琢磨，疑义与析，“以文会友，以友辅仁”，不如此则不能“博文约礼”“下学上达”，此三乐也。

今按：孔子此言，放在“开学典礼”上致辞最佳，前一句谈“乐学”，颇有“励志”之效；后一句谈“乐教”，隐含“自勉”之意。良师循循善诱如此，虽不能至，心向往之！

“人不知而不愠，不亦君子乎？”前两句谈学习、朋友之道，此句则话锋一转，专论君子修道成德之境界。“君子”一词，本指“君王之子”，即在位有爵之人；孔子则赋予“君子”以道德内涵，使“君子”成为一高于世俗爵位之理想人格。《尚书》所谓“君子在野，小人在位”，更是彻底消解了“君子”的政治意味，而成为道德人格之高标懿范。故孔子之学，亦可谓君子之学。是君子则必须修身，欲修身则必先修心。“不愠”，不是勉力为之的“喜怒不形于色”，而是一心性修养的功夫和境界，与颜回的“不迁怒”差可仿佛，其最高境界也即夫子六十岁达到的“耳顺”之境。“不愠”，正是在“君子之道”上反复“时习之”的必然结果。

“人不知而不愠”，点明人我关系之互相对待，首先要讲“恕”道。孔子崇尚“为己之学”，为己之学但求在己，不欲人知，不假外求。他人不知，丝毫不妨碍自己之精进，而自己不知别人，则须扪心自问。故本篇末章孔子又说：“不患人之不己知，患不知人也。”此类表述《论语》中反复出现，无非告诫世人，在处理人我关系时，要能严以律己，宽以待人。这与“己所不欲，勿施于人”之“恕道”原则，互为表里，如出一辙。孔子之所以能做到“不怨天，不尤人”，关键处在此。其次，

“人不知而不愠”亦暗示人我关系更要讲“中道”。《中庸》云：“喜怒哀乐之未发谓之中，发而皆中节谓之和。”“愠”者，怒也；“不愠”即“不怒”。怒是人类情欲之极端状态，“人不知”而“我不愠”，正是情感表达“发而皆中节”之“中和”状态，故亦合乎“不偏不倚”“无过无不及”的“中庸”之道。这是君子人格修养功夫的难得境界。

今按：本章三句看似了不相关，实则牵一发动全身。《周易·象传》云：“君子以朋友讲习。”正好可把这三句贯穿起来。盖君子之道，其必由学，“学而时习”，即“博学”而“笃行”，唯有学在己身，知行合一，方可进德修业，成为君子。君子成德之后，必有影响，含章内映，潜德流光，故能引来朋辈同道，相与切磋，讲习不倦。又因人之求学，资质各异，进路不同，浅深有别，故君子面对质疑、误解、非议甚至毁谤时，要能坦然临之，淡然处之，焕然释之。“人不知而不愠”，实即是从消极一面承接和回应“学而时习”之“悦”与“有朋远来”之“乐”。从“悦”“乐”到“不愠”，无不关涉人之情感与心性，故孔子之学，不妨谓之“生命悦乐之学”。有了这份悦乐，人才能心安理得，安身立命，允执厥中，与时偕行。

**1.2　有子①曰：“其为人也孝弟，而好犯上者，鲜矣②！不好犯上，而好作乱者，未之有也③。君子务本，本立而道生④。孝弟也者，其为仁之本与⑤！”**

**新注**　①有子：姓有，名若，字子有。孔子弟子，少孔子三十六岁（一说少四十三岁）。　②孝弟（tì）：善事父母为孝，善事兄长为弟。弟，同“悌”。犯上：冒犯长上。鲜（xiǎn）：少。后文同此，不另注。　③作乱：做逆理反常之事，犹言造反。未之有：未有之。　④务本：致力于根本。道：这里指人之道。根本确立，则人道自生。　⑤为仁之本：行仁道的根本。一说，“为仁”作“为人”，亦可通。

**新译**　有子说：“一个人能做到孝顺父母，爱敬兄长，却喜欢冒犯长上，这样的情况是很少的。不喜欢冒犯长上，却喜欢造反作乱，这样的情况从来没见过。君子应该致力于根本的确立，根本确立了，人道也就由此而生。孝和悌，应该就是仁道得以推行弘扬的根本吧！”

**新识** 本章承接首章末句，谈君子修身之道，首在孝悌。有子，即有若，《孔子家语·七十二弟子解》称其“为人强识，好古道也”。《论语》中，孔子弟子而被称子的有四人：有子、曾子反复出现；冉子、闵子偶或一见，姑置不论。有若其人，本篇凡三见，出现频率仅次于孔子，足见其在孔门弟子中地位举足轻重。《史记·仲尼弟子列传》记载：

> 孔子既没，弟子思慕，有若状似孔子，弟子相与共立为师，师之如夫子时也。他日，弟子进问曰：“昔夫子当行，使弟子持雨具，已而果雨。弟子问曰：‘夫子何以知之？’夫子曰：‘《诗》不云乎：“月离于毕，俾滂沱矣。”昨暮月不宿毕乎？’他日，月宿毕，竟不雨。商瞿年长无子，其母为取室。孔子使之齐，瞿母请之。孔子曰：‘无忧，瞿年四十后当有五丈夫子。’已而果然。敢问夫子何以知此？”有若默然无以应。弟子起曰：“有子避之，此非子之座也！”

据此可知，有若因相貌气质与孔子相像，故孔子辞世后，诸弟子尊其为师，又因其不能回答众人提问而被哄下师座。《孟子·滕文公上》则将诸弟子坐实为子夏、子张、子游：

> 昔者孔子没，三年之外，门人治任将归，入揖于子贡，相向而哭，皆失声，然后归。子贡反，筑室于场；独居三年，然后归。他日，子夏、子张、子游，以有若似圣人，欲以所事孔子事之，强曾子。曾子曰：“不可。江、汉以濯之，秋阳以暴之，皓皓乎不可尚已！”

据此又可知，曾子之见识德业，又在子夏、子张、子游诸弟子之上，实为孔门后进第一人。或以为有若之弟子一定参与了《论语》的编订，为张大其师门计，乃将有子言论置于孔子之后。其说可从。

此章非仅讲孝悌之道，实亦涵摄儒家修、齐、治、平之术。“为人孝弟”，是讲“修身”；“不好犯上”，是讲“齐家”；不犯上则不作乱，是讲“治国”；君子务本，孝悌仁本，则是讲“平天下”。这是一由近及远、由内而外、由一己之小以至天下之大的动态推理过程。故末一句“为仁”二字当作“行仁”解，即推行仁道于天下也。换言之，仁为本体，孝悌乃功夫，即体即用，体用不二，方能一以贯之。盖有子以为，人之根本，在于仁，仁之扩充，则表现于孝悌。一个人若能行仁道，主孝悌，务根本，则家可齐，国可治，天下可平。故孟子说：“尧舜之道，孝悌而已矣。”又说：“道在迩而求诸远，事在易而求诸难：人人亲其亲、长其长，而天下平。”“君子之守，修其身而天下平。”皆以孝悌为修齐治平之本。又，《吕氏春秋·孝行览》云：“凡为天下，治国家，必务本而后末，务本莫贵于孝。夫孝，三皇五帝之本务，而万事之纪也。夫执一术而百善至，百邪去，天下从者，其惟孝也。”亦本源于此。后世帝王标举孝悌之道，主张“以孝治天下”，皆因深察洞见此一“以孝移忠”之“移情”奥妙。古语“求忠臣必于孝子之门”，此之谓也。

然，有子此说亦有流弊。子曰：“天下有道，则庶人不议。”从逻辑上讲，“为人孝弟”“不好犯上作乱”，固然是人之本分，但并不能由此推出“不应犯上作乱”，也即“天下有道”。揆诸事实，历史上身为孝子而最终犯上作乱者亦不在少数，所谓“忠孝难以两全”。换言之，“以孝治天下”未必真能“以孝平天下”，“孝亲”之绝对性，并不指向“忠君”之绝对性。有若毕竟未臻圣域，其发言遣论，难免千虑一失。

孔子在处理君臣关系上则无此弊。有子主张“不犯上”，孔子则说事君之道，“勿欺也，而犯之”，认为君臣乃一互相对待之关系，“君使臣以礼，臣事君以忠”；君臣相与，必须合乎道义，所谓“以道事君，不可则止”。郭店楚简《六德》云：“为父绝君，不为君绝父。”也就是说，“君父”之间，父先于君；“家国”之间，家高于国；“忠孝”之间，孝大于忠。“忠君”不像“孝悌”那样拥有天然正义，而是有其条件的，君若不能尽礼，臣则不必尽忠；君若不合道，臣则可直谏而犯，有令不从。质言之，即“道尊于势”，“君子从道不从君”也。孔子所以为至圣，就在其既能“始条理”，亦能“终条理”，故其言论常能

“有始有卒”，不偏不倚，执两用中，颠扑不破。

孟子祖述孔子，对孝悌极端化可能带来的“愚孝”“愚忠”亦大加挞伐，认为：“君有大过则谏；反覆之而不听，则易位。”（《孟子·万章下》）这是极具现代民主意味的政治思想。齐宣王以“武王伐纣，臣弑其君，可乎?”相质问，孟子则义正词严地答曰：“贼仁者谓之‘贼’，贼义者谓之‘残’。残贼之人谓之‘一夫’。闻诛一夫纣矣，未闻弑君也。”（《梁惠王下》）甚至正告齐宣王：“君之视臣如手足，则臣视君如腹心；君之视臣如犬马，则臣视君如国人；君之视臣如土芥，则臣视君如寇仇。”（《离娄下》）后来朱元璋做了皇帝，完全不能容忍孟子的这些“忤逆”之言，乃下令删之。盖孟子主张“民为贵，社稷次之，君为轻”，此一民本主义思想才是儒家正脉，而把君臣关系绝对化，认为臣必须无条件忠君，恰恰是法家思想，其最终必然导致专制极权。

换言之，早期儒家，以孝悌之道作为修齐治平之本，本质上并非以君为本，而是以民为本，以人为本，因为说到底，君主亦是一人，人所当立之本，当行之道，君主亦不能例外。此即《大学》所谓“自天子以至于庶人，壹是皆以修身为本”。从这一终极角度言，有子之言亦属正本清源之论，无可厚非。今人执着于现代理念或名相之论，理解儒家思想，常常一叶障目，执其一端而作诛心之论，此正不能诚意正心，反求诸己，徒饰华辞逻辑，而不能明心见性、彻底究竟之故也。

## 1.3 子曰：“巧言令色①，鲜矣仁。”

**新注** ①巧言令色：好其言语，善其颜色。巧，好。令，善。《尚书·皋陶谟》：“巧言令色孔壬。”按：孔，甚也；壬，佞也。

**新译** 孔子说：“用花言巧语、谄颜媚态取悦他人的人，很少有真正的仁德。”

**新识** 上章以孝悌论仁，此章承之，以言色论不仁。一正一反，互相发明，编者匠心，居然可见。

孔子之学，彻上彻下，且宏且微，故可大可久。一方面，夫子厚德载物，不知不愠，忠信而恕；另一方面，又能洞悉人性，明察秋毫，直言无隐。《礼记·仲尼燕居篇》“给夺慈仁”句，郑玄注称：“巧言足恭之人似慈仁。”花言巧语、谄媚阿谀之人，心非而口是，阴违而阳奉，极易骗取信任，非洞明世事、仁智兼备之人难以识破其庐山真面。朱熹《论语集注》（下称《集注》）云：“好其言，善其色，致饰于外，务以悦人，则人欲肆而本心之德亡矣。”又引程子曰：“知巧言令色之非仁，则知仁矣。”也就是说，如正面把握“仁”有困难，则不妨从反面观察：巧言不直，令色不正；不直不正，仁德自少。故孔子在“君子有九思”一章中主张“色思温，貌思恭，言思忠”，“忠言温色”，正是对治“巧言令色”之病的最佳处方。

这里须注意，孔子只说“鲜矣仁”，未说“亡矣仁”，朱熹以为：“圣人辞不迫切，专言鲜，则绝无可知，学者所当深戒也。”朱子所言有理，然亦失之绝对。须知孔子“不为已甚”，又能杜绝“意、必、固、我”之病，故其言直而不绞，怨而不怒，对巧言令色者亦留有余地。孔子曾说“十室之邑，必有忠信如丘者焉”，认为仁德亦人之天赋，非由外铄，无人不具，唯君子可以存养而不移，“巧言令色”之人，以谗佞取悦于人，习性渐深，故仁德日蔽而日鲜，学者可不慎乎！

孔子教育弟子，有四大科目，即德行、言语、政事、文学，所谓“孔门四科”。“言语”紧随“德行”之后，其重要性可见一斑。然德、言二者，又有内外、主次、真伪之别，故孔子说：“有德者必有言，有言者不必有德。”又说：“巧言乱德。”夫子此言，实亦来自生活实践，甚至来自人际挫折。其弟子宰予巧于辞令，而尝昼寝，孔子见而叹曰：“始吾于人也，听其言而信其行；今吾于人也，听其言而观其行。”是人之言行舛错不一有如此。又《庄子·盗跖》说：“好面誉人者，亦好背而毁之。”《孟子·滕文公下》亦引曾子说：“胁肩谄笑，病于夏畦。”（耸起两肩，做出一副谄媚的笑脸，这样的人真比夏天在菜地里干活还要令人难受！）盖人心叵测，言语越是悦耳，脸色越是宜人，其动机和诚意就越是可疑，甚至必须警惕！孔门察言观色、知人识人之道，于此可见。

今按：儒学不像西方哲学，动辄下定义，做推理，而是来自生命的切实经验，当下体悟，目击道存，其所凝聚的人生经验和生命智慧，真可谓“放诸四海而皆准”“百世以俟圣人而不惑”者也。就此而言，儒学绝非知识象牙塔里的高头讲章，而是百姓日用而不知的“人需之学”，人人切实可行的“人伦大道”。

## 1.4 曾子①曰：“吾日三省吾身②：为人谋而不忠乎？与朋友交而不信乎？传不习乎③？”

**新注** ①曾子：曾参（shēn），字子舆，南武城人。孔子晚年弟子，少孔子四十六岁。孔子以为能通孝道，故授之业，作《孝经》，后死于鲁。 ②三省（xǐng）：省察三事。又有以“三”为“多”者，今不从。 ③忠：尽己之谓忠。信：在己之谓信。传不习：“传”有二解：一、师父传于己；二、己之传于人。皆可通。习，实习，践行。

**新译** 曾子说：“我每天都在三个方面反省自己：为别人谋划效劳，有没有尽心尽力呢？与朋友交往，有没有诚实守信呢？老师已传授给我的，和我将传授给学生的学问和道理，我自己有没有实习力行呢？”

**新识** 此章又承上章，谈忠恕之道，而“忠恕违道不远”，故属正面论“仁”。

曾子亦孔子晚年弟子，深得孔子真传，博学慎思，守死善道，颜回之后，一人而已。颜回大智若愚，曾子大忠似鲁，皆能于孔子之学有所承继与发明，不愧为孔门高弟。曾子为学，忠信之外，尤重“恕”道。孔子尝问他：“参乎！吾道一以贯之。”曾子则曰：“夫子之道，忠恕而已矣。”后子贡亦问：“有一言而可以终身行之者乎？”孔子答曰：“其‘恕’乎！己所不欲，勿施于人。”可知孔门学问，一以贯之的即为忠恕之道，而忠恕之间，恕道尤重于忠道，不能尽忠道或因能力不够，情有可原；有违恕道则逾越道德底线，理不可恕。

曾子说“吾日三省吾身”，必在夫子告以“一贯”之后；盖其所谓“三省”，即反求诸己，正是践行“恕”道之修身功夫。故曾子之学，实亦孔学逐步心性化或“内圣化”的重要过渡，所谓“不待言心而自贯通于动静之间者也”（黄震《黄氏日抄》）。曾子所反省者有三：一曰忠，二曰信，三曰诚。

先说“忠”。中心为忠，存乎心而发诸外，忠即是“表里如一”。“为人谋而不忠乎”之“忠”，即尽己之心以待人，涉及一切“人我关系”，父子、夫妇、兄弟、君臣、朋友（含师徒）五伦，皆在其中。通常以为此乃言臣下对君上之忠，难免以偏概全，失之狭隘刻板。

次说“信”。人言为信，言不信则行不果，信即是“言行合一”。五伦之义，朋友主信，故曾子以不信自省。此亦从孔子“主忠信”“十室之邑必有忠信”“言忠信，行笃敬”“人而无信，不知其可”“民无信不立”等教义中来。

再说“诚”。“传不习乎”并无“诚”字，而实与“诚”有关。“传”有二解：一曰师父传于己，二曰己之传于人，皆涉及师徒转相授受之学问。“传而能习”呼应首章的“学而时习”，实则亦关乎“知行合一”。《大戴礼记·曾子立事篇》记曾子说：“君子既学之，患其不博也；既博之，患其不习也；既习之，患其不知也；既知之，患其不行也。”王阳明良知学之知行合一，当受到曾子此言之启发，而其殁后，门人录其所传者曰《传习录》，正取曾子“传不习乎”之义也。

三句合而论之，又可与有子“孝悌章”相发明。盖涉及父子、兄弟两伦关系，以孝悌为本；与朋友、师弟子乃至君臣上下有关者，以忠恕为要。孝悌乃行仁之本，忠恕乃行仁之方，无孝悌则无以为人，违忠恕则无以为道。故朱熹《集注》云：“曾子以此三者日省其身，有则改之，无则加勉，其自治诚切如此，可谓得为学之本矣。而三者之序，则又以忠信为传习之本也。”

今按：此章系曾子首次出场，位列《论语》首篇也即全书第四章，实则大有微妙。柳宗元《论语辨》提出了一个大胆推测：

> 或问曰：“儒者称《论语》孔子弟子所记，信乎？”曰：“未然也。孔子弟子，曾参最少，少孔子四十六岁。曾子老而死。是书记曾子之死，则去孔子也远矣。曾子之死，

孔子弟子略无存者矣。吾意曾子弟子之为之也。何哉？且是书载弟子必以字，独曾子、有子不然。由是言之，弟子之号之也。然则有子何以称子？曰：孔子之殁也，诸弟子以有子为似夫子，立而师之。其后不能对诸子之问，乃叱避而退，则固尝有师之号矣。今所记独曾子最后死，余是以知之。盖乐正子春、子思之徒与为之尔。或曰：孔子弟子尝杂记其言，然而卒成其书者，曾氏之徒也。

柳氏盖以《论语》最后成书，乃曾子之徒即乐正子春、子思等人所为也。今人杨义经过详细考辨，以为《论语》的早期编纂，确乎存在“历史文化地层叠压”之情况，仲弓、有若及曾子学派先后主导了三次编纂工作，曾子能以孔门传道者面目出现，当与“曾氏家族是在鲁地经过数代经营的殷实家族”有关。“无论从《论语》篇章学，或是从儒学演变趋势而言，曾子‘吾日三省吾身’章的设立，实际上是《论语》中曾子路线的确立。”（《论语还原》）此论上承柳宗元之说而另有创获，可谓读书得间矣。

## 1.5 子曰：“道千乘之国①，敬事而信，节用而爱人，使民以时②。”

**新注** ①道（dǎo）千乘之国：道，同“导”，治理。乘（shèng）：兵车，古时一车四马为一乘。一说，一乘车，合步卒炊事勤杂之徒共百人。千乘之国，相当于一中等国家。 ②敬事而信：敬，敬慎。信，诚信。节用而爱人：节制财用，仁爱人民。人者，民也。使民以时：以，按照。时，时令，盖指农闲之时。

**新译** 孔子说：“治理一个拥有千乘兵力的中等国家，为政者对待政事应敬慎勤勉，言行诚信；节制财用，仁爱人民；即使要使用民力，也应安排在农闲之时。”

**新识** 此章论政，承接上几章，由为学、修身而及治国，实则依然在谈忠信与仁恕。

孔子认为，治国先须治心，治人先须治己，为政者必须要做到敬事、守信、节用、爱人、惠民五事，方可确保国家长治久安。这与《阳货》篇子张问仁，孔子答以“恭、宽、信、敏、惠”五事，可谓异曲同工。这五个方面，“爱人”是中心，“爱人”即是“仁”，故此章看似论政，实则论仁。朱熹《集注》引杨时曰：“上不敬则下慢，不信则下疑，下慢而疑，事不立矣。敬事而信，以身先之也。《易》曰：‘节以制度，不伤财，不害民。’盖侈用则伤财，伤财必至于害民，故爱民必先于节用。然使之不以其时，则力本者不获自尽，虽有爱人之心，而人不被其泽矣。然此特论其所存而已，未及为政也。苟无是心，则虽有政，不行焉。”

今按：孟子后来倡导的“仁政”“民本”思想，大抵萌芽于此。或以为，儒家思想乃为统治者服务，以君为本，观此章可知其大谬不然。孔子此言之对象或许是君主，但君主本身的利益并非孔子所关心，孔子所关心者，乃在怎样才能使权力在握的君主行仁政、走正道、利天下、惠众庶。《尧曰》篇孔子曰“因民之所利而利之”，即轻徭薄赋，与民休息，藏富于民之义，反过来，那种“率兽食人”，宰割天下，鱼肉百姓，与民争利的寄生虫般的统治者，恰恰是孔子最反对的。此读《论语》者不可不知也。

## 1.6 子曰：“弟子入则孝，出则弟①，谨而信，泛爱众，而亲仁②。行有余力，则以学文③。

**新注** ①弟子：于兄为弟，于父为子。弟子即童子，指家中最年幼的孩子。入则孝，出则弟：无论在家抑或外出，皆当孝顺父母，恭敬兄长。出、入，互文见义。 ②谨而信：言行谨慎，诚实有信。泛爱众，而亲仁：博爱众人，亲近其中有仁德者。 ③行有余力，则以学文：行此五事而尚有余力，则可以学习文献。文，指文献、典章，如《诗》《书》《礼》《易》等。

**新译** 孔子说：“弟子在家在外，都能孝顺父母，敬爱兄长，言行谨慎而诚信，既能博爱广众，又能亲近有仁德之贤者。做到这些如还有多余的精力，就可去学习文献礼乐及典章制度了。”

**新识** 本章谈弟子为学，次第分明，本末一贯。清代蒙学读物《弟子规》，便是受此章启发敷衍而成，唯今人奉之为“国学经典”，则未免耳食。本章可注意者有三：

其一，弟子为学，当以德行为先、为本，文学为次、为末，此正合“孔门四科”之序。德犹质也，质在文先；文犹知也，知在行后。文质彬彬，然后君子；知行合一，方是真知。于此可知，孔子之学乃大人君子之学，孔子之教乃成人、立人、达人、爱人之教。孔子说：“志于道，据于德，依于仁，游于艺。”孔门教育，更为注重人格德性之养成，而非知识技能之功利性灌输。那种有才无德、巧言乱德之徒，向为孔子所不齿。

其二，儒家主张“爱有差等”，“亲疏有别”，但差等之爱并非静止封闭状态，而是流动扩充，可大可久，好比涟漪，环环扩展。孝悌、谨信、爱众、亲仁，皆从人之情感出发，推己及亲，推亲及人，推人及众，自内而外，由近而远。故孟子说：“君子之于物也，爱之而弗仁；于民也，仁之而弗亲。亲亲而仁民，仁民而爱物。”宋儒张载说：“民，吾同胞；物，吾与也。”朱熹也说：“亲亲、仁民、爱物，三者是为仁之事。”又说：“古人必由亲亲推之，然后及于仁民；又推其余，然后及于爱物；皆由近以及远，自易及难。”（《朱子学的》）这种差等之爱，既符合人情，又合乎天道，故能深入人心，长盛不衰。墨家主张“爱无差等”，陈义过高而不接地气，故虽一时号称“显学”，很快便风流云散，音消响绝矣。

其三，与西方文化不同，中国传统文化乃以人为本、以情为主，最具人文价值之文化，其中心是人而不是神。郭店楚简《性自命出》云：“道始于情，情生于性。”梁漱溟《中国文化要义》亦指出周孔之教化，实“以情感为其根本”。李泽厚亦倡“情本体”之说：“所谓情本体，是以‘情’为人生的最终实在、根本。”孔子的“泛爱众”，实与西方之“博爱”思想相通。本乎此，才有“四海之内皆兄弟也”，“老吾老以及人之老，幼吾幼以及人之幼”，以及“天下一家，中国一人”等表述。可以说，儒家教育乃是以情感教育为中心的人格教育。

然而，仅能“博爱”显然不够，孔子在“泛爱众”之后，接之以“而亲仁”（亲近有仁德之人），大有深意在焉。盖“泛爱众”只是情感教育之普遍化，其延展状态是平面的，尚非人格修养之最高阶段，求学之人如欲进德修业，则必须有一向上提撕之力量，“亲仁”便是“下学上达”的必由之路。孔子后面说“就有道而正焉”“无友不如己者”“见贤思齐”“三人行必有我师焉，择其善者而从之”“居是邦也，事其大夫之贤者，友其士之仁者”，皆是“亲仁”思想的进一步展开。

今按：事实上，亲仁尚贤是没有时空边界的，孟子更提出“尚友古人”说：“一乡之善士，斯友一乡之善士；一国之善士，斯友一国之善士；天下之善士，斯友天下之善士。以友天下之善士为未足，又尚论古之人。颂其诗，读其书，不知其人，可乎？是以论其世也。是尚友也。”孟子的“尚友古人”，又把孔子的“亲仁”思想，由当世上溯到远古，这与孔子的“信而好古”“好古，敏以求之”也是一脉相承的。可以说，“泛爱众”属仁，“而亲仁”属智，仁智双修，始可谓之成德君子。

## 1.7 子夏①曰：“贤贤易色②，事父母能竭其力，事君能致其身③，与朋友交言而有信——虽曰未学，吾必谓之学矣。”

**新注** ①子夏：姓卜，名商，字子夏，孔子晚年弟子，“孔门十哲”之一。少孔子四十四岁。 ②贤贤易色：两贤字，一作动词，尊敬义；一作名词，贤德义。易亦有两义：一作轻易，轻视；一作改易。今从前解。色，美色。贤贤易色，犹言尊重贤德，不重美色。一般以为，贤贤易色专指夫妇一伦，言为夫者应敬重妻子之贤德而忽略其外貌容色。 ③致其身：致，送达、奉献义。孔安国注：“尽忠节不爱其身。”

**新译** 子夏说：“对人（尤其对妻子）能敬重其贤德，忽略其美貌；侍奉父母能竭尽自己的心力；为君主（或国家）服务，临难遇险时能够挺身而出，殒身不恤；与朋友交往，说话诚实守信。这样的人虽然可能谦称自己没有学过什么，我也一定说他学习过了。”

**新识** 上章刚说完“亲仁”，此章便标举“贤贤”。《论语》各章次第编排之条理，于此可见一斑。而且，两章在内在结构上颇为相似，皆是前面谈“行”，后面谈“学”，前一章以“行有余力，则以学文”收束，本章则以“虽曰未学，吾必谓之学”煞尾。言下之意：“行”即是“学”，“有德行”便是“有学问”，“行得好”便是“学得好”。反过来说，仅把书本知识学好，只会空谈而不能力行，则“虽曰已学，吾必谓之未学矣”！

子夏亦孔子晚年弟子，与子游同为文学科高弟。《孔子家语·七十二弟子解》云：

> 卜商，卫人，字子夏，少孔子四十四岁。习于《诗》，能通其义，以文学著名。为人性不弘，好论精微，时人无以尚之。尝返卫，见读史志者云：“晋师伐秦，三豕渡河。”子夏曰：“非也，己亥耳。”读史志曰：问诸晋史，果曰己亥。于是卫以子夏为圣。孔子卒后，教于西河之上。魏文侯师事之，而谘国政焉。

《论语》中关于子夏的记载凡二十余章，在弟子中所占比例不小。子夏之学，更重典章文献及学术，故孔子曾告诫子夏：“女（汝）为君子儒，无为小人儒。”子夏为莒父宰时，曾向孔子问政，子曰：“无欲速，无见小利。欲速则不达，见小利则大事不成。”子夏也曾指出：“虽小道，必有可观者焉，致远恐泥，是以君子不为。”此三章皆关乎“小大之辨”。孔子殁后，弟子星散，子夏教授于西河，开宗立派，魏文侯尊以为师，李悝、吴起、段干木等均出其门下，可谓儒学一代宗师。子夏教育弟子，颇重洒扫、应对、进退等力行之学，被其同窗子游讥为本末倒置。可见子夏治学，善于切问近思，有“尽精微”“道问学”之一面，故其颇能发现为学起始处的关键，从而以小见大，由近及远，执末返本，沿波讨源。

古人求学，颇有次第先后，本末终始。故《大学》称：“物有本末，事有终始，知所先后，则近道矣。”朱熹《大学章句序》谈古之学校教育说：“人生八岁，则自王公以下，至于庶人之子弟，皆入小学，而教之以洒扫、应对、进退之节，礼乐、射御、书数之文。及其十有五年，则自天子之元子、众子，以至公、卿、大夫、元士之适子，与凡民之俊秀，皆入大学，而教之以穷理、正心、修己、治人之道。此又学校之教、大小之节所以分也。”如说前面“弟子章”所言乃小学阶段之要求，此章子夏所言，则颇似大学阶段乃至完成大学教育之后，为人处世所当具备之素养。

或以为本章子夏之“四句教”，分别言及夫妇、父子、君臣、朋友四伦，其说可从。《周易·序卦传》云：“有天地，然后有万物；有万物，然后有男女；有男女，然后有夫妇；有夫妇，然后有父子；有父子，然后有君臣；有君臣，然后有上下；有上下，然后礼仪有所错。”就五伦而言，夫妇实为“人伦之始”“王化之基”，而后方有父子、兄弟、君臣、朋友之序，修齐治平之道。夫妇之伦得正，则其余四伦皆不至于邪曲，此《关雎》所以置于《诗经》开篇之义也。故子夏言下之意，明人伦、知贤贤，即为有学问。

当然，“贤贤易色”亦可由夫妇一伦推而广之，指君子修身所当秉承的一种“克己复礼”之精神。孔子说：“吾未见好德如好色者也。”又说：“不有祝鮀之佞，而有宋朝之美，难乎免于今之世矣。”盖春秋之时，礼坏乐崩，巧言令色之徒层出不穷，以致好谀悦色之风甚嚣尘上。君子修身，若不能以贤贤好德之心胜过好谀悦色之心，执德不弘，信道不笃，绝无可能下学上达，止于至善。

今按：“事父母能竭其力”言孝道，恰如其分；至于“事君能致其身”，若与孔子所说“见危授命”、曾子“临大节而不可夺”诸语参照，则更易理解，否则，片面强调这种不顾身家性命、毫无保留之“忠君”思想，未免言之有过。子夏虽已见道，然毕竟未入圣域，发言遣论或未达于一间，于此可见矣。

**1.8 子曰："君子，不重则不威；学则不固①；主忠信；无友不如己者；过则勿惮改②。"**

**新注** ①不重则不威：重，庄重，矜重。威，威严，威仪。固：固执；一说巩固，亦可通。 ②主忠信：以忠信为主。友：与……为友。如己：当作胜己解。惮（dàn）：害怕，畏惧。

**新译** 孔子说："一个君子（应该庄重），不庄重就没有威严；应该努力学习，这样就不会固陋迂执；为人处世，应以忠诚信义为主；不要与各方面都不如自己的人交朋友；有了过错不要紧，但千万不要怕改正。"

**新识** 本章再谈君子之道。"君子"二字，乃后五句之共同主语。整句表述应该是："君子不重则不威，（君子）学则不固，（君子）主忠信，（君子）无友不如己者，（君子）过则勿惮改。"涵盖了立身、为学、处世、交友、修己五个方面。

"不重则不威"谈立身。重乃庄重、矜重义；威乃威严、威仪义。指君子给人的一种外在风度与气象。一个人举止轻佻，态度轻慢，谈吐轻薄，令人尊敬尚且不能，何谈威严与威仪？孔子立身矜重，举止得宜，令人肃然起敬，而又如沐春风。在弟子眼中，孔子既有"温良恭俭让"的一面，也有"温而厉，威而不猛，恭而安"的一面。孔子解释"威而不猛"，说："君子正其衣冠，尊其瞻视，俨然人望而畏之，斯不亦威而不猛乎！"子夏则说："君子有三变：望之俨然，即之也温，听其言也厉。"这里的君子当指孔子。可知孔子给人的印象，不唯有"君子风度"，更有"圣贤气象"！

"学则不固"谈为学。"固"有二解，如承上文"不重则不威"，可以理解为学习不能巩固。如顾炎武《日知录》云："魏文帝体貌不重，风尚通脱，是以享国不永，后祚短促。史皆附之《五行志》，以为貌之不恭。昔子贡于礼容俯仰之间，而知两君之疾与乱，夫有所受之矣。子曰：'君子不重则不威，学则不固。'"便是作"牢固""巩固"解。如单独作一句，则可理解为君子求学，当能通达权变，活学活用，而不固陋偏执。《子罕》篇孔子说："可与共学，未可与适道；可与适道，未可与立；可与立，未可与权。"三个"未可"，事实上也就是"固"。孔子即凡而圣，故能杜绝"意必固我"之弊，自称"无可无不可"，此正君子成德后"大而化之""义之与比""从心所欲不逾矩"之境界。将"固"解为"巩固"，通则通矣，未免失之于浅陋滞涩。

"主忠信"谈处世为人。孔子多次言及"忠信"。如子张问行，子曰："言忠信，行笃敬，虽蛮貊之邦，行矣；言不忠信，行不笃敬，虽州里行乎哉?"子张又问崇德，子曰："主忠信，徙义，崇德也。"孔子还说："十室之邑，必有忠信如丘者焉，不如丘之好学也。"可见"忠信"乃"德"之基础与核心，有了忠信之德，方可安身立命于人世间。

"无友不如己者"谈交友。不说与何人交，只说何人不可交，亦可谓"情信辞巧"，别有趣味。此句当与"亲仁""贤贤"两章合观，意谓当与仁者贤者为友，如此则于己有益而无损，学问德行自可有进而无退。钱穆先生释此句称："孔子之教，多直指人心。苟我心常能见人之胜己而友之，即易得友，又能获友道之益。人有喜与不如己者为友之心，此则大可戒。"盖孔子告诫弟子，交友是为了进德辅仁，一方面择友如择师，要与贤者为友，"见贤思齐"；一方面须知"三人行，必有我师"，要善于发现别人的长处，"择善而从"。

"过则勿惮改"则谈修己。人非圣贤，孰能无过?关键在于如何修正己过。《论语》中，关于迁善、改过、徙义的条目不少，如孔子说："德之不修，学之不讲，闻义不能徙，不善不能改，是吾忧也。""人之过也，各于其党，观过，斯知仁矣。"又说："过而不改，是谓过矣。"颜回因为"不迁怒，不贰过"被孔子赞为"好学"，可谓修身克己之典范。孔子又曾感叹："已矣乎！吾未见能见其过而内自讼者也。"对一般人而言，"能见其过"并不难，难的是"内自讼"而"能改"。"惮"者，畏也，怕也。可见改过非客观上不能，而是主观上不愿，甚至不敢。王阳明尝谓："破山中贼易，破心中贼难。"诚哉斯言也！

## 1.9 曾子曰："慎终追远，民德归厚矣①！"

**新注** ①慎终追远：谨慎对待丧葬之礼，适时追念自己的远祖。终，指丧礼。民德归厚：百姓的德性自然归于淳厚。

**新译** 曾子说："（为政者若能）谨慎对待父母的丧葬之礼，（又能重视祭礼）适时追念自己的远祖，百姓的德性自然也就归于淳厚了。"

**新识** 先回顾一下前面八章：第一章谈为学修身，第二章谈孝悌乃为仁之本，第三、四、五、六章谈忠信仁爱；自本章开始则谈礼。孔子之学，仁本而礼末，仁内而礼外，无仁不礼，无礼不仁。事实上，"君子不重则不威"已涉及"礼"，本章至第十三章，则无不与礼相关，孔学脉络，隐显贯穿，明灭可见。

孔子以诗、书、礼、乐教弟子，曾说："兴于《诗》，立于礼，成于乐。"又提醒其子伯鱼："不学礼，无以立。"《论语》全书最后一章又强调："不知礼，无以立也。"孔子自称"三十而立"，所指当是在礼的修养上已充分成熟足以安身立命之意。

本章曾子言"慎终追远"，实关乎礼与政教之关系。《礼记·王制》有六礼、七教、八政之说，其中"六礼"指：冠礼、昏礼、丧礼、祭礼、乡礼（饮酒及乡射）、相见礼。"慎终"乃指丧礼，"追远"即祭礼。朱熹《集注》说："慎终者，丧尽其礼。追远者，祭尽其诚。民德归厚，谓下民化之，其德亦归于厚。盖终者，人之所易忽也，而能谨之；远者，人之所易忘也，而能追之：厚之道也。故以此自为，则己之德厚，下民化之，则其德亦归于厚也。"

"慎终"之"慎"，不仅有谨慎丧礼义，更有戒慎恐惧义。《礼记·曲礼上》对丧礼之"慎"有明确规定："适墓不登垄，助葬必执绋，临丧不笑。揖人必违其位。望柩不歌，入临不翔，当食不叹。邻有丧，舂不相。里有殡，不巷歌。适墓不歌。哭日不歌。送丧不由径，送葬不辟涂潦。临丧则必有哀色，执绋不笑，临乐不叹；介胄，则有不可犯之色。故君子戒慎，不失色于人。"事实上，"慎终"乃是一种更深层次的"慎独"。

如果说丧礼更多哀感，那么祭礼则主敬畏。《左传·成公十三年》称："国之大事，在祀与戎。"相比之下，祭礼比丧礼更具宗教内涵，于敦厚风俗更有实效性及根本性。《礼记·祭统》说："凡治人之道，莫急于礼；礼有五经，莫重于祭。"又说："祭者，教之本也。"同书《祭义》说："父母之没，必求仁者之粟以祀之。"上自天子，下至庶民，莫不是亲族血缘链条上的生命个体，养生送死，慎终追远，是每一个文明人的基本德行和操守。曾子是一大孝子，其所言一定来自生命和精神的深层体验，不仅于义理上颠扑不破，在情感上更具有感人至深的力量。

今按：窃谓此章当有一潜在"主语"，即"君子"，正与后文"民"相对。《礼记·檀弓上》说："君子曰终，小人曰死。"故"慎终追远"，乃就在位者而言。言下之意，若在位之君子能行此道，尽礼尽孝，则上行下效，百姓之德自然归于醇厚。

每读此章，不免想起一年一度的清明节。杜牧有诗云："清明时节雨纷纷，路上行人欲断魂。借问酒家何处有？牧童遥指杏花村。"此诗好就好在，不仅写出了"慎终追远"的淡淡哀伤，也写出了"乐天知命"的无比欣悦。

## 1.10 子禽①问于子贡②曰："夫子至于是邦也，必闻其政。求之与？抑与之与？"子贡曰："夫子温、良、恭、俭、让③以得之。夫子之求之也，其诸异乎人之求之与④！"

**新注** ①子禽：陈亢字子亢，一字子禽，陈国人，少孔子四十岁。孔子门人。 ②子贡：姓端木，名赐，字子贡，卫国人，孔子弟子，少孔子三十一岁。善辞令，长于外交，为"孔门四科"言语科高弟；又善货殖，亿则屡中，为孔门首富，最早一代儒商。 ③温良恭俭让：温和，良善，恭敬，节制，谦让。皇侃《疏》："敦美润泽谓之温，行不犯物谓之良，和从不逆谓之恭，去奢从约谓之俭，推人后己谓之让。” ④其诸异乎人之求之与：其诸，大概。与，同“欤”，语气词。意谓夫子求之之法或有异于他人也。

**新译** 子禽问子贡：“先生每到一个国家，一定能了解到其国家政事。他是求人家告诉的呢，还是人家主动告诉的呢？”子贡说：“先生是凭着温和、良善、恭敬、节制、谦让的态度和美德获得的。先生的求得之道，大概是与一般人不一样的吧！”

**新识** 本章记两弟子对话，侧面写孔子气象，亦承上章继续谈礼。所谈何礼？曰：问答之礼。

《礼记·曲礼上》说：“入竟（境）而问禁，入国而问俗，入门而问讳。”孔子“至于是邦，必闻其政”，正是“入境问禁，入国问俗”之结果。孔子所以精通礼乐，一个很重要的原因就在于勤学好问。《八佾》篇载其“入太庙，每事问”，《乡党》篇载其“问人于他邦，再拜而送之”，皆其重礼之明证。“温良恭俭让”，正是“问人于他邦”时应有之态度，必备之礼仪。如说“仁义礼智信”是“五常道”，则“温良恭俭让”便是“五常态”。又，《礼记·经解》云：

> 孔子曰：“入其国，其教可知也。其为人也，温柔敦厚，《诗》教也；疏通知远，《书》教也；广博易良，《乐》教也；絜静精微，《易》教也；恭俭庄敬，《礼》教也；属辞比事，《春秋》教也。故《诗》之失愚，《书》之失诬，《乐》之失奢，《易》之失贼，《礼》之失烦，《春秋》之失乱。其为人也，温柔敦厚而不愚，则深于《诗》者也；疏通知远而不诬，则深于《书》者也；广博易良而不奢，则深于《乐》者也；絜静精微而不贼，则深于《易》者也；恭俭庄敬而不烦，则深于《礼》者也；属辞比事而不乱，则深于《春秋》者也。”

观此可知，孔子所以能“至于是邦，必闻其政”，盖因其深通六艺、学究天人后，反能放下身段，虚怀若谷，待人接物，时时处处“温良恭俭让”，“无过无不及”，这正是“时中之圣”的必然境界和高广气象，也是孔子作为礼学大师“深于礼”之自然表现。《礼记·曲礼上》云：

"夫礼者，自卑而尊人。"《中庸》也说："君子之道，辟如行远必自迩，辟如登高必自卑。"两个"自卑"，一语道破"礼"之所以为"礼"，乃是基于普遍平等意义上对于他人之尊重。近世以来，西学东渐，礼乐尽失，"新青年"们动辄以"等级制度""奴性人格""礼教吃人"等厚诬之辞曲解礼，无异于郢书燕说，倒果为因，正是礼崩乐坏、颟顸无礼的表现。今人追求个性，常"自尊而卑人"，"自是而非人"，不懂礼让，言行粗鄙，任性乖张，不积口德，深察细思，不过是披着"现代"外衣的"野蛮人"罢了。

今按：本章乃子贡第一次出场，即出语惊人，流芳千古，不愧孔门言语科高弟也！后来鲁国有难，孔子派子贡出使齐、吴、越、晋诸国，游说诸侯，纵横捭阖，使天下局势为之一变。《史记》赞之曰："子贡一出，存鲁，乱齐，破吴，强晋而霸越。子贡一使，使势相破，十年之中，五国各有变。"子贡所以能取得如此骄人的外交成就，除了其辩才无碍，知言知人外，恐怕也得益于他很早就参透了夫子的"温良恭俭让"吧！

## 1.11 子曰："父在，观其志；父没，观其行；三年无改于父之道①，可谓孝矣。"

**新注** ①其：指子女。没（mò）：通"殁"，死亡。父之道：父亲为人处世的原则。

**新译** 孔子说："父亲健在，（看一个孩子是否孝，只须）观察其志向。父亲亡故，则要观察其行为。能在三年内不改父亲为人处世之道的，就可以算是孝了。"

**新识** 本章貌似谈孝，实则谈礼。朱熹《集注》释此云："父在，子不得自专，而志则可知。父没，然后其行可见。故观此足以知其人之善恶，然又必能三年无改于父之道，乃见其孝，不然，则所行虽善，亦不得为孝矣。"

为何三年无改父之道可谓之孝？答曰：礼也。窃谓"无改"有两层意思：一是不忍改。如朱熹《集注》引尹氏称："如其道，虽终身无改可也。如其非道，何待三年？然则三年无改者，孝子之心有所不忍故也。"二是不必改。因"无改"还有继承义，《礼记·中庸》说："夫孝者，善继人之志，善述人之事者也。"能够继承父之遗志，祖述父之美德，秉承父之善道，正是在精神上延续父亲之生命，孝莫大焉！又《子张》篇曾子说："吾闻诸夫子：孟庄子之孝也，其它可能也；其不改父之臣，与父之政，是难能也。"俗话说："一朝天子一朝臣。"孟庄子继位后，能做到不改父之臣与父之政，足见其孝心诚笃，天地可鉴！

为何又说无改之孝与礼有关？盖道生于情，礼本乎情，孝道缘于情而诉诸礼，故"无改父之道"不仅是孝，亦合乎礼。魏晋玄学中名教自然之辨，有"名教本于自然"之说，便以孝道为例，如三国时天才哲学家王弼说："自然亲爱为孝，推爱及物为仁也。"（《论语释疑》）东晋名士袁宏也说："君亲自然，匪由名教。敬爱既同，情礼兼到。"（《夏侯玄赞》）也就是说，圣人当初制礼作乐，并非向壁虚构，而是本乎人情，孝作为礼教中最重要的原则，本身就是亲情的自然显现，从这个意义上说，守礼也就是尽孝。

今按：《为政》篇孟懿子问孝，孔子以"无违"答之，后樊迟再问，孔子乃告之曰："生，事之以礼；死，葬之以礼，祭之以礼。"可知在孔子看来，孝与礼本是一体，无违于礼所规定的事亲之道，就是孝的最佳表现。又，丧礼有"三年之丧"，详见14.40章"新识"。

**1.12　有子曰："礼之用，和为贵①。先王之道，斯为美，小大由之②。有所不行：知和而和，不以礼节之③，亦不可行也。"**

**新注**　①礼之用，和为贵：礼的运用，贵在能和。　②小大由之：由，遵循。大事小事都遵循此道。　③不行：行不通。知和而和：知道和的好处就一味求和。以礼节之：用礼来节制。

**新译**　有子说："礼的作用，贵在能和。先王之道，正是以'和'为美善之境，无论大事小事，都遵循此道而行。但也有行不通的时候：如果知道和的好处，便一味求和，为和而和，而不能用礼义来节制和调适，那也是行不通的。”

**新识** 本章谈礼之作用与节度。作用在“和”，节度在“中”，中和之道，尽在其中。

“礼”乃一会意字，从示，从豊。本义为举行仪礼，祭神求福。《说文》释云：“礼，履也。所以事神致福也。”《左传·昭公二十五年》：“夫礼，天之经也，地之义也，民之行也。”又《礼记·曲礼上》：“夫礼者，所以定亲疏、决嫌疑、别同异、明是非也。”礼常与乐相伴而行。凡礼必主敬，凡乐必主和。《礼记·乐记》说：“乐者为同，礼者为异。同则相亲，异则相敬。乐胜则流，礼胜则离。……大乐与天地同和，大礼与天地同节。”事实上，“礼之用，和为贵”，非礼之一事可奏效，必是礼乐交互作用、相得益彰才能达到的和谐境界。故朱熹《集注》引范氏曰：“凡礼之体主于敬，而其用则以和为贵。敬者，礼之所以立也；和者，乐之所由生也。若有子可谓达礼乐之本矣。”

礼之为用，虽贵能和，然若一味求和，“知和而和”，则沦为“乐胜则流，礼胜则离”，失去礼之所以为礼的本来意义了。故有子特意拈出一“节”字，告诫人们，礼须有节，有度，尊乎道，合乎义，如此才可中正平和，通行无碍。又，《礼记·乐记》言礼节称：“是故先王之制礼乐，人为之节。衰麻哭泣，所以节丧纪也；钟鼓干戚，所以和安乐也；昏姻冠笄，所以别男女也；射乡食飨，所以正交接也。礼节民心，乐和民声，政以行之，刑以防之，礼乐刑政四达而不悖，则王道备矣！”何晏《论语集解》（下称《集解》）引马融曰：“人知礼贵和，而每事从和，不以礼为节，亦不可行。”说明礼不仅有礼敬义，亦有节制义，“礼节”一词，盖“以礼节之”之谓也。由此可知，“礼”之为义，实与“义”“度”“权”“时”“中”诸价值本同末异，互为扶翼。

今按：今人不明就里，强分轩轾，或以礼为刻板之教条，无情之仪式，而嗤之以鼻；或以礼为一味求和，丧失立场与原则，甚至沦为“言不顾行，行不顾言”“阉然媚于世”的“乡愿”式之“伪君子”和“老好人”，而疾之如仇：此皆不读书、不通达、不体贴古圣贤用心之过也！

## 1.13 有子曰："信近于义，言可复也①；恭近于礼，远耻辱也②；因不失其亲，亦可宗也③。"

**新注** ①信近于义，言可复也：近，接近，符合。复，践言，兑现。②恭近于礼：恭，致敬也。礼，节文也。③因不失其亲：因，依，凭借，依靠。失，忘记，忽略。宗：主也；犹遵循、效法。

**新译** 有子说："守信用合乎道义，诺言就可兑现；恭敬合乎礼节，就可远离耻辱；寻找依靠不要忽略自己的亲人，也是可以作为一种原则来遵循的。"

**新识** 上章谈礼而引出"节"，本章言礼而诉诸"义"。

"信近于义，言可复也。"甲骨文已有"義"字，《说文》："己之威仪也。从我羊。"段玉裁注："义之本训，谓礼容各得其宜。从羊者，与美善同义。"《礼记·中庸》："义者，宜也。"又《释名》："义，宜也。裁制事物，使各宜也。"作为儒家价值系统中非常重要的一极，"义"犹如一安全阀与调节器，所有价值无不须"义"来制衡，离开"义"的制约与权变，一切价值皆难以彰显和实现，于是才有"仁义""礼义""道义""信义"之说。孔子秉承中道，故对"义"之价值多有肯认，甚至说："君子之于天下也，无适也，无莫也，义之与比。"又说："言必信，行必果，硁硁然小人哉！"后孟子也主张："大人者，言不必信，行不必果，惟义所在。"可见，义不唯是一道德，同时也是一智慧。

"恭近于礼，远耻辱也。"《礼记·乐记》云："仁近于乐，义近于礼。"故"恭近于礼"亦可理解为"恭近于义"。意谓对人恭敬也要合乎礼度，过分的恭敬其实也就离招致耻辱不远了。有子此言亦本诸孔子。《礼记·表记》孔子曰："君子慎以避祸，笃以不揜，恭以远耻。""恭近礼，俭近仁，信近情，敬让以行，此虽有过，其不甚矣。"这里的"近礼""近仁""近情"，实则亦可理解为"近义"，即恰到好处，无过无不及之谓也。

明乎此，则知"因不失其亲，亦可宗也"一句，事实上也是谈"义"。《集解》孔安国注："因，亲也。言所亲不失其亲，亦可宗敬。"

儒家主张亲亲、贤贤，恶恶、贱不肖，而“因不失其亲”正是“亲亲”之义。人生在世，总会遇到各种难处，而遭难遇险须向人求助时，最先想到并依靠的应该是自己的亲人。这是最合乎情感和礼义的选择，也最可靠而有效。故朱熹《集注》说：“言约信而合其宜，则言必可践矣。致恭而中其节，则能远耻辱矣。所依者不失其可亲之人，则亦可以宗而主之矣。此言人之言行交际，皆当谨之于始而虑其所终，不然，则因仍苟且之间，将有不胜其自失之悔者矣。”朱子能从此章看出“慎始善终”之义，真可谓心思缜密，别具只眼。这与《老子》第六十四章所谓“慎终如始，则无败事”颇有异曲同工之妙。

## 1.14 子曰：“君子食无求饱，居无求安①，敏于事而慎于言，就有道而正焉②，可谓好学也已。”

**新注** ①食无求饱，居无求安：饱，餍足。安，安逸。 ②敏于事而慎于言：做事敏捷，言语谨慎。就有道而正焉：就，靠近。正，修正。

**新译** 孔子说：“君子若能做到饮食不求饱足，居处不图安逸，做事敏捷而言语谨慎，亲近有道德的人以修正自己，就可以说是好学了。”

**新识** 本章呼应弟子章、贤贤易色章，再论德行与“好学”之关系，兼及“道”之境界。

孔子所谓“好学”，盖以德行为主，文学为次；求道为主，求知为次；约礼为主，博文为次。“好学”乃孔子心目中一至高境界，绝不肯轻许于人，除其自称“好学”外，弟子唯一被誉为“好学”的只有颜回，其余弟子皆未之许。而颜回之好学，亦非博闻强记，而是“不迁怒，不贰过”。也就是说，君子学在己身，不假外求，如仅知求学，不知求道，仅求“闻见之知”，而乏“德性之知”，终究不能算是“好学”。

“食无求饱，居无求安”，并非取消食饱居安之价值，而是君子求道、见道之后必然达到的一种境界。一个人德业俱进，每日俱在求道之喜悦充实中，乐此不疲，心无旁骛，故对物质方面的贫乏可以视而不见，这就是宋儒所谓“见其大而忘其小”。“无求”并非客观上“不能”“不该”，而是主观上“不暇”“不愿”甚至“不屑”。《集解》郑玄注称：“无求安饱，学者之志有所不暇也。”真是一语中的！

“敏于事而慎于言”，可与第五章“敬事而信”以及弟子章“谨而信”两句相发明。敏者，疾也；慎者，迟也。《里仁》篇孔子说：“君子欲讷于言而敏于行。”“敏于事”即“敏于行”，“慎于言”即“讷于言”。做事勤快，言语谨慎，正是君子成德见道后之“慎独”工夫。不唯如此，还当向有道之人多加请益，不断修正自己的过失。如此日新月异，精益求精，才是真好学！朱熹《集注》说：“敏于事者，勉其所不足。慎于言者，不敢尽其所有余也。然犹不敢自是，而必就有道之人，以正其是非，则可谓好学矣。”

今按：孔子并未说“民食无求饱，居无求安”，故本章所指，仅就君子而言，并非对平民百姓的普遍要求。孔子之学乃君子之学。而君子自应有着比一般民众更高远的自我期许，以及更严格的道德自律。子曰：“君子谋道不谋食。”又说：“士志于道而耻恶衣恶食者，未足与议也。”如果士君子以温饱为职志，则不必为士君子矣。那种以为孔子片面主张道德修炼，而无视民众对物质之正当追求的说法，显然属于过度阐释。有人干脆认为幸福生活与物质无关，而与内心相连，更把孔子对于君子进德之要求普遍化和庸俗化，无形中篡改了孔子以为君子当谋道、乐道而非贪图物质享受的本意，同时也稀释了孔子对于功利人生的批判力度。举例说，底层民众动辄被盘剥，被损害，完全有理由要求食饱居安，并捍卫自己的正当权益，维护个体的价值尊严，若以“食无求饱，居无求安”来要求天下百姓，无异于自欺欺人，宰割天下，而成为彻头彻尾的“愚民”了！兹事体大，不可不辨之如上。

**1.15 子贡曰：“贫而无谄，富而无骄①，何如？”子曰：“可也。未若贫而乐、富而好礼②者也。”子贡曰：**

**“《诗》云：‘如切如磋，如琢如磨。’其斯之谓与③？”子曰：“赐也，始可与言《诗》已矣！告诸往而知来者④。”**

**新注** ①谄（chǎn）：谄媚，阿谀。骄：骄横，傲慢。而：能也。②富而好礼：富有而爱好礼义。《礼记·曲礼上》：“富贵而知好礼，则不骄不淫；贫贱而知好礼，则志不慑。”又《礼记·坊记》：“贫而好乐，富而好礼。” ③“如切如磋，如琢如磨”：语出《诗经·卫风·淇奥》。以治玉的过程比喻君子品德修养须循序渐进，精益求精。《尔雅·释器》：“骨谓之切，象谓之磋，玉谓之琢，石谓之磨。”其斯之谓与：即“其谓斯与”。与，同“欤”，语气词。④赐：子贡名端木赐。言《诗》：讨论《诗三百》。这里的“诗”特指“诗三百”，汉以后称为《诗经》。告诸往而知来者：往，过往之事；来者，未来之事。诸，“之于”的合音字。

**新译** 子贡问：“贫穷而能不谄媚，富有而能不骄横，怎么样呢？”孔子说：“算是可以了。但不如贫穷而能乐道，富有而知好礼。”子贡说：“《诗三百》上谈君子成就美德说：‘如切如磋，如琢如磨。’岂不就是您说的这种境界吗？”孔子说：“赐啊！可以开始和你谈谈《诗》了！告诉你过往已知的事情，你就能由此推知将来未知的事情。”

**新识** 本章紧承上章，谈君子修德，当摆落贫富悬殊之羁绊，一任精神境界之提升。

哲学家冯友兰认为，人生有不断提升的四个境界，即自然境界、功利境界、道德境界、天地境界。子贡说“贫而无谄，富而无骄”，正是不满于功利境界而欲向道德境界努力之意。通常而言，人一贫穷则易生愁苦怨怼，孟子的“贫贱不能移”恰恰说明大多数人常为贫贱所移，为富贵所淫，为威武所屈。贫贱而不谄媚于富贵，属自尊；富贵而不凌驾于贫贱，属自律，皆已进入道德境界之门槛。子贡天资聪颖，又善货殖，家资丰厚自不待言，故其所言偏在“富而无骄”，一句“何如”之问，颇有自得求赞之意。然孔子却以“可也”一语评之，又以“贫而乐、富而好礼”启发之，提撕之，真可谓循循然善诱人。盖“贫而乐”不唯是自尊，亦且是自足、自得；“富而好礼”不唯是自律，亦且是自强、自新。

《宪问》篇孔子云：“贫而无怨难，富而无骄易。”正可做此章注脚。“贫而无怨”与“贫而无谄”，虽仅一字之差，而境界迥异。“无谄”属言行，可做给人看；“无怨”属心境，冷暖自知。“无谄”不一定“无怨”（因贫而仇富，亦可无谄），“无怨”则必能“无谄”。“无怨”实已接近“贫而乐”之境，成为一种难得之修养，此即所谓“安贫乐道”。又，《礼记·中庸》说：“君子素其位而行，不愿乎其外。素富贵，行乎富贵；素贫贱，行乎贫贱；素夷狄，行乎夷狄；素患难，行乎患难。君子无入而不自得焉。”夫子之高明，正在于能于细微处启人心智，于广大处催人奋进。

正所谓“严师出高徒”，子贡本自得意，经夫子提点后，当下证悟，乃以《诗经》“切磋琢磨”句抒发感喟，师徒之间，口传心授，教学相长，活泼如见，令人虽不能至，心向往之。朱熹《集注》说：“《诗·卫风·淇澳》之篇，言治骨角者，既切之而复磋之；治玉石者，既琢之而复磨之；治之已精，而益求其精也。子贡自以无谄无骄为至矣，闻夫子之言，又知义理之无穷，虽有得焉，而未可遽自足也，故引是诗以明之。”今按：子贡精熟《诗经》，有例为证。《孔子家语·困誓》载：

> 子贡问于孔子曰：“赐倦于学，困于道矣。愿息而事君，可乎？”孔子曰：“《诗》云：‘温恭朝夕，执事有恪。’事君之难也，焉可息哉？”曰：“然则赐愿息而事亲。”孔子曰：“《诗》云：‘孝子不匮，永锡尔类。’事亲之难也，焉可以息哉？”曰：“然则赐请息于妻子。”孔子曰：“《诗》云：‘刑于寡妻，至于兄弟，以御于家邦。’妻子之难也，焉可以息哉？”曰：“然则赐愿息于朋友。”孔子曰：“《诗》云：‘朋友攸摄，摄以威仪。’朋友之难也，焉可以息哉？”曰：“然则赐愿息于耕矣。”孔子曰：“《诗》云：‘昼尔于

茅，宵尔索绹，亟其乘屋，其始播百谷。’耕之难也，焉可以息哉?”曰：“然则赐将无所息者也?”孔子曰：“有焉。自望其广，则睪如也；视其高，则填如也；察其从，则隔如也。此其所以息也矣。”子贡曰：“大哉乎死也！君子息焉！小人休焉！大哉乎死也！”

孔子五引《诗经》名句，涉及君臣、父子、夫妻、兄弟、朋友五伦，以及耕作稼穑之事，借以启发子贡志意，勉其好学不息，子贡作为提问者，既能步步设问，又能幡然领悟，可知其于《诗经》必耳熟能详矣。

或问：为何孔子赞许子贡可与言《诗》呢？这就涉及对《诗》之本质的理解了。《诗大序》称：“诗者，志之所之也。在心为志，发言为诗。”《尚书·尧典》云：“诗言志，歌永言，声依永，律和声。”又《庄子·天下》：“诗以道志。”《荀子·儒效》：“诗言是其志也。”“诗言志”三字，遂成为中国古典诗学“开山的纲领”（朱自清《诗言志辨》）。孔子极为重视《诗经》的教化功能，说：“兴于诗，立于礼，成于乐。”又说：“诗可以兴，可以观，可以群，可以怨。”这里的“兴”，盖有二义：一是孔安国所谓“引譬连类”，即“能近取譬”；二是朱熹所谓“感发志意”，即“先言他物以引起所咏之辞也”。可以说，“诗可以兴”既是儒家诗学的认识论，也是方法论。

今按：子贡引诗，正是“兴于诗”“诗可以兴”的生动案例，也是“诗言志”的最佳体现。盖子贡从夫子的点拨中明白君子成德，乃是一下学上达、精益求精之过程，“学然后知不足”，不可自满于现状而失去精进不已的可能性。孔子对于子贡的联想，又惊又喜，故赞其“始可与言《诗》已矣！告诸往而知来者”。言下之意，若能从文献中悟出做人的道理，举一反三，引譬连类，便是好学深思，便是温故知新，便是学以致用了。有徒如此，于夫子而言，真是乐莫大焉！

## 1.16　子曰：“不患人之不己知①，患不知人也。”

**新注**　①患：心疾曰患。《说文》：“患，忧也。”不己知：“不知己”

的倒装。

**新译** 孔子说：“不要担心别人不了解自己，应该担心的是自己不能了解别人。”

**新识** 本章再论人我关系，与首章“人不知而不愠”遥相呼应。

儒学乃“人需之学”，亦可简称“人学”。孔子之学，强调为己而非为人。以个己之进德修业为中心，则周流无碍，无往而不自得。生而为人，不可不知己、知人、知命、知天。《尚书·皋陶谟》言为政之道“在知人，在安民”，“知人则哲”，“安民则惠”。又，《老子》第三十三章：“知人者智，自知者明。”《尧曰》篇第三章即《论语》全书最后一章也说：“不知言，无以知人也。”孔子说“巧言令色鲜矣仁”“仁者其言也讱”，就是“知言”之后进而“知人”。在人我关系的相互对待中，注重“知人”而不追求“人知”，不仅是恕道，也是仁道。朱熹《集注》引尹氏曰：“君子求在我者，故不患人之不己知。不知人，则是非邪正或不能辨，故以为患也。”

今按：人不知我，不害我之精进，故不足为患；我不知人，则于学有亏，故君子深以为病。古语云：“一事不知，儒者之耻。”正此意也。孔子之学，乃“向内求”、而非“向外求”的学问，是严以律己、宽以待人的学问，是正心诚意的修身工夫，而非求全责备于他人的末技俗学。明乎此，始可与言《论语》之义理也。

# 为政第二

## 2.1　子曰："为政以德①，譬如北辰，居其所而众星共之②。"

**新注**　①为政以德：即以德为政。用道德来治理国家。明张自烈《四书大全辨》称："为政者君，执政者卿，从政者大夫也。"故孔子此言，乃就国君而言。　②北辰：北极星。古人以为天之中枢。共（gǒng）："拱"的本字，围绕。

**新译**　孔子说："为政者用道德来治理国家，就像北极星一样，安居其位，而众星自然环绕拱卫着它。"

**新识**　本章谈德治。以北辰为喻，开君子比德之先河，此亦夫子能近取譬、情信辞巧之证也。

夫子所谓"德治"，乃自上而下的一种道德教化。《礼记·乐记》："德者，得也。"又同书《乡饮酒》："德也者，得于身也。故曰古之学术道者，将以得之于身也。"故"德"者，非自外铄而实自得于己身者也。孔子认为，为政者即国君自己首先要有德，然后率先垂范，才能领袖群伦。今人以为“以德治国”，乃用道德要求百姓，抽去为政者须有德者之义，纯系误读，不可不辨。

对于夫子的“为政以德”，大致有两派意见：一种以“无为而治”释之。如何晏《集解》引包咸注：“德者无为，犹北辰之不移而众星共之。”朱熹《集注》亦称：“政之为言正也，所以正人之不正也。德之为言得也，得于心而不失也。……为政以德，则无为而天下归之，其象如此。”持此观点者自有道理，《卫灵公》篇孔子曰：“无为而治者，其舜也与！夫何为哉？恭己正南面而已矣。”“恭己正南面”正是“为政以德”的另一种表达。

另一派则以为，“为政以德”本身就是“有为”。如清人毛奇龄《论语稽求篇》就说：“夫为政以德，正是有为。夫子已明下一‘为’字，况为政尤以无为为戒。”又引《礼记》：“哀公问政。孔子曰：‘政者，正也。君为政，则百姓从政矣。君之所为，百姓之所从也。君所不为，百姓何从？”以证其说。近人程树德《论语集释》也说：“此章之旨，不过谓人君有德，一人高拱于上，庶政悉理于下，犹北辰之安居而众星顺序。即任力者劳，任德者逸之义也。与孔子称舜无为而治了不相涉。”

事实上，将“为政以德”与“无为而治”联系起来自有其合理性。《集注》引程子云：“为政以德，然后无为。”范祖禹亦云：“为政以德，则不动而化、不言而信、无为而成。所守者至简而能御烦，所处者至静而能制动，所务者至寡而能服众。”今之学者以为“无为而治”乃出自黄老，未免胶柱鼓瑟。夫子乃“圣之时者”，道大德全，无适无莫，无可无不可，故其思想涵摄儒道，圆融无滞，必以其定为此而不为彼，反失圣人立言之旨矣。

## 2.2　子曰：“诗三百，一言以蔽之①，曰：‘思无邪②。’”

**新注**　①诗三百：《诗经》共收三百零五篇诗，故称。一言以蔽之：一言，一句话。蔽，概括。　②思无邪：语出《诗经·鲁颂·駉》：

"思无邪，思马斯徂。""思"本为发语词，无意义，孔子在此借用为"情思"义。

**新译** 孔子说："《诗经》三百篇，可用一句话来概括，就是：情思纯正没有邪念。"

**新识** 本章谈诗教。看似与为政无关，实则"诗教"关乎"德治"，又与"礼乐"相连，乃为政治国之重要内容。前引《礼记·经解》云："孔子曰：'入其国，其教可知也。其为人也，温柔敦厚，《诗》教也；……《诗》之失愚……其为人也，温柔敦厚而不愚，则深于《诗》者也。'"古时政教不分，二者相辅而行，《论语》中孔子反复谈及《诗》之政教功能：

> 《关雎》乐而不淫，哀而不伤。(《八佾》)
>
> 兴于《诗》，立于礼，成于乐。(《泰伯》)
>
> 不学《诗》，无以言。(《季氏》)
>
> 诵《诗》三百，授之以政，不达；使于四方，不能专对。虽多，亦奚以为？(《子路》)
>
> 人而不为《周南》《召南》，其犹正墙面而立也与？(《阳货》)
>
> 《诗》可以兴，可以观，可以群，可以怨。迩之事父，远之事君。多识于鸟兽草木之名。(《阳货》)

又，前引《毛诗大序》云：

> 诗者，志之所之也，在心为志，发言为诗。情动于中而形于言，言之不足，故嗟叹之，嗟叹之不足故永歌之，永歌之不足，不知手之舞之，足之蹈之也。情发于声，声成文谓之音。治世之音安以乐，其政和；乱世之音怨以怒，其政乖；亡国之音哀以思，其民困。故正得失，动天地，感鬼神，莫近于诗。先王以是经夫妇，成孝敬，厚人伦，美教化，移风俗。

综上可知，儒家"诗教"与"德治"密不可分，并行不悖。为何以《诗》为教？关键就在孔子所说的"思无邪"。对此，朱熹《诗集传序》言之甚详：

> 或有问予曰："诗何为而作也？"予应之曰："人生而静，天之性也；感于物而动，性之欲也。夫既有欲矣，则不能无思。既有思矣，则不能无言。既有言矣，则言之所不能尽，而发于咨嗟咏叹之余者，必有自然之音响节族（zòu）而不能已焉。此诗之所以作也。"曰："然则其所以教者何也？"曰："诗者，人心之感物而形于言之余也。心之所感而邪正，故言之所形有是非。惟圣人在上，则其所感者无不正，而其言皆足以为教。其或感之之杂，而所发不能无可择者，则上之人必思所以自反，而因有以劝惩之，是亦所以为教也。……"

在《论语集注》中，朱熹又说：

> 凡《诗》之言，善者可以感发人之善心，恶者可以惩创人之逸志，其用归于使人得其情性之正而已。然其言微婉，且或各因一事而发，求其直指全体，则未有若此之明且尽者。故夫子言《诗》三百篇，而惟此一言足以尽盖其义，其示人之意亦深切矣。

"性情之正"，其实就是"思无邪"。朱熹还说："孔子所谓思无邪，只是一个'正'字。"（《朱子语类》卷第十九）又引程子曰："'思无邪'者，诚也。"也即"修辞立其诚"之意。一诚一正，正《大学》"格物致知诚意正心"之谓也。"深于诗"者自然温柔敦厚，修身齐家，文质彬彬，然后君子。

孔子身通六艺，更是《诗经》学之奠基者。本章可以看作孔子《诗》学之"总纲"，也是孔子"博文"之后能"约礼"，"下学"之后能"上达"的具体体现。《集注》引范氏说："学者必务知要，知要则能守约，守约则足以尽博矣。经礼三百，曲礼三千，亦可以一言以蔽之，曰'毋不敬'。"

今按："思无邪"既是儒家《诗》学之"总纲"，也是儒家文教之"要目"。"思无邪"亦可理解为"情中节"，情兼雅怨，体被文质，美刺相兼，不偏不倚，无过无不及。而关于《诗经》的经典评述，如“哀而不伤”“怨而不怒”“乐而不淫”等，皆为儒家诗学“中和之美”的生动体现。

## 2.3 子曰：“道之以政，齐之以刑，民免而无耻①；道之以德，齐之以礼，有耻且格②。”

**新注** ①道（dǎo）：治理。一说同“导”，引导。齐：整顿。免：免于刑戮。 ②格：正也。一说至，亦通。《礼记·缁衣》：“子曰：言有物而行有格也。”

**新译** 孔子说：“用政令来领导百姓，用刑罚来整顿百姓，百姓虽然暂时免于犯罪而遭刑戮，却没有羞耻之心。如果用道德来引导百姓，用礼义来教化百姓，百姓不仅会有羞耻之心，而且言行能归于纯正，合乎正道。”

**新识** 本章承接上两章，由“德治”“诗教”过渡到“礼治”，逻辑上由内而外，由政而教，由道德层面进入到制度层面。

殷商重祭祀，周代重礼乐，孔子之时，礼坏乐崩，王道陵夷，霸道初兴，故法家思想渐次流行，礼乐逐渐与刑政合流，甚至大有被取代之势。《礼记·乐记》说：“故礼以道（导）其志，乐以和其声，政以一其行，刑以防其奸。礼乐刑政，其极一也。……所以同民心而出治道也。”朱熹《集注》也说：“愚谓政者，为治之具。刑者，辅治之法。德、礼则所以出治之本，而德又礼之本也。此其相为终始，虽不可以偏废，然政刑能使民远罪而已，德礼之效，则有以使民日迁善而不自知。故治民者不可徒恃其末，又当深探其本也。”也就是说，德治与礼治，乃以本驭末，以教为政，此孟子所谓“善政不如善教”之意也。

礼乐刑政，虽同是治道，其性质功用则大不相同。简言之，刑政属“他律”，礼乐属“教化”，唯有德与礼相辅相成，方可形成优良治理，百姓在道德礼俗感化之下产生内在道德感，也即“自律”。《礼记·缁衣》子曰：“夫民，教之以德，齐之以礼，则民有格心；教之以政，齐之以刑，则民有遁心。”又说：“政之不行也，教之不成也，爵禄不足劝也，刑罚不足耻也。故上不可以亵刑而轻爵。”“亵刑而轻爵”实则即是“重法而轻礼”。可以说，“德治”和“礼治”，归根到底还是要法先王，行仁政，复王道，而非严刑峻法，暴虐好杀。又，《孔子家语·刑政》载：

> 仲弓问于孔子曰：“雍闻……至刑无所用政，桀纣之世是也；至政无所用刑，成康之世是也。信乎?”孔子曰：“圣人之治化也，必刑政相参焉。大（太）上，以德教民，而以礼齐之；其次以政焉。导民以刑，禁之刑，不刑也。化之弗变，导之弗从，伤义以败俗，于是乎用刑矣。”

显然，与“至刑无所用政”之“刑政”相对，“至政无所用刑”之“德治”才是善政，才是王道。

礼义廉耻，国之四维；四维不张，国乃灭亡。中国素有礼仪之邦的美誉，然晚近以来，传统文化迭遭摧残，礼乐文明奄奄一息，致使国民素质每况愈下，道德信仰危机重重，人之为人的“恻隐之心”“羞恶之心”“辞让之心”“是非之心”大面积崩坏，千年斯文，扫地以尽。究其原因，在于太过依赖“法制”“政令”及“政策”的威力，而忽视培植自上而下的“德治”土壤，公民教育严重滞后，道德自律难以形成，礼俗社会远未实现。凡此种种，必然导致如下后果：一方面，各种法律法规铺天盖地，条文日益明细；另一方面，则是全民道德信仰一蹶不振，恶性事件层出不穷，执法成本持续增高，幸福指数大幅下降，长此以往，礼仪之邦几于沦为无耻之国矣。

今按：孔子的德礼之治，实质是“德主刑辅”，即使在当下依然不失其有效性。以为“德治”乃统治者单方面要求被统治者遵守的“道德教条”，已然犯了认识论的错误；如果进而认为“德治”完全可以抛弃，只去追求“治标不治本”的所谓“法制”，更是犯了舍本逐末的方法论错误。两者相较，五十步笑百步，皆不足以观、未足与议也！

**2.4 子曰："吾十有五而志于学①，三十而立②，四十而不惑③，五十而知天命④，六十而耳顺⑤，七十而从心所欲不逾矩⑥。"**

**新注** ①十有五而志于学：有（yòu），通"又"。志于学：立志学道。 ②而立：而，能也。立，盖指立学、立身、立人、立礼、立道也。 ③不惑：惑，困惑、迷惑、诱惑。不惑，不疑有定之义。《集注》："于事物之所当然，皆无所疑，则知之明而无所事守矣。" ④天命：《集注》："天命，即天道之流行而赋于物者，乃事物所以当然之故也。知此则知极其精，而不惑又不足言矣。" ⑤耳顺：顺耳。《集注》："耳顺，所闻皆通也。" ⑥从心所欲不逾矩：从，遵从。逾，逾越。

**新译** 孔子说："我十五岁有志于求学问道；三十岁学有所成，能立身于道中；四十岁能通达事理而不迷惑；五十岁时，能穷理尽性，知道什么是天命了；到六十岁，于所闻之理无不明白贯通，于非议之语无不顺耳无碍；七十岁，能随心所欲而行事，但不会逾越规矩和法度。"

**新识** 前三章谈为政之道，本章忽宕开一笔，记夫子自道其一生进学历程，可谓"夫子口述自传"和"简明年谱"。"从心所欲不逾矩"，实亦呼应上章"有耻且格"句，言修身成德之"内圣"工夫有至于如此自由逍遥之境者。夫子一生为学次第，求道阶程，深耕精进，超凡入圣之妙，尽在其中矣！

本章又可视为孔学"心经"，足为万世学者立法。孔子尝言："我非生而知之者，好古，敏以求之者也。"可知圣人必可学而至，孔子即凡而圣，其一生进路，盖有六端：

一曰立志。人生在世，不可不立志。志者士之心，立志即立心。人为天地之心，无志则无心，无心则不可以立人。欲立人，必先立学，欲立学，必先立志。《礼记·曲礼上》说："人生十年曰幼，学。"夫子年十五而"志于学"，盖立志之谓也。所立何志？曰：求学之志也。所求何学？曰：成道之学也。皇侃《疏》称："志者，在心之谓也。孔子言我年十五而学在心也。十五是成童之岁，识虑坚明，故始此年而志学也。"又，朱熹《集注》："古者十五而入大学。心之所之谓之志。此所谓学，即大学之道也。志乎此，则念念在此而为之不厌矣。"朱子所谓"大学之道"，实即学大人、成君子、希贤希圣之道也。今人不尚立志，即使立志亦与大学之道无涉，或"志于钱"，或"志于官"，或"志于名"，均子夏所谓"小道"，虽有可观，而致远恐泥者也。

二曰立人。"三十而立"，乃立学、立礼、立人、立道之谓也。《子罕》篇孔子说："可与共学，未可与适道。可与适道，未可与立。"是学必求立，不学不立，不立不学也。夫子年十五立志于学道，历十五年而后有所成。何晏《集解》释"立"说："有所成立也。"皇侃《疏》："古人三年明一经，从十五至三十是又十五年，故通《五经》之业，所以成立也。"而五经之中，关乎立身者以礼为重，孔子尝谓："兴于诗，立于礼，成于乐。"又说："不知礼，无以立也。"盖夫子三十之年，业已通经致用，于礼学尤为精研，卓然而为当世之礼学大师。故此"立"字，可谓立于礼，亦可谓立于道，皆统归于学矣。

三曰立智。前引《子罕》篇孔子又云："可与立，未可与权。""而立"盖能守经立道，"不惑"盖能通变达权。夫子尝言："知者不惑。"《老子》亦称："知人者智，自知者明。"所谓"不惑"，盖谓经明行修，于事物当然之理皆无疑惑，于外来诱惑皆能抵御。张子厚称："强礼然后可与立，不惑然后可与权。"苏辙亦云："遇变而惑，虽立不固。四十不惑，可与权矣。"故"四十不惑"，正是"智者"之境界。孔子又尝说："年四十而见恶焉，其终也已。""四十、五十而无闻焉，斯亦不足畏也已。"盖四十之年，人生过半，学养日厚，阅历日丰，如不能自知知人，明心见性，真可谓虚度韶华，蹉跎岁月矣。无独有偶。孟子也有"四十不动心"之自陈。盖"不动心"者，正"不惑"之谓也，此立智之境已为孔、孟二圣所证成，断断乎不虚不诬矣。

四曰立命。孔子说："君子有三畏：畏天命，畏大人，畏圣人之言。小人不知天命而不畏，狎大人，侮圣人之言。"又说："不知命，无以为君子也。"此皆夫子知天命后所言。夫子又尝说："加我数年，五十以学

《易》，可以无大过矣。”盖夫子“五十而知天命”，必与学《易》有关。夫子所谓“知天命”，略而言之，其义有三：其一，夫子五十之后，道与天合，遂知天命之在我，文武之道或曰斯文亦在我。故其每遇困厄，信愈笃而志愈坚。夫子过宋，遭桓魋之厄，乃曰：“天生德于予，桓魋其如予何？”又尝畏于匡，亦有豪言曰：“天之未丧斯文也，匡人其如予何？”此皆夫子知天命在我之确证。其二，虽知天命在我，然值此乱世，礼坏乐崩，终不能行道于天下。故孔子曰：“道不行，乘桴浮于海”，“谁能出不由户，何莫由斯道也？”“凤鸟不至，河不出图，吾已矣夫！”又说：“朝闻道，夕死可矣。”此皆夫子知“天命不与我”之确证也。其三，虽知“天命不与我”，道亦终不可行，然绝不使道坠失于地，故夫子“干七十余君无所遇”，反而愈挫愈奋，百折不挠，颠沛造次，而不改其志。此一种“知其不可而为之”“居易以俟命”之精神，千载之下思之，犹觉惊心动魄！此正中华文明历数千年而不亡之“灵根”“慧命”矣！归根结底，盖夫子未能忘情于天下苍生也。面对“天下滔滔皆是”的质疑，夫子说：“鸟兽不可与同群，吾非斯人之徒与而谁与？天下有道，丘不与易也。”言下之意，正因天下无道，我才要如此栖栖遑遑，奔走劬劳。“丘不与易”，便是“尽人事，听天命”！如此担荷天下道义与人类未来之愿心与愿力，真可与日月同辉，与天地永久。故夫子知天命之后，不仅是一智者，亦且是一勇者耳。伟哉夫子！壮哉夫子！

五曰立仁。夫子年五十五，去鲁适卫，辗转于宋、卫、陈、蔡之间凡十四年，至六十八岁，自卫返鲁。“六十而耳顺”，正夫子知天命之后，于流离转徙中所达到之境界。汉儒郑玄释“耳顺”说：“闻其言而知其微旨也。”皇侃《疏》引王弼曰：“耳顺，言心识在闻前也。”“耳顺”，亦可解为“顺耳”，即对一切听入于耳者，皆不觉有何不顺，亦不能对自己有何损益，正是“上智不移”，亦君子不惑、不忧、不惧、不愠之况也。一部《论语》，皆夫子与弟子相与论学论道、应机设教、因材施教之实录，若非夫子德性圆满，智慧具足，焉能有此一金声玉振、小叩大鸣之境界？孔子说：“仁者不忧，勇者不惧。”“仁者必有勇，勇者不必有仁。”《颜渊》篇司马牛问君子，子曰：“君子不忧不惧。……内省不疚，夫何忧何惧？”可知“耳顺”之境，不仅是不惑、知命之上的一种智慧境界，更是兼具智、仁、勇之“三达德”的一种道德境界。事实上，“耳顺”不唯不忧不惧，亦且乐在其中。夫子还说：“饭疏食，饮水，曲肱而枕之，乐亦在其中矣。不义而富且贵，于我如浮云。”又说：“发愤忘食，乐以忘忧，不知老之将至云尔。”此与《易传》“乐天知命，故不忧”正相吻合，皆夫子已为仁者之确证。内省不疚，心地光明，默识心通，忠恕一贯，无所违逆，乐以忘忧，正是超入圣域之象也。夫子虽曰“若圣与仁，则吾岂敢”，然耳顺之境实可下一转语：“何事于仁？必也圣乎！”

六曰立圣。若说“耳顺”为仁者之境，则“从心所欲不逾矩”当是圣人之境。夫子一生学不厌，诲不倦，日就月将，一往无前，其最终成果，乃是为天地后世立一“人极”。“圣”便是人之极。《尚书·洪范》说：“睿作圣。”传云：“于事无不通谓之圣。”又《说文》：“圣，通也。”按语云：“耳顺之谓圣。”《风俗通》则说：“圣者，声也。言闻声知情。”是知“圣”之为言，必能贯通天地神人。故《周易·文言传》云：“夫大人者，与天地合其德，与日月合其明，与四时合其序，与鬼神合其吉凶。”此处的大人，也即圣人。圣人者，以人合天、天人合一之人也。又，周敦颐《通书·志学》云：“圣希天，贤希圣，士希贤。”朱熹更进一步指出：“天即人，人即天。人之始生，得于天地。既生此人，则天又在人矣。”孔子晚年实已参透天地万物，故其尝曰：“予欲无言。……天何言哉？四时行焉，百物生焉，天何言哉！”又说：“不怨天，不尤人，下学而上达，知我者其天乎！”夫子一生贯彻为己之学，学求在己，不欲人知，故能“人不知而不愠”，究竟言之，非夫子真不欲人知，实是其后来境界，俗人不可与知，唯有天知地知也！此一种境界，不仅是一种“前不见古人，后不见来者”的大孤独，也是一种“独与天地精神相往来”的大自由！“从心所欲不逾矩”，与“无可无不可”一样，体现了人心与天理、良知与良能、自由与秩序的高度统一。孟子祖述孔子，尝言：“大而化之之谓圣。”又说：“孔子，圣之时者也。”“出于其类，拔乎其萃，自生民以来，未有盛于孔子也。”“孔子之谓集大成。”汉儒扬雄也说：“观乎天地，则见圣人。”程颐则谓不然，说：“观乎圣人，则见天地！”凡此种种，正是夫子以人合天、参赞天地化育之圣人境界的最佳证明。

今按：本章实乃孔子一生进学成道之“传神写照”，也是古今中外最为动人的励志箴言。明儒顾宪成称：“这章书是夫子一生年谱，亦是千古作圣妙诀。”钱穆亦云：“自志学而立而不惑，皆下学。自此以往，则上达矣。”诚哉斯言也！

**2.5 孟懿子问孝。子曰：“无违①。”樊迟御②，子告之曰：“孟孙③问孝于我，我对曰：‘无违。’”樊迟曰：“何谓也④？”子曰：“生，事之以礼⑤；死，葬之以礼，祭之以礼。”**

**新注** ①孟懿子：仲孙氏，名何忌，鲁大夫，孟僖子仲孙貜（jué）之子，死后谥号为懿。孟僖子将死，遗嘱何忌从孔子学礼，故孟懿子亦孔子弟子。无违：谓不背于礼制。或云不违亲，误。 ②樊迟：孔子弟子，鲁人，名须，字子迟，少孔子四十六岁（一说少三十六）。御：驾车。 ③孟孙：即仲孙也。《白虎通·姓名篇》：“诸侯之子称公子，公子之子称公孙，公孙之子各以其王父字为氏。”此孟孙本出公子庆父之后，当称孟公孙，简称孟孙。 ④何谓也：犹言何意。 ⑤事之以礼：“以礼事之”的倒装。以，按照。

**新译** 孟懿子请教什么是孝。孔子说：“不要违背（礼制）。”一日，樊迟为夫子驾车，孔子告诉他说：“孟孙向我问孝，我告诉他‘不要违背’。”樊迟问：“这是什么意思呢？”孔子说：“父母在世时，要按照礼去侍奉他们；父母去世了，要按照礼安葬他们，按照礼祭祀他们。”

**新识** 本章所记之事，时间跨度较大，盖在四十年左右。《史记·孔子世家》载：

> 孔子年十七，鲁大夫孟釐子（即孟僖子）病且死，诫其嗣懿子曰：“孔丘，圣人之后，灭于宋。其祖弗父何始有宋而嗣让厉公。及正考父佐戴、武、宣公，三命兹益恭，

> 故鼎铭云：'一命而偻，再命而伛，三命而俯，循墙而走，亦莫敢余侮。饘于是，粥于是，以糊余口。'其恭如是。吾闻圣人之后，虽不当世，必有达者。今孔丘年少好礼，其达者欤？吾即没，若必师之。"及釐子卒，懿子与鲁人南宫敬叔往学礼焉。

考孟僖子死于鲁昭公十八年（前524），孔子二十八岁，可知孟懿子问孝，当在是年之后。而樊迟乃孔子六十八岁自卫返鲁后之弟子，夫子返鲁在鲁哀公十一年（前484），可知两人这一番对话，至少也在四十年之后了。《论语》一章所记，跨越年代之久，无出本章其右者！

此章谈"孝之礼"，可与"慎终追远"章同参。"葬之以礼"即"慎终"，言丧礼；"祭之以礼"即"追远"，言祭礼。孝亲之礼，发乎人情，非自外铄。《礼记·祭统》说："夫祭者，非物自外至者也，自中出，生于心也。"《孟子·滕文公上》载孟子与墨者夷之论厚葬，孟子讲了一个故事说：

> 盖上世尝有不葬其亲者。其亲死，则举而委之于壑。他日过之，狐狸食之，蝇蚋姑嘬之。其颡有泚，睨而不视。夫泚也，非为人泚，中心达于面目。盖归反虆梩而掩之。掩之诚是也，则孝子仁人之掩其亲，亦必有道矣。

此人由"不葬其亲"到"掩其亲"，正是孝道萌生于内心的结果，而人类的丧葬之礼，实则可以视为人类摆脱禽兽状态，由野蛮走向文明的开始。孝亲之礼，无不本诸情，可一言以蔽之曰：事亲有爱，葬亲有哀，祭亲有敬。

今按：春秋末年，礼坏乐崩，鲁君虽是周公之后，但至鲁昭公时，最有权势的"三桓之家"（鲁桓公的后代孟孙氏、叔孙氏、季孙氏）皆有僭越违礼之行。孔子回答孟懿子"无违"二字，点到为止，含而不露，实亦蕴含讽谏之意。故朱熹《集注》云："生事葬祭，事亲之始终具矣。礼，即理之节文也。人之事亲，自始至终，一于礼而不苟，其尊亲也至矣。是时三家僭礼，故夫子以是警之，然语意浑然，又若不专为三家发者，所以为圣人之言也。"

## 2.6 孟武伯[1]问孝。子曰："父母唯其疾之忧[2]。"

**新注** ①孟武伯：孟懿子之子，名彘，谥号为武。 ②父母唯其疾之忧：此句有三解：一、父母爱子，常担心孩子生病；子女能够体贴父母，爱惜己身，便是孝。二、子女对父母，当尽心服侍，尤其在父母生病时，更应因忧患而体贴呵护。三、子女常常谨言慎行，合乎礼义，使父母不忧其他，唯以其生病而忧虑。三解均可通，今取第三义。

**新译** 孟武伯问什么是孝。孔子说："父母只有在你生病时才为你感到担心（，这就是孝了）。"

**新识** 本章承上章，谈"孝之义"。儒家有好生之德，对身体性命之安顿，尤为重视，安身立命之说盖本乎此。《论语·述而》篇记："子之所慎：齐（斋）、战、疾。"斋戒、战争、疾病，无不关乎身体性命之安顿，故亦融入孝之内涵中。如《孝经·开宗明义章》云："身体发肤，受之父母，不敢毁伤，孝之始也。"疾病、毁伤、战争皆非人力可控，故尤令人忧患。

"父母唯其疾之忧"句，自来歧解甚多。朱熹《集注》云："言父母爱子之心，无所不至，惟恐其有疾病，常以为忧也。人子体此，而以父母之心为心，则凡所以守其身者，自不容于不谨矣，岂不可以为孝乎？"此一解释太过迂曲，今不从。又，《集解》马融称："言孝子不妄为非，惟有疾病然后使父母忧也。"朱熹进一步解释说："人子能使父母不以其陷于不义为忧，而独以其疾为忧，乃可谓孝。"此一解释涉及"孝之义"，言子女当谨言慎行，合乎礼义，不使父母忧其德，唯使父母忧其病，显然于义为佳。夫一朝之忿，忘其身以及其亲，确为父母忧之大者。

今按："父母唯其疾之忧"，看似以父母之忧为中心，实则以孝子忧父母之忧为中心。平时不让父母为自己担忧，并非仅是一心理层面之活动，更是一行为层面的要求。唯者，独也。唯其疾之忧，实际上是将父母对自己的忧患减少到最小值，也即自己若无疾病，绝不令父母忧心之意。短短七字，蕴含夫子多少情愫在其间！从修辞而言，此章可谓“微而显，志而晦，婉而成章”，“含不尽之意于言外”也！

## 2.7 子游[1]问孝。子曰：“今之孝者，是谓能养[2]。至于犬马，皆能有养；不敬，何以别乎[3]？”

**新注** ①子游：姓言，名偃，吴人，孔子晚年弟子，少孔子四十五岁。“孔门四科”文学科高弟。 ②养：赡养。这里指饮食供奉。③别：分别；区别。

**新译** 子游问什么是孝。孔子说：“如今所谓的孝，认为能够赡养父母便算是孝了。就连那些犬马，也都能得到饲养；如果赡养父母时毫无敬爱之情，那与养犬马有什么区别呢？”

**新识** 本章又承上章，谈“孝之情”。前两章已言明：孝道既要合乎礼，也要合乎义。本章则进一步强调，孝道不仅与礼义有关，更与内在情感相连。孝之所以为孝，并非取决于外在之行为，而取决于导致外在行为并与其保持一致的内在情感，即敬爱之情。故此章不妨可视作谈孝之情。

朱熹《集注》释此章云：“犬马待人而食，亦若养然。言人畜犬马，皆能有以养之，若能养其亲而敬不至，则与养犬马者何异。甚言不敬之罪，所以深警之也。”又，《大戴礼记·祭义》引曾子曰：“孝有三：大孝尊亲，其次弗辱，其下能养。”言下之意，仅知赡养父母而不知爱敬，乃最下等之孝行。《孟子·离娄上》载：

> 曾子养曾皙，必有酒肉。将彻，必请所与。问有余，必曰“有”。曾皙死，曾元养曾子，必有酒肉。将彻，不请所与。问有余，曰“亡矣”。将以复进也。此所谓养口体者也。若曾子，则可谓养志也。

曾子是大孝子，其对父亲曾皙敬爱有加，无微不至，而其子曾元对他则按部就班，例行公事，无视其内在需求。孟子称曾子之孝为“养其志”，曾元之孝为“养口体”，真是一针见血！事实上，“养其志”便是孝中有敬，而“养口体”因为无法体现敬爱之情，几乎沦为犬马之养了，何孝之有?!

窃谓此章将养父母与养犬马相提并论，指出敬爱之情的重要，其实已开启孟子的人禽之辨。孟子尝言：“人之所以异于禽兽者几希？庶民去之，君子存之。”人与禽兽在生物本能上或许相差无几，但人之所以比禽兽更高贵，盖因人类有仁、义、礼、智之“心之四端”。就孝子事亲而言，如仅提供口腹之欲的满足，而没有发自内心的敬爱，便把孝行本身的人文价值抽空了。换言之，养父母与养犬马在结果处有着某种相似性，但在起点处和过程中却有着本质的不同。而敬爱之情，毋宁说就是“现象背后的本质”！

类似的说法经典中不止一见。如《礼记·内则》曾子曰：“孝子之养老也，乐其心不违其志，乐其耳目，安其寝处，以其饮食忠养之，孝子之身终，终身也者，非终父母之身，终其身也。是故父母所爱亦爱之，父母所敬亦敬之。至于犬马尽然，而况于人乎?”又，《孟子·尽心上》说：“食而弗爱，豕交之也；爱而不敬，兽畜之也。”《礼记·坊记》亦载：“子云：‘小人皆能养其亲’；君子不敬，何以辨?”

今按：毫无敬爱之情的赡养，缺乏良知灵明的孝行，其实就是孟子所说的“豕交”“兽畜”和“养口体”，大概只能谓之小人之孝了。今人动辄批评孝道迂腐虚伪，实则不知，古之圣贤倡导孝道，乃基于对“人之异于禽兽者几希”的理性判断，是对人之惰性及劣根性的防患于未然。

## 2.8 子夏问孝。子曰：“色难①。有事，弟子服其劳；有酒食，先生馔②。曾③是以为孝乎?”

**新注** ①色难：有三种解释：一、孝子侍奉父母，能做到和颜悦色是很难的。二、以承顺父母之色为难。三、今人又有一种新解，以为“难”当作“戁”(nǎn)。《说文·心部》：“戁，敬也。”段玉裁注：“敬者，肃也。”“色难”即“色敬”之义。侍奉父母，应当有恭敬之容色。三说皆可通，而后一种似更优。 ②服其劳：服，操持。劳，效劳。先生馔（zhuàn）：先生，父兄长辈。馔，饮食。③曾（zēng）：难道。

**新译** 子夏请问孝道。孔子说：“（侍奉父母时）容色恭敬和悦（才算是真孝）。家里有事情，年轻人服侍效劳；有好的酒食，让父兄和长辈先饮用，难道这样便算是孝了吗？”

**新识** 本章承上章，谈“孝之色”。由孝之礼、孝之义、孝之情到孝之色，角度不同，程度有异，而同属孝之内涵与外延。问同答异，应机设教，因人制宜，各尽其妙，夫子诲人不倦有如此。

古代有所谓“色养之孝”，即指侍奉父母时，应承顺其颜色，遇有抵牾，亦须起敬起孝。《礼记·祭义》说：“孝子之有深爱者，必有和气，有和气者必有愉色，有愉色者必有婉容。”朱熹《集注》引此称：“故事亲之际，惟色为难耳，服劳奉养未足为孝也。旧说，承顺父母之色为难，亦通。”今人又释“难”为“戁”（nǎn）者，理由是《说文·心部》：“戁，敬也。”（李竞恒《论语新劄》）如此“色难”作“色敬”解，反比古注斩截明快，语义显豁。

俗话说：“久病床前无孝子。”盖父母年迈老病，孝亲养老虽系天经地义，然对于一般人家而言，终究是一不小的重担，真正做到和颜悦色侍奉父母始终如一者，可谓少之又少。孔子“色难”的告诫，实则出于对人性的洞幽烛微，也寄寓了对老病父母的深切同情。故孝之内涵，除了情感上的“敬”，还要有容色上的“顺”，如此由内及外，表里如一，才是真孝。扪心自问，今人受西方影响，动辄与父母论平等，谈条件，讲道理，唯独缺乏反躬自省，设身处地换位思考之精神，一旦酿成不必要的情感伤痛，悔之晚矣。“树欲静而风不止，子欲养而亲不待”，子女对父母的所有慢待，到头来都会成为折磨自己的精神拷问，只要我们良知还在！

今按：以上四章前后贯通，皆是对孝的不同角度的认知与体贴。孔子之学，非从概念定义中来，而是来自生活实践，情感体验，故问同答异而不离本原。程子说：“告懿子，告众人者也。告武伯者，以其人多可忧之事。子游能养而或失于敬，子夏能直义而或少温润之色。各因其材之高下，与其所失而告之，故不同也。”此正因材施教之绝佳实例也。要言之：上孝养志，其次养色，其次养体。读者不妨对号入座，反躬自问。

## 2.9 子曰：“吾与回言终日①，不违如愚②。退而省其私，亦足以发③。回也不愚。”

**新注** ①回：即颜回，字子渊，孔子弟子，少孔子三十岁。“孔门十哲”之首。终日：一整天。 ②不违如愚：不违者，意不相背，有听受而无问难也。愚，愚笨。 ③退而省其私，亦足以发：省，省察。私，谓燕居独处，非进见请问之时。发，发明。

**新译** 孔子说：“我与颜回谈话一整天，他没有一句问难质疑，好像很愚笨。等他退下来后，我省察他私下的言行，对于我所讲的道理学问颇能有所发明。颜回啊，一点也不愚笨呀！”

**新识** 此章颜回第一次出场，大可注意。作为孔门高足，颜回深受夫子喜爱，原因何在？窃谓关键在于：

其一，颜回好学。颜回如不好学，夫子断不至于与之“言终日”。在孔子心目中，弟子中唯颜回足称“好学”。而颜回之学，实在为己，而非为人；亦在修身，而非求知；更在约礼，而非博文。故颜回能“不迁怒，不贰过”，“无伐善，无施劳”，希圣希贤，好学不已。这与默而识之、学而不厌、发愤忘食、乐以忘忧的夫子不谋而合。

其二，颜回谦逊。颜回如不谦逊，绝不可能“不违如愚”。一般人往往师心自用，“好行小慧”，“不知而作”，即便“不违”，也不至于“如愚”。《先进》篇孔子说：“回也非助我者也，于吾言无所不说。”颜回所以“无所不说”，盖已默识心通，故能“不违如愚”，事实上，这是学在己身，不求人知，可谓大智若愚。

其三，颜回聪慧。“退而省其私，亦足以发”，“省”谓反省，“发”即发明，足见颜回天资聪颖，慧根具足。子贡称赞颜回“闻一以知十”，于此已见端倪。后颜回聚徒授书，传承夫子之学，开启了“颜氏之儒”这一学派。

今按：颜回有此三德，堪称古今最佳学生，难怪夫子赏誉有加，视若己出。又，《孔子家语·弟子行》子贡评颜回曰：“能夙兴夜寐，讽诵崇礼，行不贰过，夫称言不苟，是颜回之行也。孔子说之以《诗》曰：‘媚兹一人，应侯慎德’，‘永言孝思，孝思惟则’。若逢有德之君，世受显命，不失厥名，以御于天子，则王者之相也。”可见，孔子认为，颜回不仅敏而好学，安贫乐道，而且颇有才干，若有机会，必可大有作为。

又按：此章先抑后扬，一波三折，笔法灵动，真可谓之“大块文章”也！

## 2.10 子曰：“视其所以，观其所由，察其所安①，人焉廋②哉？人焉廋哉？”

**新注** ①视其所以，观其所由，察其所安：视，看。所以，所为。一说所以，所因。引申为做事的原因或动机。观，审视。由，经由，通过。引申为方法或途径。察，细察。所安，所处，所止，所乐。②焉廋（sōu）：焉，哪里。廋，藏匿。

**新译** 孔子说：“先看一个人平时之所为，再了解他做事所采取的方法，再仔细观察他最终所能安处的状况，这个人哪里还能隐藏得了呢？这个人哪里还能隐藏得了呢？”

**新识** 本章紧承上章，谈知人之学。孔子之学，虽曰为己，但亦颇重知人。樊迟尝问知。子曰：“知人。”将“知人”当作“知”（智慧）的最高境界。孔子言知人之要，其例甚多，如：“不患人之不己知，患不知人也。”“不知言，无以知人也。”“观过，斯知人也。”“始吾于人也，听其言而信其行，今吾于人也，听其言而观其行。”

上章谈孔子对颜回，从“如愚”之印象到“不愚”之判断，便是“视其所以，观其所由，察其所安”的知人过程。《穀梁传》隐公五年：

“常事曰视，非常曰观。”又《尔雅·释诂》：“察，审也。”刘宝楠《论语正义》云：“视、观、察，以浅深次第为义。”“所以”“所由”“所安”，既可指观察一个人做事的动机、途径、心态，亦可指省察其做事的起始、过程及终结。如动机良善，途径正当，心态安适，则其人为君子，反之则为小人。如其自始至终，皆能条理明畅，心安理得，不至于“靡不有初，鲜克有终”，“早知今日，悔不当初”，则其人如何，一目了然。故朱熹云：“所由虽善，而心之所乐者不在于是，则亦伪耳，岂能久而不变哉?”此即《大学》所谓“物有本末，事有终始，知所先后，则近道矣”。

今按：就为人、为学而言，“所以”“所由”并不难，难在“所安”。“安”者，处也，止也，定也，乐也。《大学》云：“知止而后有定，定而后能静，静而后能安，安而后能虑，虑而后能得。”此意也可反过来理解，人生最大的学问，不在能虑、能得，而在能定、能静、能安。

## 2.11 子曰：“温故而知新①，可以为师矣。”

**新注** ①温故而知新：朱熹《集注》：“温，寻绎也。故者，旧所闻。新者，今所得。”

**新译** 孔子说：“温习旧的知识，并能从中领悟到新的道理，这样便可以为人师了。”

**新识** 此章谈为学为师之道。朱熹《集注》云：“言学能时习旧闻，而每有新得，则所学在我，而其应不穷，故可以为人师。”又《礼记·学记》：“记问之学，不足以为人师。”记问之学，显然指只能“温故”不能“知新”的死记硬背，博闻强记。《礼记·学记》：“君子知至学之难易，而知其美恶，然后能博喻；能博喻然后能为师。”“博喻”即是能“温故而知新”“告诸往而知来者”“闻一以知二”“举一隅而以三隅反”“闻一以知十”，非如此，不可以为人师矣。

今按：此章实亦呼应颜回一章。颜回“退而省其私，亦足以发”，与本章“温故而知新”，正可互相发明。夫子于弟子中深重颜回，盖因颜回不独好学，而且可以为人师。又子夏曰：“日知其所亡，月无忘其所能。”这里“日知其所亡”可以理解为“知新”，“月无忘其所能”则是“温故”，子夏有此良知良能，故后来终成儒门一代宗师。

## 2.12 子曰：“君子不器①。”

**新注** ①器：器物，器具。引申为工具性人才。

**新译** 孔子说：“君子不应该像一件器物那样（仅具有形而下的特定功用）。”

**新识** “君子不器”四字，言约意丰，实孔子教育之大纲宗旨。

此章可就上下言。《周易·系辞》云：“形而上者谓之道，形而下者谓之器。”君子不器，是说君子当“下学而上达”，不应舍上而就下，舍道而就器。

亦可就大小言。器之于道，有小大之辨：器有质量，道无涯际；道可容器，器能载道。《礼记·学记》云：“大德不官，大道不器，大信不约，大时不齐。”子夏亦说：“虽小道，必有可观者焉，致远恐泥。”此小道，即器用技术之属。为学若专注于此，只能为“小人儒”，不能为“君子儒”。

亦可就专博、一多、本末言。《集解》包咸注：“器者，各周于用。至于君子无所不施。”又，朱熹《集注》：“器者各适其用而不能相通。成德之士体无不具，故用无不周，非特为一才一艺而已。”君子养道不养器，故能执一而统众，由博而返约。

今按：孔子之教育，盖成人、立人、达人、爱人之教育，而非知识教育与专业、技能教育。“君子不器”，实则是指君子不应成为仅仅拥有某种技能、并且以此为谋生手段的工具性人才。君子谋道不谋食，既为君子，便不应以器自许，而应以道自任。今之教育，动辄以知识、专业、应用、技能、就业率相标榜，实在是自甘堕落，斯文扫地矣！

## 2.13 子贡问君子。子曰："先行其言，而后从之①。"

**新注** ①从之：随之。这里指说出。

**新译** 子贡问君子之道。孔子说："先把自己想要说的做好，然后再说出来。"

**新识** 本章谈君子言行之义。朱熹《集注》引周氏曰："先行其言者，行之于未言之前；而后从之者，言之于既行之后。"又引范氏曰："子贡之患，非言之艰而行之艰，故告之以此。"关于言行之辨，《论语》中夫子反复言之：

> 多闻阙疑，慎言其余，则寡尤；多见阙殆，慎行其余，则寡悔。言寡尤，行寡悔，禄在其中矣。(《为政》)
>
> 古者言之不出，耻躬之不逮也。(《里仁》)
>
> 君子耻其言而过其行。(《宪问》)
>
> 君子欲讷于言而敏于行。(《里仁》)
>
> 始吾于人也，听其言而信其行；今吾于人也，听其言而观其行。(《公冶长》)
>
> ……

可见，言行一致，是君子必备之素养。《礼记·缁衣》孔子曰："王言如丝，其出如纶；王言如纶，其出如綍（fú）。故大人不倡游言。可言也，不可行，君子弗言也；可行也，不可言，君子弗行也。则民言不危行，而行不危言矣。"可知言行相辅相成，绝不能信口开河。同篇孔子又说："言从而行之，则言不可饰也；行从而言之，则行不可饰也。故君子寡言而行以成其信，则民不得大其美而小其恶。"

今按：有言而不行者，有言出即行者，有行而后言者，有行而不言者。《大戴礼记·曾子制言》："君子先行后言。"又《立事》："君子微言而笃行之，行必先人，言必后人。"子贡乃"孔门四科"言语科高弟，或有言先行后之弊，故孔子深戒之。

## 2.14 子曰："君子周而不比①，小人比而不周。"

**新注** ①周而不比：普遍、忠公为周；阿党、偏私为比。

**新译** 孔子说："君子团结众人而不相互勾结，小人只会相互勾结而不能团结众人。"

**新识** 上章就言行论君子，实亦隐含小人之义，此章则以君子小人对举，分辨其差异，严明其立场。周，普遍、忠公之谓；比，阿党、偏私之谓。周、比，皆人我关系之状态，因品德高下而有公私、正反、大小之不同。

君子小人之辨，《论语》中时或可见。与此章相似的例子还有："君子和而不同，小人同而不和。""君子泰而不骄，小人骄而不泰。"故朱熹《集注》说："皆与人亲厚之意，但周公而比私耳。君子小人所为不同，如阴阳昼夜，每每相反。然究其所以分，则在公私之际，毫厘之差耳。故圣人于周比、和同、骄泰之属，常对举而互言之，欲学者察乎两间，而审其取舍之幾也。"

今按：君子乃成德者之谓，孔子之学，便是教人做君子。自孔子严明君子小人之辨始，中国人才获得了一把人格度量与提升的尺子，精神之空间与道德之境界面貌均为之一新。

## 2.15 子曰："学而不思则罔，思而不学则殆①。"

**新注** ①罔：迷惘昏聩。殆：疑惑未安。

**新译** 孔子说："仅仅学习知识而不能慎思明辨，就会迷惘昏聩；一味运用思想而不去学习知识，就会疑惑未安。"

**新识** 此章谈为学，着重学思之辨。读书为学，若不寻思钻研书中精义，则惘然而无所得；若一味寻思钻研，而不博学多闻，则疑惑而不能决。前一句，是对个体觉知能力的充分体认；后一句，又是对人类总体智慧的充分肯定。此种朴素的辩证思维，实是吾国文化最具理性和人文价值的表现。

孔子尝言:“吾尝终日不食,终夜不寝,以思,无益,不如学也。”荀子亦云:“吾尝终日而思矣,不如须臾之所学也。”孟子更说:“心之官则思。……不思不得。”又,朱熹《集注》说:“不求诸心,故昏而无得。不习其事,故危而不安。”程子曰:“博学、审问、慎思、明辨、笃行五者,废其一,非学也。”是故学思当并行不悖,不可偏废。

今按:学而不思,则无法使学问上达,思而不学,则无法使人格厚重。前贤往圣之教,皆从根柢处入手,故能化人之深。

## 2.16 子曰:“攻乎异端①,斯害也已②。”

**新注** ①攻乎异端:攻,专攻、致力义。异端,事物必有两端,彼此互为异端。异端,另一端也。 ②斯害也已:斯,就。也已,语气词。

**新译** 孔子说:“专在偏激反向的一端用力,(而不能行中道,)就会有害了!”

**新识** 此章歧义纷出,误解甚多。本来夫子是论中庸之道,主张“和而不同”,“执两用中”,却被曲解为“党同伐异”。

事实上,“攻”有二义:一为攻伐、批判;一为专治、致力。“异端”亦有三解:一曰异己者。二曰殊途而不能同归者,如何晏《集解》云:“攻,治也。善道有统,故殊途而同归。异端,不同归者也。”三曰“他技”或“小道”。如《春秋公羊传》注:“他技、奇巧,异端也。”《论语后录》:“异端即他技,谓小道也。”“也已”在《论语》中多次出现,皆无实义,而作语气词,相当于“了”。《中庸》云:“执其两端,用其中于民。”故“攻乎异端”,即偏执一端,不能执两用中,所以有害。

孔子宅心仁厚,与人为善,严以律己,宽以待人。尝说:“攻其恶,无攻人之恶。”“躬自厚而薄责于人,则远怨矣。”“君子求诸己,小人求诸人。”又,“子贡方人。子曰:‘赐也贤乎哉?夫我则不暇。’”是孔子主张为己之学,人不知而不愠,并不主张卫道般地攻击所谓异端邪说，甚至认为党同伐异常常是祸乱之源："人而不仁，疾之已甚，乱也。"从这个意义上说，后世自孟子以后诸大儒，辟杨墨也好，辟佛老也罢，皆守经有余，达权不足。孔子大而化之，时中能权，无可无不可，故其可谓至圣矣。今人将此句解为"攻击那些错误的思想和言论，它的危害就消失了"（杨伯峻《论语译注》），直将孔子当作一文化专制主义者，真是"失之毫厘，谬以千里"！

今按：对异端的攻击，孟子已肇其端。孟子曰："能言距杨墨者，圣人之徒也。"后儒循此路径，力倡辟杨墨、排佛老。朱熹《集注》引程子曰："佛氏之言，比之杨墨，尤为近理，所以其害为尤甚。学者当如淫声美色以远之，不尔，则骎骎然入于其中矣。"又引范氏曰："异端，非圣人之道，而别为一端，如杨墨是也。其率天下至于无父无君，专治而欲精之，为害甚矣！"朱熹本人也说："凡言异端不必攻者，皆是为异端游说反间。"（《朱子语类》卷第二十四）这些观点，虽亦道心拳拳，然皆不免胶柱鼓瑟，不如孔子之厚德载物，大音希声。

法国启蒙主义思想家伏尔泰说："我不同意你的观点，但我誓死捍卫你说话的权利。"这与孔子的"君子和而不同""攻乎异端，斯害也已"，可谓不谋而合。而伏尔泰其人，又确曾受到孔子之影响，他说："我读孔子的许多书籍并作笔记，我觉着他所说的只是极纯粹的道德，既不谈奇迹，也不涉及玄虚。""他谦虚地探索，让人不要迷失于世界，让精神被理性之光照亮，他只用智者的身份说话，而不是站在先知的角度，然而我们相信他，在他自己的国家也是这样的。"（《风俗论》）

又按：民国初年，胡适在与陈独秀的信中，谈及"争自由"的问题时说："争自由的唯一原理是：'异乎我者未必即非，而同乎我者未必即是；今日众人之所是未必即是，而众人之所非未必真非。'争自由的唯一理由，换句话说，就是期望大家容忍异己的意见和信仰。凡不承认异己者的自由的人，就不配争自由，不配谈自由。"（《胡适来往书信选》上册）在新文化运动诸人中，胡适虽有学问"清浅"与"全盘西化"之弊，但在处理"容忍与自由"之关系时，却也可算是真正的"圣人之徒"。胡适殁后，蒋公中正以"新文化中旧道德的楷模，旧伦理中新思想的师表"挽之，也算实至名归。

**2.17　子曰："由，诲女知之乎①！知之为知之，不知为不知，是知也。"**

**新注**　①由：人名。姓仲名由，字子路。卫国卞人，孔子弟子，少孔子九岁。"孔门四科"政事科高弟。诲女（rǔ）：诲，教。女，通"汝"，你。后文同此，不另注。

**新译**　孔子说："仲由！我教你求知的方法与态度吧！知道的就是知道，不知道的就是不知道，这才是真知啊！"

**新识**　本章子路首次出场，即与"知"发生关系。"知""仁""勇"为儒家所提倡的"三达德"。孔子说："知者不惑，仁者不忧，勇者不惧。"又说："好学近乎知，力行近乎仁，知耻近乎勇。"子路好勇，然刚猛有余，约礼不足，尤其对于求知，常有不切己之弊，难免"不知而作"，故孔子毫不客气地予以当头棒喝。本章涉及两个问题：

一是知识诚信。《述而》篇孔子说："盖有不知而作之者，我无是也。多闻，择其善者而从之，多见而识之，知之次也。""不知而作之者"，指的就是不懂装懂，强不知以为知的自欺欺人者。子路"好勇不好学，其蔽也乱"，故其鲁莽颟顸，甚至常常顶撞夫子。这里大概又犯此病，故朱熹《集注》称："子路好勇，盖有强其所不知以为知者，故夫子告之曰：我教女以知之之道乎！但所知者则以为知，所不知者则以为不知。如此则虽或不能尽知，而无自欺之蔽，亦不害其为知矣。况由此而求之，又有可知之理乎？"

二是智慧表现。本章后一"知"字，既可作"知识"解，又可作"智慧"解。孔子之学，大象无形，大道不器，大美不言，故能返璞归真，参赞天地。《子罕》篇孔子曰："吾有知乎哉？无知也。有鄙夫问于我，空空如也；我叩其两端而竭焉。"真正清明的智慧正是如此。老子说："为学日益，为道日损。"如果知识的增益遮蔽了人类对道的探寻，以致混淆了知识与智慧的界限，那绝不是人类的福音。此意后文还有阐发，此不赘。

**2.18 子张学干禄①。子曰："多闻阙疑，慎言其余，则寡尤②；多见阙殆，慎行其余，则寡悔③。言寡尤，行寡悔，禄在其中矣。"**

**新注** ①子张：姓颛孙，名师，字子张。孔子弟子，少孔子四十八岁。干禄：干，求。禄，俸禄，犹言出仕做官。 ②多闻阙疑：多听，有疑问暂付阙如。阙（quē），同"缺"。慎言其余：谨慎说出自己无疑的。寡尤：减少过失。尤，过失。 ③多见阙殆：多看，有未安暂付阙如。殆，危险，此指未安处。

**新译** 子张请教求仕之道。孔子说："多听，有疑问之处，阙之而不言，其余确定无疑的，也要谨慎说出，这样就会减少过失。多看，有未安危殆之事，阙之而不行，其余确定无危的，也要谨慎施行，这样就会减少后悔。言论少过失，行事少后悔，禄位也就在其中了。"

**新识** 本章子张首见。子张与子路，年辈悬殊，而如影随形，其有意乎？子张，姓颛孙，名师。《论语·先进》称："师也辟，由也喭。"又子曰："师也过，商也不及。"可知子张性格偏激，志高意广，与刚猛好勇之子路，可谓孔门"哼哈二将"。

干禄，即求禄，犹言出仕做官。子张问干禄之道，夫子避而不谈，却从谨言慎行、寡尤寡悔说起，此正为己之学、"内圣外王"之致思路径。《礼记·缁衣》："子曰：君子道人以言而禁人以行，故言必虑其所终，而行必稽其所敝，则民谨于言而慎于行。"可知君子必须谨于言而慎于行，而后可以干禄求仕。子张志意高广而务为外求，不啻舍本逐末，舍近求远。故朱熹《集注》说："愚谓多闻见者学之博，阙疑殆者择之精，慎言行者守之约。凡言在其中者，皆不求而自至之辞。言此以救子张之失而进之也。"

此章亦可从孟子天爵、人爵之辨说起。孟子曰："有天爵者，有人爵者。仁义忠信，乐善不倦，此天爵也；公卿大夫，此人爵也。古之人修其天爵，而人爵从之。"（《孟子·告子上》）孔子说"言寡尤，行寡悔，禄在其中矣”，正是孟子“修其天爵，而人爵从之”之意也。故程子曰：“修天爵则人爵至，君子言行能谨，得禄之道也。子张学干禄，故告之以此，使定其心而不为利禄动，若颜闵则无此问矣。或疑如此亦有不得禄者，孔子盖曰耕也馁在其中，惟理可为者为之而已矣。”

今按：弟子学欲“为人”，夫子勉其“为己”；弟子欲“干禄”，夫子戒其“慎独”；弟子欲“做事”，夫子教其“做人”。夫子之教，真如春风化雨，润物无声，可谓循循然善诱人。今之教书匠若遇干禄之问，必以标准答案对之，曰：“可考公务员。”师道沦落至此而欲人尊之，岂不可笑！

## 2.19 哀公问曰：“何为则民服①？”孔子对曰：“举直错诸枉②，则民服；举枉错诸直，则民不服。”

**新注** ①哀公：鲁君，姬姓，名蒋。何为：为何，怎么做。服：信服，服从。 ②举直错诸枉：举，举用。直，正直者。错，通“措”，安置。诸，“之于”的合音字。枉，邪曲不直者。

**新译** 鲁哀公问：“怎样做老百姓才会信服呢？”孔子回答说：“举用正直之人，使其位于邪曲者之上，老百姓就会信服；举用邪曲之人，使其位于正直者之上，老百姓就不会信服。”

**新识** 哀公，鲁君，姬姓，名蒋。定公之子，公元前494年至前468年在位。孔子晚年自卫返鲁，正是鲁哀公在位期间。当时三家执政已久，哀公大权旁落，故有此问。孔子以举直废枉之语答之，实亦机带双敲，话里有话。《集解》包咸注云：“错，置也。举正直之人用之，废置邪枉之人，则民服其上。”《集注》引程子曰：“举错得义，则人心服。”又引谢氏曰：“好直而恶枉，天下之至情也。顺之则服，逆之则去，必然之理也。然或无道以照之，则以直为枉，以枉为直者多矣，是以君子大居敬而贵穷理也。”“举措”一词，盖由此而来。

孔子此言，实亦涉及中国古代的“选举”制度。《子路》篇仲弓问政，子曰：“先有司，赦小过，举贤才。”仲弓问：“焉知贤才而举之？”

孔子答："举尔所知，尔所不知，人其舍诸？"可见原始儒家对政治制度的设计，乃是基于人性本善、天下为公、选贤与能的基本信仰，"尔所不知，人其舍诸？"实则隐含着对执政者分辨直与枉之能力的基本信任。这种建立在对人的理性和良知的充分信任基础上的政治，便是"贤人政治"。

今按：《颜渊》篇樊迟问仁，子曰"爱人"；问知，子曰"知人"。樊迟未达。子又曰："举直错诸枉，能使枉者直。""举直错诸枉"便是"知人"之智，"能使枉者直"便是"爱人"之仁。后子夏又解释说："舜有天下，选于众，举皋陶，不仁者远矣。汤有天下，选于众，举伊尹，不仁者远矣。"这与本章"举直错诸枉，则民服"，并无二致。"民服"自然"不仁者远矣"。好善恶恶，是人的天赋良知，至于历代执政者在为政过程中，多有任人唯亲、好恶恶善之情况，定是利欲熏心、弃绝良知之结果，与本章孔子的大判断并不矛盾。

## 2.20 季康子问："使民敬、忠以劝①，如之何？"子曰："临之以庄②，则敬；孝慈，则忠；举善而教不能，则劝。"

**新注** ①季康子：季孙氏，名肥，鲁国大夫。敬、忠以劝：恭敬、忠诚而勤勉。劝，加勉，努力。 ②临之以庄：庄，谓容貌端严。临民以庄，则民敬于己。

**新译** 季康子问："如何才能使百姓对上恭敬、忠诚并且劝勉努力呢？"孔子说："你对百姓庄重严肃，百姓自然会心存恭敬；你带头孝顺父母，慈爱大众，百姓自然会对你忠诚无欺；你能举用善人，并教化不能之人，百姓自然互相劝勉，加倍努力。"

**新识** 此章承接上章，再谈为政之道。季康子所问似不关己身，孔子偏要其以身作则，率先垂范。"临之以庄，则敬"，便是"君子不重则不威"；"孝慈则忠"，便是"君使臣以礼，臣事君以忠"；"举善而教不能"实亦呼应上章"举直错诸枉"，如此不仅"民服"，而且"民劝"。

朱熹《集注》云："孝于亲，慈于众，则民忠于己。善者举之而不能者教之，则民有所劝而乐于为善。"张敬夫曰："此皆在我所当为，非为欲使民敬忠以劝而为之也。然能如是，则其应盖有不期然而然者矣。"

今按：执政者欲向外求治理，夫子偏教其向内求仁义；执政者欲把民众当工具，夫子偏教其君臣之道以义合。在夫子看来，君臣关系非绝对宰制关系，而是一"相人偶"之对待关系，君行君道，臣自行臣道；反之，君若不君，则臣必不臣矣。圣人之教，朴实而又深刻有如此！

## 2.21 或谓孔子曰："子奚不为政①？"子曰："《书》云：'孝乎！惟孝，友于兄弟，施于有政②。'是亦为政，奚其为为政③？"

**新注** ①或：有人。后文同此者，不另注。奚不为政：奚，何；为什么。 ②《书》：指《尚书》。五经之一。"惟孝，友于兄弟"，语出《尚书·君陈》。 ③奚其为为政：要如何做才算是为政呢？

**新译** 有人对孔子说："先生您为什么不出仕为政呢？"孔子说："《尚书》上说：'孝啊！就是孝敬父母、友爱兄弟！并将孝悌之道施行到政治上去。'这也算是为政啊！要如何做才算是为政呢？"

**新识** 本章承接上章，谈为政之本在为仁。

定公初年，孔子不仕，故或人疑其不为政也。孔子乃引《尚书·君陈》自证。君陈乃周公次子，分封于周，能孝于亲，友于兄弟，又能推广孝悌之道，以为一家一国之政。故朱熹《集注》说："孔子引之，言如此，则是亦为政矣，何必居位乃为为政乎？"孔子"是亦为政，奚其为为政"的反问，真是振聋发聩，掷地有声！

此章还涉及孔子对政治的看法。前已反复言之，孔子之学，乃君子为己之学，不假外求，即使为政，亦复如此。夫子尝言："政者，正也。子帅以正，孰敢不正？"又说："苟正其身矣，于从政乎何有？不能正其身，如正人何？"盖夫子以为为政者必须德才兼备，为民表率，如此方可确保长治久安。若为政者不能行孝行仁，与尸位素餐有何区别呢？换言之，如若能像君陈那样行孝行仁，自然能移风易俗，导民向善，即使没有爵位俸禄，岂不也算是“间接为政”了吗？

今按：夫子这一“在家为政”说影响深广。如《大学》就说：“一家仁，一国兴仁；一家让，一国兴让。”又说：“所谓治国必先齐其家者，其家不可教而能教人者，无之。故君子不出家，而成教于国：孝者，所以事君也；悌者，所以事长也；慈者，所以使众也。”孟子也说：“道在迩而求诸远，事在易而求诸难：人人亲其亲，长其长，而天下平。”又《集注》说：“事亲孝，则忠可移于君，顺可移于长。身正，则家齐、国治、而天下平。”后世“以孝治天下”的治国思想，盖肇端于此。

## 2.22 子曰：“人而无信，不知其可也。大车无輗①，小车无軏②，其何以行之哉？”

**新注** ①大车无輗（ní）：大车，牛车。輗，古代车辆两边有车辕，前面有横木，连接车辕与横木之间的活销，就叫作“輗”，其作用是用来缚轭驾牛。 ②小车无軏（yuè）：小车，马车。軏，辕端上曲，钩衡以驾马者，作用与輗相同。

**新译** 孔子说：“人若不讲诚信，真不知道他怎么可以行得通。就像大车没有輗，小车没有軏，怎么能够行走呢？”

**新识** 本章谈信的重要性。前章言在家行孝友之道即是为政，涉及父子、兄弟二伦，此章则谈“人而无信，不知其可”，涉及君臣、朋友二伦。事实上，君臣、朋友二伦正是父子、兄弟二伦的推广与扩充。《说文》：“信，诚也。”君臣、朋友皆无血缘，不可诉诸亲情，故言行必须合于道义和诚信。俗话说：“在家靠父母，出外靠朋友。”故曾子说“与朋友交而不信乎”，子夏说“与朋友交言而有信”，孔子说“主忠信”“谨而信”“民无信不立”，凡此种种，足见社会生活中，诚信之重要。

今按：末句“其何以行之哉”，可与《卫灵公》篇“子张问行”章相参。孔子说：“言忠信，行笃敬，虽蛮貊之邦，行矣；言不忠信，行不笃敬，虽州里，行乎哉？”换言之，人而无信，不能取信于人，便无法确立自我人格，这样的人无论到哪里，都将寸步难行。

**2.23　子张问：“十世①可知也？”子曰：“殷因于夏礼，所损益，可知也②；周因于殷礼，所损益，可知也；其或继周者③，虽百世可知也。”**

**新注**　①十世：三十年为一世，十世即三百年。　②因：因袭，沿袭。损益：增减。　③其或继周者：若有继承周礼而推行于天下者。

**新译**　子张问：“三百年以后的事可以预知吗？”孔子说：“殷代承袭了夏代的礼制，其所减去或增加了什么，是可以考知的。周代承袭了殷代的礼制，其所减去或增加了什么，也是可以考知的。若有继承周代之礼而推行于天下者，即便是三千年之后，也是可以预知的啊！”

**新识**　本章及下一章皆谈礼乐，实为《八佾》篇论礼诸章之前导。

子张问未来是否可以预知，孔子却答以三代礼乐之损益可以考见，看似答非所问，实则可见孔子朴素之历史观及理性之精神。子张学干禄，孔子答以谨言慎行，寡尤寡悔，导外及内；子张问十世可知否，孔子答以三代礼之损益，鉴往知来，此皆夫子能近取譬、循循善诱之明证也。

孔子精熟三代之礼，而于周礼尤为推重，盖因周公借鉴损益夏、商二代之礼，后来居上，使周王朝绵延八百余年。故孔子说：“周鉴于二代，郁郁乎文哉，吾从周。”“如有用我者，吾其为东周乎！”本章又说：“其或继周者，虽百世可知也。”此诸说，看似谈礼，实则论政。百世可知，看似夸张，实则立足历史，由近及远，最为深切著明。孔子显然以周公开创的礼乐文明为治道良方，对其治理效果深信不疑，这种确信，不是迷信，而是对世道人心之正信。

今按：中国文化“礼乐不可斯须去身”，是其与西方宗教文化不同之处。梁漱溟先生论周孔之礼说：“礼乐使人处于诗与艺术之中，无所谓迷信不迷信，而迷信自不生。孔子只不教人迷信而已，似未尝破除迷信。他的礼乐有宗教之作用，而无宗教之弊；亦正惟其极邻近宗教，乃排斥了宗教。”（《中国文化要义》）中华文化何以浓于礼乐而淡于宗教，此言可谓得之矣！

## 2.24 子曰：“非其鬼而祭之①，谄也。见义不为，无勇也。”

**新注** ①非其鬼而祭之：不该祭祀的鬼神却去祭祀。

**新译** 孔子说：“不该祭祀的鬼神却去祭祀，这是谄媚。见到义所当为的事却不为，这是没有勇气。”

**新识** 本章两句或以为两不相关，实则不然。前一句“非其鬼而祭之，谄也”，是谈礼；后一句“见义不为，无勇也”，则是谈义。

先说第一句。《说文》：“鬼者，归也。”这里指祖先。《礼记·祭法》：“大凡生于天地之间者皆曰命。其万物死皆曰折，人死曰鬼。”同书《祭统》：“夫祭者，非物自外至者也，自中出，生于心也。”《礼器》：“祭则受福。”可知祭祀祖先须有发自内心的诚意。又，“鬼”亦可引申为鬼神。不该祭祀之鬼神，偏要去祭祀，这不仅是谄媚，而且属非礼。按照传统说法，非礼的祭祀属于“淫祀”，鬼神不会降福。如《左传·僖公十年》：“神不歆非类，民不祀非族。”《僖公三十一年》：“鬼神非其族类，不歆其祀。”又《礼记·曲礼下》：“非其所祭而祭之，名曰淫祀，淫祀无福。”当时鲁国三桓之家位高权重，有“八佾舞于庭”“以《雍》彻”“旅于泰山”之类僭礼行为，故孔子发为此论，以正视听。

第二句则属义勇之辨。合乎仁义之事，如改过、迁善、徙义、蹈仁之类，往往需要勇气才能做，所谓知易行难，故孔子说：“过则无惮改。”世上正义之事，往往伴随风险，故《老子》说：“勇于敢者杀，勇于不敢者活。”道家主张守雌抱阴，以柔克刚。孔子儒家虽也赞同明哲保身，但更强调“行义以达其道”，故孔子说：“志士仁人，无求生以害仁，有杀身以成仁”，“当仁不让于师”，“勇者不惧”。这种刚猛自强的精神，才是中华民族最可宝贵的民族精神。

今按：对于此章，还可从另一角度阐发。孔子说：“知耻近乎勇。”故“见义不为，无勇也”，亦可理解为“见义不为，无耻也”。孟子也说：“无羞恶之心，非人也。”人之所以有勇气蹈仁行义，当与心灵深处的羞恶廉耻之心有关。“礼义廉耻，国之四维。”不知礼义，甚至越礼非义，实则源于羞恶廉耻之心的淡漠。良知人皆有之，不虑而得；然良能未必人人有之，如何将良知转化为良能，乃吾辈一生之功课也。

# 八佾第三

**3.1　孔子谓季氏[①]："八佾舞于庭[②]，是可忍也，孰不可忍也[③]？"**

**新注**　①季氏：指鲁国的权臣季孙氏，即季平子。一说季桓子。②八佾（yì）舞于庭：佾，舞之行列，八人一行为一佾。八佾即六十四人组成的乐舞方阵。按照礼制，天子祭祀祖先可用八佾，诸侯六佾，大夫四佾，士二佾。季氏作为大夫，却用八佾，乃僭用天子之礼乐，故孔子疾之。　③是可忍也，孰不可忍：忍，忍心。一说，忍，容忍。亦可通。

**新译**　孔子谈到季氏，说："天子的八佾之舞，他竟在家庙中舞之，这样的事他都忍心做，还有什么事不忍心做呢！"

**新识**　此章承接《为政》篇末二章，由言为政而及礼乐。季孙氏为鲁国大夫，家庙祭祀时按礼应作四佾之舞，而其竟以八佾舞于庭，这是以大夫而僭用天子之礼，属于大逆不道的行为，其狼子野心，已昭然若揭。孔子怒而斥之，良有以也！

或曰：孔子批判季氏，乃袒护鲁君或周天子，属于媚上之举。此真浅人之见，盖因不解"忍"字之义也。历来"忍"字有两解：一作忍受讲，一作忍心讲。以往我亦理解为忍受，是可忍孰不可忍，便是孔子对此僭越行为已“忍无可忍”。后来对孔子知会渐深，乃更倾向于后者，即“是可忍为，孰不可忍为”——如此则整句话的主语都是季氏，于义为佳。对此钱穆先生有云：“礼本于人心之仁，非礼违礼之事，皆从人心之不仁来。忍心亦其一端。此心之忍而不顾，可以破坏人群一切相处之常道。故孔子之维护于礼，其心乃为人道计，固不为在上者之权位计。”所言极是。

夫礼之所设，本乎仁，缘乎情，准乎义。《礼记·曲礼》云：“礼者所以定亲疏，决嫌疑，别同异，明是非也。”又说：“道德仁义，非礼不成。教训正俗，非礼不备。分争辩讼，非礼不决。君臣、上下、父子、兄弟，非礼不定。”礼的安排虽有等差，也是教人各安其位，各守其分，各行其道，如此方能上下和睦，其乐融融。礼是中国传统文化中最具特色也最具文明品位的核心价值。首先，它把人与禽兽区别开来，即孔颖达所谓“人能有礼，然后可异于禽兽也”。其次，又将文明与野蛮区别开来，此即韩愈《原道》所谓“诸侯用夷礼则夷狄之，进于中国则中国之”。再次，礼又为人类社会确立了合乎自然法则的良性秩序，故有“礼者，天地之序也”“礼者，天之经，地之序，人之行也”“礼以顺天”“礼以顺时”等种种说法。同时，礼还承担着在统治秩序、国家典制、人际交往方式等方面的多种功能和职责，可以说，“礼”乃儒家文化体系之总体表现（参彭林《中国古代礼仪文明》）。

今按：即使一个深受平等、人权、民主观念影响的现代人，只要不是颟顸孟浪的“无政府主义”者，亦当能理解中国古代礼乐文明的现实意义和普适价值。举例而言，媒体上报道某地镇政府大楼竟按照天安门或美国白宫的造型建成，观者无不齿冷，甚至斥为“无法无天”。可知即便现代人，对于那种僭越非礼的行为，亦绝不敢苟同。所以，当季孙氏在家庙祭祀中上演天子八佾之舞时，看似一场形式上的闹剧，实则暴露出了其内心深处的不仁之心——也即“忍心”。《礼记·曲礼》说：“人有礼则安，无礼则危。”季氏的非礼行为，终使鲁国陷入危机和乱局。以季氏为首的三桓之家果然犯上作乱，迫使鲁昭公逃亡齐国。事实证明，孔子的担心和愤怒并非无的放矢，实乃出于先见之明和天下之忧也。

**3.2 三家者以《雍》彻[1]。子曰："'相维辟公，天子穆穆'[2]，奚取于三家之堂[3]？"**

**新注** ①三家：谓孟孙（仲孙）氏、叔孙氏、季孙氏。三家皆鲁桓公之后，故又称"三桓"。以《雍》彻：《雍》，《诗经·周颂》篇名。彻，撤除祭品。 ②"相维辟（bì）公，天子穆穆"：语出《诗经·周颂·雍》。相，助，指助祭。辟公，指诸侯。 ③奚取于三家之堂：哪一样适用于在三家的庙堂上颂唱呢？奚，何。取，适用。

**新译** 孟孙氏、叔孙氏、季孙氏三家举行家祭，撤祭品时却僭用天子撤祭品时才能歌奏的《雍》诗。孔子说："《雍》诗上说：'前来助祭的是四方诸侯啊，主祭的天子神情肃穆！'诗中唱诵的内容，哪一点适用于三家在家庙祭祀中颂唱呢？"

**新识** 本章亦深斥三家之僭礼。按照古礼，天子祭祀完毕，撤掉祭品，要有乐队唱歌娱神。《雍》乐原本是周武王祭祀文王，在撤去祭品时所唱的乐歌，其文如下：

有来雍雍，至止肃肃。相维辟公，天子穆穆。
于荐广牡，相予肆祀。假哉皇考！绥予孝子。
宣哲维人，文武维后。燕及皇天，克昌厥后。
绥我眉寿，介以繁祉。既右烈考，亦右文母。

大意是：客人和悦心舒畅，严肃恭敬到庙堂。诸侯公卿来助祭，天子仪容很端庄。进献肥美大牺牲，帮我祭品摆妥当。皇考文王真伟大，保我孝子得安康。百官通达多智慧，文武兼备好君王。上天平安无灾变，子孙后代得繁昌。赐我平安寿命长，助我福禄多无疆。既劝烈考受祭享，又劝文母来品尝。（参李祚唐白话今译）

今按：三家者以《雍》彻，又以大夫而行天子之礼，属极度僭礼行为。打个不恰当的比方：如今日某人在家开生日宴会，偏要让来宾全体起立、奏唱国歌，不仅滑稽，而且荒谬！孔子对此种非礼乱邦行为，深怀忧虑，这也是他在礼乐之外，又标举仁德以禁邪曲的深层原因。

## 3.3 子曰："人而不仁，如礼何①？人而不仁，如乐何？"

**新注** ①而：如果。如礼何：拿礼怎么办呢？

**新译** 孔子说："为人如果没有仁心，礼仪对他又有什么用呢？为人如果没有仁心，音乐对他又有什么用呢？"

**新识** 本章谈仁为礼乐之本。八佾舞于庭、三家以《雍》彻，便是不仁，人而不仁，则礼乐虽施，而内涵不在，故徒劳无功，毫无意义。《礼记·冠义》说："凡人之所以为人者，礼义也。"同书《曲礼》："鹦鹉能言，不离飞鸟。猩猩能言，不离禽兽。今人而无礼，虽能言，不亦禽兽之心乎？夫唯禽兽无礼，故父子聚麀。是故圣人作，为礼以教人，知自别于禽兽。"礼之本，仁也；仁者，唯人为能也！

然而，孔子之时，诸侯兼并，霸道盛行，臣弑君者有之，子弑父者有之，礼崩乐坏，人心惶惶。孔子敏锐地看到，再好的制度也有"短板"和"瓶颈"，周公开创的礼乐文明在人欲横流的春秋末年，遭遇到来自统治阶层内部的巨大挑战，遂在礼乐之外，标举人之所以为人的内在"仁"德。《礼记·儒行》说："礼节者，仁之貌也；歌乐者，仁之和也。"仁为礼之本，无仁不礼，无礼不仁。就儒学而言，礼为政治儒学之开端，仁为心性儒学之始基，此研究孔子及儒学者所当分辨者也。

今按：周公制礼，孔子弘仁。孔子开创的"仁学"，使周公开创的礼乐文明由外而内，进一步精密化、内省化、道德化，这在中国文明史上无疑是一次伟大创举，标志着华夏文明由礼乐文明进入到精神道德文明阶段。礼乐必随时而变，唯有此一种仁心善性，则可历万世而一贯。孔子重礼，更重仁，仁与礼，一内一外，相辅相成，共同建构了儒学本体论的思想大厦。

## 3.4 林放问礼之本①。子曰："大哉问②！礼，与其奢也，宁俭；丧，与其易也，宁戚③。"

**新注** ①林放：鲁人。生平不详。礼之本：礼的根本。 ②大哉问：

“问大哉”的倒装。 ③易：治理，办理。指礼仪周全，面面俱到。戚：哀戚。

**新译** 林放请问礼的根本。孔子说：“你的问题太重大了！施行礼仪，与其过分奢华，还不如节俭一些；安排丧礼，与其治办得礼仪周全，还不如哀戚一些。”

**新识** 本章再谈礼之本。林放问“礼之本”意义有二：一、揭示出礼非本体，而是作用。二、由孔子所答推导出，礼之本在内不在外，在俭不在奢，在戚不在易。一句话，礼之本即是仁。这与上章孔子说“人而不仁，如礼何”相得益彰。

就丧礼而言，与其面面俱到，不如心怀哀戚。《礼记·檀弓》子路说：“吾闻诸夫子，丧礼，与其哀不足而礼有余也，不若礼不足而哀有余也。祭礼，与其敬不足而礼有余也，不若礼不足而敬有余也。”在孔子看来，外在的礼节仪式可以不足，但内在的情感则必须有余。唯其如此，礼乐才不是徒具形式的空架子，人心也不至在这样的仪式中流于轻忽和怠惰。

## 3.5 子曰：“夷狄之有君①，不如诸夏之亡也②。”

**新注** ①夷狄：古时对中原周边民族，称为东夷、西戎、南蛮、北狄。这里泛指落后的异族。 ②诸夏：指中原各诸侯国。亡（wú）：通“无”。夷狄虽有君主，但无礼乐教化，而礼乐昌明的诸夏，即使无君主也当有秩序。

**新译** 孔子说：“落后的夷狄之地虽然也有君主（却没有礼乐文明），仍不如中原各国没有君主来得好（因为礼乐文明仍在）。”

**新识** 本章涉及夷夏之辨，乃古礼之大者。前已言及，礼有区别文明与野蛮之作用，具体到中华文明，便是夷夏之辨（或华夷之辨）。诸夏即指中国，礼乐文明之发祥地，夷狄则指周边落后之异族。《礼记·王制》云：“东方曰夷，被发文身，有不火食者矣。南方曰蛮，雕题交趾，有不火食者矣。西方曰戎，被发衣皮，有不粒食者矣。北方曰狄，衣羽毛穴居，有不粒食者矣。”实际上，判定夷夏之辨的不仅是衣冠文物、“火食”“粒食”，还有礼乐制度与伦理道德。

本章有两解：一说以程子为代表，认为“夷狄且有君长，不如诸夏之僭乱，反无上下之分也”。不如，作“不像”解。认为春秋时期，诸侯不听命于周天子，无父无君、弑父弑君者皆有之，虽有礼乐而无所施，故孔子有感而发此论。另一说以皇侃为代表，认为“夷狄虽有君主，而不及中国无君也”。不如，作“不及”解。盖以华夏之礼乐文明远胜于夷狄之被发左衽。两说各有道理。如考虑到孔子对当时僭礼行为之批判，则以第一解为胜；如从华夏文明以礼乐为上，非仅如夷狄仅有一君，则以第二解为长。

今按：孔子此言还可从道与君之辨理解。夷狄有君而无道，故不及中原之有道而无君。换言之，夷狄虽有首领或酋长，然无礼乐文明，故不如诸夏早被圣王所化，即使礼坏乐崩，暂时无君，亦终有否极泰来、王道复归之时，绝不至于沦落于禽兽之域。夫子对华夏既有文明信念之坚定，于此可见！

## 3.6 季氏旅于泰山①。子谓冉有曰：“女弗能救与②？”对曰：“不能！”子曰：“呜呼！曾谓泰山③不如林放乎？”

**新注** ①旅：祭。泰山：在鲁地。按礼，只有诸侯可祭封内山川，季氏以大夫而祭之，属于僭越行为。 ②冉有：孔子弟子，名求，字子有，少孔子二十九岁。时为季氏家宰。救：救止，阻止。 ③曾（zēng）：乃，难道。泰山：指泰山之神。祭祀合乎礼，神始受之。

**新译** 季氏将要去祭泰山。夫子对冉有说：“你不能阻止此事吗？”回答道：“不能。”夫子说：“唉！难道说泰山之神还不如林放（竟不知礼之本）吗？”

**新识** 本章再论礼不可僭。《礼记·王制》说：“天子祭天下名山大川，五岳视三公，四渎视诸侯。诸侯祭名山大川之在其地者。”季氏旅于泰山，不仅僭越于鲁君，亦且僭越于周天子。孔子前已说过："非其鬼而祭之，谄也。"季氏祭祀泰山之神，便是谄媚。如泰山果有神灵，岂能不如林放之知礼乎？言下之意，泰山之神是绝不会接受这种僭礼的淫祀的。这与前引《礼记·曲礼下》"非其所祭而祭之，名曰淫祀，淫祀无福"的说法是一致的。

今按：本章所记，盖在夫子自卫返鲁之后，即鲁哀公十一年（前484）之后。冉有为"孔门四科"政事科高足，颇有才干。此时冉有或初为季氏家臣，而不能阻止泰山之谄祭，令孔子大为失望，"曾谓泰山不如林放乎"一句，言虽婉转，责备之意却不可谓不深切！盖孔子虽尊于君，更重于道，若君不合道，自然"从道不从君"。今冉有从君不从道，实亦背离孔子平日之教诲，其后果为季氏聚敛无度，使季氏富比周公，孔子乃怒而斥曰："非吾徒也！小子鸣鼓而攻之可也。"故冉有虽有才，而终不能尊礼守道，只是一"小人儒"耳！

## 3.7 子曰："君子无所争，必也射乎①！揖让而升，下而饮②，其争也君子。"

**新注** ①必也射乎：如果一定要有所争，大概就是参与射礼上的比射了！ ②揖让而升：相互作揖礼让而后升堂比射。下而饮：下堂对饮。

**新译** 孔子说："君子没有什么可与人争的。如果一定要有所争，那就是在射箭比赛上了。相互作揖礼让而后升堂比射，射毕又相互作揖礼让下堂对饮，其争也是有君子风度的啊！"

**新识** 此章言射礼。射与礼、乐、御、书、数，并为"六艺"。孔子提倡"志于道，据于德，依于仁，游于艺"，其中"游于艺"当包括射礼。儒家射礼与军队的射击训练大不相同，其并非强调勇敢和武力，而是一种"饰之以礼乐"（《礼记·射义》）、寓教于射的君子修身活动。据文献记载，先秦盖有四种射礼：一曰大射礼，二曰乡射礼，三曰燕射礼，四曰宾射礼。《礼记·射义》云："古者诸侯之射也，必先行燕礼；

卿大夫士之射也，必先行乡饮酒之礼。故燕礼者，所以明君臣之义也；乡饮酒之礼者，所以明长幼之序也。”又引孔子曰：“射者何以射？何以听？循声而发，发而不失正鹄者，其唯贤者乎？若夫不肖之人，则彼将安能以中？”可见，在射礼中，举动中礼、容仪合度至为重要，所谓“射者，所以观盛德也”。

“礼之用，和为贵”。将斗战之工具——弓箭——引入礼仪的程式中，借以表达人之理性对于武器的制约和平衡，这是中华礼乐文明最令人感动之处，也与“友谊第一，比赛第二”的现代体育精神若合符节、高度一致。

至于饮酒揖让，亦礼之大端。《左传·庄公二十二年》有“酒以成礼”之说。《礼记·乡饮酒义》称：“乡饮酒之义，主人拜迎宾于庠门之外，入，三揖而后至阶，三让而后升，所以致尊让也。盥洗扬觯（zhì），所以致絜也。拜至，拜洗，拜受，拜送，拜既，所以致敬也。尊让絜敬也者，君子之所以相接也。君子尊让则不争，絜敬则不慢，不慢不争，则远于斗辨矣，不斗辨则无暴乱之祸矣，斯君子所以免于人祸也。故圣人制之以道。”又《礼记·经解》：“乡饮酒之礼，所以明长幼之序也。……乡饮酒之礼废，则长幼之礼废，而争斗之狱繁矣。”

今按：将射礼与君子风度联系在一起，可说是孔子的发明。后来孟子又以射箭为喻，阐明君子当反求诸己：“仁者如射，射者正己而后发。发而不中，不怨胜己者，反求诸己而已矣。”（《孟子·公孙丑上》，《礼记》亦有类似表述）既能反求诸己，自然无所争于人。

又按：“君子不争”不仅是儒家的观点，亦与道家的思想明通暗合。《老子》第八章说：“上善若水。水善利万物而不争。……夫唯不争，故无尤。”第二十二章：“夫唯不争，则天下莫能与之争。”第六十七章：“不敢为天下先。”第八十一章：“天之道利而不害，圣人之道为而不争。”皆尊让不争之意也。

**3.8 子夏问曰：“‘巧笑倩兮，美目盼兮①，素以为绚兮②。’何谓也？”子曰：“绘事后素③。”曰：“礼后乎④？”子**

曰："起予者商也⑤，始可与言《诗》已矣！"

**新注** ①"巧笑倩兮，美目盼兮"：倩，笑靥美好貌。盼，眼睛黑白分明。出自《诗经·卫风·硕人》，二章云："手如柔荑，肤如凝脂，领如蝤蛴，齿如瓠犀。螓首蛾眉，巧笑倩兮，美目盼兮。" ②素以为绚兮：今本《诗经》无此句，可能是逸诗。素，白色。绚，绚烂。盖指诗中所描写的庄姜夫人皮肤洁白，姿容美好，明眸善睐，就像洁白的素底才能画出绚烂美好的色彩和图案一样。 ③绘事后素：绘画这件事是要先有素底才能奏效的。 ④礼后乎：礼后（于仁）乎。意为必先有仁，礼乐才能奏效。 ⑤起予者商也：起，启发。商，子夏姓卜名商。

**新译** 子夏问道："《诗经》上说：'嫣然一笑，姿态曼妙；秋波流转，黑白粲然；素地洁白，五彩绚烂！'这是什么意思呀？"孔子说："好比绘画，先要有白色的底子，然后才能画出美丽的图案来。"子夏说："那么，礼是不是在仁德之后呢？"孔子说："能启发我的是你卜商啊！可以开始和你讨论《诗》的道理了！"

**新识** 本章由《诗》及礼，再度涉及礼之本的"大哉问"。

子夏所问，本是《诗经·卫风·硕人》一篇的辞章之义，"素以为绚兮"，《毛诗》郑玄笺："此说庄姜容貌之美。"孔子乃指事喻诗，答以"绘事后素"，以绘画先须素地（如白绢或白缯）而后才能敷彩设色，以喻美人先须肤白目盼方可顾盼生辉，可谓引譬连类，善为解说者也。子夏由此产生联想，竟由诗而悟礼，以"礼后乎"反问，遂将艺术及审美问题上升至伦理道德高度。"绘事后素"四字，多有歧解。如郑玄云："凡绘画，先布众色，然后以素分布其间，以成其文。"然宋儒杨龟山据《礼记·礼器》"甘受和，白受采，忠信之人可以学礼"，将"绘事后素"之"素"解为素地，似更合理。李炳南《论语讲要》引此称："子夏所悟，忠信为主，礼在质后。忠信是素，礼喻绘事。"说极有见。窃谓"忠信"二字，不妨可以"仁"代之。子夏之意，盖以"绘事后于素"对应"礼后于仁"，这与孔子的"人而不仁，如礼何？"可谓异曲同工，遥相呼应。

关于《诗经》的师徒问答，前已有子贡切磋琢磨之对，夫子赞其“始可与言诗已矣！告诸往而知来者”。本章子夏又以“礼后乎”，获夫子“起予者商也”之盛赞。这里的“起”既可以释为“启”，亦可以释为“兴”。子夏乃文学科高弟，其天才联想让孔子喜出望外，深感“吾道不孤”，后继有人。本章不仅是“诗可以兴”的生动样本，亦堪称孔门师徒“口传心授”“教学相长”之绝佳案例！

## 3.9 子曰：“夏礼，吾能言之，杞不足征①也；殷礼，吾能言之，宋②不足征也。文献③不足故也，足则吾能征之矣。”

**新注** ①杞不足征（zhèng）：杞，夏之后。征，验证，引证。②宋：商之后。 ③文献：文，典籍；献，贤人。

**新译** 孔子说：“夏代的礼，我能够谈一谈，可惜夏的后代杞国，不足以为我引证说明；商代的礼，我也能够谈一谈，可惜商的后代宋国，也不足以为我引证说明。这是因为杞国和宋国现存的典籍与贤者不够充分的缘故。如果足够充分，我就可以用来作引证了。”

**新识** 本章可与《为政》篇“殷因于夏礼”章并参。夫子谈夏、殷二代之礼可以谈论，而其后代杞、宋二国却无法提供详尽的证明，盖以“文献不足”之故，此诚大有深意在焉。

首先，武王克商后，行封建之制，封邦建国，杞、宋乃夏、商之后，皆周之封国，此即所谓“兴灭国，继绝世”。文，指典籍；献，指贤人。孔子生于周室东迁之后，夏、殷两代之典籍尚有留存，当世贤者，亦能讲述二代之往事，故孔子对夏、殷二代之礼，颇有了解。故其曾说：“殷因与夏礼，所损益，可知也；周因于殷礼，所损益，可知也。”

其次，孔子虽了解夏、殷之礼，但不过诉诸残留之典籍。《礼记·礼运》云：

言偃复问曰："夫子之极言礼也，可得而闻与？"孔子曰："我欲观夏道，是故之杞，而不足征也，吾得《夏时》焉。我欲观殷道，是故之宋，而不足征也，吾得《坤乾》焉。《坤乾》之义，《夏时》之等，吾以是观之。"

由此可知，孔子很想在作为夏、殷之后的杞、宋二国，找到可以证成己说的"实证性"根据，却收获寥寥，乏善可陈。说明当时夏、殷二代之礼，杞、宋二国并未很好继承，故孔子对二代之礼的真知灼见，无法得到有效的文献与贤人的支撑和验证，言语之间，不无遗憾！

再次，"文献不足故也，足则吾能征之矣"一句，亦可看出孔子治学，必使信而有征、持之有故的严谨态度。这与孔子教育弟子"多闻阙疑，多见阙殆"，"知之为知之，不知为不知"，是完全一致的。

今按：《礼记·中庸》引孔子曰："吾说夏礼，杞不足征也。吾学殷礼，有宋存焉。吾学周礼，今用之。吾从周。"可知孔子之所以推崇周礼，不仅因"周鉴于二代，郁郁乎文哉"，还有一个更重要的原因是，周礼"今用之"，文献充足，事实俱在，理论与实践互相印证，其文可考，其效可验，夫子之所以坚定不移地"吾从周"，盖缘乎此也！

## 3.10　子曰："禘①自既灌而往者②，吾不欲观之矣。"

**新注**　①禘（dì）：天子祭祀宗庙的大祭。这里指鲁国国君在太庙祭祀周公。禘礼，乃天子才有资格举行的祭祖大典，因周公系文王之子，又为周朝建立和稳定立下大功，故周成王特许鲁国国君可以在宗庙（即周公之庙）举行禘祭之礼。　②自既灌而往者：灌，献酒之礼。禘祭开始时，要用郁鬯之酒（祭祀用的酒）浇在地上，以祭祀神灵。既灌，即献酒之后。

**新译**　孔子说："禘祭之礼，从初次献酒以后，我就不想看下去了。"

**新识**　此章及下一章皆言禘礼。《礼记·王制》说："天子诸侯宗庙之祭，春曰礿（yuè），夏曰禘，秋曰尝，冬曰烝。天子祭天地，诸侯祭社稷，大夫祭五祀。"又同书《大传》："不王不禘。王者禘其祖之所自出。”可知禘礼是天子祭祀祖先之大礼。因周公为周朝建立厥功甚伟，故成王特许鲁君可以在祭祀周公的太庙中举行禘祭之礼。禘礼中有灌礼，以酒洒地，迎祭所祭之祖也。

何以既灌之后，孔子不欲观之？盖古有昭穆之制。祖先灵位，始祖居中，左昭右穆，父为昭，子为穆，左边是第二、四、六代祖，右边则为三、五、七代祖。故《礼记·中庸》云：“宗庙之礼，所以序昭穆也。”然，鲁文公二年（前625）举行禘祭，竟把其父僖公之牌位列于闵公之上，《春秋》以为“逆祀”。僖公是闵公庶兄，闵公即位在先，后为僖公所弑并篡其君位。按说当闵公为昭、僖公为穆，而文公将其颠倒，故为“逆祀”。孔子作为鲁臣，不便明说鲁君失礼，心实不以为然，故说：“吾不欲观之矣！”可见，鲁国君臣皆有非礼之举，可谓上行下效矣。此夫子所以深忧天下无道、礼乐不施也。

## 3.11 或问禘之说①。子曰：“不知也。知其说者之于天下也，其如示诸斯乎②！”指其掌。

**新注** ①禘之说：禘祭之礼的道理。 ②示：同“视”。斯：这里，指手掌。

**新译** 有人请教禘祭的道理。孔子说：“我不知道。知道禘礼之道的人对于天下之事，就像看这里一样清楚吧！”说着，指了指自己的手掌。

**新识** 此章旧与上章为一章。禘之说，犹言禘礼之道。《集解》孔安国曰：“答以不知者，为鲁讳。”盖指鲁文公逆祀事，不便明言。又《礼记·中庸》：“郊社之礼，所以事上帝也。宗庙之礼，所以祀乎其先也。明乎郊社之礼，禘尝之义，治国其如示诸掌乎？”可参看。

## 3.12 祭如在①，祭神如神在。子曰：“吾不与祭②，如不祭。”

**新注** ①祭如在：祭祖如祖在。如在，好像真在此接受祭祀一样。

②与（yù）祭：与，参与。吾心参与吾身之礼仪中。

**新译** 祭祀祖先时，（要心存诚敬）就好像祖先真在接受祭祀，祭祀神灵时，也好像神灵真在那里受祭一般。孔子说：“（参加祭礼时）如果我没有参与其中，便如同没有祭祀一样。”

**新识** 本章承上两章，谈祭礼须诚敬。“祭如在”，指弟子平时见孔子祭祀祖先与神灵之时，心怀孝敬，容止庄严，就如同祖先和神灵真在那里接受祭祀一般。《礼记·祭义》说：“斋之日，思其居处，思其笑语，思其所乐，思其所嗜。斋三日，乃见其所为斋者。祭之日，入室，僾然必有见乎其位。周旋出户，肃然必有闻乎其容声。出户而听，忾然必有闻乎其叹息之声。”又《礼记·玉藻》：“凡祭，容貌颜色，如见所祭者。”《礼记·祭统》甚至以为“祭者教之本也”，“夫祭者，非物自外至者也，自中出生于心也。心怵而奉之以礼，是故唯贤者能尽祭之义”。这些记载，非仅礼仪之规定，实乃致祭时内心情感之真实体验，因而感人至深。

“祭如在”含义有三：一是“不在”，祭祀时祖先确乎不在，这是一事实。二是“曾在”，祖先生命确乎存在过，否则断不会有我在此祭祀，这又是一事实。三才是“如在”，正因“曾在”之祖此时已“不在”，临祭之时，更须因时追思，孝心诚笃，以期与祖先之魂灵相交接。故《中庸》记孔子言宗庙之礼说：“践其位，行其礼，奏其乐；敬其所尊，爱其所亲；事死如事生，事亡如事存，孝之至也。”祭礼乃是礼制对于孝亲之连续性的要求，正是这种孝的不以生死定有无的连续性，使人类摆脱了丛林法则和动物世界。

“祭神如神在”。神指外神，即天地、山川、社稷、五祀之神，虽若有若无，难以证验，然在祭祀时，亦当全神贯注，心无杂念，“洋洋乎如在其上，如在其左右”（《中庸》）。儒家虽不主张淫祀，却将起孝起敬、诚意正心当作一种修身养性的涵养功夫，故朱熹《集注》说：“祭先主于孝，祭神主于敬。虽孝敬不同，而如在之心则一。”范氏亦曰：“有其诚则有其神，无其诚则无其神。”此即民间所谓“心诚则灵”。

“吾不与祭，如不祭”，盖有两层意思：一是说祭祀之事，必须身体力行，责无旁贷，别人代你祭祀，如同未祭。二是说即使你身临其境，如果心不在焉，不能起孝起敬，权当例行公事，做给人看，则亦如同不曾祭祀一般，毫无效果。

今按：俗话说：举头三尺有神明；人在做，天在看。如果因为肉眼无从得见鬼神，便以为其不存在，而心存简慢，举止如同儿戏，毫无诚意，久而久之，心地早已虚伪多诈，相比之下，获罪于鬼神的损失倒还在其次。窃以为，儒家的“祭如在”绝非迷信，而是一种正信，是正确而正当的信仰和信念。

## 3.13 王孙贾①问曰：“与其媚于奥②，宁媚于灶③，何谓也？”子曰：“不然，获罪于天，无所祷也④。”

**新注** ①王孙贾：卫国大夫，卫灵公时主掌军政。 ②媚于奥：媚，献媚、讨好。奥，古人在居室西南角供奉的家神。 ③灶：指灶神，主饮食，俗称灶王爷。 ④获罪于天，无所祷也：获罪，得罪。祷，祈祷。

**新译** 王孙贾问：“‘与其讨好家神，不如巴结灶神。’这话是什么意思呢？”孔子说：“不是这样的。如果得罪了上天，再怎么祈祷也没用啊！”

**新识** 本章难解处在“奥”“灶”二字。先说“奥”。据《尔雅·释宫》：“宫谓之室，室谓之宫。牖户之间谓之扆（yǐ），其内谓之家。东西墙谓之序。西南隅谓之奥，西北隅谓之屋漏，东北隅谓之宧（yí），东南隅谓之窔（yào）。”又《礼记·曲礼》：“为人子者，居不主奥，坐不中席，行不中道。”孔颖达《疏》：“居不主奥者，主，犹坐也。奥者，室内西南隅也。室向南，户近东南角，则西南隅隐奥无事，故呼其名为奥。常推尊者于闲乐无事之处，故尊者居必主奥也。既是尊者所居，则人子不宜处之也。”可知，奥者，本为尊者所居之处，这里指一般家庭祭祀主神的地方。

再说“灶”。《孔子家语·曲礼子贡问》：“夫灶者，老妇之所祭，盛于瓮，尊于瓶，非所祭也。”可知在一般家祭中，灶神所处地位较低。但正所谓“民以食为天”，民间男女却往往更为亲近取媚于灶神，故有“与其媚于奥，宁媚于灶”的说法。

王孙贾引此俗语以问孔子，亦有弦外之音。盖孔子初到卫国时，卫灵公对其颇为礼敬，弥子瑕、南子皆欲与之周旋，而孔子不以为意。故《集解》孔安国曰：“奥，内也，以喻近臣。灶以喻执政。贾执政者，欲使孔子求昵之。”又皇侃《疏》：“时孔子至卫，贾诵此旧语以感孔子，欲令孔子求媚于己，如人之媚灶也。媚，亲顺也。”朱熹《集注》也说：“以奥有常尊，而非祭之主；灶虽卑贱，而当时用事。喻自结于君，不如阿附权臣也。贾，卫之权臣，故以此讽孔子。”又有以奥比南子、以灶喻大臣，或以奥比卫君，以灶比南子等说法，此不赘述。

但孔子却不上当。王孙贾以利相诱，夫子则以义绝之。“获罪于天，无所祷也”一语，何其光明磊落！言下之意：你以为我是取媚于其他人吗？我只是尽人事而已。孔子之学，全在为己，不仅不为人，甚至也不为天！盖孔子相信，天是公正无私的，只要做好了人，就不会得罪天，至于祈祷不祈祷，取媚不取媚，又有什么关系！换言之，对于“知天命”的孔子而言，要做的早已不是“祷神拜天”，而是“法天则天”。证严法师说：“与其求佛，不如学佛。”此正智、仁、勇三达德集于一身之体现，亦中华民族最具人文价值之文化基因所在。

## 3.14 子曰：“周监于二代①，郁郁乎文哉②！吾从周。”

**新注** ①周监（jiàn）于二代：监，视也，相比。一说：监同“鉴”，借鉴义，亦可通。二代，指夏、商两个朝代。周公依据二代之礼，加以损益，而更重人文，故曰周尚文。②郁郁乎文哉：郁郁，盛美之貌。文，文采。周礼以人伦为本，比夏商二代更为丰富多彩，可谓后来居上，后出转精。

**新译** 孔子说：“周朝的礼乐制度相比（或借鉴）夏、商二代的礼乐制度，多么盛美可观、丰富多彩啊！我愿意遵从周礼。”

**新识** 此章言周代礼文之美及夫子所以从周之故。朱子云：“周公制成周一代之典，乃视夏商之礼而损益之。故三代之礼，其实则一，但至周而文为大备，故孔子美其文而从之。”（《朱子语类》卷二十五）王夫之《诗广传》称：“夏尚忠，忠以用性；殷尚质，质以用才；周尚文，文以用情。”三代之礼，质文代变，周礼损益二代，故能文质兼美，无过无不及，周朝享祚八百余年，端赖有此一种礼乐典章制度也。这里的“郁郁乎文哉”，实即“文质彬彬”之意。夫子对周礼推崇备至，奉为圭臬，不亦宜乎！

## 3.15 子入大庙①，每事问。或曰：“孰谓鄹人之子②知礼乎？入大庙，每事问。”子闻之曰：“是礼也。”

**新注** ①大（tài）庙：即太庙。指周公庙。周公为鲁之始祖，故称其庙为太庙。 ②鄹（zōu）人：鄹，鲁邑名。孔子父叔梁纥，尝为其邑大夫。鄹人之子，指少年孔子，隐有嘲讽之意。

**新译** 孔子曾入鲁太庙，每件事都要向人请教。有人说：“谁说鄹邑大夫的儿子懂得礼呢？他到了太庙，每件事都要向别人请教。”夫子听到后，说：“我这么做，正是符合礼的啊！”

**新识** 此章紧承上章，大有深意。盖周公乃周礼之制作者，孔子既推尊周礼，自然极敬周公。周公又为鲁国始祖，太庙乃周公之庙，则孔子于周公，可谓敬而亲之，亲而敬之，故其晚年，竟以“久矣不复梦见周公”为“吾衰”之证。“子入太庙”，当为孔子青年时事，汉儒包咸以为，孔子此时已在鲁国为仕，因助祭而入太庙。今按，观礼亦可入太庙，不必定为助祭。关于“每事问”，《荀子·宥坐》有一则生动的故事：

> 孔子观于鲁桓公之庙，有攲器焉。孔子问于守庙者曰：“此为何器？”守庙者曰：“此盖为宥坐之器。”孔子曰：“吾闻宥坐之器者，虚则攲，中则正，满则覆。”孔子顾谓弟子曰：“注水焉！”弟子挹水而注之。中而正，满而覆，

虚而欹。孔子喟然而叹曰："吁！恶有满而不覆者哉！"子路曰："敢问持满有道乎？"孔子曰："聪明圣知，守之以愚；功被天下，守之以让；勇力抚世，守之以怯；富有四海，守之以谦。此所谓挹而损之之道也。"

此事所载，并非"子入太庙"时，又经荀子加工，与本章并非一事，但欹器之类，太庙或亦有之。而孔子于"问"之后，每能有所发明，绝非"不知礼"，此或与本章孔子在太庙的表现差可仿佛。

至于或人之问，孔安国注称："时人多言孔子知礼，或人以为，知礼者不当复问。"又云："虽知之，当复问，慎之至也。"又《礼记·曲礼上》："入竟（境）而问禁，入国而问俗，入门而问讳。"孔子每事问，正是敬慎之心的真实流露，体现了对礼器、礼仪等的重视，恰恰是合乎礼的表现。或人以"不知礼"见疑，足见其蔽于俗见，于礼之真谛未达一间。

今按：《论语》中多次出现"或曰""或问"，大抵出于凡俗陋见，其人或有名姓，而《论语》不欲彰显之，盖古人不唯为亲者、尊者、贤者讳，甚至亦"为鄙者讳"，此或可借夫子之言以谓之："是礼也。"

## 3.16 子曰："射不主皮，为力不同科，古之道也①。"

**新注** ①射不主皮：古时射礼，不主张射穿其皮，但能射中目标即可。射，有武射，有礼射，此处当指礼射。皮，指皮制的靶子。力不同科：每人的体力不同等。科，等。古之道也：古时射礼所遵行的原则。

**新译** 孔子说："比试射箭时，并不以射穿箭靶上的皮革为关键，因为每人的体力不一样，这是古时就遵行的规则。"

**新识** 本章再言射礼。古时乡射礼共射三次，第二次以射中皮质的箭靶为主，故称"主皮"。《周礼·地官·乡大夫》说："退而以乡射之礼五物询众庶：一曰和，二曰容，三曰主皮，四曰和容，五曰兴舞。"郑玄注引郑司农云："主皮谓善射。"孙诒让《周礼正义》引凌廷堪曰："三曰主皮者，即乡射礼之三耦及宾、主人、大夫众耦皆射也。司射命曰：‘不贯不释。’盖取其中也，故谓之主皮。马氏《论语》注‘次主皮为能中质’是也。是谓第二次射……主皮之名，盖起于大射。大射张皮侯，以皮饰侯，又方制之以为鹄，故以中鹄为主皮。”这里的“皮侯”，即古代以兽皮为饰的箭靶。

与“主皮”不同的是“贯革之射”。《礼记·乐记》说：“武王克殷反商，……倒载干戈，包之以虎皮；将帅之士，使为诸侯；名之曰建櫜（gāo）。然后知武王之不复用兵也。散军而郊射，左射《狸首》，右射《驺虞》，而贯革之射息也。”郑玄注：“贯革，射穿甲革也。”孔颖达疏：“贯，穿也；革，甲铠也。所谓军射也。言军中不习于容仪，又无别物，但取甲铠张之而射，唯穿多重为善，谓为贯革也。”《狸首》《驺虞》，皆音乐名，《孔子家语·辩乐解》王肃注：“《狸首》《驺虞》，所为节也。”可知贯革之射乃军队作战演习之射，以射穿皮革为善，武王得天下后，乃偃武修文，在乡射之礼上，以演奏音乐为节度，俾使射礼无杀伐之气，而有礼容之美。可以说，不主皮之射实乃礼乐之射、文明之射。

所谓“力不同科”，实际上是将射箭引向技巧性的比试，而非力量上的比拼。孟子在论述智者与圣人的区别时，也以射箭为例，说：“由射于百步之外也，其至，尔力也；其中，非尔力也。”（《孟子·万章下》）既能“至”，又能“中”，才是最佳状态。今之体育竞技，越是力量型的项目越是要分不同量级，以保证比赛的公平和公正，正是遵循了“力不同科”的“古之道”也。

## 3.17 子贡欲去告朔之饩羊①。子曰：“赐也，尔爱其羊，我爱其礼②。”

**新注** ①告朔（gù shuò）：朔，每月初一。告朔，周天子在每年岁末，颁布来年十二月的历书（亦称月令书），告诉诸侯每月初一是哪一天。诸侯受之而藏于祖庙。每月初一，诸侯杀一只活羊祭于祖庙。

这祭庙之礼，便称为告朔。饩（xì）羊：杀而未烹的羊。②赐：子贡姓端木，名赐。尔：你。

**新译** 子贡想去掉每月初一举行告朔之礼时要宰杀的羊。孔子说：“赐啊！你是爱惜那只羊，我却珍爱那个礼呀！”

**新识** 本章言告朔之礼。每月初一，杀一只活羊祭庙，诸侯向臣属宣读政令书，然后回到朝廷听政，此即“告朔”。孔子时，鲁君已不再亲自参加告朔之礼，只派臣下到祖庙杀羊祭祀。此一礼仪遂不被重视，故子贡希望省掉告朔之礼中杀一活羊以祭之环节。

然而，礼并非仅是外在形式，也是内在仁心的表现。前面说过：“祭如在，祭神如神在。”既然“如在”，便应“事死如事生，事亡如事存”，万万不可因“不见其在”，而生轻忽欺枉之心。本来鲁君缺席祭祀之现场，便已属于“吾不与祭，如不祭”，如再如子贡所想，去掉“告朔之饩羊”，则告朔之礼，便完全失去实质意义，成了一场彻头彻尾、自欺欺人而又欺天的荒唐闹剧。《阳货》篇孔子说：“礼云礼云，玉帛云乎哉！乐云乐云，钟鼓云乎哉！”其实亦可顺着说：“礼云礼云，饩羊云乎哉！”虽然礼之根本不在玉帛、钟鼓或饩羊，而在内在的仁心和诚敬，然如果竟连玉帛、钟鼓和饩羊都被取消了，那礼的诚敬、庄严和神圣又将安在？——“皮之不存，毛将焉附？”所以，那只用于祭祀的饩羊，绝不仅是一个礼仪的道具或形式，而是承载着祭祀者的仁心与诚敬的图腾。换言之，有了它，礼的基本内涵还在；没有了它，礼也就名存实亡了！孔子正是看到了“礼坏乐崩”的灾难性后果，才要坚决捍卫礼的价值和内涵。

今按：朱熹对于此章，亦有精彩阐释，说：“‘爱礼存羊’一段，须见得圣人意思大。常人只是屑屑惜那小费，圣人之心却将那小费不当事，所惜者是礼，他所存者大。”（《朱子语类》卷二十五）如说子贡的“存羊”乃心系一物，算是仁之小者，则孔子的“爱礼”却是心存天下，实乃仁之大者！今人或以孔子为迂腐守旧，真是庄子所谓“夏虫不可语于冰，笃于时也；井蛙不可语于海，拘于虚也；曲士不可语于道，束于教也”。至于黄口小儿动辄以孔子不爱护动物责之，就更是坐井观天、郢书燕说了。

## 3.18　子曰："事君尽礼，人以为谄也。"

**新译**　孔子说："臣下奉事君主，如恪守应尽的礼节，他人却以为你在谄媚。"

**新识**　本章及下章言君臣之礼。孔子当时，礼坏乐崩，"臣弑君者有之，子弑父者有之"，归根结底，皆君臣之礼灭裂失守之结果。如季氏"八佾舞于庭""三家者以《雍》彻"，皆人臣不尽礼乃至僭礼之证。故有人"事君尽礼"，反被讥为谄媚。此正当时乱相之一，孔子所以忧心者也。观《乡党》篇所载孔子事君之状，或许正是为当时立一法度，树一标本，亦未可知。又《子罕》篇孔子说："拜下，礼也；今拜乎上，泰也，虽违众，吾从下。"此正"事君尽礼"之意。盖夫子绝非觍颜媚上者，他只是不骄不躁，安分守己，当仁不让于师，当义不屈于众，如斯而已。夫子的"为己之学"，常被"为人之学"者所曲解误会，这便是一好例。

今按：近世以来，西学东渐，礼乐大坏，言必称"平等"者，多无恭敬之心。父子、长幼、师生、上下之间，尚"权利"而轻"义务"，各怀竞心，动辄相诟相诋，偶或有人能遵古之道，行古之礼，则"人以为谄也"。殊不知，礼之内涵便在"自卑而尊人"，谓人之尽礼为谄媚者，恰是以无礼为自尊之小人。夜郎自大，坐井观天，岂不可笑复可悲？

## 3.19　定公[①]问："君使臣，臣事君，如之何？"孔子对曰："君使臣以礼，臣事君以忠。"

**新注**　①定公：鲁君，姓姬名宋，在位十五年（前509—前495），定公是其谥号。

**新译**　定公问："君上使用臣下，臣下事奉君上，该怎样做呢？"孔子答道："君上若能按照礼来使唤臣下，臣下才会按照礼来事奉君上。"

**新识** 本章承接上章，再谈君臣之义。作为五伦中的一伦，君臣之道实亦关乎名实分际。儒学重"正名"，以为"名不正则言不顺"。就君臣关系言，更须循名责实，各安其位，各守其分。儒学认为，君臣关系乃一互相对待之关系，不像父子一伦具有绝对性。甚至可以说，君臣关系类似某种不成文的契约关系，具有今人不易觉察的不确定性或曰灵活性。《礼记·儒行》有云："儒有上不臣天子，下不事诸侯；慎静而尚宽，强毅以与人，博学以知服；近文章，砥厉廉隅；虽分国，如锱铢；不臣不仕。其规为有如此者。"比如一隐士，他便可以说"天子不得臣，诸侯不得友"。再如一官员，若告老还乡，便可说"不在其位，不谋其政"。孔子说"以道事君，不可则止"；子路问事君之道，孔子答以"勿欺也，而犯之"：此皆可见儒家君臣之义，乃指君臣间相互对待的一种原则，而非君主单方面求全责备于臣下。正如董仲舒所言："父不父则子不子，君不君则臣不臣。"（《春秋繁露·玉杯》）此一原则亦适用于其他人伦关系，故《礼记·礼运》以为人有"十义"，分别是："父慈，子孝；兄良，弟悌；夫义，妇听；长惠，幼顺；君仁，臣忠。"

孔子说"君使臣以礼，臣事君以忠"，实则是站在一中庸立场，为君臣关系再做厘定，将定公原初以为的"从属关系"，确定为一"对偶关系"，本章孔子所言，实包含假设、因果甚至是条件等关系。言下之意，（如果、因为）只有君"使臣以礼"，（那么、所以）臣才会"事君以忠"。孔子此言，直接开启了孟子那句著名格言："君之视臣如手足，则臣视君如腹心；君之视臣如犬马，则臣视君如国人；君之视臣如土芥，则臣视君如寇仇。"（《孟子·离娄下》）

或以为君臣之义早已过时，可以扬弃，实则不然。梁启超论君臣之义曰："君如何始得为君？以其履行对臣的道德责任，故谓之君，反是则君不君。臣如何始得为臣？以其履行对君的道德责任故谓之臣，反是则臣不臣。"又说："君字不能专作王侯解。凡社会组织，总不能无长属关系。长即君，属即臣。例如学校，师长即君，生徒即臣。工厂经理即君，厂员即臣。师长对生徒，经理对厂员，宜止于仁。生徒对师长所授学业，厂员对经理所派职守，宜止于敬。不特此也。凡社会皆以一人兼君臣二役，师长对生徒为君，对学校为臣，乃至天子对天下为君，对天为臣。儒家所谓君臣，应作如是解。”（《儒家哲学》）

今按：质言之，君臣关系，实际就是上下级关系。不独古时有，今日亦然；不独中国有，西方亦然。而“事君尽礼”“君使臣以礼”不过说明，君臣之间，最要紧的还是那个“礼”字！

## 3.20　子曰：“《关雎》①乐而不淫，哀而不伤②。”

**新注**　①《关雎（jū）》：《诗经·国风·周南》的首篇。诗云：“关关雎鸠，在河之洲。窈窕淑女，君子好逑。参差荇菜，左右流之。窈窕淑女，寤寐求之。求之不得，寤寐思服。悠哉悠哉，辗转反侧。参差荇菜，左右采之。窈窕淑女，琴瑟友之。参差荇菜，左右芼之。窈窕淑女，钟鼓乐之。”旧注以为赞美后妃之德。　②乐而不淫，哀而不伤：快乐能不流于放荡，哀愁能不陷于悲伤。而，能也。淫，过分。

**新译**　孔子说：“《关雎》这首诗，有快乐而能不流于放荡，有哀愁而能不陷于悲伤。”

**新识**　本章再论《诗经》，可与“思无邪”章并参。《关雎》乃《诗经·周南》首篇，《毛诗》前有序曰：“《关雎》，后妃之德也，《风》之始也，所以风天下而正夫妇也。故用之乡人焉，用之邦国焉。风，风也，教也；风以动之，教以化之。”又说：“是以《关雎》乐得淑女，以配君子；忧在进贤，不淫其色。哀窈窕，思贤才，而无伤善之心焉，是《关雎》之义也。”可知此诗有着十分重要的教化价值，故“先王以是经夫妇，成孝敬，厚人伦，美教化，移风俗”（《毛诗序》）。

《关雎》所以被置于《诗经》开篇，除了教化价值，还因其抒情言志，符合儒家的中庸之道。《礼记·中庸》云：“喜怒哀乐之未发谓之中，发而皆中节，谓之和。致中和，天地位焉，万物育焉。”然人类之情感抒发，要做到“中节”“合度”，“发乎情，止乎礼义”，谈何容易！

尤其男女爱情，常常“爱之欲其生，恶之欲其死；既欲其生，又欲其死”，无所不用其极。故朱熹《集注》释此章云：“淫者，乐之过而失其正者也。伤者，哀之过而害于和者也。”“乐而不淫，哀而不伤”，即乐能不失其正，哀能无害于和，不偏不倚，无过无不及，完全符合“温柔敦厚”“思无邪”的“诗教”，《关雎》受到古今读者的喜爱，其深层原因正在于此！

**3.21 哀公问社于宰我①。宰我对曰：“夏后氏以松②，殷人以柏，周人以栗，曰使民战栗③。”子闻之曰：“成事不说，遂事不谏，既往不咎④。”**

**新注** ①问社：社，土地神。古人建邦立国，必立社以祭土地神，立社一定树其地所宜之木为社主；亦有不为社主，而即祀其树以为社神所凭依的情况。宰我：名予，字子我，孔子弟子，少孔子二十九岁。 ②夏后氏以松：夏朝用松木做社主。夏后氏，禹建立夏朝，被称作夏后氏。以，用。夏居河东，其地宜松；殷居亳，其地宜柏；周居镐京，其地宜栗。 ③使民战栗：周人以栗树为社，是为了让百姓恐惧战栗。这显然是宰我的误解。 ④遂事不谏，既往不咎(jiù)：遂，行。谏，劝谏。咎，追究。

**新译** 哀公向宰我请教关于社主的事情。宰我回答说：“夏朝人用松木，商朝人用柏木，周朝则用栗木，是为了使百姓战栗之意。”夫子听说此事后，说：“已经完成的事，不必再说了；已经进行的事，不必再劝谏了；已经过去的事，也不必再追究了。”

**新识** 本章是宰我第一次出场，或以为此事发生在哀公四年（前491）。是年六月，鲁亳社灾，哀公乃问社于宰我，盖欲复立其主，故问之。社，即土地神。古时祭祀土神，要立一木，以为社神之凭依，此即社主。朱熹《集注》说：“三代之社不同者，古者立社，各树其土所宜木以为主也。”宰我所答，前三句均属事实判断，无误，唯独“使民战栗”一句，涉及价值判断，而且是错误的价值判断，故孔子不之许。

或以为："哀公将去三桓，而不敢正言。古者戮人于社，其托于社者，有意于诛也。宰我知其意，而亦以隐答焉。曰'使民战栗'，以诛告也。"（苏子由《古史》）亦可备一说。

实则哀公问社，也是问政、问礼。哀公曾问孔子："何为则民服？"孔子答以"举直错诸枉，则民服；举枉错诸直，则民不服"。两相比较，孔子答之以道，主张王道仁政；宰我则答之以术，似有暗示霸道暴政之嫌。孔子说"成事不说，遂事不谏，既往不咎"，既表现了一种宽容，同时也是对宰我信口开河的委婉批评。朱熹《集注》称："孔子以宰我所对非立社之意，又启时君杀伐之心，而其言已出，不可复救，故历言此，以深责之，欲使谨其后也。"

今按：近人李炳南则以为："此章经文，大有事在。孔子曰三句之解……窃以为初句谓哀公失政，三家僭越，局势久成，不可复说。次句宰我进谏，无补于前。三句孔子自谓宰我言虽失宜，然既往矣，吾亦不再咎也。"（《论语讲要》）其说颇审细，亦可参。

**3.22 子曰："管仲之器小哉①！"或曰："管仲俭乎？"曰："管氏有三归②，官事不摄③，焉得俭？""然则管仲知礼乎？"曰："邦君树塞门④，管氏亦树塞门；邦君为两君之好，有反坫⑤，管氏亦有反坫。管氏而知礼，孰不知礼？"**

**新注** ①管仲：齐国大夫，名夷吾，辅佐齐桓公称霸诸侯。器小：器量狭小。器小则易盈。 ②三归：这里指管仲有三处府第可归，足见其奢侈。 ③官事不摄（shè）：摄，兼职。言管仲因事设官，各不兼摄，机构臃肿，为政不简。 ④邦君树塞（sāi）门：国君建照壁。树，立。塞门，国君为区别内外，在大门内建屏以阻挡外面的视线，谓之塞门，犹如今之照壁。 ⑤反坫（diàn）：两君宴会，在两楹之间筑土为小台，诸侯献酢更酌，酌毕，各将其空酒杯反置于坫上，谓之反坫。塞门、反坫皆诸侯之礼，而管仲为之，见其僭礼也。

**新译** 孔子说："管仲的器量真是小啊！"有人问："那管仲算得上节俭吗？"孔子说："管仲有三处府第可归，官员很多，各不兼职，怎么算得上节俭呢？""既然这样，那么管仲是不是懂得礼呢？"孔子说："国君在宫门外立有塞门，管仲也在府门外建塞门。国君为了接待外国君主，殿堂上设有放置酒器的反坫，管仲府中也设有同样的反坫。管仲如果懂得礼，还有谁不懂得礼呢？"

**新识** 本章论管仲，由器及礼，故置于此篇。

夫子劈头便说管仲"器小"，盖亦有激而言。《管子·小匡》载："施伯谓鲁侯曰：'管仲者，天下之贤人也，大器也。'"孔子虽对管仲之"九合诸侯，不以兵车"的丰功伟绩，极力赞美，甚至许之以"仁"，又说："微管仲，吾其被发左衽矣！"然对管仲之器量，却不敢恭维，称其"器小"。何谓"器小"？朱熹《集注》说："器小，言其不知圣贤大学之道，故器量褊浅，规模卑陋，不能正身修德以致主于王道。"盖夫子以为，管仲虽有霸力和仁德，却骄矜奢侈、僭越失礼，器量实在太小，未可期之以王道。

又，扬雄《法言·先知》："或曰：'齐得夷吾而霸，仲尼曰小器。请问大器。'曰：'大器其犹规矩准绳乎？先自治而后治人之谓大器。'"观此可知，管仲大概是"能治人而不能治己"者，能"外王"却不能"内圣"者，宜乎夫子斥其为"器小"也！

## 3.23 子语鲁大师乐①。曰："乐其可知也：始作，翕如也②；从之，纯如也，皦如也，绎如也③；以成。"

**新注** ①语（yù）：告诉。鲁大（tài）师：大，通"太"。鲁国掌管音乐的乐官之长。 ②始作：刚演奏时。先奏金，鼓钟。翕（xī）如：振奋貌。翕，合。 ③从（zòng）之：从，通"纵"，放开，展开。纯如：纯一和谐貌。皦（jiǎo）如：清楚明亮貌。绎（yì）如：连绵不绝貌。

**新译** 孔子告诉鲁国太师有关音乐的道理，说："音乐，大概是可以被了解的吧！当乐曲刚刚奏响之时，振奋昂扬，充满活力；音乐展开之后，听上去更加纯正优美，一派和谐；继而清楚明亮，渐入佳境；接近尾声时，却又余音袅袅，连绵不绝；一首乐曲便这样完成了。"

**新识** 本章由礼及乐。古代之音乐理论，声、音、乐内涵不同，且有高下之分。《礼记·乐记》说："凡音者，生人心者也。情动于中，故形于声。声成文，谓之音。""凡音者，生于人心者也。乐者，通伦理者也。是故知声而不知音者，禽兽是也；知音而不知乐者，众庶是也。唯君子为能知乐。是故审声以知音，审音以知乐，审乐以知政，而治道备矣。是故不知声者不可与言音，不知音者不可与言乐。知乐则几于礼矣。礼乐皆得，谓之有德。德者得也。"又说："夫乐者，与音相近而不同。"一句话，"德音"方是"乐"。《中庸》说："虽有其位，苟无其德，不敢制礼作乐也。虽有其德，苟无其位，亦不敢制礼作乐也。"故周公制礼作乐，"乐由中出，礼自外作"，二者本同末异，相辅相成，共同奠定了中华文明的制度基础。

鲁国乃周公之后，有着丰厚的礼乐文化传统，鲁襄公二十九年（前544）吴公子季札来鲁国观乐，便是明证。孔子更是集礼乐之大成，不仅以诗、书、礼、乐教弟子，而且将"兴于《诗》，立于礼，成于乐"作为人格教育之总纲，所谓"成于乐"，正是对"德音之谓乐"的另一种表达。孔子又尝言："吾自卫反鲁，然后乐正，《雅》《颂》各得其所。"可见其对《诗三百》的整理，完全是从音乐角度展开的。

今按：本章孔子谈乐，既是认识论，也是接受论。"乐其可知也"，正是前引《礼记》中"唯君子为能知乐"一句的生动注脚，而其将音乐分析为"始作""从之""以成"三个部分，正与古今音乐之内在结构若合符节。不唯如此，孔子还对每一部分乐章的基本形式及视听效果予以精彩描绘，"翕如也""纯如也""皦如也""绎如也"四句，将原本抽象的听觉效果诉诸色彩鲜明、动感十足的视觉乃至心灵感受，真是鞭辟入里、曲尽其妙！本章所言，孤明先发，可以说是我国最早的一篇音乐美学论文。

3.24 **仪封人[1]请见。曰："君子之至于斯也，吾未尝不得见也。"从者见之[2]。出，曰："二三子何患于丧乎[3]？天下之无道也久矣，天将以夫子为木铎[4]。"**

**新注** ①仪封人：仪，地名，在卫。或以为在今河南兰考境内。封人，掌封疆之官。 ②从者见之：从者，孔子的随行弟子。使仪封人得见孔子。 ③二三子：犹言你们这些弟子。何患于丧：丧，亡；指丧位去国。 ④天下之无道也久矣：天下衰乱无道已然很久，衰极必盛。木铎：大铃。金口木舌，故称木铎。古时天子发布政令，使者先振木铎以警示民众。这里是以木铎比喻孔子乃天纵圣人，具有引领天下的德性和才能。

**新译** 仪地的封疆官请见于孔子，说："凡是来到本地的贤德君子，我从来没有不与之相见的。"随从弟子便让他见了孔子。他辞出以后，对孔子的随从弟子说："诸位何必还要担心丧位失道呢？天下已经衰乱无道很久了，上天将要让夫子来作引领天下、复兴王道的木铎啊！"

**新识** 本章所记，当在夫子周游列国时。仪，卫邑，在今河南兰考。刘宝楠《论语正义》云："夫子五至卫，此至仪邑，不知在何时。"从"二三子何患于丧乎"一句推测，此事或许发生在夫子去鲁适卫之初。朱熹《集注》："丧，谓失位去国。"可谓得之。

今按：仪封人与夫子仅只一面，便知夫子乃"天纵之圣"，真可谓夫子知音也！当时孔子周游列国，栖栖遑遑，颠沛流离，质疑非议，不绝于耳。环顾天下，斯世同怀者，何尝见之？故夫子尝叹曰："莫我知也夫！……不怨天，不尤人，下学而上达，知我者，其天乎！"说仪封人乃夫子知音，盖因其所言，两处与夫子相通。

其一是"丧"。"二三子何患于丧乎"的"丧"，孔安国注称："言何患于夫子圣德之将丧亡耶！"当时孔子失位去国，门人或以为夫子道穷，难免悲观失望。然孔子此时已知天命在我，任重道远，即便在生死俄顷之际，亦从未怀疑过。子畏于匡，尝曰："文王既没，文不在兹乎？天之将丧斯文也，后死者不得与于斯文也；天之未丧斯文也，匡人其如予何？"

其二是"天"。"天将以夫子为木铎！"孔安国注称："天下之无道也久矣，极衰必盛。木铎，施政教时所振以警众者也。言天将命孔子制作法度，以号令于天下。"仪封人将夫子与"天"联系在一起，绝非凡俗所能道。此正与夫子"知我者其天乎！""天之未丧斯文也，匡人其如予何？""天生德于予，桓魋其如予何？"诸感叹，遥相呼应。

又按：仪封人与孔子所谈，史无明文，从"天下之无道也久矣"可以推知，二人所言，一定关乎礼乐之道。"木铎"之喻，实与礼乐有关。《尚书·胤征》说："每岁孟春，遒人以木铎徇于路。"孔安国《传》称："遒人，宣令之官。木铎，金铃木舌，所以振文教。"可知，木铎不仅是一礼器，同时亦是礼乐文明的一个象征，以木铎喻夫子，正是从礼乐和"斯文"角度出发，对夫子气象的高度赞美。此章置于《八佾》篇，不亦宜乎！

## 3.25 子谓《韶》[①]："尽美矣，又尽善也。"谓《武》[②]："尽美矣，未尽善也。"

**新注** ①《韶》：舜帝之乐。舜的天下，受禅于尧，其乐和平，所以谓其"尽美尽善"。 ②《武》：周武王之乐。武王伐纣而得天下，其乐演奏起来，有杀伐之声。其音乐不如舜的音乐那样调和，故云未尽善。

**新译** 孔子谈及《韶》乐，说："极尽其美了，又极尽其善了！"谈及《武》乐，则说："极尽其美了，却未极尽其善呀！"

**新识** 本章又是孔子论乐。《礼记·乐记》说："王者功成作乐。"用以表崇王者得天下的功德。又《汉书·礼乐志》："《易》曰：先王以作乐崇德。"作乐崇德，必与事实相符。故《集解》孔安国称："《韶》，舜乐名也。谓以圣德受禅，故曰尽善也。《武》，武王乐也。以征伐取天下，故曰未尽善也。”此处所言未尽善之意，盖指武王之乐不如《韶》乐纯正中和，非指武王之德。

今按：先秦儒家，向以美善同义，美者善也，善者美也，故儒家美学，颇有重伦理甚于重审美之特点。然夫子“尽善尽美”之论，则将美、善两个范畴做了区分，使儒家美学内部悄然发生了一次不易觉察的变革，从此以后，善主伦理思想，美主审美艺术，善与美，与仁与礼、质与文、实与华等范畴，共同建构了儒家美学的两两相对而又互为支撑的伦理—自然美学体系。探本溯源，不能不承认孔子的开山发轫之地位。

## 3.26 子曰：“居上不宽，为礼不敬，临丧不哀①，吾何以观之哉？”

**新注** ①居上：身居上位。为礼：行礼。临丧：遭遇丧事。

**新译** 孔子说：“身在上位却无宽厚之德，行礼时却无恭敬之心，参加丧礼却无哀戚之情，（这样的人）我怎么看得下去呢！”

**新识** 本章看似谈礼，实则亦涉及仁心。居上位者处下，须有宽厚之心；施行礼乐，须有恭敬之心；参加丧礼，须有哀戚之心。“吾何以观之哉”，呼应“禘自既灌而往者，吾不欲观之矣！”说明孔子对一切不合乎礼、不依于仁的人和事，皆感失望，此亦“人而不仁，如礼何？人而不仁，如乐何？”之意。

今按：至此《八佾》篇言礼毕，引出《里仁》篇谈仁。《论语》一部大书，读之不厌，味之回甘，正在其有一内在仁德与思理“一以贯之”也！

# 里仁第四

## 4.1 子曰："里仁为美①。择不处仁，焉得知②？"

**新注** ①里仁为美：里，居处，作动词。一说：里，居所。亦通。②择不处仁，焉得知：择，选择。处仁，以仁道自处。焉，哪里。知（zhì），通"智"。

**新译** 孔子说："安居于仁德之境，是件美事。人生面临抉择时，不能以仁道自处，哪里算得上是有智慧呢！"

**新识** 本章主旨，可一言以蔽之："里仁为美，处仁为智。"

先说"里仁为美"。里，本是一编制单位。《汉书·食货志》："五家为邻，五邻为里，四里为族，五族为党，五党为州，五州为乡。乡，万二千五百户也。""里仁为美"，朱熹《集注》释为："里有仁厚之俗为美。"以"里"为名词。《集解》郑玄注则以为："里者，民之所居也。居于仁者之里，是为善也。"以"里"作动词，"里仁"即"居仁"。联系下句"择不处仁"，当以郑注为佳。"里仁为美"乃就大者言之，君子以仁德为居所，行止坐卧，动静语默，无往而不在仁德之中，此是天地之间最大的美事。美者，善也。故"里仁为美"四字所蕴含者，不仅是一伦理—道德境界，亦是一审美—艺术境界。

再说"处仁为智"。比起"里仁"，"处仁""择仁"乃就小者言之，君子立身处世，出处取与，皆当以仁德为标准，不如此则不可谓之“智”。古有卜居、择邻之俗。《左传·昭公三年》说：“非宅是卜，唯邻是卜。”“孟母三迁”的故事更是脍炙人口。皇侃《疏》云：“中人易染，遇善则善，遇恶则恶。若求居而不择仁里而处之，则是无智之人。故云焉得智也。沈居士曰，言所居之里，尚以仁地为美，况择身所处，而不处仁道，安得智乎？”推而广之，择居、择友、择业、择偶，人生一切之选择，无不当以“择仁”“处仁”为智。

此章所可注意者有二：一是环境之重要。俗语云：“近朱者赤，近墨者黑。”荀子也说：“蓬生麻中，不扶自直；白沙在涅，与之俱黑。”《淮南子·说林训》称：“墨子见练丝而泣之，以为可以黄，可以黑。”可知环境对人的熏染及影响，甚至远比天赋的秉性为大。孔子说：“性相近也，习相远也。”盖即此意。

二是仁智之辨。智、仁、勇，乃儒家追求的“三达德”，所谓“智者不惑，仁者不忧，勇者不惧”。就仁勇关系言，孔子认为：“仁者必有勇，勇者不必有仁。”就仁智关系言，孔子没说。但观此章，当孔子说“择不处仁，焉得知”时，却分明将“智”之内涵扩充了，提升了，变成了与“仁”相辅相成的一种境界。可谓“仁者必有智，智者必有仁”，甚至可以说，仁即是智，智即是仁。

今按：本章极富哲理意蕴，实为孔子仁学思想之渊薮。“里仁”“处仁”之说，与下章的“安仁”“利仁”之说，将“仁”这一抽象概念空间化、形象化、诗意化，极大地拓展了儒家的仁学内涵和义理深度。后来孟子的“居仁由义”说，以及“居移气，养移体，大哉居乎”，“仁，人之安宅也”，“夫仁，天之尊爵也，人之安宅也。莫之御而不仁，是不知也”，“居天下之广居，立天下之正位，行天下之大道”，凡此诸说，无不于此萌芽而壮大也矣！

**4.2　子曰：“不仁者，不可以久处约，不可以长处乐①。仁者安仁，知者利仁②。”**

**新注**　①处约：自处于贫约之中。约，贫约；贫困。处乐：自处于安乐之中。②安仁：安处于仁道。利仁：有利于仁道。

**新译** 孔子说："不仁德的人，既不能长久处于贫困之中，也不能长久处于安乐之中。仁者安处于仁道，智者有利于仁道。"

**新识** 本章从反面论仁。实则亦可曰："唯仁者可以久处约，可以长处乐。"仁者何以能久处穷困贫约之中呢？盖仁者谋道不谋食，故能"贫而乐"，如颜回箪食瓢饮，不改其乐；夫子饭蔬饮水，曲肱而枕，乐在其中，皆其显例。仁者既能以贫为乐，则自然能安时处顺，无往不乐。故孔子说："君子固穷，小人穷，斯滥矣。"孟子也说："生于忧患，死于安乐。"

宋人林逋《省心录》说："知足者，贫贱亦乐；不知足者，富贵亦忧。"曾国藩于功业顺境之时，依旧戒慎恐惧，曾函训其二子云："凡人多望子孙为大官，余不愿（尔等）为大官，但愿为读书明理之君子。勤俭自持，习劳习苦，可以处乐，可以处约，此君子也。余服官二十年，不敢稍染官宦习气，饮食起居，尚守寒素家风，极俭也可，略丰也可，太丰则吾不敢也。"曾文正公能立德、立功、立言"三不朽"，端赖有此一种克己自励之精神。

"仁者安仁，知者利仁"，又是仁智之辨。钱穆释云："安仁者，此心自安于仁，如腰之忘带，足之忘履，自然安适也。利仁者，心知仁之为利，思欲有之。"（《论语新解》）《礼记·曾子立事》云："仁者乐道，智者利道。"又《中庸》："或安而行之，或利而行之，或勉强而行之，及其成功，一也。"这里的安而行之、利而行之、勉强而行之，正是仁者、智者、勇者的三种境界！

今按：仁者止于至善，故能安仁；智者择仁而处，故常利仁。《荀子·子道》载：

> 子路入，子曰："由！知者若何？仁者若何？"子路对曰："知者使人知己，仁者使人爱己。"子曰："可谓士矣。"子贡入，子曰："赐！知者若何？仁者若何？"子贡对曰："知者知人，仁者爱人。"子曰："可谓士君子矣。"颜渊入，子曰："回！知者若何？仁者若何？"颜渊对曰：

“知者自知，仁者自爱。”子曰：“可谓明君子矣。”

此真可谓仁者见仁，智者见智！而三弟子之不同回答，正可见出从“为人之学”到“为己之学”的三重境界！读者于此处，当深察而细思之。

## 4.3　子曰：“唯仁者能好人，能恶人①。”

**新注**　①能好人，能恶（wù）人：好，喜爱。恶，憎恶。

**新译**　孔子说：“只有仁者才能真正喜爱可爱之人，憎恶可恶之人。”

**新识**　本章言仁者之好恶。《论语》中，多处谈到“好恶”。有“乡人之好恶”，如子贡问曰：“乡人皆好之，何如？”子曰：“未可也。”“乡人皆恶之，何如？”子曰：“未可也。不如乡人之善者好之，其不善者恶之。”（《子路》）又有“众人之好恶”，如孔子说：“众好之，必察焉；众恶之，必察焉。”（《卫灵公》）还有“好恶之惑”，即孔子所谓：“爱之欲其生，恶之欲其死，既欲其生，又欲其死，是为惑也。”（《颜渊》）盖一般人之好恶，或“放于利而行”，或准于欲而发，故皆不能中节适度，更不能公正无私。黄宗羲《宋元学案》云：“小人好恶以己，君子好恶以道。”可谓的评！

今按：仁者心底无私，秉诸公理仁道，故能明辨是非，好善恶恶；故其所好，必可好之人，所恶，亦必可恶之徒。小人则以利害定好恶，只贪财利，不辨是非，故其所好，未必可好之人，所恶，未必可恶之徒。君子小人之差别即在此。钱穆先生解此章云：“惟仁者其心明通，乃始能好人恶人，此又仁者必有知之说。智勇之本皆在仁，不仁则无知无勇，恶能好恶？”由“好恶”联想到“仁智之辨”，极具卓识，然钱先生又以“能好人，能恶人”为“真心地喜好人”“真心地厌恶人”，似有未安。盖不仁者之好恶，只可责之以是非，未可论之以真假也！

## 4.4 子曰："苟志于仁矣，无恶也①。"

**新注** ①苟志于仁矣：苟，假如。志，存心。无恶（wù）：无所憎恶。仁者之恶人，其存心仍出于爱，愿其自新迁善，其心并无恶人之念。

**新译** 孔子说："（即便可恶之人）如果有志于追求仁德，便不要再憎恶他了。"

**新识** 本章难解处在"恶"字。"恶"字自来有两读。一读入声，作善恶之恶解，如朱熹《集注》："其心诚在于仁，则必无为恶之事也。"又如孔安国注："苟，诚也。言诚能志于仁，则其余终无恶。"一读去声，作好恶之恶解。沈麟士《论语训》即称："仁者爱人，虽所屏弃放流，皆欲其自新，务于安全。不独仁人无恶，但有志于仁皆无所憎恶。"然，若以为志于仁者便无所憎恶，似又与上章"唯仁者能好人，能恶人"相矛盾。况且"志于仁者"尚且未达仁德之境，怎会"无所憎恶"呢？

看来此章当与上章合而观之，意思才更加显豁明白。清人俞樾《群经平议》说："上章云惟仁者能好人能恶人，此章云苟志于仁矣无恶也。两章文意相承。此恶字即上章能恶人之恶。贾子《道术》曰，心兼爱之谓之仁。然则仁主于爱，古之通论。使其中有恶人之一念，即不得谓之志于仁矣。"又《泰伯》中，孔子说："人而不仁，疾之已甚，乱也。"可见，真正的仁者，爱憎皆出于公心，故其好恶皆能中节适度，不至于泛滥而无可收拾矣。

## 4.5 子曰："富与贵，是人之所欲也；不以其道得之，不处也①。贫与贱，是人之所恶也；不以其道得之，不去也②。君子去仁，恶乎成名③？君子无终食之间违仁④，造次必于是，颠沛必于是⑤。"

**新注** ①所欲：所想要的。不处：不安处。 ②所恶（wù）：所厌恶的。不去：不必摆脱。前面的"得之"应作"去之"。王充《论衡·问孔》:“当言去，不当言得。得者，施于得之也。今去之，安得言得乎？独富贵当言得耳。何者？得富贵，乃去贫贱也。” ③去仁：离开仁德。去，离开。恶（wū）乎成名：恶，怎么。成名，成就君子之名。 ④无终食之间违仁：终食之间，一顿饭的工夫。违仁，同“去仁”。 ⑤造次必于是，颠沛必于是：造次，急遽仓促。颠沛，困顿流离。于是，在此；即在仁德之中。言君子遭变故时，亦能将身心安顿于仁德之中。

**新译** 孔子说：“富与贵，是每个人都向往的；但如不能用合乎道义的方法获得富贵，君子就不会接受它；贫与贱，是每个人都厌恶的，但如不能用合乎道义的方法摆脱贫贱，君子就不会摆脱它。君子离开了仁道，怎么成就其君子之名呢？君子哪怕在吃一顿饭的工夫都不会背离仁德，仓促匆忙之间也一定在仁德中，颠沛流离之际也一定在仁德中。”

**新识** 本章承上章，谈仁道斯须不可去身，富贵贫贱、造次颠沛亦必不违仁德。孔子之学，最重人道，对人之所欲所恶（即上两章所言好恶），均保持基本尊重及认同，但强调所欲所恶之取去，皆须合乎道义。换言之，孔子发言遣论，能够兼顾事实判断与价值判断，此其最可贵处。如“富与贵，是人之所欲也”或“贫与贱，是人之所恶也”，便是一事实判断；而“不以其道得之，不处也”或“不去也”，便是一价值判断。事实判断必须服从于价值判断，方能做君子。此亦是另一层面的“义利之辨”。

孔子又说：“不义而富且贵，于我如浮云。”“富而可求也，虽执鞭之士，吾亦为之，如不可求，从吾所好。”孔子所好者为何？不过“道义”二字。故南宋张栻《孟子讲义·序》云：“学者潜心孔孟，必得其门而入，愚以为莫先于义利之辨。”朱熹致其师李侗书也说：“义利之说，乃儒者第一义。”

今按：不处也，不去也，皆以仁者能“乐道”；不去仁，不违仁，皆以君子能“安仁”。

**4.6 子曰："我未见好仁者、恶不仁者。好仁者，无以尚之[①]；恶不仁者，其为仁矣，不使不仁者加乎其身[②]。有能一日用其力于仁矣乎？我未见力不足者。盖有之矣，我未之见也。"**

**新注** ①好仁者：爱好仁德的人。恶不仁者：厌恶不仁德的人。无以尚之：尚，同"上"。　②不使不仁者加乎其身：言憎恶不仁的人，能够杜绝不仁之事，不使及于其身。加，施加。

**新译** 孔子说："我没有见过真正爱好仁德的人，和真正憎恶不仁的人。爱好仁德的人，那真是再好不过了。憎恶不仁的人，他行仁德的时候，绝不使不仁之事施加在自己身上。真有哪怕在一天之内能够全部致力于仁道的人吗？——我还没有见过行仁而力量不够的，大概会有这样的人，只是我没有见到吧！"

**新识** 本章再谈仁之好恶。朱熹《集注》说："盖好仁者真知仁之可好，故天下之物无以加之；恶不仁者真知不仁之可恶，故其所以为仁者，必能绝去不仁之事，而不使少有及于其身。"

窃以为，好仁者与恶不仁者，并非两种人，而是仁者的两个维度，犹一体之两面。好仁者必能恶不仁，恶不仁者必知仁之可好。两者皆是修养仁德的一种心性工夫。《郭店楚简》"仁"字写作"悬"，说明仁德先要从内心产生，然后充诸四体，付诸实践，所谓在内为德，在外为行。"恶不仁者，不使不仁者加乎其身"，这种近乎"道德洁癖"式的表达，正是仁德修炼之具体而微、深切著明处。故此章虽无一"心"字，实则处处皆在谈"心"。

王阳明四句教云："无善无恶心之体，有善有恶意之动，知善知恶是良知，为善去恶是格物。"准此，则"好仁"即是"为善"，"恶不仁"即是"去恶"。前引阳明云："破山中贼易，破心中贼难。"揆诸本章，"一日用其力于仁"，必是"一日破心中贼"，其所难者，不在于"力"，而在于"心"。俗话说："心有余而力不足。"殊不知，求仁行仁恰恰相反，常常是"力有余而心不足"。《中庸》云："力行近乎仁。"

有了仁心仁念，力行可也，何必外求？阳明“致良知”之学，在此章已埋下伏笔。夫子之学可大可久，正在此不经意处留下的“话头”。

今按：为仁由己，欲仁则仁至；圣学关心，力何尝不足？

## 4.7 子曰：“人之过也，各于其党①。观过，斯知仁矣②。”

**新注** ①各于其党：党，类也。人之过也，各于其类。 ②斯知仁矣：斯，就。知仁，知人。一说：知仁，知其仁之程度和等类。

**新译** 孔子说：“人所犯的过失，各有其党类。观察他的过失，便知道他是一个怎样的人了。”

**新识** 本章又论知人之法，可与《为政》“视其所以”章并参。“过”，有以直者与仁者相区分者，如殷仲堪云：“言人之过失各由于性类之不同，直者以改邪为义，失在于寡恕；仁者以恻隐为诚，过在于容非。是以与仁同过，其仁可知。观过之义，将在于斯者。”又有以君子小人相对待者，如朱熹《集注》引程子云：“君子常失于厚，小人常失于薄；君子过于爱，小人过于忍。小人有过，则必文之；君子有过，必不自掩。”刘宝楠《正义》也说：“小人不能为君子之行，非小人之过，当恕而勿责之。观过，使贤愚各当其所，则为仁矣。”

今按：君子对待过错亦与小人有别。孔子闻过则喜，尝言：“丘也幸，苟有过，人必知之。”子贡亦曰：“君子之过也，如日月之食焉：过也，人皆见之；更也，人皆仰之。”君子真能“过则勿惮改”，而“小人之过也必文”。故可曰：观其过，人焉廋哉！人焉廋哉！

## 4.8 子曰：“朝闻道①，夕死可矣。”

**新注** ①朝闻道：闻，达也，行也。一说：闻，听。今不取。

**新译** 孔子说：“如果有朝一日能使大道行于天下，就是当晚死去也是值得的。”

**新识** 上章言仁，此章言道，次第井然。

本章乃《论语》最具知名度的一章。一般解释为："早上听闻大道或真理，就是晚上死去也是值得的。"然，此种理解颇有问题。首先，若此言是孔子对一般人之期许，则与孔子在另一场合所言"民可使由之，不可使知之""中人以下，不可以语上"等说法相矛盾，盖孔子虽以谋道高于谋食，但并不要求所有人都必须谋道，而是以此事期之于士君子。其次，若此言是孔子自我勉励之言，则显然含有一种预设，即孔子自叹自己尚未闻道，这又与孔子言必称"道"之事实不符。我们完全不能认同，孔子说此话时，竟然认为自己是不闻道、不知道的，否则其为何要说"吾道一以贯之""人能弘道，非道弘人""谁能出不由户，何莫由斯道也"呢？换言之，孔子终身所忧者，并非自己未曾闻道，而是天下滔滔，道之不行，此其所以感叹"道不行，乘桴浮于海"之故也。

此意古人已有发明。如何晏《集解》说："言将至死，不闻世之有道也。"邢昺《疏》："此章疾世无道也。设若早朝闻世有道，暮夕而死，可无恨矣。言将至死不闻世之有道也。"又孙奕《示儿编》云："孔子岂尚未闻道者？苟闻天下之有道，则死亦无遗恨，盖忧天下如此其急。"然，以"天下有道"来解读"朝闻道"，又属于增字解经，仍嫌未安。皇侃《疏》引栾肇云："道所以济民，圣人存身，为行道也。济民以道，非以济身也。故云诚令道朝闻于世，虽夕死可也。伤道不行，且明己忧世不为身也。"此解以"伤道不行"为说，盖已接近夫子深衷矣。《中庸》引子曰："道其不行矣夫。"又说："君子遵道而行，半途而废：吾弗能已矣。"亦可为旁证。

今人廖名春拈出"闻道"之"闻"字，经过详细论证，释此章云：

> "闻"，当训为"达"，到达，引申之，即实现。所谓"闻道"，即到达道，实现道。因此，"子曰：'朝闻道，夕死可矣'"，当译为："孔子说：'早晨实现了我的理想，就是当天晚上死去也心甘。'"（《〈论语〉"朝闻道，夕死可矣"章新释》）

今按：廖先生将"闻道"训为"达道"，语义豁然贯通，遂将夫子心事和盘托出，诚为《论语》之功臣也！

## 4.9 子曰："士志于道①，而耻恶衣恶食者②，未足与议也。"

**新注** ①士志于道：士，古代贵族中次于卿大夫的一个阶层，此指有志于行道的士君子。 ②恶（è）衣恶（è）食：粗劣寒酸的衣食。恶，粗劣。

**新译** 孔子说："一个有志于行道的士人，却以粗劣寒酸的衣食为羞耻，那便不值得与他讨论了。"

**新识** 本章承上章，继续言道，可与下面数章同参：

子曰："君子食无求饱，居无求安，敏于事而慎于言，就有道而正焉，可谓好学也已。"（《学而》）

子曰："志于道，据于德，依于仁，游于艺。"（《述而》）

子曰："君子谋道不谋食。耕也，馁在其中矣；学也，禄在其中矣。君子忧道不忧贫。"（《卫灵公》）

孔子的"士志于道"，可以说是为"士"下了一定义。古有"四民"，即士、农、工、商，"士"作为四民之首，盖孟子所谓"劳心者"，自非"谋于食"，而当"志于道"。《周易·系辞》云："形而上者谓之道，形而下者谓之器。"士君子立志于求道、行道、弘道，自当笃信好学，守死善道，将对物质的欲望降至合理状态，而致力于追求精神境界的提升和圆满。

今按：孔子并非完全不在乎饮食起居，《乡党》中所记"食不厌精，脍不厌细""割不正不食""席不正不坐"等描述，在在可见孔子对于物质生活的精致要求，然夫子绝非骄矜于饮食之精致，实是以礼乐之心待饮食，俾使人生处在一种优雅、文明、安然、美好之氛围中。故夫子临困遭厄，"饭疏食，饮水，曲肱而枕之"，亦能安之若素，乐在其中。此正《中庸》所谓"君子素其位而行，不愿乎其外。素富贵，行乎富贵；素贫贱，行乎贫贱；素夷狄，行乎夷狄；素患难，行乎患难。

君子无入而不自得焉”。在夫子看来，一人如标榜求道，自当“见其大而忘其小”，如以衣食简陋为耻，则其道心必不坚，恒心必不久。“未足与议也”，正是“道不同，不相为谋”之意。故此章实亦“义利之辨”也。

## 4.10 子曰：“君子之于天下也，无适也，无莫也①，义之与比②。”

**新注** ①无适也，无莫也：适，专主；适从义。莫，不肯义。无适无莫，犹云无可无不可。一说：适通“嫡”，亲厚义；莫通“漠”，疏薄义。又一说：适通“敌”，反对义；莫通“慕”，爱慕义。前两个解释结合起来，于义为佳。 ②义之与比（bì）：唯以道义是从。比，亲近，遵从。

**新译** 孔子说：“君子对于天下一切人和事，既无一定专主之是，也无一定不肯之非，一切唯有遵从道义加以判断和选择。”

**新识** 上两章言道，此下三章则言义。儒家之“义”，与“礼”一样，皆一切价值及德性的调节器和安全阀，因而最具智慧。孔子尝言“六言六蔽”，说：“好仁不好学，其蔽也愚；好知不好学，其蔽也荡；好信不好学，其蔽也贼；好直不好学，其蔽也绞；好勇不好学，其蔽也乱；好刚不好学，其蔽也狂。”（《论语·阳货》）又说：“恭而无礼则劳，慎而无礼则葸，勇而无礼则乱，直而无礼则绞。”（《泰伯》）可知仁、智、信、直、勇、恭、慎等价值虽属美德，然皆有偏失，唯“好学”方可救其蔽。值得注意的是，“好礼”“好义”则不在其列。不仅如此，孔子还赞美“富而好礼”者，又以“质直而好义”为“达者”（《颜渊》）。何以如此呢？盖“好学”本身即含“好礼”“好义”之意，故“忠信如丘”易，“好古敏求”难，唯有通过“好学”，方能知礼达义。要言之，礼义实乃节度与调适所有美德的砝码与权衡。

相比之下，“义”比“礼”更具灵活性，甚至“礼”亦必须合乎“义”。故孔子说：“君子之于天下也，无适也，无莫也，义之与比。”这里的“义之与比”的“比”，即靠近义，与《学而》有子所言“信近于义”“恭近于礼”的“近”，实即一义。可见正如“忠恕”之间，孔子以“恕”为主，“礼义”之间，孔子则主张“义之与比”。甚至天下一切事物，皆当以义作为选择和判断的首要标准。谓予不信，有例为证。《史记·孔子世家》载：

（孔子）过蒲，会公叔氏以蒲畔，蒲人止。孔子弟子有公良孺者，以私车五乘从孔子。其为人长贤，有勇力，谓曰：“吾昔从夫子遇难于匡，今又遇难于此，命也已！吾与夫子再罹难，宁斗而死。”斗甚疾。蒲人惧，谓孔子曰：“苟毋适卫，吾出子。”与之盟，出孔子东门。孔子遂适卫。子贡曰：“盟可负邪？”孔子曰：“要盟也，神不听。”

这个“孔子负盟”的故事，正说明“信”如不合乎“义”，便是小人之信，“神不听”。此故事亦见于《孔子家语·困誓》，略有异文，孔子所说作：“要我以盟，非义也。”再如《庄子·盗跖》所载“尾生抱柱”的故事：

尾生与女子期于梁下，女子不来，水至不去，抱梁柱而死。……直躬证父，尾生溺死，信之患也。

两个故事，一正一反，极言固守不合“义”之“要盟”“小信”，不如无信。《子路》篇孔子又说：“言必信，行必果，硁硁然小人哉！”正是对小人之信的批评。后来孟子亦发挥此意，说：“大人者，言不必信，行不必果，惟义所在。”

孔子之“义”，还包括“权”。《论语·子罕》孔子说：“可与共学，未可与适道；可与适道，未可与立；可与立，未可与权。”可见，守经达权乃是为学的最高境界。《孟子·离娄上》所载“嫂溺叔援”的辩论便是“权”道的最佳案例：

淳于髡曰：“男女授受不亲，礼与？”孟子曰：“礼也。”曰：“嫂溺，则援之以手乎？”曰：“嫂溺不援，是豺狼也。男女授受不亲，礼也；嫂溺，援之以手者，权也。”

孟子所谓的“权”，即权变、权宜、变通，其实就是“义之与比”；而“无适也，无莫也”，正是孔子所谓“无可无不可”。又《子罕》篇载：“子绝四：毋意、毋必、毋固、毋我。”孔子的“四毋”，归根结底还是“义”，是“达权”与“时中”。这与佛家主张的“破执”“放下”庶几近似。

王阳明甚至以“义”为“良知”。《传习录》卷下载：

黄勉之问：“‘无适也，无莫也，义之与比。’事事要如此否?”先生曰：“固是事事要如此，须是识得个头脑乃可。义即是良知，晓得良知是个头脑，方无执着。且如受人馈送，也有今日当受的，他日不当受的。也有今日不当受的，他日当受的。你若执着了今日当受的，便一切受去。执着了今日不当受的，便一切不受去。便是适莫。便不是良知的本体，如何唤得做义?”

今按：“义”者，宜也，时也，权也，度也，中也。义道从权，无可无不可。一切正向价值，皆须合乎“义”。仁是儒家大慈悲，义是儒学大智慧。

## 4.11 子曰：“君子怀德，小人怀土①；君子怀刑，小人怀惠②。”

**新注** ①怀德：怀，思念；关心。德，仁德。土：土地；田产。一说乡土，今不取。 ②刑：刑政、法度。惠：实惠；恩惠。

**新译** 孔子说：“君子关心的是仁德修养，小人关心的是土地田产。君子关心国家的礼乐刑政是否健全，小人关心自己能否得到财利实惠。”

**新识** 本章既属君子小人之辨，亦属义利之辨。《说文》：“怀，念思也。”段玉裁注：“念思者，不忘之思也。”故这里的“怀”，即念兹在兹之意。怀土，犹言怀居。《论语·宪问》子曰：“士而怀居，不足以为士矣。”程树德云：“窃谓当指趋向而言之。君子终日所思者，是如何进德修业，小人则求田问舍而已。君子安分守法，小人则唯利是图，虽蹈刑辟而不顾也。”（《论语集释》）其说可从。唯将“怀刑”作“安分守法”解，似有未安。孔子曾说：“道之以政，齐之以刑，民免而无耻”，又说“好刑不祥”（上海市博物馆楚简《季康子问于孔子》简9-10），可见孔子并不主张刑罚。故“刑”可解作“礼乐刑政”之义，亦即国家之“上层建筑”。

今按：有学者从文字学角度加以训释，提出“刑”当作“型”字解，有模型、范型之义，因而与礼乐教化有关（李竞恒《论语新劄》）。此说亦可参。

## 4.12　子曰：“放于利而行，多怨①。”

**新注**　①放（fǎng）：依仿。一作放纵，亦可通。多怨：心生更多怨恨。一说：招致更多怨恨。

**新译**　孔子说：“一切都依仿着利己的原则行事，必然会多生怨恨。”

**新识**　此章有两解：一说，行事皆依照利害算计，必然招致他人更多怨恨。如孔安国注称：“每事依利而行，取怨之道。”如在上位者唯利是图，必然导致民怨沸腾。又一说，此怨非自他人，而实自心所生。如钱穆先生就说：“孔子曰：‘求仁而得仁，又何怨？’若行事皆依仁道，己心皆可无怨。此怨字，当指己心对外言。放于利而行多怨，正与求仁得仁则无怨，其义对待而发。”盖本篇专主仁德，而为仁由己，怨自心生，不求仁而求利，自然多生怨尤。孔子晚年自谓“不怨天，不尤人”，正是“依于仁”而行，“求仁而得仁”的体现。二说皆有理，而以后者为上。

今按：证严法师说：“一个人的快乐，不是因为他拥有的多，而是因为他计较的少。”（《静思语》）计较越多，怨恨越多，于人于己，皆无益处，读者其详之！

## 4.13　子曰：“能以礼让为国乎，何有①？不能以礼让为国，如礼何！”

**新注**　①为国：即治国。何有：有何困难呢？

**新译** 孔子说：“若能以礼让治理国家，那还有何困难呢？若不能以礼让治理国家，那又拿礼怎么办呢？”

**新识** 此章谈治国必以礼让。而礼之本在仁，故“礼治”之内核仍是“仁德”，所谓“道之以德，齐之以礼”是也。“礼让”即“不争”。孔子说：“君子无所争。”荀子在《荀子·非十二子》中也说：

> 高上尊贵不以骄人，聪明圣知不以穷人，齐给速通不争先人，刚毅勇敢不以伤人；不知则问，不能则学，虽能必让，然后为德。遇君则修臣下之义，遇乡则修长幼之义，遇长则修子弟之义，遇友则修礼节辞让之义，遇贱而少者则修告导宽容之义。无不爱也，无不敬也，无与人争也，恢然如天地之苞万物，如是则贤者贵之，不肖者亲之。

今按：夫求利必争，尊礼必让。《礼记·大学》有云：“一家仁，一国兴仁；一家让，一国兴让。”可知，“仁”“让”是可以等量齐观的。故孔子反问“如礼何”，而非“如礼让何”，盖“让”是“礼”的必然结果，国无礼让，必生祸乱，人无礼让，则肆无忌惮矣。

## 4.14 子曰：“不患无位，患所以立①；不患莫己知，求为可知也②。”

**新注** ①不患无位：患，忧患，担心；位，职位、官位和名位。立：立身。 ②求为可知：为，被。可知，可以称道的才能和德行。

**新译** 孔子说：“不要担心自己没有职位，应该担心的是如何安身立命。不要担心不被别人所知，而应尽力追求被人称道的才能和德行。”

**新识** 此章再谈君子之学，实在为己，而不欲人知。首先，涉及一个“诚”字。前引《荀子·非十二子》中提到“诚君子”说：“君子能为可贵，不能使人必贵己；能为可信，不能使人必信己；能为可用，不能使人必用己。故君子耻不修，不耻见污；耻不信，不耻不见信；耻不能，不耻不见用。是以不诱于誉，不恐于诽，率道而行，端然正己，不为物倾侧，夫是之谓诚君子。”君子若不能正心诚意，徒欲人知，而不能自慊，不过自欺欺人而已，何君子之有？

其次，亦涉及“名实”问题。“位”即是“名”，“所以立”则是“实”；“己知”与“可知”也是一名实关系。为己之学必以自我肯认为中心，而不求虚名。《论语·卫灵公》孔子说：“君子病无能焉，不病人之不己知也。”又说：“君子疾没世而名不称焉。”“名不称”即名不副实，亦即孟子所谓“声闻过情，君子耻之”之意也。

今按：《颜氏家训·名实》说：“上士忘名，中士立名，下士窃名。”纵观古今，忘名者何其少，而窃名者何其多也！

**4.15 子曰：“参乎！吾道一以贯之①。”曾子曰：“唯②。”子出。门人问曰：“何谓也？”曾子曰：“夫子之道，忠恕③而已矣！”**

**新注** ①参（shēn）：曾子的名。一以贯之：以一贯之。贯，贯穿、贯通。 ②唯：诺。犹言是。 ③忠恕：忠，尽己之心以待人。恕，推己之心以及人。己所不欲，勿施于人，是谓恕。

**新译** 孔子说：“曾参啊！我的道是由一个根本的东西贯穿始终的。”曾子说：“是！”夫子出去后，其他弟子问：“什么意思啊？”曾子说：“夫子他老人家的道，只是忠和恕罢了。”

**新识** 此章为孔学一大公案，有学者竟以“孔门心传”称之。曾子乃孔子晚年弟子，本章所载或在颜回死后，夫子对曾子所言，盖有传道后学之意。曾子以为夫子之道，乃忠恕一贯，当是从人事情理上体贴所得，虽不中，亦不远矣。后子贡问孔子：“有一言而可以终身行之者乎？”子曰：“其恕乎！己所不欲，勿施于人。”可知，夫子之学，恕道为先，非尽恕道则无以尽忠道也。朱熹《集注》：“尽己之谓忠，推己之谓恕。”忠恕之道，实乃处理人我关系的黄金法则。顾炎武《日知录》卷九“忠恕”条云：

> 延平先生（李侗）《答问》曰：“夫子之道，不离乎日

用之间。自其尽己而言，则谓之忠；自其及物而言，则谓之恕，莫非大道之全体。虽变化万殊，于事为之末，而所以贯之者，未尝不一也。曾子答门人之问，正是发其心尔，岂有二邪？若以为夫子一以贯之之旨甚精微，非门人所可告，姑以忠恕答之，恐圣贤之心不若是之支也。如孟子言尧舜之道，孝弟而已矣。人皆足以知之，但合内外之道，使之体用一原，显微无间，则非圣人不能尔。”朱子又尝作《忠恕说》，其大指与此略同。按此说甚明，而《集注》乃谓“借学者尽己推己之目以著明之”，是疑忠恕为下学之事，不足以言圣人之道也。然则是二之，非一之也。慈溪黄氏曰：“天下之理无所不在，而人之未能以贯通者，己私间之也。尽己之谓忠，推己及人之谓恕。忠恕既尽，己私乃克，此理所在，斯能贯通。故忠恕者，所以能一以贯之者也。”

为何将“忠恕”置于《里仁》?《说文》说得最明白：“恕，仁也。”段玉裁注：“孔子曰：‘能近取譬，可谓仁之方也矣。’孟子曰：‘强恕而行，求仁莫近焉。’是则为仁不外于恕。析言之则有别，浑言之则不别也。仁者，亲也。”又《中庸》孔子曰：“忠恕违道不远。施诸己而不愿，亦勿施于人。”据此可知，君子唯有忠恕，才能尽己之性；尽己之性，才能尽人之性。对此钱穆先生阐释说：“忠恕之道即仁道，其道实一本之于我心，而可贯通之于万人之心，乃至万世以下人之心者。而言忠恕，则较言仁更使人易晓。因仁者至高之德，而忠恕则是学者当下之工夫，人人可以尽力。”

今按：尽己之心以待人，是为忠；推己之心以及人，是为恕。忠恕皆关乎心，故孔子之学，既是为己之学，亦心性之学也。孔子之道，可以执一统众，以一理贯通万事。孟子、象山、阳明之学，无不以此为发源，始成江河之势也！

## 4.16 子曰："君子喻于义，小人喻于利[①]。"

**新注** ①喻：通晓、了解。义：道义、是非。利：财利、利害。

**新译** 孔子说："君子通晓的是道义，小人通晓的是财利。"

**新识** 本章言义利之辨。孔安国注："喻，犹晓也。"此无疑义，唯君子小人作何解，存在分歧。

一曰君子小人以位言。如郑玄笺云："贾物而有三倍之利者，小人所宜知也。君子知之，非其宜也。"刘宝楠《正义》案曰："如郑氏说，则《论语》此章，盖为卿大夫之专利者而发，君子、小人以位言。"又，董仲舒对策曰："夫皇皇求利，唯恐匮乏者，庶人之意也；皇皇求仁义，常恐不能化民者，卿大夫之意也。"如此，则可将此章解作：在上位之士君子当通晓于道义，不能汲汲于财利；在下位之庶人则常通晓于财利，而无暇顾及仁义。此解回到君子小人之本义为说，颇可作现代阐释。即在上位者因不缺财利，故当晓于仁义以化民；在下位者因为财利易被剥夺，故自然拥有捍卫财产的天赋权利。

二曰君子小人以德言。意谓君子晓于公义，故能见利思义；小人但知私利，故常见利忘义。陆象山说："人之所喻，由于所习，所习由于所志。"如此，则此章又可理解为：君子志于义，小人志于利。此本属文化传播过程中之引申义，唯后来引申义反胜过本来义，事实判断便演变为价值判断了。实则如"君子怀德，小人怀土；君子怀刑，小人怀惠"诸章，皆有以位言的本来义和以德言的引申义。此乃孔子对于中国文化的伟大发明，即将本来指位言的君子小人赋予道德内涵，从而打通了上下贵贱之身份壁垒。《荀子·王制》说："虽王公士大夫之子孙也，不能属于礼义，则归之庶人；虽庶人之子孙也，积文学，正身行，能属于礼义，则归之卿相士大夫。"孟子也说："无恒产而有恒心者，惟士为能。"这里的"士"既无恒产，实则便是庶人，然即便是庶人，只要志道据德、居仁由义，便已是事实上的君子。若从政治学角度立论，则夫子此言，正欲在上位之君子，皆知小人之喻于利，从而"因民之所利而利之"也！

《荀子·大略》说："义与利者，人之所两有也。虽尧、舜不能去民之欲利，然而能使其欲利不克其好义也。虽桀、纣亦不能去民之好义，然而能使其好义不胜其欲利也。故义胜利者为治世，利克义者为乱世。上重义则义克利，上重利则利克义。"正此意也。

今按：二说看似各有立场，实则相辅相成。君子小人无论指位还是指德，其价值判断或者说褒贬色彩皆显而易见。那种只强调本来义而无视引申义的解读，恕我不敢苟同。窃谓君子小人之辨，正是在引申义上更加深刻地影响了中国文化。君子怀德而晓于义，故能做价值判断，明辨是非，不计利害；小人怀惠而晓于利，故只能做事实判断，不问是非，唯知利害。其高下优劣，何劳辞费？孔子说"君子上达，小人下达"，其深层意义在此。

## 4.17　子曰："见贤思齐焉，见不贤而内自省也①。"

**新注**　①见贤思齐：见到贤者当思向他看齐。内自省（xǐng）：内心深处自我反省。

**新译**　孔子说："见到贤德之人，应该想到向他看齐；见到不贤之人，当在内心自我反省。"

**新识**　此章谈修身之道。君子与人交往，贤与不贤，皆于己有益。所谓三人行必有我师，择善而从，不善则改。孔子说："见善如不及，见不善如探汤。"《老子》也说："善人者，不善人之师；不善人者，善人之资。"又，《荀子·修身》："见善，修然必以自存也。见不善，愀然必以自省也。"皆与此章同旨。

## 4.18　子曰："事父母幾谏①。见志不从②，又敬不违，劳而不怨③。"

**新注**　①幾（jī）谏：委婉地劝谏。幾，微也。谏，劝谏。　②见（xiàn）志不从：见志，表现自己的心志。见，同"现"。不从，不听从。③又敬不违：继续恭敬，不违逆父母。劳而不怨：即使劳忧，也不对父母心生怨恨。

**新译** 孔子说：“奉事父母时，（若父母有过失，）应当委婉劝谏。表达自己的心意之后，即使父母不听从，也要恭敬对待，不要违逆（以便伺机再劝）。虽然如此忧劳，也不要对父母心生怨恨。”

**新识** 本章以下四章，皆谈事亲之道。《孝经·开宗明义章》子曰：“夫孝，始于事亲，中于事君，终于立身。”又，《礼记·中庸》子曰：“君子不可以不修身。思修身，不可以不事亲；思事亲，不可以不知人；思知人，不可以不知天。”可知事亲之道，乃孝悌之大本、立身之始基也。

儒家思想，可谓“理性的人道主义”。故其对人性之弱点多有包容，并主张“以礼节之”。故孟懿子问孝，孔子答以“无违”，事实上不是让其“无违于父母”，而是“无违于礼”。盖人非圣贤，孰能无过？父母亦会犯错，作为孝子，如何对待父母之过，便是一大人生课题。《孝经·谏诤》载：

> 曾子曰：“若夫慈爱恭敬，安亲扬名，则闻命矣。敢问子从父之令，可谓孝乎？”子曰：“是何言与？是何言与？昔者天子有争臣三人，虽无道不失其天下。诸侯有争臣三人，虽无道不失其国。大夫有争臣三人，虽无道不失其家。士有争友，则身不离于令名。父有争子，则身不陷于不义。故当不义，则子不可以不争于父，臣不可以不争于君，故当不义则争之。从父之令，又焉得为孝乎？”

孔子认为，父母有过，必须劝谏，否则便是“陷父母于不义”，一味地“从父之令”，言听计从，绝不是真孝子，很可能是糊涂虫！《孔子家语·六本》载孔子说：“君无争臣，父无争子，兄无争弟，士无争友，无其过者，未之有也。”这里的“争”，即谏诤、劝谏义。

不过，即便要劝谏父母，救其过失，亦要循道合礼。劝谏的态度要委婉，方式要讲究，时机要恰当，所谓“时然后言，人不厌其言”。即使父母不听，亦当起敬起孝，任劳任怨，绝不能因谏而犯，甚至恼羞成怒，反目成仇。《礼记·内则》云：“父母有过，下气怡色，柔声以谏，谏若不入，起敬起孝。说则复谏，不说，与其得罪于乡党州闾，宁孰谏。父母怒，不说，而挞之流血，不敢疾怨，起敬起孝。”又同书《坊记》：“子云：从命不忿，微谏不倦，劳而不怨，可谓孝矣。”

然，孔子绝不赞成自虐自残式的“愚孝”。《孔子家语·六本》就记载了曾子因孝被孔子责备的故事：

> 曾子耘瓜，误斩其根。曾皙怒，建大杖以击其背，曾子仆地而不知人久之。有顷乃苏，欣然而起，进于曾皙曰：“向也参得罪于大人，大人用力教参，得无疾乎？”退而就房，援琴而歌，欲令曾皙而闻之，知其体康也。孔子闻之而怒，告门弟子曰：“参来，勿内。”曾参自以为无罪，使人请于孔子。子曰：“汝不闻乎？昔瞽瞍有子曰舜，舜之事瞽瞍，欲使之，未尝不在于侧；索而杀之，未尝可得。小棰则待过，大杖则逃走，故瞽瞍不犯不父之罪，而舜不失烝烝之孝。今参事父，委身以待暴怒，殪而不避，既身死而陷父于不义，其不孝孰大焉！汝非天子之民也，杀天子之民，其罪奚若？”曾参闻之，曰：“参罪大矣！”遂造孔子而谢过。

孔子敏锐地看到，孝之价值一旦被推向极端可能带来的严重后果。曾子的这种“委身以待暴怒，殪而不避”，宁伤己身而不违父亲的孝，事实上已不合于礼义，很有可能走向孝的反面，即“身死而陷父于不义”。故孔子对其当头棒喝，促其猛醒。

今按：幾者，微也。幾谏，乃强调劝谏父母时，“色”须温，“容”须“顺”，故可与《为政》篇“色难”章并参。

## 4.19 子曰：“父母在，不远游；游必有方①。”

**新注** ①游必有方：方，方向，方位。

**新译** 孔子说：“如果父母还在世，就不要远行。即使要远行，也必须有一定的方位。”

**新识** 本章再谈事亲之道。人生在世，难免远游。古时游学、游宦、游商，皆须远游。但夫子却说：“父母在，不远游。”盖随着父母老去，人子必当承担起事亲的责任。古有晨省昏定之礼，《礼记·曲礼上》说：“凡为人子之礼，冬温而夏凊，昏定而晨省。”为何如此待父母？因父母亦曾如此待我们。知礼守礼，不过是感恩的一种方式。“不远游”，首先是“不忍”，既不忍离开父母之呵护，亦不忍让父母陷于无尽之思念与担忧。有此不忍之心，方可言孝。故朱熹《集注》云：“远游，则去亲远而为日久，定省旷而音问疏；不惟己之思亲不置，亦恐亲之念我不忘也。”又引范氏曰：“子能以父母之心为心，则孝矣。”

然，若此章止于“父母在，不远游”，则夫子不得为圣人矣。故又说：“游必有方。”“有方”，一作“有常”解。如《礼记·曲礼上》说：“为人子之礼，出必告，反必面，所游必有常，所习必有业。”一作“有向”解。如《礼记·玉藻》：“亲老，出不易方。”朱熹《集注》亦云：“游必有方，如己告云之东，即不敢更适西，欲亲必知己之所在而无忧，召己则必至而无失也。”言下之意，真要远游，也请体贴父母之忧心，让其对自己的思念，有一准确的方向与方位吧！俗话说：“儿行千里母担忧。”孟郊《游子吟》诗云：“慈母手中线，游子身上衣。临行密密缝，意恐迟迟归。谁言寸草心，报得三春晖。”夫子之所以为圣人，正为其宅心仁厚，善体人情，能尽己之性以尽人之性，又能尽心成己、推己成物也。

今按：此章又可与上章参读。今之颟顸少年，一旦与父母相争，皆不懂“幾谏”之礼，动辄唇枪舌剑，甚至负气出走，此皆“远游”而不知“有方”矣。

## 4.20 子曰：“三年无改于父之道，可谓孝矣。”

**新译** 孔子说：“父亲去世三年后，还能不改父亲为人处世的基本原则，就可以算作孝了。”

**新识** 此章与《学而》篇“父在观其志”章略同，虽为重出，自有深意，盖事亲之道，有“事死如事生，事亡如事存”之意也。《春秋繁露·祭义》载孔子曰：“书之重，辞之复，呜呼！不可不察也，其中必有美者焉。”观此，信然！

## 4.21 子曰：“父母之年，不可不知也；一则以喜，一则以惧①。”

**新注** ①惧：忧惧。

**新译** 孔子说：“父母的年纪，不可以不知道。一方面，为父母的健康长寿而欢喜，一方面，也为父母年迈体衰而忧惧。”

**新识** 此章言事亲知年，具体而微，喜、惧二字，尤令人低回。俗话说：人生七十古来稀。养生送死，人之大端。子女长成，父母渐老。及至养儿育女，始知感恩报效。又，人之亲情，常常本能下移于子女，而疏于对父母之关爱，故《礼记·坊记》说：“子云：父母在，不称老，言孝不言慈，……君子以此坊民，民犹薄于孝而厚于慈。”正因人情常常“薄于孝而厚于慈”，故孝子当感念父母养育之恩，“言孝不言慈”。盖因“慈”易而“孝”难，慈不待学而知，孝非教化则不能，故有《孝经》而无“慈经”也。

父母之恩，恩之大者。《诗经·小雅·蓼莪》云：“蓼蓼者莪，匪莪伊蒿。哀哀父母，生我劬劳。蓼蓼者莪，匪莪伊蔚。哀哀父母，生我劳瘁。瓶之罄矣，维罍之耻。鲜民之生，不如死之久矣！无父何怙，无母何恃。出则衔恤，入则靡至。父兮生我，母兮鞠我。拊我畜我，长我育我。顾我复我，出入腹我。欲报之德，昊天罔极！……”此诗写子女痛失父母之无穷悲痛，感人至深。俗话说：“树欲静而风不止，子欲养而亲不待。”此之谓也！

夫子道大德全，他说“父母之年，不可不知”，正因一般子女侍奉父母时，易生怠惰，常常忘记父母年迈，来日无多，天伦之乐，良可珍惜。“一则以喜，一则以惧”，《集解》孔安国曰：“见其寿考则喜，见其衰老则惧。”可知夫子此言乃为启发子女孝心，宛转关生，感天动地，真非圣贤不能道也！

今按：钱穆总结此前数章云：“以上四章皆言孝。孝心即仁心。不孝何能仁？当知能对别人有同情，能关切，此乃人类心情之最可宝贵者。孔子特就孝道指点人心之仁。……此心是一，即仁便是孝，即孝便是仁，非谓仁孝可有先后之分别。”此言微妙，可深味细玩之。

## 4.22 子曰：“古者言之不出，耻躬之不逮也[①]。”

**新注** ①言之不出：诺言轻易不出口。耻：以……为耻。躬：自己。逮（dài）：及。

**新译** 孔子说：“古人的诺言不轻易出口，他们会以自己的所行赶不上所言感到羞耻！”

**新识** 本章可谓言行之辨。躬，身也，可引申为行。“逮”，及也。“躬之不逮”，即行之不逮。《礼记·曲礼上》云：“修身践言，谓之善行。”孔子言理，能近取譬，让人过目难忘。如此句，便把言行赋予速度感，诺言轻出而快捷，行动迟缓而滞后，正所谓“君子一言，驷马难追”也。如何让言行一致，身口相应呢？唯有“先行其言，而后从之”。夫子深恶“巧言令色”之徒，盖以其人皆信口开河，毫无廉耻之心。读《论语》，当反求诸己，改过迁善，庶几可以入于君子之门矣。

## 4.23 子曰：“以约失之者[①]，鲜矣！”

**新注** ①以约失之者：以，因。约，俭，束。

**新译** 孔子说：“因为俭约自束而犯过失的人，是很少的。”

**新识** 本章根据“约”字而略有二义：其一，上章下章皆谈言行，故此章之“约”当与言行有关，有俭束义，即谨言慎行、约之以礼之义。如官懋庸《论语稽》就说：“言而约则不烦，动而约则不躁，用而约则不费，即有蹉跌，亦不过甚矣。”其二，“约”又可作“俭约”解，与奢侈相对。可引申为收敛、守约。《集解》孔安国注：“俱不得中也。奢则骄溢招祸，俭约则无忧患也。”

窃以为，此“约”字还有“谦”义。《尚书·大禹谟》说：“满招损，谦受益。”《礼记·曲礼》说：“敖不可长，欲不可从，志不可满，乐不可极。”《周易》六十四卦，唯有“谦”卦六爻皆吉，盖戒骄戒躁、谦冲止足之效也。

## 4.24　子曰：“君子欲讷于言而敏于行①。”

**新注**　①讷（nè）：说话迟缓。敏：敏捷。

**新译**　孔子说：“君子要在言语上迟钝些，而在行动上敏捷些。”

**新识**　此章可与“古者言之不出”章并参。《说文》：“讷，言难也。”《集解》包咸注：“讷，迟钝也。言欲迟钝，而行欲敏也。”又《集注》谢氏（谢良佐）曰：“放言易，故欲讷。力行难，故欲敏。”

何以言仁而又举言行为说？盖孔子以为，观人之言行，最可体察仁道。故子曰：“刚毅木讷，近仁。”又说：“仁者其言也讱。……为之难，言之得无讱乎？”《史记·太史公自述》引孔子曰：“我欲载之空言，不如见之于行事之深切著明也。”凡此种种，皆可明仁道与力行之关系，夫子说“力行近乎仁”，良有以也！

## 4.25　子曰：“德不孤，必有邻。”

**新译**　孔子说：“有德的人是不会孤单的，一定有前来亲近他的人。”

**新识**　本章言仁德不孤，必有其邻。《集解》何晏注：“方以类聚，同志相求。故必有邻，是以不孤也。”实是回应“里仁为美”章，亦可与“十室之邑必有忠信如丘者”章相发明。盖君子心怀仁德，孝悌忠恕，尊礼好义，则定会“近者悦，远者来”。故本章又遥承“有朋自远方来，不亦乐乎”。这是夫子对人性善的确信，也是对仁德感化力的自信。又，《周易·坤·文言》称：“君子敬以直内，义以方外，敬义立而德不孤。”此“德不孤”当作“德不一”，即人的德行不是单一的，而须相辅而行，内外兼修。亦可聊备一说。

今按：李炳南先生解此章云：“乱世，小人道长，君子道消，为德未必有邻。此为一般人所同感。如孔子周游列国，其道不行，德岂不孤欤？然著书立说，有教无类，三千弟子，后世学人，皆是其邻。故不论世道如何，但行善德，终必有邻，而不孤也。”此真得道之言也！夫子传承斯文，永续慧命，其心诚笃，天地可鉴，其化至大，无远弗届，故千秋万世，踵武接力者，前赴后继，如两千五百年后我辈后生，实乃夫子“精神之后裔”，不亦其隔代之“邻”乎?!

## 4.26 子游曰：“事君数，斯辱矣；朋友数，斯疏矣①。”

**新注** ①数（shuò）：多次，有烦琐、逼迫义。疏：疏远。

**新译** 子游说：“奉事君主，若太过烦琐苛责，就会招致羞辱。与朋友相交，若太过求全责备，就会被朋友疏远。”

**新识** 本篇二十六章，二十五章皆“子曰”，而以“子游曰”殿后，故此章意义非同小可。

子游在孔子弟子中虽属后进，但其揣摩人事，庶几近道。“数”，即烦琐义。“事君数，斯辱矣；朋友数，斯疏矣。”谓君臣、朋友二伦，皆当以道义合，必须以礼节之，不宜烦琐刻薄。

子路尝问事君之道。子曰：“勿欺也，而犯之。”勿欺而犯，只是直道而行，绝不是“数”。故孔子曰：“所谓大臣者，以道事君，不可则止。”以道事君，既有“道尊于势”之义，也有“适可而止”之义。又《礼记·曲礼下》：“为人臣之礼，不显谏，三谏而不听，则逃之。子之事亲也，三谏而不听，则号泣而随之。”可见，事亲可“数”，而事君绝不可“数”。

朋友相交亦如此。子贡尝问友，子曰：“忠告而善道之，不可则止，毋自辱焉。”“不可则止”，还是适可而止义。《礼记·表记》说：“君子之接如水，小人之接如醴。君子淡以成，小人甘以坏。”又《郭店楚简·五行》称："不远不敬，不敬不严，不严不尊，不尊不恭，不恭亡礼。"真正的朋友，必定互相尊重，和而不同，周而不比，故保持适当的"交往距离"是一种明智的选择，若自以为是，烦琐不休，只会惹人生厌，久而见疏。

今按：本章所以置于《里仁》篇，盖因其不仅涉及君臣、朋友二伦之礼，亦涉及人我关系之"恕"道原则，故与仁道相连。人皆不喜"数"，故亦不当以"数"待人。孟子所谓"强恕而行，求仁莫近"，正此意也！

# 公冶长第五

**5.1　子谓公冶长[①]："可妻也。虽在缧绁[②]之中，非其罪也。"以其子妻之[③]。**

**新注**　①谓：评价，说起。犹今"说"字。公冶长：名芝，字子长。鲁人，一说齐人。孔子弟子，相传其通解鸟兽之语。　②可妻(qì)：可以嫁女与之。妻，用作动词。缧（léi）绁（xiè）：捆绑罪犯的黑色绳索，此处指代监牢。　③以其子妻之：把自己的女儿嫁给他。子，这里指女儿。

**新译**　孔子说到公冶长："可以把女儿嫁给他。他虽然曾身陷囹圄，但并不是他的罪过。"于是就把自己的女儿嫁给了他。

**新识**　本章论弟子公冶长，由此开启本篇对古今人物之评价。关于公冶长获罪，有一颇为神奇的传说。孙星衍《孔子集语》卷九载《绎史》卷九十五引《留青日札》称：

> 公冶长贫而闲居，无以给食，其雀飞鸣其舍，呼之曰："公冶长！公冶长！南山有个虎驮羊，尔食肉，我食肠。当急取之勿彷徨。"子长如其言，往取食之。及亡羊者迹之，得其角，乃以为偷，讼之鲁君。鲁君不信鸟语，逮系之狱。

孔子素知之，为之白于鲁君，亦不解也。于是叹曰：“虽在缧绁之中，非其罪也。”未几，子长在狱舍，雀复飞鸣其上，呼之曰：“公冶长！公冶长！齐人出师侵我疆。沂水上，峄山旁，当亟御之勿彷徨。”子长介狱吏白之鲁君，鲁君亦弗信也。姑如其言，往迹之，则齐师果将及矣。急发兵应敌，遂获大胜，因释公冶长而厚赐之，欲爵为大夫，冶辞不受，盖耻因禽兽以得禄也。后世遂废其学。

类似传说不此一例，此不赘。公冶长是否解鸟语，姑置不论。本章的关键在于公冶长无辜获罪，孔子不仅为其辩护，且“以其子妻之”。皇侃《疏》引范宁云：“公冶长行正获罪，罪非其罪，孔子以女妻之，将以大明衰世用刑之枉滥，劝将来实守正之人也。”又《大戴礼记·保傅》：“谨为子孙娶妻嫁女，必择孝悌世世有行义者。”可知孔子绝不以世俗之是非为是非，其力排众议，嫁女于公冶长，绝不仅出于对其“罪非其罪”的同情，而必有对其人品德才识的欣赏。夫子千古大圣，择婿如此平易，可谓知人矣！

## 5.2 子谓南容①：“邦有道，不废；邦无道，免于刑戮②。”以其兄之子③妻之。

**新注** ①南容：孔子弟子。姓南宫，名适（音括。一说名括、名韬），字子容。又称南容。 ②邦有道，不废：国家有道，不至废弃埋没；言其有才。免于刑戮：幸免于刑罚，言其有智。 ③其兄之子：孔子兄长孟皮的女儿。

**新译** 孔子说到南容：“国家政治清明时，他不会被废弃埋没；国家政治混乱时，他又能免于刑罚，保全性命。”于是将兄长的女儿嫁给了他。

**新识** 此章论弟子南容。国家有道时，南容能积极用世，不至埋没；国家无道时，南容又能免于刑戮，明哲保身。其出处有道，既智且贤，故孔子以其兄孟皮之女妻之。《论语·先进》称：“南容三复白圭，孔子以其兄之子妻之。”《诗经》云：“白圭之玷，尚可磨也；斯言之玷，不可为也。”南容读诗至此，多次反复吟诵，盖言其心向道，知慎言之可贵。又，《孔子家语·七十二弟子解》：“南宫韬，鲁人，字子容。以智自将，世清不废，世浊不洿。孔子以兄子妻之。”

今按：古本以此为一章，朱子《集注》乃与上章合一，今从古。又，或以为公冶长之贤不及南容，夫子嫁女与之，而以兄子妻南容，“盖厚于兄而薄于己也”。此又冬烘之言，失之鄙俗，程子乃驳之曰：“此以己之私心窥圣人也。凡人避嫌者，皆内不足也，圣人自至公，何避嫌之有？况嫁女必量其才而求配，尤不当有所避也。若孔子之事，则其年之长幼、时之先后皆不可知，惟以为避嫌则大不可。避嫌之事，贤者且不为，况圣人乎？”程子之言，可谓探本之论矣。

## 5.3 子谓子贱①：“君子哉若人②！鲁无君子者，斯焉取斯③？”

**新注** ①子贱：姓宓，名不齐，字子贱。鲁国人。少孔子三十岁（《孔子家语》作少四十九岁）。 ②君子哉若人：若人君子哉。③斯焉取斯：前一“斯”字，指子贱；后一“斯”字，指君子的美德。取，获得。

**新译** 孔子谈及子贱：“这人真是一位君子啊！如果说鲁国没有君子，他又是从哪里学到这些君子美德的呢？”

**新识** 本章论弟子子贱。孔子尝言“君子道者三，我无能焉”，是其并不以成德君子自诩，而本章竟以君子许子贱，足见子贱之贤。然子贱究竟如何，则语焉不详。《孔子家语·七十二弟子解》称：“宓不齐……仕为单父宰，有才智，仁爱，百姓不忍欺。孔子大之。”同书《子路初见》则对此事做了“还原”：

孔子兄子有孔蔑者，与宓子贱偕仕。孔子往过孔蔑，而问之曰：“自汝之仕，何得何亡？”对曰：“未有所得，而所亡者三：王事若龙，学焉得习？是学不得明也；俸禄

> 少，馑粥不及亲戚，是以骨肉益疏也；公事多急，不得吊死问疾，是朋友之道阙也。其所亡者三，即谓此也。”孔子不悦，往过子贱，问如孔蔑。对曰：“自来仕者无所亡，其有所得者三：始诵之，今得而行之，是学益明也；俸禄所供，被及亲戚，是骨肉益亲也；虽有公事，而兼以吊死问疾，是朋友笃也。”孔子喟然，谓子贱曰：“君子哉若人！鲁无君子者，则子贱焉取此！”

孔子兄子孔蔑，当即孔子兄长孟皮之子，也即上章南容之妻兄或妻弟。故此章可以体现《论语》编纂“删繁就简”之法，且与前两章形成了“以类相从的涉及孔子姻亲关系的组合单元”（参杨义《论语还原》）。

事实上，子贱之贤，不止一见。《孔子家语·辩政》载：

> 孔子谓宓子贱曰：“子治单父，众悦。子何施而得之也？子语丘所以为之者。”对曰：“不齐之治也，父恤其子，其子恤诸孤，而哀丧纪。”孔子曰：“善！小节也，小民附矣，犹未足也。”曰：“不齐所父事者三人，所兄事者五人，所友事者十一人。”孔子曰：“父事三人，可以教孝矣；兄事五人，可以教悌矣；友事十一人，可以举善矣。中节也，中人附矣，犹未足也。”曰：“此地民有贤于不齐者五人，不齐事之而禀度焉，皆教不齐之道。”孔子叹曰：“其大者乃于此乎有矣。昔尧舜听天下，务求贤以自辅。夫贤者，百福之宗也，神明之主也，惜乎不齐之以所治者小也。”

《吕氏春秋·察贤》亦载：

> 宓子贱治单父，弹鸣琴，身不下堂，而单父治。巫马期以星出，以星入，日夜不居，以身亲之，而单父亦治。巫马期问其故于宓子，宓子曰：“我之谓任人，子之谓任力；任力者故劳，任人者故逸。”宓子则君子矣。

又《史记·滑稽列传》有“子产治郑，民不能欺；子贱治单父，民不忍欺；西门豹治邺，民不敢欺”之语，此皆足以见子贱之贤。

今按：本章尤可注意者，在“鲁无君子者，斯焉取斯”一句。此句盖含两义：其一，鲁国乃礼乐之邦，故多君子。其二，君子之德，当博取于人，见贤思齐，方可有成。正如朱子所言：“居乡而多贤，吾当尊敬师事，以求其益；其行辈与吾相若者，则纳交取友，亲炙渐磨，以涵养德性，熏陶气质。”（《朱子语类》卷第二十八）子贱之为君子，亦可作如是观。

## 5.4 子贡问曰：“赐也何如？”子曰：“女，器也。”曰：“何器也？”曰：“瑚琏①也。”

**新注** ①瑚琏：礼器名，宗庙用以盛黍稷而饰以玉，贵重而又华美。

**新译** 子贡问道：“我端木赐是怎样一个人呢？”孔子说：“你呀，是一有用之器。”子贡问：“什么器呢？”孔子说：“你是瑚琏那样的美器啊！”

**新识** 本章论子贡。前三章，皆夫子直言不讳，此章则子贡发问，夫子应答，一叩一鸣，别开生面。朱熹《集注》称：“器者，有用之成材。夏曰瑚，商曰琏，周曰簠簋（fǔ guǐ），皆宗庙盛黍稷之器而饰以玉，器之贵重而华美者也。子贡见孔子以君子许子贱，故以己为问，而孔子告之以此。然则子贡虽未至于不器，其亦器之贵者欤？”

今按：因孔子曾有“君子不器”之训，故此句既有赞美，亦有劝勉，盖子贡大材，一点即通，夫子以“器”目之，不过诱其志于“道”也。本章欲扬先抑，一波三折，摇曳多姿，诙谐风趣，读之解颐，闻之忘倦，从文学角度言，亦可谓大手笔也！

## 5.5 或曰：“雍也仁而不佞①。”子曰：“焉用佞？御人以口给②，屡憎于人③。不知其仁，焉用佞？”

**新注** ①雍：冉雍，字仲弓，孔子弟子。少孔子二十九岁。与冉耕（字伯牛）、冉求（字子有）皆在“孔门十哲”之列，世称“一门三贤”。仁而不佞（nìng）：仁德但不善辞令。佞，口才好。②御人以口给（jǐ）：御，犯。口给，应对敏捷，滔滔不绝。③屡憎于人：屡，多次。憎，讨厌。于，被。

**新译** 有人说：“冉雍有仁德却无好口才。”孔子说：“哪里用得着口才好呢？凭借三寸不烂之舌与人争辩，出语尖刻，常常为人所讨厌。我不知道他是否算是仁德了，（但一个人立身处世）哪里用得着口才好呢？”

**新识** 本章论冉雍，吃紧处在一“佞”字。据《说文》：“佞，巧谄高材也。”《广雅》：“佞，巧也。”《韩诗外传》：“佞，谄也。”《朱子语类》：“佞，只是捷给辩口者。”又说：“不是谄佞，是个口快底人。”实则在夫子眼里，“巧言令色”即是“佞”。既然“巧言令色鲜矣仁”，则仲弓“不佞”，虽未必至于仁，而去仁当不远，又何足为病哉？

冉雍，字仲弓，于“孔门四科”中位列“德行”，孔子赏其才干，至有“雍也可使南面”之誉。冉雍在孔门弟子中影响颇大，如《荀子·儒效》篇中，就把冉雍与孔子相提并论，说：“通则一天下，穷则独立贵名，天不能死，地不能埋，桀跖之世不能污，非大儒莫之能立，仲尼、子弓（即仲弓）是也。”及孔子卒，恐失圣道之传，仲弓乃与闵子诸贤，共著《论语》一百二十篇。

今按：本章主旨可谓“佞而不仁”。夫子论仁，常常“察言而观色”，如说“刚毅木讷近仁”“仁者其言也讱”“巧言令色鲜矣仁”“巧言乱德”，凡此种种，皆夫子知言知人之证也。

## 5.6 子使漆雕开仕①。对曰：“吾斯之未能信②。”子说③。

**新注** ①漆雕开：复姓漆雕，名启，字子开，孔子弟子，少孔子十一岁。仕：出仕为官。②吾斯之未能信：斯，指出仕。我对于出仕尚无信心。③说（yuè）：通“悦”，喜悦。

**新译** 孔子想让漆雕开出仕做官。他回答说：“我对于做官这件事还没有充分的信心。”孔子听了很高兴。

**新识** 此章非评论人物，而是师徒相处之一景。《孔子家语·七十二弟子解》称：“漆雕开，蔡人，字子若，少孔子十一岁，习《尚书》，不乐仕。孔子曰：‘子之齿可以仕矣，时将过。’子若报其书曰：‘吾斯之未能信。’孔子悦焉。”可为此章之注脚。

漆雕开于出仕未能自信，而夫子竟悦之，何也？郑玄注称：“善其志道深。”皇侃《疏》引范宁曰：“孔子悦其志道深，不汲汲于荣禄也。”古注皆涉及“志道”与“出仕”之分辨，颇可信从。因孔子尝言：“三年学，不至于穀，不易得也。”漆雕开之不仕，正“不至于穀”也。“不至于穀”，自然是“志道深”。

宋儒对此章之义理阐发甚多。如程明道云：“漆雕开已见大意，故夫子说之。”朱熹说：“此是漆雕开心上事。信与未信，圣人何缘知得？只见他才可仕，故使之仕。他揆之于心，有一毫未得，不害其为未信，仍更有志于学，圣人所以说之。”漆雕开之未信，先可见其“诚”，即“毋自欺”也；次可见其“大”，即“学然后知不足”也。故朱子又说：“规模小底，易自以为足。规模大，则功夫卒难了，所以自谓未能信。”（《朱子语类》卷二十八）

君子有所为，有所不为。孟子说：“人有不为也，而后可以有为。”漆雕开立志学道，心无旁骛，乐此不疲，功名利禄，于我如浮云，故其终有所成。《韩非子·显学》说孔子之后，“儒分为八”，其中就有“漆雕氏之儒”，《汉书·艺文志》又著录《漆雕子》十二卷，足见其学问规模，不同凡响。

今按：漆雕开能见大意，故不安于小成。“未能信”，此正为己之学也！漆雕开《论语》中仅此一见，却引后儒无穷解说，其于圣学，亦有发凡之功也。

**5.7 子曰：“道不行，乘桴浮于海①。从我者，其由与②？”子路闻之喜。子曰：“由也好勇过我，无所取材③！”**

**新注** ①道不行：大道不能推行于天下。乘桴浮于海：桴，竹筏或木筏。②其由与：其，大概。由，仲由。与，同“欤”。③无所取材：不足取哉。材，通“哉”。

**新译** 孔子说：“大道如果行不通了，就干脆乘着木筏漂游到海外去吧！那时能跟从我的，大概只有仲由吧?”子路听了很高兴。孔子说：“仲由啊，你好勇的气概超过了我，（但仅知好勇）还是不足取的啊！”

**新识** 此章乃夫子与子路一番对话，意味深长。“道不行，乘桴浮于海”，乃孔子行道不达，嗟叹感伤之语，与“朝闻道，夕死可矣”“子欲居九夷”“凤鸟不至，河不出图”诸章，同其感慨，固非真欲有所行动耳。故《集注》程子说：“浮海之叹，伤天下之无贤君也。子路勇于义，故谓其能从己，皆假设之言耳。子路以为实然，而喜夫子之与己，故夫子美其勇，而讥其不能裁度事理，以适于义也。”

子路好勇，史有明文。《史记·仲尼弟子列传》称：“子路性鄙，好勇力，志伉直，冠雄鸡，佩豭豚，陵暴孔子。”《孔子家语·七十二弟子解》也说其：“有勇力才艺，以政事著名。为人果烈而刚直，性鄙而不达于变通。仕卫为大夫，蒯聩与其子辄争国，子路遂死辄难。孔子痛之，曰：‘吾自有由，而恶言不入于耳。’”《论语·阳货》子路问：“君子尚勇乎?”孔子曰：“君子义以为上。君子有勇而无义为乱，小人有勇而无义为盗。”

“无所取材”一句历来歧解纷出，莫衷一是。盖有以下诸说：

其一，谓无所取桴材。此解郑玄、钱穆主之，然夫子本为假设之语，若以为真要寻找造桴之木材，则失之迂执，韵味尽失。

其二，材可通“裁”，即裁度义。谓夫子讥子路唯知好勇，而不懂裁度己身，言行合义。此虽有理，然材之通“裁”，未见其他用例，亦似未安。

其三，谓感叹子路有勇，只是没机会来发挥。此解过于随意，今亦不取。

今按：李炳南以为：“孔子乃曰，由也勇过于我，不合中道，然而，再取如子路此种人材亦无矣。”此解过于迂曲，亦不可从。于省吾先生以为，此处“材”通“哉”，《尚书》、金文皆有用例。无所取材，即不足取哉。此说于文义损失最小，故可信从。

**5.8 孟武伯①问：“子路仁乎？”子曰：“不知也。”又问。子曰：“由也，千乘之国，可使治其赋也②。不知其仁也。”“求也何如？”子曰：“求也，千室之邑，百乘之家，可使为之宰也③。不知其仁也。”“赤也何如？”子曰：“赤也，束带立于朝，可使与宾客言也④。不知其仁也。”**

**新注** ①孟武伯：孟懿子之子，名彘（zhì）。②由：子路名仲由。治其赋：治赋，犹言治军。赋，兵赋。谓子路可在千乘之国掌管军事。③求：即冉求。宰：总管。④赤：公西赤，字子华，鲁国人，孔子弟子，少孔子四十二岁。束带立于朝：穿上礼服立于朝廷之上。此指从事外交活动。

**新译** 孟武伯问道：“子路称得上仁者吗？”孔子说：“不知道。”再问，孔子说：“仲由么，拥有千乘兵车的一个国家，可以让他负责军政大事。不知是否算是仁者。”“冉求怎么样呢？”孔子说：“冉求么，千户人口的采邑，或者拥有百乘兵车的卿大夫之家，可以让他做总管。不知是否算是仁者。”“公西华怎么样呢？”孔子说：“公西华么，他可以穿上礼服，立于朝廷之上，接待各国的宾客。不知是否算是仁者。”

**新识** 本章孔子答孟武伯之问，论子路、冉求、公西华三人，而涉及仁德。三人皆大才：子路好勇而果敢，可治一国兵赋；冉求多才艺，可相大夫之家；子华有容仪，能专对，可做外交使节。然孟武伯所问为“仁”，而夫子皆答以“不知”，盖未之轻许之意。前曾评论冉雍：“不知其仁，焉用佞？”可见在夫子眼里，仁德与才干，渺不相关，不唯如此，甚至一个人太过露才扬己，反而会影响仁德之涵养。

细味夫子之言，知仁德还与空间之广狭、胸襟之大小有关，如子路可治一国，冉求可宰一家，子华可立一朝，自属难得，然终不如心怀天下、兼济众生之可比。管仲之器虽小，然其“九合诸侯，一匡天下，民到于今受其赐”，故夫子许其为仁人。子贡虽被夫子“器比瑚琏”，然其问“博施济众”时，夫子乃赞其“何事于仁，必也圣乎”。据此可知，仁之境界，要在能以天地万物为一体，致广大而尽精微，将孝悌忠恕之仁心，由内而外，推而及于天下万事万物，此所以为仁者也。若无此一种担荷，纵有经天纬地之才，亦不足以言仁矣。

至此，仁已成为孔学第一要义，在后面的篇章中，仁与其他价值如“忠”“清”等之间的张力愈发强劲，遂成为弟子时人求之不得的一种至高境界。

## 5.9 子谓子贡曰：“女与回也孰愈①？”对曰：“赐也何敢望回②？回也闻一以知十，赐也闻一以知二③。”子曰：“弗如也！吾与女弗如也④。”

**新注** ①女（rǔ）与回也孰愈：女，通“汝”，你。愈，胜。 ②何敢望回：望，比也。 ③闻一以知十：一者数之始，十者数之全。谓颜回闻其一节，而能知其全体。闻一以知二：二者一之对。谓子贡闻此，而可知彼。犹“告诸往而知来者”。 ④吾与女弗如也：与，和。一说：与，赞同义，非。

**新译** 孔子问子贡：“你自觉和颜回相比，哪一个更强些？”子贡回答说：“我哪里敢与颜回相比？他听到一，就能推知十；我听到一，仅能推知二。”孔子说：“你是不如他。我和你都不如他啊！”

**新识** 本章可谓“回赐之辨”。夫子所以问子贡与颜回孰贤，盖以子贡才高意广，易生骄慢之心，故举颜回以抑之，及见子贡谦恭自明，又恐挫其锐气，伤其自尊，乃以“吾与女弗如也”答之，所谓“既然之，又重许之”。此正良师循循善诱之道也。或以为“吾与女”之“与”，乃赞同之义，今则不敢苟同。岂有弟子已知谦退，师者复以贬词抑之之理？若夫子如此峻厉，又岂得为圣人耶？

夫子应机设教，子贡即问而答，各见其妙。子贡善于货殖，自然深谙数理，故其常以加减损益为说。如夫子言“吾道一以贯之”，曾子以“忠恕”该之，而子贡偏要问夫子：“有一言可以终身行之者乎？”再如夫子言治国有“三要素”：“足食，足兵，民信”，子贡偏要做减法，以“必不得已而去，于斯三者何先”相质询。本章又以“闻一知十”喻颜回，“闻一知二”况自己，此正与夫子赞其“告诸往而知来者”，许颜回“于吾言无所不说”相映照。故《集注》朱熹云：“一，数之始；十，数之终。二者，一之对也。颜子明睿所照，即始而见终。子贡推测而知，因此而识彼。无所不说，告往知来，是其验矣。”

夫学然后知不足，子贡自叹不如颜回，不仅见其自知，亦可见其学问日进也。清儒刘逢禄说：“世视子贡贤于仲尼。子贡自谓不如颜渊，夫子亦自谓不如颜渊。圣人溥博如天，渊泉如渊也。若颜子自视，又将谓不如子贡矣。”（《论语述何》）虚怀若谷、冲淡谦退、好学不已，此正孔门师弟子之真精神，今之为学者，宜深思焉。

关于弟子之比较，另有一条记载见于《淮南子·人间训》：

> 人或问孔子曰：“颜回何如人也？”曰：“仁人也，丘弗如也。”“子贡何如人也？”曰：“辩人也，丘弗如也。”“子路何如人也？”曰：“勇人也，丘弗如也。”宾曰：“三人皆贤夫子，而为夫子役，何也？”孔子曰：“丘能仁且忍，辩且讷，勇且怯。以三子之能，易丘一道，丘弗为也。”孔子知所施之也。

观此可知，子贡颜回之差距，实亦“辨人”与“仁人”之别。又，王充《论衡·问孔》云：

> 问曰：孔子所以教者，礼让也。子路，为国以礼，其言不让，孔子非之。使子贡实愈颜渊，孔子问之，犹曰不如，使实不及，亦曰不如，非失对欺师，礼让之言宜谦卑也。今孔子出言，欲何趣哉？使孔子知颜渊愈子贡，则不须问子贡。使孔子实不知，以问子贡，子贡谦让亦不能知。使孔子徒欲表善颜渊，称颜渊贤，门人莫及，于名多矣，

何须问于子贡？子曰：“贤哉，回也！”又曰：“吾与回言终日，不违如愚。”又曰：“回也，其心三月不违仁。”三章皆直称，不以他人激。至是一章，独以子贡激之，何哉？或曰：欲抑子贡也。当此之时，子贡之名凌颜渊之上，孔子恐子贡志骄意溢，故抑之也。夫名在颜渊之上，当时所为，非子贡求胜之也。实子贡之知何如哉？使颜渊才在己上，己自服之，不须抑也。使子贡不能自知，孔子虽言，将谓孔子徒欲抑己。由此言之，问与不问，无能抑扬。

今按：王充《问孔》之言，多先入为主，未察圣意，甚而沦为“抬杠”，以往道听途说，以王充为“进步”之思想家，今则以为不过末世狂生，如祢衡、李贽之流，“可与共学，未可与适道”者也。

5.10 **宰予昼寝[①]。子曰：“朽木不可雕也，粪土之墙不可杇也，于予与何诛[②]？”子曰：“始吾于人也，听其言而信其行；今吾于人也，听其言而观其行。于予与改是[③]。”**

**新注** ①宰予：姓宰名予，字子我，鲁国人。孔子弟子，少孔子二十九岁。昼寝：大白天睡觉。 ②杇（wū）：涂墙的泥刀，用作动词，粉刷义。于予与何诛：予，宰予。诛，责。 ③于予与改是：从宰予身上，我改变了这种看法。

**新译** 宰予大白天睡觉。孔子说：“腐朽的木料不可再事雕琢呀，已经剥蚀的土墙不堪粉刷呀！对于宰予，还有什么可责备的呢？”孔子又说：“从前我对于一个人，听了他的话，便相信他的行为；如今我对于一个人，听了他的话，还要观察他的行为。是宰予使我改变了看法。”

**新识** 此章乃孔门一大公案。“宰予昼寝”，或以为“昼”乃“画”之讹，盖繁体正体字“畫”“晝”形近，以为夫子之所以责备宰予，乃因其藻绘盛饰其寝室耳。实则“昼寝”乃白日睡觉，“言其志气昏惰，教无所施也”（朱熹《集注》）。又有为宰予辩护者，如王充《论衡·问孔》，今不赘。皇侃《疏》引范宁云：“夫宰我者，升堂四科之流也，岂不免乎昼寝之咎，以贻朽粪之讥乎？时无师徒共明劝诱之教，故托夫弊迹以为发起也。”似乎宰予有意自污做“反面教材”，以引发夫子当头棒喝也。此又为宰予文过饰非，不足为训。

宰予位列“言语”之科，《史记》谓其“利口辩辞”，则其长于言辩可知，而夫子之所以责备宰予，必是因其信誓旦旦在前，出尔反尔在后。昼寝之事，恐非一见，故夫子以言行不一深责之。《大戴礼记·五帝德》孔子曰：“吾欲以颜色取人，于灭明邪改之；吾欲以语言取人，于予邪改之。”又《史记·仲尼弟子列传》孔子说：“吾以言取人，失之宰予；以貌取人，失之子羽。”此正夫子所谓“观过，斯知仁矣”。

今按：此章系于颜回、子贡之后，别有意味。夫孔门诸弟子，资质不同，性情各异。如宰予者，天资聪颖，而未能克己，言过其行而不耻，又加“好行小惠”，故其规模气象，不如颜回、子贡者远甚。唯其对夫子之贤，终有彻悟，《孟子·公孙丑上》记宰予言：“以予观于夫子，贤于尧、舜远矣。”惜乎今之学生，似宰予者众，如颜回者寡，故今之于古，相去不可以道里计也！

## 5.11 子曰：“吾未见刚者！”或对曰：“申枨①。”子曰：“枨也欲，焉得刚？”

**新注** ①申枨（chéng）：孔子弟子，鲁人。

**新译** 孔子说：“我没见过真正刚强的人。”有人回答说：“申枨就是啊。”孔子说：“申枨么，欲望太多，怎么能真正刚强呢？”

**新识** 此章论申枨，可谓刚欲之辨。《集解》郑玄注：“刚谓强。”孔安国注：“欲，多情欲。”又皇侃《疏》：“夫刚人性无求，而申枨性多情欲，多情欲者必求人，求人则不得是刚，故云焉得刚。”盖孔子以为，刚强与多欲互相牵制，不可兼得。俗语说：“有求皆苦，无欲则刚。”正此之谓。

孔子此说，并非要人无欲，而是导人戒贪。《礼记·礼运》说："饮食男女，人之大欲存焉。"可知儒家对于符合"天理"之"人欲"，绝不排斥。儒家所反对者，乃人之无节无度之物欲贪欲。故《礼记·乐记》说："夫物之感人无穷，而人之好恶无节，则是物至而人化物也。人化物也者，灭天理而穷人欲者也。于是有悖逆诈伪之心，有淫泆作乱之事。"盖"人欲"一旦膨胀，则必然阻碍"天理"之彰显，使人堕入禽兽之域。

就此而言，本章实又涉及心性之涵养问题。盖欲由心生，制欲必先治心。故老子说："见素抱朴，少私寡欲。"（《道德经》第十九章）孟子也说："养心莫善于寡欲。其为人也寡欲，虽有不存焉者，寡矣；其为人也多欲，虽有存焉者，寡矣。"（《孟子·尽心下》）

今按：后世儒家"存天理，灭人欲"之说，实已在此萌芽。如程颐论及"人心惟危，道心惟微"时称："人心，私欲，故危殆。道心，天理，故精微。灭私欲则天理明矣。"（《二程遗书》卷二十四）朱熹也说："圣人千言万语只是教人存天理，灭人欲"，"学者须是革尽人欲，复尽天理，方始为学。"（《朱子语类》卷第四）又说："去其气质之偏，物欲之蔽，以复其性，以尽其伦。"（《朱子语类》卷第七）或问："饮食之间，孰为天理，孰为人欲？"朱熹答曰："饮食者，天理也；要求美味，人欲也。"（《朱子语类》卷第十三）平心而论，朱子不过要"存天理之公，去人欲之私"，其言至简，其理至明，以往对朱子多有诋毁，真是"欲加之罪何患无辞"也！

## 5.12 子贡曰："我不欲人之加诸我也①，吾亦欲无加诸人。"子曰："赐也，非尔所及也。"

**新注** ①我不欲人之加诸我也：不欲，不想。加，强加。诸，之于。

**新译** 子贡说："我不想别人强加于我什么，我也不愿强加于别人什么。"孔子说："赐啊，这不是你所能达到的。"

**新识** 上章谈申枨欲多害刚，此章谈子贡所欲未及。子贡所言，涉及仁恕之辨。《集解》孔安国曰："非尔所及，言不能止人使不加非义于己也。"此即仁恕有别、"言不可以躐等"之意也。《集注》朱熹亦称："此仁者之事，不待勉强，故夫子以为非子贡所及。"意谓子贡恕道可及，仁道则不可及。又，刘宝楠《论语正义》引程瑶田《论学小记进德篇》说："仁者人之德也，恕者行仁之方也。尧舜之仁，终身恕焉而已矣。子贡曰'我不欲人之加诸我也，吾亦欲无加诸人'，此恕之说也。自以为及，将止而不进焉。故夫子以非尔所及警之。"

今按：窃谓夫子为己之学，恕道为先，故主张推己及人，而不欲人之适己。夫"己所不欲，勿施于人""施诸己而不愿，亦勿施于人"，皆反求诸己，而非外求诸人。子贡言"不欲人之加诸我也"，实有先人后己之意，故夫子不之许也。言下之意：己不正则难正人，恕且未至，岂能行仁？此亦《大学》所谓："君子有诸己而后求人，无诸己而后非诸人。所藏乎身不恕，而能喻诸人者，未之有也。"

## 5.13 子贡曰："夫子之文章，可得而闻也①；夫子之言性与天道②，不可得而闻也。"

**新注** ①文章：诗书礼乐。《史记·孔子世家》："子以诗书礼乐教。"可得而闻：可以听得到。 ②性与天道：性命与天道。《史记》作"天道与性命"。

**新译** 子贡说："老师在诗书礼乐方面的道德学问，我们还可以听得到；而老师关于性命与天道方面的言论，我们就听不到了。"

**新识** 本章涉及原始儒学一大特点，即重视礼乐典章制度之讲习，而很少涉及"性与天道"等本体论哲学之论辩。子贡此言，盖以见其有所未足也。

孔子为何不言性与天道？窃谓原因有三：其一，天道不可言。语言作为表达意旨之工具，终归有限，尤其对于形上之道而言，常常词不达意，甚至一说就错。故老子说："道可道，非常道；名可名，非常名。"《周易·系辞上》也说："书不尽言，言不尽意。"孔子不言性与天道，正其广大深远处。

其二，天道难与言。孔子尝曰："中人以上，可以语上也；中人以下，不可以语上也。"子产也说："天道远，人道迩，非所及也，何以知之？"盖以人之智慧有高低，性与天道即使可言说，亦未必尽人皆可与知。朱熹《集注》称："言夫子之文章，日见乎外，固学者所共闻；至于性与天道，则夫子罕言之，而学者有不得闻者。盖圣门教不躐等，子贡至是始得闻之，而叹其美也。"程子曰："此子贡闻夫子之至论而叹美之言也。"程朱皆以子贡乃闻听夫子言及"性与天道"而后叹美之，虽有抬高子贡之义，然窃谓终非子贡原本之义。

其三，孔子之学，注重力行，不尚空谈。《论语·阳货》子曰："予欲无言。……天何言哉？"又《史记·太史公自序》引孔子曰："我欲载之空言，不如见之于行事之深切著明也。"可知孔子虽不言性与天道，然其无时无地不在践行性与天道。

子贡此言，在中国思想史上颇可注意。孔子所不言者，后世常言之。可以说，子贡此一话头，开启了儒道两家的形上之思。如孟子道性善，又言尽心知性以知天；荀子道性恶，以为其善者伪也。《庄子》书中则有《天道》一篇。又《中庸》云："天命之谓性，率性之谓道，修道之谓教。""诚者，天之道也；诚之者，人之道也。"进而提出"君子尊德性而道问学"之主张。宋儒张载则在此基础上，将知识分为"见闻之知"和"德性之知"，指出："见闻之知，乃物交而知，非德性所知，德性所知，不萌于见闻。"又说："圣人尽性，不以见闻梏其心，其视天下无一物非我。孟子谓尽心则知性知天，以此。"（《正蒙·大心》）程颐亦承此而为说，云："闻见之知，非德性之知。物交物则知之，非内也，今之所谓博物多能者是也。德性之知，不假见闻。"

今按：子贡偏于"闻见之知"，故其于夫子所言之文章学问，自能心领而神会，而"性与天道"则属"德性之知"，正夫子所谓"见之于行事"者也，又岂是言语名相所可传？同是言及夫子教诲，颜回则说："博我以文，约我以礼，夫子循循然善诱人。"两相比照，高下立见。盖以子贡之才，仅可见夫子之博文下学处，而于夫子之约礼上达处，则置若罔闻，熟视无睹。不如颜回，瞻前顾后，默识心通，退省思发，无所不悦。是知子贡耳食，颜回心契，其为学之进路有异，则规模境界自然不同。此章子贡所言，正其不如颜回之确证也！

## 5.14 子路有闻，未之能行，唯恐有闻[①]。

**新注** ①未之能行：未能行之。有（yòu）：通“又”，再。

**新译** 子路听说了一个道理，如果还没有能够力行，唯恐再听到另一个道理。

**新识** 本章论闻、行之关系，盖承上章而言之。

今按：两章合观，更见编者匠心。盖子贡好智，重闻知而行或不逮；子路好勇，重力行而不欲多闻。二人各有其长，亦各有偏失。夫闻而能行之，犹学而时习之，正“知行合一”之意也。儒家之学问在此，工夫亦在此。

## 5.15 子贡问曰：“孔文子何以谓之‘文’也[①]？”子曰：“敏而好学，不耻下问[②]，是以谓之‘文’也。”

**新注** ①孔文子：卫大夫，名圉。文，是其谥号。何以：以何，凭什么。 ②不耻下问：不以向不如自己的人请教为羞耻。

**新译** 子贡问道：“孔文子何以得谥为‘文’呢？”孔子说：“他聪敏而又好学，且不耻下问，所以得谥为‘文’啊。”

**新识** 孔文子即卫国大夫孔圉。《论语·宪问》子曰“仲叔圉治宾客”云云，仲叔圉即孔文子。《左传·哀公十一年》载：“冬，卫大（tài）叔疾出奔宋。初，疾娶于宋子朝，其娣嬖。子朝出。孔文子使疾出其妻而妻之。疾使侍人诱其初妻之娣，置于犁，而为之一宫，如二妻。文子怒，欲攻之。仲尼止之。遂夺其妻。”又《史记·孔子世家》：“卫孔文子将攻太叔，问策于仲尼。仲尼辞不知，退而命载而行。曰：‘鸟能择木，木岂能择鸟乎？’文子固止。”可知孔圉其人私德有瑕，故子贡对其谥为“文”不以为然。而孔子则赞其敏而好学，不耻下问，故可谥为

“文”矣。

今按：孔文子死于鲁哀公十五年（前480）前后，本章子贡与夫子之问答，当在此时。《尚书·谥法》有“勤学好问为文”之训，孔子以“不耻下问”为言，一则不掩文子之善，一则又勉子贡以谦。子贡之蔽，正在不能自见其过，宽以待人。又，《论语·泰伯》曾子曰：“以能问于不能，以多问于寡。”或以为乃曾子赞颜回，可与此章同参。

## 5.16 子谓子产①：“有君子之道四焉：其行己也恭，其事上也敬，其养民也惠，其使民也义②。”

**新注** ①子产：姓公孙，名侨，字子产，郑穆公之孙，郑国名相。②行己也恭：行己，立身行事；恭，谦恭。事上也敬：事上，事君；敬，谨恪义。养民也惠：养护民众能慈惠有恩。惠，恩惠。使民也义：使用民力，能得其宜。义，宜也。

**新译** 孔子说子产：“他有合于君子之道的四种德行：立身行事能谦恭，事君事上能敬慎，养护民众能慈惠，使用民力能合义。”

**新识** 本章论子产。子产为郑国贤相，为政二十余年，宽猛相济，举措得宜，深孚众望。《左传·襄公三十一年》载：

> 郑人游于乡校，以论执政。然明谓子产曰：“毁乡校，何如？”子产曰：“何为？夫人朝夕退而游焉，以议执政之善否。其所善者，吾则行之；其所恶者，吾则改之。是吾师也，若之何毁之？我闻忠善以损怨，不闻作威以防怨。岂不遽止？然犹防川也：大决所犯，伤人必多，吾不克救也；不如小决使道，不如吾闻而药之也。”然明曰：“蔑也今而后知吾子之信可事也。小人实不才。若果行此，其郑国实赖之，岂唯二三臣？”仲尼闻是语也，曰：“以是观之，人谓子产不仁，吾不信也。”

今按：子产不毁乡校，颇可与召公谏厉王弭谤相媲美，皆仁民爱物之善举，故孔子赞其仁人。后子产卒，“仲尼闻之，出涕曰：古之遗爱也”（《左传·昭公二十年》）。本章夫子以君子誉其人，恭、敬、惠、义四美，正与《阳货》恭、宽、信、敏、惠的仁者之标准相契合，则夫子对子产之评价，似犹在管仲之上矣。

## 5.17 子曰：“晏平仲①善与人交，久而敬之②。”

**新注** ①晏平仲：姓晏，名婴，齐国贤相，平为其谥号。《谥法解》以“治而无眚”“执事有制”“布纲治纪”为“平”。 ②久而敬之：有两解：一、久而敬人；二、久而人敬。今从前解。

**新译** 孔子说：“晏平仲善于与人交往，与人相交很久，仍然能保持敬意。”

**新识** 本章论晏平仲，兼及朋友相交之道。可与《里仁》“朋友数，斯疏矣”章并参。盖“数”即为不敬，不敬则狎，狎则疏。晏平仲能故旧不遗，久而不改其敬，故称“善与人交”。皇侃《疏》引孙绰曰：“交有倾盖如旧，亦有白首如新。隆始者易，克终者难。敦厚不渝，其道可久，所以难也。”

夫子赞许晏平仲，其本人亦“善与人交”，《孔子家语·致思》载：“孔子将行，雨而无盖。门人曰：‘商也有之。’孔子曰：‘商之为人也，甚吝于财。吾闻与人交，推其长者，违其短者，故能久也。’”夫子所谓“推其长者，违其短者”，正俗语“扬长避短”义，可谓朋友相交的“八字箴言”。

今按：此语出夫子之口，尤不易得也。当年夫子入齐，景公重之，欲封尼溪之地，而为晏婴所阻。然孔子依旧对之赞美有加，说：“晏子于君为忠臣，而行为恭敏。故吾皆以兄事之，而加爱敬。”（《孔子家语·辩政》）此正夫子广远伟大，常人所不及处也！

## 5.18 子曰：“臧文仲居蔡①，山节藻棁②，何如其知③也？”

**新注** ①臧（zāng）文仲：名臧孙辰，鲁国大夫，文是其谥号。居蔡：居，使之居，建居而藏之义。蔡，大龟名。何晏《集解》："蔡，国君之守龟，出蔡地，因以为名焉。" ②山节藻棁（zhuō）：古代天子的庙饰。节，斗栱。山节，刻成山形的斗栱。藻棁，画有藻文的梁上短柱。藻，水草。棁，梁上的短柱。 ③知（zhì）：智慧。

**新译** 孔子说："臧文仲为其所藏灵龟建了一座居室，雕梁画栋，（装饰得犹如天子祖庙一般，）这个人的智慧究竟怎样呢？"

**新识** 本章论臧文仲，兼及智之内涵。孔子尝谓："择不处仁，焉得知？"又说："仁者安仁，知者利仁。"樊迟问知，子曰："敬鬼神而远之，可谓知矣。"是夫子所谓知，必以仁为本，"务民之义"而后可。臧文仲其人，时人或以为有智，而竟谄谀于灵龟，奢侈僭礼，不重人事，其智如何，一目了然。夫子设问，盖婉辞也。又《礼记·礼器》："管仲镂簋朱纮，山节藻棁，君子以为滥矣。"是管仲、臧文仲均不知礼，故皆难以言智也。

5.19 **子张问曰："令尹子文三仕为令尹①，无喜色；三已之，无愠色②。旧令尹之政，必以告新令尹③。何如？"子曰："忠矣。"曰："仁矣乎？"曰："未知，焉得仁④？""崔子弑齐君，陈文子有马十乘，弃而违之⑤。至于他邦，则曰：'犹吾大夫崔子也⑥。'违之。之一邦，则又曰：'犹吾大夫崔子也。'违之。何如？"子曰："清矣。"曰："仁矣乎？"曰："未知，焉得仁？"**

**新注** ①令尹（yǐn）子文：令尹，楚国官名，执政上卿。子文，姓鬬，名穀，字於菟。三仕为令尹：三次出仕都坐上令尹的高位。 ②三已之：三次被罢免。已，罢免。 ③旧令尹：指子文。必以告新令尹：一定会告诉新继任的令尹。 ④未知，焉得仁：我不知道，这哪里算得上仁呢？一说：读知为智，今不从。 ⑤崔子弑（shì）齐君：崔子，齐大夫，名杼。弑，以下杀上为弑。齐君，庄公，名光。陈文子：齐大夫，名须无。弃而违之：放弃家产离开齐国。违，去也，离开义。 ⑥犹吾大夫崔子也：也像我国的大夫崔杼一样啊！犹，如。

**新译** 子张问："楚国的令尹子文三次出任宰相，不见他有喜色；三次被罢免，也不见他有怒色。每次离任，一定把自己任上的政务，原原本本告诉新令尹。这个人怎么样?"孔子说："算得上忠于职守了！"子张问道："算得上仁吗?"孔子说："我不知道。——这怎么算得上仁呢?"子张又问："齐国的大夫崔杼弑杀了自己的国君，大夫陈文子家里有马车十乘，他却抛弃了家产，离开了齐国。到了另一个国家，他说：'这里的当权者也像我国的大夫崔杼一样呀！'于是离开。再到另一个国家，他又说：'这里的当权者也像我国的大夫崔杼一样呀！'于是又离开。这个人怎么样?"孔子说："算得上清洁自好了！"子张问道："算得上仁吗?"孔子说："我不知道。——这怎么算得上仁呢?"

**新识** 本章为子张问仁。夫子答孟武伯之问，明言有齐家治国之才者未必为仁，此章又以有忠、清之德者亦未必及于仁，是仁之为德，真可谓"无以上之"矣。

今按：钱穆先生说："盖忠之与清，有就一节论之者，有就成德言之者。细味本章辞气，孔子仅以忠清之一节许此两人。若果忠清成德如比干、伯夷，则孔子亦即许之为仁矣。盖比干之为忠，伯夷之为清，此皆千回百折，毕生以之，乃其人之成德，而岂一节之谓乎?"此论可谓得之。

## 5.20 季文子①三思而后行。子闻之，曰："再，斯可矣②。"

**新注** ①季文子：季孙行父，鲁国大夫。文是其谥号。 ②再，斯可矣：再，两次。斯，就。

**新译** 季文子凡事必考虑再三而后才行动。孔子听到后，说："考虑两次，就可以了。"

**新识** 本章可谓思、行之辨。《集解》郑玄曰："文子忠而有贤行。其举事寡过，不必及三思也。"此正面为说。《集注》程子曰："三则私意起而反惑矣，故夫子讥之。"此又反面为说。李炳南《论语讲要》则以为："三思自古解说不一，程说不免胶瑟，世有一思即起私意者，何必至于三。思不宜有所限制。杨升庵说，《中庸》云，思之弗得弗措也。《管子》云，思之思之，又重思之。皆不限于三。"进而指出："孔子此言再斯可矣，盖如郑注，专对季文子而发，非言人人凡事再思即可也。"是说不无道理，然亦不可据此推翻程子之说。

窃谓夫子此言，虽属专指，亦颇具普遍性。《礼记·中庸》云："博学之，审问之，慎思之，明辨之，笃行之。"此说虽主"博学审问""慎思明辨"，然亦必须落实于"笃行"之上。夫子所以主张"再斯可矣"，盖以知易行难，如季文子之徒，多思转多私，诚不必以"三思而后行"称之矣。

又《论语·先进》子路问："闻斯行诸？"子曰："有父兄在，如之何其闻斯行之！"冉有问："闻斯行诸？"子曰："闻斯行之。"理由是："求也退，故进之；由也兼人，故退之。"本章季文三思而后行，子曰："再，斯可矣。"此亦无他，盖因材施教耳。夫此处所谓"思"，非义理之思，实世故之思；非是非之思，实利害之思耳。通常情况是：一思则良知发露，见义勇为，可为君子；再思则临事而惧，好谋而成，可为谋士；三思则算计利害，裹足不行，此时已沦为小人矣。

今按：《中庸》有云："诚者不勉而中，不思而得，从容中道，圣人也。"孟子也说："人之所不学而能者，其良能也；所不虑而知者，其良知也。"人皆有良知良能，唯此一种良知良能，正如孟子所说，"思则得之，不思则不得也"。然既得之，则须力行之，否则如阳明所谓"知而不行，只是未知"。近有广东佛山小悦悦事件披露，十七人见死不救，扬长而去，正三思而后不行之过也。证严法师有云："对的事，做就对了。"真是斩截痛快，直指人心！

**5.21 子曰："宁武子[①]，邦有道则知，邦无道则愚。其知，可及也；其愚，不可及也[②]。"**

**新注** ①宁武子：卫国大夫宁俞。 ②知（zhì）：通"智"，聪明。愚：愚笨，糊涂。

**新译** 孔子说："宁武子这个人，国家安定时，他显得足智多谋；国家危乱时，他则显得愚笨糊涂。他的邦有道露才之"智"，一般人还可以学得到；这种邦无道装傻之"愚"，实在是不可企及啊！"

**新识** 本章论宁武子。宁武子名俞，卫国人，文公、成公时为大夫，武是其谥号。成公无道，为晋所攻，失国奔于楚、陈，后为晋侯所执。宁俞不避艰险，立朝不去，周旋其间，卒保其身，而济其君。故孔子赞其智可及，其愚不可及。《集解》孔安国注："佯愚似实，故曰不可及也。"邢昺《疏》："若遇邦国有道，则显其知谋；若遇无道，则韬藏其知而佯愚。"此佯愚即是智，可谓大智若愚。

类似言说在《论语》中不止一见。如夫子说："邦有道，不废；邦无道，免于刑戮。""邦有道，危言危行；邦无道，危行言逊。""天下有道则见，无道则隐。""危邦不入，乱邦不居。"不一而足。更值得注意的是下一章：

> 子曰："直哉史鱼！邦有道，如矢；邦无道，如矢。君子哉蘧伯玉！邦有道，则仕；邦无道，则可卷而怀之。"（《论语·卫灵公》）

众所周知，孔子主张"直道而行"，然蘧伯玉的"卷而怀之"显然并非直道，而夫子竟赞之为君子，何也？盖因直道亦可以行义从权也。孔子说："无适也，无莫也，义之与比。"又说："无可无不可。"孟子也说："可以仕则仕，可以止则止，可以久则久，可以速则速。"故亦可下一转语："可以智则智，可以愚则愚。"郑板桥尝云："聪明难，糊涂亦难，由聪明而转入糊涂，更难。"

此章亦须做好分辨：一方面，须理解夫子对宁武子的肯定，并非一味赞同其"佯愚"，而是为乱世之中人的基本生命尊严和价值，保留了一道“生门”。乱世无道，“枪打出头鸟”，适当的明哲保身，不仅是一种智慧，也是一种权利！那种动辄振臂一挥，用正义、道德、自由甚至革命之名，绑架大多数人放弃生命的人，常常是最为可疑的野心家、阴谋家。故孔子力行中道，不偏不倚，无道而佯愚，乃权宜之计，合乎道义，无可厚非。

另一方面，又须知这里的“佯愚”并非指一味的怯懦和圆滑。庄子说：“有机械者必有机事，有机事者必有机心。”庄子不赞成“机心”，孔子亦然，尝谓：“志士仁人，无求生以害仁，有杀身以成仁。”孟子也说：“生，亦我所欲也；义，亦我所欲也：二者不可得兼，舍生而取义者也。”可知孔孟既不赞同轻死，更不赞同苟活。俗话说：“临财不苟得，临难不苟免。”此之谓也！

今按：美国波士顿有犹太人大屠杀纪念碑，碑上铭刻着德国新教牧师马丁·尼莫拉（Martin Niemoller，1892—1984）的著名箴言：

在德国，起初他们追杀共产主义者，我没有说话，因为我不是共产主义者；接着他们追杀犹太人，我没有说话，因为我不是犹太人；后来他们追杀工会成员，我没有说话，因为我不是工会成员；此后他们追杀天主教徒，我没有说话，因为我是新教教徒；最后他们提着刀奔我而来，却再也没有人站出来为我说话了。

这说明，明哲保身的价值有效性也是有限度的，如死亡仅危及自身，我自可选择趋利避害；如死亡已如瘟疫般危及群体乃至共同体之总体生命，则必须挺身而出。此即孟子所谓“死亦我所恶，所恶有甚于死者，故患有所不辟也”。就人类社会而言，确有比死亡更可恶者，即人类全体生命尊严和价值的被践踏。此亦涉及群己关系之对待，当有一种天下情怀与价值担当，只有“我为人人”，才会“人人为我”。今日公民社会之建设，正须人人皆有公民意识，人人皆有此天下关怀与道义担当！

5.22 **子在陈①，曰：“归与②！归与！吾党之小子狂简③，斐然成章④，不知所以裁之⑤！”**

**新注** ①陈：即陈国（今河南淮阳），国君妫姓，为虞舜后裔。孔子周游列国后期，曾驻留于此。 ②归与：归去吧！与，同“欤”。③吾党之小子狂简：党，乡党。小子，指门人之在鲁者。狂简，狂者进取，志向远大。 ④斐（fěi）然成章：比喻弟子如锦缎，已经粗具规模。斐，文采茂盛貌。成章，本指织布成匹，这里指弟子们学业有成，蔚为可观。 ⑤不知所以裁之：所以，怎样。裁，剪裁，此处指教诲指导。

**新译** 孔子在陈国，说：“回去吧！回去吧！家乡的那些弟子们志大而行简，（就像布匹锦缎一样，）已经文采斐然，我真不知道该怎么剪裁呢！”

**新识** 孔子在陈思归，是在鲁哀公三年（前492），此时孔子年已六十。《史记·孔子世家》载：

> 秋，季桓子病，辇而见鲁城，喟然叹曰：“昔此国几兴矣，以吾获罪于孔子，故不兴也。”顾谓其嗣康子曰：“我即死，若必相鲁；相鲁，必召仲尼。”后数日，桓子卒，康子代立。已葬，欲召仲尼。公之鱼曰：“昔吾先君用之不终，终为诸侯笑。今又用之，不能终，是再为诸侯笑。”康子曰：“则谁召而可？”曰：“必召冉求。”于是使使召冉求。冉求将行，孔子曰：“鲁人召求，非小用之，将大用之也。”是日，孔子曰：“归乎归乎！吾党之小子狂简，斐然成章，吾不知所以裁之。”子赣知孔子思归，送冉求，因诫曰“即用，以孔子为招”云。

《孟子·尽心下》亦载此事云：

> 万章问曰：“孔子在陈曰：‘盍归乎来！吾党之小子狂简，进取，不忘其初。’孔子在陈，何思鲁之狂士？”孟子曰：“孔子‘不得中道而与之，必也狂狷乎！狂者进取，狷

者有所不为也’。孔子岂不欲中道哉？不可必得，故思其次也。”

今按：孟子所言极是。此时孔子正处颠沛流离之中，深感中道难行，故退而求其次，乃思与狂狷之士相为谋。吾党之小子，即指在鲁之弟子。狂者，因年少而锐意进取；简者，因志大而择善固执，虽或失之粗简，要在可以剪裁调教也。此时弟子们已如布帛锦绣，斐然成章，正须巧手剪裁，导以实用。盖夫子以为，大道虽未必在有生之年行于天下，犹可通过弟子们次第接力，代代相传。“归与”之嗟，反复言之，不仅是孔子去国怀乡的款款心声，亦是辗转流徙多年的精神长征，何时可告一段落的苍凉咏叹！

## 5.23 子曰：“伯夷、叔齐不念旧恶，怨是用希①。”

**新注** ①旧恶：犹言夙怨。怨是用希：是用，“用是”的倒装，因此义。希，少。

**新译** 孔子说：“伯夷、叔齐，能不计夙怨，他们心中的怨恨因此也就很少了。”

**新识** 本章论伯夷、叔齐。《集解》孔安国曰：“伯夷、叔齐，孤竹君之二子。孤竹，国名。”皇侃《疏》：“孤竹之国，是殷汤所封，其子孙相传至夷齐之父也。父姓墨台，名初，字子朝。伯夷大而庶，叔齐小而正，父薨，兄弟相让，不复立也。”又《孟子·万章》：“孟子曰：‘伯夷目不视恶色，耳不听恶声，非其君不事，非其民不使。’”

“不念旧恶，怨是用希”句，邢昺《疏》云：“此章美伯夷叔齐二人之行。不念旧时之恶而欲报复，故希为人所怨恨也。”孔子对伯夷、叔齐十分推崇，《论语·述而》子贡曰：“伯夷叔齐，何人也？”子曰：“古之贤人也。”曰：“怨乎？”子曰：“求仁而得仁，又何怨？”故孟子也说：“伯夷，圣之清者。”

然而，两兄弟的结局却很悲惨。《史记·伯夷列传》载其事云：

武王已平殷乱，天下宗周，而伯夷、叔齐耻之，义不食周粟，隐于首阳山，采薇而食之。及饿且死，作歌，其辞曰："登彼西山兮，采其薇矣。以暴易暴兮，不知其非矣。神农、虞、夏忽焉没兮，我安适归矣？于嗟徂兮，命之衰矣。"遂饿死于首阳山。由此观之，怨邪非邪？

显然，太史公颇为伯夷、叔齐不平，以为二人"怨邪非邪"，外人岂得知乎！若真不念旧恶，又何必不食周粟，饿死荒山？司马迁终身服膺孔子，称之"至圣"，唯独这一次，他有点不服气。

今按：伯夷、叔齐不念旧恶，乃不计前嫌、既往不咎、犯而不校之义，或有具体事由，今已无从查考。孔子深许二子，盖因其能"隐居以求其志，行义以达其道"，"不怨天，不尤人"，无论对人还是对己，皆能无怨无悔，此正"仁者不忧"之境界也。

## 5.24 子曰："孰谓微生高直①？或乞醯②焉，乞诸其邻而与之。"

**新注** ①微生高：鲁人。一说：即尾生高，与女子期于桥下，水至不去，抱柱而死。 ②醯（xī）：醋。

**新译** 孔子说："谁说微生高是个正直的人呢？有人向他讨些醋，（他没有却不直说，）又向邻居讨来给了那人。"

**新识** 本章论直道。乍一看，微生高古道热肠，助人为乐，有何不可？细一想，微生高似直实曲，似善实伪。无醋而称有，其心不诚亦不信，便是不直。乞诸其邻而与之，则属掠人之美，即便左右逢源，两头买好，自欺欺人，亦属不直。夫子未尝道其不善，只是不许其直，其潜台词或许是：不直之善，徒有善之表，而无善之实，久而久之，积微累渐，姑息养奸，甚至伪善成恶，亦未可知矣。夫子观人，见微知著，直探根本，不唯论其迹，亦且观其心，真可谓心细如发，目光如炬！圣人所以为圣人，正为其能在吾辈看似无疑处有疑，看似无问题处发问！

今按：孔子说："无而为有，约而为泰，虚而为盈，难乎有恒矣。"微生高，正此徒邀虚名，难乎有恒之市井小人耳！本章看似简单，实亦涉及心学功夫，可谓“诛心之论”矣！

**5.25 子曰：“巧言、令色、足恭，左丘明耻之[①]，丘亦耻之。匿怨而友其人[②]，左丘明耻之，丘亦耻之。”**

**新注** ①足恭：过分恭敬。足，过也。左丘明：鲁国贤者，或与孔子同时而年辈稍长。 ②匿（nì）怨而友其人：匿，隐藏。友，与……友好。藏怨于心，诈亲于外。

**新译** 孔子说：“花言巧语、谄颜媚色、过分卑恭，左丘明以之为耻，我也以之为耻。隐藏对人的怨恨，装作与其友好的样子，左丘明以之为耻，我也以之为耻。”

**新识** 本章承上章，再谈直道。巧言、令色、足恭，皆不直；匿怨而友其人，亦不直。《集解》孔安国注：“匿怨而友，心内相怨，而外诈亲也。”言行不一，心口相违，故为君子所耻。又《论语·宪问》或曰：“以德报怨，何如?”子曰：“何以报德?以直报怨，以德报德。”盖夫子以为，以怨报怨乃小人，以德报怨则乡愿，唯有以直报怨，方为君子之道。《礼记·表记》云：“以德报德，则民有所劝；以怨报怨，则民有所惩。……子曰：以德报怨，则宽身之仁也；以怨报德，则刑戮之民也。”又《大戴礼记·表记》：“君子不失足于人，不失色于人，不失口于人。”如何才能不失足、失色、失口于人？无他，唯有“直道而行”而已矣。

**5.26 颜渊、季路侍[①]。子曰：“盍各言尔志?”子路曰：“愿车、马、衣、裘，与朋友共，敝之而无憾[②]。”颜渊曰：“愿无伐善，无施劳[③]。”子路曰：“愿闻子之志!”子曰：“老者安之，朋友信之，少者怀之[④]。”**

**新注** ①侍：陪侍。 ②敝之而无憾：敝，破旧。憾，遗憾。 ③无伐善，无施劳：伐，自夸。施，表白。 ④老者安之，朋友信之，少者怀之：安、信、怀，皆使动用法。

**新译** 颜渊、子路陪侍在旁，孔子说："何不各自谈谈你们的志向呢？"子路说："我愿将车马、皮裘与朋友们共享，用坏了也毫不遗憾。"颜渊说："我愿不夸耀自己的善行，不表白自己的功劳。"子路说："请问老师您的志向是什么。"孔子说："我愿天下的老人都能得到安养，天下的朋友都能相互信任，天下的少年都能得到关爱。"

**新识** 本章可谓"师徒言志"，涉及夫子乃至儒学之终极理想。师徒三人所言，层转层深，如顾恺之食甘蔗，渐入佳境，真天下绝妙文字也！三个"愿"字，由小而大，由己而人，由近而远，孔门学问，活泼涵融有如此者！子路是忘物爱友，求仁也；颜渊是忘我去私，不违仁也；夫子则大而能化，成己成物，安仁也。为学工夫次第，彻上彻下，于此尽显。《礼记·礼运》"大同"章云：

> 大道之行也，天下为公。选贤与能，讲信修睦。故人不独亲其亲，不独子其子。使老有所终，壮有所用，幼有所长。矜寡孤独废疾者，皆有所养。男有分，女有归。货恶其弃于地也，不必藏于己。力恶其不出于身也，不必为己。是故谋闭而不兴，盗窃乱贼而不作。故外户而不闭。是谓大同。

今按：师徒三人，各表其愿，唯夫子所言，最为仁厚高迈，非厚德载物者不能道。夫老者即长辈，朋友即平辈，少者即晚辈，三者足以该尽天下人。此正夫子教导子路所云"修己以安百姓"之仁者胸怀、圣人气象也。读者于此处，当深思细玩，万不可以平居闲聊之语视之。

## 5.27 子曰："已矣乎！吾未见能见其过而内自讼者也①。"

**新注** ①已矣乎：犹言"算了吧。"内自讼（sòng）：内心自我谴责。讼，咎责。

**新译** 孔子说："算了吧！我还没见过能认识到自己的过失，并且能在内心深处自我谴责的人。”

**新识** 本章谈自讼。自省、自讼，皆自反也。君子行有不得皆反求诸己，故能日新日益，进德修业，此亦君子修身、迁善、改过、徙义、近仁之道也。

今按：西哲康德曾说：“有两种东西，我对它们的思考越是深沉和持久，它们在我的心灵中唤起的惊奇和敬畏就会日新月异，不断增长，这就是我头上的星空和心中的道德律令。”夫子之“内自讼”，犹在自心之中设一道德法庭，自己既作原告，又作被告，此正康德所谓“心中的道德律令”也！

## 5.28 子曰：“十室之邑①，必有忠信如丘者焉，不如丘之好学也。”

**新注** ①十室之邑：十户人家的小村邑。

**新译** 孔子说：“即使是仅有十户人家的小村落，也一定有像我一样忠诚守信的人，只是不像我这样好学啊！”

**新识** 本章谈忠信好学之道。可与“性相近，习相远”章相发明：忠信即相近之性，好学乃相远之习。夫子对人之忠信之性有大确信，然又以为此性必待好学而后始能巩固与扩充。此章于儒学思想史极具源头性质。约略言之，孟子发挥前一句，提出“人性本善”；荀子则专注后一句，认为“人之性恶，其善者伪也”，必须经由“好学”，故其反复“劝学”，不遗余力。孟荀皆大儒，均以为人皆可为尧舜，圣贤可积学而至，然孟子能执本驭末，体用一如，荀子却截流塞源，未知若离忠信之性，纵好学博闻，亦不可超入圣域也。尹会一《读书笔记》说：“此章大旨，自是勉人好学，以全其生质。须知忠信方可言生质之美，忠信之质方可以言学。忠信美质乃十室中所必有者，惟不知好学以保守扩充其忠信，是以乡人多而圣人少也。”

今按：夫子成圣之道，唯在“好学”二字！夫子之好学，非仅一品格，实乃一工夫，千古独绝，令人震撼！

# 雍也第六

## 6.1 子曰："雍也可使南面①。"

**新注** ①南面：古时地位尊贵者皆面南背北而坐。不独天子，凡为诸侯、卿大夫者，皆可称南面。

**新译** 孔子说："冉雍啊，可以让他面南为君，主政一方。"

**新识** 本章再论冉雍。冉雍，字仲弓，"孔门四科"之德行科高弟。或人以为"仁而不佞"，夫子说"不知其仁，焉用佞"。本章孔子又赞其"可使南面"。《周易·说卦传》云："圣人南面而听天下，向明而治。"朱熹称："南面者，人君听治之位。言仲弓宽洪简重，有人君之度也。"是知冉雍不唯有德，而且才干卓越，在孔门弟子中堪为翘楚。故荀子在《非十二子》一文中，虽对孔门后进颇有微词，唯独对冉雍赞美有加，说："圣人之得势者，舜禹是也；圣人之不得势者，仲尼、子弓（即仲弓）是也。"又同书《儒效》篇："通则一天下，穷则独立贵名，天不能死，地不能埋，桀跖之世不能污，非大儒莫之能立，仲尼、子弓是也。"荀子以孔子、子弓为"圣人不得势者"，实则隐含了对仲弓宽简之德的一种赞美，即其人一旦得势，是可以做到"恭己正南面""垂衣裳而天下治"的"无为而治"之境界的。

今按：本篇以“雍也”为篇名，体现了《论语》早期编纂过程中道统传递之生命信息。杨义先生以为，因为冉雍主持了《论语》的早期编纂，“他当然会表达自己最得孔子的真传，对担当道统传承有义不容辞的责任。他要通过篇题和首章告知后人，应该由谁来传承孔门道脉，如何传承孔门道脉？于是就出现了《公冶长篇》第五，《雍也篇》第六，直接承接前面四篇的学、政、礼、乐、仁的道术脉络”。并且指出：“在《古论语》中，篇序在《学而》、《里仁》后，《雍也》居第三，自然算得上仲弓在众弟子中占了头牌。但可能是因为仲弓虽在儒门威望甚著，但尚不能独大于儒门，公冶长是孔子的女婿……因而《公冶长篇》居于《雍也篇》之前，大概更能获得众弟子的共同认可。”（《论语还原》）此说亦颇具卓识，为读者进一步了解《论语》编撰之内在肌理和生命律动，打开了一扇窗口，推窗望去，满眼新绿，别开生面！

## 6.2 仲弓问子桑伯子，子曰：“可也，简①。”仲弓曰：“居敬而行简，以临其民，不亦可乎？居简而行简，无乃大简乎②？”子曰：“雍之言然。”

**新注** ①子桑伯子：鲁人。生平不详。或以为即《庄子》中与琴张为友的子桑户。简：简要。 ②居敬而行简：居心诚敬，行事简明。居简而行简：居心简慢，行事简易。无乃大（tài）简乎：无乃，岂不是。大，通“太”。

**新译** 冉雍问起子桑伯子，孔子说：“还可以，算是简要了。”冉雍说：“如果居心敬慎而行事简明，以此来治理百姓，不也很好吗？但如果居心简慢而行事简易，岂不是太简单草率了吗？”孔子说：“冉雍啊，你说的对！”

**新识** 本章论子桑伯子，涉及“简”之二义。今按：邢昺《疏》及朱熹《集注》以此与前章合为一章，何晏《集解》则各自为章，今从《集解》。

子桑伯子，或以为即是《庄子·大宗师》所提到的子桑户，屈原

《九章·涉江》中亦有“接舆髡首兮，桑扈裸行”句，桑扈或即此人，亦未可知。又刘向《说苑·修文》载：“孔子见子桑伯子，子桑伯子不衣冠而处。弟子曰：‘夫子何为见此人乎？’曰：‘其质美而无文，吾欲说而文之。’”据此可知，子桑伯子乃一质美而无文之狂狷之士，故冉雍问之，孔子答以“可也简”，盖其为人简要不烦，若使之南面为君，亦无不可。可知此章非仅论人，实亦论政，涉及对优良治理之探讨辨析。

冉雍则以为为政当“居敬”，即心存恭敬，行己庄敬，以此为基础，辅之以“行简”，即政令宽简，行事简要，如此方能形成一公序良俗，以平治天下。若如子桑伯子之徒，“居简而行简”，即居心简慢而行事简要，则过犹不及，难以本末一贯，善始善终。明人鹿善继《四书说约》称：“治民全在不扰，而省事本于劳心。居敬者，众寡小大无敢慢，此心日行天下几遍，洞察情形，而挈其纲领，所行处精神在焉，即所不行处，精神亦无不在。如此行简，民安可知。居简之简，一切放下，全无关摄。废事生弊，可胜言哉！”此说亦可参考。

**6.3 哀公问：“弟子孰为好学？”孔子对曰：“有颜回者好学，不迁怒，不贰过①。不幸短命死矣！今也则亡②，未闻好学者也。”**

**新注** ①不迁怒，不贰过：有怒能不迁向他人，有过绝不再犯第二次。 ②亡（wú）：通“无”。

**新译** 鲁哀公问：“您的弟子中，哪个最好学呢？”孔子答道：“有个叫颜回的最好学，有恼怒能不迁向他人，有过失绝不再犯第二次，可惜短命而死了！如今就没有了，再也没听说过更好学的人了。”

**新识** 本章谈好学而论及颜回。夫子以“不迁怒，不贰过”为好学，可知其所谓学，乃为己之学，故非唯求知，实为求道，非唯律人，实为修己。颜子之学，实乃内圣之学，“无伐善，无施劳”，“不迁怒，不贰过”，以及“不违如愚”“博文约礼”，皆一意向内，反求诸己。《礼记·中庸》子曰：“回之为人也，择乎中庸，得一善则拳拳服膺，而弗失之矣。”《易传·系辞》曰：“颜氏之子，其庶几乎！有不善未尝不知，知之未尝复行。”又《礼记·学记》：“学然后知不足。”正因颜回“好学”，始知常人迁怒、贰过之失，故能惩忿窒欲，克己复礼，最终达此“不迁怒，不贰过”之境界。宋儒程颐《颜子所好何学论》云：

圣人之门，其徒三千，独称颜子为好学。夫《诗》、《书》、六艺，三千子非不习而通也，然则颜子所独好者，何学也？学以至圣人之道也。圣人可学而至与？曰：然。学之道如何？曰：天地储精，得五行之秀者为人。其本也真而静，其未发也五性具焉，曰仁义礼智信。形既生矣，外物触其形而于中矣，其中动而七情出焉，曰喜怒哀惧爱恶欲。情既炽而益荡，其性凿矣。是故觉者约其情使合于中，正其心，养其性，故曰“性其情”。愚者则不知制之，纵其情而至于邪僻，梏其性而亡之，故曰“情其性”。

凡学之道，正其心，养其性而已。中正而诚，则圣矣。君子之学，必先明诸心，知所养，然后力行以求至，所谓“自明而诚”也。故学必尽其心，尽其心则知其性。知其性，反而诚之，圣人也。故《洪范》曰：“思曰睿，睿作圣。”诚之之道，在乎信道笃。信道笃则行之果，行之果则守之固，仁义忠信不离乎心，造次必于是，颠沛必于是，出处语默必于是。久而弗失，则居之安，动容周旋中礼，而邪僻之心无自生矣。

故颜子所事，则曰“非礼勿视，非礼勿听，非礼勿言，非礼勿动”。仲尼称之，则曰“得一善则拳拳服膺，而弗失之矣”，又曰“不迁怒，不贰过”，“有不善未尝不知，知之未尝复行也”。此其好之笃，学之之道也。视听言动皆礼矣，所异于圣人者；圣人则不思而得，不勉而中，从容中道。颜子则必思而后得，必勉而后中。故曰：颜子之与圣人，相去一息。

孟子曰：“充实而有光辉之谓大，大而化之之谓圣，圣而不可知之谓神。”颜子之德，可谓充实而有光辉矣；所未至者，守之也，非化之也。以其好学之心，假之以年，则不日而化矣。故仲尼曰：“不幸短命死矣！”盖伤其不得至于圣人也。所谓化之者，入于神而自然，不思而得，不勉而中之谓也，孔子曰“七十而从心所欲，不逾矩”是也。或曰：“圣人，生而知之者也。今谓可学而至，其有稽乎？”曰：“然。孟子曰：‘尧、舜，性之也；汤、武，反之也。’性之者，生而知之者也；反之者，学而知之者也。”又曰：“孔子则生而知也，孟子则学而知也。后人不达，以谓‘圣本生知，非学可至’，而为学之道遂失。

不求诸己而求诸外，以博文强记、巧文丽辞为工，荣华其言，鲜有至于道者，则今之学与颜子所好异也。

程子之论，抉幽发微，探骊得珠，诚为圣学功臣。近人钱穆则将此章与“下学上达”章相发明，说：“子曰：‘射有似乎君子，失诸正鹄，反求诸其身。’此即下学习射，可上达于‘不迁怒’之境界也。又曰：‘举一隅不以三隅反，则吾不复之矣。’此即下学习器游艺，可上达于‘不贰过’之境界也。”（《劝读论语和论语读法》）

按：《礼记·中庸》云：“喜怒哀乐之未发谓之中，发而皆中节谓之和。”颜子之“不迁怒”，便是“未发之中”，言其正心诚意、克己复礼，有中和之质；“不贰过”，便是“过则无惮改”，言其改过迁善、求仁徙义，有刚勇之德。是知孔子乃万世之师表，颜子则万世之学范也。惜乎颜子一生发奋为学，精进不已，至二十九而发早白，四十一岁即英年早逝。此章所言，当在颜回卒后，是年夫子盖已七十一岁矣！

**6.4 子华使于齐，冉子为其母请粟[①]。子曰：“与之釜。”请益[②]。曰：“与之庾。”冉子与之粟五秉[③]。子曰：“赤之适齐也，乘肥马，衣轻裘[④]。吾闻之也：君子周急不继富[⑤]。”**

**新注** ①子华：公西赤，字子华。使于齐：出使齐国。冉子为其母请粟：冉求为公西华请求奉母之粟米。 ②釜（fǔ）：量器名。一釜合六斗四升。请益：请求增加些。 ③庾（yǔ）：量器名。一庾合二斗四升。秉（bǐng）：量器名。一秉合十六斛，一斛合十斗，一百六十斗为一秉，五秉即八百斗。 ④衣（yì）轻裘：穿着又轻又暖的皮袍。衣，动词，穿。裘，皮袍。 ⑤周急不继富：言君子助人有原则，应当救济急难，而不应去接续富有。周，通“赒”，救济不足。急，穷迫义。继，接续有余。

**新译** 子华出使到齐国去，冉有为子华之母申请奉养的粟米。孔子说：“给她一釜吧。”冉有请求增加一些。孔子说：“再加一庾吧。”而冉有却给了她五秉粟米。孔子说：“公西赤这次到齐国去，乘的是肥马之车，穿的是轻暖皮袍。我听说，君子应当周济贫穷，而不必接续富有啊！”

**新识** 本章谈君子周济之道。《老子》第七十七章：“天之道，损有余而补不足。人道则不然，损不足以奉有余。”冉有为子华之母请粟，显然违背了“损有余而补不足”的“天之道”，故为孔子所非。盖夫子以为，“君子周急不继富”，换言之，即君子周济他人，与其“锦上添花”，不如“雪中送炭”！冉求所为，乃“济富不周急”，过犹不及，有违中道，甚至有徇私之嫌，夫子非之，良有以也！

## 6.5 原思为之宰[①]，与之粟九百，辞[②]。子曰：“毋！以与尔邻里乡党乎[③]！”

**新注** ①原思：名宪，字子思，鲁国人。孔子弟子，少孔子三十六岁。为之宰：为孔子家宰。 ②九百：应是九百斗。辞：辞谢，辞让。 ③毋（wú）：不要（推辞）。《说文》：“毋，止之也。”邻里乡党：五家为一邻，二十五家为一里，一万两千五百家为一乡，五百家为一党。

**新译** 原思担任孔子的家宰，孔子送给他粟米九百斗为俸禄，原宪辞谢不受。孔子说："不要推辞了，你可以分些给你的父老乡亲们呀！"

**新识** 此章承上章，乃"周急不继富"的绝佳案例。原思其人，家境贫寒，而颇有美誉。《孔子家语·七十二弟子解》载：

> 端木赐，……家富累钱千金，常结驷连骑，以造原宪。宪居蒿庐蓬户之中，与之言先王之义。原宪衣弊衣冠，并日蔬食，衎然有自得之志。子贡曰："甚矣，子如何之病也？"原宪曰："吾闻无财者谓之贫，学道不能行者谓之病。吾贫也，非病也。"子贡惭，终身耻其言之过。

子贡以贫为病，原思驳之，义正辞严，足见其德行之高，又在子贡之上。

本章所言，或在夫子为鲁司寇时，命原思为家邑宰，盖夫子知其家贫而有提携帮衬之意。然原思人穷志坚，当孔子"与之粟九百"以为薪俸时，竟坚辞不受。夫子不得已，乃说："以与尔邻里乡党乎！"言下之意，即使不为自己考虑，也当为亲族乡里打算吧？原思是否接受，我们不得而知，然将此章与上章合观，适足以见圣人周济之道，取与损益，各有所宜，此正以人合天之证也。

## 6.6 子谓仲弓曰："犁牛之子骍且角①，虽欲勿用，山川其舍诸②？"

**新注** ①骍（xīng）且角：骍，红色。这里指牛的毛色赤红。角，两角长得周正。 ②虽欲勿用：即使不想用。用，用于祭祀。山川其舍诸：山川之神难道会舍弃它吗？诸，"之乎"二字的合音字。

**新译** 孔子谈到仲弓，说："好比耕牛所生的小牛犊，如果毛色赤红，犄角周正，就算人们不想用它作祭牛，难道山川之神会舍弃它吗？"

**新识** "犁牛之子"，盖以喻冉雍。《孔子家语·七十二弟子解》说："冉雍，字仲弓，伯牛之宗族，生于不肖之父，以德行著名。"《集注》

朱熹云："仲弓父贱而行恶，故夫子以此譬之。言父之恶，不能废其子之善，如仲弓之贤，自当见用于世也。然此论仲弓云尔，非与仲弓言也。"又引范氏曰："以瞽瞍为父而有舜，以鲧为父而有禹。古之圣贤，不系于世类，尚矣。子能改父之过，变恶以为美，则可谓孝矣。"此可见夫子观人，胸次浩然，绝不以出身贵贱论英雄也。

今按：夫子门下徒众三千，其中不乏出身卑贱者，如颜回、子路、原思者皆是，夫子宅心仁厚，"有教无类"，于此可见。

## 6.7 子曰："回也，其心三月不违仁①；其余，则日月至焉而已矣②。"

**新注** ①三月不违仁：三月，言其久。违，去也，离开义。心不违仁者，无私欲而有其德也。 ②其余：其他弟子。日月：一日一月，言其短。至焉：至于仁。

**新译** 孔子说："颜回呀，他的心地纯净，能够长时间不离开仁道，其他的学生嘛，不过短时间至于仁道罢了。"

**新识** 本章论颜回，而涉及仁道之心境。

夫子所言至微至妙，细细寻味，盖隐含两重对比：一是时间之对比，如"三月"与"日月"，言颜回能久处仁道而其心不惑。一是空间之对比，违者，去也，言由此而向他处去；至者，来也，言由他方而向此处来。"不违仁"，言颜回居仁，以仁为安宅也。"至焉而已矣"，言余人欲仁而或日或月至于仁也。"三月"言其久，乃安仁之境；"日月"言其暂，乃求仁之貌。仁道本属抽象之价值，而夫子则以时空二维之久暂去来以喻之，赋予仁道以空间效果，遂使仁德之修为有内外、宾主之别。故朱熹《朱子语类》引横渠云："始学之要，当知三月不违与日月至焉内外、宾主之辨。"

今按：此即夫子"心学"也。孟子"居仁由义""居天下之广居"诸譬喻，乃至养心、养气二说，博大精微，上下通贯，追本溯源，盖亦由此而来。

**6.8　季康子问："仲由可使从政也与①？"子曰："由也果，于从政乎何有②？"曰："赐也可使从政也与？"曰："赐也达③，于从政乎何有？"曰："求也可使从政也与？"曰："求也艺④，于从政乎何有？"**

**新注**　①季康子：鲁国大夫季孙氏，名肥，康是其谥号。仲由：子路。　②果：果断勇决。何有：有何困难。　③达：通达事理。④艺：多才多艺。

**新译**　季康子问："仲由可以让他从政吗？"孔子说："仲由果断勇决，对于从政而言有什么困难呢？""端木赐可以让他从政吗？"孔子说："端木赐通达事理，对于从政而言有什么困难呢？""冉求可以使他从政吗？"孔子说："冉求多才多艺，对于从政而言有什么困难呢？"

**新识**　本章谈从政之才。明人张自烈《四书大全辨》说："为政者君，执政者卿，从政者大夫也。"季康子为鲁国上卿，即执政者，其所问从政者，应是可为大夫之才。《集注》程子说："季康子问三子之才可以从政乎，夫子答以各有所长。非惟三子，人各有所长。能取其长，皆可用也。"夫子言下之意，为政者须有道，执政者须有德，从政者不过顺道修德以使才，何难之有？

今按：孔子以"果""达""艺"论子路、子贡、冉求之才，可谓一语中的，此已开后世人物品藻之先河也。

**6.9　季氏使闵子骞为费宰①。闵子骞曰："善为我辞焉②。如有复我者，则吾必在汶上矣③。"**

**新注**　①闵子骞：姓闵名损，字子骞。孔子弟子，少孔子十五岁。以德行著称。费（bì）宰：季氏采邑费邑的邑宰。季氏知闵子贤，故欲使之为费宰。　②辞：辞绝。③复我：再来召我。汶（wèn）上：汶，水名。汶上即汶水之北，意指齐国。

**新译** 季氏欲使闵子骞做费邑的行政长官。闵子骞对来使说："好好替我辞掉吧！如果再来召我的话，那我肯定在汶水以北了。"

**新识** 本章记闵子不臣季氏。闵子骞乃孔门德行科高弟，位列颜回之后，为人以孝著称。孔子尝曰："孝哉闵子骞！人不间于其父母昆弟之言。"元朝人编《二十四孝图》，闵子位列第三。

费邑乃季氏食邑，孔子为鲁司寇时，闵子骞尝为费宰，孔子辞去，闵子骞亦辞去。后三家不臣于鲁君，季氏家臣公山弗扰又据费邑叛乱，故季氏乃使闵子骞复宰费邑。闵子骞义不臣季氏，竟以避至齐国为辞，表明其坚定立场。可见其气节风骨，盖在曾为季氏家臣的冉求之上。《集注》谢氏曰："学者能少知内外之分，皆可以乐道而忘人之势。况闵子得圣人为之依归，彼其视季氏不义之富贵，不啻犬彘。又从而臣之，岂其心哉？在圣人则有不然者，盖居乱邦、见恶人，在圣人则可；自圣人以下，刚则必取祸，柔则必取辱。闵子岂不能早见而豫待之乎？如由也不得其死，求也为季氏附益，夫岂其本心哉？盖既无先见之知，又无克乱之才故也。然则闵子其贤乎？"

今按：子曰："贤者辟世，其次辟地，其次辟色，其次辟言。"闵子骞者，可谓辟地之贤也。《史记》赞其"不仕大夫，不食污君之禄"，良有以也。

## 6.10 伯牛有疾①，子问之，自牖执其手②，曰："亡之，命矣夫！斯人也而有斯疾也③！斯人也而有斯疾也！"

**新注** ①伯牛有疾：孔子弟子，姓冉名耕，字伯牛。有疾，患病。或以为伯牛所患的是癞疾，又有人以为伯牛患的是麻风病。②问：探望。牖（yǒu）：窗户。古人居室，北墉而南牖。墉，墙也。③亡（wú）之：亡，通"无"。斯人：这样的人。

**新译** 伯牛患了重病，夫子前来探望，从南窗下握住伯牛的手，说："就要失去这个人了，这真是命啊！这样好的人，偏偏得了这样的病！这样好的人，偏偏得了这样的病！"

**新识** 冉伯牛，亦孔门四科德行科高弟，次于闵子骞。伯牛身患恶疾，夫子前去探望，实则亦是与之永别。生死之际，百感交集，难免会想到天命无常。夫子尝言："人之生也直，罔之生也幸而免。"然而，天命却常常"不与善人"，前引《史记·伯夷列传》太史公说：

> 或曰："天道无亲，常与善人。"若伯夷、叔齐，可谓善人者非邪？积仁洁行，如此而饿死。且七十子之徒，仲尼独荐颜渊为好学。然回也屡空，糟糠不厌，而卒蚤夭。天之报施善人，其何如哉？……余甚惑焉，倘所谓天道，是邪非邪？

其实，司马迁对"天道"无情的质疑和抗议，早在孔子"斯人也而有斯疾也"的浩叹中已呼之欲出。关于伯牛之"斯疾"，《淮南子·精神训》称："夫颜回、季路、子夏、冉伯牛，孔子之通学也。然颜渊夭死，季路菹于卫，子夏失明，冉伯牛为厉，此皆迫性拂情，而不得其和也。"以为乃儒者"迫性拂情，而不得其和""以义自防"所使然，其说看似有理，终非见道之言。夫子说："死生有命，富贵在天。"古今圣贤，如孔子孟子，皆得寿考，不亦"仁者寿"之证乎？又《礼记·中庸》也说："君子居易以俟命，小人行险以侥幸。"断不可因小人得志而效尤，君子落难而离弃，夫子看望重病中的伯牛，"自牖执其手"，就是一种知深爱重，就是一种不离不弃！

## 6.11 子曰："贤哉！回也。一箪食①，一瓢饮，在陋巷。人不堪其忧，回也不改其乐。贤哉！回也。"

**新注** ①一箪（dān）食：箪，古时盛饭的竹器，圆形。

**新译** 孔子说："真贤德啊，颜回！每天一竹筒饭，一瓢水，住在简陋的小巷中，他人难以忍受其贫困忧苦的生活，而颜回却毫不改变他自有的快乐。真贤德啊，颜回！"

**新识** 本章论颜回之贤，乃《论语》中最具诗意和哲思的一章。与《述而》"饭疏食，饮水，曲肱而枕之，乐亦在其中矣。不义而富且贵，于我如浮云”一章遥相呼应，可谓“姊妹篇”。箪食瓢饮，言其饮食粗简；在陋巷，言其起居寒碜。人所忧者何？贫也。回所乐者何？道也。子曰：“君子忧道不忧贫。”此之谓也。

孔子对颜回，几无一语不满，即便《先进》“回也，非助我者也！于吾言，无所不说”，仔细揣摩，亦似赞美之言。夫子何以偏爱颜回？盖弟子中，唯颜回能做到“贫而乐”，有此章可证。宋儒有“孔颜乐处”之说。二程曾对吕与叔说：“昔受学于周茂叔，每令寻颜子、仲尼乐处，所乐何事？”孔颜所乐者非贫也，实道也。换言之，若贫乏便无求道之乐，而生恶衣恶食之耻，此真不足与议也。《中庸》云：“道也者，不可须臾离也，可离非道也。”颜回“不改其乐”，正因身在道中，未尝须臾离也。夫子与颜回，皆能安贫乐道，此正“上智不移”之证也。

周敦颐《通书》论颜子云：“天地间有至贵、至富、可爱、可求而异乎彼者。见其大而忘其小焉尔。见其大则心泰，心泰则无不足，无不足则富贵贫贱处之一也，处之一则能化而齐，故颜子亚圣。”颜子不改其乐，夫子乐在其中，正“见其大而忘其小”也！又，程明道《秋日》诗云：

> 闲来无事不从容，睡觉东窗日已红。万物静观皆自得，四时佳兴与人同。道通天地有形外，思入风云变态中。富贵不淫贫贱乐，男儿到此是豪雄。

明儒王艮亦有《乐学歌》云：

> 人心本是乐，自将私欲缚。私欲一萌时，良知还自觉。一觉便消除，人心依旧乐。乐是乐此学，学是学此乐。不乐不是学，不学不是乐。呜呼！天下之乐，何如此学？天下之学，何如此乐？

今按：本章实亦回应开篇“学而时习之”一章，孔子之学，乃悦乐之学，居然可知矣。学而不乐而至生厌者，岂可与言道哉！

## 6.12 冉求曰："非不说子之道①，力不足也。"子曰："力不足者，中道而废，今女画②。"

**新注** ①说（yuè）：通"悦"。 ②中道而废：废，放弃。今女（rǔ）画：画者，画地以自限也。

**新译** 冉求说："我也不是不喜欢老师的道，实在是力量不够啊。"孔子说："如果真是力量不够，也应走到中途，没力气了再停下来。现在你却是还没上路，已先给自己画定了界限。"

**新识** 上章言颜回"不改其乐"，此章便以"不说子之道"相承接，针脚何其绵密！

冉求虽多才艺，然性情儒弱，不辨是非，故季氏旅于泰山而不救，将伐颛臾而不谏，故孔子尝谓："求也退，故进之。"盖希望其虽不能"生知安行""学知利行"，至少也当"困知勉行"也。然冉求不思进取，得过且过，甚至画地自限，裹足不前，还以"力不足"为借口，可知冉求虽多才艺而能从政为宰，然其于圣学仁道，实并无心得，尚未入门，遑论登堂入室？故《集注》朱熹说："力不足者，欲进而不能。画者，能进而不欲。谓之画者，如画地以自限也。"

今按：夫子曰："我欲仁，斯仁至矣。"冉求非力不足者，实心不欲也。此正"日月至焉而已矣"者也。

## 6.13 子谓子夏曰："女①为君子儒，无为小人儒。"

**新注** ①女（rǔ）：通"汝"，你。

**新译** 孔子对子夏说："你要做一个君子儒，不要做一个小人儒。"

**新识** 本章论儒，兼及君子小人之辨。子夏之学，《学而》篇第七章已有论说，可参看。

"儒"之为字，古同"懦"，心之所需，亦有柔弱义。故《说文》释云："儒，柔也，术士之称。从人，需声。"《周礼·大宰》："以九两系邦国之民：一曰牧，以地得民；二曰长，以贵得民；三曰师，以贤得民；四曰儒，以道得民。”古之师儒不分，可知儒者先为精通六艺、主持礼乐之术士，后则成为有德求道之士的“共名”。《集注》朱熹说：“儒，学者之称。”庶几得之。

由孔子告诫子夏所言可知，当时儒者已有职业化倾向，凭借才艺学问求名谋利者不乏其人，故有君子儒与小人儒之分野。子夏敏而好学，博通诗书，文采斐然，前途无量，夫子恐其徒知下学而不能上达，故有以诫之。《集解》孔安国曰：“君子为儒，将以明道。小人为儒，则矜其名。”《集注》程子曰：“君子儒为己，小人儒为人。”又《三国演义》第四十三回，孔明舌战群儒，说：“儒有君子小人之别。君子之儒，忠君爱国，守正恶邪，务使泽及当时，名留后世。若夫小人之儒，惟务雕虫，专工翰墨，青春作赋，皓首穷经；笔下虽有千言，胸中实无一策。且如扬雄以文章名世，而屈身事莽，不免投阁而死，此所谓小人之儒也；虽日赋万言，亦何取哉！”此诸说，皆可作本章注脚矣。

今按：何谓小人儒？仅知博文不知约礼，仅知下学不知上达，仅知谋食不知谋道，仅知守经不知达权者，便是小人儒。夫子之诫子夏，又何尝不是说与我辈后生听？读者读至此处，当知反躬自省也。

## 6.14 子游为武城宰①。子曰：“女得人焉尔乎②？”曰：“有澹台灭明③者，行不由径④。非公事，未尝至于偃之室也。”

**新注** ①武城宰：武城的行政长官。 ②女（rǔ）得人焉尔乎：焉尔，于此，代指武城。 ③澹台（tántái）灭明：姓澹台，名灭明，字子羽。孔子弟子，少孔子三十九岁。 ④行不由径：走路不走捷径。径，小路。古代井田制，路在井田之外，径在井田之内。行人须守规矩，由路不由径。而一般人求快，往往不守规矩，由径不由路。子羽出行，能遵大道，不由小径，足见其品行方正。

**新译** 子游做武城的行政长官时，孔子问他：“你在那里发现了什么人才没有？”子游回答：“有个叫澹台灭明的人，出行不抄小道，如不是为了公事，从来不会到我言偃的居室来。”

**新识** 上章诫子夏，此章问子游。游、夏二贤，年龄相仿，又同列文学之科，故常雁行有序，编者巧思，居然可见！

本章借子游之口，引出另一后进弟子澹台灭明，实则隐含孔子一个故事。《史记·仲尼弟子列传》载：“澹台灭明……状貌甚恶。欲事孔子，孔子以为材薄。既已受业，退而修行，行不由径，非公事不见卿大夫。南游至江，从弟子三百人，设取予去就，名施乎诸侯。孔子闻之，曰：‘吾以言取人，失之宰予；以貌取人，失之子羽。’”是知以言以貌而取人，虽圣人亦未尝无失，遑论我辈凡夫？人生在世，常有遇人不淑、交友不慎之憾，此又可见知人、识人之难矣！

今按：《老子》第五十三章云：“大道甚夷，而人好径。”行不由径，也即是“直道而行”之义，恰与后文“出不由户”相反相成，遥相呼应。

## 6.15 子曰：“孟之反不伐①。奔而殿，将入门，策其马②，曰：‘非敢后也，马不进也。’”

**新注** ①孟之反：鲁大夫，名侧。不伐：伐，夸功。 ②奔而殿：奔，败走。殿，殿后。策其马：策，鞭策。齐侵鲁，事见《左传·哀公十一年》。

**新译** 孔子说：“孟之反从不自夸。（一次战役打了败仗，）大家一起败退时，他独自殿后掩护，将要进入城门了，他却一边鞭策他的马，一边说：‘不是我敢于断后啊，实在是马跑不动了！’”

**新识** 本章论孟之反不伐。孟之反在《论语》中仅此一见，却让人过目难忘。盖因其能知人心、解人意、体人情也。“奔而殿”足见其勇，“策其马”复见其智，“非敢后，马不进”又可见其仁。一人而兼此三德，可谓君子矣，必能与人为善，从善如流。不居功已难，自掩其功尤难。此亦是克己去私，即颜回所谓“无伐善，无施劳”也。

今按：《老子》第二十二章曰：“不自见，故明；不自是，故彰；

不自伐，故有功；不自矜，故长。”亦可谓得道之言也。

## 6.16 子曰：“不有祝鮀[①]之佞，而有宋朝[②]之美，难乎免于今之世矣！”

**新注** ①祝鮀（tuó）：鮀，卫国大夫，字子鱼。祝，掌宗庙之官。有口才。 ②宋朝（zhāo）：宋国的公子朝，容色俊美，出奔在卫。

**新译** 孔子说：“假如没有像祝鮀那样的口才，而仅有像宋朝那样的美色，在如今这个世道，恐怕还是难以幸免于难啊！”

**新识** 本章借祝鮀之佞、宋朝之美以讥衰世之无道。《集注》朱熹说：“言衰世好谀悦色，非此难免，盖伤之也。”

祝鮀乃卫国大夫，掌管宗庙，以口才著称。《论语·宪问》：“子言卫灵公之无道也，康子曰：‘夫如是，奚而不丧？’孔子曰：“仲叔圉治宾客，祝鮀治宗庙，王孙贾治军旅，夫如是，奚其丧？”宋朝乃宋国公子，有美色，奔亡于卫，而与卫灵公夫人南子私通。《左传·定公十四年》载：

> 卫侯为夫人南子召宋朝，会于洮。大子蒯聩献盂于齐，过宋野。野人歌之曰：“既定尔娄猪，盍归吾艾豭。”大子羞之，谓戏阳速曰：“从我而朝少君，少君见我，我顾，乃杀之。”速曰：“诺。”乃朝夫人。夫人见大子，大子三顾，速不进。夫人见其色，啼而走，曰：“蒯聩将杀余。”公执其手以登台。大子奔宋，尽逐其党。

正是因为宋朝有美色，才使卫国君不君、臣不臣，父不父、子不子，国无宁日，纷扰无穷。皇侃《疏》引范宁说：“祝鮀以佞谄被宠于灵公，宋朝以美色见爱于南子。无道之世，并以取容。孔子恶时民浊乱，唯佞色是尚。忠正之人，不容其身，故发难乎之叹。将以激乱世，亦欲发明君子全身远害也。”

今按：子曰：“巧言令色，鲜矣仁。”又说：“吾未见好德如好色者也。”此正患世之好谀悦色，不为祝鮀之佞，必为宋朝之美；不为宋朝之美，必为祝鮀之佞：盖伤仁道之不行、巧言令色之乱德也。

## 6.17　子曰："谁能出不由户？何莫由斯道也？"

**新译**　孔子说："谁能离开屋子却不走房门？为什么没有人从这仁义之道上经过呢？"

**新识**　本章谈天下无道，民不由道。朱熹《集注》说："言人不能出不由户，何故乃不由此道邪？怪而叹之之辞。"又引洪氏曰："人知出必由户，而不知行必由道。非道远人，人自远尔。"

然则夫子所谓"斯道"，究竟何所指？李炳南先生以为："道指人道或天道而言。天道难闻，人道是人伦纲常之道，为立身行道之本。不由人道，不足以为人，具备人道，始能学作圣人。"不过，正所谓"人道迩，天道远"，即便乱世，"十室之邑必有忠信如丘者"，不可说便不能行人道；反之，即便盛世，亦不可说便能行天道。窃以为，这里的"道"当指"中道"或"直道"。孔子尝说："中庸之为德也，其至矣乎！民鲜久矣。"又说："不得中行而与之，必也狂狷乎！"这里的"中庸""中行"，皆可谓之"中道"。又《论语·卫灵公》孔子说："斯民也，三代之所以直道而行也。"三代能行直道，正孔子当时"莫由斯道"之证也。

夫子所言，实则牵涉一"道"与"人"之关系的大问题。子曰："人能弘道，非道弘人。"道之为物，存于天地之间，至大无外，生生不已，四时所以行，万物所以生，皆大道流行之结果。然既然是道，则必至公无私，万物皆得其照拂，未必独以人类为中心。此其一。其二，人类作为万物之灵长，聪明睿智，故能体道、闻道、行道、弘道。其三，人之智慧有高低之差，为学有浅深之别，故一般人可以行人道，而未必能体天道，行中道。夫子说："民可使由之，不可使知之。"盖此之谓。其四，中道"惟精惟一"，可知难行，即使中人以上，可以与知性与天道之奥妙，亦未必皆可顺道而行，不离中道。《礼记·中庸》子曰："道之不行也，我知之矣：知者过之，愚者不及也。道之不明也，我知之矣：贤者过之，不肖者不及也。”由此可知，中道于凡夫为难知可行，于贤智者为可知难行。朱熹在《答陈同甫》中说：“千五百年之间，正坐如此，所以只是架漏牵补过了时日，其间虽或不无小康，而尧、舜、周公、孔子所传之道，未尝一日得行于天地之间也。”（《朱文公文集》卷三十六）

今按：如朱子所言，道虽未尝一日得行于天地之间，然亦不可据此以为道在虚无缥缈间，甚至以为道已绝灭，不可复兴。窃谓圣贤之道，好有两比：一则譬诸日月，光照万物，亘古如斯，岂必日月入人之怀方可谓之行道乎？一则譬诸江河，逝者如斯，不绝如缕，岂必江河注入万家始可谓之得道乎？夫道体至大，唯人能得之，得之自能体之，体之自能行之，行之自不至绝之。否则，夫子又何以叹斯道莫由，朱子又何以知一日未行哉？此皆已得道之言也。

## 6.18 子曰：“质胜文则野①，文胜质则史②，文质彬彬③，然后君子。”

**新注** ①质胜文则野：质，质地，此指人内在的质朴品性；文，文采，此指各种礼节仪文，才艺修饰。野，本指乡野无礼之人，这里有粗野义。《礼记·仲尼燕居》：“敬而不中礼谓之野。” ②文胜质则史：史，本指掌管文书的史官，擅长辞藻，此指文采胜过质朴，难免华而不实。《仪礼·聘礼》：“辞多则史，少则不达。” ③文质彬彬：彬彬，犹班班，物相杂而适均之义，此指文质相得益彰，形容人既有文采又不失朴实。

**新译** 孔子说：“内在的质朴胜过外在的文采，就会显得粗野鄙陋；外在的文采胜过内在的质朴，就会显得华而不实。只有文采和质朴相得益彰，才能成为真正的君子。”

**新识** 本章谈君子必兼文质之美。文，指外在的礼文才艺；质，指内在的质地品性。“文质”作为一组概念范畴，犹如“美善”。夫子论《韶》乐，尝说：“尽美矣，又尽善也。”这里又说君子，必须“文质彬彬”，言下之意，君子必须德才兼备、表里相济、文质相扶，适可称为君子。故《集解》包咸注：“彬彬，文质相半之貌。”朱熹《集注》亦称：“彬彬，犹班班，物相杂而适均之貌，言学者当损有余补不足，至于成德则不期然而然矣。”

这里须注意，“文质彬彬”看似论人，实则亦是论道。具体而言，便是承上章而论中道。“文质彬彬”作为一种君子人格，其实便是不偏不倚、无过无不及的“中和”境界。三国时刘劭《人物志·九征》云：“凡人之质量，中和最贵矣。中和之质，必平淡无味；故能调成五材，变化应节。是故，观人察质，必先察其平淡，而后求其聪明。”刘邵还将人才分为三等，即偏材、兼材、兼德，说：“故偏至之材，以材自名；兼材之人，以德为目；兼德之人，更为美号。是故兼德而至，谓之中庸；中庸也者，圣人之目也。”

今按：“文质”这一概念，不仅影响到人才学，而且惠及文学艺术理论。钟嵘《诗品》便以“情兼雅怨，体被文质”论曹植诗，以为这是诗歌的最高境界。

## 6.19　子曰：“人之生也直①，罔之生也幸而免②。”

**新注**　①人之生也直：人的天性本来是正直的。生，通“性”。直，正直。　②罔：诬罔不直。幸而免：侥幸免于灾难祸患。

**新译**　孔子说：“人的天性本来是正直的，不正直的人之所以也能生存，不过是他侥幸免于祸患罢了。”

**新识**　本章论直道。孔子认为，人生在世，必须秉承正直之道始能安身立命，邪曲不直之人，即使能够生存，也不过是侥幸免于灾祸罢了。“幸而免”三字，皇侃《疏》称：“是获幸而免死耳。”朱熹《集注》程子云：“生（性）理本直。罔，不直也。而亦生者，幸而免尔。”

夫子所言，实亦隐含对“性与天道”的深刻体悟。“人之生”可理解为“人之性”。人之天性本是正直的，《尚书·洪范》即有“王道正直”之说，并将“正直”作为“三德”之首。“人之生也直”，与“十室之邑必有忠信如丘者焉”，以及“性相近也，习相远也”，其旨相同。“罔之生也幸而免”一句最具理性力量，既包含对“天道”无所偏私而使不直者亦得生存这一现象的观察与确认，同时也充满对不直者必因不直而受到惩罚的坚定信念。窃以为，儒家直道而行之信仰，实与佛家“因果报应”说异曲同工。儒家经典中，类似表述俯拾皆是，如：

> 积善之家，必有余庆；积不善之家，必有余殃。（《易传·坤·文言》）
>
> 为善者，天报之以福；为不善者，天报之以祸。（《孔子家语·在厄》）
>
> 仲尼曰：“始作俑者，其无后乎！”（《孟子·梁惠王上》）
>
> 君子居易以俟命，小人行险以侥幸。（《礼记·中庸》）
>
> 言悖而出者，亦悖而入；货悖而入者，亦悖而出。（《中庸》）
>
> 人而好善，福虽未至，祸其远矣；人而不好善，祸虽未至，福其远矣。（曾子《中论》）
>
> 人必自侮，而后人侮之；家必自毁，而后人毁之；国必自伐，而后人伐之。（《孟子·离娄上》）
>
> ……

今按：古圣先贤如此说，不过是教人直道而行，宁作君子而失势，不作小人而丧德。俗话说：“善有善报，恶有恶报；不是不报，时候未到；时候若到，一定要报。”正此之谓也！以往都视佛家果报思想为迷信，实则因果报应不仅不是迷信，反而是符合科学、颠扑不破的天道真理和良知正信。

## 6.20　子曰：“知之者不如好之者，好之者不如乐之者。”

**新译**　孔子说：“知道学习或求道，不如爱好学习或求道更好些；爱好学习或求道，不如以学习和求道为乐更好些。”

**新识**　本章可谓“为学三境界”。知之、好之、乐之，由浅入深，自外而内，从低至高，可谓渐入佳境也。《集解》包咸曰：“学问知之者不如好之者笃，好之者不如乐之者深。”《集注》引张敬夫曰：“譬之五谷，知者知其可食者也，好者食而嗜之者也，乐者嗜之而饱者也。知而不能好，则是知之未至也。好之而未及于乐，则是好之未至也。此古之学者所以自强而不息者与？”

今按：本章中的“之”字，可作两解：一指学，即为“知学者不如好学者，好学者不如乐学者”。二指道，又可解为“知道者不如好道者，好道者不如乐道者”。知之深，方能好之切；好之切，方能乐之诚；乐之诚自能行之笃也！

## 6.21 子曰：“中人以上，可以语上也①；中人以下，不可以语上也。”

**新注** ①中人：（根性、天赋、资质）中等的人。语（yù）上：告诉形而上的道理。《易》：“形而上者谓之道，形而下者谓之器。”

**新译** 孔子说：“中等资质以上的人，可以告诉他形而上的高深道理；中等资质以下的人，不可以告诉他形而上的高深道理。”

**新识** 上章谈为学次第，本章论育人之道。《集注》朱熹说：“言教人者，当随其高下而告语之，则其言易入而无躐等之弊也。”又引张敬夫曰：“圣人之道，精粗虽无二致，但其施教，则必因其材而笃焉。盖中人以下之质，骤而语之太高，非惟不能以入，且将妄意躐等，而有不切于身之弊，亦终于下而已矣。故就其所及而语之，是乃所以使之切问近思，而渐进于高远也。”所言极是。王阳明对此章亦有精彩解读，《传习录·黄省曾录》载：

> 问：“‘中人以下，不可以语上’，愚的人与之语上尚且不进，况不与之语，可乎？”先生曰：“不是圣人终不与语，圣人的心忧不得人人都做圣人；只是人的资质不同，施教不可躐等，中人以下的人，便与他说性、说命，他也不省得，也须慢慢琢磨他起来。”

今按：语上之上，盖形而上之谓，即子贡所谓“性与天道”者也。以子贡之贤，尚且不可得闻性与天道之义，遑论他人？故刘宝楠《正义》云：“孔子罕言利命仁，性与天道，弟子不可得闻，则是不可语上。观所答弟子诸时人语，各有不同。正是因人才知，量为语之。可知夫子循循善诱之法。”

本章所言，盖圣人因材施教之义也。夫人之根性有差别，智力有高低，故不可躐等而教，越位而语。类似说法在《论语》中不止一见。如孔子说：“生而知之者，上也；学而知之者，次也；困而学之，又其次也；困而不学，民斯为下矣。”又说：“我非生而知之者，好古，敏以求之者也。”此言人之根性不同，欲求精进，其必由学。孔子还说：“不愤不启，不悱不发。举一隅不以三隅反，则不复也。”“可与言而不与之言，失人；不可与言而与之言，失言。”又《礼记·学记》：“幼者听而弗问，学不躐等也。”此又言教学当启发诱导，循序渐进。就为师者言，当因材施教，弟子若未开窍，则不必勉强；就为学者言，亦当深造自得，量力而行，不可急于求成。又《庄子·至乐》称：“褚小者不可以怀大，绠短者不可以汲深。”《荀子·荣辱》：“短绠不可以汲深井之泉，知不几者不可与及圣人之言。”《二程粹言》也说：“与昧者语，如持掖醉人，左扶之则右仆，右扶之则左仆。欲其卓立中涂，不可得也。”此皆“中人以下不可以语上”之谓也！

还须指出，孔子并未说：“君子可以语上，小人不可以语上。”故可知夫子此言，仅是一事实判断，而非价值判断。也即是说，“中人以上”虽“可以语上”，然在人格及道德层面，与“中人以下”是平等的，并不具有当然优越性。而且，“中人以下”只要能“困而学之”“困知勉行”，未尝不可“盈科而后进”，最终达到“中人以上”之水准。儒家或者说儒学之生命，正在此一种“活泼泼”的理性与圆融之中！

**6.22　樊迟问知。子曰：“务民之义①，敬鬼神而远之，可谓知矣。”问仁。曰：“仁者先难而后获，可谓仁矣。”**

**新注**　①知（zhì）：通“智”。务民之义：务，致力于。之，行也。

义，宜也，指人道之所宜。

**新译** 樊迟问什么是智。孔子说："致力于使百姓从事人道所宜之事，保持对鬼神的敬畏，又远离对鬼神的过分崇拜，这样便可说是有智慧了。"樊迟再问什么是仁。孔子说："难事做在人前，获报退居人后，这样便可说是仁了。"

**新识** 本章又涉及仁智之辨。

樊迟问何谓智？孔子以为，首先要"务民之义"，致力于人道所宜之事，也即"人义"。《礼记·礼运》论"人义"说："何谓人义？父慈，子孝，兄良，弟悌，夫义，妇听，长惠，幼顺，君仁，臣忠，十者谓之人义。"《集注》朱熹云："民亦人也。获谓得也。专用力于人道之所宜，而不惑于鬼神之不可知，知者之事也。"其次，要"敬鬼神而远之"。《易·观》云："观天之神道，而四时不忒，圣人以神道设教，而天下服矣。"尽管儒家亦有"神道设教"，主张"祭神如神在"，但归根结底，儒家更强调现实之价值及人生之责任。《论语·先进》季路问事鬼神，子曰："未能事人，焉能事鬼？"子路又问死，孔子则答以"未知生，焉知死？"言下之意，对于未知之事，自当心怀敬畏，然亦不可因此而沉溺于对鬼神的淫祀中，而忽略了生命本身的使命和责任。要言之：敬鬼神，义也；远之，智也。

樊迟又问何谓仁。孔子答以"仁者先难而后获"。孔安国注："先劳苦，而后得功。"皇侃《疏》引范宁曰："艰难之事则为物先，获功之事，而处物后。"颇有"只问耕耘，不问收获"之意。盖樊迟长于行动而悟性稍逊，故孔子常常从最切实可行处启发之。其还有两次问仁，孔子一处曰"爱人"，一处曰"居处恭，执事敬，与人忠"，皆教其从事上磨炼，可谓"方便法门"。《礼记·中庸》说"力行近乎仁"，"登高必自卑，行远必自迩"，皆此意也。

今按：证严法师说："与其求佛，不如学佛。"不求即是智，能学即是仁，有智仁双运义，可作此章注脚。

## 6.23 子曰："知者乐水，仁者乐山①；知者动，仁者静；知者乐，仁者寿。"

**新注** ①乐（yào）水、乐（yào）山：乐，喜爱。

**新译** 孔子说："智慧的人喜爱水，仁德的人喜爱山；智慧的人如水一样变动不居，仁德的人如山一样沉静庄严；智慧的人快乐，仁德的人长寿。"

**新识** 本章紧承上章，再谈仁智之辨。朱熹《集注》称："知者，达于事理而周流无滞，有似于水，故乐水。仁者，安于义理而厚重不迁，有似于山，故乐山。动静以体言，乐寿以效言也。动而不括故乐，静而有常故寿。"这是以理学论仁智。皇侃《疏》引陆特进曰："此章极辨智仁之分，凡分为三段。自智者乐水、仁者乐山为第一，明智仁之性。又智者动、仁者静为第二，明智仁之用。先既有性，性必有用也。又智者乐、仁者寿为第三。明智仁之功已有用，用宜有功也。"此以体性、功用释仁智。清儒钱坫《论语后录》云："仁，木也，木胜土故乐山。智，土也，土胜水故乐水。"此又以五行论仁智，各有千秋。

然观夫子所言，又似以仁智之间，仁者为重。盖山水动静尚可区以别之，而乐、寿二境，则属于互文见义，即智者既能乐，自亦可寿；仁者既可寿，岂有不乐之理？联系夫子曾说过"知及之，仁不能守之，虽得之，必失之"，以及"罔之生也幸而免"诸语，可知夫子此言，实又隐含养智守仁之意。唐代医学家孙思邈说："百行周备，虽绝药饵，足以延年；德行不克，纵服玉液金丹，未能延寿。"耶教亦有言："恶必害死恶人。""人种的是什么，收的也是什么。"俗语也说："种瓜得瓜，种豆得豆。"是知智者乐、仁者寿，皆是人生难得的修为与福报，故此章与佛家"福慧双修""悲智双运"之说，颇有异曲同工之妙。

还须指出，此章以山水喻仁智之人，开启了中国文化"君子比德于物"的象征传统。《说苑·杂言》篇载：

> "夫智者何以乐水也?"曰："泉源溃溃，不释昼夜，其似力者；循理而行，不遗小间，其似持平者；动而之下，

其似有礼者；赴千仞之壑而不疑，其似勇者；障防而清，其似知命者；不清以入，鲜洁以出，其似善化者；众人取平，品类以正，万物得之则生，失之则死，其似有德者；淑淑渊渊，深不可测，其似圣者。通润天地之间，国家以成，是知之所以乐水也。诗云：'思乐泮水，薄采其茆；鲁侯戾止，在泮饮酒。'乐水之谓也。"

"夫仁者何以乐山也？"曰："夫山巃嵸礧嶵，万民之所观仰。草木生焉，众物立焉，飞禽萃焉，走兽休焉，宝藏殖焉，奇夫息焉，育群物而不倦焉，四方并取而不限焉。出云风通气于天地之间，国家以成，是仁者所以乐山也。诗曰：'太山岩岩，鲁侯是瞻。'乐山之谓矣。"

从此，"自然的人化"与"人的自然化"遂成为中国古典美学中最具天人合一特色的思维模式，甚至可以说，后世山水文学的兴起也在此埋下了种子。

## 6.24 子曰："齐一变，至于鲁；鲁一变，至于道①。"

**新注** ①变：变革。道：王道。

**新译** 孔子说："齐国的政治一经变革，可以达到鲁国的境界；鲁国的政治一经变革，便可以达到先王之道的境界。"

**新识** 本章论齐、鲁之政，实亦承上章，隐含仁、智之辨。齐是太公之后，重武功，尚智谋，故有称霸之实；鲁是周公之后，重文治，明礼乐，故有成仁之望。然至孔子时，鲁由三家执政，僭礼无道；而齐则急功近利，犹不及鲁。故朱熹《集注》称："孔子之时，齐俗急功利，喜夸诈，乃霸政之余习。鲁则重礼教，崇信义，犹有先王之遗风焉。但人亡政息，不能无废坠尔。道则先王之道也。言二国之政俗有美恶，故其变而之道有难易。"又，顾炎武《日知录》云："变鲁而至于道者，道之以德，齐之以礼；变齐而至于鲁者，道之以政，齐之以刑。"

今按：或以为孔子乃复古守旧者，观此章二变之说，可证其说之谬。

## 6.25　子曰："觚不觚①，觚哉！觚哉！"

**新注**　①觚（gū）：行礼的酒器。

**新译**　孔子说："觚已不像觚的样子了，这还是觚吗！这还是觚吗！"

**新识**　本章借觚言礼。觚，酒器，上圆下方，容二升。《集解》："觚，礼器也。一升曰爵，二升曰觚。"以其有棱角，故谓之觚。觚有寡少之义，乃戒人贪杯。

今按：夫子以小见大，见微知著，觚之失制，犹政之失礼。觚不觚，犹言君不君、臣不臣、父不父、子不子也。夫子此叹，盖忧天下无道、君臣无礼也。

## 6.26　宰我问曰："仁者，虽告之曰：'井有仁焉①。'其从之也？"子曰："何为其然也？君子可逝也，不可陷也；可欺也，不可罔也②。"

**新注**　①井有仁焉：犹言有人坠于井中。仁，人也。　②何为其然也：为什么要那样做呢？逝：使之往救。陷：陷之于井。罔：愚弄。

**新译**　宰我问："一个仁者，即使你告诉他，有人落入井里了，他是不是也要跳到井中去救人呢？"孔子说："怎么会这样呢？君子是这样一种人：你可以使他去救助他人，但不可以使他陷入井中。你可以用常理去欺骗他，但不可能用歪理去愚弄他。"

**新识**　本章论仁者可欺不可罔。《集解》马融曰："可欺者，可使往也。不可罔者，不可得诬罔，令自投下也。"朱熹《集注》说："欺，谓诳之以理之所有。罔，谓昧之以理之所无。盖身在井上，乃可以救井中之人；若从之于井，则不复能救之矣。"简言之，仁者不唯有仁，亦且有智。《孟子·万章上》载：

> 昔者有馈生鱼于郑子产，子产使校人畜之池。校人烹之，反命曰："始舍之，圉圉焉；少则洋洋焉，攸然而逝。"子产曰："得其所哉！得其所哉！"校人出，曰："孰谓子

产智？予既烹而食之，曰：‘得其所哉！得其所哉！’”故君子可欺以其方，难罔以非其道。

“君子可欺以其方，难罔以非其道”一句，赵岐注：“方，类也。君子可以事类欺。”孙奭疏：“所谓方类者，在其疑似之间故也。”又，刘宝楠《论语正义》云：“方者义也。以义责君子，君子必信而从之。然非其道，则亦难罔之矣。盖可欺者仁也，不可罔者知也。”

今按：本章实乃强调，仁者必有智慧，你可以利用其善良仁厚欺骗他，但绝不可能突破其良知底线愚弄他。仁者必有智，智者亦必有仁也。

## 6.27 子曰：“君子博学于文，约之以礼，亦可以弗畔矣夫①！”

**新注** ①约之以礼：以礼约之。约，约束。畔（pàn）：通“叛”，离经叛道。一作偏，亦可通。

**新译** 孔子说：“君子应当广博地学习文献典籍，同时又能用礼来约束自己的言行，这样也就不会离经叛道了！”

**新识** 本章谈君子必博文约礼，方能合于中道。朱熹《集注》说：“君子学欲其博，故于文无不考；守欲其要，故其动必以礼。如此，则可以不背于道矣。”畔字有两解：一作叛；弗畔，即不离经叛道之义。一作偏。如《论语笔解》韩愈曰：“畔当读如偏畔之畔。弗偏则得中道。”又，子曰：“以约失之者，鲜矣。”故此“弗畔”，亦可理解为“不失”。窃谓博学于文，所言是知；约之以礼，所言是行；博文约礼，知行合一，方可下学上达，不失于道，不偏不倚，无过无不及也。《老子》第八十一章：“知者不博，博者不知。”盖亦此意。

今按：博学六艺，故不至于“器”，得智之谓也；约礼一贯，故不至于“失”，成仁之谓也。君子须臾不离于道，能由博返约，自多归一，以一统众，执两用中，方是真学问。

## 6.28　子见南子，子路不说①。夫子矢②之曰："予所否者，天厌之③！天厌之！"

**新注**　①南子：卫灵公夫人，有淫行。说（yuè）：通"悦"。　②矢（shì）：通"誓"。　③予所否者：否，谓不合于礼，不由道也。天厌之：上天会厌弃我。

**新译**　孔子去见南子，子路很不高兴。夫子指着天发誓说："我所做如有不合义、不合道的，上天会厌弃我！上天会厌弃我！"

**新识**　本章所记乃一著名公案。南子，宋人，为卫灵公夫人，貌美而有淫行，早年在宋国时即与公子朝有染，嫁到卫国仍与其私通。且中间作伐者竟是卫灵公，以致引起卫国内乱。据《左传》定公十四年（前496），卫灵公为南子召见宋朝，会于洮。恰逢太子蒯聩出使齐国，途经宋国郊野。宋人冲他唱道："既定尔娄猪，盍归吾艾豭。"（"已经满足了你们那发情的母猪，为什么不归还我们风流的公猪？"参李梦生译文）。蒯聩羞愤交加，乃找人谋刺南子，后为南子所察，告之灵公。蒯聩奔宋，尽逐其党。

南子闻孔子名，欲见之。《史记·孔子世家》载此事云：

> 灵公夫人有南子者，使人谓孔子曰："四方之君子不辱欲与寡君为兄弟者，必见寡小君。寡小君愿见。"孔子辞谢，不得已而见之。夫人在絺帷中。孔子入门，北面稽首。夫人自帷中再拜，环佩玉声璆然。孔子曰："吾乡为弗见，见之礼答焉。"子路不说。孔子矢之曰："予所不者，天厌之！天厌之！"

子路不悦，而夫子誓之，乃孔门师弟子平时相处问难之绝佳画面，既可见子路之性真，亦可见夫子之道全。故朱熹《集注》说："盖古者仕于其国，有见其小君之礼。而子路以夫子见此淫乱之人为辱，故不悦。……圣人道大德全，无可不可。其见恶人，固谓在我有可见之礼，则彼之不善，我何与焉。然此岂子路所能测哉？故重言以誓之，欲其姑信此而深思以得之。"此即夫子"无适无莫"、绝无"意必固我"之证也。子路真率而不免于粗简，所谓“质胜文则野”者，又所谓“不可语上”者，既不能晓之以理，明之以道，唯有指天为誓，此又可与夫子“予欲无言”“知我者其天乎”之说相为印证也。

今按：民国间林语堂编撰独幕话剧《子见南子》，刊于1928年11月《奔流》月刊第一卷第六号。后经山东省立第二师范学校师生排成新剧，搬上舞台，因剧中颇有颠覆性改编，一时引起轩然大波。鲁迅编有《关于〈子见南子〉》，载1929年8月19日《语丝》周刊第五卷第二十四期，后收入《鲁迅全集》第八卷（人民文学出版社1981年版）。观其时文，雅好“革命”，动辄“侮圣”，套用刘勰之语，盖“良由世积乱离，风衰俗怨，故志深而笔长，梗概而多气也”。然有志之士未必有识，有识之士未必有道，为人之学终不知反求诸己，故“文革”之祸，实亦萌蘖于彼时也。2009年，又有某女性导演将孔子搬上银幕，整部电影，其叙事动力几乎全来自“子见南子”一章，“不学有术”，每况愈下，后之视今，亦犹今之视昔，信可知矣！

## 6.29　子曰：“中庸[①]之为德也，其至矣乎！民鲜久矣[②]。”

**新注**　①中庸：中者，正也；无过无不及之名也。庸，常也；无可无不可之谓也。　②民鲜（xiǎn）久矣：鲜，少也。言民少此德，今已久矣。

**新译**　孔子说：“中庸这种道德，可算是至高无上了！可惜百姓缺少此德已经很久了。”

**新识**　本章谈中庸之道，可与本篇“出不由户”“文质彬彬”“博文约礼”诸章相发明。《集注》程子曰：“不偏之谓中，不易之谓庸。中者天下之正道，庸者天下之定理。自世教衰，民不兴于行，少有此德久矣。”朱熹云：“中者，无过无不及之名也。庸，平常也。”窃以为，中者，正也；庸者，常也。中庸即“正常”，不中庸即“变态”。

编者将此章置于“子见南子”之后，或有感于孔门诸弟子虽一时俊彦，然亦未免“过犹不及”。偏过如子路、子张；不及如冉有、子夏也。

故夫子尝谓："不得中行而与之，必也狂狷乎！狂者进取，狷者有所不为。"狂者难免过之，狷者或有不及，皆不得中行，是中道虽至德要道，而民鲜及之久矣。

何以如此？《中庸》借夫子反复言之，曰："君子中庸，小人反中庸。君子之中庸也，君子而时中；小人之（反）中庸也，小人而无忌惮也。"又说："道之不行也，我知之矣：知者过之，愚者不及也。道之不明也，我知之矣：贤者过之，不肖者不及也。人莫不饮食也，鲜能知味也。"如何解决此一问题呢？《中庸》谓："执其两端，而用其中于民。"朱熹注称："凡物皆有两端，如大小、厚薄之类。于善之中，又执其两端，而度量以取中，然后用之。"可知中庸之道，涵摄空间与时间两个维度，合仁与义，兼智与勇，既广且微，彻上彻下，措四海而皆准，俟百世而不惑，天地万物之理，百姓日用之道，莫不该备矣！

今按：中庸之德，实儒学最大之道德与最高之智慧，亦夫子终身奉行、一以贯之之道。要言之，即以人合天，以智辅仁，以义配道，以礼节文；守经达权，不为已甚，不偏不倚，无过无不及；无适无莫，无可无不可也。无此，夫子必不能至于"从心所欲不逾矩"之境，亦必不能成为"圣之时者"也。

**6.30 子贡曰："如有博施于民而能济众[①]，何如？可谓仁乎？"子曰："何事于仁，必也圣乎！尧、舜其犹病诸[②]！夫仁者，己欲立而立人，己欲达而达人。能近取譬[③]，可谓仁之方也已。"**

**新注** ①博施于民而能济众：施，给予。济，救助。 ②何事：何止。病：担心。 ③能近取譬：譬，取譬相喻。人能就近体察己身，譬之他人，推己及人。此言恕道。

**新译** 子贡说："如果有人广泛地施恩惠与民众，且能够救济民众之困乏，怎么样呢？可以算得上是仁者吗？"孔子说："何止是仁者啊，那一定是圣人了！连尧舜这样的圣人尚且担心不能博施广济呢！所谓仁者，就是自己想要安身立命，还能帮助他人安身立命；想要通达事理，还能帮助他人通达事理。同时，能从近处取譬相喻，从己身推及他人，（这样忠恕并行，）可以说是求仁的最佳方法了。”

**新识** 本章言仁圣之辨，兼及忠恕之道，仁学义理，赖此发端。

孔子论学，以仁为上，而又绝不轻许于人。子贡睿智，又列言语之科，颇能告往知来，尝云：“我不欲人之加诸我也，吾亦欲无加诸人。”夫子以为非所能及。今子贡又以“博施济众”为说，有以试探之。然博施济众，犹言“修己以安百姓”，志意高广之极，故夫子乃答以“何事于仁，必也圣乎！尧、舜其犹病诸！”由此可知，为学次第，圣又在仁之上矣。“博施济众”，虽圣人亦不可周备，病有未能，子贡贸然言之，可谓舍近求远、欲速不达！

然则，欲达仁、圣之境，当自何而始？夫子说：“夫仁者，己欲立而立人，己欲达而达人。能近取譬，可谓仁之方也已。”夫己立立人，己达达人，忠也；能近取譬于己，恕也。夫子言下之意，学不可以躐等，但欲成物，必先成己，岂有恕道未及，忠道未全，而能至于仁圣之境者乎？盖以子贡好高骛远，未能反求诸己，脚踏实地，徒以圣功仁体自期，而不以力行忠恕自励，颇有急于求成、好大喜功之弊，故夫子耳提面命，为此黄钟大吕之音以警之。

本章归结点实在“恕道”。子贡尝问：“有一言可以终身行之者乎”，夫子乃曰：“其恕乎！己所不欲，勿施于人。”《中庸》亦云：“忠恕违道不远，施诸己而不愿，亦勿施于人。”“君子之道，辟如行远必自迩，辟如登高必自卑。”孟子也说：“强恕而行，求仁莫近焉。”皆此意也！

今按：夫子之仁学，实亦成己成物、立人达人之学。由凡入圣，其必由仁；由忠及仁，其必由恕。唯力行恕道，方可仁通上下，由近及远，推己及人，立己达人，修己安人。一言以蔽之：恕是仁之方，忠是仁之体，圣是仁之至。观此章，则圣学大厦，仰之弥高，钻之弥坚，所谓“如有所立卓尔”矣！

# 述而第七

## 7.1 子曰："述而不作①，信而好古，窃比于我老彭②。"

**新注** ①述而不作：述，传述；作，创作。 ②窃比于我老彭：窃，谦辞。老彭，殷商之贤大夫，盖信古而传述者也。我，亲之之辞，孔子为殷人后裔，故云。一说：老聃与彭祖，今不从。

**新译** 孔子说："传述圣人经典而不妄自创作，笃信古道而好学不倦，私下里我常自比于老彭。"

**新识** 本篇盖言夫子学行志趣，所载多可为后世学者指南。本章可谓述作之辨，乃夫子谦己之辞，置于篇首，足见其重要。

述，传述；作，制作。"作"高于"述"，犹"经"高于"传"。古以唯有圣人能制礼作乐。《礼记·中庸》云："虽有其位，苟无其德，不敢作礼乐焉；虽有其德，苟无其位，亦不敢作礼乐焉。"郑玄注："作礼乐者，必圣人在天子之位。"同书《乐记》："知礼乐之情者能作，识礼乐之文者能述。作者谓之圣，述者谓之明。明圣者，述作之谓也。"

孔子自称"述而不作"，盖不敢以圣人自居也。朱熹《集注》说："孔子删《诗》《书》，定《礼》《乐》，赞《周易》，修《春秋》，皆传先王之旧，而未尝有所作也，故其自言如此。盖不惟不敢当作者之圣，而亦不敢显然自附于古之贤人；盖其德愈盛而心愈下，不自知其辞之谦也……其事虽述，而功则倍于作矣，此又不可不知也。”也就是说，传述先王往圣之学，其价值和功德绝不在制作之下。

“信而好古”，即取信于古圣贤之经典而爱好之也。本篇下文夫子云：“盖有不知而作之者，我无是也。”又说：“好古，敏以求之者也。”与本章之旨略同。

“窃比于我老彭”，乃夫子自况。“老彭”，《集解》包咸曰：“老彭，殷贤大夫，好述古事。我若老彭，但述之耳。”郑玄注：“老，老聃；彭，彭祖。”以老彭为二人。朱熹《集注》称：“窃比，尊之之辞；我，亲之之辞。老彭，商贤大夫，见《大戴礼》，盖信古而传述者也。”朱子不取郑玄，盖有尊孔排老之意在焉。据《大戴礼记·虞戴德》云：“公（鲁哀公）曰：‘教他人则如何？’子曰：‘否，丘则不能。昔商老彭及仲傀，政之教大夫，官之教士，技之教庶人。扬则抑，抑则扬，缀以德行，不任以言，庶人以言，犹以夏后氏之袝怀袍褐也，行不越境。’”这里，不仅提到“商老彭”，而且“扬则抑，抑则扬，缀以德行，不任以言”，正可作为“述而不作，信而好古”之注解。故朱子言之有据，当可信从。

今按：本章夫子自道己志，乃踵武先圣，继往开来，不敢言制作也。北宋大儒张载“为往圣继绝学”云云，亦遥承此意。实则六经之源头及典范意义既定，历代学者著书立说，皆可谓“述而不作”也。

## 7.2 子曰：“默而识之，学而不厌，诲人不倦①，何有于我哉②？”

**新注** ①默而识（zhì）之：识，记也。默识，谓不言而存诸心也。厌：满足。诲（huì）人不倦：倦，倦怠，懈怠。 ②何有于我哉：于我何有哉。对我来说有何困难呢？一说：我还有什么呢？今不取。

**新译** 孔子说：“默记所学所悟存于心中，勤于学习永不满足，教育弟子从不懈怠，对我来说有何困难呢？”

**新识** 本章谈为学诲人之道。“默而识之”，亦自谦之辞。夫子尝云：“生而知之者，上也；学而知之者，次也。”“默而识之”，即“学而知之”，盖夫子绝不以制作者自居，而以传述者自命。故其又说：“我非生而知之者，好古，敏以求之者也。”又说：“盖有不知而作之者，我无是也。多闻，择其善者而从之，多见而识之，知之次也。”可知，“默而识之”即“知之次也”。

唯其不以“生知”自诩，故当以“学知”自励。“学而不厌”，正夫子好学不倦、自强不息之证。“不厌”，即“不自足”“不厌倦”义，实亦遥承“学而时习之，不亦说乎”，以及“十室之邑必有忠信如丘者焉，不如丘之好学也”二章，盖夫子学在己身，如源泉混混，长流不息，盈科后进，乐在其中，岂有餍足之时耶？

“诲人不倦”，乃指成德之后，有朋至自远方，学者闻风来学，正“德不孤，必有邻”也。师弟子口传心授，往来辩难，讲习不倦，发愤忘食，乐以忘忧，何有疲敝倦怠之可言？

“何有于我”，朱熹《集注》称：“何有于我，言何者能有于我也。三者已非圣人之极致，而犹不敢当，则谦而又谦之辞也。”此解迂曲，今不从。盖夫子于“好学”，从来是当仁不让，本篇夫子答公西华曰：“若圣与仁，则吾岂敢？抑为之不厌，诲人不倦，则可谓云尔已矣。”便是明证。夫子言下之意，“生而知之”，我固未能，唯默而识之、学而不厌、诲人不倦三事，勉力为之，幸可胜任。细味其语，虽有谦己之意，亦不无自得也。郑玄曰：“人无有是行于我，我独有之也。”庶几得之。

## 7.3 子曰：“德之不修，学之不讲，闻义不能徙①，不善不能改，是吾忧也。”

**新注** ①闻义不能徙（xǐ）：闻听道义，当趋赴践行。徙，趋赴义。

**新译** 孔子说：“德行不能好自修养，学问不能时常讲习，闻知义事不能趋赴实践，有了过失不能随时改正，这些都是我所忧虑的啊！”

**新识** 本章可谓“夫子四忧”，可与曾子“三省”、颜子“四勿”诸章相发明，皆君子自反之道也。

君子能自反，故能自新也。故朱熹《集注》引尹氏曰："德必修而后成，学必讲而后明，见善能徙，改过不吝，此四者日新之要也。"《周易·益卦》："见善则迁，有过则改。"又《大学》引殷之《盘铭》曰："苟日新，日日新，又日新。"可知夫子所忧，非小人所患，皆君子修德、讲学、迁善、改过、徙义之工夫，非如此，不足以格物致知、诚意正心也。

"忧"与"患"略有不同。孟子说："是故君子有终身之忧，无一朝之患也。乃若所忧则有之：舜，人也；我，亦人也。舜为法于天下，可传于后世，我由未免为乡人也，是则可忧也。忧之如何？如舜而已矣。若夫君子所患则亡矣。非仁无为也，非礼无行也。如有一朝之患，则君子不患矣。"（《孟子·离娄下》）"终身之忧"乃克己之忧，如"戒慎乎其所不睹，恐惧乎其所不闻，……故君子必慎其独也"，又如"战战兢兢，如临深渊，如履薄冰"，此皆君子"终身之忧"。"一朝之患"乃为人之患，如"患人之不己知""患无位"，又如"未得之，患得之；既得之，患失之"，此皆小人"一朝之患"。又，《荀子·子道》云：

> 子路问于孔子曰："君子亦有忧乎？"孔子曰："君子，其未得也，则乐其意；既已得之，又乐其治。是以有终身之乐，无一日之忧。小人，其未得也，则忧不得；既已得之，又恐失之。是以有终身之忧，无一日之乐也。"

《孔子家语·在厄》及《说苑·杂言》与此记载略同。

今按：忧己之不学，实是一德；患己之未得，却是一病。好学成德之忧，指向乐；放利怀土之患，指向怨。故君子"不怨天，不尤人"，坦荡荡而多悦乐；小人"患得之，患失之"，长戚戚而多怨尤。就此而言，"夫子四忧"，乃反语谦己之辞，实亦可谓"夫子四乐"也。

## 7.4　子之燕居，申申如也，夭夭如也①。

**新注**　①燕居：闲居。申申如也：庄敬安适貌。夭夭如也：从容和悦貌。

**新译** 孔子闲居在家时，容止庄敬而安适，神情从容而和悦。

**新识** 本章承上章，言夫子平居气象。《集注》杨氏曰："申申，其容舒也。夭夭，其色愉也。"是知夫子因有自反自新之"终身之忧"，而无患得患失之"一朝之患"也。

今按："申申"二字，解有不同。《汉书·万石传》："虽燕必冠，申申如是。"颜师古注："申申，整饰之貌。"蒋伯潜引此称："申申言其敬，夭夭言其和。申申如，故望之俨然；夭夭如，故即之也温。"(《四书新解》)其说精微有致，可从。

## 7.5 子曰："甚矣吾衰也①！久矣！吾不复梦见周公②。"

**新注** ①甚矣吾衰也："吾衰也甚矣"的倒装。 ②周公：姓姬名旦。文王之子，武王之弟，成王叔父，鲁国国君的始祖，周礼的制定者。

**新译** 孔子说："我衰老得太厉害了！我已经很久没有再梦到周公了！"

**新识** 本章吾衰之叹，与"乘桴浮海""欲居九夷""凤鸟不至，河不出图"诸章同一主旨。朱熹《集注》云："孔子盛时，志欲行周公之道，故梦寐之间，如或见之。至其老而不能行也，则无复是心，而亦无复是梦矣，故因此而自叹其衰之甚也。"程子曰："盖存道者心，无老少之异；而行道者身，老则衰也。"

窃谓此章所言，当在夫子返鲁前后，彼时年迈体衰，自然少梦，此其一。其二，夫子尝云："发愤忘食，乐以忘忧，不知老之将至云尔。"可知夫子并不以老迈为意，其所悲叹者，乃在道不行。梦周公者，盖借以喻行道之志也。钱穆先生说："此自叹道不行，非真衰老无意于世。"庶几得之。

## 7.6 子曰："志于道①，据于德②，依于仁③，游于艺④。"

**新注** ①志于道：立志于道。朱《注》："志者，心之所之之谓。道，则人伦日用之间所当行者是也。" ②据于德：据守于德。朱《注》："据者，执守之意。德者，得也，得其道于心而不失之谓也。得之于心而守之不失，则终始惟一，而有日新之功矣。" ③依于仁：依托于仁。朱《注》："依者，不违之谓。仁，则私欲尽去而心德之全也。" ④游于艺：优游于艺。朱《注》："游者，玩物适情之谓。艺，则礼乐之文，射、御、书、数之法，皆至理所寓，而日用之不可阙者也。"

**新译** 孔子说："立志在道中，据守在德中，依托在仁中，优游在艺中。"

**新识** 本章谈君子成德四端，亦孔门教学之纲目。所可注意者有二：其一，涉及儒学本体论与方法论。李炳南先生云："此章书为儒学之总纲，圆该中国文化之体相用。志、据、依、游是孔子教人求学之方法。道、德、仁、艺是孔子教人所求之实学。道是体，德是相，皆是内在。仁艺是用，皆是外在。仁是用之总，喻如总根，半内半外。艺是用之别，喻如枝干，纯属于外。孔子学说以仁为本，由仁发艺，以艺护仁，仁艺相得，喻如根干互滋。仁原于德，德原于道。道德非中人以下可解，然行仁艺，道德即在其中。如此由体达用，用不离体，中国文化之精神即在是焉。"（《论语讲要》）

其二，亦涉及君子之学之次第轻重。如钱穆先生所说："就小学言，先教书数，即游于艺。继教以孝弟礼让，乃及应对之节，即依于仁。自此以往，始知有德可据，有道可志。"又说："故志道、据德、依仁三者，有先后无轻重。而三者之于游艺，则有轻重无先后，斯为大人之学。"（《论语新解》）今按：二先生说极精辟，故录之如上，读者可详参慎思之！

## 7.7 子曰："自行束脩[1]以上，吾未尝无诲焉！"

**新注** ①束脩（xiū）：脩，脯也。十脡为束。十条干肉，为古人初次拜见的菲薄之礼。

**新译** 孔子说："从能够带着十条干肉行尊师之礼以上的人，我从来没有不加以教诲的。"

**新识** 本章谈夫子为师诲人之态度。束脩，古来解释不一。或以为来学之人，即年十五以上，能行"束带修饰"之礼者。又有以"束身修行"释之者。或以为乃贽礼之物，即十条干肉之薄礼。今从后一解。

本章可从两个角度理解：一则从求学者角度言，当备尊师之礼。如皇侃《疏》引孔安国注："束脩为十束脯，是贽礼之物之至轻者，以此明孔子教化有感必应者也。"又《礼记·曲礼上》说："礼闻来学，不闻往教。"孔颖达《疏》："不闻往教者，不可以屈师亲来就己。"一则从为师者角度言，当能诲人不倦，有教无类。故朱熹《集注》："不知来学，则无往教之礼，故苟以礼来，则无不有以教之也。"

今按：本章亦暗含尊师之意。《老子》第二十七章云："不贵其师，不爱其资，虽智大迷。是谓要妙。"又，《礼记·学记》："凡学之道，严师为难。师严然后道尊，道尊然后民知敬学。"师不尊，则道不严；道不严，则学不进。今之社会，学绝道丧之一大表现，在于以教师为一职业，以师生关系为知识之买卖关系，故为师者沦为匠人，为学者竟为甲方；更有甚者，每逢教师节，必以"反腐"为名义，严禁学生送礼，此举看似正义，实则将师生等同于官民，尊师等同于行贿，致使师不师，徒不徒，师道陵夷，斯文扫地，莫此为甚矣！

## 7.8 子曰："不愤不启，不悱不发[1]；举一隅不以三隅反，则不复也[2]。"

**新注** ①不愤不启，不悱（fěi）不发：不到欲明未通时就不开导，不到欲言又止时就不启发。朱《注》："愤者，心求通而未得之意。

悱者，口欲言而未能之貌。启，谓开其意。发，谓达其辞。”　②举一隅（yú）不以三隅反：物之有四隅，举一可知其三。反者，还以相证。不复：不再。

**新译**　孔子说：“不到他心欲通而未得时，就不去开导他；不到他口欲言而未能时，就不去启发他。你告诉他一个角，他却不能推知其余三个角，我便不会再说了。”

**新识**　本章谈教育之道、诲人之法。如上章乃“有教无类”注脚，此章则可谓“因材施教”注脚。朱熹《集注》引程子曰：“愤悱，诚意之见于色辞者也。待其诚至而后告之。既告之，又必待其自得，乃复告尔。”又曰：“不待愤悱而发，则知之不能坚固；待其愤悱而后发，则沛然矣。”“举一隅不以三隅反，则不复”，犹言“中人以下，不可以语上也”。此真夫子“启发式”教学之生动写照！

更可注意者，此章还涉及教育过程中的“师生互动”。“愤悱”之后“启发”，“举一反三”之后“复告”，充分尊重学生之主体性与能动性，不仅是教学之方法，更是教育之智慧。孟子云：“君子深造之以道，欲其自得之也；自得之，则居之安；居之安，则资之深；资之深，则取之左右逢其原。”（《孟子·离娄下》）由此可知，“愤悱”“三反”，皆学生“深造自得”之表现。

或问：夫子此章所言，“不启”“不发”“不复”三语，岂不与“诲人不倦”相矛盾乎？答曰：“诲人不倦”乃指夫子专注教育、孜孜不倦之精神，而非不讲方法之“填鸭式”强制灌输，更非不分对象、喋喋不休地“打疲劳战”。《孟子·尽心下》说：“引而不发，跃如也。”《礼记·学记》：“记问之学，不足以为人师。必也其听语乎！力不能问，然后语之；语之而不知，虽舍之可也。”正可与此章相发明。

## 7.9　子食于有丧者之侧①，未尝饱也。子于是日哭，则不歌。

**新注**　①有丧（sāng）者：有丧事在身的人。侧：旁边。

**新译** 孔子在有丧事的人身边吃饭，从来不曾吃饱过。孔子在这一天吊丧哭过，便不再唱歌。

**新识** 本章记夫子临丧助葬之表现。如说上章乃夫子之“言教”，此章可谓夫子之“身教”；若谓前所言在“博学于文”，此所言则在“约之以礼”。何晏《集解》称：“丧者哀戚，饱食于其侧，是无恻隐之心也。”恻隐之心，即仁心，今所谓“同情心”也。“同情心”必由“恕”而来，故曰“强恕而行，求仁莫近也”。朱熹《集注》说：“哭，谓吊哭。日之内，余哀未忘，自不能歌也。谢氏曰：学者于此二者，可见圣人情性之正也。能识圣人之情性，然后可以学道。”

孟子曰：“古之人所以大过人者无他焉，善推其所为而已矣。”此“推”字，正“恕”之谓。夫子所以“未尝饱”及“不歌”，正其宅心仁厚、善推能恕，故他人之哀伤，亦足感同身受也。

今按：夫子所为，不仅“发乎情”，实亦“本乎礼”。《礼记·檀弓上》云：“邻有丧，舂不相；里有殡，不巷歌。”又说，“临丧不笑”“望柩不歌”。可知儒家人之道与人之礼，莫不本诸人之情。正是此一“情”字，沟通了天地人神、万事万物！

**7.10 子谓颜渊曰：“用之则行，舍之则藏，唯我与尔有是夫①！”子路曰：“子行三军，则谁与②？”子曰：“暴虎冯河③，死而无悔者，吾不与也。必也临事而惧，好谋而成者也④。”**

**新注** ①用之则行，舍之则藏：如用我，我就出仕以行其道；如不用我，我就隐居以求其志。唯我与尔有是夫：只有我和你颜回才能如此吧。 ②行三军：率领三军作战。大国兵制，设有三军，一军为一万二千五百人。谁与：与谁。犹言跟谁一道呢。 ③暴虎冯（píng）河：徒手搏虎，徒步渡河。《诗经·小雅·小旻》：“不敢暴虎，不敢冯河。”冯，通“凭”。 ④临事而惧，好谋而成：临，遇也。事，此指战争。惧，谓敬其事。成，谓成其谋。

**新译** 孔子对颜渊说："如果用我，我就出仕行义以达其道；如不用我，我就隐居以求其志。恐怕只有我和你才能如此吧！"子路说："如果让您统率三军的话，您会跟谁一道呢？"孔子说："徒手搏虎，徒步渡河，死了都不知后悔的人，我是不会和他共事的。一定要找，我也会选择遇事能够戒慎恐惧，善于谋划而终能成事的人。"

**新识** 本章夫子论用行舍藏，出处必合乎道义。《集注》谢氏曰："圣人于行藏之间，无意无必。"此亦夫子所谓"无可无不可"，孟子所谓"可以仕则仕，可以止则止，可以久则久，可以速则速"也。盖君子乐天知命，天下有道则见，无道则隐，义之与比，而绝不迂执强求。做到这一点并不容易，夫子唯引颜回为同调。

有趣的是，夫子所谈明明在"义"，子路误会其意，乃将话题转向其最擅长的"勇"，反问："子行三军，则谁与？"虽抓住"行""与"二字，却已非夫子原意。此正偏执于好勇一端，而生"意必固我"之心也。夫子乃应机设教，以"暴虎冯河，死而无悔"戒其好勇，又以"临事而惧，好谋而成"勉其慎战。故此章又可谓之"义勇之辨"也。可与《泰伯》"勇而无礼则乱"，《阳货》"好勇不好学，其蔽也乱""君子有勇而无义为乱，小人有勇而无义为盗"诸章相参照。

**7.11 子曰："富而可求也，虽执鞭之士①，吾亦为之。如不可求，从吾所好。"**

**新注** ①执鞭之士：拿着鞭子守城的士卒。一说：执鞭赶车之人。泛指卑贱的职业。

**新译** 孔子说："如果财富可以合道而求，即便是执鞭的卑贱职业，我也愿意去做。如果财富不可以合道而求，我还是做自己喜欢的事情吧！"

**新识** 上章谈义勇，此章言义利。朱熹《集注》说："执鞭，贱者之事。设言富若可求，则虽身为贱役以求之，亦所不辞。然有命焉，非求之可得也，则安于义理而已矣，何必徒取辱哉？"细味其语，此章重心不在“求富”，而在“从好”。

然则，夫子“所好”者何？实可从《论语》中求之。盖夫子所好者，不过学也、德也、仁也、礼也、道也、义也。其中与富、贵相对者，不过道、义二字。故夫子说：“富与贵，是人之所欲也，不以其道得之，不处也。”又说：“不义而富且贵，于我如浮云。”孟子也说：“非其道，一箪食不可受于人。如以道，则舜受尧之天下不以为泰。”

由此可知，儒家取与出处之道，正陈寅恪先生在《清华大学王观堂先生纪念碑铭》中所谓“独立之精神，自由之思想”者也！今人耳食，竟以独立自由之精神唯西方独有，不亦悲乎哀哉！

## 7.12 子之所慎：齐、战、疾①。

**新注** ①所慎：谨慎对待。齐（zhāi）：通“斋”，斋戒。

**新译** 孔子所谨慎对待的事情有：斋戒、战争、疾病。

**新识** 本章可谓“夫子三慎”。《左传·成公十三年》称：“国之大事，在祀与戎。”祀与戎，即斋与战。《礼记·祭统》：“及时将祭，君子乃斋。”又说：“君子之斋也，专致其精明之德也，故散斋七日以定之，致斋三日以齐之，定之之谓斋，斋者精明之至也，然后可以交于神明也。”皆慎斋之义。《礼记·曲礼》：“医不三世，不服其药。”此又言慎疾。朱熹《集注》云：“齐之为言齐也，将祭而齐其思虑之不齐者，以交于神明也。诚之至与不至，神之飨与不飨，皆决于此。战则众之死生、国之存亡系焉，疾又吾身之所以死生存亡者，皆不可以不谨也。”

今按：此“三慎”之例，皆可于《论语》中求之。《乡党》说：“齐，必有明衣，布。齐，必变食，居，必迁坐。”此慎斋之例也。前文谓“临事而惧，好谋而成”，乃慎战之例也。又《乡党》：“康子馈药，拜而受之，曰：‘丘未达，不敢尝。’”此又慎疾之例也。《集解》孔安国曰：“此三者人所不能慎，而夫子独能慎之。”诚哉是言也！

本章乃弟子眼中所见之孔子。有此“三慎”，乃可见夫子之仁，又可见夫子之大！

## 7.13 子在齐闻《韶》①，三月不知肉味。曰："不图为乐②之至于斯也！"

**新注** ①《韶》：舜乐名。陈国为舜的后代，陈敬仲奔齐，齐国遂有《韶》乐。 ②不图为乐（yuè）：不图，不意，想不到。为乐，欣赏音乐。

**新译** 孔子在齐国闻习《韶》乐，竟达三月之久而不知肉味。说："想不到欣赏音乐可以达到这般陶醉的境界啊！"

**新识** 本章谈《韶》乐之美。《韶》，舜乐之名。《八佾》："子谓《韶》：'尽美矣，又尽善也。'"据《汉书·礼乐志》："至春秋时，陈公子完奔齐。陈，舜之后，《韶》乐存焉。故孔子适齐闻《韶》，三月不知肉味，曰：'不图为乐之至于斯！'美之甚也。"

"不图为乐之至于斯"，颇多歧解。一说：不图舜之乐竟闻于齐也。一说：不意舜之作乐至于如此之美。又有说：齐之田氏乃舜之后裔，舜以揖逊而有天下，而田氏乃弑其君，孔子盖叹其盛德之后而乃篡弑乎！此三说皆有未安。阮籍《乐论》称："故孔子在齐闻《韶》，三月不知肉味，言至乐使人无欲，心平气定，不以肉为滋味也。"又朱熹《集注》："不知肉味，盖心一于是而不及乎他也。……则有以极其情文之备，而不觉其叹息之深也，盖非圣人不足以及此。"钱穆亦说："不图为乐之移人有至此。"又说："此亦一种艺术心情。艺术心情与道德心情交流合一，乃是圣人境界之高。"后三家之论，庶几得之。

今按：此章对中国美学大有影响。其一，开启了文艺批评的"滋味说"。陆机《文赋》："阙大羹之遗味，同朱弦之清氾。"刘勰《文心雕龙·明诗》："张衡《怨篇》，诗典可味。"钟嵘《诗品序》论五言诗，以为"众作之有滋味者也"，均以"味"言诗。其二，以味觉喻听觉，这种"官能转换"和"心理转移"般的审美体验，促成了"通感"修辞格的完型。钱锺书先生指出："在日常经验里，视觉、听觉、触觉、嗅觉、味觉往往可以彼此打通或交通，眼、耳、舌、鼻、身各个官能的领域可以不分界限。颜色似乎会有温度，声音似乎会有形象，冷暖似乎会有重量，气味似乎会有体质。”（《论通感》）追本溯源，皆夫子之功也！

**7.14 冉有曰：“夫子为卫君乎①？”子贡曰：“诺②。吾将问之。”入，曰：“伯夷、叔齐何人也？”曰：“古之贤人也。”曰：“怨乎？”曰：“求仁而得仁，又何怨！”出，曰：“夫子不为也。”**

**新注** ①为卫君：为，助。卫君，即卫出公，蒯辄。朱《注》：“灵公逐其世子蒯聩。公薨，而国人立蒯聩之子辄。于是晋纳蒯聩而辄拒之。时孔子居卫，卫人以蒯聩得罪于父，而辄嫡孙当立，故冉有疑而问之。” ②诺：好。

**新译** 冉有说：“夫子会帮助卫君吗？”子贡说：“好，我去问一下。”走进孔子的居室，问道：“伯夷、叔齐，是怎样的人呢？”孔子回答：“他们是古时的贤人啊！”子贡又问：“他们会心存怨恨吗？”孔子回答：“他们追求仁，而得到了仁，又有什么怨恨呢？”子贡退出，告诉冉有说：“夫子是不会帮助卫君的！”

**新识** 本章涉及卫国一大政变。《史记·卫康叔世家》载：

> （灵公）三十八年（前497），孔子来（卫），禄之如鲁。后有隙，孔子去。后复来。三十九年（前496），太子蒯聩与灵公夫人南子有恶，欲杀南子。蒯聩与其徒戏阳遬谋，朝，使杀夫人。戏阳后悔，不果。蒯聩数目之，夫人觉之，惧，呼曰：“太子欲杀我！”灵公怒，太子蒯聩奔宋，已而之晋赵氏。……四十二年（前493）春，灵公游于郊，令子郢仆。郢，灵公少子也，字子南。灵公怨太子出奔，谓郢曰：“我将立若为后。”郢对曰：“郢不足以辱社稷，君更图之。”夏，灵公卒，夫人命子郢为太子，曰：“此灵公命也。”郢曰：“亡人太子蒯聩之子辄在也，不敢当。”于是卫乃以辄为君，是为出公。

当时孔子在卫，正遇卫出公蒯辄与其父蒯聩争夺君位。冉有问子贡："夫子会助卫君否？"子贡入而问曰："伯夷叔齐何人也？"夫子答："古之贤人。"子贡又问："怨乎？"子曰："求仁而得仁，又何怨？"此处"怨"字，可作"悔"解。伯夷、叔齐让位去国，夫子却许之以"贤""仁"，而蒯辄则据国拒父，争权夺利，一让一争，相去何啻霄壤！故子贡借以推知夫子"不为"卫君也。盖夫子求道事君之立场，不外乎"道尊于势""从道不从君"二义也。

今按：观此章，可知子贡之迂曲善问，夫子之道大德全；又可知求仁者必无怨悔，放于利而行者必多怨尤也。

## 7.15 子曰："饭疏食，饮水，曲肱而枕之①，乐亦在其中矣！不义而富且贵，于我如浮云。"

**新注** ①饭疏食：吃粗粮。饭，用作动词。曲肱（gōng）：弯曲着胳膊。肱，胳膊。

**新译** 孔子说："吃粗饭，喝凉水，弯着胳膊当枕头，快乐也就在其中了。不合道义而获取的富贵，在我看来就像天边的浮云。"

**新识** 本章谈求道之乐，兼及义利之辨。可与"食无求饱""贫而乐""箪食瓢饮""从吾所好"以及"发愤忘食，乐以忘忧"诸章同参。宋儒寻找"孔颜乐处"，此正其例也。

读此章，须明白一点，孔子绝非"苦行僧"，更非"受虐狂"，观《乡党》"割不正不食"诸章可知。然则，孔子何以能在饭疏食饮水中领略到"乐亦在其中矣"呢？窃谓关键在此一"亦"字。"乐亦在其中"，说明"乐不必定在其中"；"箪食瓢饮"也好，"饭疏饮水"也好，并非"乐之所在"的"必要条件"，而只是一"充分条件"。所谓"充分条件"，盖指一条件能推出某结论，但并非满足此结论之唯一条件；所谓"必要条件"，则指某一结论必须要有此条件，方可成立。从这一前提出发，再来看孔子此言，便会豁然开朗。对于一般人而言，"富贵"乃"乐"之"充分条件"，孔子并不否认这一点，但他绝不认同"富贵”乃“乐”之“必要条件”。比如他自己，偏偏在物质上极为困乏之时，体会到了一种妙不可言的大快乐。这是夫子道充天地、学在己身、不假外求的生动体现。诚如《中庸》所说：“君子素其位而行，不愿乎其外。素富贵行乎富贵，素贫贱行乎贫贱，素夷狄行乎夷狄，素患难行乎患难。君子无入而不自得焉。”

然而，“乐亦在其中”不过是一“事实判断”，其“价值判断”还在后面一句：“不义而富且贵，于我如浮云。”此言真是妙到毫巅！“义”“我”与“富贵”“浮云”，恰好形成了一种内外、心物、好恶、近远之对待紧张关系。也就是说，唯有“义”才是获得“乐”的“必要条件”，至少“于我”而言是如此！换言之，对于夫子而言，早将“乐”之源泉置诸“我”之胸襟，故能随遇而安，乐在疏食饮水、曲肱而枕中，不义之富贵则远如天边之浮云，与“我”毫无关系！朱熹《集注》说：“圣人之心浑然天理，虽处困极，而乐亦无不在焉。其视不义之富贵，如浮云之无有，漠然无所动于其中也。”程子也说：“非乐疏食饮水也，虽疏食饮水，不能改其乐也。不义之富贵，视之轻如浮云然。”这种“以义为利”“以道为乐”之境界，正夫子求仁得仁、求道得道之具体表现，绝非妄为大言，故作清高！

今按：儒家的修养工夫，强调“在事上磨炼”。箪食瓢饮、饭疏曲肱便是“事”。君子非好贫，要在能随遇而安，知足守分，无可无不可也。盖富贵在外，义我在内，在外者非我所能决定，故如天边之浮云；在内者我自可择，择善而从，义之与比，则无往而不乐。此章运思巧妙，意象鲜活，文学价值极高，与其谓之格言，不如谓之诗也！

## 7.16 子曰：“加我数年，五十以学《易》①，可以无大过矣。”

**新注** ①加：假，借。学《易》：学习《周易》。一说：“易”当作“亦”，今不取。

**新译** 孔子说：“再给我几年光阴，到五十岁时好好学习《周易》，就可以不犯大的过失了。”

**新识** 本章夫子谈学《易》之效。或以“易”作“亦”，谓“五十以学，亦可以无大过矣”，今不从。“加我数年”，《史记》作“假我数年”，其义略同。可知孔子说此语，必在四十余岁时。考《史记·孔子世家》：“孔子年四十三，而季氏强僭，其臣阳虎作乱专政，故孔子不仕，而退修《诗》《书》《礼》《乐》，弟子弥众。”或当在此时。然司马迁却将此事系于孔子晚年，其文云：

> 孔子晚而喜《易》，序《彖》《系》《象》《说卦》《文言》。读《易》，韦编三绝，曰：“假我数年，若是，我于《易》则彬彬矣。”

今按：《史记》之“我于《易》则彬彬矣”，与“可以无大过矣”，显非一事。受《史记》影响，朱熹《集注》云：“加正作假，而无五十字。盖是时，孔子年已几七十矣，五十字误无疑也。”朱子以“五十”为“卒”之讹字，似是而非。盖夫子自言“五十而知天命”，与此正合。又，蘧伯玉“欲寡其过未能也”，《淮南子·原道训》称“蘧伯玉年五十而知四十九年非”云云，故当以“五十”为正。

然则，何以“学《易》可以无大过”？为何夫子以《诗》《书》《礼》《乐》教弟子，而言不及《易》？朱子解释说：“学《易》，则明乎吉凶消长之理，进退存亡之道，故可以无大过。盖圣人深见《易》道之无穷，而言此以教人，使知其不可不学，而又不可以易而学也。”其说深明《易》理，而又暗合夫子诲人之道，颇可信从。

## 7.17 子所雅言①：《诗》、《书》、执礼，皆雅言也。

**新注** ①雅言：常言，经常谈论。一说：雅言即正言，犹今之国语或标准语。今不从。

**新译** 孔子所常谈论的：《诗》经、《书》经，执礼之事——这些都是孔子所经常谈论的。

**新识** 本章歧解甚多。“雅言”之“雅”，究竟何义，为理解此章关键。

古代盖有两种意见：一派以“正”释“雅”，如《集解》孔注：“雅言，正言也。”郑玄曰：“读先王典法，必正言其音，然后义全，故不可有所讳也；礼不诵，故言执也。”钱穆则说：“古西周人语称雅，故雅言又称正言，犹今称国语，或标准语。孔子常以诗书教，诵诗读书，必以雅音读之。”又说：“孔子鲁人，日常操鲁语。唯于此三者必雅言。”

另一派则以“雅”乃“素常”义。如程子就说：“孔子雅素之言，止于如此。若性与天道，则有不可得而闻者，要在默而识之也。”朱熹《集注》进一步解释说：“雅，常也。执，守也。《诗》以理情性，《书》以道政事，礼以谨节文，皆切于日用之实，故常言之。礼独言执者，以人所执守而言，非徒诵说而已也。”

今按：“雅”之为言，既有雅正义，亦有素常义，文字学上皆可通。然从语法角度看，“子所雅言”属于“所字”结构，而“所”字，常用于动词、主谓词组的谓语动词之前，具有名词性。如以“雅言”为“标准语”，即名词，则“所雅言”便成为“所标准语”，可谓“闻所未闻”。此其一。其二，考虑到此章乃弟子记述之言，其与上一章似有关系。如谢良佐就认为：“此因学《易》之语而类记之。”盖以此章与上一章相连，相当于对上一章的“补注”。甚至可以将两章并为一章，如下：

子曰：“加我数年，五十以学《易》，可以无大过矣。”

子所雅言。《诗》、《书》、执礼，皆雅言也。

如此，则“子曰加我数年”盖孔子四十余所常言之语。弟子编写及此时，乃补记一句：《诗》、《书》、执《礼》等内容，皆夫子当时所常言者。何以《易》《乐》《春秋》当时非所雅言，道理很简单，盖《易》尚未精研、《乐》须演奏、《春秋》尚未编修也。

综上，“雅言”，唯“雅”作“常”讲，于义为通、于文为顺、于事为核也。

**7.18 叶公[①]问孔子于子路，子路不对[②]。子曰：“女奚不曰[③]：其为人也，发愤忘食，乐以忘忧，不知老之将至云尔。”**

**新注** ①叶（shè）公：楚国贵族。姓沈名诸梁，字子高，因封于叶（今河南叶县），僭称叶公。 ②不对：不答。 ③女（rǔ）奚不曰：你怎么不说。女，汝；你。

**新译** 叶公向子路打听孔子是个怎样的人，子路答不上。孔子听到后，说："你何不这样讲：他的为人啊，发愤求学时常忘了吃饭，乐天知命以致忘了一切忧愁，甚至不知道自己已经老境将至，如此而已。"

**新识** 本章乃孔子自述其为人，可谓"夫子自道"。孔子所言，乃为学之境，所谓"知之者不如好之者，好之者不如乐之者"。朱熹《集注》说："未得，则发愤而忘食；已得，则乐之而忘忧。以是二者俛焉日有孳孳，而不知年数之不足，但自言其好学之笃耳。然深味之，则见其全体至极，纯亦不已之妙，有非圣人不能及者。"

今按：本章又可谓"夫子三忘"：忘食、忘忧、忘老也。夫子之学，不厌不倦，不息不已，日就月将，日新月异，故能勇猛精进，下学上达，践仁体道，无往不乐。夫子又曾两说"不知"：一是闻《韶》"不知肉味"，一是"不知老之将至"，一属口腹之欲，一属身体之年。盖学至深处高处，天理日益，人欲日去，便有此"陶然忘我""神超形越"之道境。钱穆先生以此章为"入圣之门"，良有以也！

## 7.19 子曰："我非生而知之者，好古，敏以求之者也①。"

**新注** ①好古：爱好古代文献学术，即好学之义。敏：速也；勤勉敏捷。

**新译** 孔子说："我不是天生就无所不知的人，我只是爱好古代文献学术，并勤勉敏捷地探求知识和道理的人罢了。"

**新识** 本章承上章，孔子自述其为学。"我非生而知之者"，盖夫子自承"学而知之"，与"默而识之"相呼应；"好古"者，"好学"也，又与"信而好古""学而不厌"相呼应；"敏以求之者"，正上章"发愤忘食，乐以忘忧"之余响也。《论语》全书，真如常山龙蛇，"击首则尾应，击其尾则首应，击其身则首尾俱应”，其静水流深、气脉贯通者有如此！

就此章而言，盖亦有其语境，或当时有人以“生而知之”道夫子，夫子谦己冲退，乃以好学敏求相勉励。故《集解》郑玄说：“言此者，劝人学。”又《集注》尹氏亦云：“孔子以生知之圣，每云好学者，非惟勉人也，盖生而可知者义理尔，若夫礼乐名物，古今事变，亦必待学而后有以验其实也。”

今按：生而知之者，“德性之知”也；学而知之者，“闻见之知”也。夫子所言，盖以“下学”“博文”乃“上达”“约礼”必由之路，若无“好古敏求”之努力，断难至于“生知安行”之境也。

## 7.20 子不语：怪、力、乱、神。

**新译** 孔子不谈论：怪异、暴力、悖乱、鬼神。

**新识** 本章可谓“四不语”。“语”乃“与人语”义，“子不语”即夫子从来不主动与人谈。“怪、力、乱、神”，朱熹《集注》称：“怪异、勇力、悖乱之事，非理之正，固圣人所不语。鬼神，造化之迹，虽非不正，然非穷理之至，有未易明者，故亦不轻以语人也。”谢氏曰：“圣人语常而不语怪，语德而不语力，语治而不语乱，语人而不语神。”此亦庄子所谓：“六合之外，圣人存而不论；六合之内，圣人论而不议；春秋经世先王之志，圣人议而不辩。”（《齐物论》）清人袁枚有《子不语》一书，顾名思义，所言皆怪力乱神之事也。

今按：力与乱，有其实，不语乃见夫子之仁；怪与神，生于惑，不语乃见夫子之智。既仁且智，宜乎其为圣人矣！

## 7.21 子曰：“三人行，必有我师焉！择其善者而从之，其不善者而改之。”

**新译** 孔子说：“三人同行，其中一定有我的老师，选择他好的一面去遵从学习，其不好的一面则务必加以改正。”

**新识** 本章夫子谈为学之道。可注意者有二：

其一，学无常师，人皆可师。夫子所以成圣，一在其好学，二在其善学。俗话说：尺有所短，寸有所长。夫子善学，首先在于其能发现他人长处。故《子张篇》子贡说："夫子焉不学？而亦何常师之有？"《老子》也说："善人者，不善人之师；不善人者，善人之资。"杜甫诗云："别裁伪体亲风雅，转益多师是汝师。"韩愈《师说》亦云："圣人无常师。孔子师郯子、苌弘、师襄、老聃。郯子之徒，其贤不及孔子。孔子曰：'三人行，必有我师。'是故弟子不必不如师，师不必贤于弟子，闻道有先后，术业有专攻，如是而已。"

其二，择善而从，不善而改。善学之道，首在学善。学善首先须知善。前引王阳明四句教云："无善无恶心之体，有善有恶意之动，知善知恶是良知，为善去恶是格物。"有了知善知恶之良知，才能为善去恶。故夫子说"择其善者而从之，其不善者而改之"，正是教人去"格物致知"。夫子还说："见贤思齐焉，见不贤而内自省也。""见善如不及，见不善如探汤。"可知夫子为学之道，要在启发良知，祛恶扬善。朱熹《集注》说："三人同行，其一我也。彼二人者，一善一恶，则我从其善而改其恶焉，是二人者皆我师也。"此解难免迂执，不如尹氏所说："见贤思齐，见不贤而内自省，则善恶皆我之师，进善其有穷乎？"

今按："三人行必有我师"，是说无处不可学，无人不可学，这是仁德发扬之胸怀。"择其善者而从之，其不善者而改之"，是说学须得法，闻义当徙，不善当改，这是智慧具足之境界。仁是智之本，智是仁之用，正所谓"择不处仁，焉得知"也！

## 7.22 子曰："天生德于予①，桓魋②其如予何？"

**新注** ①天生德于予：上天赋予我这种德性。 ②桓（huán）魋（tuí）：宋司马向魋。因出于宋桓公，故又称桓魋。

**新译** 孔子说："既然上天将德性赋予了我，桓魋又能把我怎样呢？"

**新识** 本章夫子再言天命。可与"子畏于匡""在陈绝粮""公伯寮其如命何”诸章参读。桓魋，即宋司马向魋。《史记·孔子世家》载：

> 孔子过宋，与弟子习礼大树下，桓魋伐其树，孔子去。弟子曰：“可速矣。”孔子曰：“天生德于予，桓魋其如予何？”遂之郑。

孔子微服过宋，盖在卫国内乱之后，孔子携弟子离开卫国，经曹至宋，后又经郑至陈，时在公元前493至前492年间，孔子年届六十，正值耳顺之年。宋司马桓魋欲杀孔子，情况十分危急，然夫子处之泰然，镇定自若。这或许是孔子审时度势之后的表现，但其中未尝没有对此一事件发展方向的合乎天理性命的预判。朱熹《集注》称：“魋欲害孔子，孔子言天既赋我以如是之德，则桓魋其奈我何？言必不能违天害己。”

此章可注意者有二：其一，夫子说“天生德于予”，这是说“天命流行，下贯于人”，分明是“天人合一”“以人合天”的致思模式。且夫子说“德自天生”，而非“德由我生”，既是谦己，体现对天命的敬畏；同时又是自信，毕竟天命在我而非他人！夫子曾说“不怨天，不尤人，下学而上达，知我者其天乎”，此其证也。

其二，夫子说“桓魋其如予何”，便将“天人关系”转向“人我关系”，将上下关系转为平行关系，言下之意，既然天命在我，天赋我德，天若不亡此德，必将佑我弘道行道，桓魋一介匹夫，“不知天命而不畏”，虽一时得势，终究不能奈得我何！此与夫子答王孙贾所说“获罪于天，无所祷也”，以及“人之生也直，罔之生也幸而免”“死生有命，富贵在天”诸语，可以同参，皆可见夫子之天命观可一言以蔽之，曰：“顺天者昌，逆天者亡。”此一种儒家之“正信”，也被孟子继承。孟子说：“莫之为而为者，天也；莫之致而至者，命也。”（《孟子·万章上》）孟子将天道与性命分开为说，实则彰显了孔子“知其不可而为之”的精神，正是符合天命的一种大无畏的圣贤精神！

今按：孔子曾说：“仁者不忧，知者不惑，勇者不惧。”观此章，可见其不忧之仁、不惑之智、不惧之勇也。魏晋人以临危不惧、处变不惊为“雅量”，殊不知此一种人格，实赖夫子而开之！

**7.23 子曰："二三子以我为隐乎？吾无隐乎尔①。吾无行而不与二三子者，是丘也。"**

**新注** ①二三子：指诸弟子。为隐：故意隐瞒。无隐乎尔：没有对你们隐瞒什么。尔，你们。

**新译** 孔子说："诸位真以为我有所隐瞒吗？我实在对你们没有任何隐瞒啊！我没有什么行为是不和你们在一起的，（那个每天和你们朝夕相处的人，）就是我孔丘啊！"

**新识** 本章夫子谈"无隐"之教，实即身教，其声可闻，其情可感，令人唏嘘低回。朱熹《集注》说："诸弟子以夫子之道高深不可几及，故疑其有隐，而不知圣人作、止、语、默无非教也，故夫子以此言晓之。"程子也说："圣人之道犹天然，门弟子亲炙而冀及之，然后知其高且远也。使诚以为不可及，则趋向之心不几于怠乎？故圣人之教，常俯而就之如此，非独使资质庸下者勉思企及，而才气高迈者亦不敢躐易而进也。"又引吕氏曰："圣人体道无隐，与天象昭然，莫非至教。常以示人，而人自不察。"

值得注意的是，"隐"盖指言有所隐，与子贡"文章可得而闻，性与天道不可得而闻"之叹同一旨趣。说明弟子们耽于"闻见之知"，见夫子高不可及，乃疑其言必有隐，而夫子设问自答，有意突出一"行"字。言下之意，你们不要执着于我如何"言"，更要专注于我如何"行"啊！"无行不与"之"与"，朱熹释作"示也"；示者，现也。盖孔子"不言有隐"处，正其"行为示现"处，弟子们偏于闻知，拙于力行，顾此失彼，只以言传之"经师"目夫子，不知夫子实乃身教之"人师"也！

今按：《世说新语·德行》载："谢公夫人教儿，问太傅：'那得初不见君教儿？'答曰：'我常自教儿。'""自教儿"即"身教儿"，谢公所答，正夫子之遗意也。

## 7.24 子以四教[①]：文、行、忠、信。

**新注** ①子以四教：孔子通过四个方面教育弟子。以，凭借，通过。

**新译** 孔子通过四个方面教育弟子：文献、德行、忠实、诚信。

**新识** 本章可谓“孔子四教”，与“孔门四科”相类。刘敞《公是弟子记》说：“文，所谓文学也。行，所谓德行也。政事主忠，言语主信。”所解颇有思理，唯文学何以由最末跃至最前，则语焉不详。何焯《义门读书记》以为：“小学先行而后文，弟子章是也。大学先文而后行，此章是也。”然若以大学先文后行，又与夫子“主忠信”及忠恕一贯之道不合。故程子曰：“教人以学文修行而存忠信也。忠信，本也。”朱子说：“‘文行忠信’，是从外做向内；‘则以学文’，是从内做向外。”盖此四教，虽有次第而实是一体，不可分作四截，更不可以先后论轻重矣。

今按：文者，博文也。行、忠、信者，约礼也，质也。君子自当“行忠信”而后“博文”，如此方可“文质彬彬然后君子”也。弟子虽记圣人之教，然为学次第有浅深，容有偏差耳。

## 7.25 子曰：“圣人，吾不得而见之矣；得见君子者，斯可矣。”子曰：“善人，吾不得而见之矣；得见有恒者，斯可矣。亡而为有，虚而为盈，约而为泰[①]，难乎有恒矣。”

**新注** ①亡（wú）而为有，虚而为盈，约而为泰：以无为有，以虚为盈，以约为泰。

**新译** 孔子说：“圣人，我是见不到了，能够见到君子，也就可以了。”又说：“善人，我是见不到了，能够见到有恒心的人，也就可以了。明明没有却装作有，明明空虚却装作充实，明明困约却装作安泰，这样的人是很难保持恒心的了。”

**新识** 本章论圣人与君子、善人与有恒者之别。

先说圣人与君子。《大戴礼记·五义篇》释“圣人”说：“所谓圣人者，知通乎大道，应变而不穷，能测万物之情性者也。”本章王弼注：“此为圣人与君子异也。然德足君物，皆称君子，亦有德者之通称也。”朱熹《集注》说：“圣人，神明不测之号。君子，才德出众之名。”又，《论语·宪问》子曰：“君子道者三，我无能焉：仁者不忧，知者不惑，勇者不惧。”《礼记·哀公问》孔子曰：“君子，人之成名也。”可知君子虽比圣人次一等，却兼有仁、智、勇之“三达德”，乃成德成名之人，故夫子谦己而不敢以君子自居也。

再说善人与有恒者。《论语》中“善人”凡四见，其中《先进》子张问善人之道。子曰：“不践迹，亦不入于室。”朱熹注称：“善人，质美而未学者也。”可知善人心地纯善，行事一任天性，不依成法，然亦不能入于圣人之室。即便如此，善人在夫子的人格序列中，仍是和仁人相似的一个选项。朱熹《集注》引张载曰：“有恒者不贰其心，善人者志于仁而无恶。”孟子则从经济角度言有恒与无恒，说：“无恒产而有恒心者，惟士为能。若民，则无恒产，因无恒心。苟无恒心，放辟邪侈，无不为已。”（《孟子·梁惠王上》）此与孔子所说“君子固穷，小人穷斯滥矣”，同一达情之妙！

对于此章，钱穆先生解释说：“圣人君子以学言，善人有恒以质言。……善人不践迹，若能博文好古，斯即为君子。君子学之不止，斯为圣人。”此论将圣人、君子、善人之差异巧妙弥合，颇中鹄的。至于“亡而为有，虚而为盈，约而为泰”三句，实指表里不一、徒好夸饰的“为人之学”，难以守死善道，更不可能持之以恒。夫子教人，每能放下身段，循循善诱，此正其例也。

## 7.26 子钓而不纲①，弋不射宿②。

**新注** ①钓而不纲：钓，一竿一钩。纲，以大绳属网，绝流而渔者也。 ②弋（yì）不射宿：弋，以生丝系矢而射也。用一种系有细长绳的箭，射出去后可以把箭与猎物找回来。宿，还巢之鸟。

**新译** 孔子钓鱼，不会用大网绝流而渔，一网打尽。孔子射鸟，不会射巢宿之鸟，免使覆巢。

**新识** 此章乃弟子所记，状夫子闲暇之意趣，又可见夫子之仁心。朱熹《集注》称：“纲，以大绳属网，绝流而渔者也。弋，以生丝系矢而射也。宿，宿鸟。”又引洪氏曰：“孔子少贫贱，为养与祭，或不得已而钓弋，如猎较是也。然尽物取之，出其不意，亦不为也。此可见仁人之本心矣。待物如此，待人可知；小者如此，大者可知。”

此章侧面写孔子，言约意丰，韵味悠长，令人想见其人。一定是弟子从游时，亲见夫子垂钓弋射之情景，而有以记之。我们甚至可以发挥想象：或许正是某次师徒一同出游，或钓鱼，或射鸟，弟子或有网鱼射宿之念，而为夫子婉言劝止。弟子记下此章时，夫子早已作古，但不难想见，当时记录者的心情必是极为感动的。须知夫子曾说过“鸟兽不可与同群”，又曾劝止子贡欲去告朔之饩羊，说“尔爱其羊，我爱其礼”，然观此章，又可见夫子之慈仁，已及于池鱼宿鸟。孟子说：“古之人之大过人者无他焉，善推其所为而已矣。”又说：“恻隐之心，仁之端也。”夫子所以能钓而不纲，弋不射宿，正为其能将仁心恕道推及于鱼鸟之故也。

今按：此一章对于儒学形上学之拓展大有功焉，后世儒家莫不顺此以言好生之德。如《易传》说：“天地之大德曰生。”“生生之谓易。”《国语·郑语》载史伯说：“夫和实生物，同则不继。以他平他谓之和，故能丰长而物归之。若以同裨同，尽乃弃矣。故先王以土与金、木、水、火杂，以成百物。”孟子也说：“万物皆备于我矣。”“君子之于物也，爱之而弗仁；于民也，仁之而弗亲。亲亲而仁民，仁民而爱物。”以此推衍开去，遂有“以天地万物为一体”的思想，所谓“一体之仁”。如《礼记·礼运》说：“故圣人耐以天下为一家，以中国为一人者。”此论抉幽发微，于发明圣学厥功至伟。宋明儒者遂进一步弘扬儒家仁本之学，并使之日益缜密精微。如程颢说：“人与天地一物也。”又说，“仁者以天地万物为一体”，“仁者浑然与物同体”。张子《西铭》亦谓：“民吾同胞，物吾与也。”王阳明将此意表述得更为婉转动人：

大人者，以天地万物为一体者也。其视天下犹一家，中国犹一人焉。若夫间形骸而分尔我者，小人矣。大人之能以天地万物为一体也，非意之也，其心之仁本若是，其与天地万物而为一也，岂惟大人，虽小人之心亦莫不然，彼顾自小之耳。是故见孺子之入井，而必有怵惕恻隐之心焉，是其仁之与孺子而为一体也。孺子犹同类者也，见鸟兽之哀鸣觳觫，而必有不忍之心焉，是其仁之与鸟兽而为一体也。鸟兽犹有知觉者也，见草木之摧折而必有悯恤之心焉，是其仁之与草木而为一体也。草木犹有生意者也，见瓦石之毁坏而必有顾惜之心焉，是其仁之与瓦石而为一体也。是其一体之仁也，虽小人之心亦必有之。是乃根于天命之性，而自然灵昭不昧者也，是故谓之明德。（《大学问》）

往圣先贤无不有此“一体之仁”，此亦可谓儒家之慈悲也。

今按：俗话说，“劝君莫打三春鸟，子在巢中盼母归”。人受天地之养，当心怀感恩，取物有节。由此观之，此章实是教人戒“贪”戒“残”，同时亦是启发不忍之心与爱物之仁。夫子之待物，可谓无适无莫，义之与比矣。

## 7.27 子曰：“盖有不知而作之者，我无是也①。多闻，择其善者而从之，多见而识之②，知之次也。”

**新注** ①不知而作之：无知而强作有知。无是：没有这毛病。②识（zhì）：通“志”，记住。

**新译** 孔子说：“大概有不懂装懂而妄自创作的人吧，我却没有这毛病。多听，选择其中好的依从，多看，并默记在心，这可算是仅次于生知一等的知了。”

**新识** 本章论知之次，亦夫子谦己之辞。朱熹《集注》云：“不知而作，不知其理而妄作也。孔子自言未尝妄作，盖亦谦辞，然亦可见其无所不知也。识，记也。所从不可不择，记则善恶皆当存之，以备参考。

如此者虽未能实知其理，亦可以次于知之者也。”又《中庸》说：“或生而知之，或学而知之，或困而知之，及至知之，一也；或安而行之，或利而行之，或勉而行之，及至成功，一也。”此即所谓“生知安行，学知利行，困知勉行”也。

今按：所谓“知之次”，盖即“学而知之”之义。既是“学知”而非“生知”，当自知不足，虚己下人，默而识之，择善而从。此正多闻阙疑，多见阙殆，知之为知之，寡尤寡悔，迁善改过，进德修业之道也。夫子忠信如我辈，唯此一种好学不已之精神，我辈不如也！

## 7.28 互乡难与言童子见①，门人惑②。子曰：“与③其进也，不与其退也。唯何甚！人洁己以进，与其洁也，不保其往也④。”

**新注** ①互乡难与言童子见：谓互乡一位很难说话的少年来见孔子。互乡，乡名。 ②门人惑：弟子们很困惑。盖疑夫子不当见之也。 ③与：许也。赞许。 ④唯何甚：何必这么过分呢？甚，过分。不保其往：保，守也。往，前日也。

**新译** 互乡一位很难说话的少年来见孔子，（孔子接见了他，）弟子们很困惑。孔子说：“我是赞许他的进步，并非赞许他的倒退啊。何必这么过分呢？人家也是有洁身自好以求进步之心才来的，应当赞许他这一番洁身自好以求进步之心，不能抓住别人以往的过失不放啊！”

**新识** 本章记夫子见互乡难与言之童子，可见圣人之雅量。或以为，互乡之人皆难与为言，然孔子说“十室之邑，必有忠信如丘者焉”，是“难与言”者绝非一乡之人可知也。朱熹《集注》释此章称：“言人洁己而来，但许其能自洁耳，固不能保其前日所为之善恶也；但许其进而来见耳，非许其既退而为不善也。”

今按：“唯何甚”三字亦可注意。盖夫子宅心仁厚，奖掖后进，不遗余力。孟子说：“仲尼不为已甚者。”（《孟子·离娄下》）正此意也。

“不保其往”，盖与“既往不咎”同旨，亦即夫子所说“苟志于仁矣，无恶也”。所谓“有教无类”“诲人不倦”，于此可见矣。

## 7.29 子曰：“仁远乎哉？我欲仁，斯仁至矣！”

**新译** 孔子说：“仁德离我们很远吗？我想要仁德，仁德也就来了。”

**新识** 本章言仁德不远，我欲斯至。此章可注意者在“远”“我”“欲”“至”四字。

先说“远”。以远近论仁，儒书中不止一见。如“道不远人，人之为道而远人，不可以为道也”，“忠恕违道不远，求仁莫近焉”，“登高必自卑，行远必自迩”，“道在迩而求诸远”，诸如此类。远近本属空间概念，夫子借以言仁，生动朴实，此即所谓“能近取譬，可谓仁之方也矣”。夫子应机设教，常常有此“方便法门”。

次说“我”。此“我”字分外重要，说明仁德之远近，存留之长短，关键不在外，而在内，不在人，而在我。颜渊问仁，夫子说：“克己复礼为仁。……为仁由己，而由人乎哉？”还说：“譬如为山，未成一篑，止，吾止也；譬如平地，虽覆一篑，进，吾往也。”此皆可明主客、物我之间，主体自我能动性对于事功成败之决定作用。故朱熹《集注》说：“仁者，心之德，非在外也。放而不求，故有以为远者；反而求之，则即此而在矣，夫岂远哉？”又引程子曰：“为仁由己，欲之则至，何远之有？”

再说“欲”。欲由心生，思由心起，此欲即是此心此念此思也。夫子在解释“唐棣之华，偏其反而。岂不尔思，室是远而”时说：“未之思也，夫何远之有？”盖人之所思所欲，有着超越物理空间和时间之强大力量，可以移迢远为切近，变不能为可能，佛家所谓“愿力无边”，亦是此意。孟子也说：“仁义礼智，非由外铄我也，我固有之也，弗思耳矣。故曰：‘求则得之，舍则失之。’”孟子所谓“思”与“求”，皆夫子所谓“欲仁”之“欲”也。

后说“至”。夫子曾以“至”字论仁：“回也其心三月不违仁，其余则日月至焉而已矣。”违者，去也，颜回“三月不违”，便是“已至”仁德之境；“日月至焉”便是“我欲仁，斯仁至矣”之境，虽时间有长短，皆是仁德“我欲斯至”之明证。夫子之仁学，颇有与佛家禅宗相类似的致思路数，佛家最重于起心动念处做工夫，所谓“一念善即天堂（佛），一念恶即地狱（魔）”，又所谓“放下屠刀，立地成佛”。故焦竑《笔乘》说：“此孔氏顿门也。欲即是仁，非欲外更有仁。欲即是至，非欲外更有至。”

今按：此章岂唯“孔氏顿门”，实亦开“儒家心门”也。孟子、象山、阳明之心学，皆由此汩汩流出矣。

7.30 **陈司败问：“昭公知礼乎①？”孔子曰：“知礼。”孔子退，揖巫马期而进之②，曰：“吾闻君子不党③，君子亦党乎？君取于吴，为同姓，谓之吴孟子④。君而知礼，孰不知礼？”巫马期以告。子曰：“丘也幸，苟有过⑤，人必知之。”**

**新注** ①陈司败：陈，国名。司败，官名，即司寇也。昭公：鲁君，名裯。 ②巫马期：名施，孔子弟子，少孔子三十岁。进：靠近。 ③君子不党：君子不偏私。党，相助匿非，此有偏袒义。 ④吴孟子：昭公夫人，吴国人，吴女当称吴姬。鲁与吴俱为姬姓，依周礼同姓不能通婚，昭公讳之，称曰孟子，不称姬姓。鲁人谓之吴孟子，乃讥讽之辞。取：通“娶”。 ⑤苟有过：一旦有过失。《集注》：“讳国恶，礼也。孔子不可自谓讳君之恶，又不可以娶同姓为知礼，故受以为过而不辞。”

**新译** 陈司败问孔子：“昭公知礼吗？”孔子说：“知礼。”及孔子退，陈司败作揖请巫马期靠近，对他说：“我听说君子没有偏私，难道君子也会偏私吗？鲁君从吴国娶妻，是同姓之女，为了避讳称她‘吴孟子’。昭公如果算得上知礼，那谁不知礼呢？”巫马期把陈司败的话告诉孔子。孔子说：“我孔丘真是幸运啊！一旦有了过错，人家一定给指出来。”

**新识** 本章言夫子闻过则喜。鲁昭公娶吴孟子，同为姬姓，本属非礼。《礼记·曲礼上》：“取妻不取同姓，故买妾不知其姓，则卜之。”《左传·僖公二十三年》：“男女同姓，其生不蕃。”然孔子为尊者讳，对他国之臣尤不便直言君过，故以知礼答之。类似的例子亦见于《荀子·子道》：

> 子路问于孔子曰：“鲁大夫练而床，礼邪？”孔子曰：“吾不知也。”子路出，谓子贡曰：“吾以夫子为无所不知，夫子徒有所不知。”子贡曰：“女（汝）何问哉？”子路曰：“由问：‘鲁大夫练而床，礼邪？’夫子曰：‘吾不知也。’”子贡曰：“吾将为女问之。”子贡问曰：“练而床，礼邪？”孔子曰：“非礼也。”子贡出，谓子路曰：“女（汝）谓夫子为有所不知乎？夫子徒无所不知。女（汝）问，非也。礼，居是邑，不非其大夫。”

“练而床”，即披戴白色熟绢为父母祭祀时睡在床上，本不合乎礼，子贡就事论事，夫子答曰非礼，子路却是针对鲁大夫，故夫子只好答曰不知。并非真不知，实不便说而已。

今按：本章陈司败亦直接针对鲁昭公，夫子只好说“知礼”。陈司败乃以“君子不党”相诋，夫子闻之，从善如流，答以“苟有过，人必知之”。钱穆先生说：“孔子不欲为昭公曲辨，亦不欲自白其为国君讳。且陈司败之问，其存心已无礼，故孔子不论鲁昭公而自承己过。……而孔子之心地光明，涵容广大，亦可见。”（《论语新解》）此可谓知人知言也！

## 7.31 子与人歌而善①，必使反之，而后和之②。

**新注** ①善：善之，以为好。 ②反之：再唱一遍。反，复也。和（hè）之：唱和。古时宴客，有歌有和，礼也。

**新译** 孔子与人一同唱歌，如那人唱得好，一定请他再唱一遍，然后与他一起唱和。

**新识** 此又可见夫子平居气象。可与“申申如也，夭夭如也”章同参。朱子说：“与人歌，且教他自歌一终了，方令再歌而后和之。不于其初歌便和，恐混杂他，不尽其意。此见圣人与人为善。”“若不待其反而后和，则他有善亦不得而知。今必使之反之而后和之，便是圣人不掩人善处。”（《朱子语类》卷第三十四）可谓的评！

今按：观此章，可知夫子“游于艺”时，亦不忘“依于仁”也。

## 7.32 子曰：“文，莫吾犹人也[①]。躬行君子，则吾未之有得[②]。”

**新注** ①莫吾犹人：大概我和别人差不多。莫，疑辞。 ②未之有得：全无所得。自谦之辞。

**新译** 孔子说：“对于文献典籍的研习，大约我与别人差不多。至于身体力行君子之道，那我还没有什么心得。”

**新识** 本章涉及文行之辨，亦夫子自谦之辞。《论语》中，“文”“行”对举不止一见，如“行有余力，则以学文”，又如“子以四教：文、行、忠、信”，余如“博学于文，约之以礼”“子路有闻，未之能行，唯恐有闻”诸章，实亦隐含“文行”之辨。此章夫子又以文、行对比，而显然有“文易行难”之意。盖夫子欲以“文莫犹人”勉励弟子好学不倦，又以“躬行君子”提振后进践行仁道。故朱熹《集注》说：“犹人，言不能过人，而尚可以及人。未之有得，则全未有得，皆自谦之辞。而足以见言行之难易缓急，欲人之勉其实也。”一说，文莫连读，即忞慔，勤勉义。此与夫子自承好学不合，今不取。

今按：《礼记·学记》云：“学然后知不足，教然后知困。”观此章乃见夫子勤学之功，诲人之诚，气象之宏！

## 7.33 子曰：“若圣与仁，则吾岂敢[①]？抑为之不厌，诲人不倦[②]，则可谓云尔已矣！”公西华曰：“正唯弟子不

能学也!"

**新注** ①吾岂敢：我哪里敢当？ ②为之不厌，诲人不倦：为，学也；诲，教也。

**新译** 孔子说："至于圣人与仁者，我哪里敢当？只不过是学而行之，从不满足，教育弟子，从不懈怠，仅仅可以说如此罢了。"公西华说："这正是弟子们学不到的啊！"

**新识** 本章承上章，言圣仁岂敢，夫子谦己之辞，亦诚恳之言也。此必有人以仁圣赞夫子，夫子好学不已，常感不足，君子尚且不敢自居，而况仁圣乎！朱熹《集注》说："圣者，大而化之。仁则心德之全而人道之备也。为之，谓为仁圣之道。诲人，亦谓以此教人也。然不厌不倦，非己有之则不能，所以弟子不能学也。"又，《孟子·公孙丑上》："子贡曰：'学不厌，智也；教不倦，仁也。仁且智，夫子既圣矣。'"故知圣与仁是其名，为之不厌、诲人不倦是其实。"为之"即"学之""行之"也。夫子言下之意，名相与实行之间，唯实行一事可以自证性命，安顿身心，我不过如此行之而已。此正《中庸》所谓"好学近乎知，力行近乎仁"也！

今按：学不厌，教不倦，正夫子仁圣之境。唯真正达到此境者，反觉学有不足，行有未逮。今之自封仁圣、欲为教主者，当三复此章，引以为戒！

**7.34 子疾病，子路请祷①。子曰："有诸？"子路对曰："有之。《诔》②曰：'祷尔于上下神祇③。'"子曰："丘之祷久矣。"**

**新注** ①请祷：向鬼神祈祷。 ②《诔》：祈祷文。一本作为讄。讄，两义：一累也，积功累德以求福也；二通"诔"。 ③祷尔于上下神祇（qí）：为你向天地神灵祈祷。上指天，下指地。神属天，祇属地。

**新译** 孔子有一次病得很重，子路便向鬼神祈祷。孔子病愈后，问子路："有这回事吗？"子路回答："有这回事。从前的《诔》文上说：'为你向天地鬼神祈祷。'"孔子说："我的祈祷已经很久了。"

**新识** 本章明言祷神，暗言天命，可见夫子澄明之智慧。朱熹《集注》："《诔》者，哀死而述其行之辞也。……祷者，悔过迁善以祈神之佑也。……其素行固已合于神明，故曰丘之祷久矣。"

"丘之祷久矣"一句大有深意。一方面，夫子"不语怪力乱神"，又"敬鬼神而远之"，自然不会淫祀谄媚于鬼神，故此"祷"字，不过顺子路之言而为说，实有"不必祷"之意。另一方面，夫子对天命鬼神又心存敬畏，戒慎恐惧，视听言动莫不中节合道，自信无愧于神明，故其尝说："获罪于天，无所祷也。""未能事人，焉能事鬼？"又，《易经·文言》说："夫大人者，与天地合其德，与日月合其明，与四时合其序，与鬼神合其吉凶，先天而天弗违，后天而奉天时。天且弗违，而况于人乎？况于鬼神乎？"此盖言人道之极，本与天道鬼神相通而弗违，不必祈祷而自有神明护佑加持，何必舍本逐末、舍近求远？

今按：窃以为，此章与"罔之生也幸而免"章可相发明，隐含"因缘果报"之思想，俗语说，"不做亏心事，不怕鬼敲门"，正可作此章之注脚也。

## 7.35 子曰："奢则不孙，俭则固[①]。与其不孙也，宁固。"

**新注** ①孙（xùn）：通"逊"，恭顺，逊让。固：固陋。

**新译** 孔子说："过分奢侈就会不知逊让，过分节俭就会显得固陋。与其不知逊让，宁可固陋一些。"

**新识** 本章以奢俭论中道。朱熹《集注》云："奢俭俱失中，而奢之害大。"以过不及为说，"奢则不孙"即是"过"，"俭则固"即是"不及"，俱失中道，夫子说"与其不孙也，宁固"，乃两害相权取其轻之义，亦即前面所谓"与其奢也，宁俭"。盖因奢侈骄泰之害，尤甚于俭啬固陋矣。

## 7.36 子曰："君子坦荡荡，小人长戚戚。"

**新译** 孔子说："君子胸怀宽广坦荡，小人却经常忧戚局促。"

**新识** 此章亦君子小人之辨，合辙押韵，堪称妙对。程子曰："君子循理，故常舒泰；小人役于物，故多忧戚。"

"坦荡荡"与"长戚戚"，皆言人之气象，而角度有别："坦荡荡"乃就空间广度言，与《礼记·大学》所谓"富润屋，德润身，心广体胖"遥相呼应。"长戚戚"则就时间长度言，小人患得患失，"放于利而行"，势必"多怨"，不唯"多怨"，而且"常怨"，是以小人有"终身之忧，无一日之乐"。君子小人同处天地之间，而境界胸次迥乎不同，学者为人处世，可不慎乎！

今按：此章可与"君子泰而不骄，小人骄而不泰"章同参。

## 7.37 子温而厉①，威而不猛，恭而安。

**新注** ①温而厉：温和而不失严厉。

**新译** 孔子气象温和而又不失严肃，神情威严而并不凶猛，容仪恭谨庄重而又舒泰安详。

**新识** 本章再记孔子平居气象，用语极简，意蕴极丰。夫子之学，实即"君子"之学、"成人"之学，若学来学去，工夫只在皮肤身心之外，便是未学。观此章，知夫子之学，早已涵融于动静语默、举手投足、起居周旋之间，无时不备，无处不治，无往不得，此即所谓"大而化之之谓圣"。

夫子气象，可一言以蔽之，曰"中和"。"温"与"厉"、"威"与"不猛"、"恭"与"安"，皆情态之两极，极难折中，而夫子偏能调和于一身，出入无间，自然自得，此即未发之中、中节之和。故朱熹说："人之德性本无不备，而气质所赋，鲜有不偏，惟圣人全体浑然，阴阳合德，故其中和之气见于容貌之间者如此。"又，李光地《论语札记》："温者，春生之气。威者，秋肃之气。恭者，内温外肃，阴阳合德之气也。……盖喜怒哀乐，圣与人同，当其喜则温之气形，当其怒则威之气形，及乎喜怒未发，则恭之意常在也。”

孔子之后，儒家圣贤皆重涵养身心，变化气质。如张载《语录钞》便说：“为学大益，在自求变化气质。”程明道气象雍容，温和纯净，朱光庭见而叹之曰：“光庭在光风中坐了一个月。”其门人刘安礼说：“明道先生德性充完，粹和之气，盎于面背，乐易多恕，终日怡悦。从先生三十年，未尝见其忿厉之容。”(《近思录》)

今按：此即所谓“圣贤气象”，中节适度，直与天地相似，无一丝造作勉强，故能参赞天地，位育万物也。

# 泰伯第八

**8.1　子曰："泰伯①，其可谓至德也已矣②！三以天下让③，民无得而称焉④。"**

**新注**　①泰伯：周太王古公亶父的长子。次子仲雍，三子季历。季历生姬昌，有圣德，太王欲立之。泰伯察之，乃逃至吴，仲雍从之。季历得立为君，传其子昌，是为文王。　②至德：谓德之至极，无以复加。　③三以天下让：多次把天下让给他人。三让，多次谦让，谓固逊也。郑玄注称："太王没而不返，季历为丧主，一让也；季历赴之，不来奔丧，二让也；免丧之后，遂断发文身，三让也。三让之美隐蔽不著，故人无得而称焉。"　④民无得而称：人民不知道如何称颂他的至德。无得而称，其逊隐微，无迹可见也。

**新译**　孔子说："泰伯，他的品德可以算得上至高无上了！他多次把天下让给他人，（又不留任何痕迹，）老百姓实在不知道该如何称赞他。"

**新识**　本章论泰伯以隐为让，其迹隐微，虽为至德，而民无以称之。钱穆先生论云："本章孔子极称让德，又极重无名可称之隐德，让德亦是一种仁德，至于无名可称，故称之曰至德。"

今按：让德、隐德、至德，皆泰伯之美德，当时礼坏乐崩，天下交争利，而不知礼让，故夫子虽赞泰伯，实亦有讥于当世也。又，泰伯之让天下，与伯夷、叔齐之去国，故实有异，其揆一也。

## 8.2 子曰："恭而无礼则劳，慎而无礼则葸，勇而无礼则乱，直而无礼则绞①。君子笃于亲，则民兴于仁；故旧不遗，则民不偷②。"

**新注** ①劳：劳苦不堪。葸（xǐ）：畏惧。绞（jiǎo）：急切。不及则为劳为葸，过则为乱为绞。 ②笃：厚待。兴：兴起。故旧：故交老友。偷：浇薄，冷漠。

**新译** 孔子说："恭敬而无礼节，就会劳苦不堪；谨慎而无礼节，就会畏缩怯懦；勇敢而无礼节，就会犯上作乱；刚直而无礼节，就会偏激伤人。在上位的君子若能厚待亲族，百姓就会兴起仁德；若能不抛弃故交老友，百姓就不会冷漠凉薄。"

**新识** 本章先言无礼之弊，后言有礼之效。恭、慎、勇、直皆正面价值，然如无礼之节制，则必陷于劳、葸、乱、绞之弊。《阳货》篇孔子有"六言六蔽"之说，其中就有"好直不好学，其蔽也绞；好勇不好学，其蔽也乱"，这里的"不好学"盖与本章"无礼"同一意旨。

"君子笃于亲，则民兴于仁；故旧不遗，则民不偷"，或以为乃曾子所言，故与上章分作两章。张子横渠则说："人道知所先后，则恭不劳、慎不葸、勇不乱、直不绞，民化而德厚矣。"显然以为两章实为一章而有本末先后之别，有礼与笃亲、不遗故旧在先，则不老、不葸、不乱、不绞在后，此即所谓"知所先后"。可见，后两句所说即"有礼"之效。

分而言之，"君子笃于亲"，是以父子、兄弟二伦为说，关键在孝悌；"故旧不遗"则以君臣、朋友二伦为说，关键在忠恕。意谓在上位之君子若能力行孝悌，则民众便会起敬起仁，因孝悌乃为仁之根本；在上位之君子若能力行忠恕，不忘旧臣故交，则民众便会怀忠抱义，不至沦于奸猾势利。此与曾子所谓“慎终追远，民德归厚”大旨相同。后孟子亦发挥此意，说“未有仁而遗其亲者也，未有义而后其君者也”，亦极为亲切而警醒。

**8.3 曾子有疾，召门弟子曰：“启[①]予足！启予手！《诗》云：‘战战兢兢，如临深渊，如履薄冰[②]。’而今而后，吾知免夫！小子！”**

**新注** ①启：开也。 ②战战兢兢，如临深渊，如履薄冰：出自《诗·小雅·小旻》。战战，恐惧。兢兢，戒谨。临渊，恐坠。履冰，恐陷。

**新译** 曾子病重，召学生们来到病榻前，说：“掀开被子看看我的脚，看看我的手！《诗经》上说：‘战战兢兢，好像面临深渊，好像脚踩薄冰。’从今以后，我知道自己可以免遭此忧了，年轻人！”

**新识** 本章曾子言孝道，兼及慎独之道。曾子乃大孝之人，其所传《孝经·开宗明义章》说：“身体发肤，受之父母，不敢毁伤，孝之始也。”本章曾子说“启予足！启予手”，“而今而后，吾知免夫”，则可谓“孝之终”。《集解》郑玄注：“启，开也。曾子以为，受身体于父母，不敢毁伤之，故使弟子开衾视之也。”“免”，或谓免于刑戮，毁伤指刑罚言，古者墨、劓、刵、刖、宫，皆肉刑。孔子说“君子怀刑”，又谓南容“邦无道免于刑戮”，皆此意也。要言之，“身体”首先不是自己的，而是拜天地父母所赐，这是中国特色的“身体哲学”。不唯曾子如此，其弟子乐正子春亦然。《礼记·祭义》载：

> 乐正子春下堂而伤其足，数月不出，犹有忧色。门弟子曰：“夫子之足瘳矣，数月不出，犹有忧色，何也？”乐正子春曰：“善如尔之问也！善如尔之问也！吾闻诸曾子、曾子闻诸夫子曰：‘天之所生，地之所养，无人为大。父母全而生之，子全而归之，可谓孝矣。不亏其体，不辱其身，可谓全矣。故君子顷步而弗敢忘孝也。’今予忘孝之道，予

是以有忧色也。一举足而不敢忘父母，一出言而不敢忘父母。一举足而不敢忘父母，是故道而不径，舟而不游，不敢以先父母之遗体行殆。一出言而不敢忘父母，是故恶言不出于口，忿言不反于身。不辱其身，不羞其亲，可谓孝矣。”

既然自己的身体乃“先父母之遗体”，承载着家族血脉绵延赓续之使命，怎敢轻易毁伤而使其不全？故子张问“辨惑”时，孔子答：“一朝之忿，忘其身，以及其亲，非惑与？”然而，保护身体不受侵害，还只是“孝之始”，《孝经·开宗明义章》又说：“立身行道，扬名于后世，以显父母，孝之终也。”遇到国家民族危急存亡之秋，儒者自当见危授命，杀身成仁，舍生取义，因为立身行道，显亲扬名，才是大孝。曹植《白马篇》诗云：“弃身锋刃端，性命安可怀？父母且不顾，何言子与妻？名编壮士籍，不得中顾私。捐躯赴国难，视死忽如归。”仁智双修，义勇兼顾，公私并举，善始善终，儒家孝道之真义正在于此。

孝道除了面向父母，也面向自身之生命，这就与“慎独”有关。“慎独”，既属道德修为，亦属生命工夫，既关乎孝，亦关乎礼。从这个意义上说，慎独便是“克己复礼”。孔子主张，君子当慎言、慎行、慎斋、慎战、慎疾。“慎”源于“畏”，如夫子说：“君子有三畏：畏天命，畏大人，畏圣人之言。”又说：“有父兄在，如之何其闻之行诸？”“慎”还形成“惧”，如子曰“临事而惧，好谋而成”，“一则以喜，一则以惧”。又《大学》云：“君子戒慎乎其所不睹，恐惧乎其所不闻……故君子慎其独也。”《大戴礼记》曾子曰：“与小人处，如履薄冰，每履而下，几何不陷乎哉？”孟子也说：“知命者不立于岩墙之下。”这些都是君子上知天命、下通人事之后的必然反应或者基本操守。

今按：儒家之身体非仅一物理性躯壳，而是一文化之身体，信仰之身体，它上来自天地，下来自父母，拥有此身体者，当有对其所自来者之基本敬畏，保全此一身体不受外在之伤害（如灾害、刑戮等），乃为人子者的当然使命。或以为儒家之身体观，乃最无个体价值之身体观，似乎每个人的身体不属于自己，这一观点显然没有注意到此一种身体观在信仰层面的宗教性内涵，儒家之身体观乃将属于神的绝对价值“下放”给了人类，毋宁说，这才是最具理性精神的人文价值和终极关怀。孝道之哲学意义在此，礼乐文明之宗教意义亦在此。

**8.4 曾子有疾，孟敬子问之①。曾子言曰：“鸟之将死，其鸣也哀；人之将死，其言也善。君子所贵②乎道者三：动容貌，斯远暴慢矣③；正颜色，斯近信矣④；出辞气，斯远鄙倍矣⑤。笾豆之事，则有司存⑥。”**

**新注** ①孟敬子：鲁大夫仲孙氏，名捷。问：探望。 ②贵：犹重也。郑玄：“此道，谓礼也。”包咸：“敬子忽大务小，故又戒之以此也。” ③动容貌，斯远暴慢矣：动容貌，动容改貌，即注意容貌举止。暴慢，粗暴简慢。 ④正颜色，斯近信矣：正，端正。信，实也。 ⑤出辞气，斯远鄙倍矣：辞，言语。气，声气。鄙，粗鄙。倍，背理。 ⑥笾（biān）豆之事：笾，竹豆。豆，木豆。有司：此指负责礼仪的官吏。存：问。

**新译** 曾子病重，孟敬子前来探望。曾子说：“鸟儿将要死了，它的叫声也是哀戚的；一个人将要死了，他的话也是善意的。君子在礼义之道上应重视三点：行动注重仪容举止，就可远离粗暴无礼的对待；端正自己的脸色态度，就可接近于忠信；说话言辞声调得体，就可以远离粗野和背理了。至于与礼仪相关的笾豆之事，自会有专职人员负责过问。”

**新识** 本章承上章，记曾子临终遗言，谈君子修身之学，以容貌、辞气、颜色合礼中节为要。曾子之学，盖主谨于外而完其内，故其尤重“容止可观”。观《论语·乡党》可知，此亦得自孔子真传。盖儒家之学，实即人学，礼乐诗书无不落实于人之身心容貌上。故《礼记·冠义》说：“凡人之所以为人者，礼义也。礼义之始，在于正容体，齐颜色，顺辞令。容体正，颜色齐，辞令顺，而后礼义备。”《礼记·祭义》：“心中斯须不和不乐，而鄙诈之心入之矣。外貌斯须不庄不敬，而慢易之心入之矣。”又《礼记·玉藻》：“君子之容舒迟，见所尊者齐遬。足容重，手容恭，目容端，口容止，声容静，头容直，气容肃，立容德，色容庄，坐如尸。”这些记载皆与曾子之言若合符节，全是修身工夫。至于“笾豆之事”，与“钟鼓、玉帛”之事，盖具体礼仪，皆身外事，身内事做好了，身外事自然水到渠成。

今按：上章谈“全身”，此章谈“修身”，下文又言及“托孤寄命”，“死而后已”，则曾子为学，次第分明，浅深有序，轻重先后，居然可见矣。

## 8.5 曾子曰：“以能问于不能，以多问于寡；有若无，实若虚，犯而不校①，昔者吾友②尝从事于斯矣。”

**新注** ①犯而不校：犯，冒犯；校，计较。 ②吾友：旧说吾友即颜回。

**新译** 曾子说：“自己有才能，却向无才能的人请教；自己见识多，却向见识少的人请教；有就像没有一样，充实就像空虚一样，别人冒犯自己却不计较，——从前我的一位好友就是这样做的。”

**新识** 本章谈谦逊容恕之道，虽以“吾友”为说，实亦曾子为学之境界。马融以“吾友”为颜回，虽为推测之辞，亦可信从。盖《论语》中可以找到不少“内证”，如颜回“无伐善，无施劳”，故能“以能问于不能，以多问于寡”；颜回“屡空”，故能“有若无，实若虚”；颜回“不迁怒，不贰过”，故能“犯而不校”。曾子为孔门后学，有“参也鲁”之目，与颜回“如愚”近似，二人学问格局，盖极相似，皆能好学谦逊，虚己下人。《孔子家语·弟子行》载子贡论曾子语称：“满而不盈，实而如虚，过之如不及。”可知曾子后来亦有颜子之德。朱熹《集注》称：“颜子之心，惟知义理之无穷，不见物我之有间，故能如此。”又引谢氏曰：“不知有余在己，不足在人；不必得为在己，失为在人，非几于无我者不能也。”此解似已涵融佛老之趣，盖修身至极处高处，早已弭除彼我，出入有无，无分虚实，但知问道求道，焉知其余！

今按：此章教人以谦。一说校者，报也。犯而不报，犹夫子人不知而不愠，皆虚中、屡空之道也。颜子不知，曾子独能称之，可谓“德不孤必有邻”也。王应麟《困学纪闻》卷七称：“‘以能问于不能，以多问于寡，有若无，实若虚，犯而不校’，颜子和风庆云之气象也。‘富贵不能淫，贫贱不能移，威武不能屈’，孟子泰山岩岩之气象也。”“和风庆云”，四字该尽颜子境界！

## 8.6 曾子曰：“可以托六尺之孤①，可以寄百里之命②，临大节而不可夺也③，君子人与？君子人也。”

**新注** ①托六尺之孤：六尺之孤，指尚未成年的幼君。托，托付。②寄百里之命：谓将国政交付与他。百里，指诸侯国。寄，寄托。③临大节而不可夺：面临生死存亡的关键时刻而不丧失节操。夺，改变，丧失。

**新译** 曾子说：“可以把年幼的国君托付给他，可以把国家的命运交付给他，面临生死存亡的关键时刻，能不丧失其节操，这样的人算是君子吗？当然是君子啊！”

**新识** 此章言君子之气节。《集解》孔安国曰：“六尺之孤，幼少之君也。寄命，摄君之政也。”何晏：“大节者，安国家定社稷也。不可夺者，不可倾夺也。”朱熹《集注》说：“其才可以辅幼君，摄国政，其节至于死生之际而不可夺，可谓君子矣。”

今按：托孤寄命，言其才能事功；大节不夺，言其德行节操；才德兼全，文质彬彬，方可谓君子矣。曾子一改谨慎持重之状，而正大刚勇有如此，难怪朱子要说：“曾子便恁地刚，有孟子气象。”（《朱子语类》卷第三十五）此盖动容貌、正颜色、出辞气长期涵养之功也！

又按：今人杨义以为，曾子所言“可以托六尺之孤”，盖指“孔子将其孙孔伋（子思）托孤”，所托付者，正是曾子；“唯有曾子对孔学理解纯正，家族久居于鲁，曾祖、祖父曾是三桓臣宰，根基殷实，是托孤的最佳选择”（《论语还原》）。此说理据充分，当可信从。

**8.7　曾子曰："士不可以不弘毅[①]，任重而道远。仁以为己任，不亦重乎？死而后已，不亦远乎？"**

**新注**　①弘毅：弘，宽广。毅，刚毅。

**新译**　曾子说："士君子不可以不胸怀宽广而意志刚毅，因为他的责任重大而道路遥远。以弘扬仁道作为自己的使命，这责任还不算重大吗？到死才能停止，这道路还不算遥远吗？"

**新识**　本章又承上章，言士大夫当弘毅。犯而不校，即是弘；托孤寄命，便是毅。仁以为己任，故任重；任重，故须弘；非弘不能胜其重。死而后已，故道远；道远，故须毅；非毅无以致其远。能弘毅，方为有恒者，才是真君子！能弘毅，则仁义礼智之践履，家国天下之担当，便可荷于一肩、系于一人矣！曾子如不任，何以知其重？不行，何以知其远？曾子如此说，必当如此做。《礼记·檀弓上》载：

> 曾子寝疾，病，乐正子春坐于床下，曾元、曾申坐于足，童子隅坐而执烛。童子曰："华而睆（huǎn），大夫之箦与？"子春曰："止！"曾子闻之，瞿然曰："呼！"曰："华而睆，大夫之箦与？"曾子曰："然，斯季孙之赐也，我未之能易也。元，起，易箦。"曾元曰："夫子之病革矣，不可以变，幸而至旦，请敬易之。"曾子曰："尔之爱我也不如彼，君子之爱人也以德，细人之爱人也以姑息。吾何求哉？吾得正而毙焉，斯已矣。"举扶而易之，反席未安而没。

这则"曾子易箦"的故事，流传甚广，感人至深。曾子临终时遵守礼制，坚决换掉季氏所赐的华美竹席，以示"素其位而行"，绝不"约而为泰"，违道僭礼。就连死也要"正而毙"，不接受对自己的丝毫"姑息"，此正"一以贯之""死而后已"之弘毅精神也。曾子易箦而死与子路结缨而死，皆孔门"以身殉礼"之典范，颇为后世儒家所称道。宋儒张九成就说："敬在心，虽死不可变，易箦、结缨是也。"（《宋元学案》）

今按：观此章，可知儒家士君子之涵养，初始循规蹈矩，小心翼翼，教人安分守己；及至深处高处，方见伟岸人格、峥嵘气象！曾子能为此言时，盖已臻于圣贤之境矣！

## 8.8 子曰："兴于《诗》[①]，立于礼，成于乐。"

**新注** ①兴于《诗》：在《诗》的学习中兴发志意，陶冶性情。兴，起，引申为启发。

**新译** 孔子说："在《诗》的熏陶中兴起人格，在礼的践行中挺立人格，在乐的涵养中成就人格。"

**新识** 此章言君子成学立人之次第。《集解》包咸曰："兴，起也，言修身当先学诗也。礼者，所以立身也。乐所以成性。"《诗》主情，故能兴；礼主敬，故能立；乐主和，故能成。再深一层说：《诗》犹有言语可诵，礼则须力行，乐则举动中节，和悦欢洽，一切尽在不言中矣。朱子说："非是初学有许多次第，乃是到后来方能如此；不是说用工夫次第，乃是得效次第如此。"（《朱子语类》卷第三十五）

今按：此章可与"知之者不如好之者，好之者不如乐之者"章合观。"兴于《诗》"，便是"知之者"；"立于礼"，便是"好之者"；"成于乐"，方是"乐之者"。又可与"志于道，据于德，依于仁，游于艺"章并参。盖兴《诗》、立礼、成乐三者，皆"游于艺"也，非"游于艺"，则不能依仁、据德、志道也！

## 8.9 子曰："民可使由之[①]，不可使知之。"

**新注** ①民可使由之：普通民众，能让他们遵循着道义去行。可，能也。由，从也，循也。之，代指道。

**新译** 孔子说："普通百姓，只能让他们遵循道义而行，却无法让他们明白什么是道。"

**新识** 本章谈民之性，兼及为政之道。自来歧解颇多，近代尤甚，故不得不稍作解说。

先说“民”。字源学、民俗学意义上的“民”，当与政治学、社会学意义上的“民”相区别。《说文》：“民，众萌也。从古文之象。”古文从母，取蕃育也，上下众多义，指事。《广雅》：“民，氓也。”土著者曰“民”，外来者曰“氓”。孟子则将此“民”解释为“众”，说：“行之而不著焉，习矣而不察焉，终身由之而不知其道者，众也。”（《孟子·尽心上》）孟子此言，堪为本章脚注。董仲舒干脆说：“民，瞑也。”郑玄注：“民，无知之称。”（《春秋繁露·深察名号》）可见，当“民”与“众”相联系，确有“无知”之义。

政治学、社会学意义上的“民”，则与“君”“上”相对。如孔子多次提到君民之对待：“举直错诸枉，则民服；举枉错诸直，则民不服”；“使民以时”；“临之以庄则敬，孝慈则忠，举善而教不能则劝”；“君子笃于亲，则民兴于仁；故旧不遗，则民不偷”；“上好礼，则民莫敢不敬；上好义，则民莫敢不服；上好信，则民莫敢不用情”，“以不教民战，是谓弃之”等等。孟子也说：“诸侯有三宝：土地、人民、政事。”（《孟子·尽心下》）“民为贵，社稷次之，君为轻。”降及近代，“人民”二字成为一至高无上的政治概念，具有道德优越性，故孔子这句“民可使由之，不可使知之”，便被扣上了“愚民”专制的帽子。宜乎孔子有“不可使知之”之叹也！

对于此句的误解，首先在“可”字的理解上。这个“可”字，既可作“可以”解，亦可作“能够”解。这里当从后者。也就是说，“不可使知之”之“不可”，非应然之谓，乃实然之谓。非不为也，实不能也。换言之，孔子所言，乃一事实判断，非价值判断。“不可”即“不能”，含二义：一是民之智慧有限，孔子说：“中人以下，不可以语上也。”若智在中人以下，如何使其可知？故朱熹《集注》：“民可使之由于是理之当然，而不能使之知其所以然也。”二是从政从教者能力有限，如夫子本人，虽可做到“有教无类”“诲人不倦”，然精力有限，理论和实践上皆不可能使家喻户晓，人人尽知其道。故程子说：“圣人设教，非不欲人家喻而户晓也，然不能使之知，但能使之由之尔。若曰圣人不使民知，则是后世朝四暮三之术也，岂圣人之心乎？”

其次在“由”字。“由”，或解作“用”，如何晏《集解》：“由，用也。可使用而不可使知者，百姓能日用而不能知。”或解作“导”（道），如孔子曰：“道之以政，齐之以刑，民免而无耻。道之以德，齐之以礼，有耻且格。”这里的“道之”“齐之”，实即“由之”；“有耻且格”则正好是“不可使知之”的正面表达。

窃以为，此“由”字亦可解作“行”，“之”字亦可解作“道”。整句意为：“民可使行道，不可使知道。”可使行道，盖指民性皆善，故可使遵善道、行善事；不可使知道，则指民智未开，故难以使其尽知义理之微，大道之妙。《中庸》云：“君子之道费而隐。夫妇之愚，可以与知焉，及其至也，虽圣人亦有所不知焉。夫妇之不肖，可以能行焉，及其至也，虽圣人亦有所不能焉。”圣人犹有不知不能之事，而况“民”哉？故《周易·系辞上》云：“一阴一阳之谓道，继之者善也，成之者性也。仁者见之谓之仁，知者见之谓之知。百姓日用而不知，故君子之道鲜也。”可以说，无论从义理还是实践而言，夫子此言皆可成立。

近年来，随着出土文献的发现，此章解释再翻新义。如郭店简《尊德义》有云：“民可使导之，不可使知之。民可导也，而不可强也。”廖名春教授以为：“‘知’当本字讲，与‘强’字相通是不可能的，这因为‘知’和‘强’没有必然的联系，当另求别解，因此颇疑‘知’并非本字，而是‘折’的假借字，通‘折’字。”（《〈论语〉“民可使由之”章的再研究——以〈郭店楚简·尊德义〉为参照》）类似的用例不是没有，如宋本《荀子·劝学》“锲而舍之，朽木不知”，在传世本中“知”改作“折”。又，《尊德义》另有一章：“下之事上也，不从其所以命，而从其所行。上好此物也，下必有甚焉者矣。”如此一来，则本章的意思便成了：老百姓只能去引导，而不能以暴力去强迫、去压服（折），与“其身正，不令而行；其身不正，虽令不从”，其意相同。盖警示在上位者当重视“身教”，率先垂范，身体力行，方能使百姓效法和遵从。不仅与“愚民”无涉，反而是儒家“民本”思想的生动体现。此说从文字学出发，又有出土文献为证，极具说服力；因其与上述解释并无根本矛盾，故可两存兼取之。

古今学者为解此惑，可谓不遗余力，竟有以“断句”做文章者。如宦懋庸《论语稽》将此句断作："民可，使由之；不可，使知之。"今之学者俞志慧则作："民可使，由之；不可使，知之。"另有两种："民可使，由之不可；使知之。""民可使由之？不。可使知之！"可谓每况愈下矣！

实则夫子此言，正大光明，颠扑不破，何必曲意回护，强为解说？孔子是否赞同"愚民"，有其兴学立教、诲人不倦之事实为证；《论语》一书，在在教人成己成物，仁智双修；孔门弟子，大多来自民间，皆"民"也，而夫子照单全收，待之若子，何"愚民"之有！孔子所以绝不讨好取媚于民众，乃因其深知民众大多"谋食不谋道"之事实，其兴办私学，广收门徒，正为启迪民智，培养"谋道不谋食"之士君子，这正是一种寻求"使民知之"所有可能性的伟大努力！然欲天下人人知道，人人行道，实是一不可能完成之任务，故有人说夫子"知其不可而为之"！夫子晚年亦自叹："朝闻道，夕死可矣！""道不行，乘桴浮于海！"夫子明知"不可使知之"，依然还要一往无前，推行教化，死而后已，此一种弘道传道之愿心愿力，千载之下，仍如日月高悬，感人至深！

若说"愚民"，道家则或有之。如《老子》第三章说："不尚贤，使民不争；不贵难得之货，使民不为盗；不见可欲，使民心不乱。是以圣人之治，虚其心，实其腹，弱其志，强其骨。常使民无知无欲。使夫智者不敢为也。为无为则无不治。"第六十五章又说："古之善为道者，非以明民，将以愚之。民之难治，以其智多。故以智治国，国之贼；不以智治国，国之福。"如此"绝圣弃智"，非"愚民"而何？

若说"愚民"，法家更难辞其咎。如商鞅，不仅愚民，甚且"弱民"："民弱国强，国强民弱。故有道之国务在弱民。"(《商君书·弱民》)不仅"弱民"，还提出"壹教"："圣人之为国也，壹赏，壹刑，壹教。壹赏则兵无敌，壹刑则令行，壹教则下听上。"(《赏刑》)"入使民壹于农，出使民壹于战。……民壹则农，农则朴，朴则安居而恶出。"(《算地》)这种"壹民"思想，不正以"民可使知之"为前提吗？其结果只能是强制人民接受一种教育，因而成为一种更为可怕的"愚民"。钱锺书先生在《围城》中有关于"愚民"的妙论：

从前的愚民，是不许人民接受教育，现代的愚民，只许人民受某一种教育。不受教育的人，因为不识字，上人的当；受教育的人，因为识了字，上了印刷品的当。

今按：古今中外之独裁者，大多挟“人民”以自重，而行“愚民”之实，其结果只能造成一种所谓“人民优先”的“民粹主义”思想，从而绑架民众为其所用，可惜，民众往往偏听偏信，上当受骗，甚至抛头颅洒热血而在所不惜。宋儒吕祖谦说：“知之未至，适所以启机心而生惑志。”诚哉斯言也！

## 8.10 子曰：“好勇疾贫①，乱也。人而不仁，疾之已甚②，乱也。”

**新注** ①疾贫：厌恶贫穷。疾，痛恨；厌恶。 ②已甚：太过分。已，太。

**新译** 孔子说：“喜好勇力而厌恶贫穷，就会出乱子。如果对那些不仁之人，憎恨得太过分，也会出乱子。”

**新识** 本章承上章，再谈民之性，如不能道之以德，齐之以礼，则必生祸乱。

“好勇”之弊，孔子反复言之。如：“由也好勇过我，无所取材”“勇而无礼则乱”“好勇不好学，其蔽也乱”等等，皆是。又《阳货》篇子路曰：“君子尚勇乎？”子曰：“君子义以为上。君子有勇而无义为乱，小人有勇而无义为盗。”子贡曰：“君子亦有恶乎？”子曰：“有恶。恶称人之恶者，恶居下流而讪上者，恶勇而无礼者，恶果敢而窒者。”可知，好勇若无“礼”“义”，必然会导致悖乱。“疾贫”亦民之特性。贫者，穷也。孔子说：“君子固穷；小人穷，斯滥矣。”滥者，乱也。好勇必崇尚暴力，疾贫必仇富，疾恶太甚必心生戾气，此皆祸乱之源。

“人而不仁，疾之已甚”，看似正义，实则过犹不及，亦易生祸乱。孔子说：“苟志于仁矣，无恶也。”又说：“攻其恶，无攻人之恶。”故此句亦涉及中庸之道。《孟子·离娄下》说：“仲尼不为已甚者。”《中庸》亦云："君子中庸，小人反中庸。君子之中庸也，君子而时中；小人之（反）中庸也，小人无忌惮也。"盖人之喜怒好恶，一旦背离中庸之道，则必为已甚，一发而不可收拾。故《老子》第二十九章云："是以圣人去甚，去奢，去泰。"老子所谓圣人"三去"，"去甚"居首，实与夫子"不为已甚"相通。故朱熹《集注》说："好勇而不安分，则必作乱。恶不仁之人而使之无所容，则必致乱。二者之心，善恶虽殊，然其生乱则一也。"

今按：好勇、疾贫、恶不仁，可谓民之三性，皆不合中道，须道之以德，齐之以礼，才不至放辟邪侈，无所不为。古今中外之野心家、阴谋家，最易从此"民之三性"下手，假平等、自由、革命之名义，煽动民众之仇恨，从而祸乱天下，达到自己建功立业之目的。法国大革命时之罗兰夫人尝言："自由，自由，多少罪恶假汝之名以行！"实则此"自由"二字，亦可换成"人民""革命""平等""民主""民族""国家"等"大词"，正是这些颠倒众生的名相，赚我们痴迷、贪婪、奋斗、疯狂了一世。而夫子之忧患，又能说与几人知！

## 8.11 子曰："如有周公之才、之美，使骄且吝①，其余不足观也已。"

**新注** ①之才、之美：才华与美德。骄且吝：骄傲而吝啬。

**新译** 孔子说："一个人即使有周公那样的才华与美德，假使他有骄傲而吝啬的毛病，其他方面也就不值一看了。"

**新识** 本章可谓德才之辨。朱熹《集注》称："才美，谓智能技艺之美。"程子曰："此甚言骄吝之不可也。盖有周公之德，则自无骄吝；若但有周公之才而骄吝焉，亦不足观矣。"又曰："骄，气盈。吝，气歉。"朱子又加按语曰："愚谓骄吝虽有盈歉之殊，然其势常相因。盖骄者吝之枝叶，吝者骄之本根。故尝验之天下之人，未有骄而不吝，吝而不骄者也。"

今按：骄是傲于外，吝是矜于内，一为过，一为不及，皆是一病。

“其余不足观”，“其余”盖亦包括“周公之才之美”，况无周公之才之美而骄且吝者乎？才美与骄吝，一正一反，极言德不配位、道不称才、文不合质之弊也。

## 8.12　子曰：“三年学，不至于穀①，不易得也。”

**新注**　①三年：泛指多年。不至于穀：没有想到俸禄名利。穀，这里指俸禄。

**新译**　孔子说：“一个人求学多年，还没有想到俸禄和名利，这是很难得的。”

**新识**　本章谈为学之态度。朱熹《集注》：“为学之久，而不求禄，如此之人，不易得也。”杨氏曰：“虽子张之贤，犹以干禄为问，况其下者乎？然则三年学而不至于穀，宜不易得也。”

今按：此“为己之学”始有之境也。可与“子使漆雕开仕”“季氏使闵子骞为费宰”二章合观。

## 8.13　子曰：“笃信好学，守死善道①。危邦不入，乱邦不居。天下有道则见，无道则隐②。邦有道，贫且贱焉，耻也。邦无道，富且贵焉，耻也。”

**新注**　①笃信好学，守死善道：信道笃实坚定，学道精进不已，坚守善道至死不变。笃，厚，坚。笃信，坚信。守死，死守。善道，仁义之道。　②有道则见，无道则隐：天下政治清明时，则出来从政，有所表现；政治黑暗时，则隐居不仕。见，同“现”。

**新译**　孔子说：“信道笃实坚定而勤奋好学，坚守善道至死不变。危险的国家不去进入，动乱的国家不去居住。天下政治清明就出来从政；天下背离正道就隐居不出。若在有道之国，自己还贫穷卑贱，固然可耻；而在无道之邦，自己却富贵腾达，尤其可耻。”

**新识**　本章言君子出处之道。朱熹《集注》说：“笃，厚而力也。不笃信则不能好学，然笃信而不好学者，则所信或非其正。不守死则不能以善其道，然守死而不足以善其道，则亦徒死而已。盖守死者，笃信之效；善道者，好学之功。”

今按：孟子曰：“人不可以无耻，无耻之耻，无耻矣。”出处合道，方为君子。邦有道，贫且贱，是无能也，故可耻；邦无道，富且贵，是无德也，亦可耻也！

## 8.14 子曰：“不在其位①，不谋其政。”

**新注** ①位：位置，职位，官位。

**新译** 孔子说：“不在那个职位上，就不要谋划那个职位上的政务。”

**新识** 此章言君子在位与谋政之关系。《周易·艮》云：“君子以思不出其位。”又《中庸》：“君子素其位而行，不愿乎其外。”“在上位不陵下；在下位不援上。”孟子也说：“位卑而言高，罪也。”《集注》程子曰：“不在其位，则不任其事也，若君大夫问而告者则有矣。”夫子言下之意，君子立身处世，当安分守己，不要“越位”“越职”“越权”，甚至“越礼”。又《庄子·逍遥游》：“庖人虽不治庖，尸祝不越樽俎而代之矣。”越俎代庖，终属不雅。据《反经》记载：“昔仲由为郈宰，季氏以五月起长沟，当此之时，子路以其私秩粟为浆饭，以饷沟者。孔子闻之，使子贡往覆其饭，击毁其器。子路曰：‘夫子嫉由之为仁义乎？’孔子曰：‘夫礼！天子爱天下，诸侯爱境内，大夫爱官职，士爱其家，过其所爱，是曰侵官。’”这里的“侵官”，其实就是“不在其位而谋其政”。

当然，也有例外。如《论语·宪问》载：“陈成子弑简公。孔子沐浴而朝，告于哀公曰：‘陈恒弑其君，请讨之。’公曰：‘告夫三子。’孔子曰：‘以吾从大夫之后，不敢不告也。君曰告夫三子者！’之三子告，不可。孔子曰：‘以吾从大夫之后，不敢不告也。’”此时孔子已“不在其位”，然以臣弑君之事，是可忍，孰不可忍？故夫子乃奔走相告。此正“位卑未敢忘忧国”（陆游《病起书怀》）也。夫子死后被尊为

"素王"，原因即在此。

此章若与上章相参，实则还隐含另一层意思。上章说"危邦不入，乱邦不居"，不入不居，自然不在其位，不在其位，自然不谋其政。不谋，不唯不必谋，实亦不屑谋也。言下之意，君臣乃一契约关系，"用之则行，舍之则藏"，不必太过执着。又，《礼记·儒行》云："儒有上不臣天子，下不事诸侯。……虽分国如锱铢，不臣不仕。其规为有如此者。"

今按：夫子此言，既是君子出处之道，蕴藏着"素其位而行"的政治智慧，同时亦涉及君臣相与之道，体现着"用行舍藏"的淡定品格与超然气度。

## 8.15 子曰："师挚之始①，《关雎》之乱②，洋洋乎盈耳哉③！"

**新注** ①师挚之始：师挚，鲁乐师，名挚。始者，乐之始。奏乐开始时，由太师率领专学音乐的瞽人升堂唱歌。挚为太师，故称师挚之始。 ②《关雎（jū）》：《国风·周南》之首篇。乱者，乐之终，即合乐部分。《周南·关雎》以下六篇，乃合乐所用，故称《关雎》之乱。《史记》："《关雎》之乱以为风始。" ③洋洋乎盈耳哉：赞叹之辞。洋洋，美盛意。

**新译** 孔子说："从太师挚升堂领唱开始，到《关雎》终章合奏，洋洋洒洒的美妙乐声，充盈在我的耳中啊！"

**新识** 此章记孔子在鲁观乐之盛况。朱熹《集注》称："孔子自卫反鲁而正乐，适师挚在官之初，故乐之美盛如此。"可惜好景不长，《论语·微子》载："大师挚适齐，亚饭干适楚，三饭缭适蔡，四饭缺适秦。鼓方叔入于河，播鼗武入于汉，少师阳、击磬襄入于海。"夫子晚年，正是鲁哀公在位，礼坏乐崩，满目苍凉，故夫子乃叹曰："凤鸟不至，河不出图。吾已矣夫！"

## 8.16 子曰：“狂而不直，侗而不愿，悾悾而不信[①]，吾不知之矣。”

**新注** ①狂而不直：狂者多直爽，今乃不直。侗（tóng）而不愿：侗，无知。愿，老实。无知者多老实，今乃不老实。悾悾（kōng）而不信：悾悾，无能。无能者多可信，今乃欺诈。

**新译** 孔子说：“狂妄却不直爽，无知却不老实，无能却不讲信用，这样的人我实在看不懂他们了！”

**新识** 朱熹《集注》引苏氏曰：“天之生物，气质不齐。其中材以下，有是德则有是病。有是病必有是德，故马之蹄啮者必善走，其不善者必驯。有是病而无是德，则天下之弃才也。”又朱子曰：“凡人德性未醇，有其病，但同时亦有其可取。今则徒有病而更无可取，则其天性之美已丧，而徒成其恶，则天下之弃才也。”

今按：狂当直，偏不直；侗当愿，偏不愿；悾当信，偏不信；天下偏有此等文质双劣、一无是处之人，故夫子自叹“不知之”，犹今之所谓“看不懂”也。

## 8.17 子曰：“学如不及[①]，犹恐失之。”

**新注** ①不及：赶不上，这里指学不到。

**新译** 孔子说：“求学就像生怕追赶不上的样子，（即使学到之后，）还生怕会失去它。”

**新识** 此章言好学不已之状。古人解读尤妙。如朱熹《集注》说：“言人之为学，既如有所不及矣，而其心犹竦然，惟恐其或失之，警学者当如是也。”皇侃《疏》引缪协云：“如不及者，已及之；犹恐失者，未失也。言能恐失之，则不失；如不及，则能及也。”夫子好学不厌，好古敏求，乐此不疲，故其敢说：“十室之邑必有忠信如丘者焉，不如丘之好学也。”

**8.18 子曰："巍巍乎！舜、禹之有天下也，而不与焉①。"**

**新注** ①巍巍：高大貌。不与（yù）：犹言不相关。与，同"预"。

**新译** 孔子说："多么崇高伟大呀！舜、禹虽然拥有天下，却好像与自己无关一般。"

**新识** 本章以下四章，皆赞圣王之功德。此章赞舜、禹之治天下，以"不与"为大。"不与"，犹言不相关。如朱熹云："舜禹与天下不相关，如不曾有这天下相似，都不曾把一毫来奉己。""巍巍，是至高底意思，大凡人有得些小物事，便觉累其心。今富有天下，一似不曾有相似，岂不是高！"（《朱子语类》卷第三十五）就其心态言，是了不相关，就其执政之道言，实即"无为而治"。《论语·卫灵公篇》子曰："无为而治者，其舜也与！夫何为哉？恭己正南面而已矣。"盖是此意。钱穆先生说："盖舜禹之有天下，故非有心求之。及其有天下，任贤使能，亦非私天下于一己。其有成功，又若无预于己然。此其所以为大也。"是知"不与"又可解作"无私"也。圣人无私，故能成其高、就其大！

**8.19 子曰："大哉尧之为君也！巍巍乎！唯天为大，唯尧则之①。荡荡乎②！民无能名焉③。巍巍乎其有成功也④！焕乎其有文章⑤！"**

**新注** ①唯尧则之：则，准则；效法。只有尧能效法天。 ②荡荡乎：广阔博大貌。 ③民无能名焉：百姓不知如何称赞他。名，称赞。 ④成功：成就的功业。 ⑤焕乎其有文章：焕，光明貌。文章，指礼乐制度。

**新译** 孔子说："伟大啊，尧作为一位君主，真是崇高啊！唯有天最伟大崇高，也唯有尧能够效法天。他的功德真是广远啊！百姓简直不知道该怎样称赞他。真是崇高啊，他所成就的事业！真是辉煌啊，他所创造的礼乐制度！"

**新识** 此章盛赞尧帝之德。《集注》引尹氏曰："天道之大，无为而成。

唯尧则之以治天下，故民无得而名焉。所可名者，其功业文章巍然焕然而已。”

今按：此章于“巍巍乎”之外，又加以“大哉”“荡荡乎”“焕乎”，可知尧帝之德，又在舜、禹之上，非唯“无与天下”，亦且“则天齐天”；非唯“无私”，亦且“无我”。所谓“无能名”者，犹天之无言，而四时行焉，百物生焉，大化流行，生生不息，功德至大，而欲赞无辞也。

**8.20 舜有臣五人而天下治①。武王曰：“予有乱臣十人②。”孔子曰：“才难③，不其然乎？唐、虞之际，于斯为盛④。有妇人焉，九人而已⑤。三分天下有其二，以服事殷⑥。周之德，其可谓至德也已矣。”**

**新注** ①舜有臣五人：五人，指禹、稷、契、皋陶、伯益。 ②武王：周文王之子，名姬发，灭商建周。乱臣十人：善于治国的十位大臣。乱，治也。十人，指周公旦、召公奭、太公望、毕公、荣公、太颠、闳夭、散宜生、南宫适、文母（周文王之妻太姒。一说：武王之妻邑姜）。 ③才难：人才难得。 ④唐、虞之际：唐尧、虞舜之后。际，后也。于斯为盛：到周朝人才最为兴盛。 ⑤有妇人焉：其中一位是女性，盖指文母或邑姜。古时女性只负责掌管宫内事务，不参与朝政，故说“九人而已”。 ⑥三分天下有其二，以服事殷：商纣王时，天下九州，六州归附文王，文王依然服事殷商。

**新译** 大舜任用五位贤能的大臣，天下便太平了。周武王说：“我有善于治国的大臣十人。”孔子说：“人才难得，不是这样吗？从尧、舜之后，到周朝算是人才最兴盛了。十人中还有一位不在朝廷的女性，只是九人而已。周文王得了天下的三分之二，仍然向商朝称臣。周朝先王的德行，真可算是最高的了。”

**新识** 本章论人才难得，至德不易。朱熹《集注》云：“唐虞，尧舜有天下之号。际，交会之间。言周室人才之多，惟唐虞之际，乃盛于此。

降自夏商，皆不能及。”

今按：“三分天下有其二”，或以为另为一章，所言当指周文王。夫子称“至德”者，不过泰伯、文王二人，皆可为而不为者也。武王伐纣，亦应天顺人，然夫子以《大武》“尽美矣，未尽善也”，伯夷、叔齐不食周粟，饿死首阳，夫子赞以“求仁得仁”，可知夫子崇道隆礼、尚德兴让，绝不主杀伐以得天下也。武王才盛，文王德盛，于此可见。

## 8.21 子曰：“禹，吾无间然矣①。菲饮食，而致孝乎鬼神②；恶衣服，而致美乎黻冕③；卑宫室，而尽力乎沟洫④。禹，吾无间然矣！”

**新注** ①无间（jiàn）：无可挑剔。间，罅隙，非难、指责义。②菲饮食，而致孝乎鬼神：饮食菲薄，却能用精美的祭品祭祀鬼神。菲，薄也。 ③黻冕（fúmiǎn）：祭祀时所穿的礼服与礼帽。 ④沟洫（xù）：田间水道。指农田水利。禹时有洪水之灾，禹兴修水利，以安天下。

**新译** 孔子说：“对于禹，我没有什么可挑剔的了。他自己的饮食很粗糙，却能置办丰盛的祭品来孝敬鬼神；他自己的衣服很粗劣，却把祭祀的礼服和礼帽做得十分华美；他自己的房子低矮简陋，却尽心尽力去兴修水利。对于禹，我没有什么可挑剔的了！”

**新识** 本章盛赞大禹之德。朱熹《集注》称：“或丰或俭，各适其宜，所以无罅隙之可议也，故再言以深美之。”杨氏曰：“薄于自奉，而所勤者民之事，所致饰者宗庙朝廷之礼，所谓有天下而不与也，夫何间然之有？”

今按：大禹以“菲”“恶”“卑”待已，以“致孝”“致美”“尽力”待天下，正可为“有天下而不与”章作脚注。“无间”之语，前后两度言之，首尾相应，可与“贤哉回也”章合参。又，四章连读，但见针脚细密，收放自如，直是一篇绝好文章！

# 子罕第九

## 9.1 子罕[①]言利，与[②]命、与仁。

**新注** ①罕言：罕，希少。言，《说文》："直言曰言，论难曰语。"

②与：许也，认同义。一说：与作连词，同"和"，而《论语》中孔子多处谈仁，故不从。

**新译** 孔子很少谈到功利，却认同天命、认同仁德。

**新识** 本章多有歧义。关键在"与"字的解读存在分歧。有以"与"作连词者，如《集解》何晏说："利者义之和也，命者天之命也，仁者行之盛也。寡能及之，故希言也。"程子也说："计利则害义，命之理微，仁之道大，皆夫子所罕言也。"朱熹从之。亦有以"许"解"与"者，如《史记·孔子世家》作："子罕与利，与命与仁。"然太史公改"言"为"与"，缺乏佐证。还有以"从"解"与"者，如元陈天祥《四书辨疑》："与，从也。盖言夫子罕曾言利，从命从仁而已。"此说较为合理，唯"与"作"从"解，不若作"许"解为顺。

今按：罕言利，非不言利，如夫子多次谈及富贵与道义之关系，所谓"义利之辨"。唯夫子即使谈利，也是从消极处言之，绝不重利轻义，而是主张"见利思义"，甚至"以义为利"。至于与命、与仁，《论语》

中多见，此不赘。

**9.2 达巷党人①曰：“大哉孔子！博学而无所成名②。”子闻之，谓门弟子曰：“吾何执③？执御乎？执射乎？吾执御矣。”**

**新注** ①达巷党人：其人姓名未详，或以为项橐。达巷，党名。五百家为一党。 ②无所成名：没有足以树立名声的专长。 ③吾何执：执，专执、专攻。犹言独善。

**新译** 达巷党人说：“真伟大啊孔子！他学问广博，只是没有足以成名的专长。”孔子听说后，对弟子们说：“我要专攻什么呢？驾车呢，还是射箭？我还是专攻驾车好了。”

**新识** 本章论“博”与“执”之别。皇侃《疏》称：“言大哉孔子，广学道艺，周遍不可一一而称，故云无所成名也，犹如尧德荡荡，民无能名也。”朱熹《集注》说：“博学无所成名，盖美其学之博而惜其不成一艺之名也。……射御皆属艺能，执御尤卑。”又引尹氏曰：“圣人道全而德备，不可以偏长目之也。达巷党人见孔子之大，意其所学者博，而惜其不以一善得名于世，盖慕圣人而不知者也。”夫子学兼六艺，而曰“执御”，盖“登高必自卑，行远必自迩”之意。达巷党人徒知羡慕夫子之博大，却不知唯博学敏求，不偏不执，方能下学上达，成其博大也。今人张舜徽先生尝言：

> 如欲权衡人才之轻重，盖有专家与通人之别。专家路窄，通人路宽；专家但精一艺，通人则能开廓风气。影响于当时及后世者，则以通人为大。

今按：如夫子者，非“专家”也，实“通人”也。“博学而无所成名”，正“君子不器”之证也。今之专业教育，工具理性至上，学者但求一技之长，一器之用，“谋食不谋道”，故“专家”多而“通人”少，“成名”者多而“成德”者少，盖今之教育主政者，皆“达巷党人”之流亚也！

## 9.3 子曰：“麻冕，礼也[①]；今也纯，俭[②]；吾从众。拜下，礼也[③]；今拜乎上，泰也。虽违众，吾从下[④]。”

**新注** ①麻冕，礼也：以麻料织冕，这是合乎礼的。古制绩麻为冕，其工细，故贵。 ②今也纯，俭：纯，黑色的丝。用丝来作冕，手工简易，比麻冕为俭。 ③拜下，礼也：臣见君主，于堂下即拜，这是合乎礼的。 ④泰：骄慢。吾从下：我还是遵从堂下即拜之礼。

**新译** 孔子说：“用麻料织冕，这是合乎礼的。如今都用丝料编织，比麻冕更为俭约，我愿跟从大家的做法。臣见君时，在堂下即礼拜，这是合乎礼的。如今大家都不在堂下而只在堂上礼拜，这样太骄慢了，虽然有违众人，我还是遵从先在堂下礼拜的古礼。”

**新识** 此章言衣冠执礼，兼及群己关系之对待。

今按：“麻冕，礼也；今也纯，俭也；吾从众”，便是“礼与其奢也，宁俭”之义；“拜下，礼也；今拜乎上，泰也。虽违众，吾从下”，便是“君子泰而不骄”之义。故《集注》程子说：“君子处世，事之无害于义者，从俗可也；害于义，则不可从也。”夫子说：“无适也，无莫也，义之与比。”此之谓也！

## 9.4 子绝四：毋意，毋必，毋固，毋我[①]。

**新注** ①绝：断绝；没有。毋：无；不。《集注》：“意，私意也。必，期必也。固，执滞也。我，私己也。”

**新译** 孔子彻底断绝了四种毛病：不无端臆测、不武断绝对、不拘泥固执、不自以为是。

**新识** 本章可谓“夫子四毋”，乃教人破除“我执”。《集注》程子曰：“此毋字，非禁止之辞。圣人绝此四者，何用禁止。”张子曰：“四者有一焉，则与天地不相似。”朱熹则将“意必固我”分开，以为：“意，私意之发。必，在事先。固，在事后。我，私意成就。四者相因如循环。”又说：“意，是我之发端；我，是意之成就。”“意是始，我是终；

必、固在中间，亦是一节重似一节也。”所解更为细密。可知此“四毋”，实“克己”“治心”工夫，所谓“内圣”境界，无过于此！

今按：证严法师《静思语》说：“我执我见，让简明的道理，演变成复杂的人我是非。”圣人所以为圣人，盖因其时中能权，无所偏执，所谓“无适无莫”“无可无不可”者也。

**9.5 子畏于匡①。曰：“文王既没，文不在兹乎②？天之将丧斯文也，后死者不得与于斯文也③；天之未丧斯文也，匡人其如予何？”**

**新注** ①子畏于匡：畏，围困。匡，地名，在今河南长垣县。《史记》：“阳虎曾暴于匡，夫子貌似阳虎，故匡人围之。” ②文王既没，文不在兹乎：孔子深通周初文武周公相传之礼乐制度，是即道在己身。文，指礼乐制度，亦可指道。在兹，在我这里。 ③丧斯文：指灭绝礼乐文明。后死者：孔子自称。犹言后来者。与：同“预”。

**新译** 孔子在匡地被匡人围困时，说：“周文王去世以后，礼乐文明不是也传递到我这里了吗？如果上天真要灭绝这礼乐文明的话，就不会让我这个后来者领会和掌握它了；如果上天不想灭绝这礼乐文明，匡人又能把我怎样呢！”

**新识** 子畏于匡，在鲁定公十三年（前497），去卫适陈过匡之时，是年夫子五十六岁。此事记载不一，《史记·孔子世家》载：

> （孔子）将适陈，过匡，颜刻为仆，以其策指之曰：“昔吾入此，由彼缺也。”匡人闻之，以为鲁之阳虎。阳虎尝暴匡人，匡人于是遂止孔子。孔子状类阳虎，拘焉五日。颜渊后，子曰：“吾以汝为死矣。”颜渊曰：“子在，回何敢死！”匡人拘孔子益急，弟子惧。孔子曰：“文王既没，文不在兹乎？天之将丧斯文也，后死者不得与于斯文也。天之未丧斯文也，匡人其如予何！”孔子使从者为宁武子臣

于卫，然后得去。

又，《说苑·杂言》载：

> 孔子之宋，匡简子将杀阳虎，孔子似之。甲士以围孔子之舍，子路怒，奋戟将下斗。孔子止之，曰："何仁义之不免俗也？夫诗、书之不习，礼、乐之不修也，是丘之过也。若似阳虎，则非丘之罪也，命也夫。由，歌予和汝。"子路歌，孔子和之，三终而甲罢。

可知孔子畏于匡，盖因状貌与阳虎相似，此亦夫子生命中一大传奇也。《庄子·秋水》亦演绎此事云：

> 孔子游于匡，宋人围之数匝，而弦歌不辍。子路入见，曰："何夫子之娱也？"孔子曰："来，吾语汝。我讳穷久矣，而不免，命也；求通久矣，而不得，时也。当尧、舜而天下无穷人，非知得也；当桀、纣而天下无通人，非知失也：时势适然。夫水行不避蛟龙者，渔父之勇也；陆行不避兕虎者，猎夫之勇也；白刃交于前，视死若生者，烈士之勇也；知穷之有命，知通之有时，临大难而不惧者，圣人之勇也。由，处矣！吾命有所制矣！"无几何，将甲者进，辞曰："以为阳虎也，故围之；今非也，请辞而退。"

庄子能以"圣人之勇"况夫子，足见其思想颇有受惠于儒家之处。《集解》马融曰："如予何者，犹言奈我何也。天之未丧此文也，则我当传之。匡人欲奈我何，言其不能违天而害己也。"

今按：细玩此章语义，夫子所言有两点可注意：首先，"后死者"三字虽一时兴到之语，却大有深意，它与"既没"一起，指示了一纵向的时间维度，遂将文王与自己连为一个统一而又内在的文化生命体。言下之意，作为肉体的文王虽然已不存于此世，但其礼乐文章之生命依然存在，"在兹"既可以理解为"斯文在此"，也可以理解为"斯文在我"。此夫子以传递文王之道统自任也。其次，"天"的出现，又指示了一横向之空间维度，也即所谓"天人关系"，"天之将丧"与"天之未丧"，构成了一个或然和实然的推理关系，从而得出"匡人其如予何”的结论。此夫子在“斯文在我”之前提下产生的一种“天命在我”之自信。

夫子说：“不知命，无以为君子。”这时空与纵横两个维度的确信，不仅照亮了处于困厄中的夫子，也让我们看到夫子之学已到“知命”境界，道贯古今，彻上彻下，此正所谓“上智不移”也！

又按：道之显者谓之文。夫子所谓“斯文”，亦犹佛家所谓“慧命”，皆百世可俟而不惑者也。

**9.6 大宰①问于子贡曰：“夫子圣者与？何其多能也②？”子贡曰：“固天纵之将圣③，又多能也。”子闻之，曰：“太宰知我乎！吾少也贱，故多能鄙事④。君子多乎哉？不多也。”**

**新注** ①大（tài）宰：大，通“太”。太宰，官名。或以为吴之太宰嚭。 ②夫子圣者与？何其多能也：先生是位圣人吧？怎么这么多才能呢？与，同“欤”。 ③固天纵之将圣：固，本来。纵，任，使。将，大。谓上天成就其成为大圣。 ④鄙事：小的技艺。孔子自谦语。

**新译** 太宰向子贡打听：“夫子是位圣人吧？怎么这么多才多艺呢？”子贡说：“本来就是上天纵使他成为大圣，又多才多艺的啊！”夫子听说后，说：“太宰真的了解我吗？我小时候很贫贱，所以学会了很多鄙贱的技艺。在位的君子会有这么多技能吗？没有很多的呀！”

**新识** 此章谈圣与能之关系。关于“圣”（聖），古来多有解读。《说文》：“聖，通也。”段玉裁注：“《洪范》曰：睿作聖。凡一事精通，亦得谓之聖。聖从耳者，谓其耳顺。《风俗通》曰：聖者，声也。言闻声知情。”又，《尚书·洪范》传云：“于事无不通谓之聖。”

太宰所言，显然以“多能”为圣。正所谓“游于圣人之门者难为言”，此观点当即为子贡所驳。子贡所谓“天纵之将圣，又多能也”，正与上章“天之未丧斯文也”呼应，言下之意，禀承天命、以人合天才是“圣”之前提，“多能”倒在其次。《集解》孔安国曰：“言天固纵之大盛之德，又使多能也。”朱熹《集注》称：“大宰盖以多能为圣也。圣无不通，多能乃其余事，故言又以兼之。”可知，圣者必具盛德，“多能”不过其“余事”也。

今按：夫子之回答，显以“多能”为“鄙事”，既有谦己之意，又有警示之意，盖君子不器，当谋道以成德，不必汲汲于“多能”也！

## 9.7 牢曰：“子云：‘吾不试，故艺[1]。’”

**新注** ①牢：孔子弟子，姓琴，字子开，一字子张。吾不试，故艺：我不见用于时，故能多习于才艺。试，用。

**新译** 牢说：“夫子曾言：‘我不见用于时，故能多习于才艺。’”

**新识** 本章承上章，由言“能”转而言“艺”。朱熹《集注》连上章并为一章，今从《集解》。朱子称：“言由不为世用，故得以习于艺而通之。”又引吴氏曰：“弟子记夫子此言之时，子牢因言昔之所闻有如此者。其意相近，故并记之。”推测颇有理。

今按：“吾不试”，即“吾少也贱”；“故艺”，即“故多能鄙事”，故此章又可为上章之注释也。

## 9.8 子曰：“吾有知乎哉？无知也。有鄙夫问于我，空空如也[1]；我叩其两端而竭焉[2]。”

**新注** ①鄙夫：才德浅薄之人。鄙，浅薄。空空如也：一无所有貌。②叩其两端而竭焉：叩，叩问。两端者，凡事必有两端。竭，尽。

**新译** 孔子说：“我有知识吗？没有呀！曾有一鄙夫来向我请教，我竟觉心中空空，了无所知。我只是就着他所问问题的两端，反过来叩问他，竭尽所能地给他一个合适的回答罢了。”

**新识** 本章承前论“能”“艺”，转而论“知”。《论语》中孔子多次谈及“知”，如《为政》篇孔子曾告诫子路：“知之为知之，不知为不知，是知也。”《述而》篇子曰：“我非生而知之者，好古，敏以求之者也。”同篇又说：“盖有不知而作之者，我无是也。多闻，择其善者而从之，多见而识之，知之次也。”此章又说：“吾有知乎哉？无知也。”

为何孔子不否认“多能”“故艺”，却认为自己“无知”呢？窃以为，必是有人赞其“有知”，才会答以“无知”。故理解此章，须放在“应机设教”的前提下方可探明其深意。夫子如此说，必是深感弟子过于看重向外“求知”，而忽略向内“求道”；只顾“博学于文”，不重“约之以礼”；只知“为学日益”，不知“为道日损”；故而才故意自叹“无知”，以警示弟子：所谓“知”，不在“闻见”“记问”上，而在明心见性、身体力行上！

夫子怕弟子不信，特举一例以证：“有鄙夫问于我，空空如也”。究竟是谁“空空如也”？或以为鄙夫，或以为夫子。然如鄙夫“空空如也”，有何奇怪？又与前言“无知”何干？故这里当是夫子自嘲“空空”，一无所知，方合语义与情境。不唯如此，夫子自道“空空”，实则一不小心道出得道之妙境。此时之夫子，便是明镜与清流，看似空无一物，实则能照现万有，花开花落，云卷云舒，宛然朗现，自在分明，此何尝是“有知”，分明是“无知”也！唯有此一种摆落名相俗谛之大境界，方能获真智慧，方可得大圆满。盖所谓“无知”者，实“有智”也！

今按：古今中外圣哲，皆有类似表述。如苏格拉底说：“我非常清楚地知道，我并没有智慧，不论大的还是小的都没有。”又说：“我平生只知道一件事：我为什么那么无知。”众所周知，苏格拉底也是“应机设教”之大师，每每通过对话和辩论，诱使对方说出他要其说出之观点。他说：“我不是给人知识，而是使知识自己产生的产婆。”佛陀亦有云：“说法者无法可说，是名说法。”又说：“吾四十九年住世，未曾说一字。”又，《老子》第七十一章亦云：“知不知，上；不知知，病。夫唯病病，是以不病。圣人不病，以其病病。夫唯病病，是以不病。”可以说，夫子所言“无知”与“空空”，正中外圣哲所亲历证成之道境，亦如佛门所谓“妙有”与“真空”也！

明乎此，则知“叩其两端而竭焉”大有深意。

其一，可以见夫子有教无类、因材施教、诲人不倦，洵非虚语。朱熹《集注》说："孔子谦言己无知识，但其告人，虽于至愚，不敢不尽耳。"程子也说："圣人之教人，俯就之若此，犹恐众人以为高远而不亲也。圣人之道，必降而自卑，不如此则人不亲；贤人之言，则引而自高，不如此则道不尊。观于孔子、孟子，则可见矣。"这便是所谓"以能问于不能，以多问于寡"，绝不以鄙夫而贱之，并相信虽鄙夫之愚，亦能竭尽其智能明理见道。事实上，这里分明隐藏着一种逻辑推演的完整过程，不过被夫子省略了而已。

其二，由"叩其两端而竭焉"又可推知，夫子不仅尊重每一个求知主体的理性与智识，同时，还特别注意求知主体本身的认知局限，努力找到其两个极端，然后循循善诱，为其答疑解惑。朱子说："两端，犹言两头。言终始、本末、上下、精粗，无所不尽。"如此，则"叩其两端"的过程就是"执其两端而用其中"的过程，"而竭焉"，实则即是指解开其所有疑惑，使其豁然开朗之意。关于此章深意，印光法师的分析最为精彩：

> 此圣人以己之心无念虑，而随机说法示人也。断断不可会作谦词。夫圣人之心，犹如明镜。空空洞洞，了无一物，有何所知。鄙夫致问，如胡来汉来。叩两端而竭，如胡现汉现。叩字，义当作即。两端者，所问与其机也。而竭焉者，恰恰合宜，无过无不及也。即佛门所谓契理契机之谓也。若唯契于理，而不契机，于彼无益，便成闲言语矣。如问仁，问孝，问政等，所问是同，而所答各异。乃即彼之机，答彼之问，看孔着楔，对病发药，恰恰合宜，了无一毫机教不投之弊。若非心空如镜，安能使之若是乎。讲章以空空属于鄙夫，可谓枉读圣贤书矣。（《复泰顺谢融脱居士书一》）

观此，知儒佛本可会通，故见性得道之佛门大德常为圣教解人也！

又按：夫子施教于鄙夫，索性将自己彻底"放空"，此正"道不远人"之旨。夫子真如明镜，明镜何尝疲于屡照？夫子又如清流，清流何尝惮于惠风？今之学校教育，为师者满腹“答案”，求学者沦为“容器”，教学过程成了知识的“填鸭”，无怪乎教者厌教、学者厌学矣！

## 9.9 子曰：“凤鸟不至，河不出图，吾已矣夫[①]！”

**新注** ①凤鸟不至，河不出图：凤鸟至，河出图，古人以为圣人受命而王之兆。已：止也。

**新译** 孔子说：“凤凰还未来仪，黄河仍未出图，我这一生就要完了吧！”

**新识** 朱熹《集注》称：“凤，灵鸟，舜时来仪，文王时鸣于岐山。河图，河中龙马负图，伏羲时出，皆圣王之瑞也。”

今按：此章乃夫子晚年自叹时运不济，可与“乘桴浮于海”“欲居九夷”“久矣不复梦见周公”诸章同参，皆道不可行，躬自嗟叹之辞。

## 9.10 子见齐衰[①]者、冕衣裳者[②]与瞽者，见之，虽少，必作；过之，必趋[③]。

**新注** ①齐衰（zīcuī）者：指服丧者。齐衰，丧服的一种，用麻布缝制。齐，缝缉。衰，通“缞”。 ②冕衣裳（cháng）者：冕，礼帽；衣裳，礼服，上衣为衣，下裙为裳。指贵族而执礼者。 ③作：起立。趋：小步快走。古人以疾行表示敬意。

**新译** 孔子见到服丧者、穿戴礼帽礼服者以及目盲者，会见时，即使他们很年轻，也一定从坐席上起身；从他们身边走过，也一定快走几步（以示礼敬）。

**新识** 此章记夫子待人之礼，凡见丧服者、执礼者与目盲者，必有礼容与敬意。作，起立；趋，快走。皆表示敬意。见齐衰，是敬心生于哀；见冕衣裳，是敬心生于礼；见瞽者，是敬心生于悯。意谓哀有丧者，尊在位者，恤残疾者。一说，冕衣裳者，乃行祭时之大夫；瞽者，乃襄助祭礼之乐工，亦可通。

今按：此章《乡党》篇亦有节录。

**9.11 颜渊喟然叹曰："仰之弥高，钻之弥坚①，瞻之在前，忽焉在后②！夫子循循然善诱人③，博我以文，约我以礼④。欲罢不能。既竭吾才，如有所立卓尔⑤。虽欲从之，末由也已⑥！"**

**新注** ①喟（kuì）然：叹息声。仰之弥高，钻之弥坚：愈是仰望，愈觉其崇高；愈是钻研，愈觉其坚牢。感叹孔子之道极其高深。②瞻之在前，忽焉在后：瞻之在眼前，忽焉在其后。喻夫子之道恍惚不可捉摸，无处不在。 ③循循然善诱人：循循，有次序貌。诱，引进义。赞叹孔子因材施教，传道有方。 ④博我以文，约我以礼：文，文献学术。礼，礼义。博，广博。约，约束。 ⑤既竭吾才，如有所立卓尔：竭，竭尽。卓尔，高峻貌。 ⑥末由：末，无。由，经由。虽欲再进，无路可由。

**新译** 颜渊喟然叹道："（夫子之道，）让人越是仰望，越是觉得崇高广远；越是钻研，越是觉得坚固深邃！明明看见其在前，一忽儿又觉其在后。夫子善于循序渐进、自然而然地引导弟子，他用文献学术来丰富我之学养，又用礼义廉耻来约束我之言行。让我想要停下来都不可能。直到竭尽我的才智，仍然觉得眼前好像有一座高山卓然矗立。即使我想继续追从，却又不知从哪里起步了！"

**新识** 本章记颜子之喟叹，夫子之道，尽在其中矣！

仰高、钻坚、瞻前、忽后四句，乃《论语》中最佳品题语，言夫子道大德全，无所不在，无往不得，大象无形，大音希声，颜子虽勉力以求，勇猛精进，仍觉高山仰止，末由也已。此足见颜子之学，虽具体而微，去圣不远，然距离夫子，仍未达一间。《礼记·中庸》有云："诚者，天之道也；诚之者，人之道也。诚者，不勉而中，不思而得，从容中道，圣人也；诚之者，择善而固执之者也。"观此可知，夫子盖已达圣人之境，可谓"诚者"，颜回则"择善而固执"，可谓"诚之者"也。此必夫子七十以后"从心所欲不逾矩"之中和气象，不偏不倚，无过不及，直与天地相似，高不可及，深不可测也。故张子横渠曰："高明不可穷，博厚不可极，则中道不可识，盖颜子之叹也！”又朱熹《集注》称：“仰弥高，不可及。钻弥坚，不可入。在前在后，恍惚不可为象。此颜渊深知夫子之道，无穷尽、无方体，而叹之也。”

“博我以文，约我以礼”，圣学精髓全部在此，夫子“下学而上达”，此其必由之路也。《集注》引程子曰：“此颜子称圣人最切当处，圣人教人，惟此二事而已。”“到此地位，功夫尤难，直是峻绝，又大段着力不得。”所谓“百尺竿头，再进一步”，如何再进？竟无所用其力也。又朱子说：“夫子教颜子，只是博文、约礼两事。自尧舜以来，便自如此说。‘惟精’便是博文，‘惟一’便是约礼。”（《朱子语类》卷第三十六）夫子说：“博学于文，约之以礼，亦可以弗畔矣夫！”正与“道心惟微，人心惟危，惟精惟一，允执厥中”相合，故可知，唯有博文约礼，方能不叛中道，执其两端而用其中，达到仁圣之境界！

又，《庄子·田子方》载：“颜渊问于仲尼曰：‘夫子步亦步，夫子趋亦趋，夫子驰亦驰；夫子奔逸绝尘，而回瞠若乎后矣！’夫子曰：‘回，何谓邪？’曰：‘夫子步，亦步也；夫子言，亦言也；夫子趋，亦趋也；夫子辩，亦辩也；夫子驰，亦驰也；夫子言道，回亦言道也；及奔逸绝尘而回瞠若乎后者，夫子不言而信，不比而周，无器而民滔乎前，而不知所以然而已矣。’”

今按：《庄子》一书，多处以孔子颜回为说，虽不无悠谬，而颇得环中，有论者以庄子乃颜子后学，不亦宜乎！盖夫子之道，既平易近人，又高不可及，犹天之不可阶而升也！

**9.12 子疾病，子路使门人为臣①。病间②，曰：“久矣哉！由之行诈也！无臣而为有臣③，吾谁欺？欺天乎？且予与其死于臣之手也，无宁死于二三子之手乎④？且予纵不得大葬⑤，予死于道路乎？”**

**新注** ①使门人为臣：让弟子们扮作家臣准备丧礼。 ②病间(jiàn)：病稍减轻。《集解》包咸注：“疾甚曰病。”孔安国曰：“病少差曰间。” ③无臣而为有臣：谓明明无家臣，却以大夫之礼葬，故谓之行诈。 ④无宁：宁肯。二三子：指弟子们。 ⑤大葬：隆重的葬礼，这里指以君臣之礼葬。

**新译** 孔子病重时，子路曾让学生们扮作家臣（来预备丧事）。后来孔子的病稍有好转，了解此事，说：“已经很久了吧！你仲由干这件欺诈的事！我没有家臣却装作有家臣，能欺骗谁呢？欺骗上天吗？况且，我与其让所谓的家臣给我送终，还不如让你们这些学生来给我送终呢！就算我不能用大夫之礼来安葬，难道我就会死在路上无人送终吗？”

**新识** 本章记子路欲为夫子越礼治丧，夫子斥其行诈，以明仁者无欺。按照古礼，大夫之丧，家臣治其礼。君臣之服，斩衰三年。君臣本无父子之亲，犹当服斩衰三年，何谓也？不独尊之，盖又亲之也。然孔子当时已非大夫，并无家臣，子路欲以家臣治其丧，意为尊师，却属违礼之举。按：师弟之服，心丧三年。《礼记·檀弓上》：“事师无犯无隐，左右就养无方，服勤至死，心丧三年。”郑玄注：“心丧，戚容如父而无服也。”

古有尊师之礼，然“君师”之间尚有主次。如《尚书·泰誓》云：“天佑下民，作之君，作之师。”又《荀子·礼论》亦称：“上事天，下事地，尊先祖而隆君师，是礼之三本也。”故民间有供奉“天地君亲师”牌位之传统，而君在亲师之前。夫子此处说：“且予与其死于臣之手也，无宁死于二三子之手乎？”细味此句，尤为感人。说明在夫子心里，师徒之亲，远在君臣之上！子路使弟子为臣，虽非有意行诈，但此举实在颟顸粗鲁，不唯不解夫子深衷，实亦将陷夫子于不义也。夫子对于众弟子，可谓知深爱重，故颜回死，弟子厚葬之，夫子则叹曰：“回也视予犹父也，予不得视犹子也！”在夫子看来，师徒之情，绝有不亚于父子之亲者在焉。盖父子者，血脉之延续也；师徒者，精神之承传也。钱穆先生说：“孔子之尊，在其创师道，不在其曾为大夫。孔子心之所重，亦重在其有诸弟子，岂重在其能有家臣？”

今按：自有夫子以来，师者方与君、父鼎足而三，中国文化于血统、政统外，复又挺立一道统、学统，华夏文明得以弘阔深广，蔚为大观。宋儒谓："天不生仲尼，万古如长夜。"良有以也！

又按：自欺欺人，岂可欺天？此孔子敬天畏命、至诚无欺之证也。夫子宁死于弟子之手，是将弟子作为精神之后裔，这一种文化情怀和师者仁心，真可谓惊天地、泣鬼神！据《孔子家语·终记解》，夫子殁后，众弟子庐墓守孝，心丧三年，"二三子三年丧毕，或留或去，惟子贡庐于墓六年。自后群弟子及鲁人处墓如家者，百有余家，因名其居曰孔里"。此真可谓"死于二三子之手"了。夫子泉下有知，亦当含笑矣！

## 9.13 子贡曰："有美玉于斯，韫椟而藏诸①，求善贾而沽诸②？"子曰："沽之哉！沽之哉！我待贾者也！"

**新注** ①韫（yùn）椟（dú）而藏诸：韫，收藏。椟，木匣。②求善贾（jià）而沽（gū）诸：沽，卖。一说：善贾（音古），指识货的商人，亦通。

**新译** 子贡问道："如果有一块美玉在这里，您是把它放在匣子里收藏起来呢？还是找个好价钱把它卖掉呢？"孔子说："卖掉它吧，卖掉它吧！我正在等着一个好价钱呢！"

**新识** 此章子贡与夫子问答，可见夫子自处之道。"求"与"待"，虽一字之差，而境界大不同，所谓"如不可求，从吾所好"者也！"韫椟而藏"，正是"用之则行，舍之则藏"之意，明夫子虽不忘用世，然绝不肯枉道苟求，汲汲于名利也。《集注》引范氏曰："君子未尝不欲仕也，又恶不由其道。士之待礼，犹玉之待贾也。"

今按：夫子待价而沽，而不求价而售，所谓尽人事而听天命，不义而富贵于我如浮云也。

## 9.14 子欲居九夷①。或曰："陋，如之何！"子曰："君子居之，何陋之有？"

**新注** ①九夷：泛指少数民族。九，言其多。

**新译** 孔子想要去九夷定居。有人说："那里闭塞简陋，怎么住啊？"孔子说："君子住在那里，还有什么闭塞简陋呢？"

**新识** 朱熹《集注》称："东方之夷有九种。欲居之者，亦乘桴浮海之意。"刘宝楠《正义》以九夷乃朝鲜，君子指箕子，意谓朝鲜虽地处偏僻，然得君子之化，所以并不闭塞简陋，亦可聊备一说。

今按：子曰："夷狄之有君，不如诸夏之无也。"君子所居则化，礼乐之道如影随形，故云何陋之有。

## 9.15 子曰："吾自卫反鲁，然后乐正①，《雅》《颂》各得其所②。"

**新注** ①自卫反鲁：从卫国回到鲁国，时在哀公十一年（前484）。乐正：订正了音乐。正，厘正，订正。 ②《雅》《颂》各得其所：《雅》《颂》，乃《诗经》中与《风》并列的分类名称。孔子正乐，使《雅》《颂》各自得到其适宜的位置。

**新译** 孔子说："我从卫国回到鲁国，然后订正了音乐，让《雅》《颂》的诗篇都各自得到适宜的位置。"

**新识** 此章记夫子晚年返鲁正乐。朱熹《集注》称："鲁哀公十一年（前484）冬，孔子自卫反鲁。是时周礼在鲁，然《诗》乐亦颇残阙失次。孔子周流四方，参互考订，以知其说。晚知道终不行，故归而正之。"《史记·孔子世家》云：

> 古者《诗》三千余篇，及至孔子，去其重，取可施于礼义，上采契、后稷，中述殷、周之盛，至幽、厉之缺，始于衽席，故曰：《关雎》之乱以为《风》始，《鹿鸣》为《小雅》始，《文王》为《大雅》始，《清庙》为《颂》始。三百五篇孔子皆弦歌之，以求合《韶》《武》《雅》《颂》之音。礼乐自此可得而述，以备王道，成六艺。

今按：夫子删诗正乐，乃中国文化史上绝大事件，观夫子"《雅》《颂》各得其所"之言，似有欣然如释重负之意。是年夫子已年近七十矣！

## 9.16 子曰：“出则事公卿，入则事父兄，丧事不敢不勉，不为酒困[①]，何有于我哉！”

**新注** ①勉：勉力，尽力。不为酒困：不被酒所困扰。

**新译** 孔子说：“外出则奉事公卿，在家就奉事父兄，有丧事不敢不尽力，不为酒所困扰，做到这些对我有什么困难呢？”

**新识** 此亦夫子自道。所举四事，皆在邦在家所当为之事，然正是这些每日当为之事，持之以恒尤为不易，正如朱熹所说，其事愈卑，其意愈切。故程子云：“何有于我哉，勉学者当如是也。”然朱子以为此章乃夫子谦辞，说：“何有于我，言何者能有于我也。”则有所未安，说见《述而》篇，此不赘。

## 9.17 子在川上曰：“逝者如斯夫！不舍昼夜[①]。”

**新注** ①川上：河边。不舍：不停。舍，止息。

**新译** 孔子在河边叹道：“那逝去的一切就像这河水一样啊！日夜东流，永不停息！”

**新识** 此章为《论语》中最具哲理与诗意的一章。夫子曾说：“知者乐水，仁者乐山。”而智仁兼备的夫子一向喜欢登山临水。“君子见大水必观”之说便与孔子有关，《荀子·宥坐》载：

> 孔子观于东流之水。子贡问于孔子曰：“君子之所以见大水必观焉者，是何？”孔子曰：“夫水大，遍与诸生而无为也，似德；其流也埤下，裾拘必循其理，似义；其洸洸乎不淈尽，似道；若有决行之，其应佚若声响，其赴百仞之谷不惧，似勇；主量必平，似法；盈不求概，似正；淖约微达，似察；以出以入，以就鲜絜，似善化；其万折也必东，似志。是故君子见大水必观焉。”

此事亦见于《孔子家语·三恕》和《说苑·杂言》。这里，经过“君子比德”之后的“水”，被赋予了德、义、道、勇、法、正、察等多种品性，从而完成了人格化的文化塑造。所以，本章夫子站在川上的逝水之叹，便含蕴了无穷意味。《集解》郑玄曰：“逝，往也，言凡往者如川之流也。”皇侃《疏》云：“孔子在川水之上，见川流迅迈，未尝停止，故叹人年往去，亦复如此。向我非今我，故云‘逝者如斯夫’者也。……日月不居，有如流水，故云‘不舍昼夜’也。”说明夫子逝水之叹，首先与时间有关，可谓“时间哲学”之先声。

其次，逝，除了解作“往”，还可解作“进”，遂与君子进学相联系。《孟子·离娄下》载：“徐子曰：‘仲尼亟称于水曰：水哉！水哉！何取于水也？’孟子曰：‘源泉混混，不舍昼夜，盈科而后进，放乎四海，有本者如是，是之取尔。’”扬雄《法言·学问》：“或问进。曰：‘水。’或曰：‘为其不舍昼夜与？’曰：‘有是哉！满而后渐者，其水乎？’”这里的“满而后渐”，实即“盈科后进”也。又，董仲舒《春秋繁露·山川颂》载：

> 水则源泉混混沄沄，昼夜不竭，既似力者；盈科后行，既似持平者；循微赴下，不遗小间，既似察者；循溪谷不迷，或奏万里而必至，既似知者；鄣防山而能清静，既似知命者；不清而入，清洁而出，既似善化者；赴千仞之壑，入而不疑，既似勇者；物皆困于火，而水独胜之，既似武者；咸得之而生，失之而死，既似有德者。孔子在川上，曰：“逝者如斯夫，不舍昼夜！”此之谓也。

如果说“君子见大水必观”赋予水以审美意义，“盈科后进”“满而后渐”则赋予水以伦理意义。《易传》曰：“天行健，君子以自强不息。”此处亦可曰：“水德善，君子以精进不已。”故朱熹称：“自此至篇终，皆勉人进学不已之辞。”

再次，宋儒则抓住“不舍”二字，以义理之“道体”解此章。如《集注》朱熹曰：“往者过，来者续，无一息之停，乃道体之本然也。然其可指而易见者，莫如川流。故于此发以示人，欲学者时时省察，而无毫发之间断也。”又引程子曰：“此道体也。天运而不已，日往则月来，寒往则暑来，水流而不息，物生而不穷，皆与道为体，运乎昼夜，未尝已也。是以君子法之，自强不息。及其至也，纯亦不已焉。”这里的“纯亦不已”，当来自《中庸》：

> 《诗》云：“维天之命，於穆不已。”盖曰天之所以为天也。“於乎不显，文王之德之纯！”盖曰文王之所以为文也，纯亦不已。

实则，水德的确有与天德相类相似之处，要皆“不舍昼夜”“纯亦不已”者也。程子又曰：“自汉以来，儒者皆不识此义。此见圣人之心，纯亦不已也。纯亦不已，乃天德也。有天德，便可语王道，其要只在谨独。”宋儒之说，虽有“过度阐释”之嫌，然对于此章之义理诚有发明之功，自此，“审美”“伦理”二义之外，又多一“义理”或曰“哲学”之诠释维度，使此章之内在诠释能量得到极大拓展，此又不可不知也。

今按：本章言约意丰，气象浑茫，对于后世文学亦有极大影响，自此之后，“伤逝”遂成为一大文学母题。陆机《叹逝赋》开篇即发此咏叹：“悲夫！川阅水以成川，水滔滔而日度。世阅人而为世，人冉冉而行暮。人何世而弗新，世何人而能故？”六朝志人小说名著《世说新语》设有《伤逝》一门，主旨便为伤悼逝者。其《文学》载：“郭景纯诗云：‘林无静树，川无停流。’阮孚云：‘泓峥萧瑟，实不可言，每读此文，辄觉神超形越。’”“林无静树，川无停流”八字，即从夫子逝水之叹发源而来。夫子寥寥数言，实在蕴藏着无与伦比的生命能量、诗性精神与哲学内涵！

## 9.18　子曰：“吾未见好德如好色者也。”

**新译**　孔子说：“我还没有见过爱好贤德如同爱好美色一样的人呢！”

**新识**　此章又为夫子感叹之辞。《史记·孔子世家》以此事系于鲁定公十四年（前496）：“居卫月余，灵公与夫人同车，宦者雍渠参乘出，使孔子为次乘，招摇市过之。孔子曰：‘吾未见好德如好色者也。’于是丑之，去卫。”这里的“好德”之“德”，约有两义：一指士大夫之有德者，好德即好贤之义；一说泛指道德，亦可通。《集解》何晏注：“疾时人薄于德而厚于色，故发此言。”

其实，夫子并非否定“好色”一端，而是希望“好德如好色”。如《礼记·坊记》子云：“好德如好色，诸侯不下渔色，故君子远色以为民纪。”“君子远色”，便是子夏所谓“贤贤易色”之意。如此，方可进德修业，克己复礼，立人达人，成己成物。《集注》谢氏曰：“好好色，恶恶臭，诚也。好德如好色，斯诚好德矣，然民鲜能之。”

今按：《礼记·礼运》云：“饮食男女，人之大欲存焉。”又《孟子·告子上》：“食色，性也。”好德不如好色，古今同然。盖好色属本能，不学而能；好德属德性，其必由学。此章可与“贤贤易色”章同参，盖以勉人好学进德也。

## 9.19 子曰：“譬如为山，未成一篑，止，吾止也！譬如平地，虽覆一篑①，进，吾往也！”

**新注** ①篑（kuì）：盛土的竹筐。覆：倒。

**新译** 孔子说：“譬如堆土成山，只差最后一筐就可堆成，却停下来了，这是我自己停下来的。又譬如填平洼地，即便只倒下一筐土，如果继续干下去，也是我自己在努力。”

**新识** 夫子以“为山”为譬，言学习贵在坚持，进退皆由己，而非由人。《尚书·旅獒》有“为山九仞，功亏一篑”之言，或为夫子此语之触媒。朱熹《集注》说：“言山成而但少一篑，其止者，吾自止耳；平地而方覆一篑，其进者，吾自往耳。盖学者自强不息，则积少成多；中道而止，则前功尽弃。其止其往，皆在我而不在人也。”又《孟子·尽心上》：“有为者譬若掘井，掘井九仞而不及泉，犹为弃井也。”《荀子·劝学》亦称：“骐骥一跃，不能十步；驽马十驾，功在不舍；锲而舍之，朽木不折；锲而不舍，金石可镂。”此诸说，皆可谓“能近取譬”者，诚为古今劝学励志之佳言也。

今按：此章所言不过二力之效：一曰愿力，一曰耐力。无此二力，学必不成矣。“我欲仁，斯仁至矣”，“人能弘道，非道弘人”，斯之谓也！

## 9.20　子曰：“语之而不惰者①，其回也与！”

**新注**　①惰：懈怠。

**新译**　孔子说：“与他讲习谈论而从不懈怠的人，大概只有颜回吧！”

**新识**　本章夫子赞颜回好学不倦。《集注》范氏（祖禹）曰：“颜子闻夫子之言，而心解力行，造次颠沛未尝违之。如万物得时雨之润，发荣滋长，何有于惰，此群弟子所不及也。”

今按：夫子尝言：“吾与回言终日，不违如愚”；“回也非助我者也，于吾言无所不说”；今又言“语之不惰”，岂偶然哉？夫所以“不违”“不惰”者，盖其默识心通、“无所不说”也！

## 9.21　子谓颜渊，曰：“惜乎！吾见其进也，未见其止也！”

**新译**　孔子谈到颜渊，说：“太可惜了！我只看到他不断地进步，从未见他停止过！”

**新识**　此章又言颜子好学，勇猛精进，犹如川上逝水，不舍昼夜。朱熹《集注》说：“颜子既死而孔子惜之，言其方进而未已也。”

今按：颜子好学，颇有夫子“学如不及，犹恐失之”之概。《中庸》所谓“回之为人也，择乎中庸，得一善，则拳拳服膺，而不失之矣”，亦是此意。然颜回未尝学到夫子申申如、夭夭如、空空如之次第，精进有余，而雍容不足，故其不幸短命死矣。夫子最爱颜回，以其为传学弘道之选，一旦失去，岂不可惜！可叹！

## 9.22 子曰："苗而不秀者有矣夫！秀而不实者有矣夫[①]！"

**新注** ①苗而不秀：谷之始生曰苗，吐穗开华曰秀。秀而不实：成谷曰实。

**新译** 孔子说："长出嫩苗却未能吐穗开花的情况是有的啊！吐了穗、开了花却未能结果实的情况，也是有的啊！"

**新识** 此章盖承上章，约有两解：一则曰，以物喻人，慨叹颜回之早夭。如牟子《理惑》篇曰："颜渊有不幸短命之记，苗而不秀之喻。"李轨《法言注》："仲尼悼颜渊苗而不秀，子云（扬雄）伤童乌育而不苗。"又《文心雕龙·哀吊》："苗而不秀，自古斯恸。"皆此意。二则曰，此章与颜回无关，纯为劝学之语，如《集解》孔安国就说："言万物有生而不育承者，喻人亦然也。"朱熹《集注》亦云："盖学而不至于成，有如此者，是以君子贵自勉也。"两说皆有理，后一说更可与下章"后生可畏"相贯通也。

## 9.23 子曰："后生可畏[①]，焉知来者之不如今也？四十、五十而无闻焉[②]，斯亦不足畏也已！"

**新注** ①后生可畏：年轻人是值得敬畏的。 ②无闻：无名；这里指没有名声和成就。一说：闻作闻道，亦可通。

**新译** 孔子说："年轻人是值得敬畏的，怎知道将来的他们就比不上今天的我们呢？不过他们到了四十、五十岁还没有什么名望，也就不值得敬畏了。"

**新识** 此章紧承上章，教人为学，当及时勉励，莫使年华蹉跎，后悔莫及。朱熹《集注》云："孔子言后生年富力强，足以积学而有待，其势可畏，安知其将来不如我之今日乎？然或不能自勉，至于老而无闻，则不足畏矣。言此以警人，使及时勉学也。"

今按：《中庸》孔子曰："君子依乎中庸，遁世不见知而不悔，唯圣者能之。"可知夫子实已超越求名求闻阶段，故其能做到"人不知而不愠”，终至于“耳顺”之境界。夫子此言，盖欲使后生向学，先道“后生可畏”，以鼓其勇气；再道“亦不足畏”，以戒其怠惰：为师之道，尽在其中矣！

**9.24 子曰：“法语之言①，能无从乎？改之为贵。巽与之言，能无说乎？绎之为贵②。说而不绎，从而不改，吾末如之何③也已矣！”**

**新注** ①法语之言：符合原则的规正之言。法，则。语，告诫。②巽（xùn）与之言：恭顺赞许之言。巽，通“逊”。与，许也。说（yuè）：通“悦”。绎：寻绎，分析。 ③吾末如之何：末，无。如之何，怎么办。

**新译** 孔子说：“符合道义的规正之言，能不服从吗？但要真正改过才算可贵。恭顺赞许之言，能不喜欢吗？但要能分析反省才算可贵。只顾喜欢而不加分析，表面接受却顽固不改，我对这种人真是无可奈何了。”

**新识** 此章谈“知言”，即理性对待他人的不同意见，有则改之，无则加勉。朱熹《集注》说：“法言人所敬惮，故必从；然不改，则面从而已。巽言无所乖忤，故必说；然不绎，则又不足以知其微意之所在也。”

今按：俗语云：忠言逆耳利于行。法语之言，盖忠言也。《孝经·卿大夫章》说：“非先王之法言不敢道，非先王之德行不敢行。”又《庄子·人间世》：“法言曰：传其常情，无传其溢言，则几乎全。”此又有格言之义。后扬雄模拟《论语》，撰《法言》十三篇，当亦从此章获取灵感。

**9.25 子曰：“主忠信，毋友不如己者，过则勿惮改。”**

**新译** 孔子说：“君子要以忠诚信实为主，不要与一无是处的人交朋友，有了过失，不要怕改正。”

**新识** 此章《学而》篇已见，朱子注称“重出而逸其半”，盖因与上章“改之为贵”相涉而置于此。

今按：《论语》中重复章节，皆非错简，而实有为而作，如此章便可体现编者之全局考虑、整体思路也。

## 9.26 子曰：“三军可夺帅也，匹夫不可夺志也①。”

**新注** ①三军：周朝制度，天子六军，大的诸侯可有三军，每军一万二千五百人。匹夫：平民。

**新译** 孔子说：“三军虽众，可以夺取它的主帅；匹夫若强，谁都夺不去他的志向。”

**新识** 此章言志不可夺，最见儒者骨鲠气概。《集注》引侯氏曰：“三军之勇在人，匹夫之志在己。故帅可夺而志不可夺，如可夺，则亦不足谓之志矣。”朱子亦说：“志若可夺，则如三军之帅被人夺了。做官夺人志。志执得定，故不可夺；执不牢，也被物欲夺去，志真个是不可夺！”（《朱子语类》卷第三十七）

夫子此言，对于儒家士大夫之精神塑造无比重要。志者，士之心也。无志之士，即无心之人，无心无志，非人也。夫子故意说“匹夫不可夺志”，其潜台词是：匹夫尚且不可夺志，而况士乎？夫子还说：“志士仁人，无求生以害仁，有杀身以成仁。”《礼记·儒行》说得更彻底：“身可危也，而志不可夺也。”换言之，也即“士可杀不可辱”，或如陈寅恪先生所谓：“思想而不自由，毋宁死耳！”

孟子继承孔子，提出“养气”说：“我善养吾浩然之气。……其为气也，至大至刚，以直养而无害，则塞于天地之间。其为气也，配义与道；无是，馁也。是集义所生者，非义袭而取之也。行有不慊于心，则馁矣。”（《公孙丑上》）孟子又提出“大丈夫”说：“富贵不能淫，贫贱不能移，威武不能屈，此之谓大丈夫。”这里的“不能淫”“不能移”“不能屈”，实即孔子所说的“不可夺志”也！

古今儒者，有此一往隽气者所在多有。文天祥最为代表。其《正气歌》云："天地有正气，杂然赋流形。下则为河岳，上则为日星。于人曰浩然，沛乎塞苍冥。皇路当清夷，含和吐明庭。时穷节乃见，一一垂丹青。……是气所磅礴，凛烈万古存。当其贯日月，生死安足论。地维赖以立，天柱赖以尊。三纲实系命，道义为之根。"此诗将士大夫之志气，提撕至宇宙天地之高度，千载之下读之，犹觉酣畅淋漓，令人热血沸腾！

20世纪70年代，梁漱溟先生在"批林批孔"运动中，曾慷慨陈词："我只批林不批孔。"在遭到众口铄金式的大批判后，召集人问他有何感想，梁先生答曰："三军可夺帅也，匹夫不可夺志。"仅此一点，即可证梁先生之真儒风范！

无独有偶。早在20世纪20年代的反传统大潮中，吴宓先生便撰文称："由于我之良心，我当尊孔；本于我之智慧思考，我坚信孔子之学说。故今虽举世皆侮孔谩孔，虽以白刃手枪加于我身，我仍尊孔信孔。"1974年，"批林批孔"步步升级，吴先生顶着巨大压力，直言不讳宣称："批林，我没意见；批孔，宁可杀头，我也不批！"这便是"可夺帅不可夺志"的铮铮铁骨！

今按：美国作家海明威的名著《老人与海》中，有一句名言："一个人并不是生来要被打败的，你尽可以把他消灭掉，可就是打不败他。"此言庶几与本章异域同旨、异代同调！

**9.27　子曰："衣敝缊袍，与衣狐貉者立①，而不耻者，其由也与！'不忮不求，何用不臧②？'"子路终身诵之。子曰："是道也，何足以臧③？"**

**新注**　①衣（yì）敝缊（yùn）袍：衣，穿；敝，破坏义；缊袍，旧棉袍。狐貉（hé）：指以狐貉之皮做的裘袍。　②不忮不求，何用不臧（zāng）：语出《诗经·卫风·雄雉》。忮，害义，嫉恨。求，贪求。何用，何以，怎么。臧，善。意谓若能不嫉恨、不贪求，怎么会不好呢？　③是道也，何足以臧：这是当行之道，又怎么值得自喜呢？臧，褒，赞美。

**新译** 孔子说：“穿着破旧的棉袍，与穿狐貉皮衣的人站在一起，而不感觉羞耻的人，大概只有仲由吧？《诗经》上说：‘不嫉恨，不贪求，怎么会不好呢？’”子路听后，便总是念诵这两句诗。孔子说：“这是当行之道，又怎么值得自喜呢？”

**新识** 此章承上章，论子路之气节。子路在孔门，以好勇著称，然亦颇有“志士”气概。其尝自道其志曰：“愿车马衣轻裘与朋友共，敝之而无憾。”此处夫子又赞其“衣敝缊袍与衣狐貉者立而不耻”，皆士之特操也。盖因夫子尝说“士志于道而耻恶衣恶食者，未足与议也”。夫子又说：“邦有道，贫且贱焉，耻也；邦无道，富且贵焉，耻也。”置身于无道之邦，应感到羞耻者恰恰是那些“衣狐貉者”，子路乃“邦无道，贫且贱焉”者，又何耻之有？夫子所以欣赏子路的这一份坦然与勇气，正是对其识大体、明大义、行大道的充分肯定。

子路实在可爱，他不仅闻过则喜，闻赞更喜（夫子实在很少赞美他），对孔子所引《诗经》名句，“终身诵之”。“终身”二字，说明子路不像南容“三复白圭”，点到即止，而是喋喋不休，沾沾自喜，得意忘形。故孔子不得不当头棒喝，恩威并施，以纠其偏、以警其傲、以勉其学、以励其行也。

## 9.28 子曰：“岁寒，然后知松柏之后凋①也。”

**新注** ①凋：凋零，凋落。

**新译** 孔子说：“到了岁暮天寒之后，才知道松柏是最后凋零的啊！”

**新识** 此章盖以松柏比德于君子也。可与“君子固穷”章同参。《集注》引谢氏说：“士穷见节义，世乱识忠臣，欲学者必周于德。”古语有云：“疾风知劲草，板荡识忠臣。”此之谓也！又，夫子所言，实亦隐含君子小人之辨。若以松柏喻君子而后凋，则必有木叶如小人而先落矣。故夫子赞松柏，实亦赞君子也！

今按：此言或为夫子困于陈蔡时所言，时在鲁哀公六年（前489），孔子六十三岁。《吕氏春秋·孝行览》载：

> 孔子穷于陈、蔡之间，七日不尝食，藜羹不糁。宰予备矣，孔子弦歌于室，颜回择菜于外。子路与子贡相与而言曰："夫子逐于鲁，削迹于卫，伐树于宋，穷于陈、蔡。杀夫子者无罪，藉夫子者不禁，夫子弦歌鼓舞，未尝绝音。盖君子之无所丑也若此乎？"颜回无以对，入以告孔子。孔子慽然推琴，喟然而叹曰："由与赐，小人也！召，吾语之。"子路与子贡入，子贡曰："如此者，可谓穷矣！"孔子曰："是何言也？君子达于道之谓达，穷于道之谓穷。今丘也拘仁义之道，以遭乱世之患，其所也，何穷之谓？故内省而不疚于道，临难而不失其德，大寒既至，霜雪既降，吾是以知松柏之茂也。昔桓公得之莒，文公得之曹，越王得之会稽。陈、蔡之厄，于丘其幸乎！"

《庄子·让王》《淮南子·俶真训》亦载此事，"松柏之茂"正此章"松柏之后凋"的"传闻异辞"。

又按：此章不仅为格言，更是诗！后世诗人多从其中得到灵感。如"建安七子"之刘桢《赠从弟》诗云："亭亭山上松，瑟瑟谷中风。风声一何盛，松枝一何劲！冰霜正惨凄，终岁常端正。岂不罹凝寒，松柏有本性！"又李白诗："松柏虽寒苦，羞逐桃李春。"刘禹锡诗："后来富贵已零落，岁寒松柏犹依然。"借松喻人，托物言志，皆拜夫子之赐也！

## 9.29 子曰："知者不惑，仁者不忧，勇者不惧。"

**新译** 孔子说："智者心无迷惑，仁者心无忧虑，勇者心无畏惧。"

**新识** 此章亦可谓孔门心学要诀，盖因"惑""忧""惧"三者，皆不离"心"也。

《中庸》云："知、仁、勇三者，天下之达德也，所以行之者一也。或生而知之，或学而知之，或困而知之，及其知之，一也。或安而行之，或困而行之，或勉强而行之，及其成功，一也。子曰：好学近乎知，力行近乎仁，知耻近乎勇。知斯三者，则知所以修身；知所以修身，则知所以治人；知所以治人，则知所以治天下国家矣。”

三者尚有次第。如朱子说：“知以明之，仁以守之，勇以行之。”又说：“生知安行，以知为主；学知利行，以仁为主；困知勉行，以勇为主。”（《朱子语类》卷第三十七）钱穆云：“知者明道达义，故能不为事物所惑。仁者悲天悯人，其心浑然与物同体，常能先天下之忧而忧，恻怛广大，无私虑私忧。勇者见义勇为，志道直前。”

今按：此章亦见于《宪问》篇，故此处“三达德”，与上章相承，偏在“勇者无惧”也！

## 9.30 子曰：“可与共学，未可与适道①；可与适道，未可与立；可与立，未可与权②。”

**新注** ①适道：适，往赴义。适道，犹言修道、求道。 ②与立：并立于道中。与权：共同权衡变通。称物之锤名权，权然后知轻重。

**新译** 孔子说：“有的人可以与他一起求学，但未必可以与他一起求道；有的人可以与他一起求道，但未必可以与他并立于道中而不变；有的人可以一并立道中而不变，但未必可以与他一起权衡轻重，相宜变通。”

**新识** 本章言学者进学之阶程次第，格局大小，“共学”—“适道”—“与立”—“与权”，正由小及大、自卑而高、自近而远、守经达权之四个阶段、四道关口，夫子言此，足见许多人终其一生，未必能通此“四关”也！四者牵一发动全身：不能“共学”，必不能“适道”；不能“适道”，必不能“与立”；不能“与立”，必不能“与权”也。故《集注》杨氏曰：“知为己，则可与共学矣。学足以明善，然后可与适道。信道笃，然后可与立。知时措之宜，然后可与权。”

四者之中，“与权”最为难至。盖权者，本义为秤锤，“权然后知轻重”；引申为“权智”，与“经义”相反而相成，故权者，必反乎经者也；反经合道为“权”。程子甚至认为：“权即是经也。”如“叔嫂不通问”“男女授受不亲”，即是“经”；“嫂溺援之以手”，便是“权”。如“父母之命，媒妁之言”是“经”，舜“不告而娶”则是“权”。如孟子说：“不孝有三，无后为大。舜不告而娶，为无后也。君子以为犹告也。”一言以蔽之：权，即是“时中”“合宜”“无适无莫”“无可无不可”也。

今按：孟子曰：“大而化之之谓圣。”盖知常者未必知变，守仁者未必知义，立礼者未必知权。此圣人所以为大，所以为“时中”者也。

## 9.31 “唐棣之华，偏其反而①。岂不尔思？室是远而②。”子曰：“未之思也，夫何远之有？”

**新注** ①唐棣（dì）之华（huā），偏其反而：唐棣，一种植物，蔷薇科，落叶灌木。花朵或赤色或白色。然其花生时，先绽开，而后渐合为花苞，与众花相异。偏，通“翩”；反，通“翻”。花摇曳貌。此四句诗，乃古之逸诗也。 ②岂不尔思？室是远而：我岂不思慕你？只是你离我太远了。

**新译** “唐棣花儿开，上下翩翩摆。我岂不想你？你家太遥远。”孔子说：“还是不够思念啊，（如果真的思念，）哪里会觉得遥远呢？”

**新识** 此章记孔子论逸诗，所指具体为何，向有争议，迄无定论。《集解》何晏曰：“夫思者当思其反，反是不思，所以为远也。能思其反，何远之有？言权可知，惟不知思耳，思之有次序，斯可知矣。”盖以此与上章为一章，此汉儒以来主流解释。宋以后则以为此章虽有“反”字，与上章“反经达权”之旨并无关涉，朱熹《集注》乃将其另作一章，以为：“夫子借其言而反之，盖前篇‘仁远乎哉’之意。”又，《集注》引程子曰：“圣人未尝言易以骄人之志，亦未尝言难以阻人之进。但曰未之思也，夫何远之有？此言极有涵蓄，意思深远。”程树德《论语集释》称：“窃谓此章止是发明思之作用，与反经合权无涉。孟子深得夫子之意，故提出此一字曰：‘心之官则思，思则得之，不思则不得也。’自宜别为一章，后儒纷纷曲说无当也。”其说可从。

今按：此章可与“仁远乎哉”章并参。谓道不远人，思则得之也。钱穆云：“此章言好学，言求道，言思贤，言爱人，无指不可。”所谓“诗无达诂”，此其证也。

# 乡党第十

**10.1　孔子于乡党，恂恂如也[①]，似不能言者。其在宗庙、朝廷[②]，便便言[③]，唯谨尔。**

**新注**　①乡党：指家乡，父兄宗族之所在。恂恂（xún）如：恭顺之貌。如，语助词。　②宗庙：祭祖行礼的地方。朝廷：政府议事的地方。　③便便（pián）言：说话明白流畅，侃侃而谈。

**新译**　孔子在乡亲面前，谦和恭顺，好像不善言谈的样子。而在宗庙朝廷，则言辞流畅，侃侃而谈，只是措辞很谨慎罢了。

**新识**　本篇记夫子日常言行气象，鲜活生动，不啻孔门"身教"之绝佳教材。旧不分章，今从朱子分为十八节。朱熹《集注》说："记孔子在乡党、宗庙、朝廷言貌之不同。"又引杨氏曰："圣人之所谓道者，不离乎日用之间也。故夫子之平日，一动一静，门人皆审视而详记之。"尹氏曰："甚矣孔门诸子之嗜学也！于圣人之容色言动，无不谨书而备录之，以贻后世。今读其书，即其事，宛然如圣人之在目也。虽然，圣人岂拘拘而为之者哉？盖盛德之至，动容周旋，自中乎礼耳。学者欲潜心于圣人，宜于此求焉。"

今按：《卫灵公》篇子曰："可与言而不与之言，失人；不可与言而与之言，失言。知者不失人，亦不失言。”说话注意场合、对象、方式、态度，则既不会失人，亦不会失言。

## 10.2 朝，与下大夫[①]言，侃侃如也；与上大夫言，訚訚如也[②]。君在，踧踖如也，与与如也[③]。

**新注** ①朝：上朝。下大夫：官爵名。当时诸侯国，卿之下有大夫，大夫分上、中、下三等。 ②侃侃（kǎn）如：温和愉悦貌。訚訚（yín）如：正直恭敬貌。 ③踧踖（cù jí）如：恭敬不安貌。与与如：举止安详、容仪得体貌。

**新译** 孔子上朝，（君主不在时，）与下大夫交谈，温和而又愉悦；与上大夫交谈，正直而恭敬。君主在场时，表情恭敬而略显不安，举止安详而又得体。

**新识** 朱熹《集注》：“记孔子在朝廷事上接下之不同也。”

今按：《礼记·大学》云：“所恶于上毋以使下；所恶于下毋以事上；所恶于前毋以先后；所恶于后毋以从前；所恶于右毋以交于左；所恶于左毋以交于右。此之谓絜矩之道。”本章所记，正夫子待人接物、事上接下之“絜矩之道”也。又按：絜，度量；矩，尺子，引申为法度、规则。絜矩之道，实亦本于推己及人之“恕道”，所谓“所藏乎身不恕，而能喻诸人者，未之有也”。

## 10.3 君召使摈[①]，色勃如也，足躩如也[②]。揖所与立，左右手。衣前后，襜如也[③]。趋进，翼如也[④]。宾退，必复命曰：“宾不顾矣。”

**新注** ①君召使摈（bìn）：言鲁君召孔子担任摈职，以接待外宾。古时两君相见，宾主各有陪同，被称作“副”；宾之“副”为“介”，主之副即“摈”。摈，通“傧”。 ②色勃如：变色庄矜貌。足躩（jué）如：走路恭敬而快速貌。 ③揖所与立，左右手：揖左边人，则移其手向左，揖右边人，则移其手向右。襜（chān）如：整齐貌。衣带前后摆动，整齐不乱。 ④翼如：如鸟儿展翅貌。

**新译** 鲁君召见孔子，让他接待外宾，孔子的脸色一定会变得庄重恭敬，走路恭敬而又快速。他先向身边的人作揖，再向左右两边的人拱手行礼。所穿衣袍前后摆动，整齐不乱。快步向前时，衣袍飘动如鸟儿展翼。客人走后，一定向君主报告，说："客人不再回头看了。"

**新识** 朱熹《集注》："记孔子为君摈相之容。"

今按：此非谄媚于君上，只是敬事服劳，忠于职守之道，今人不知，故常居简行简，玩忽职守。

10.4 **入公门，鞠躬如也，如不容①。立不中门，行不履阈②。过位③，色勃如也，足躩如也，其言似不足者。摄齐升堂，鞠躬如也，屏气似不息者④。出，降一等，逞颜色⑤，怡怡如也。没阶趋进，翼如也⑥。复其位，踧踖如也。**

**新注** ①如不容：好像不能容身。 ②不履阈（yù）：不踩门槛。阈，门槛。礼：士大夫出入君门，由闑（niè）右，不践阈。 ③过位：经过君主常立之位。 ④摄齐（shè zī）升堂：齐，裳下之缝，下摆。摄，提起。将升堂，两手提起衣服的下摆，使离地一尺，以免踩住，跌倒失容。屏（bǐng）气：屏住呼吸。 ⑤逞颜色：容色舒缓下来。逞，放松。 ⑥没阶趋进，翼如也：下完台阶向前走，步履轻快，衣袍飘动如鸟儿展翼。

**新译** 孔子走进宫殿大门，便微微躬起身子，好像不能容身一般。不在公门的中间站立，行走也不踩门槛。经过君主常立的空位时，容色变得更为庄敬，双脚疾速而过，若与人说话则轻声细语，仿佛中气不足。提起衣服的下摆上朝堂时，又像弯腰鞠躬，屏声敛气好似没有呼吸一般。等到走出宫殿，下了一级台阶，脸上的表情便舒缓下来，怡然自得。下完台阶后，便快步向前，衣袍飘动犹如鸟儿展翼。回到自己的位子上，则又显出庄敬恭谨之色来。

**新识** 朱熹《集注》："记孔子在朝之容。"

今按：动静语默之间，只是一个"敬"字，可谓"事君尽礼"者也。

**10.5 执圭，鞠躬如也，如不胜①。上如揖，下如授②。勃如战色，足蹜蹜，如有循③。享礼，有容色。私觌④，愉愉如也。**

**新注** ①执圭（guī）：圭是一种瑞玉，国君使臣到外国聘问，必授瑞玉，以为信物。如不胜：好像举不起。胜，承受。 ②上如揖，下如授：上阶身体微俯，如对人作揖。下阶身体稍直，如授物与人。 ③蹜蹜（sù）：举脚密而狭貌。如有循：如循一条路线，徐缓前进。 ④享礼：献礼。朝聘之后，即行享礼。有容色：满脸端庄。觌（dí）：见。

**新译** （孔子出使外国，行觐见之礼时，）手执玉圭，躬身庄敬，好像拿不动似的。上台阶时身体微俯如同作揖，下台阶时身体稍直如同授物与人。神色庄重，战战兢兢，脚步紧凑而狭窄，好像沿着一条线行走一般。举行献礼仪式时，容色端庄。而以私人身份和外国君臣会见时，则又显得轻松愉快。

**新识** 朱熹《集注》："记孔子为君聘于邻国之礼也。"

今按：此章可作"温良恭俭让"注脚。如此，方可"至于是邦，必闻其政"；如此，方可"使于四方，不辱君命"。

**10.6 君子不以绀緅饰①。红紫不以为亵服②。当暑，袗絺绤③，必表而出之。缁衣羔裘，素衣麑裘，黄衣狐裘④。亵裘长，短右袂⑤。必有寝衣，长一身有半⑥。**

**狐貉之厚以居[7]。去丧，无所不佩。非帷裳，必杀之[8]。羔裘玄冠不以吊[9]。吉月，必朝服而朝[10]。**

**新注** ①君子不以绀（gàn）緅（zōu）饰：君子，此指孔子。绀，深青透红的颜色，如天青色；緅，青多红少，比绀更暗，如黑里带红色。饰，镶边。古时黑色是正式礼服的颜色，而绀緅皆近于黑色，故不用来饰边。 ②亵（xiè）服：家居时所穿的便服。 ③袗（zhěn）絺（chī）绤（xì），必表而出之：袗，单衣，用为动词；絺，细葛布；绤，粗葛布。表，外衣，作动词，指穿在外面。 ④缁（zī）衣羔裘（qiú），素衣麑（ní）裘，黄衣狐裘：衣，即上衣。古人穿皮衣，毛向外，外加上衣，当与裘之毛色相称。缁，黑色，故缁衣之内宜羔裘，即黑羊皮袍。素衣之内宜绨裘，绨，小鹿，毛色白。黄衣之内宜狐裘，狐色黄。缁衣朝服，素衣凶服，黄衣蜡祭之服，亦兵服。 ⑤亵裘长，短右袂（mèi）：亵裘，家居所穿的皮袍。皮袍较长，可保暖，右边的袖子较短，便于做事。 ⑥必有寝衣，长一身有半：寝衣，即睡衣，其长度一身又半，寝时，脚端可折，不会透风。 ⑦狐貉之厚以居：取狐皮貉皮厚而暖者，用为坐垫。居，坐也。 ⑧去丧，无所不佩。非帷裳，必杀（shài）之：服丧期间，不能佩玉等饰物，服丧期满，除去丧服，则无所不佩。帷裳（wéi cháng），上朝与祭祀所穿礼服，用整幅布做，不加剪裁，多余的布用作折叠。若做其他的衣服，则一定要裁去多余的布，不做折叠。杀，减少，裁去。 ⑨羔裘玄冠不以吊：羔裘玄冠，皆为黑色，古时用作吉服，不可穿戴前往吊丧。 ⑩吉月：每月初一。

**新译** 君子不用天青色和黑红色来做衣领和袖子的镶边，家居时不用红色和紫色的布做便服。夏天，穿细葛布或粗葛布做成的单衣，一定要在里面加上内衣而把葛布单衣穿在外面。（冬季）穿黑色罩衣，配黑色羊皮袍；穿白色罩衣，配白色小鹿皮袍；穿黄色罩衣，配黄色狐皮袍。居家时所穿的皮袍，较出门所穿者稍长，而右边的袖子稍短（便于做事）。夜里一定要有睡衣，其长度相当于身体的一倍过半。冬天用厚厚的狐貉的皮毛来做坐褥。守丧结束后，什么东西都可以佩戴了。除非朝祭时所穿的礼服要用整幅的布，其余所穿衣裳，一定会裁去多余的布。不穿戴着黑羔裘、黑帽子去吊丧。每月初一，一定会穿着朝服去朝贺鲁君。

**新识** 朱熹《集注》："记孔子衣服之制。"

今按：君子不唯谨言慎行，于衣冠服饰亦无所苟。

## 10.7 齐，必有明衣，布①。齐，必变食②，居必迁坐③。

**新注** ①齐（zhāi），必有明衣：齐，通"斋"。祭祀前，必须斋戒沐浴，祭祀时始有感应。明衣，即浴后所穿的明洁之衣。布：用葛麻制成的布。 ②必变食：一定改变平时的饮食。不饮酒，不食荤，如蒜韭之类。 ③居必迁坐：改变平时的居所。古人斋戒必居外寝，外寝称正寝，斋与疾皆居之。内寝又称燕寝，乃夫妻常居之处。这里指斋戒期间夫妻不同居一室。

**新译** 斋戒时，一定要有沐浴后所穿的明洁的衣服，一般是布做的。斋戒时，一定改变平常的饮食，又必须改变平常的居处。

**新识** 朱熹《集注》："记孔子谨齐（斋）之事。"杨氏曰："齐（斋）所以交神，故致洁变常以尽敬。"

今按：《述而》篇："子之所慎：齐、战、疾。"慎斋之况，于此可见矣。

## 10.8 食不厌精，脍不厌细①。食饐而餲，鱼馁而肉败②，不食。色恶，不食。臭恶，不食。失饪，不食③。不时，不食。割不正④，不食。不得其酱，不食。肉虽多，不使胜食气⑤。唯酒无量，不及乱⑥。沽酒市脯⑦，不食。不撤姜食，不多食。祭于公，不宿肉。祭肉不出三日；出三日，不食之矣。食不语，寝不言⑧。虽疏食、菜羹、瓜，祭，必齐如也⑨。

**新注** ①食不厌精，脍（kuài）不厌细：食，谷物粮食；精，米舂得很细。脍，生鱼片或生肉片；细，切得精细。不厌，不嫌，非刻意求精细也。 ②饐（yì）而餲（ài）：饐，食物腐臭；餲，食物味恶。鱼馁（něi）而肉败：鱼腐烂叫"馁"，肉腐烂叫"败"。 ③臭（xiù）恶：食物气味变了。臭，气味。失饪（rèn）：烹饪不当，食物没有熟或过熟。 ④不时：不合时令的食物。一说不该吃饭的时候。割不正：肉切得不正。孔子以其失礼，故不食。 ⑤胜食气（xì）：超过主食。胜，超过。气，通"饩"。谷物，主食。 ⑥不及乱：不至于喝醉。乱，酒醉。 ⑦沽（gū）酒市脯（fǔ）：沽、市，皆买义。脯，干肉。酒从外面买来，未必清洁，脯自外面买来，不知是何物之肉，所以不食。 ⑧食不语，寝不言：朱熹《集注》："答述曰语，自言曰言。" ⑨瓜，祭：或作"必祭"。古有祭食之礼，即在饮食之前，将每种食物取出少许，放在笾豆之间，以祭祀先代始为饮食之人，以示不忘本。孔子之时，不是贵重的食品可以不祭。但孔子诚敬，日常临食，虽粗食、菜羹以及瓜果之类，也要祭之，以示敬意。齐（zhāi）如：像斋戒那样严肃恭敬。齐，通"斋"。

**新译** 粮食不嫌舂得精，鱼和肉不嫌切得细。饭食腐烂变味，鱼和肉腐烂，都不吃。食物的颜色难看，不吃。气味难闻，不吃。没有煮熟或煮得过熟，不吃。不合时令的食物，不吃。割肉不合规矩或割得不正，不吃。用来调味的酱不合适，不吃。肉食即使很多，食用时也不能让它超过主食。只有酒不限量，但不要喝醉。从集市上买来的酒与肉干，不吃。吃完了，姜碟仍留着不撤，但也不多吃。参与君主的祭祀典礼，所分得的祭肉不过夜。自家祭祀用过的祭肉，不超过三天。超过了三天，就不吃了。吃饭时不交谈，睡觉时不说话。即使是粗食、菜汤、瓜果之类，饭前也要祭一祭，并且一定要像斋戒那样严肃恭敬。

**新识** 朱熹《集注》："记孔子饮食之节。"窃以为，孔子平素对饮食的讲究至少有三个理由：一是出于卫生的考虑，变质腐败的食物不能吃，人所共知。二是出于养生的考虑。“养生”与“卫生”虽一字之差，境界又高一层。饮食的最低阶段为果腹，即“求生”；满足此一条件后，方可讲究“卫生”；“卫生”一旦满足，当然追求“养生”，不仅追求事物的色香味，即“美食”，而且主张节制，适量，如“肉虽多，不使胜食气”，“唯酒无量，不及乱”，便是节制。《集注》谢氏曰：“圣人饮食如此，非极口腹之欲，盖养气体，不以伤生，当如此。然圣人之所不食，穷口腹者或反食之，欲心胜而不暇择也。”三是出于礼的考虑。礼本来就有节制之义，而饮食乃关乎口腹之欲即生理需要，最易失礼。故《礼记·礼运》说：“礼之始，始诸饮食。”试想，茹毛饮血、刀耕火种之原始初民，断不至于“割不正不食”也。朱熹《集注》称：“割肉不方正者不食，造次不离于正也。汉陆续之母，切肉未尝不方，断葱以寸为度，盖其质美，与此暗合也。”如果把肉切成极不规则的大块，大快朵颐，吃相一定很难看，优雅君子必不如此。孔子平素对于饮食的这种近乎挑剔的审美性讲求，其实也是人性自觉后的礼之自觉，孟子后来提出“人禽之辨”，也是基于同样的考虑。

今按：此节乃述孔子平时饮食之况，与困于陈蔡，饭疏饮水，并无矛盾。此正所谓时中能权、无可无不可也。

## 10.9 席不正，不坐。

**新译** 坐席摆放得不端正，不坐。

**新识** 上一节说饮食，本节则说起居坐卧。席不正不坐，必正心诚意之人方能有此。

## 10.10 乡人饮酒，杖者出，斯出矣①。乡人傩，朝服而立于阼阶②。

**新注** ①乡人饮酒：古者乡饮酒之礼，即同乡之人会聚饮酒。杖者出，斯出矣：杖者，老人，六十杖于乡。老人未出不敢先，既出不敢后。 ②傩（nuó）：乡人举行的一种驱鬼逐疫的仪式。阼（zuò）阶：东边的台阶。一般是主人站立的位置。

**新译** 孔子参加乡人饮酒，等到拄着拐杖的老人都出去了，自己才出去。乡人们举行驱鬼逐疫的活动时，孔子便穿上朝服站立在家庙的东阶上恭敬地迎送。

**新识** 朱熹《集注》："记孔子居乡之事。"

今按：仅此一节，可见夫子尊老、容众、执礼、乐群之心。

## 10.11 问人于他邦，再拜而送之①。康子馈药，拜而受之。曰："丘未达②，不敢尝。"

**新注** ①问：问讯，问好。再拜：连拜两次。 ②馈（kuì）药：赠药。未达：不了解。

**新译** 孔子托人向远在他邦的友人问好，一定向受托者连拜两次以送行。季康子赠药给孔子，孔子拜谢而接受，却又说："我还不了解这药性，不敢贸然服用。"

**新识** 《集注》杨氏曰："大夫有赐，拜而受之，礼也。未达不敢尝，谨疾也。必告之，直也。"

今按：此一节，记孔子与人交，既有诚意，又不失谨慎。

## 10.12 厩焚。子退朝，曰："伤人乎？"不问马。

**新译** 马厩失火了。孔子从朝廷回来后，忙问："伤到人了吗？"却不问马的情况。

**新识** 朱熹《集注》说："非不爱马，然恐伤人之意多，故未暇问。盖贵人贱畜，理当如此。"

今按：夫子问人，盖第一时间之举动，可见其仁心。《吕氏春秋·爱类》称："仁于他物，不仁于人，不得为仁。不仁于他物，独仁于人，犹若为仁。仁也者，仁乎其类者也。"可见仁心之基本原则便是爱其同类。然话又说回来，夫子“不问马”，乃不及问，非不关心。有例为证。《礼记·檀弓下》载：

仲尼之畜狗死，使子贡埋之，曰：“吾闻之也：敝帷不弃，为埋马也；敝盖不弃，为埋狗也。丘也贫，无盖；于其封也，亦与之席，毋使其首陷焉。”

观此可知，夫子宅心仁厚，及于犬马，故厩焚之初，虽不问马，后必埋马矣。盖事有轻重缓急，推己必先及人，而后及物也。若使夫子先问“伤马乎”，不问人，则让人情何以堪？

**10.13 君赐食，必正席先尝之；君赐腥，必熟而荐之；君赐生，必畜之①。侍食于君，君祭，先饭②。疾，君视之，东首，加朝服，拖绅③。君命召，不俟驾④行矣。**

**新注** ①腥：生肉。荐：供奉。君赐生，必畜之：君主赐给的活物，一定养起来。 ②君祭，先饭：当鲁君祭食时，孔子先饭，表示先为君主尝食，试其烹调可否。 ③东首：北方为尊，君位坐北朝南。孔子疾病，鲁君亲临探视。孔子卧床不能起，古时病人长居北窗下，因国君来探视，暂搬于南窗下，首向东方，右侧而卧，便是自己面北，而君面南。加朝服，拖绅：因卧病不能穿朝服，就把朝服盖在身上，上面拖着束朝服的绅带。 ④不俟（sì）驾：不等车马驾好。

**新译** 国君所赐的熟食，孔子一定摆正座位先品尝一下。国君所赐的生肉，一定煮熟了先给祖先上供。国君赐给的活物，一定先畜养起来。陪国君一道用餐，国君饭前举行祭礼时，孔子就先吃饭（不吃菜）。孔子生病了，国君前来探望，孔子就头向东方躺着，用朝服盖在身上，上面拖着束朝服的绅带。国君召见，孔子不等车马驾好，便先徒步而行。

**新识** 朱熹《集注》曰：“记孔子事君之礼。”可见夫子从政为臣时，事君尽礼，巨细无遗。尤其“不俟驾”而行一节，更可见其忠公勤政之心切。《荀子·大略》云："诸侯召其臣，臣不俟驾，颠倒衣裳而走，礼也。《诗》曰：'颠倒衣裳，自公召之。'天子召诸侯，诸侯辇舆就马，礼也。《诗》曰：'我出我舆，于彼牧矣。自天子所，谓我来矣。'"夫子如此行事，一丝不苟，不仅关乎礼，实亦关乎仁，甚至关乎恕。既有君臣之礼，就当按礼而行——己所不欲，何施于人？

今按：君臣关系，乃五伦之大者。君礼臣忠，君仁臣义，相辅相成，古今中外，概莫能外。陈寅恪先生对此有深刻揭示：

> 吾中国文化之定义，具于《白虎通》三纲六纪之说，其意义为抽象理想最高之境，犹希腊柏拉图所谓 Idea 者。若以君臣之纲言之，君为李煜，亦期之以刘秀；以朋友之纪言之，友为郦寄，亦待之鲍叔。其所殉之道，所成之仁，均为抽象理想之通性，而非具体之一人一事。夫纲纪本理想抽象之物，然不能不有所依托，以为具体表现之用。……（《王观堂先生挽词·序》）

陈氏所谓"抽象理想最高之境"，便是孔子践行之"道"。要言之，尊君，非尊其权位，乃遵循臣所当行之道也。"君为李煜，亦期之以刘秀"，一言概尽为臣之道矣！

## 10.14 入太庙，每事问。

**新译** 孔子进入太庙，每件事都要向人请教。

**新识** 此与《八佾》篇重出，乃见孔子执礼之恭。

## 10.15 朋友死，无所归。曰："于我殡①。"朋友之馈，虽车马，非祭肉，不拜②。

**新注** ①无所归：指没有亲人安葬。殡（bìn）：停放灵柩叫殡，此处指一切丧葬事宜。 ②非祭肉，不拜：祭肉是祭祀时供神供祖之肉，祭毕分赠朋友者，价钱虽比不上车马，但以礼重，故孔子受赠必拜。

**新译** 朋友去世了，如果没有负责收殓的人，孔子便说："由我来料理丧事吧！"朋友馈赠的物品，即便是车马，只要不是祭肉，孔子在接受时也不行拜谢之礼。

**新识** 前言孔子事君之礼，此记孔子交友之义。朱熹《集注》称："朋友以义合，死无所归，不得不殡。""朋友有通财之义，故虽车马之重不拜。祭肉则拜者，敬其祖考，同于己亲也。"又《礼记·檀弓上》："宾客至，无所馆。夫子曰：'生于我乎馆，死于我乎殡。'"

今按：夫子待朋友，可谓肝胆相照，仁至义尽。当时得与夫子为友者，幸何如哉！

10.16 **寝不尸，居不容①。见齐衰者，虽狎，必变②。见冕者与瞽者，虽亵，必以貌。凶服者式之③。式负版者④。有盛馔，必变色而作⑤。迅雷、风烈，必变。**

**新注** ①尸：谓偃卧似死人也。居：居家。不容：不保持过分庄重的容仪。一本作"客"，不像做客那样严肃庄重。亦通。 ②齐衰（zī cuī）者：服丧之人。狎（xiá）：熟悉。 ③亵（xiè）：亲密。式：古时车辆，其车身前有一活动的横木，名为轼，用于乘车人的扶手。这里作动词，凭轼俯身，以示同情。 ④负版者：持邦国图籍者。一说，负版当作负贩，即低贱之小商贩。意谓夫子路遇凶服的人，虽负贩之贱，也必凭轼表敬意。 ⑤有盛馔，必变色而作：如见菜肴丰盛，一定变面色而起身，表示惊异感激之意。作，起。

**新译** 孔子睡眠时不像死尸一样直挺挺地仰卧，平时居家，也不像做客一样仪容庄重。见到穿丧服者，即便很熟悉，也一定会改变脸色，以示同情。见到戴礼帽者与盲人，即便很亲密，也一定有礼貌。乘车路遇穿凶服的人，便会俯身于车轼以示同情。看见背着图籍的人，也必俯身凭轼以示敬意。宴会如有丰盛的菜肴，一定会从席位上变色起身。遇疾雷狂风，一定变色而不安。

**新识** 朱熹《集注》:“记孔子容貌之变。”

今按：此章写夫子容貌随时而变，此正诚敬戒惧之心的自然呈现，非矫揉造作之可比也。

## 10.17 升车，必正立执绥[1]。车中不内顾，不疾言，不亲指。

**新注** ①执绥（suí）：等车时供人攀拉的绳子。

**新译** 孔子上车时，一定先端正地站好，手拉住车绳上车。在车内，不回头顾视，不大声而快速地说话，更不会用手指指点点。

**新识** 朱熹《集注》说：“三者皆失容，且惑人。此一节，记孔子升车之容。”

今按：以上十七节，均记孔子平素生活言行容色之细节，历历如画。王若虚《论语辨惑二》称：“《乡党》一篇，皆圣人起居饮食之常，而弟子私记之，虽左右周旋，莫不中礼节。”又，梅光迪先生《孔子之风度》一文，亦盛赞孔子曰：

> 《论语》中为今人所诟病者，莫如《乡党》一篇，实则此篇所记琐屑事迹，最能曲曲传出孔子之品性。……孔子学说，虽严尊卑上下之分，然此为人情全部组织而言。至其个人交际，固纯然超出分位思想，而实行平等主义者也。……其对于不识不知之“老百姓”，一副真诚和蔼气象，实可为现代少年，以改良社会为名，于“老百姓”之一切生活习惯，动辄加以非笑干涉者之对症药也。吾国贤士大夫之美德中，最可称述者，莫如乡村生活。往往显赫一时之达官贵人，一旦退休，则与田夫野老把酒而话桑麻，脱尽仕宦习气，故居乡之法，著有成书。如不坐轿，不骑马，每为常守条例。近代曾文正公深知此意。……凡此皆孔子居乡法之遗泽，而与老庄之超然物外，开隐逸之宗者固无涉也。

今按：此真探本之论也。吾初读《论语》，最不屑《乡党》一篇，及至稍能体贴圣贤心地，方觉《乡党》一篇实《论语》中最活泼亲切之文字，动静语默，容止周旋，饮食起居，视听味嗅，无不活色生香，历历如见，读之如同观影，倍感亲切。始悟夫子之学，非在言语间，纸帛上，而在待人接物，动静容色之间，皆能“温恭朝夕，执事有恪”，敬事乐群，与人为善。此读《论语》者不可不知也。

## 10.18 色斯举矣，翔而后集①。曰：“山梁雌雉，时哉！时哉！②”子路共之，三嗅而作③。

**新注** ①色斯举矣，翔而后集：色，脸色。言野雉见人之颜色不善，则飞去，回翔审视而后落下止于山梁。 ②山梁雌雉，时哉！时哉：夫子有感而发，见那山梁上的雌雉，悠然自得，神态闲适，便赞叹其能得其时。 ③共：“拱”的本字，拱手。三嗅而作：嗅，当作“狊”（jù），犬视貌。盖鸟展双翅，见幾而作貌。作，起飞。

**新译** （雌雉）一看到人们的面色不善就振翅而飞，在空中飞翔盘旋一阵，而后才落下来齐集于山梁。孔子说：“看看山梁上的那些雌雉呀！它也懂得时宜呀！懂得时宜呀！”子路听了，便向雌雉拱手致意，不料雌雉们振动几下翅膀，又向更远处飞去了。

**新识** 朱熹《集注》云：“言鸟见人之颜色不善，则飞去，回翔审视而后下止。人之见幾而作，审择所处，亦当如此。”盖暗喻人事上的出处进退，亦应知时宜合时宜。

今按：钱穆先生称：“此章实千古妙文，而《论语》篇置此于《乡党》篇末，更见深义。……得此一章，画龙点睛，竟体灵活，真可谓神而化之也。”又将此篇此章与《尧曰》篇加以比较，说：“此篇不分章，……而最后别加‘山梁雌雉’一章，亦犹下论末《尧曰》篇不分章，最后亦加‘不知礼不知命不知言’一章。《乡党》篇汇记孔子平日之动容周旋，与其饮食衣服之细，《尧曰》篇则总述孔子之道统与其抱负。雌雉章见孔子一生之行止久速，不知礼章则孔子一生学问纲领所在。”此论可谓巨眼卓识，故录之如上。

# 先进第十一

## 11.1 子曰："先进于礼乐，野人也①；后进于礼乐，君子也②。如用之③，则吾从先进。"

**新注** ①先进于礼乐，野人也：先进，先进我门者。于礼乐，对于礼乐而言。野人，朴野之人。 ②后进于礼乐，君子也：后进，后进我门者。君子，犹如彬彬君子。 ③如用之：如用礼乐。

**新译** 孔子说："先进我门者在礼乐方面，看似朴野之人。后进我门者在礼乐方面，看似彬彬君子。但若真正用起礼乐来，我愿意跟从先进我门的那些弟子。"

**新识** 今按：《乡党》以上十篇，旧称"上论"，本篇以下十篇，旧称"下论"。实则根据内容、文体之不同，亦可谓之内、外二编。朱熹《集注》称："此篇多评弟子贤否。"朱子合二、三章为一章，分二十五章，今不从，依通行本，分为二十六章。

此章为《论语》"下论"首章，实为全书之枢纽。朱子以为"此篇多评弟子贤否"，信然。故读此章，可遥想《学而》篇首章"有朋自远方来，不亦乐乎"之境也。

不过，此章究竟作何解，争议极大。首先，"先进""后进"便有分歧。有作“先辈后辈”讲者，如朱熹《集注》：“先进后进，犹言前辈后辈。”有作“仕进”解者，如《集解》包咸曰：“先进、后进，谓仕先后辈。”又有以先进后进指及门之弟子，如刘宝楠《正义》：“此篇皆说弟子言行，先进后进，即指弟子。”综合诸说，窃以为，当以先进、后进为先及门与后及门之弟子为是，故可理解为“前期弟子”与“后期弟子”。夫子此言，必在自卫返鲁之后，前期弟子星散于各国，后期弟子簇拥于门下，对比鲜明，乃发此言。

其次，“野人”“君子”亦有分歧。朱子以地位论，认为：“野人，谓郊外之民。君子，谓贤士大夫也。”李泽厚以时代论，以野人为“居于城外的殷民族”，以君子为“住在城中的君子们”。今皆不取。窃以为，解读此章，当从《论语》中寻找“内证”。《论语》中，“君子”反复出现，而与“野”对文者仅《雍也》篇一例：“子曰：‘质胜文则野，文胜质则史。文质彬彬，然后君子。’”这里，与“野”相对的不是“君子”，而是“史”。《礼记·仲尼燕居》：“敬而不中礼，谓之野。”敬乃礼之质，不中礼，谓无礼之文。“史”者，本为掌管文辞之官，辞多浮夸，故为“野”之反。前已说过，“文质彬彬”乃夫子对君子境界的一种描述，盖成德之君子，必能文质兼备，深合中和之道。

这里可以设问：如文胜、质胜必选其一，则夫子何择焉？窃谓夫子必曰：“吾从质胜者也。”有例为证。夫子曾说：“礼，与其奢也，宁俭；丧，与其易也，宁戚”；又说：“奢则不逊，俭则固；与其不逊也，宁固。”奢、易皆礼文过繁，俭、固则有所不足，然夫子宁俭固而不奢易，其旨甚明。尽管夫子也说过“郁郁乎文哉，吾从周”，但其前提是“周鉴于二代”；若文质二端无从达到“彬彬”之状态，则夫子必以“质胜文”为先也。

所以，此章野人君子，实亦涉及文质之辨。这里所谓“君子”，并非已达“彬彬”之境，而是略相当于“文胜质则史”之“史”，否则夫子断无从野人而不从君子之理。而且，细玩此章语义，乃夫子婉转设喻，颇有潜台词，“野人”“君子”皆喻体也。此意程子已有发明，他说：“先进于礼乐，文质得宜，今反谓之质朴，而以为野人。后进之于礼乐，文过其质，今反谓之彬彬，而以为君子。盖周末文胜，故时人之言如此，不自知其过于文也。”可知所谓“野人”“君子”者，实乃当时俗人之观感，而非夫子所认同。职是之故，夫子故意与时俗唱唱反调，来了一个“虽违众”，则“吾从先进”（“野人”）！

今按：先进孔门之弟子，盖以颜回、子路、漆雕开、冉伯牛、仲弓等为主，皆出身平民，朴实无华，故谓之“野人”。如子路，《集解》引《尸子》即称：“子路，卞之野人。”后进之弟子，如有若、子游、子夏、子张、公西华、曾参等，则出身殷实富贵之家，如公西华“乘肥马，衣轻裘”，故更多君子气质。事实上，两类人于礼乐，或质胜文，或文胜质，大部分皆未至中和也即“彬彬”之境。夫子所以赞成先进之野人，盖与夫子对“礼之本”的理解有关。夫子尝说：“人而不仁，如礼何？人而不仁，如乐何？”又说：“礼云礼云，玉帛云乎哉？乐云乐云，钟鼓云乎哉？”也就是说，仁礼之间，仁为本体，礼为末用；是故，文质之间，质乃本体，文乃末用。夫子所以说“如用之，则吾从先进”，盖以明礼乐之道，要在文质相得，内外和合，若不能遽至此境，则必以质地为先、文采为次。夫子所以对“后进”弟子子夏说：“女（汝）为君子儒，无为小人儒。”正是告诫其不要重文轻质、舍本逐末也！

又按：“下论”比之“上论”，中间似有一门横亘，此门不唯是孔门，亦礼乐之门，君子成德之门也。故“上论”多夫子之言语，多“学而优则仕”一边语；“下论”则是孔门众弟子及当时从政者之表现，多“仕而优则学”一边语。两相比较，容有文体、境界、韵味之差别也。

## 11.2　子曰：“从我于陈、蔡者，皆不及门①也。”

**新注**　①及门：到我孔门，即拜师入门，成为及门弟子。又有“仕进之门”“在门”之说，皆不从。

**新译**　孔子说：“当年曾跟随我遭受陈、蔡之难的那些年轻人，大都未入我孔门啊。”

**新识**　此章承接上章，亦夫子晚年所言，歧解甚多，迄无定论。关键在

“不及门”一词，当作何解。约略言之，盖有以下三说：

一作不及仕进之门解。如《集解》郑玄曰：“言弟子从我而厄于陈蔡者，皆不及仕进之门而失其所也。”刘宝楠《正义》亦称：“孔门弟子无仕陈蔡者，故注以为不及仕进之门。孟子云：‘君子之厄于陈蔡之间，无上下之交也。’无上下之交，即此所云不及门也。”又说：“夫子周游，亦赖弟子仕进，得以维护之；今未有弟子仕陈蔡，故致此困厄也。”盖以此门为仕进之路、公卿之门，而以此语为孔子自言厄于陈蔡之故。此解虽有道理，然实与夫子晚年心境不符。盖夫子晚年，自卫返鲁，起初受到鲁哀公及季康子之礼遇，尊为“国老”，数月后便因“道不同，不相为谋”，渐被疏远及冷落，故转而整理文献，教授弟子，已不做从政之想。此时遥想当年陈蔡之厄，百感交集，岂有利禄之心，致生弟子未能仕进之憾？孟子说“无上下之交”，必另有语境，与夫子及门之言殆无干系，故今不从。

二作不在门解。如朱熹《集注》：“孔子尝厄于陈、蔡之间，弟子多从之者，此时皆不在门。故孔子思之，盖不忘其相从于患难之中也。”故朱子以此章连“德行”章为一章，似谓当年从于陈蔡者即此“四科十哲”之弟子，此时已皆不在孔门，故夫子遥想当年，作此感叹。此说信从者颇多，如钱穆即说：“孔子有吾从先进之说，其时先进诸弟子都不在门，故孔子思之。”然若还原历史现场，此解又颇有破绽，如十哲中之弟子，颜回、伯牛或已辞世，子路、子贡在外从政，而冉有却近在鲁国为季氏宰，子游、子夏、曾子作为孔门后进，亦尝从于陈蔡（杨义《论语还原》），此刻当陪侍左右，岂可谓“皆不在门”？故朱子以“德行”章附于此章之后，更增疑窦，是以本书亦不从之。

三作未拜师入门解。窃谓及门，即“到门”“进门”义，既与上章“先进”“后进”相承接，又与后文“由之瑟，奚为于丘之门”遥遥呼应，草蛇灰线，不着痕迹。故“及门”者，盖“及于丘之门”也。今人杨义持此见解，谓：“此语意思，是孔子感慨厄于陈蔡之时，犹有许多追随者尚未拜师入门，却纷纷慕道相随，实在是‘吾道不孤’，‘天之未丧斯文也’。”（《论语还原》）此解发前人未发之覆，唯于“皆”字似有未安，盖“从我于陈蔡者”，明明有子路、颜回、子贡等一干及门弟子，这里却说“皆不及门”，则置诸人于何地？不过，窃谓夫子此言当有其现实语境，如其在陈尝曰：“归与归与！吾党之小子狂简，斐然成章，不知所以裁之。”当系对“从我于陈蔡”的诸弟子所言。此章说“从我于陈蔡者”，当即对归鲁后身边的及门弟子所言。故此一“皆”字，盖部分而非全称判断，有可能特指当年周游列国时追随夫子师徒，走南闯北，甚至困于陈蔡的那些来自列国的“孔门粉丝”，他们可能星散于孔子返鲁之后，故终生未及孔子在鲁之家门，即“丘之门”。

今按：如此理解，便可以勾连上下两章，使不至扞格难通。也就是说，下一章所列之“四科十哲”正是对此章的“补充说明”，即“正式及门之弟子如下”之义。联系上下两章之语境，似较为融洽，故姑且从之。

**11.3　德行：颜渊、闵子骞、冉伯牛、仲弓；言语①：宰我、子贡；政事：冉有、季路；文学②：子游、子夏。**

**新注**　①言语：言辞应对。　②文学：文献学术。

**新译**　（孔子及门之弟子中，）德行好的有：颜渊、闵子骞、冉伯牛、仲弓；善长言语的有：宰我、子贡；长于政事的有：冉有、季路；精通文献学术的有：子游、子夏。

**新识**　此章非孔子所言，而系编纂《论语》之弟子根据前两章内容所“附记”。如是孔子所言，对弟子必称名而不称字。既是弟子所记，其“经典性”便大受质疑。如《集注》引程子曰：“四科乃从夫子于陈、蔡者尔，门人之贤者固不止此。曾子传道而不与焉，故知‘十哲’世俗论也。”是否“俗论”，尚可商榷，但此章非圣人之语，则无争议，尤其“十哲无曾”显然与后来儒学传道之事实不符，亦成一大悬案。近人马一浮先生云：

> 分科之说，何自而起？起于误解《论语》“从我在陈”一章。记者举此十人，有德行、言语、政事、文学诸目，

> 特就诸子才质所长言之，非谓孔门设此四科也。十子者，皆身通六艺，并为大儒，岂于六艺之外别有四科？盖约人则品核殊称，约教则宗归无异。德行、文学乃总相之名，言语、政事特别相之目。（《复性书院讲录·群经大义总说》）

此论亦马氏标举“六艺”之为说，但其“非谓孔门设此四科”之语，可谓巨眼卓识。

事实上，本章乃回应前两章尤其第一章先进、后进之说。前三科基本属于“先进”，文学科子游、子夏则系“后进”弟子。如此排列，似乎隐有为夫子“吾从先进”做注解之意，而“德行”居首、“文学”居末，且德行四人，其他三科皆两人，正是“行有余力则以学文”“先行其言而后从之”之意，隐隐含有捍卫孔门学脉、夫子道统之意味。钱穆先生云：“（孔子）已有我从先进之叹，而《论语》编者附记此四科之分于孔子言先进后进两章之后，是知孔门弟子，虽因风会之变，才性之异，不能一一上追先进弟子之所为，然于孔子教育精神大义所在，则固未忘失。后进弟子中如有子、曾子，亦庶乎德行之科，故犹为并辈及再传弟子以下所推尊。本章所以不列者，颜闵诸人已足为德行科之代表，有曾皆后起晚进，故不复多及。”此说庶几得之。

今按：杨义认为，《论语》编纂有“历史文化地层累积”之现象，此章四科十哲之名单，或系孔子卒后冉雍（仲弓）这一“编纂团队”所拟，而有子、曾子当时年辈尚轻，未尝获得编纂“话语权”，“十哲无曾”，乃后儒就事论事，未能“还原”《论语》编纂“篇章政治学”及孔门后学各以“传道者”自居之道统博弈之故。此说深入历史文化底层，对《论语》编纂之现场予以别开生面的生命“激活”，有理有据，发人深省。

**11.4　子曰：“回也，非助我者也！于吾言，无所不说①。”**

**新注**　①无所不说（yuè）：没有不心悦诚服的。说，通“悦”。

**新译** 孔子说："颜回不是一个对我有所帮助的人。他对我所说的话，没有不心悦诚服的。"

**新识** 此章夫子评颜回，正与上章"德行：颜渊"之目相呼应。夫子此言，半真半假，亦庄亦谐，颇耐寻味。说颜回"非助我"，盖因其"不违如愚""于吾言无所不说"，比起子贡、子路、冉有、子张、子夏诸人，似不善叩问，与夫子难以形成"碰撞"，擦出"火花"，难以实现所谓"教学相长"。然另一方面，又可见颜回悟性奇高，且谦恭好学，多闻阙疑，多见阙殆，故其"退而省其私，亦足以发"。其他弟子善问，乃因有惑而欲解；颜回无所不说，盖因无疑而自足。故朱熹《集注》说："颜子于圣人之言，默识心通，无所疑问。故夫子云然，其辞若有憾焉，其实乃深喜之。"

今按：颜回敏而好学，具体而微，于圣学闻语即解，心感悦怿，可谓古今第一好学生，宜乎夫子深爱之。

## 11.5 子曰："孝哉闵子骞！人不间于其父母昆弟之言①。"

**新注** ①闵子骞：即闵损。间：非议，异议。昆弟：兄弟。

**新译** 孔子说："真是孝子啊，闵子骞！人们对他父母兄弟称赞他的话没有任何异议。"

**新识** 此章孔子赞闵子骞之孝，系于颜回之后，正好照应"德行"科之次第。《集注》引胡氏曰："此篇记闵子骞言行者四，而其一直称闵子，疑闵氏门人所记也。"

闵子骞系孔门德行科高弟，位列颜回之后，其学为己，不慕荣利，故曾拒绝季氏费宰之请，曰："如有复我者，必在汶上矣。"又《韩诗外传》载其孝行云：

> 子骞早丧母，父娶后妻，生二子。疾恶子骞，以芦花衣之。父察之，欲逐后母。子骞曰："母有一子寒，母去三子单。"父善之而止。母悔改之，遂成慈母。

观此可知，闵子骞至孝可感，不念旧怨，又能排忧解纷，可谓齐家之选。夫子赞其孝，竟以“人不间于其父母昆弟之言”为说，真是心细如发。间，非议离间之言，谓人无非间之言及其父母兄弟。一谓父母言其孝，人亦信之。是知“人不间”，实乃“人不能间”，足见闵子一人之孝，使亲族、邻里、乡党皆有所感，而不能加一字之非议也。

## 11.6 南容三复白圭[①]，孔子以其兄之子妻之。

**新注** ①南容：南宫适，一说名括，字子容。三复白圭：三复，犹言多次吟诵。白圭，白玉制成的礼器，上尖下方，用于隆重仪式。《诗·大雅·抑》曰：“白圭之玷，尚可磨也；斯言之玷，不可为也。”意为：白圭上的瑕疵尚可磨掉，而语言上的失误就无法消除了。

**新译** 南容多次反复读诵“白圭”之诗，孔子便将自己的侄女嫁给了他。

**新识** 此章与《公冶长》篇“子谓南容”章呼应。朱熹《集注》说：“《诗·大雅·抑》之篇曰：‘白圭之玷，尚可磨也；斯言之玷，不可为也。’南容一日三复此言，事见《家语》，盖深有意于谨言也。此邦有道所以不废，邦无道所以免祸，故孔子以兄子妻之。”《孔子家语·弟子行》载子贡评南容说：“独居思仁，公言仁义。其于《诗》也，则一日三覆‘白圭之玷’是宫绍之行也。孔子信其能仁，以为异士。”又，《宪问》篇载：“南宫适问于孔子曰：‘羿善射，奡荡舟，俱不得其死然；禹稷躬稼，而有天下。’夫子不答，南宫适出。子曰：‘君子哉若人！尚德哉若人！’”《论语》中被夫子称君子者仅子产、蘧伯玉、子贱、南容数人，足见其在夫子心目中之位置。

今按：南容亦孔门“先进”弟子，且系夫子侄女婿，故后学弟子尊之为“德行”之亚。夫子以其兄之子妻之，良有以也！

## 11.7 季康子问：“弟子孰为好学？”孔子对曰：“有颜回者好学，不幸短命死矣！今也则亡。”

**新译** 季康子问：“您的弟子中，谁算得上好学呀？”夫子答道：“有一个叫作颜回的算得上好学，却不幸短命死了。如今就没有好学的人了。”

**新识** 此章与《雍也》篇重出。《集注》引范氏曰：“哀公、康子问同而对有详略者，臣之告君，不可不尽。若康子者，必待其能问乃告之，此教诲之道也。”言之有理。

今按：此章以下五章，专记颜回之死，构成一主题单元，孔门弟子之次第，当以颜回居首，居然可见矣。

**11.8 颜渊死，颜路请子之车以为之椁①。子曰：“才不才，亦各言其子也。鲤也死②，有棺而无椁。吾不徒行以为之椁，以吾从大夫之后，不可徒行也③。”**

**新注** ①颜路：名无繇，字路，颜回父，少孔子六岁，亦孔子弟子。椁（guǒ），外棺。颜路请求卖掉孔子之车，为颜回置办外椁。②鲤也死：孔鲤，字伯鱼，孔子独生子，少孔子二十岁。五十岁卒。③从大夫之后：孔子自谦之辞。孔子虽已致仕，然国有大事，仍然要随大夫上朝。

**新译** 颜渊死了，他的父亲颜路请求孔子卖掉车子，为颜渊置办外棺。孔子说：“不管儿子有无才能，做父亲的也都可谈谈自己的儿子。我儿子孔鲤死时，只有内棺而没有外棺。我不能（卖掉车子）步行，而为颜回置办外棺，因为我也忝列大夫们之后，按礼是不可以步行的啊！”

**新识** 以下四章皆记颜回之死，与上章联系，犹如“倒叙”，盖孔门弟子所记也。

颜回死后，颜路请夫子卖车以为颜回置办棺椁，夫子不听。夫子给出了两个理由：一是孔鲤死，便“有棺而无椁”，都是儿子，应一视同仁。二是“以吾从大夫之后，不可徒行”，卖了车，我坐什么？其实，这两条理由皆为托辞，盖对颜路其人，只能如此解释。夫子未说的理由至少有三：

其一，夫子视颜回若子，孔鲤死，有棺而无椁，颜回死，自不能有不同。唯其不为其置办外椁，更能见师徒之情深。其二，颜路提出如此要求，不合礼数。夫子主张："礼，与其奢也，宁俭；丧，与其易也，宁戚。"丧事尽哀则可，不可铺张奢侈。又《礼记·檀弓上》："子游问丧具，夫子曰：'称家之有亡。'子游曰：'有亡恶乎齐？'夫子曰：'有，毋过礼；苟亡矣，敛首足形，还葬，县棺而封，人岂有非之者哉！'"再者，夫子所乘之车，必是当年为大夫时国君所赐，颜路让其卖车买椁，实在过分。其三，夫子最讲诚信，反对欺伪。《礼记·中庸》云："君子素其位而行，不愿乎其外。素富贵，行乎富贵；素贫贱，行乎贫贱；素夷狄，行乎夷狄；素患难，行乎患难，君子无入而不自得焉。"颜路此举，犹今之所言"打肿脸充胖子"，不诚而有伪。试想，夫子生病时，"子路使门人为臣"，便为夫子所斥责："吾谁欺？欺天乎？"颜路如此自欺欺人，岂非让黄泉路上最诚实淳厚的颜回蒙羞？

今按：夫子所以委婉其词，盖因颜路虽系弟子，而年龄仅比自己小六岁，犹如今之所谓"发小"，如此说，方不致伤害彼此感情。夫子宅心仁厚，于此可见一斑。

## 11.9 颜渊死。子曰："噫！天丧予①！天丧予！"

**新注** ①天丧予：犹言天亡我。丧，亡。

**新译** 颜渊死了，孔子说："咳！老天要灭了我啊！老天要灭了我啊！"

**新识** 此章所记，必是夫子初闻噩耗时所言，反复凄恻，令人低回唏嘘。遥想当年，夫子一行在匡地被困，颜渊掉队，后追上来，夫子劈头就说："吾以女为死矣！"颜回则答曰："子在，回何敢死？"如今，子在，回却已先死，此非"天丧予"而何？故朱熹《集注》说："悼道无传，若天丧己也。"

今按：儒家虽无"道成肉身"之说，然学儒学道而至于极处、深处、高处、广处，确乎有一种宗教情怀潜滋暗长。夫子说："人能弘道，非道弘人。”夫子畏于匡时，曾说，“天之将丧斯文也，后死者不得与于斯文也”，可如今，“我”之“后死者”已先我而死，则“斯文”何依？吾道安行?！夫子“丧予”之叹，实有“后继无人”之义。盖夫子深知，自己身后，孔门必生分歧，而唯有颜回能协调门人之关系，夫子尝曰“自吾有回，门人日益亲”（《孔子家语》），其他弟子则无此亲和力。故颜回早夭，实孔子晚年所遭受之最大打击，伯鱼死于前，颜回夭于后，血脉之嗣与精神之裔皆告凋零，夫子心中之痛，可谓无以复加矣！

## 11.10 颜渊死，子哭之恸。从者曰：“子恸矣。”曰：“有恸乎？非夫人之为恸而谁为①！”

**新注** ①恸（tòng）：哀过为恸。极度哀痛。夫人：此人，指颜渊。

**新译** 颜渊死了，孔子哭得过于哀恸。随行的弟子们说：“先生您过于哀恸了。”孔子说：“真的过于哀恸了吗？我不为这个人哀恸，还能为谁哀恸呢？”

**新识** 朱熹《集注》称：“言其死可惜，哭之宜恸，非他人之比也。”胡氏曰：“痛惜之至，施当其可，皆情性之正也。”

今按：夫子之哭颜回，乃吾国精神史和心灵史上极大之事件，值得大书特书，致意再三。盖夫子尝云：“人未有自致者也，必也亲丧乎！”意谓：人一般不会情感难以自控，除非到了丧亲之痛时！此番夫子痛失颜回，甚至有比痛失爱子更痛者在焉。“恸”，乃哀过之义，夫子乃“圣之时者”，喜怒哀乐皆发而中节，唯颜回之死，令其“哭之恸”，此一“恸”，岂可等闲视之？窃谓夫子之“恸”，盖为“吾道”与“斯文”所发，颜回在，夫子可说“吾道不孤”，颜回死，夫子则如手持火炬之礼乐文明守夜人，茫然四顾，不知该将火炬传与何人！夫子这一哭，将师弟子之伦理提升到了亲情伦理之上，使我华夏文明从此具备一道统超越宗法血统之哲学乃至宗教维度。此正维系中华文化数千年于不坠之重大关钥！夫子说：“非夫人之为恸而谁为？”亦性情中语，其所蕴含者，乃是一超越亲情血脉的足以惊天地、泣鬼神的巨大悲情！——此又读

《论语》者，不可不知者也。

**11.11 颜渊死，门人欲厚葬之，子曰："不可。"门人厚葬之。子曰："回也，视予犹父也，予不得视犹子也。非我也，夫二三子也。"**

**新译** 颜渊死了，弟子们打算厚葬他。孔子说："不可以。"弟子们还是厚葬了颜渊。孔子说："颜回啊，你待我如同父亲一般，我却不能像待儿子一般待你。不是我要这样啊，都是你那些同学们干的啊！"

**新识** 此章可与颜路章呼应，"回也，视予犹父也，予不得视犹子也"，正是对颜路未曾说也不便说的心画心声！若颜路不能体察夫子深衷，尚可理解，门下先进弟子如子路、子贡辈此番为颜回厚葬，再次"表错情"，则不能不让夫子伤心莫名。朱熹《集注》说："叹不得如葬鲤之得宜，以责门人也。"

窃谓夫子所感叹者，乃颜回死后，世上再无"于吾言无所不说"之"知音"矣！试想，若子贡辈先死，颜回还在，夫子欲以葬孔鲤之规格葬子贡辈，颜回必能默识心通，不至先斩后奏、违拗于斯矣！明乎此，则可知夫子何以两答"好学"之问，皆说"有颜回者好学，不幸短命死矣！今也则亡"了！"回也，视予犹父也，予不得视犹子也。非我也，夫二三子也"。此数语大可注意，因其乃《论语》中唯一一句生者对死者所言之语，岂非茫茫人间，知我者其谁之叹！行文至此，恍如夫子在前，其人若见，其声若闻，不觉目湿喉哽，鼻酸肠热，真想与夫子同放悲声、大哭一场！

颜渊之死给夫子带来的伤痛，远超伯鱼之死，故几乎一年后才渐渐平息。《礼记·檀弓上》载："颜渊之丧，馈祥肉，孔子出受之，入弹琴而后食之。"祥肉，乃亲丧满十三月祭祀时所供之肉。此时夫子可能已遭遇子路之丧，其"入弹琴而后食之"，必是食不甘味，满目沧桑！

今按：以上四章，皆颜回死后夫子之表现，其言其行，并非应机设教，纯为真情流露，弟子描述如画，情韵悠长，真可谓善叙事、体人情者也！

## 11.12 季路问事鬼神。子曰："未能事人，焉能事鬼？"曰："敢问死。"曰："未知生，焉知死？"

**新译** 子路请教如何事奉鬼神。孔子说："（人鬼一理，）不能够事奉好人，哪里能够事奉好鬼呢？"子路又问："请问死是怎么回事？"孔子说："（生死一体，）生的道理还没有弄明白，又哪里懂得死亡的道理呢？"

**新识** 颜回之死，使六十二岁的子路大受震动，以致想到鬼神及生死问题。夫子向不语怪力乱神，且以"敬鬼神而远之"为"智"，故以人道相诱，促子路猛醒，而不至陷于死亡阴影之中不能自拔。夫子之爱子路，更有深于颜回者在焉。《集注》程子曰："昼夜者，死生之道也。知生之道，则知死之道；尽事人之道，则尽事鬼之道。死生人鬼，一而二，二而一者也。或言夫子不告子路，不知此乃所以深告之也。"

关于生死，另有一则故事见于《孔子家语·致思》：

> 子贡问于孔子曰："死者有知乎？将无知乎？"子曰："吾欲言死之有知，将恐孝子顺孙妨生以送死；吾欲言死之无知，将恐不孝之子弃其亲而不葬。赐不欲知死者有知与无知，非今之急，后自知之。"

据此可知，孔子不谈死亡及怪力乱神，乃出于澄明之理性与浩瀚之仁心，言与不言，皆关乎对仁道天理与良知良能的守护与弘扬。《周易·谦卦·文言》说："知进退存亡而不失其正者，其唯圣人乎！"良有以也！

今按：前五章记颜回之死，此章子路又问死，《论语》编排，可谓首尾摇曳，一以贯之。而夫子两度回答，涉及人道之至高哲理与生命之终极关怀，皆如黄钟大吕，掷地有声，振聋发聩！

**11.13 闵子侍侧，訚訚如也①；子路，行行如也；冉有、子贡，侃侃如也②。子乐。"若由也，不得其死然③。"**

**新注** ①侍侧：卑在尊侧曰侍。言闵子骞等四人侍立于孔子之侧。訚訚（yín）如：中正貌。②行行（hàng）如：刚强貌。侃侃如：和乐从容貌。③子乐（lè）：夫子感到欣慰。不得其死然：指不得寿终，不保天年。

**新译** 闵子骞侍立于孔子之侧，一副中正平和的样子；子路则显得刚强而勇武；冉有、子贡，看上去和乐而又从容。孔子很高兴。却又说："像仲由那样子，我恐怕他会不保天年啊！"

**新识** 此章皆"先进"弟子侍侧之状，德行、政事、言语三科之人多在其中，所记或在颜回死后，亦未可知。闵子骞起首，中正平和，随遇而安；子路，刚猛勇武，虎虎有生气；冉有、子贡，艺能超群，从容不迫。唯后一句"若由也，不得其死然"，又与前此数章相照应。"死"字最为吃紧，盖夫子忽然从子路之状貌中，产生不祥之预感，子路一生好勇，不知节制裁度，此正夫子最为忧心者。事实证明，夫子果然不幸言中，颜回死后一年，即哀公十五年（前480）冬，子路亦死于卫国孔悝之乱，享年六十三岁。《左传·哀公十五年》载卫国内乱，子路"不避其难"，"结缨而死"，其事甚详：

> 季子（子路）将入，遇子羔（高柴）将出，曰："门已闭矣。"季子曰："吾姑至焉。"子羔曰："弗及，不践其难。"季子曰："食焉，不辟其难。"子羔遂出。子路入，及门，公孙敢门焉，曰："无入为也。"季子曰："是公孙，求利焉而逃其难。由不然，利其禄，必救其患。"有使者出，乃入。……大子闻之，惧，下石乞、盂黡敌子路。以戈击之，断缨。子路曰："君子死，冠不免。"结缨而死。孔子闻卫乱，曰："柴也其来，由也死矣。"

子路结缨而死，可谓以礼殉道，不枉夫子训导多年。伯鱼、颜回、子路相继辞世，拖垮了古稀之年的夫子。明年，即鲁哀公十六年（前479）四月，夫子溘然而逝！

今按：《礼记·檀弓》载："孔子哭子路于中庭。有人吊者，而夫子拜之。既哭，进使者而问故。使者曰：'醢之矣！'遂命覆醢。"醢，即肉酱，谓子路结缨死后，被剁为肉酱，夫子闻听，悲不可抑，遂命覆醢，师徒之情，更有甚于父子者！又，《公羊传·哀公十四年》："子路死，孔子曰：'噫，天祝予！'"何休注："祝，断也。天生颜渊、子路为夫子辅佐，皆死者，天将亡夫子之证。"呜呼！夫子晚年，噩耗频传，泪不止流，何其悲乎痛哉！而弟子中，仁者如颜回，勇者如子路，先后凋零，唯留智者如子贡，为夫子料理身后之事，庐墓六年，维系圣门命脉于一线，冥冥之中，岂真有天意在耶？

又按：《礼记·檀弓上》载："孔子之丧，门人疑所服，子贡曰：'昔者夫子之丧颜渊，若丧子而无服，丧子路亦然。请丧夫子，若丧父而无服。'"观此可知，颜回、子路之丧，夫子皆"若丧子而无服"，故子贡安排夫子丧事，乃"若丧父而无服"。这一次，子贡给九泉之下的夫子，交了一张满意的答卷。

## 11.14 鲁人为长府①。闵子骞曰："仍旧贯，如之何？何必改作②？"子曰："夫人不言，言必有中③。"

**新注** ①鲁人为长府：鲁人，当指鲁国的国君或执政大臣。长府，聚藏财物的处所。为，修建。 ②仍旧贯：犹言照旧制。仍，因；贯，规制。改作：改建。 ③夫人：此人，指闵子骞。言必有中（zhòng）：中，当理，中肯。

**新译** 鲁国君臣想要改建囤积财物的长府，闵子骞说："照着原来的老样子，怎么样？何必一定要改建呢？"夫子知道后，说："此人平日要么不开口，一开口就一定很中肯！"

**新识** 以上数章皆言死生之事，此章忽宕开一笔，以夫子评闵子骞"言必有中"为说，既照应前文，又可平复读者悲伤心情，可谓匠心独运，善体人情。

今按：闵子骞于德行科，位列第二，曾辞季氏费宰之请，可谓“知退”；为人孝悌，人不间于其父母昆弟之言，可谓“知孝”；此章又谓其平时寡言少语，一说即能切中肯綮，可谓“知言”。有此“三知”，闵子庶几已为成德君子矣。

又按：或谓，孔子认同“仍旧贯”，乃基于一种保守复古之思想，此言似是而非。盖孔子确以好古为好学，以周礼为良治，甚至以为如或继周，百世可知也，但其致思理路，乃鉴往以知来，借古以察今，其所欲保欲守者，实天理良知，公序良俗，社会正义。鲁人，当即鲁君，长府即国库，“为长府”必是扩容改建，以便搜刮民财，大肆聚敛。此其一。其二，从礼制角度而言，夫子亦不主张大兴土木，奢侈铺张，对于种种以创新为名的改弦更张，更持怀疑和保留态度。因为旧的东西，即使不具备实用价值，亦存在文化价值和审美价值，甚至承载着人的情感和记忆，随意拆解和毁弃，事实上是对祖先遗存的轻视和践踏，更不用说此类“政绩工程”背后常常掩盖着不可告人的企图和算计！近世以来，多少名胜古迹、国宝家珍毁于一旦，皆拜不欲“仍旧贯”“向前看”之赐也，煮鹤焚琴，暴殄天物若此，夫子必不欲观之矣！

## 11.15 子曰：“由之瑟，奚为于丘之门[①]？”门人不敬子路。子曰：“由也升堂矣，未入于室也[②]。”

**新注** ①奚为于丘之门：为什么要在我门下弹奏呢？奚，为什么。②升堂、入室：堂，正厅；室，内室。此是比喻，先入门，进而至于正厅，再而入内室。比喻学问的不同阶段。

**新译** 孔子说：“仲由的瑟呀，为何要在我门下弹奏呢？”门人听了便不再尊敬子路。孔子又说道：“仲由啊，他的造诣已经登堂，只是尚未入室罢了。”

**新识** 上章以闵子骞为主，此章又以子路为主，接下来又以子贡、冉有为主，此数章，皆由“闵子侍侧”章开枝散叶，层层皴染，《论语》之篇章结构，次第井然，可谓“形散而神不散”。

朱熹《集注》云：“升堂入室，喻入道之次第。言子路之学，已造乎正大高明之域，特未深入精微之奥耳，未可以一事之失而遽忽之也。”朱子所谓“一事之失”，盖指子路粗犷勇武，音乐非其所长。又，《玉篇》引《世本》曰：“瑟，洁也，使人精洁于心，淳一于行。”《白虎通·礼乐》篇：“瑟者，啬也，闲也。所以惩忿窒欲，正人心之德也。”夫子说“由之瑟”云云，必是子路弹瑟，意气风发，刚猛有余，闲啬不足，未能充分体现瑟“惩忿窒欲”、中正平和之特质。夫子之言，犹如佛门之棒喝，盖促其进学，勉其自反之意。门人不知究竟，遂不敬子路。夫子不得已，乃以“升堂矣，未入于室也”为子路解纷。夫子尝言：“兴于《诗》，立于礼，成于乐。”盖子路之次第，或已能兴《诗》立礼，唯于成乐，尚无心得耳。

今按：“未入于室”，与前文“及门”和后文“不践迹，亦不入于室”，上下呼应，遥相致意，故《先进》一篇，实是以众多弟子之言动，描画孔门进德修业之实况：及门、升堂、入室，犹如兴于《诗》、立于礼、成于乐，恰成三级台阶、三种境界，弟子或有过之，或尚不及，由此可见圣学不易，中道难能也。

## 11.16 子贡问：“师与商也孰贤①？”子曰：“师也过，商也不及。”曰：“然则师愈②与？”子曰：“过犹不及③。”

**新注** ①师与商也孰贤：师，颛孙师，字子张。商，卜商，字子夏。②愈：胜过。 ③过犹不及：过头如同没达到一样。犹，如也。

**新译** 子贡问：“子张和子夏谁更贤能一些？”孔子说：“子张有些过头，子夏还未达到。”子贡说：“那么子张更胜一筹了？”孔子说：“过头了如同达不到一样（都不合乎中道）。”

**新识** 本章记夫子评子张、子夏。二人皆孔门后进弟子，而在夫子看来，或过或不及。子贡两问，盖先进弟子欲以测量后进弟子之优劣短长，其中微妙，令人悬想。据《吕氏春秋·尊师》：“子张，鲁之鄙家也。……学于孔子。”又《尸子》卷上：“颛孙师，驵（zǎng）也，孔子教之。”驵，即贩马市场经纪人。《孔子家语·七十二弟子解》：“颛孙师，陈人，字子张。少孔子四十八岁，为人有容貌资质，宽冲博接，从容自务，居不务立于仁义之行。孔子门人友之而弗敬。”子张虽出身鄙家，却志高意广，言行张扬，故夫子谓其“过”。子夏乃文学科高弟，《孔子家语》称其“为人性不弘，好论精微，时人无以尚之。……孔子卒后，教于西河之上。魏文侯师事之，而谘国政焉”。联系到夫子尝以“无为小人儒”相警，可知子夏为学，颇有文胜之弊，故夫子以为“不及”也。

那么，子贡对此二人作何评价呢？《孔子家语·弟子行》记子贡论列孔门弟子十二人，依次是：颜回、冉雍、子路、冉求、公西赤、曾子、子张、卜商、澹台灭明、南容、高柴、言偃。子张位列第七，次在子夏之前。子贡评语称：“美功不伐，贵位不善，不侮不佚，不傲无告，是颛孙师之行也。孔子言之曰：‘其不伐，则犹可能也，其不弊百姓，则仁也，诗云：恺悌君子，民之父母。夫子以其仁为大。’”评子夏则说：“学之深，送迎必敬，上交下接若截焉，是卜商之行也。孔子说之以《诗》曰：‘式夷式已，无小人殆。’若商也，其可谓不险矣。”可知子贡的确更倾向于“师愈于商”。

今按：《中庸》引孔子曰：“道之不行也，我知之矣：知者过之，愚者不及也。道之不明也，我知之矣：贤者过之，不肖者不及也。人莫不饮食也，鲜能知味也。”子张、子夏虽未可以知愚贤不肖论之，要在各有一偏，夫子“过犹不及”之论，盖叹中庸之难能也。不过，夫子在世时，子张、子夏皆不过二十余岁，不及中道，亦情理之中。夫子殁后，儒分为八，“子张之儒”赫然居首（《韩非子·显学》），子夏至西河，亦开宗立派，为儒门宗师。然荀子在《非十二子》中，则将子张、子夏、子游，一概斥为“贱儒”，荀子所言或可商榷，而子张、子夏终身未能“止于至善”则于焉可知矣。故程颐说：“大抵儒者潜心正道，不容有差，其始甚微，其终则不可救。如‘师也过，商也不及’，于圣人中道，师只是过于厚些，商只是不及些。然而厚则渐至于‘兼爱’，不及则便至于‘为我’，其过不及同出于儒者，其末遂至杨、墨。”

（《二程遗书》）程子之说，虽属后知后觉，亦言谈微中，可谓知人矣。

## 11.17 季氏富于周公①，而求也为之聚敛而附益之②。子曰："非吾徒也，小子鸣鼓而攻之，可也！"

**新注** ①季氏富于周公：周公，指周公旦次子世袭周公之位，而留在周之王朝的周公后代。 ②聚敛（liǎn）：课重税来搜刮民财。附益：增加。

**新译** 季氏比王朝之周公还富有，而冉求却还为他聚敛民财，使他更加富有。孔子说："他不再是我的弟子了。小子们！你们可以大张旗鼓地去声讨他！"

**新识** 此章所记之事，盖发生在孔子归鲁后不久，时冉有为季氏宰。《左传·哀公十一年》载：

> 季孙欲以田赋，使冉有访诸仲尼。仲尼曰："丘不识也。"三发，卒曰："子为国老，待子而行，若之何子之不言也？"仲尼不对，而私于冉有曰："君子之行也，度于礼；施取其厚，事举其中，敛从其薄。如是则以丘亦足矣。若不度于礼，而贪冒无厌，则虽以田赋，将又不足。且子季孙若欲行而法，则周公之典在；若欲苟而行，又何访焉？"弗听。

《国语·鲁语下》亦载此事，文略有异。孔子主张"施取其厚，事举其中，敛从其薄"，欲使冉有劝止季氏，而冉有不听，致使季氏横征暴敛，富比周公，有徒若此，夫子焉能不怒？"小子鸣鼓而攻之"，盖亦怒极之言，足见夫子爱憎分明，对冉有为虎作伥之行绝不姑息纵容。朱熹《集注》说："周公以王室至亲，有大功，位冢宰，其富宜矣。季氏以诸侯之卿，而富过之，非攘夺其君、刻剥其民，何以得此？冉有为季氏宰，又为之急赋税以益其富。"

今按：孔门弟子中，仲弓、冉有、子路皆尝为季氏家宰，唯以冉有最无操守，故其虽列于政事之科，以"十哲"之目而从祀夫子于孔庙，实则德不配位、名不副实也！故孟子说：“求也为季氏宰，无能改于其德，而赋粟倍他日。孔子曰：‘求非我徒也，小子鸣鼓而攻之可也。’由此观之，君不行仁政而富之，皆弃于孔子者也。”孟子可谓真得夫子之心者也！

## 11.18 柴也愚，参也鲁，师也辟，由也喭①。

**新注** ①柴也愚：柴，即高柴，字子羔。卫人，一说齐人。孔子弟子，少孔子三十岁。愚，愚笨。参也鲁：参，即曾参。鲁，迟钝。师也辟（pì）：师，颛孙师，即子张。辟，偏执、偏颇。由也喭（yàn）：由，仲由，即子路。喭，鲁莽、刚猛。

**新译** 高柴有些愚笨，曾参有些迟钝，颛孙师有些偏执，子路有些鲁莽。

**新识** 此章评价四位弟子而直呼其名，当亦孔子之言，而无“子曰”，亦甚可怪，或为孔子不同场合所言，弟子缀而合之，亦未可知。

四位弟子，唯高柴系首次出场，故置于前。高柴其人，诚笃至孝，为常人所不及。《礼记·檀弓上》载：“高子皋之执亲之丧也，泣血三年，未尝见齿。君子以为难。”夫子说：“好仁不好学，其蔽也愚。”此处说“柴也愚”，盖好仁之过也。又《孔子家语·弟子行》载子贡论高柴之行说：“自见孔子，出入于户，未尝越礼。往来过之，足不履影。启蛰不杀，方长不折。执亲之丧，未尝见齿，是高柴之行也。孔子曰：‘柴于亲丧，则难能也；启蛰不杀，则顺人道；方长不折，则恕仁也。成汤恭而以恕，是以日跻。’”“启蛰不杀”，“方长不折”，意谓惊蛰过后万物复苏，初生的动物不可乱杀，正长的幼苗不可折断，此正夫子“钓而不纲，弋不射宿”之义。由此可知，儒家仁恕之道，实即推己及人、推人及物的好生、护生之精神。高柴言行谨慎如此，故其虽与子路共事于卫国，孔悝之乱时，却能临难脱险，全身而退，可谓“柴也不愚”！

“参也鲁”，亦似颜回“不违如愚”，而颜、曾二人独能体察夫子之道。故程子说：“曾子传圣人之道，只是一个诚笃。《语》曰：‘参也鲁。’如圣人之门，子游、子夏之言语，子贡、子张之才辨，聪明者甚多；卒传圣人之道者，乃质鲁之人。人只要一个诚实。”（《二程遗书》）朱子称：“曾子只缘鲁钝，被他不肯放过，所以做得透。若是放过，只是鲁而已。”又说：“然曾参虽鲁，而规模志向自大，所以终能传夫子之道。”（《朱子语类》卷第三十九）“师也辟，由也喭”，说已见注释，此不赘。

今按：此四人，前两人如不及，后二者如过之。可知气质之性不免有偏，中和之质难以企及。夫子一字品题，妙到毫巅，允称千古不刊之论矣！

## 11.19　子曰：“回也其庶乎！屡空①。赐不受命，而货殖焉，亿则屡中②。”

**新注**　①庶：近，差不多。言庶几近道。屡空：屡，每，经常。空，乏，贫困。　②赐不受命：端木赐不认命。货殖：货财生殖，即做生意。亿则屡中：亿，臆度；推测。

**新译**　孔子说：“颜回差不多近于道了！他能安处贫约之中，所以每每陷于空乏。端木赐则不接受命运的安排，他去经商做生意，预测市场行情时，常常一猜即中。”

**新识**　此章夫子评颜回与子贡，看似不动声色，实则皮里阳秋，暗寓褒贬。朱熹《集注》说颜回：“不以贫窭动心而求富，故屡至于空匮也。言其近道，又能安贫也。”“言子贡不如颜子之安贫乐道，然其才识之明，亦能料事而多中也。”又《史记·货殖列传》记子贡：“鬻财于曹、鲁之间，七十子之徒，赐最为饶益。”

今按：颜回是仁者安仁，故能乐天知命；子贡是知者利仁，故常驰骛外求；颜回是生命境界，子贡是功利境界；颜回可谓“德润身”，子贡可谓“富润屋”；德润身则身即是屋，无往而不自得；富润屋则须在屋中方可自得也。颜回学圣人具体而微，子贡唯得其一体耳。夫子之教，乃教人“见其大而忘其小”。

又按：孔门不可无颜回，亦不可无子贡。无颜回，则道不得显而彰；无子贡，则道不得载而行也！

## 11.20 子张问善人之道。子曰：“不践迹，亦不入于室①。”

**新注** ①践迹：踩着前人的足迹。比喻学习圣贤的经验。入于室：进入室内。指达到高境界。

**新译** 子张请问善人为学之道。孔子说：“（就算是善人，）若不能踩着古圣贤的足迹前行，也不能升堂入室。”

**新识** 此章论善人之道，实亦劝人好学。故朱熹《集注》称：“善人，质美而未学者也。”程子曰：“践迹，如言循途守辙。善人虽不必践旧迹而自不为恶，然亦不能入圣人之室也。”又，顾炎武《日知录》卷七云：

> 服尧之服，诵尧之言，行尧之行，所谓践迹也。先王之教，若《说命》所谓“学于古训”，《康诰》所谓“绍闻衣德言”，以至于《诗》《书》六艺之文，三百三千之则，有一非践迹者乎？善人者，忠信而未学礼，笃实而未日新，虽其天资之美，亦能暗与道合；而足己不学，无自以入圣人之室矣。

今按：“不践迹”，是情感上扬其美质；“亦不入于室”，是道理上指其局限。仔细玩味，发现“不践迹”与“不入室”恰成因果关系，犹言善人天资优美，心地纯善，行事虽不依成法而与理暗合；然若满足于此，不能好学精进，终不能升堂入室，止于至善。此章又可与“升堂也未入于室矣”章相参读，盖子路、子张，皆有逞意气、“不践迹”之病矣。

## 11.21 子曰：“论笃是与，君子者乎？色庄者乎①？”

**新注** ①论笃是与：论笃与是。言论诚笃之人常常被人赞许。与，赞许。色庄：表情庄重。

**新译** 孔子说："言论诚笃的人总是被人赞许，哪知他是真君子呢？还是故作端庄呢？"

**新识** 此章可与"巧言令色鲜矣仁"章参看。朱熹《集注》："言但以其言论笃实而与之，则未知其为君子者乎？为色庄者乎？"意谓不可以言貌取人，当听其言而观其行也。

**11.22 子路问："闻斯行诸①？"子曰："有父兄在，如之何其闻斯行之？"冉有问："闻斯行诸？"子曰："闻斯行之！"公西华曰："由也问：'闻斯行诸？'子曰：'有父兄在。'求也问：'闻斯行诸？'子曰：'闻斯行之！'赤也惑，敢问。"子曰："求也退，故进之；由也兼人②，故退之。"**

**新注** ①闻斯行诸：谓闻义即当勇为。诸，之乎二字之合音，疑问词。 ②求也退：冉求性格谦退。兼人：勇气过人。一说：一人可兼两人之所为。

**新译** 子路问："听到什么就该去做吗？"孔子说："父兄尚在，怎么能够听到后就去做呢？"冉有问："听到什么就该去做吗？"孔子说："听到了当然就该去做呀！"公西华问："子路问听到了是否就该去做，先生您说有父兄在；冉有也问听到了是否就该去做，您却说听到了就该去做。我很困惑，请问何故。"孔子说："冉求性格退缩，所以我要鼓励他；仲由则勇气过人，所以我要压压他。"

**新识** 此章可见子路、冉有虽同为"政事科"之选，然一个勇进而常过，一个懦退而不及，故夫子不得不进者抑之而使退，退者勉之而使进。夫子因材施教，问同答异，循循善诱有如此。

今按：子路之"兼人"，从《公冶长》篇"子路有闻，未之能行，唯恐有闻"、《颜渊》篇"子路无宿诺"诸章可见；冉有之懦退，从夫子谓之"力不足者，中道而废，今女画"数言，亦可知矣。

## 11.23 子畏于匡[1]，颜渊后。子曰："吾以女为死矣[2]。"曰："子在，回何敢死？"

**新注** ①子畏于匡：孔子被围困在匡地。畏，非罪被攻为畏；这里是围困、拘囚义。 ②吾以女（rǔ）为死矣：女，通"汝"。孔子怀疑颜回与匡人斗而死，此惊喜交集之辞。

**新译** 孔子在匡地被围困，（解围后）颜渊最后才追上来。孔子说："我还以为你死了呢！"颜渊说："您还在，我怎么敢去死呢？"

**新识** 此章与前章有内在关联。前章夫子告诫子路："有父兄在，如之何其闻斯行之？"正是纠正子路之好勇鲁莽之失。本章颜回"子在，回何敢死？"正是夫子所谓"回也，视予犹父也"之"情景再现"。《礼记·曲礼》说："父母在，不许友以死。"又《礼记·檀弓上》：

> 子夏问于孔子曰："居父母之仇，如之何？"夫子曰："寝苫，枕干不仕，弗与共天下也。遇诸市朝，不反兵而斗。"

可知，所谓"杀父之仇，不共戴天"，绝非虚语。所以，若夫子被匡人所杀，作为弟子，颜回必当以死相报，不容犹豫，而得知夫子已经突围脱险，颜回便失去"敢死"之理由，故不敢轻生赴斗，做无谓牺牲。朱子辨此意甚明，其文曰：

> 其曰"吾以汝为死矣"者，孔子恐颜回遇害，故有此语。颜子答曰"子在，回何敢死"者，颜子谓孔子既得脱祸，吾可以不死矣。若使孔子遇害，则颜子只得以死救之也。或问："颜路在，颜子许人以死，何也？"曰："事偶至此，只得死。此与不许友以死之意别。不许以死，在未处难以前乃可。如此处已遇难，却如此说不得。"（《朱子语类》卷第三十九）

今按：孟子说："知命者不立于岩墙之下。"是君子虽不畏死，然亦绝不轻生忘死。颜回事师如事父，父母在，自不敢言死。又加夫子乃弘道传道之人，任重道远，死而后已，作为道业之接力者，弟子岂可先师父而赴死？师徒一问一答，含不尽之意于言外也。

**11.24　季子然问：“仲由、冉求可谓大臣与①？”子曰：“吾以子为异之问，曾由与求之问②。所谓大臣者：以道事君，不可则止③。今由与求也，可谓具臣④矣。”曰：“然则从之者与⑤？”子曰：“弑⑥父与君，亦不从也。”**

**新注**　①季子然：季氏子弟。盖子路、冉有先后为季氏家宰，季子然以季氏得此两位干才而自喜，故有此问。大臣：德才俱佳的臣子。②异之问：异，特殊。曾由与求之问：曾，乃。　③以道事君，不可则止：按照道义事奉君主，不能行道便辞官归隐。止，谓去其位。　④具臣：谓备臣数而已。　⑤从之者：服从上级的人。⑥弑：古代以子杀父、臣杀君为“弑”。

**新译**　季子然问：“仲由、冉求，可以称得上是德才兼备的大臣吗？”孔子说：“我还以为您有特别的问题，原来是问仲由和冉求他们两个啊。所谓大臣，是按照道义来奉事君主的，如果不能行道，便辞职退隐。如今仲由和冉求，只可称得上备数的具臣罢了。”季子然又问：“那么他们是服从上级的人吗？”孔子说：“（其他没有问题，但）杀父杀君之事，他们也是不会听从的。”

**新识**　此章夫子评子路、冉有，涉及君臣之道。夫子说“以道事君，不可则止”，分明便是“道尊于君”“从道不从君”之义。“大臣”“具臣”之辨，正如朱子所说，乃“轻二子以抑季然也”。

事实上，孔子主张事君“勿欺也，而犯之”，即对君主之过失绝不能姑息，而应犯颜直谏。这一点，孔子之孙孔伋（子思）做得最好。据郭店竹简《鲁穆公见子思》载：

> 鲁穆公问于子思曰：“何如而可谓忠臣？”子思曰：“恒称其君之恶者，可谓忠臣矣。”公不悦，揖而退之。成孙弋见，公曰：“乡者吾问忠臣于子思，子思曰：‘恒称其

君之恶者，可谓忠臣矣。’寡人惑焉，而未之得也。”成孙弋曰：“噫！善哉，言乎！夫为其君之故杀其身者，尝有之矣。恒称其君之恶，未之有也。夫为其［君］之故杀其身者，效禄爵者也。恒称其君之恶者，远禄爵者［也］。为义而远禄爵，非子思，吾恶闻之矣。”

据此可知，子思所谓“恒称其君之恶”“为义而远禄爵”的“忠臣”，正是夫子所说“以道事君，不可则止”的“大臣”，而成孙弋所谓“为其君之故杀其身”的“效禄爵者”，大概便是夫子所说的“具臣”吧！

今按：《礼记·表记》称：“事君，军旅不避难，朝廷不辞贱。处其位而不履其事，则乱也。故君使其臣得志，则慎虑而从之；否，则孰虑而从之，终事而退，臣之厚也。《易》曰：‘不事王侯，高尚其事。’”盖儒家君臣之道，既明义务，又彰权利，从之也忠，退之也厚，从容进退，正大光明。后世霸道渐起，遂使君不君，臣不臣，弑父弑君者所在多有，此固然是一事实，然不可以此厚诬圣贤，以为其陈义过高，不接地气也！

**11.25 子路使子羔为费宰①。子曰：“贼夫人之子②。”子路曰：“有民人焉，有社稷焉③，何必读书，然后为学？”子曰：“是故恶夫佞者④。”**

**新注** ①子羔：即高柴，字子羔。费（bì）宰：费邑宰。盖当时子路为季氏宰，举荐子羔为费宰。②贼夫人之子：贼害别人的孩子，犹言误人子弟。贼，害。夫人之子，指子羔。子羔当时尚年轻，学业未成，若使其从政，恰是害他。③社稷（jì）：土神和谷神。④恶（wù）夫佞者：讨厌那些强词夺理的人。佞，有口才；这里指狡辩，强词夺理。

**新译** 子路举荐子羔为费邑的邑宰，孔子说：“这是在害人家那孩子啊！”子路说：“那里有百姓，有社坛和稷庙，（可以边干边学，）何必一定要读书才叫学问呢？”孔子说：“这就是为什么我讨厌那些强词夺理的人！”

**新识** 此章夫子与子路辩难，涉及为学之道。《集解》包咸曰：“子羔学未熟习而使为政，所以为贼害也。”《集注》朱熹称：“言子羔质美而未学，遽使治民，适以害之。”子路以民人、社稷为说，言下之意，从政无非治民、事神二事，可以从事上磨炼，边学边做，何必定要读书才算学问呢？颇有今之所谓“实践出真知”之意，何必“学而优”才可仕呢？子路颟顸鲁莽，以为从政只需技能才干，而无须明伦学道，实是一大误区，更是强词夺理。故孔子不欲启发之，乃以“恶夫佞者”斥之。此正所谓“举一隅不以三隅反，则不复也”“御人以口给，屡憎于人”之最佳案例。故朱熹《集注》说：“治民事神，固学者事，然必学之已成，然后可仕以行其学。”范氏曰：“古者学而后入政。未闻以政学者也。盖道之本在于修身，而后及于治人，其说具于方册。读而知之，然后能行。何可以不读书也？子路乃欲使子羔以政为学，失先后本末之序矣。不知其过而以口给御人，故夫子恶其佞也。”

今按：此章可与“子使漆雕开仕”章相发明。子路所言，虽为夫子所斥，亦非全无道理，后世“心学”之“六经注我”一脉在此已埋下伏线。宋儒陆象山主张“发明本心”，“昔之圣贤先得我心之所同然者耳”，不必多读书外求，“学苟知本，六经皆我注脚”（《陆九渊集》卷三十四）；其与朱子辩难，“以为尧舜之前何书可读？”（《陆九渊集》卷三十六《年谱》）隐然便有子路的影子。不过陆九渊乃心学宗师，岂是不读书之辈？孔门为学，次第分明，修齐治平，有条不紊，若行不修，经不明，齐家尚不可得，岂可出仕治民？《论语》一书，《学而》篇所以置于《为政》篇之前，正此意也！

又按：子羔学成后，出仕于卫国，秉公执法，颇有美名。《说苑·至公》载：

> 子羔为卫政，刖人之足。卫之君臣乱，子羔走郭门，郭门闭，刖者守门，曰：“于彼有缺！”子羔曰：“君子不逾。”曰：“于彼有窦。”子羔曰：“君子不遂。”曰：“于此

有室。”子羔入，追者罢。子羔将去，谓刖者曰：“吾不能亏损主之法令而亲刖子之足，吾在难中，此乃子之报怨时也，何故逃我？”刖者曰：“断足固我罪也，无可奈何。君之治臣也，倾侧法令，先后臣以法，欲臣之免于法也，臣知之。狱决罪定，临当论刑，君愀然不乐，见于颜色，臣又知之。君岂私臣哉？天生仁人之心，其固然也。此臣之所以脱君也。”孔子闻之，曰：“善为吏者树德，不善为吏者树怨。公行之也，其子羔之谓欤？”

子羔执政，能使当怨者不怨，当恨者不恨，反而舍命相救，亦可见夫子教育之效也。

11.26 **子路、曾皙、冉有、公西华侍坐。子曰：“以吾一日长乎尔，毋吾以也①！居则曰：‘不吾知也！’如或知尔，则何以哉②？”子路率尔而对曰：“千乘之国，摄乎大国之间③，加之以师旅，因之以饥馑，由也为之，比及三年，可使有勇，且知方也④。”夫子哂⑤之。“求，尔何如？”对曰：“方六七十，如五六十，求也为之，比及三年，可使足民；如其礼乐，以俟君子⑥。”“赤，尔何如？”对曰：“非曰能之，愿学焉！宗庙之事，如会同，端章甫，愿为小相焉。”⑦“点，尔何如？”鼓瑟希，铿尔，舍瑟而作。对曰：“异乎三子者之撰！”子曰：“何伤乎⑧？亦各言其志也。”曰：“莫春者，春服既成；冠者五六人，童子六七人，浴乎沂，风乎舞雩⑨，咏而归。”夫子喟然叹曰：“吾与点也⑩。”**

**三子者出，曾皙后。曾皙曰：“夫三子者之言何如？”子曰：“亦各言其志也已矣。”曰：“夫子何哂由也？”曰：“为国以礼，其言不让，是故哂之。”**

**“唯求则非邦也与？”“安见方六七十，如五六十，而非邦也者？”“唯赤则非邦也与？”“宗庙会同，非诸侯而何？赤也为之小，孰能为之大？”**

**新注** ①以吾一日长乎尔：以，因为。长乎尔，比你们年长些。毋吾以：不要因为我而不敢说话。 ②居：平时。何以：以何，做些什么。 ③摄（shè）：逼近。摄乎大国之间：意为夹处于大国中间不得伸展。 ④比（bì）及：等到。方：道义的方向，这里指道理。 ⑤哂（shěn）：笑。 ⑥足民：使民富足。如：若，至于。俟（sì）：等待。 ⑦宗庙之事：指诸侯祭祀祖先的事。会：指诸侯会盟。同：指诸侯共同朝见天子。端：古人用整幅布做的礼服，又叫玄端。章甫：一种礼帽。端章甫，即穿着礼服，戴着礼帽。相：在祭祀或会盟时，主持赞礼和司仪的人。 ⑧希：同“稀”。铿（kēng）：象声词。铿尔犹铿然，推瑟时发出的声音。舍：舍弃，放下。作：起。撰（zhuàn）：撰述，犹言观点。伤，妨碍。 ⑨莫：“暮”的本字。暮春，指三月。冠者：成年人。古时男子二十岁须行冠礼，故以冠者称成年人。童子：未冠的少年。浴：盥濯，就水边洗头面两手，或谓三月三日上巳日的一种祓禊仪式。沂（yí）：水名，在今山东曲阜市南。风：吹风，乘凉。舞雩（yú）：古时求雨的祭坛，在曲阜市东南。咏：唱歌。 ⑩喟（kuì）然：长叹貌。与（yǔ）：赞许；同意。

**新译** 子路、曾皙、冉有、公西华陪夫子而坐。孔子说：“我比你们虚长几日，你们不必在乎。平时你们常说：‘没有人了解我呀！’如果有人想要了解你们，你们准备做些什么呢？”子路不假思索就轻率答道：“如有一个千辆兵车的国家，夹在几个大国之间，外有军队侵犯，内有连年饥荒，让我仲由去治理，等到三年，就可使百姓不仅有勇，而且懂得道义。”夫子微微一笑。——“冉求，你怎么样？”冉有答道：“方圆六七十里，或五六十里的小邦国，若让我来治理，等到三年的光景，可以使老百姓衣食丰足。至于推广礼乐教化，只有等贤人君子来做了。”——“公西赤，你怎么样?”公西赤回答道：“我不敢说能做什么，只愿意学习罢了。祭祀的工作或者与外国举行会盟时，我愿意穿上礼服，戴着礼帽，做一个小司仪。”——“曾点，你怎么样呢?”（曾皙正在鼓瑟，）此时音声渐稀，铿然一声，舍瑟而起，说：“我恐怕与三位的想法不同。”孔子说：“有什么妨碍呢？也不过是各自说说自己的志向罢了!”曾皙这才说道：“（我在想，）到了暮春时节，穿上春天的单衣，约上五六个年轻人，六七个童子，一同出游，先在沂水边盥洗一番，再到舞雩台上吹吹风，然后一起唱着歌儿回家。（那该多好呀!）”夫子长叹一声，说：“我赞同曾点啊!”

三人出去了，曾皙留在后面。曾皙问：“他们三个说得怎么样呢?”孔子答：“也不过是各人说说自己的志向罢了。”又问：“先生为什么笑仲由呢?”答：“治国要靠礼，他说话毫不谦让，所以我笑他。”“那冉求所讲的就不是治国吗?”“怎见得方圆六七十里，或五六十里，就不是一个国家呢?”“那公西赤所讲的就不是治国吗?”“宗庙祭祀、会见外宾，不是诸侯之事又是什么？公西赤若只能做个小司仪，那谁能做大司仪呢?”

**新识**　此章四弟子各道其志，可谓孔门教学之实录，篇幅为《论语》全书之最；又加叙事写人，精工简雅，起承转合，历历如画，闻声知人，呼之欲出；尤其曾点所言，寥寥数语，恰情恰景，如诗如画，诚为千古第一等绝妙文字!

此章最可注意者，乃是曾点其人。子路、冉有、公西华各言其志，无不关涉为政，唯曾点能摆落世事，心无旁骛，自得于生命本身的大快乐，如果说前三者所谈皆属“器识”，曾点所言则属于“妙道”。大有参赞天地化育之圣贤气象。孔门诸弟子中，能与曾点同行者，不过颜回、闵子骞、漆雕开，数人而已。夫子尝言：“不得中行而与之，必也狂狷乎？狂者进取，狷者有所不为。”如说子路诸人乃进取有为之狂者，则曾点显然可归于有所不为之狷者一类。夫子尝使漆雕开仕，而漆雕开对以“吾斯之未能信”，博得“子说”；如今曾点之志，更是赢得夫子

“吾与点也”的赞美。正如邢昺所说：“仲尼祖述尧舜，宪章文武，生值乱时而君不用。三子不能相时，志在为政，唯曾晳独能知时，浴德咏怀乐道，故夫子与之也。”（《论语注疏》）程子也说：“古之学者，优柔厌饫，有先后之序。如子路、冉有、公西赤言志如此，夫子许之。亦以此自是实事。后之学者好高，如人游心千里之外，然自身却只在此。”甚至说：“孔子与点，盖与圣人之志同，便是尧、舜气象也。诚异三子者之撰，特行有不掩焉耳，此所谓狂也。子路等所见者小，子路只为不达为国以礼道理，是以哂之。若达，却便是这气象也。”

朱熹对此章更是情有独钟，致意再三。如《集注》说：“曾点之学，盖有以见夫人欲尽处，天理流行，随处充满，无少欠阙。故其动静之际，从容如此。而其言志，则又不过即其所居之位，乐其日用之常，初无舍己为人之意。而其胸次悠然，直与天地万物上下同流，各得其所之妙，隐然自见于言外。视三子之规规于事为之末者，其气象不侔矣，故夫子叹息而深许之。而门人记其本末独加详焉，盖亦有以识此矣。”不仅如此，朱子还在《训蒙诗百首》中特作《曾点》诗云：“春服既成丽景迟，步随流水玩晴漪。微吟缓节归来晚，一任轻风拂面吹。”又作《浴沂》诗：“只就吾身分上思，相呼童子浴沂归。更无一点闲思想，正是助忘俱勿时。”不过，朱子晚年对此章理解亦有所矫正，特拈出“工夫”一语，指出曾点之病，认为：“曾点言志，当时夫子只是见他说几句索性话，令人快意，所以与之。其实细密工夫却多欠阙，便似庄、列。如季武子死，倚其门而歌，打曾参仆地，皆有些狂怪。”朱子分明看出曾点与庄列相似处，但知大体，而缺乏细密工夫，“点合下见得大处，却不肯去做小底，终不及他儿子也”（《朱子语类》卷第四十）。

事实上，夫子虽与曾点之志，但对其人却颇有保留，观“三子者出”后一大段可知。夫子说“吾与点”，乃提醒前三人“君子不器”，当能“见其大而忘其小”；此后三答曾点之问，乃揄扬三子而提撕曾点，言下之意，若无前三位同学那般的才干与切实努力，再好的愿景及志向怕也是“空中楼阁”！阳明曰：“圣人教人，不是个束缚他通做一般，只如狂者，便从狂处成就他；狷者，便从狷处成就他。”（《传习录》卷下）夫子应机设教，不留痕迹，真是大化流行，气象万千！

今按：宋儒诸说，虽有“过度阐释”之嫌，要在能发明圣贤气象，推弘道境，对于儒学深层境界之开掘不无价值和意义。

又按：曾点绝非孔门第一等人物，其于《论语》中，亦仅此一见，然其一出现，即如凤凰翔于千仞之上，不鸣则已，一鸣惊人，“浴沂舞雩”数语，如一首田园牧歌，勾画了一幅大同气象，真非见道者不能言！如此一出场即“点亮”全书的人物在《论语》中仅此一例，实在有些不可思议。今人杨义以为，此章乃为曾子门人修订《论语》时所加，为了“褒扬曾子家族渊源，在彰显曾子家族文化基因之优越的同时，也蕴含着慎终追远之义”（《论语还原》）。此说乃杨氏“以生命解经”之重要发现，可将读者带入《论语》编撰过程长达半个多世纪的“生命现场”，值得重视与进一步研讨。

# 颜渊第十二

12.1 **颜渊问仁。子曰："克己复礼为仁①。一日克己复礼，天下归仁焉②。为仁由己，而由人乎哉？"颜渊曰："请问其目③。"子曰："非礼勿视，非礼勿听，非礼勿言，非礼勿动。"颜渊曰："回虽不敏，请事斯语矣④！"**

**新注** ①克己复礼为仁：语出《左传·昭公十二年》："仲尼曰：'古也有志，克己复礼，仁也。'"克己，约束自己，克制私欲；复，返、归义。②天下归仁焉：言天下于此归仁，即天下尽归入我之仁心中。焉，于此。朱子解作"天下之人以仁称之"，似有外求之义，今不从。③目：细则。④不敏：不聪敏。请事斯语矣：事，从事，奉行。

**新译** 颜回请教什么是仁。孔子说："约束自己复归于礼，便是仁。一旦做到克己复礼，整个天下便归向于我的仁心之中。行仁之事，全由自己，岂是由得别人的呢？"颜回又问："请问详细的条目。"孔子说："不合礼的现象不要看，不合礼的声音不要听，不合礼的言辞不要说，不合礼的行为不要做。"颜回说："我颜回虽然不够聪敏，但请允许我奉行您的教诲。”

**新识** 此章乃夫子教颜回“为仁”之“细密工夫”，又涉及仁礼之辨，句句吃紧，字字重要！

夫子三句话，各有作用。先言“仁之义”。“克己复礼为仁”，便是为仁下一定义。“克己复礼”，犹言“约我以礼”。克己，即约束己身；复礼，即复返、践行于礼。仁在内，礼在外；仁为礼之本体，礼为仁之末用。一个人，若时时处处皆能约束自己，使自己言行合乎礼义，便是仁德之境。

次言“仁之效”。“一日克己复礼，天下归仁焉”，历来说法不一。窃谓“一日”乃时间概念，言其效之速；“天下”是空间概念，言其效之广。夫子言下之意，若能反求诸己，一日做到克己复礼，则此一日天下万物皆可归于我心之仁。便是“仁远乎哉？我欲仁，斯仁至矣”之义，也是孟子所谓“万物皆备于我，反身而诚，乐莫大焉”之义。若自己达到仁境，则与天地万物为一体，所谓“天下一家，中国一人”。

再言“仁之主”。所谓“仁之主”便是行仁的主体是自己，而非他人。“为仁由己，而由人乎哉？”夫子此言，实亦仁学之“自由”义。由己，便是由自，即自由，而非外求。所谓“止，吾止也；进，吾往也”。就此而言，仁学不仅是“为己之学”，更是“自由之学”。夫子“七十而从心所欲不逾矩”，正是“克己复礼”“天下归仁”的自由境界之生动体现。

颜回又请问其目。夫子乃答以“非礼勿视，非礼勿听，非礼勿言，非礼勿动”，被称作“颜子四勿”。此盖“克己复礼”之具体工夫，视、听、言、动皆合乎礼，皆禁于邪，非圣人莫办也。实则视、听、言、动无不关乎“心”。夫子说“思无邪”，亦可谓“非礼勿思”也。故孟子说：“辞让之心，礼之端也。”可知儒家之礼实根于仁，仁实本于心，此与欧哲康德所云内心的道德律令，其揆一也。故儒家之仁学，实则便是心性之学也。李炳南先生云：“勿动的‘动’字，古人解释不一。如果解释为动容貌，或者是行动，皆不妥当。眼视耳听，皆由于身，言出于口，动则应该属于心意。心为身口之主，既能不动心，则身口自然也能不为所动，所以‘勿动’应指不动心而言。”（《论语讲要》）此说盖受佛禅“起心动念”之影响，亦可参考。

今按：克己为恕，复礼近仁；克己复礼，即是约己归仁。为仁由己，不假外求。克己方能由己，犹言“不逾矩”方能“从心所欲”也。子曰：“以约失之者鲜矣。”颜子四勿，正孔门心法、为学工夫。

又按：朱子说：“颜子克己，如红炉上一点雪！”（《朱子语类》卷第四十一）初读此喻，但觉妙不可言，那“一点雪”便是“己私己欲”，那“红炉”便是颜子红彤彤的、间不容发的“仁心仁宅”！

**12.2 仲弓问仁。子曰：“出门如见大宾，使民如承大祭①。己所不欲，勿施于人。在邦无怨，在家无怨②。”仲弓曰：“雍虽不敏，请事斯语矣！”**

**新注** ①大宾：公侯之宾，如今日之国宾，接待外宾必须恭敬。大祭：参加国家举办的祭典必须谨慎。语本《左传·僖公三十三年》：“晋臼季说：臣闻之，出门如宾，承事如祭，仁之则也。” ②在邦无怨，在家无怨：在邦，指在朝为国家效力；在家，指在家族内，一说在卿大夫之家为臣。无怨，没有怨恨。不怨天不尤人之意。

**新译** 仲弓请教何为“仁”。孔子说：“平常出门如同会见外宾一样恭敬，使用民力如同承办祭祀典礼一样谨慎。自己所不愿意的事情，也不要强加于人。在朝为官心无怨尤，在家族中为人亦无怨尤。”仲弓说：“我冉雍虽然不够聪敏，但请允许我奉行您的教诲。”

**新识** 上章以克己复礼言仁，此章以敬恕无怨言仁，其语有异，其揆则一。“己所不欲，勿施于人”，即“克己”之谓；“出门如见大宾，使民如承大祭”，即“复礼”之谓；“在邦无怨，在家无怨”，即“天下归仁”之谓。夫子所告颜、冉之语，亦孔门仁学心法真传也。《孔子家语·弟子行》记子贡论冉雍曰：“在贫如客，使其臣如借。不迁怒，不深怨，不录旧罪，是冉雍之行也。孔子论其材曰：‘有土之君子也，有众使也，有刑用也，然后称怒焉。匹夫之怒，唯以亡其身。’孔子告之以《诗》曰：‘靡不有初，鲜克有终。’”观此可知，仲弓之学，确与颜回近似而自成一体。故朱熹《集注》说："克己复礼，乾道也；主敬行恕，坤道也。颜、冉之学，其高下浅深，于此可见。"

今按：仁恕关系，体用一如；能敬能恕，仁在其中矣。孟子曰："反身而诚，乐莫大焉；强恕而行，求仁莫近焉。"《中庸》亦云："忠恕违道不远，施诸己而不愿，亦勿施于人。"今亦可仿阳明下一转语：恕为仁之始，仁为恕之成也。

## 12.3 司马牛① 问仁。子曰："仁者，其言也讱②。"曰："其言也讱，斯谓之仁已乎？"子曰："为之难，言之得无讱乎③？"

**新注** ①司马牛：名耕，字子牛，孔子弟子。宋国人，司马桓魋（向魋）之弟。 ②讱（rèn）：忍也，难也。与讷同义。 ③为之难：做起来难。为，行也。得无：怎么，哪里。

**新译** 司马牛请教什么是仁。孔子说："仁者讲话往往是迟缓谨慎的。"司马牛说："讲话迟缓谨慎，就可以叫作仁了吗？"孔子说："凡事做起来很难，说起来怎么能不迟缓谨慎呢？"

**新识** 本章承上两章，继续问仁，且与下两章构成一"单元"，皆司马牛问夫子也。《孔子家语·七十二弟子解》："司马黎耕，宋人，字子牛。牛为性躁，好言语，见兄桓魋行恶，牛常忧之。"其兄桓魋，为宋国司马，孔子过宋时，曾被其所困，有"天生德于予，桓魋其如予何"之叹。后桓魋欲反宋景公，被景公识破，遂命桓魋长兄向巢击之，致使兄弟反目，桓魋逃亡卫国，司马牛惧祸，逃至鲁国，拜孔子为师。朱熹《集注》称："讱，忍也，难也。仁者心存而不放，故其言若有所忍而不易发，盖其德之一端也。夫子以牛多言而躁，故告之以此。"

今按：三弟子皆问仁，而夫子问同答异，盖以才质各别，故下手处因人而异也。朱子说："司马牛如何做得颜子、仲弓底工夫？须是逐人自理会。仁譬之屋，克己是大门，打透便入来；主敬行恕是第二门；言讱是个小门。虽皆可通，然小门便迂回得些，是它病在这里。如'先难后获’，亦是随它病处说。”（《朱子语类》卷四十二）说极精微，可资细玩。

又按：此章可与“刚毅木讷近仁”“君子欲讷于言而敏于行”“仁者先难而后获”诸章同参。又，《老子》第六十三章说：“天下难事，必作于易；天下大事，必作于细。是以圣人终不为大，故能成其大。夫轻诺必寡信，多易必多难。是以圣人犹难之，故终无难矣。”所谓“儒道互补”，于斯可见！

**12.4 司马牛问君子。子曰：“君子不忧不惧。”曰：“不忧不惧，斯谓之君子已乎？”子曰：“内省不疚①，夫何忧何惧？”**

**新注** ①内省（xǐng）不疚：反省自己，没有愧疚。

**新译** 司马牛请问什么是君子。孔子说：“君子无忧愁、无恐惧。”司马牛说：“无忧愁、无恐惧，这样便算得上君子了吗？”孔子说：“反省自己，没有任何愧疚，还有什么可忧愁、可恐惧的呢？”

**新识** 本章司马牛又问君子，实出于生命内在之焦虑。盖司马牛逃离邦国，兄弟离散，心中常怀忧惧，故孔子先以“不忧不惧”提点之，又以“内省不疚”激励之，皆为对治司马牛之病，可谓用心良苦。“内省不疚”便是反身而恕，亦孔门“心学”纲目也。

今按：夫子尝言：“君子道者三，我无能焉：仁者不忧，知者不惑，勇者不惧。”也即是说，君子至少当具备仁、勇二德。“内省不疚”实际上便是“知命”，这与《易·系辞上》“乐天知命，故不忧”，以及《尧曰》篇子曰“不知命，无以为君子”，一脉相承。《中庸》所谓“故君子内省不疚，无恶于志”，孟子“三乐”之“仰不愧于天，俯不怍于人”，盖亦本乎此。

**12.5 司马牛忧曰：“人皆有兄弟，我独亡①！”子夏曰：“商闻之矣②：‘死生有命，富贵在天。君子敬而无**

**失，与人恭而有礼；四海之内，皆兄弟也。’君子何患乎无兄弟也？”**

**新注** ①亡（wú）：通“无”，没有。 ②商：子夏姓卜名商。

**新译** 司马牛忧愁地说：“别人都有兄弟，唯独我没有！”子夏说：“我听说：‘死生有命，富贵在天。一个君子如能做到心存敬慎而无过失，与人交往言行恭谨而有礼节，那么四海之内、所到之处，都是你的兄弟呀！’君子何必担心没有兄弟呢？”

**新识** 司马牛兄桓魋（向魋）与其兄巢在宋国作乱，或奔或死，牛栖身异国，心常忧惧，故有独无兄弟之感。子夏所言，“死生有命，富贵在天”，便是君子当“乐天知命”；“敬而无失，恭而有礼”，便是“内省不疚”；“四海之内皆兄弟”，则敬恭有礼之效也。《集注》胡氏曰：“子夏四海皆兄弟之言，特以广司马牛之意，意圆而语滞者也，惟圣人则无此病矣。且子夏知此而以哭子丧明，则以蔽于爱而昧于理，是以不能践其言尔。”

今按：窃谓自“死生有命”至“四海之内皆兄弟”诸语，或即子夏“闻诸夫子”之言，亦未可知。且朋友一伦，本来即由兄弟一伦推扩而来，同门师兄弟更是如此，则子夏之言，深合夫子“朋友切切偲偲，兄弟怡怡”之训，情真意切，何病之有？

**12.6 子张问明①。子曰：“浸润之谮，肤受之诉②，不行焉③，可谓明也已矣。浸润之谮，肤受之诉，不行焉，可谓远也已矣。”**

**新注** ①明：明察。 ②浸（jìn）润（rùn）之谮（zèn）：谮，谗言。《集解》郑玄注：“谮人之言，如水之浸润，渐以成之。”肤受之诉：诉说自己的冤屈。肤受，肌肤所受，切身的利害。《集解》马融注：“肤受之诉，皮肤外语，非其内实。” ③不行：行不通。

**新译** 子张请教怎样算是“明察”。孔子说：“那像水一样渐渐浸润人心的小人的谗言，像切肤之痛般的不实的控诉，在你这里行不通，就可算得上明察了。那像水一样渐渐地浸润人心的小人的谗言，像切肤之痛般的不实的控诉，对你产生不了任何影响，就可算得上有远见卓识了。”

**新识** 子张虽有偏激之病，却善于发问，有其学干禄、问十世诸事可证。此番问“明”，夫子却问一答二，既告知以“明”，又晓之以“远”，亦可见诲人之诚。《尚书·太甲中》曰：“视远惟明，听德惟聪。”是知不明则不远，不远必不明。又，《逸周书·谥法》：“谮诉不行曰明。”董仲舒《春秋繁露·五行相胜》：“谮诉其群臣，劫惑其君。”南朝宋代文学家鲍照，字明远，盖亦由此而来。夫子所答，不下定义，不做推理，乃设喻为譬，纯从生命体验及日常经验中来，故而入人之深。朱熹《集注》称：“浸润，如水之浸灌滋润，渐渍而不骤也。谮，毁人之行也。肤受，谓肌肤所受，利害切身。……诉，诉己之冤也。毁人者渐渍而不骤，则听者不觉其入，而信之深矣。诉冤者急迫而切身，则听者不及致详，而发之暴矣。二者难察而能察之，则可见其心之明，而不蔽于近矣。”

今按：“明”即明察秋毫，“远”即远见卓识。犹今之所谓“透过现象看本质”，不轻信，不盲从，不虚美，不隐恶，知之甚易，行之实难。故后文子张又问“行”也。

**12.7 子贡问政。子曰：“足食，足兵，民信之①矣。”子贡曰：“必不得已而去，于斯三者何先②？”曰：“去兵。”子贡曰：“必不得已而去，于斯二者何先？”曰：“去食。自古皆有死，民无信不立③。”**

**新注** ①足食，足兵，民信之：粮食充足，军备充分，百姓信任（为政者）。 ②何先：哪一个先去掉？ ③民无信不立：百姓不信任，国家便失去立国之本。

**新译** 子贡请问为政之道。孔子说：“粮食充足，军备充分，人民信任。”子贡说：“如果迫不得已必须去掉一项，三者之中先去掉哪一项呢？”答：“去掉足兵。”子贡说：“如果迫不得已，还要去掉一项，两者之中先去掉哪一项呢？”答：“去掉足食。自古以来生必有死，如果不能取信于民，国家便失去立国之本了。”

**新识** 比之子张，子贡更善发问。子贡之问，或者迂曲婉转，如不问夫子为卫君，偏问“伯夷、叔齐何人哉”；或者由多归一，如曾子说“夫子之道，忠恕而已矣”，子贡偏问：“有一言而可以终身行之者乎？”再如此章，也是“做减法”。问政本是一事，夫子答以三事。子贡则逐级递减，要夫子说出最重要者。《礼记·学记》云：“善问者，如攻坚木。先其易者，后其节目，及其久也，相说以解。不善问者反此。善待问者如撞钟，叩之以小者则小鸣，叩之以大者则大鸣，待其从容，然后尽其声。不善答问者反此。此皆进学之道也。”程子曰：“孔门弟子善问，直穷到底，如此章者。非子贡不能问，非圣人不能答也。”若无子贡三问，便无夫子三答，师徒问学，间不容发，令人叹为观止。

夫子谈治国，曾说“敬事而信”；谈做人，曾说“人而无信不知其可”；本章说“民无信不立”，实则是将治国与做人合二为一，细究起来，应是“民无信则国不立”之义。故朱熹《集注》称：“民无食必死，然死者人之所必不免。无信则虽生而无以自立，不若死之为安。故宁死而不失信于民，使民亦宁死而不失信于我也。”

今按：此章可谓“治国三要素”。足食言经济，足兵言军备，民信言国家或政府之“公信力”。这里须注意，夫子与子贡所谈乃属“价值判断”，而非“事实判断”，孔子绝非主张“小国寡民”，而是更看重社会正义与国家诚信。换言之，若为君、为国者不能取信于民，则此君必非明君，此国必非良国，即使兵力再强大，经济再发达，其“合法性”和“正当性”也必大可怀疑。这就是孔子的良知和正信。有学者竟以“老百姓对国家的信仰”解释“民信之”，不啻画虎不成反类犬，实已沦为文过饰非、粉饰太平甚至摇尾乞怜的“犬儒”而不自知，不亦悲哉！

**12.8 棘子成[1]曰："君子质而已矣，何以文为[2]？"子贡曰："惜乎！夫子之说君子也。驷不及舌[3]。文犹质也，质犹文[4]也。虎豹之鞟[5]犹犬羊之鞟。"**

**新注** ①棘（jí）子成：卫国大夫。 ②质而已矣，何以文为：质，指人天生的禀赋习性，质朴无华；文，指各种礼节仪文，属于后天的学习修饰。 ③驷（sì）不及舌：驷，四匹马；古时四匹马驾一车。一言既出，驷马难追。 ④文犹质也，质犹文：犹，如同。言文与质实不可分。 ⑤鞟（kuò）：去了毛的兽皮。

**新译** 棘子成说："君子只要本质纯善就足够了，为什么还要讲究外在的文采呢？"子贡说："可惜啊！先生竟然这样谈论君子。一言既出，驷马难追。文采如同本质，本质如同文采。如果把虎豹皮上的毛全部去掉，那就和犬羊的皮没什么两样了！"

**新识** 此章可谓文质之辨，可与"质胜文则野，文胜质则史"章同参。棘子成重质轻文，子贡则以文质相等，二者各有一偏，所谓过犹不及。《集解》孔安国曰："皮去毛曰鞟，虎豹与犬羊别者，正以毛文异耳，今使文质同者，何以别虎豹与犬羊耶？"朱熹《集注》说："言文质等耳，不可相无。若必尽去其文而独存其质，则君子小人无以辨矣。夫棘子成矫当时之弊，固失之过；而子贡矫子成之弊，又无本末轻重之差，胥失之矣。"钱穆则云："若必尽去其文，则犹专主十室之忠信，而不取孔子之好学。"就此而言，子贡所言并无大错。

今按：子贡"虎豹之鞟犹犬羊之鞟"之说在美学上颇有价值。一般以为，儒家思想重伦理实用而轻艺术审美，实则不然。子贡之说，即突破了以往伦理优先之观念，在解释"文质"关系这一伦理学范畴时，成功运用了《诗》的"比兴"手法，将虎豹与犬羊这一对自然物与社会伦理问题特别是君子与小人之人格差异相类比，可谓自然审美介入伦理建构之精彩案例。尽管子贡确实存在朱熹所谓"无本末轻重之差"的偏失，但其"文质合一"之说颇类于现代美学"形式即内容"之理念，对于儒家美学由伦理走向审美，不无开拓之功和理论意义。

**12.9 哀公问于有若曰："年饥，用不足，如之何？"有若对曰："盍彻乎①？"曰："二，吾犹不足，如之何其彻也？"对曰："百姓足，君孰与不足②？百姓不足，君孰与足？"**

**新注** ①盍彻乎：彻，均。民得其九，公取其一，谓之彻。犹什一税。盍，何不。 ②孰与：哪里，怎么。

**新译** 哀公问有若："年成不好，财用不足，该怎么办呢？"有若答道："何不实行十取一的税制呢？"哀公说："十取二，我还感到不够用呢，怎么能够实行十取一的税制呢？"有若答道："百姓衣食充足，国君哪里会不充足？百姓用度不足，国君又哪里能够充足呢？"

**新识** 此章系有子第四次出场，哀公问政于有若，或在孔子殁后。鲁国自宣公税亩以来，便收取什二之税，故有若劝哀公改行什一税（即"彻"）。此正夫子所谓"节用而爱人"也。哀公贪心不足，有若则正言以告："百姓足，君孰与不足？百姓不足，君孰与足？"点明君民一体，岂能宰割百姓以奉其私？皇侃《疏》引江熙说："为家者，与一家俱足，乃可谓足，岂可足一己而谓之足也。"朱熹《集注》也说："民富，则君不至独贫；民贫，则君不能独富。有若深言君民一体之意，以止公之厚敛，为人上者所宜深念也。"又，《孔子家语·贤君》载：

> 哀公问政于孔子。孔子对曰："政之急者，莫大乎使民富且寿也。"公曰："为之奈何？"孔子曰："省力役，薄赋敛，则民富矣；敦礼教，远罪疾，则民寿矣。"公曰："寡人欲行夫子之言，恐吾国贫矣。"孔子曰："诗云：'恺悌君子，民之父母。'未有子富而父母贫者也。"

同是答哀公之问，有若与孔子可谓一脉相承。此意道家亦有发挥。《老子》第七十五章："民之饥以其上食税之多，是以饥。民之难治以其上之有为，是以难治。民之轻死以其上求生之厚，是以轻死。夫唯无以生为者，是贤于贵生。"民之轻死以求其生者，正所谓"民不聊生"也。

今按：仁政良治，莫过于节用爱民，轻徭薄赋，此正儒家之民本思想。《大学》有云：“生财有大道，生之者众，食之者寡，为之者疾，用之者舒，则财恒足矣。仁者以财发身，不仁者以身发财。未有上好仁，而下不好义者也；未有好义，其事不终者也；未有府库财，非其财者也。”换言之，藏富于民，国乃可言富；若治国之君横征暴敛，与民争利，致使国富民穷，道路以目，则君将不君、国将不国矣。又按：此章可为今日之鉴。

**12.10 子张问崇德、辨惑①。子曰：“主忠信，徙义②，崇德也。爱之欲其生，恶之欲其死；既欲其生，又欲其死，是惑也。‘诚不以富，亦祇以异③。’”**

**新注** ①崇德、辨惑：崇德，崇尚德性；辨惑，辨明迷惑。 ②徙义：遵循道义。徙，迁移，引申为遵循。义者，宜也。 ③诚不以富，亦祇以异：出自《诗·小雅·我行其野》。学者多以为此句当是错简，应在第十六篇“齐景公有马千驷”章。

**新译** 子张请教如何提高德性、辨明迷惑。孔子说：“以忠诚信实为主，时刻遵循道义，这样就可以提高自己的德性了。喜爱一个人就希望他生，厌恶一个人就希望他死；既想要他生，又想要他死，这就是迷惑呀！（就像那诗中的怨妇所说：）‘他抛弃我，的确不是因为财富，只不过是因为他见异思迁罢了。’”

**新识** 子张发问，常能独辟蹊径，如此章崇德、辨惑即是。朱熹《集注》说：“主忠信，则本立，徙义，则日新。”“以爱恶而欲其生死，则惑矣。既欲其生，又欲其死，则惑之甚也。”

“诚不以富，亦祇以异”，程子以为“此错简。当在第十六篇‘齐景公有马千驷’之上”。然宦懋庸《论语稽》则说：“引《诗》者，断章取义。‘富’如‘富哉言乎’之‘富’，以富于闻见言；‘异’如‘异乎三子者之撰’之‘异’，以异于庸俗言。言欲崇德辨惑，岂在富于见闻哉？亦只求存养省察之精，有以异于庸俗而已。”其说有见，录此备参。

今按：崇德，行道而有得于心为德。崇德者，以德为崇，犹《中庸》所谓“尊德性”；辨惑，心有所昏昧而不明为惑。辨惑者，辨去其不明，犹《中庸》所谓“道问学”。圣学义理，常如源泉混混，盈科后进，四通八达。又按：“爱之欲其生，恶之欲其死；既欲其生，又欲其死”，数句写尽乡人匹夫之好恶，民间男女之爱恨情仇，往往类此。《世说新语》有《惑溺》一门，专记男女惑溺于情者，其源头或在此。

**12.11 齐景公①问政于孔子，孔子对曰：“君君，臣臣，父父，子子②。”公曰：“善哉！信如君不君，臣不臣，父不父，子不子，虽有粟，吾得而食诸③？”**

**新注** ①齐景公：齐国国君，名杵臼。公元前547－前490年在位。 ②君君，臣臣，父父，子子：君要行君道，臣要行臣道，父要行父道，子要行子道。 ③信如：果真，真要。得而食诸：诸，之乎，疑问词。犹言“得而食之乎？”

**新译** 齐景公问孔子为政之道。孔子答道：“君要行君道，臣要行臣道，父要行父道，子要行子道。”齐景公说：“说得好啊！真要是君不行君道，臣不行臣道，父不行父道，子不行子道，即便有粮食，我哪能吃得到呢？”

**新识** 此章所记之事，当在鲁昭公二十六年（前516）前后，孔子在齐。时陈田专政，景公不能禁，又多内嬖，不立太子，正是不能君君、臣臣、父父、子子之时，故孔子有以警之。齐景公并未听出孔子的弦外之音，竟以“虽有粟，吾得而食诸”作答，遂将夫子高屋建瓴的形上思考做了“形下”处理。可知齐景公之境界，与鲁哀公相差无几。《史记·孔子世家》录此事后云：

> 他日，（景公）又复问政于孔子，孔子曰：“政在节财。”景公说，将欲以尼溪田封孔子。晏婴进曰：“夫儒者滑稽而不可轨法；倨傲自顺，不可以为下；崇丧遂哀，破

产厚葬，不可以为俗；游说乞贷，不可以为国。自大贤之息，周室既衰，礼乐缺有间。今孔子盛容饰，繁登降之礼、趋详之节，累世不能殚其学，当年不能究其礼。君欲用之以移齐俗，非所以先细民也。”后景公敬见孔子，不问其礼。异日，景公止孔子曰：“奉子以季氏，吾不能。”以季、孟之间待之。齐大夫欲害孔子，孔子闻之。景公曰：“吾老矣，弗能用也。”孔子遂行，反乎鲁。

今按：孔子三十五岁至三十七岁在齐，其间虽有闻《韶》之乐，而终不能见用于景公。孔子虽“严事”于晏婴，赞其“善与人交，久而敬之”，然最终还是为其所离间，黯然返鲁。朱熹《集注》说：“景公善孔子之言而不能用，其后果以继嗣不定，启陈氏弑君篡国之祸。”杨氏曰：“君之所以君，臣之所以臣，父之所以父，子之所以子，是必有道矣。景公知善夫子之言，而不知反求其所以然，盖悦而不绎者。齐之所以卒于乱也。”

孔子之“八字箴言”实是人道之大经，治国之大要。其首先涉及一“正名”问题。夫子所谓“必也正名乎！……名不正则言不顺”，即是此意。其次，还涉及“名实相副”问题，也即所谓“循名责实”。不唯君臣乃是一名实关系，涉及名分和义务、权利和职责，父子、兄弟、夫妇、朋友，莫不如此。第三，君臣之道其实亦关乎礼。《礼记·大学》曰：“为人君，止于仁；为人臣，止于敬；为人子，止于孝；为人父，止于慈；与国人交，止于信。”孟子说：“欲为君，尽君道；欲为臣，尽臣道。”（《离娄上》）否则，便如董仲舒所说：“父不父则子不子，君不君则臣不臣。”（《春秋繁露·玉杯》）

又按：夫子三十而立，正是立于礼，故其对齐国君臣失礼之乱相，洞若观火。遗憾的是，齐景公问政，阳奉阴违，貌合神离，又加晏婴作梗，未能用夫子之言，行夫子之道，以致君臣失位，数十年后，终于酿成陈氏代齐之大祸。夫子洞幽烛微，先见之明，于此可见矣！

## 12.12 子曰："片言可以折狱①者，其由也与！"子路无宿诺②。

**新注** ①片言可以折狱：片言，偏言，一面之词。折狱，即断案。②宿诺：隔夜之诺言。宿，留也，犹宿怨之宿。急于践言，不留其诺也。

**新译** 孔子说："凭着一面之词便可断案的，大概只有仲由吧！"子路凡有承诺，从不拖延。

**新识** 此章理解不易，乍一看似乎说子路莽撞，偏听偏信，糊涂判案，实则不然。从"子路无宿诺"一语可以看出，夫子所言，是对子路刚毅果决，一诺千金，因而受人信赖，控辩双方皆不忍以谎言蒙骗，以致判案效率奇高、司法成本极低的由衷赞叹。《集解》孔安国曰："片，犹偏也。听讼必须两辞以定是非，偏信一言以折狱者，惟子路可。"《集注》："子路忠信明决，故言出而人信服之，不待其辞之毕也。"且看《左传·哀公十四年》的一个故事：

> 小邾射以句绎来奔，曰："使季路要我，吾无盟矣。"使子路，子路辞。季康子使冉有谓之曰："千乘之国，不信其盟，而信子之言，子何辱焉？"对曰："鲁有事于小邾，不敢问故，死其城下可也。彼不臣而济其言，是义之也。由弗能。"

这真是"子路一言，胜于一国之盟"。由此可见，子路虽好勇，然于大是大非，则寸土不让，毫不含糊，也可从侧面看出，子路之信义，在当时具有"国际影响"，闻名遐迩。其晚年治理蒲地，亦卓有成效。据《孔子家语·辩政》载：

> 子路治蒲三年，孔子过之，入其境，曰："善哉由也！恭敬以信矣。"入其邑，曰："善哉由也！忠信而宽矣。"至廷曰："善哉由也！明察以断矣。"子贡执辔而问曰："夫子未见由之政，而三称其善，其善可得闻乎？"孔子曰："吾见其政矣。入其境，田畴尽易，草莱甚辟，沟洫深治，

> 此其恭敬以信，故其民尽力也。入其邑，墙屋完固，树木甚茂，此其忠信以宽，故其民不偷也。至其庭，庭甚清闲，诸下用命，此其言明察以断，故其政不扰也。以此观之，虽三称其善，庸尽其美乎?”

“恭敬以信”“忠信以宽”“明察以断”正可作“片言折狱”之注脚。

今按：子路刚直果敢，重然诺，轻生死，“行笃敬”尚不足，而“言忠信”颇有余，实孔门最具行动力之弟子，亦《论语》中最天真可爱之人物。夫子尝言：“自吾得由，恶言不闻于耳。”又说：“道不行，乘桴浮于海，从我者，其由与?”“衣敝缊袍与衣狐貉者立而不耻者，其由也与?”有徒若此，夫子何其幸也!

## 12.13　子曰：“听讼①，吾犹人也。必也使无讼乎!”

**新注**　①听讼：审理诉讼，断案，打官司。

**新译**　孔子说：“对于审理诉讼，我与普通人一样。一定要使天下没有诉讼官司才好啊!”

**新识**　此章紧承上章，亦谈诉讼。孔子曾为鲁国司寇，听讼断狱，其事多有。然孔子听讼，与别人无异，所不同者在其仁心光明，胸怀必欲使人间“无讼”之理想。而其为政从宽，体贴民情，注重教化而不滥施刑罚，故其治理鲁国，常有意料不到之效。如《孔子家语·始诛》载：

> 孔子为鲁大司寇，有父子讼者，夫子同狴执之，三月不别，其父请止。夫子赦之焉。季孙闻之，不悦曰：“司寇欺余，曩告余曰，国家必先以孝，余今戮一不孝以教民孝，不亦可乎?而又赦，何哉?”冉有以告孔子，子喟然叹曰：“呜呼!上失其道，而杀其下，非理也。不教以孝，而听其狱，是杀不辜。三军大败，不可斩也。狱犴不治，不可刑也。何者?上教之不行，罪不在民故也。夫慢令谨诛，贼也；征敛无时，暴也；不试责成，虐也。政无此三者，然

后刑可即也。……”

《韩诗外传》卷三亦载此事。可知夫子所谓“无讼”，实则是“道之以德，齐之以礼”，以德化人，使之“有耻且格”。读者切莫以夫子为孟浪，“无讼”之治，史籍确有记载。《史记·周本纪》记周文王为西伯时：“虞芮之人有狱不能决，乃如周。入界，耕者皆让畔，民俗皆让长。虞芮之人未见西伯，皆惭，相谓曰：‘吾所争，周人所耻，何往为，只取辱耳。’遂还，俱让而去。”后因以“虞芮”指能谦让息讼者。无独有偶。夫子相鲁之时，德化深入人心，亦有“无讼”之境。《孔子家语·相鲁》载：

> 初，鲁之贩羊有沈犹氏者，常朝饮其羊以诈；市人有公慎氏者，妻淫不制；有慎溃氏，奢侈逾法；鲁之鬻六畜者，饰之以储价。及孔子之为政也，则沈犹氏不敢朝饮其羊，公慎氏出其妻，慎溃氏越境而徙，三月，则鬻牛马者不储价，卖羊豚者不加饰。男女行者，别其涂，道不拾遗。男尚忠信，女尚贞顺。四方客至于邑，不求有司，皆如归焉。

故《集注》范氏曰：“听讼者，治其末，塞其流也。正其本，清其源，则无讼矣。”

今按：两章合观，可知同为“听讼”，“使民无讼”又高出“片言折狱”多矣！《集注》杨氏云：“子路片言可以折狱，而不知以礼逊为国，则未能使民无讼者也。故又记孔子之言，以见圣人不以听讼为难，而以使民无讼为贵。”

## 12.14　子张问政。子曰：“居之无倦，行之以忠①。”

**新注**　①居之无倦：居之，在其位。一说：存诸心。无倦，不要懈怠。行之以忠：执行政务，要勤勉尽忠。

**新译**　子张请教如何从政。孔子说：“身居官位就不要倦怠，执行政务要勤勉尽忠。”

**新识** 朱熹《集注》说："居，谓存诸心；无倦，则始终如一。行，谓发于事；以忠，则表里如一。"又说："'居之无倦'，在心上说；'行之以忠'，在事上说。"(《朱子语类》卷第四十二)程子曰："子张少仁。无诚心爱民，则必倦而不尽心，故告之以此。"

今按：《论语·子路》："子路问政。子曰：'先之，劳之。'请益。曰：'无倦。'""无倦"二字，夫子分别对子路、子张说过，则二人性格豪放，志大才疏，工夫容有不到不实处，故夫子有以教之也。

## 12.15 子曰："博学于文，约之以礼，亦可以弗畔矣夫！"

**新译** 孔子说："君子应当广博地学习文献典籍，又能用礼来约束自己的言行，这样也就不会离经叛道了！"

**新识** 《雍也》篇已见。今按："弗畔"盖与"无讼"相呼应。博文约礼，则民无畔，无畔则可以无讼矣。

## 12.16 子曰："君子成人之美，不成人之恶；小人反是①。"

**新注** ①反是：与此相反。是，代指以上行为。

**新译** 孔子说："君子成全别人的好事，不促成别人的坏事。小人呢，却恰好相反。"

**新识** 此章亦君子小人之辨，不唯脍炙人口，亦且深入人心。《大戴礼记·曾子立事》说："君子己善，亦乐人之善也，己能，亦乐人之能也。君子不说人之过，成人之美，存往者，在来者，朝有过夕改则与之，夕有过朝改则与之。"朱熹《集注》说："成者，诱掖奖劝以成其事也。君子小人，所存既有厚薄之殊，而其所好又有善恶之异。故其用心不同如此。"又说："'成'字只是'欲'字。"(《朱子语类》卷第四十二)此解甚妙，"成人之美"便是"欲人之美"，可与"我欲仁，斯仁至矣"同参。

今按：大凡君子，必乐道人之善，乐成人之美；小人则反是，乐道人之恶，乐见人之祸。原因无他，君子善推其所为而已矣。“成人之美”即是忠，“不成人之恶”即是恕，忠恕而行，君子不远矣。

## 12.17 季康子问政于孔子。孔子对曰：“政者，正也。子帅以正，孰敢不正[①]？”

**新注** ①政者，正也：政与正，古通用。正，正直，公正。帅：率也。孰敢不正：谁敢不正？

**新译** 季康子向孔子问为政之道。孔子答道：“政的意思，就是正。您率先垂范行正道，谁还敢不正呢！”

**新识** 孔子自卫返鲁，一度被鲁哀公与季康子尊为“国老”，有政必闻，礼遇有加，此章所言，当在彼时。季氏为三家之一，累世为上卿，把持鲁国大权，其家臣效尤，多次据邑背叛，上下皆不正，故夫子告以“政者正也”。夫子言下之意，为政以德，在上位者必须端正己身，公正无私，率先垂范，以身作则，方可领袖群伦，众望所归。此即所谓“絜矩之道”。《礼记·缁衣》说：“有国者章善瘅恶以示民厚，则民情不贰。《诗》云：‘靖共尔位，好是正直。’”同书《礼运》：“政不正，则君位危，君位危，则大臣倍，小臣窃。”此犹俗语所谓“上梁不正下梁歪”也。朱熹《集注》范氏曰：“未有己不正而能正人者。”胡氏亦说：“鲁自中叶，政由大夫，家臣效尤，据邑背叛，不正甚矣。故孔子以是告之，欲康子以正自克，而改三家之故。惜乎康子之溺于利欲而不能也。”

今按：“政者，正也”，其言至简，其理至明。孔子所以服膺周礼，盖因文王、武王和周公皆圣德在身，王化在外，故其人在，则其政举，其人亡，则其政息。今人把孔子的德治、礼治理解为“人治”，看似有理，实则不然。盖此人非彼人也。孔子所主张者乃是一“圣人之治”“贤人之治”，而非一般意义上之“俗人之治”“民主政治”。前者建立在人性善的基础上，后者建立在人性恶的基础上。持人性善论者，自然可以推导出“德治”“礼治”和“仁政”；持人性恶论者，因假定人有“原罪”，必不能无私，故只能推导出“法制”或“法治”。“法治”在效用上不可谓不大，但终究不如启发人之“良知自觉”，由“自律”而“自治”来得斩截明快，穷理尽性。更须说明的是，“法治”与“德治”并非水火不容，而是可以相辅相成。据说美国法律界便极为重视职业道德，对违反职业伦理之行为一概采取“零容忍”，盖因若无基本“德治”作支撑，则“法治”不啻镜花水月、空中楼阁耳。

## 12.18 季康子患盗①，问于孔子。孔子对曰：“苟子之不欲，虽赏之不窃。”

**新注** ①患盗：担心盗贼出没。

**新译** 季康子担心盗贼太多，向孔子请教。孔子答道：“如果您不贪财好利，即便是奖励老百姓去偷盗，他们也不会去做的！”

**新识** 《集注》朱熹说：“言子不贪欲，则虽赏民使之为盗，民亦知耻而不窃。”胡氏曰：“季氏窃柄，康子夺嫡，民之为盗，固其所也。盍亦反其本耶？孔子以不欲启之，其旨深矣。”横渠先生谓：“欲生于不足，则民盗。能使无欲，则民自不为盗。假设以子之不欲之物，赏子使窃，子必不窃。故为政在乎足民，使无所欲而已矣。”

这里须注意，夫子说话，极为讲究。“窃”之于“盗”，一字之差，而意味不同。窃者，偷也，尚有羞耻之心；盗者，抢也，无耻无畏。故夫子说“苟子之不欲，虽赏之不窃”，其潜台词是：“窃且不为，何况盗乎？”情感色彩及讽刺程度更进一层。盖夫子以为，民之化于上，乃从其所好，不从其所令，若为政者倒行逆施，行左实右，外廉内贪，阳奉阴违，老百姓只会上行下效，有样学样。《老子》说“不贵难得之货，使民不为盗；不见可欲，使民心不乱”，“绝巧弃利，盗贼无有”云云，盖亦此意。

今按：“患盗”犹今之“维稳”。故夫子之言，千古如新，足可为今日为政者鉴也。

**12.19 季康子问政于孔子曰："如杀无道，以就有道①，何如？"孔子对曰："子为政，焉用杀②？子欲善，而民善矣！君子之德，风；小人之德，草；草上之风，必偃③。"**

**新注** ①以就有道：来成就有道之人。就，成就义。 ②焉用杀：哪里用得着杀戮？ ③草上之风，必偃（yǎn）：风加于草上，草必为之倒伏。之，加也。偃，倒伏。

**新译** 季康子向孔子请教为政之道，说："如果杀掉恶人，来成就善人，怎么样？"孔子答道："您执政治国，哪里用得着杀戮呢？您追求善道，百姓自然就会从善。执政者的品德好比是风，百姓的品德好比是草；风向哪边吹，草就向哪边倒。"

**新识** 季康子三问，夫子三答，皆关乎为政之道，允为不刊之论。季康子说"如杀无道以就有道"，实即"道之以政，齐之以刑"，欲行刻薄寡恩的法家之政。孔子坚决反对，一句"子为政焉用杀"，仿佛一记耳光，打在季康子脸上。

本章君子小人，盖指位而言，而非指德，故君子与小人，约等于君与民。君民关系与君臣关系稍有不同，君臣关系讲君礼臣忠，合之以义；君民关系讲君惠民信，合之以仁。"君子之德风，小人之德草"，以风吹草偃，喻君民上行下效、枝附影从之关系，真可谓绝妙好辞！夫子之说理，就是如此感人心，接地气！类似的例子不止一见。《礼记·缁衣》孔子曰："下之事上也，不从其所令，从其所行。上好是物，下必有甚者矣。故上之所好恶，不可不慎也，是民之表也。""民之表"，即民之帅也。又说："民以君为心，君以民为体。心庄则体舒，心肃则容敬，心好之身必安之。君好之，民必欲之。心以体全，亦以体伤。君以民存，亦以民亡。""上人疑则百姓惑，下难知则君长劳，故君民者章好以示民俗，慎恶以御民之淫，则民不惑矣。"也即是说，百姓未必在意君上如何说，而是看重君上如何做，并且亦步亦趋。此即所谓"民可使由之，不可使知之"。故《老子》第五十七章云："我无为而民自化，我好静而民自正，我无事而民自富，我无欲而民自朴。”《韩非子·外储说左上》记孔子云：“为人君者，犹盂也；民，犹水也。盂方水方，盂圜水圜。”《大学》亦云：“尧舜率天下以仁，而民从之；桀纣率天下以暴，而民从之。”一言以蔽之：君民实为一体，有什么样的君主，就有什么样的百姓，反之亦然。

季康子不知自反，却主杀伐，实亦堕入法家一途。有例为证。前引《孔子家语·始诛》之事，《韩诗外传》卷三所记不同，其文云：

> 鲁有父子讼者，康子欲杀之。孔子曰：“未可杀也。夫民不知父子讼之为不义久矣，是则上失其道，上有道，是人亡矣。”讼者闻之，请无讼。康子曰：“治民以孝，杀一不义，以僇不孝，不亦可乎？”孔子曰：“否。不教而听其狱，杀不辜也；三军大败，不可诛也；狱谳不治，不可刑也。上陈之教，而先服之，则百姓从风矣；邪行不从，然后俟之以刑，则民知罪矣。夫一仞之墙，民不能逾，百仞之山，童子登游焉，凌迟故也。今其仁义之凌迟久矣，能谓民无逾乎？《诗》曰：‘俾民不迷。’昔之君子道其百姓不使迷，是以威厉而刑措不用也。故刑其仁义，谨其教道，使民目晰焉而见之，使民耳晰焉而闻之，使民心晰焉而知之，则道不迷，而民志不惑矣。《诗》曰：‘示我显德行。’故道义不易，民不由也；礼乐不明，民不见也。《诗》曰：‘周道如砥，其直如矢。’言其易也。‘君子所履，小人所示。’见其明也。‘眷言顾之，潸焉出涕。’哀其不闻礼教而就刑诛也。夫散其本教，而待之刑辟，犹决其牢，而发以毒矢也，不亦哀乎！故曰：未可杀也。昔者先王使民以礼，譬之如御也，刑者，鞭策也，今犹无辔衔而鞭策以御也，欲马之进，则策其后，欲马之退，则策其前，御者以劳，而马亦多伤矣。今犹此也，上忧劳而民多罹刑。《诗》曰：‘人而无礼，胡不遄死？’为上无礼，则不免乎患；为下无礼，则不免乎刑；上下无礼，胡不遄死？”康子避席再

拜曰："仆虽不敏，请承此语矣。"

《集注》尹氏曰："杀之为言，岂为人上之语哉？以身教者从，以言教者讼，而况于杀乎？"《礼记·檀弓下》载：

> 孔子过泰山侧，有妇人哭于墓者而哀。夫子式而听之。使子路问之曰："子之哭也，壹似重有忧者。"而曰："然。昔者吾舅死于虎，吾夫又死于焉，今吾子又死于焉。"夫子曰："何不去也？"曰："无苛政。"夫子曰："小子识之焉，苛政猛于虎也！"

观此可知，夫子一向主仁政、反暴政，此心拳拳，天地可鉴！

今按："人道政为大"。古今中外，一切行暴政之君主，其实最为心虚，其所以以暴力治国，其实是自知无道，不得不以暴力遮丑。而以恐怖手段治国的独裁者，实则是世上最可怕的恐怖分子。故国家主义离恐怖主义，常常只有一步之遥。老子说："民不畏死，奈何以死惧之？"与夫子所谓"焉用杀"及"苛政猛于虎"，可谓异口同声、殊途同归。

12.20 **子张问："士何如斯可谓之达矣①？"子曰："何哉，尔所谓达者？"子张对曰："在邦必闻，在家必闻②。"子曰："是闻也，非达也。夫达也者，质直而好义，察言而观色，虑以下人③。在邦必达，在家必达。夫闻也者，色取仁而行违，居之不疑④。在邦必闻，在家必闻。"**

**新注** ①达：通达。即可指贤达，显达，练达。②闻：名誉著闻。③质直而好义：品质正直而崇尚道义。察言而观色：察人言语，观人容色。虑以下人：时刻考虑要甘居人下。下人，处于别人之下。④色取仁而行违：表面上爱好仁德，而实际行为恰恰相反。居之不疑：安于虚伪，毫不怀疑自己。

**新译** 子张问道："士人要怎样做才可以算作通达呢？"夫子反问道："你所谓的'达'是什么意思？"子张回答说："在国家做事一定会

闻名，在卿大夫家做事也一定会闻名。”孔子说：“这个叫闻名，不叫通达。所谓通达，就是本质正直而爱好道义，察人之言，观人之色，时刻考虑先人后己，甘居人下。这样的人在国家做事一定会通达，在卿大夫家做事也一定会通达。所谓闻名，是表面上爱好仁德，而行为则违背仁德，安于这种虚伪而自以为是，这样的人在国家做事一定会闻名，在卿大夫家做事也一定会闻名。”

**新识** 此章可谓闻达之辨。子张以“闻”为“达”，追求“在邦必闻，在家必闻”，忽略修身克己之工夫，乃“为人之学”的典型心态。孔子则对症下药，将闻、达做了区分：“夫达也者，质直而好义，察言而观色，虑以下人。在邦必达，在家必达。夫闻也者，色取仁而行违，居之不疑。在邦必闻，在家必闻。”将“为人”转向“为己”，“求名”转向“求实”，真是鞭辟入里，振聋发聩！

《集注》程子曰：“学者须是务实，不要近名。有意近名，大本已失。更学何事？为名而学，则是伪也。今之学者，大抵为名。为名与为利虽清浊不同，然其利心则一也。”又尹氏曰：“子张之学，病在乎不务实。故孔子告之，皆笃实之事，充乎内而发乎外者也。当时门人亲受圣人之教，而差失有如此者，况后世乎？”

今按：子曰：“不患无位，患所以立。不患莫己知，求为可知也。”又说：“己欲立而立人，己欲达而达人。”盖闻达必以立己为前提，不立者或许闻，立者始能达也。达者为己，未必闻；闻者为人，未必达。闻、达之境界大不同者有如此。

又按：清人魏象枢云：“好名是学者病，是不学者药。”故不学者可以名为药，诱之使学；学者又可以名为戒，警之使达也。

**12.21 樊迟从游于舞雩之下①，曰：“敢问崇德、修慝、辨惑②。”子曰：“善哉问！先事后得，非崇德与？攻其恶，无攻人之恶③，非修慝与？一朝之忿④，忘其身以及其亲，非惑与？”**

**新注** ①舞雩（yú）：鲁国求雨的高台，在今曲阜市东。从游：犹言散步。②崇德、修慝（tè）、辨惑：崇尚德性、消除恶念、辨明迷惑。修慝，《集注》胡氏曰："慝之字从心从匿，盖恶之匿于心者。修者，治而去之。" ③攻其恶，无攻人之恶：攻治自己的恶念，而不责备别人的过失。④一朝之忿（fèn）：一时的忿恨。

**新译** 樊迟陪同孔子在舞雩台下散步，问道："请问怎样才能崇尚德性、消除恶念、辨明迷惑？"孔子说："问得好！先付出劳动，而后再考虑收获，这不就是崇尚德性吗？攻治自己的恶念，而不责备他人的过失，这不就是去除恶念的方法吗？因为一时的忿恨，就忘记自身的安危，甚至祸及亲属，这不就是迷惑吗？"

**新识** 此章樊迟所问三事，崇德、辨惑与子张同，而夫子所答则异，亦因材施教也。

据《孔子家语·七十二弟子解》："樊须，鲁人，字子迟，少孔子四十六岁，弱，仕于季氏。"从"孟武伯问孝"章及后面"樊迟请学稼"章可知，樊迟其人，非孔门一流弟子，朱熹《集注》谓其"粗鄙近利"，不为无因。故夫子开导樊迟，常用"方便法门"，简单易懂，便于操作。这里，夫子以"先事后得"为"崇德"，正与以"先难后获"答樊迟问仁相类。又以"攻其恶，无攻人之恶"解释"修慝"，也是直指人心，一语中的。至于"辨惑"，则与答子张的"爱之欲其生，恶之欲其死"不同，而作"一朝之忿，忘其身以及其亲"，依然是言简意赅，切实可行。故《集注》范氏曰："先事后得，上义而下利也。人惟有利欲之心，故德不崇。惟不自省己过而知人之过，故慝不修。感物而易动者莫如忿，忘其身以及其亲，惑之甚者也。惑之甚者必起于细微，能辨之于早，则不至于大惑矣。故惩忿所以辨惑也。"

今按：本章"从游于舞雩之下"，点明问答之地，《论语》中盖无此例。或以为乃樊迟录夫子之教而书其地，编者从而未削也。若此说可信，则可见樊迟虽资质鲁钝，却有向学问道之心，故夫子诲之不倦也。

12.22 **樊迟问仁。子曰："爱人。"问知[①]。子曰："知人。"樊迟未达。子曰："举直错诸枉，能使枉者直[②]。"樊迟退，见子夏，曰："乡[③]也吾见于夫子而问知，子曰：'举直错诸枉，能使枉者直'，何谓也?"子夏曰："富哉言乎！舜有天下，选于众，举皋陶[④]，不仁者远矣。汤有天下，选于众，举伊尹[⑤]，不仁者远矣。"**

**新注** ①知（zhì）：通"智"。 ②举直错诸枉：错，通"措"，安置。 ③乡（xiàng）：通"向"，刚才。 ④皋陶（gāo yáo）：舜时名臣，曾为士师。 ⑤伊尹（yī yǐn）：夏商之际的贤者，辅佐商汤建立商朝。

**新译** 樊迟请问什么是仁。孔子说："爱人。"又问什么是智。孔子说："知人。"樊迟还是不太明白。孔子说："将正直的人举拔出来置于不正直的人之上，便能使不正直的人成为正直的人。"樊迟退下来，见到子夏，便说："刚才我见到夫子，请问何为智，夫子说：'将正直的人举拔出来置于不正直的人之上，便能使不正直的人成为正直的人。'这是什么意思呢?"子夏说："夫子此言含义太丰富了！当年大舜拥有天下之时，在民众之中选拔出皋陶，那些不仁的人就远远离开了。商汤拥有天下之时，在民众之中选拔出伊尹，那些不仁的人就远远离开了。"

**新识** 此章樊迟问仁，可与本篇前三章同参。颜回问仁，夫子告以"克己复礼"；仲弓问仁，告以敬恕无怨；司马牛问仁，告以"不忧不惧"；樊迟问仁，则告以"爱人"，次第浅深，容有不同，然无不关乎仁德人道之内涵。尤可注意者，是樊迟问仁后，又问知（智），夫子答以"知人"，而樊迟"未达"，夫子又说："举直错诸枉，能使枉者直。"此解甚妙，盖其一答而兼二问，即"知者利仁"之义。朱熹《集注》说："举直错枉者，知也。使枉者直，则仁矣。如此，则二者不惟不相悖而反相为用矣。”可知夫子之言，实兼仁与智也。更妙的是，樊迟依然“未达”，转而请教子夏。子夏闻语即解，且又举例以证夫子所言不虚。子夏精通文献，谙熟于典章故实，所举舜之皋陶、汤之伊尹，皆智仁双至之古圣先王，故能选贤与能，天下归仁。

据《尚书·大禹谟》，皋陶为士师时，提出“罪疑惟轻，功疑惟重。与其杀不辜，宁失不经”之原则。又《孟子·万章》伊尹曰：“天之生此民也，使先知觉后知，使先觉觉后觉也。予，天民之先觉者也，予将以斯道觉斯民也，非予觉之而谁也?”可知皋陶、伊尹皆以仁道治天下者。故夫子“举直”，亦不妨谓之“举贤兴仁”；举贤即是智，兴仁即是仁。朱熹《集注》说：“不仁者远，言人皆化而为仁，不见有不仁者，若其远去尔，所谓使枉者直也。子夏盖有以知夫子之兼仁知而言矣。”程子曰：“圣人之语，因人而变化。虽若有浅近者，而其包含无所不尽，观于此章可见矣。非若他人之言，语近则遗远，语远则不知近也。”尹氏曰：“学者之问也，不独欲闻其说，又必欲知其方；不独欲知其方，又必欲为其事。如樊迟之问仁知也，夫子告之尽矣。樊迟未达，故又问焉，而犹未知其何以为之也。及退而问诸子夏，然后有以知之。使其未喻，则必将复问矣。既问于师，又辨诸友，当时学者之务实也如是。”

今按：《孔子家语·王言解》孔子说：“故曰：所谓天下之至仁者，能合天下之至亲也；所谓天下之至明者，能举天下之至贤者也。此三者咸通，然后可以征。是故仁者莫大于爱人，智者莫大于知贤，贤政者莫大于官能。”此数言，可与本章并参。

又按：此章首尾完具，短短百余字，涉及七位人物，义理、考据、辞章兼善，真非锦心妙笔者莫办也！而以樊迟之鲁，既能问于师，又能辨诸友，亦可谓真能务实求道者，夫子若闻其与子夏之言，必当兴叹：“樊须与子夏，皆能助我者也!”盖好学如颜回，于夫子之言能默识心通，无所不说，然当时后世，一人而已。我辈后学，欲闻夫子之教言，不得不仰仗于子贡、子路、子张、樊迟辈，此诸人，固非传道之选，然其能疑善问，所言所行，适足以化性起伪、成教弘道也。

## 12.23 子贡问友。子曰："忠告而善道之[1]，不可则止，毋自辱焉。"

**新注** ①善道之：善为劝导。道，导。

**新译** 子贡请教交友之道。孔子说："（朋友如有过失，）应提出忠告而善为劝导，如果他不听从，也就罢了，不要自取其辱。"

**新识** 此章论交友之道，涉及五伦中朋友一伦。朋友与君臣有相似处，二者皆当以道义合。前面谈大臣，当"以道事君，不可则止"，此处说良友，亦当"忠告善道，不可则止"。也就是说，事君与交友，皆当保持一定距离，即使劝谏，亦当留有余地，适可而止。"善道之"，即讲究方式方法，充分尊重对方，否则过犹不及，适得其反，只能自取其辱。朱熹《集注》称："友所以辅仁，故尽其心以告之，善其说以道之。然以义合者也，故不可则止。若以数而见疏，则自辱矣。"阳明有云："处朋友，务相下，则得益。相上则损。"（《传习录》卷上）又说："大抵朋友之交，以相下为益。或议论未合，要在从容涵育，相感以诚，不得动气求胜，长傲遂非。务在默而成之，不言而信。其或矜己之长，攻人之短，粗心浮气，矫以沽名，讦以为直，挟胜心而行愤嫉，以圮族败群为志，则虽日讲时习于此，亦无益矣。"（《书中天阁勉诸生》）是说朋友相处，自卑尊人，放下身段，则各自受益；若争强好胜，盛气凌人，大家都会受损。其理至平易，唯行之不易耳。

今按：子游尝云："事君数，斯辱矣；朋友数，斯疏矣。"盖受孔子启发而为说也。

## 12.24 曾子曰："君子以文会友，以友辅仁[1]。"

**新注** ①辅仁：辅助仁德的提升。

**新译** 曾子说："君子通过文献学问的讲习来结交朋友，通过朋友间的切磋琢磨来辅助仁德的提升。"

**新识** 本章紧承上章子贡问友，记曾子论友。朱熹《集注》说："讲学以会友，则道益明；取善以辅仁，则德日进。”曾子之言，提升了朋友之道的道德境界，戛戛独造，千古不刊。

今按：此章为《颜渊》篇之“压轴”一章，而以曾子之言作结，与《先进》篇之末章遥相呼应，意味深长。曾子全篇未出现，此章突然出来“收官”，且其所言兼涉本篇最为重要的“仁”“友”二义，岂偶然哉？杨义先生以为，《论语》中除《先进》篇“参也鲁”，是仲弓编纂时留下的痕迹，其余十四章，皆曾门后学所加，其中十二章“曾子曰”乃独语式表述，并非曾子与孔子或同门的对话，可能是曾子弟子与闻的曾子言论。“曾门弟子增补的条目，在各篇或中间插入，或篇末压阵，其高明之处在于不落强行插入的痕迹，又能做到弦外有音，余味无穷，令人不能不佩服其为篇章学的高手。”“比如《颜渊》终篇，继‘樊迟问仁’，子夏解释，以及‘子贡问友’，最后是‘曾子曰：君子以文会友，以友辅仁’。如此篇终三章，就像开了一个讨论会，樊迟、子夏、子贡依次发言，而曾子对所谈之仁与友问题加以综合性总结。”杨氏进而指出，“曾门弟子重修《论语》宗旨，归根到底在于证明孔门弟子中最能传道者为曾子”（《论语还原》）。此论发前人未发之覆，对于读者了解《论语》早期编纂中，如何在“传经”的同时嵌入“传道”之生命信息，极富历史现场感与认知启发性。经典常读常新，代有发明，于此可见一斑。

# 子路第十三

## 13.1 子路问政。子曰："先之，劳之①。"请益，曰："无倦②。"

**新注** ①先之：先其民而劳。之，指其民。劳之：为其民而劳。为政者以身作则，率先垂范，先其民而劳，故百姓劳而不怨。 ②请益：请求多讲一些。益，增加。无倦：不要懈怠。

**新译** 子路请问为政之道。孔子说："要先做百姓的表率，并为民众辛勤操劳。"子路请求多讲一些，孔子说："不要懈怠。"

**新识** 本篇以子路居首谈为政，正如上篇以颜渊居首谈为学，仍是《论语》上论先《学而》后《为政》之思路。

子路乃孔门政事科高弟，善治兵赋，卓有政治才干，故夫子尝谓："由也果，于从政乎何有？"子路为人，质直而好义，刚猛而好勇，性情鲁莽，失之急躁，从"子路有闻，未之能行，唯恐有闻""子路无宿诺""暴虎冯河，死而无悔"诸章可以看出。一个行动力超强的人，最好让他一直行动，故夫子告以"先之劳之"，而且"无倦"。"先之"有两解：《集解》孔安国曰："先道之以德，使民信之，然后劳之。"而《集注》苏氏则曰："凡民之行，以身先之，则不令而行。凡民之事，以身劳之，则虽勤不怨。”今从第二解。

今按：此章实则是说，为官从政，第一要勤政，所谓“敬事而信”，所谓“案牍劳形”，皆能慨然承当，持之以恒，毫不懈怠，如此方可造福一方。故曾国藩说：“为官以耐烦琐为第一要。”

## 13.2 仲弓为季氏宰，问政。子曰：“先有司，赦小过，举贤才①。”曰：“焉知贤才而举之？”曰：“举尔所知。尔所不知，人其舍诸②？”

**新注** ①为季氏宰：做季氏的家宰。先有司：有司，众职也，指下属各职能部门。赦小过：赦免小的过错。举贤才：贤，有德者。才，有能者。 ②人其舍诸：别人会舍弃他们吗？诸，兼词，之乎。

**新译** 仲弓做了季氏的家宰，向夫子请教为政之道。孔子说：“先做好下属职能部门的表率，赦免属下的一些小的过失，举荐贤良的人才。”仲弓又问：“如何知道谁是贤才而去举荐他呢？”孔子说：“先举荐你所知道的贤才，至于你所不知道的，别人难道会舍弃他们吗？”

**新识** 仲弓为孔门德行科之选，系德行科四人中唯一出仕者，且颇有人君之才，故孔子谓其“犁牛之子骍且角”“雍也可使南面”。此章仲弓问政，夫子告以“九字箴言”：“先有司，赦小过，举贤才。”“先有司”即上章“先之劳之”之义，言勤政；“赦小过”即赦免小过，言宽政；“举贤才”即知人善任、选贤与能，则是言仁政。有此三政，则可平治天下矣。

《礼记·礼运》说：“大道之行也，天下为公。选贤与能，讲信修睦，故人不独亲其亲，不独子其子。”这是对大同世界优良政治的最佳描述。《中庸》亦云：“文武之政，布在方策。其人存，则其政举；其人亡，则其政息。”不过，平允而论，贤人政治（或曰精英政治）虽好，而圣王贤人却是可遇不可求，一旦“人亡政息”，而无良性制度保障，则容易带来大的政治动荡。

“赦小过”一句亦蕴含政治智慧。盖人非圣贤，孰能无过？若在上者不能宽容临下，动辄得咎，法网严密，让在下者无所措手足，则亦非善政。《汉书·东方朔传》云：“水至清则无鱼，人至察则无徒。冕而前旒，所以蔽明；黈纩（tǒu kuàng）充耳，所以塞聪。明有所不见，聪有所不闻，举大德，赦小过，无求备于一人之义也。”东晋时偏安江左，丞相王导所采取的便是宽简清静之政，使东晋基业持续百余年，至有“网漏吞舟”之谓。以往论者以为乃奉行道家思想所致，理由是老子曾说“其政闷闷，其民淳淳；其政察察，其民缺缺”。此固然有理，但从思想史的脉络来看，“赦小过”本身即蕴含着不为察察之政的开明政治思想。就此而言，儒道不仅时常互补，有时干脆是涵融一气的。

今按：上博楚简《仲弓》简1在“先有司”前多“老老慈幼”四字，“人其舍诸”作“人其舍之者”，涉及面更为宽泛，亦可参考。

13.3 **子路曰：“卫君①待子而为政，子将奚先？”子曰：“必也正名乎②！”子路曰：“有是哉，子之迂也！奚其正③？”子曰：“野哉，由也④！君子于其所不知，盖阙如⑤也。名不正，则言不顺；言不顺，则事不成；事不成，则礼乐不兴；礼乐不兴，则刑罚不中；刑罚不中，则民无所措手足。故君子名之必可言也，言之必可行也。君子于其言，无所苟⑥而已矣！”**

**新注** ①卫君：即卫出公蒯辄。卫灵公世子蒯聩耻其母南子之淫乱，欲杀之不果而出奔。灵公欲立公子郢，郢辞。公卒，夫人立之，又辞。乃立蒯聩之子辄，以拒蒯聩，是为出公。蒯聩欲杀母，得罪于父，而辄据国以拒父，皆无父之人也。当父子争国之时，卫出公欲请孔子出来主政，故子路有此问。事在鲁哀公十年（前485），孔子自楚返卫。　②正名：辨正、确定名分。如君君、臣臣、父父、子子。　③有是哉，子之迂也：有是，犹言如此。迂，迂腐。奚其正：为什么要正名分呢？　④野哉，由也：太粗野了，你这仲由！

⑤阙如：阙，同“缺”，空缺。存而不论。 ⑥无所苟：没有一点马虎。

**新译** 子路问：“如果卫君有意等待您来主政，您将先从哪里着手呢？”孔子说：“那一定要先从正名分开始。”子路说：“先生您好迂腐啊！为什么还要正名分呢？”孔子说：“太粗野了，你这仲由！君子对于他所不知道的事情，应该付之阙如，存而不论。要知道名分不正当，说话就不能顺理成章；说话不能顺理成章，事情就办不成；事情办不成，国家的礼乐便不能振兴；礼乐不能振兴，刑罚就不能运用得当；刑罚运用不当，百姓就会手足无措。所以，君子定下一个名分，一定能够言之合理；言之合理就一定能够行得通。君子对于自己所说的话，绝没有一点马虎和苟且啊！”

**新识** 《集注》胡氏曰：“卫世子蒯聩耻其母南子之淫乱，欲杀之不果而出奔。灵公欲立公子郢，郢辞。公卒，夫人立之，又辞。乃立蒯聩之子辄，以拒蒯聩。夫蒯聩欲杀母，得罪于父，而辄据国以拒父，皆无父之人也，其不可有国也明矣。夫子为政，而以正名为先。……则人伦正，天理得，名正言顺而事成矣。夫子告之之详如此，而子路终不喻也。”夫子所谓“正名”者何？正蒯聩世子之名也。故本章夫子所言，绝非泛泛而论，而与卫国国政息息相关。

据《史记·孔子世家》，鲁哀公六年（前489），孔子自楚返卫，时在卫君出公辄四年。当时孔子弟子高柴、子路等皆仕于卫。孔子返卫的第二年（前488），“卫君欲得孔子为政”，子路问孔子当在此时。本章除了说明“正名”的重要，也可见出夫子高瞻远瞩，言无所苟，而子路颟顸鲁莽，常有“不知而作”之病，故夫子告以“君子于其所不知，盖阙如也”，此亦“知之为知之，不知为不知”之义也。

今按：本章可与《述而》篇“夫子为卫君”一章同参。夫子叹卫国君臣父子皆不以其道，正名云者，冀子让父也。又可与“君君、臣臣、父父、子子”章同参，“名”其实是礼制和秩序的象征，关乎整个上层建筑之结构稳固与良性运转，礼乐刑政皆包含于其间，来不得半点含糊和苟且。“名不正则言不顺”以下数句，辞理并茂，妙绝千古，真非圣人不能道也。

又按：关于卫国君臣父子之乱如何解决，王阳明《传习录》有云：

问："孔子正名。先儒说上告天子，下告方伯。废辄立郢。此意如何？"先生曰："恐难如此。岂有一人致敬尽礼，待我而为政，我就先去废他，岂人情天理？孔子既肯与辄为政，必已是他能倾心委国而听。圣人盛德至诚，必已感化卫辄，使知无父之不可以为人，必将痛哭奔走，往迎其父。父子之爱本于天性。辄能悔痛真切如此，蒯聩岂不感动底豫？蒯聩既还，辄乃致国请戮。聩已见化于子，又有夫子至诚调和其间，当亦决不肯受，仍以命辄。群臣百姓又必欲得辄为君，辄乃自暴其罪恶，请于天子，告于方伯诸侯，而必欲致国于父。聩与群臣百姓，亦皆表辄悔悟仁孝之美，请于天子，告于方伯诸侯，必欲得辄而为之君。于是集命于辄，使之复君卫国。辄不得已，乃如后世上皇故事，率群臣百姓尊聩为太公，备物致养，而始退复其位焉。则君君臣臣父父子子，名正言顺，一举而可为政于天下矣！孔子正名，或是如此。"

阳明先生宅心仁厚，设身处地，疑义与析，若卫国君臣父子果能如此，岂不为万世楷模乎？惜哉！悲也！

**13.4 樊迟请学稼①。子曰："吾不如老农。"请学为圃。曰："吾不如老圃②。"樊迟出。子曰："小人哉③，樊须也！上好礼，则民莫敢不敬；上好义，则民莫敢不服；上好信，则民莫敢不用情④。夫如是，则四方之民襁负其子⑤而至矣，焉用稼？"**

**新注** ①请学稼（jià）：请教如何种庄稼。五谷曰稼。 ②为圃：种蔬菜曰圃。老圃：菜农。圃，菜地。 ③小人：即庶民，非道德低下者。 ④莫敢不用情：不敢不以诚相待。用情，犹言忠实。

⑤襁（qiǎng）负其子：用襁褓背着孩子。

**新译** 樊迟请求学种庄稼，孔子说："我不如老农。"樊迟又请求学种菜，孔子说："我不如菜农。"樊迟退出后，孔子说："樊须真是个小人啊！在上位者如爱好礼，百姓没有敢不尊敬的；在上位者如爱好义，百姓没有敢不敬服的；在上位者如爱好信，百姓没有敢不忠诚的。如果做到了这些，四方的百姓就会用襁褓背负儿女前来投奔，哪里用得着亲自去种庄稼呢？"

**新识** 此当樊迟初入孔门时所问。当时樊迟或未及弱冠，不知夫子之学乃志道、据德、依仁、游艺之学，故其所问，偏于形而下之器用技艺，学稼、学圃皆此类也。夫子因其仅知谋食而不知谋道，仅知下学而不知上达，遂以不如老农老圃之言以激之。

樊迟所代表的，正是重实利技术而轻闻道成德的一类人，这类人几乎是人类的大多数。夫子并非轻视老农老圃，更非不懂稼穑种植之事，此由夫子自谓"少也贱，故多能鄙事"可知矣。夫子说"小人哉樊须也"，这里的"小人"并非道德上的贬义，而是思想境界上的区分，社会分工的不同，当然也涉及为政之理想。夫子言下之意，樊迟尚未弄清求学之宗旨和目的，不在于谋食而在于谋道，君子治理国家，不可能百工之技样样精通，稼穑种植件件亲为，而当致力于"务民之义"的上层建筑之设计，价值系统之营造，芸芸众生之福祉。换言之，夫子所办的学校，虽然是"有教无类"，但并非没有价值门槛，"君子不器"就是夫子的教育理想，学稼学圃这一类形而下之技艺，老农老圃皆可为师，一时半晌便可学会，何须向夫子求教？

由此可知，夫子设帐授徒，其理想在于培养大人君子，犹今之所谓"精英教育"。夫子要求学生，必须有更大的关怀与担当，而不要斤斤计较于细事末技。"上好礼，则民莫敢不敬；上好义，则民莫敢不服；上好信，则民莫敢不用情。"是说君子治国临民，当在更高的价值追求上率先垂范，上层建筑中之礼、义、信等皆能好之，如此则民众自然敬服诚信，近悦远来。

今按：樊迟的思想，隐然开启了战国农家一脉。《孟子·滕文公上》

载，“有为神农之言者”许行反对不劳而获，主张“贤者与民并耕而食，饔飧而治”。孟子一眼看破许行观点的不切实际，并站在理性立场予以层层批驳，雄辩地论证了社会分工的必然性和正当性。最后说：“有大人之事，有小人之事。且一人之身而百工之所为备，如必自为而后用之，是率天下而路也。故曰：或劳心，或劳力，劳心者治人，劳力者治于人；治于人者食人，治人者食于人，天下之通义也。”以往论者，多批判孟子劳心劳力之说，乃维护统治阶级利益，殊不知孟子所言，事理俱在，颠扑不破，古今中外，概莫能外。戴有色眼镜或贴政治标签者，常常拿着鸡毛当令箭，混淆是非、唐突圣贤而不自知，真夫子所谓“贼夫人之子”也！

**13.5　子曰：“诵《诗》三百，授之以政，不达；使于四方，不能专对①。虽多，亦奚以为？”**

**新注**　①授：授予，交给。不达：行不通，办不成。专对：独自应对。

**新译**　孔子说：“熟读《诗三百》，如果把政事交给他，不能通达；让他出使外国，又不能独当一面，从容应对。即使读得再多，又有什么用？”

**新识**　此章谈学以致用，兼及《诗经》的政教外交功能。朱熹《集注》云：“《诗》本人情，该物理，可以验风俗之盛衰，见政治之得失。其言温厚和平，长于风谕。故诵之者，必达于政而能言也。”程子曰：“穷经将以致用也。世之诵《诗》者，果能从政而专对乎？然则其所学者，章句之末耳，此学者之大患也。”又，《春秋公羊传》称：“聘礼，大夫受命不受辞。出竟，有可以安社稷利国家者，则专之可也。”盖当时出使他国，受命不受辞，所谓“将在外君命有所不受”也，外交场上，皆须随机应变，从容应对，故有“登高赋诗”“断章取义”之说。

今按：夫子设教，主张“博学于文，约之以礼”。诵《诗》三百，即是学文；达政专对，可谓约礼。《诗经》不仅为教化之始，亦广泛用于诸侯聘问、出纳王命、使者专对、赋诗言志等多种场合，夫子说“不学《诗》，无以言”，良有以也。然学《诗》并非仅求记诵，还当深入理解，授政能通达，活学活用，出使能专对。如果只是多学而不能实用，犹如一味博文而不能约礼，则不如不学矣。《礼记·学记》说：“记问之学，不足以为人师。”盖亦此意也。

## 13.6 子曰：“其身正，不令而行；其身不正，虽令不从①。”

**新注** ①行：推行，施行。从：听从，服从。

**新译** 孔子说：“领导者本身行得正，即便不发布命令，事情也能行得通；如果本身行得不正，即使三令五申，百姓也不会听从。”

**新识** 此章必是夫子对为政者所言，依旧是为政以德、善政在人之义。两次提到“身正”，亦可谓之“身教”箴言。夫子之言可与现代理念相通者在于，民众既有对良法善政“服从的义务”，也有对恶法苛政“不服从的权利”，这是儒学最具普适性的开明思想。

## 13.7 子曰：“鲁、卫之政，兄弟也。”

**新译** 孔子说：“鲁国和卫国的政治，如同伯仲之间，不相上下啊！”

**新识** 本章可与“齐一变至于鲁，鲁一变至于道”章同参。朱熹《集注》称：“鲁，周公之后。卫，康叔之后。本兄弟之国，而是时衰乱，政亦相似，故孔子叹之。”一说，鲁、卫两国虽值乱世，犹能施行礼乐，贤于他国，所谓鲁一变至于道。今不从。

## 13.8 子谓卫公子荆：“善居室①。始有，曰：‘苟合矣！’少有，曰：‘苟完矣。’富有，曰：‘苟美矣②。’”

**新注** ①卫公子荆：卫国大夫，被吴国季札视为君子。善居室：善于居家过日子。 ②苟：将就苟且义。合：聚也。完：齐备。美：

犹言完美。

**新译** 孔子谈到卫国的公子荆，说："他善于管理家业，刚有一点财富，就说：'差不多够用了。'稍微富有一点，便说：'差不多齐备了。'真正富有之后，又说：'真是太完美了！'"

**新识** 本章承上章，启下章，皆与夫子周游列国的第一站卫国有关。公子荆，卫国大夫，因鲁国亦有一公子荆，故特加一"卫"字。与孟之反一样，公子荆《论语》中仅止一见，却给人留下深刻印象。其对于财富和人生的态度，可用"知足常乐"形容之。苟合、苟完、苟美，虽境界不同，心境则相似。也就是说，贫乏也好，富足也好，皆无损于我内心之满足，只要心灵满足而悦乐，外在的亏欠又算得了什么呢？朱熹《集注》称："言其循序而有节，不以欲速尽美累其心。"又引杨氏曰："务为全美，则累物而骄吝之心生。公子荆皆曰苟而已，则不以外物为心，其欲易足故也。"

今按：《礼记·曲礼》云："傲不可长，欲不可纵，志不可满，乐不可极。"《老子》第三十三章也说："知足者富。"第四十四章："知足不辱，知止不殆，可以长久。"第四十六章："祸莫大于不知足，咎莫大于欲得。故知足之足，常足矣。"卫公子荆，可谓深谙"知足之道"者也。故"善居室"云云，不过婉转其辞，夫子真正欣赏的是其"善治心"也！

**13.9 子适卫，冉有仆。子曰："庶矣哉①！"冉有曰："既庶矣，又何加焉？"曰："富之。"曰："既富矣，又何加焉？"曰："教之。"**

**新注** ①仆：仆从，此指驾车。庶：众多。此指人口众多。

**新译** 孔子到卫国时，冉有随从驾车。孔子说："人口真是众多啊！"冉有问："人口已经很多了，接下来该怎么办呢？"孔子说："要使百姓富足。"冉有再问："如果已经富足了，还要再做什么呢？"孔子说："教化百姓。"

**新识** 本章是《论语》中关于治国之道最精彩的对话。夫子去鲁至卫，时在鲁定公十三年（前497），见卫国人口众多，当即叹道："庶矣哉！"语极平常，但冉有是有心人，听出夫子话里有话，遂大胆发问。冉有虽未及一个"政"字，实亦属于问政，故可与《颜渊》篇"子贡问政"章同参。两相比较，可注意者有三：

其一，二人问法不同：子贡问政时是"做减法"——"必不得已而去"（去者，减也），冉有问政则是"做加法"——"既庶矣，又何加焉？"子贡聪明过人，学常躐等，往往未及之而言已过，故其吸取教训，由博返约，所谓"为道日损"。冉有性格谦退，敏于政事，于求道了无心得，故常就事论事，知一问多，所谓"为学日益"。夫子应机设教，对子贡，是倾囊而授，由其慢慢反刍；对冉有，是小叩小鸣，点到即止，循序渐进，润物无声。圣人之教，虽不刻意而浑然浃洽有如此。

其二，夫子所答，虽皆涉及治国方略，然角度路径，略有差异。子贡问政，夫子说"足食足兵民信"三要素，乃自下而上，言治国者如何固本强干，隐然有"国际视野"，着眼在为政者如何约束自己，甚至接受民众监督，方可立于不败之地，即如"民信"一条，实则亦含有内不能取信于民，则外不能见尊于诸侯之意，故属于"外交方略"。冉有问政，夫子"庶富教"三字，则是自上而下，谈为政者如何临民待下，富国教民，属于"内政纲领"。盖子贡、冉有，一善于外交，一长于内政，夫子如此回答，亦是因材施教。

其三，夫子答子贡，属于"共时性"纲领，可谓"治国三要素"；夫子答冉有，则属"历时性"步骤，可谓"治国三部曲"。尤其本章答冉有，纯属即兴发挥，随口道来，然"富之""教之"二语，真是不鸣则已，一鸣惊人，仿佛上帝说"要有光，于是就有了光"，堪称放诸四海而皆准的"绝对律令"，无须论证而颠扑不破，无须推衍而周流无滞。每读此章，则不免感叹：夫子之智慧大矣哉！夫子之仁德厚矣哉！

今按：此章又可见儒道思想之不同。道家主张小国寡民，强体弱智，如《老子》云："古之善为道者，非以明民，将以愚之。民之难治，以其智多，故以智治国，国之贼；不以智治国，国之福。"此一思想，派生出法家之专制弱民观念，故太史公写《史记》，将老子与韩非同传。儒家则主张藏富于民，政教并重，人文化成，孔子的“庶而富之，富而教之”，正可见原始儒家好生爱众、利益天下、“和实生物”的淑世情怀。

必须指出，夫子之“庶富教”三策，虽喻之“三部曲”，实则并非机械割裂的“三步走”，而应该协同兼顾，齐头并进，如若顾此失彼，倒行逆施，急躁冒进，不问后果，只能过犹不及，甚至酿成天灾人祸，悔之晚矣。如20世纪五六十年代，治国者过分看重“庶矣哉”之作用，鼓吹“人多力量大”“人有多大胆，地有多大产”，罔顾自然规律与经济原理，大干快上，频放“卫星”，动辄标榜小麦亩产多少万斤，甚至提出“赶美超英”“大干××天，实现共产主义”等不切实际的“大跃进”口号，最后造成三年大饥荒。不唯如此，当时还有“人与人斗其乐无穷”之上谕，政治运动、阶级斗争、毁弃传统、数典忘祖，终于酿成“文革”十年浩劫，抚今追昔，教训不可谓不沉痛！自七八十年代起，改革开放，注重民生，发展经济，使国民生活得到极大改善，成就有目共睹。然亦有矫枉过正之弊，如过分看重“富之”，提出“以经济建设为中心”“允许一部分人先富起来”等口号，却忽略了传统文化之传承、精神文明之开展和价值体系之建设，致使信仰失落、价值失坠、社会失序、贫富悬殊、贪腐盛行、怨声载道，虽已“足食”“足兵”，却离“民信之”尚远。此皆富而不教之过也。九十年代至今，再矫前弊，提出“科教兴国”“科学技术是第一生产力”等国策，乃至晚近提出的“以德治国”“和谐社会”“与时俱进”等理念，终于引入源头活水，使传统文化之智慧得以复苏赓续，此正所谓返本开新、一阳来复之时也。前事不忘，后事之师。反观近世以来社会政治之不同历史阶段，更可见夫子之治国智慧，顺天应人，烛照古今，正所谓百世以俟圣人而不惑者也！

## 13.10 子曰：“苟有用我者，期月①而已可也。三年有成。”

**新注** ①期（jī）月：谓周一岁之月也。

**新译** 孔子说："如果有用我的人，一年便可初见成效，三年便可有所成就。"

**新识** 此章又承上章而言为政。孔子自言如果用我当政，一年可见成效，三年可告成功。朱熹《集注》说："可者，仅辞，言纲纪布也。有成，治功成也。"又引尹氏曰："孔子叹当时莫能用己也，故云然。"

今按：夫子此言，绝非信口开河，而是有案可稽，史载鲁定公九年（前501）夫子五十一岁时，出任中都（今山东省汶上县西）宰，卓有政绩，"一年，四方皆则之"。其后升为司空，又由司空升为司寇，兼摄相事，"与闻国政三月，粥羔豚者弗饰贾；男女行者别于涂；涂不拾遗；四方之客至乎邑者不求有司，皆予之以归"。此正"期月而已可也，三年有成"之最佳证明也。《史记·孔子世家》以此言盖为卫灵公不能用而发，当可信从。

又，《孔子家语·始诛》孔子云："《书》云：'义刑义杀，勿庸以即汝心，惟曰未有慎事。'言必教而后刑也，既陈道德以先服之，而犹不可，尚贤以劝之；又不可，即废之；又不可，而后以威惮之。若是三年，而百姓正矣。其有邪民不从化者，然后待之以刑，则民咸知罪矣。"这段记载正好可作此章义疏。盖夫子为政，宽猛相济，德主刑辅，政教结合，理性务实，绝非好高骛远、不切实际者之可比也。

## 13.11 子曰："善人为邦百年，亦可以胜残去杀矣①。诚哉是言也！"

**新注** ①为邦：治国。胜残去杀：消除残暴，去掉杀戮。胜，战胜，消除。

**新译** 孔子说："'如果有善人来治理国家，持续百年，也可以除残暴、去杀戮了。'这句话说得真好啊！"

**新识** 此章承上两章，谈善人为邦之效。"善人为邦百年"一句，应是当时流传甚广的政治格言，孔子认为此言不虚。朱熹《集注》称："胜残，化残暴之人，使不为恶也。去杀，谓民化于善，可以不用刑杀也。

盖古有是言，而夫子称之。”此盖指乱世转为治世，极为不易，即使有善人治国，若想使天下残贼不胜、杀伐不兴，亦非一人一世之所能，必须几代相继历百年而后可。钱穆先生以为，“周自平王东迁，诸侯力争，民之困于残暴刑杀者二百余年”，“此章盖叹世之习于乱，而痛斯民之未易见治平之运”。亦可谓“诚哉是言也”！

今按：《老子》第三十一章说：“夫兵者，不祥之器，物或恶之，故有道者不处。君子居则贵左，用兵则贵右。兵者，不祥之器，非君子之器，不得已而用之，恬淡为上。胜而不美，而美之者，是乐杀人。夫乐杀人者，不可以得志于天下矣。吉事尚左，凶事尚右。偏将军处左，上将军处右。言居上势则以丧礼处之。杀人众多，以悲哀泣之。战胜，以丧礼处之。”此又儒道相通互补之处也！今人每以儒、道、佛三教之卫道者自居，殊不知，在凡夫所不可得见处，孔子、释迦与老子，正当“相视而笑，莫逆于心”也已矣！

## 13.12　子曰：“如有王者，必世而后仁①。”

**新注**　①王者：行仁义于天下的圣人。世：三十年为一世。

**新译**　孔子说：“如果有圣王兴起，也一定要用三十年才能使仁道大行于天下。”

**新识**　此章与前三章合在一起，构成一个治国之时效的“意义序列”，且成逐级递进态势。在孔子学说的人格层级中，王者即圣人，显然高于善人。故子曰：“圣人吾不得而见之矣，得见君子者，斯可矣。善人吾不得而见之矣，得见有恒者，斯可矣。”又，子张问善人之道，子曰：“不践迹，亦不入于室。”此又可见“善人”比之“王者”，未达一间。上章孔子说“善人为邦百年，亦可以胜残去杀”，此章则说“王者必世而后仁”。朱熹《集注》称：“王者谓圣人受命而兴也。三十年为一世。仁，谓教化浃也。”圣王在位，三十年便可使天下归仁，而善人相继治国，则须百年才可胜残去杀。很显然，王者之德化效力，远远大于“善人”之拨乱反正。

今按：三年有成，言其为效之速；世而后仁、百年去杀，言其为期之遥；平治天下之难易浅深，迟速近远，居然可知。圣人言各有当，不容分毫有失。宋人赵普谓："半部《论语》治天下。"乍听觉其耸人听闻，细思明其至诚无欺也！

## 13.13 子曰："苟正其身矣，于从政乎何有？不能正其身，如正人何①！"

**新注** ①苟：如果。何有：有什么苦难。如正人何：即如何正人。

**新译** 孔子说："如果执政者自身端正，对于从事政治有什么困难呢？如果自身不能够端正，又怎么能够端正别人呢？"

**新识** 此章与"政者正也""其身正，不令而行"诸章可以参看，皆在阐明己不正难正人之义。《孔子家语·致思》孔子曰："武王正其身以正其国，正其国以正天下，伐无道，刑有罪，一动而天下正，其事成矣。"

今按：所谓"人治"者，先须反求诸己，即"治人"先须"治己"也，儒家之"德治""仁政"，真义在此。

## 13.14 冉子退朝。子曰："何晏也①？"对曰："有政。"子曰："其事也②。如有政，虽不吾以，吾其与闻之。"

**新注** ①退朝：冉有时任季氏宰，退朝指从季氏私朝回来。晏（yàn）：晚。 ②有政：有政事要处理。政，一般指国政。其事也：其，大概。事，家事。

**新译** 冉有从朝廷回来，夫子问："怎么回来这么晚呢？"冉有回答："有政事要处理。"孔子说："恐怕是季氏的家务事吧。如果真有政事，虽然现在不用我了，我大概也会知道的。"

**新识** 此事当发生于鲁哀公十二年（前483），孔子六十九岁。哀公十一年（前484），夫子自卫返鲁，起初为鲁君和季康子所重，尊为"国老”，与闻朝政。后因季氏贪得无厌，欲行田赋，加上昭公夫人孟子卒，季氏无礼，夫子因“道不同不相为谋”而渐被冷落。此时冉有为季氏家宰，为季氏聚敛，使其富比周公，二人商议事情常常有意避开孔子，于是才发生本章所写的一幕。

古时政、事有别，朱熹《集注》：“政，国政。事，家事。”冉有说“有政”，实则是将季氏之家事当作国政，隐有僭越之嫌，故孔子嘲之以“其事也”。这里“其”即指季康子，言下之意，你每日忙碌的不过季氏家里的私事罢了，与国政何干？接下来孔子的话更具讽刺性：“如有政，虽不吾以，吾其与闻之。”故朱子说：“礼：大夫虽不治事，犹得与闻国政。是时季氏专鲁，其于国政，盖有不与同列议于公朝，而独与家臣谋于私室者。故夫子为不知者而言，此必季氏之家事耳。若是国政，我尝为大夫，虽不见用，犹当与闻。今既不闻，则是非国政也。……其所以正名分，抑季氏，而教冉有之意深矣。”朱子之言，颇中肯綮，惜乎冉有无从与闻也！

今按：冉有忙于任事，无心求道，故季氏旅于泰山、将伐颛臾等僭礼乱政之事，不唯不能阻止劝谏，反而有意促成之，此又可见各人根器不同，虽入圣人之门，若不能克己复礼，一味驰骛于名利，亦不可得道成德、自证性命也。

13.15 **定公问：“一言而可以兴邦，有诸①？”孔子对曰：“言不可以若是其幾也②。人之言曰：‘为君难，为臣不易。’如知为君之难也，不几乎一言而兴邦乎！”曰：“一言而丧邦③，有诸？”孔子对曰：“言不可以若是其幾也，人之言曰：‘予无乐乎为君。唯其言而莫予违也④。’如其善而莫之违也，不亦善乎！如不善而莫之违也，不几乎一言而丧邦乎！”**

**新注** ①有诸：有之乎？诸，之乎。 ②幾（jī）：期望。朱熹《集注》：“言一言之间，未可以如此而必期其效。” ③丧邦：失国；

亡国。④莫予违：即“莫违予”。没人敢违背我。

**新译** 鲁定公问：“一句话便可以使国家振兴，有这样的事吗？”孔子答道：“对语言不可以这样去期待它应验啊！有人说：‘做国君很难，做臣子也不易。’如果国君知道为君不易，不近乎一句话便可以使国家振兴吗？”鲁定公又问：“一句话便可以使国家灭亡，有这样的事吗？”孔子答道：“对语言不可以这样去期待它应验啊。有人说：‘我当国君唯一的乐趣，就是我说的话没有人敢违背。’如果他所说是善的而没有人违背，不也很好吗？如果他所说是不善的而没有人敢违背，不近乎一句话便可以使国家灭亡吗？”

**新识** 鲁定公十年（前500），孔子为鲁司寇，此番对话当发生于此时。定公时，三家强于公室，定公苦之，乃有此问。然“一言兴邦”之说，颇有神秘主义色彩，故孔子正告其不可如此虚妄不切情实。窃以为，夫子对“一言兴邦”或“丧邦”之事，全然不信，但既然定公有此一问，便抓住机会予以教之。两句“人之言曰”，应是当时流行语。“为君难，为臣不易”，颇有“仁者先难后获”“为之难，言之得无讱乎”之义，实是教其无论为君抑或为臣，都应先之劳之，尽职尽责。定公又问“一言丧邦”，夫子答以“予无乐乎为君，唯其言而莫予违也”，此亦深中其弊。盖为君者权力在握，谀辞赞誉不绝于耳，常常是非混淆，善恶不分，夫子趁机发出警告：善言无违诚是福，恶言无违乃是祸，为君者如果溺于臣下之逢迎而沾沾自喜，那就离亡国丧邦不远了！

今按：夫子所答两问，前者教其仁，后者教其智；仁可兴邦，智可利邦，仁智双修，方为明君也。关于君子言行之效，《周易·系辞传》说：“言行，君子之枢机，枢机之发，荣辱之主也。言行，君子之所以动天地也，可不慎乎？”夫子所言，正可作如是观。

## 13.16 叶公问政。子曰：“近者说，远者来[①]。”

**新注** ①叶（shè）公：姓沈名诸梁，字子高。《述而》篇已见。说（yuè）：通“悦”。

**新译** 叶公问为政之道。孔子说："使近处的人心悦诚服，远方的人自然前来投奔。"

**新识** 孔子入楚至叶（今河南叶县），事在鲁哀公五年（前490）。《史记·孔子世家》载："孔子自蔡如叶。叶公问政，孔子曰：'政在来远附迩。'""来远附迩"，即"近者悦远者来"。"近"指施政范围内，"远"指四境之外。境内之民若能心悦诚服，境外之民自然闻风来附。又《韩非子·难三》载：

> 叶公子高问政于仲尼，仲尼曰："政在悦近而来远。"哀公问政于仲尼，仲尼曰："政在选贤。"齐景公问政于仲尼，仲尼曰："政在节财。"三公出，子贡问曰："三公问夫子政一也，夫子对之不同，何也?"仲尼曰："叶都大而国小，民有背心，故曰'政在悦近而来远'。鲁哀公有大臣三人，外障距诸侯四邻之士，内比周而以愚其君，使宗庙不扫除，社稷不血食者，必是三臣也，故曰'政在选贤'。齐景公筑雍门，为路寝，一朝而以三百乘之家赐者三，故曰'政在节财'。"

此故事虽小说家言，不可尽信，然其中"叶都大而国小，民有背心"一句，倒是可作此章之注脚。朱熹《集注》云："被其泽则悦，闻其风则来。然必近者悦，而后远者来也。"可知夫子此言，隐含对叶公治理方式及效果的讽谏之意。

类似表达多见于文籍。如《周礼·春官·大司乐》说："以安宾客，以说（悦）远人。"又如《管子·形势》："道往者，其人莫来；道来者，其人莫往。"意谓失道者，人民不肯来投；得道者，人民不肯离去。又说："未之见而亲焉，可以往矣；久而不忘焉，可以来矣。"究竟如何做才能使"远者来"呢？《论语·季氏》孔子说："故远人不服，则修文德以来之。"是可知叶地武备刑政颇有余，而文德教化尚不足也。

今按：此章又可与"樊迟请学稼"章同参，"四方之民襁负其子而至"，正是"近悦远来"之义。

## 13.17 子夏为莒父宰[1]，问政。子曰："无欲速，无见小利。欲速则不达，见小利则大事不成。"

**新注** ①莒（jǔ）父（fǔ）宰：莒父，鲁国邑名。

**新译** 子夏做莒父的地方长官，向孔子请教为政之道。孔子说："不要求速成，不要只盯着小利。求速成往往达不到目的，只盯着小利往往办不成大事。"

**新识** 《集注》程子曰："子张问政，子曰：'居之无倦，行之以忠。'子夏问政，子曰：'无欲速，无见小利。'子张常过高而未仁，子夏之病常在近小，故各以切己之事告之。"

今按：欲速不达，过犹不及，皆夫子从容中道、时中达权之所见，蕴含极高的生命智慧和浓厚的古典趣味。今人之弊正在"欲速"与"见小利"二端，静夜思之，岂不可惭可愧！

## 13.18 叶公语孔子曰："吾党有直躬者，其父攘羊，而子证之[1]。"孔子曰："吾党之直者异于是。父为子隐[2]，子为父隐，直在其中矣。"

**新注** ①直躬者：直身而行的人。一说：直躬，人名。《淮南子·氾论训》："直躬，其父攘羊，而子证之。"高诱注："直躬，楚叶县人也。"攘：窃取。一说："因其自来而取，曰攘。"证：举证；告发。②隐：隐而不发。一说：隐，即"檃栝"之檃，意为矫正，今不从。

**新译** 叶公告诉孔子说："我家乡有个正直的人，他父亲偷了羊，他便去告发了父亲。"孔子说："我们那儿正直的人不是这样。父亲为儿子隐，儿子为父亲隐，正直也就在其中了。"

**新识** 本章再论直道。叶公与孔子的分歧，涉及情与法、孝与义、父与君、家与国、私与公、亲情伦理与社会正义等多重矛盾与纠葛，在吾国文明史、思想史、政治史、法制史、文化史上，均有十分重要的文献价值与理论意义。鉴于此章历史上歧解众多，莫衷一是，今试稍作解析如下：

首先，本章争论之焦点在于对“直”的理解。乍一看，叶公所举“证父攘羊”的直躬者似乎占据道德制高点，因其遵守法律，公私分明，大义灭亲，犹今之所谓“政治正确”。然仔细分析，会发现其所谓“直”，实则隐含着“曲”，即“直于君而曲于父”也。《韩非子·五蠹》载：

> 楚之有直躬，其父窃羊而谒之吏。令尹曰：“杀之。”以为直于君而曲于父，报而罪之。以是观之，夫君之直臣，父之暴子也。

换言之，如生身之父攘人之羊，儿子第一时间、第一念头便是检举揭发、邀功请赏，则此子便是“君之直臣，父之暴子”，必是泯灭人性到了极点！同时也可侧面看出，为政者必是将国家利益凌驾于骨肉亲情之上，长期做“大义灭亲”之政治洗脑有以使然。再看《吕氏春秋·当务》所载一例：

> 楚有直躬者，其父窃羊而谒之上，上执而将诛之。直躬请代之。将诛矣，告吏曰：“父窃羊而谒之，不亦信乎？父诛而代之，不亦孝乎？信且孝而诛之，国将有不诛者乎？”荆王闻之乃不诛也。孔子闻之曰：“异哉！直躬之为信也！活父而再取名焉；故直躬者之信，不如无信。”

与上则故事一样，此事也许是好事者的杜撰，但其不仅透露当时法律的严苛，而且十分生动地揭示了“证父攘羊”者背后的“心理活动”，先是告发父亲以求“信”之名，再是“父诛而代之”以求“孝”之誉，足见其心术不正、天良丧尽矣！“直躬者之信，不如无信”一句，一针见血、入木三分！然则直躬者之所谓“直”，不仅不是“直”，反而是“曲”、是“伪”、是“诈”，甚至是“变态”和“残忍”！

其次，对“隐”的理解也大有问题。《说文》：“隐，蔽也。”《尔雅》：“隐，微也。”今有学者以“隐”作“檃栝”，即一种矫正竹木邪曲的工具；揉曲曰檃，正方称括。故以“父子互隐”为“父子互檃（矫正）”，即互相矫正过失之义。此解过于迂曲，今不从。

窃以为，“隐”就是隐瞒、掩藏义，无须回护而自有道理。细读文本，“隐”与“证”恰成一反对关系：如“证父攘羊”是“直于君而曲于父”，则避免这一结果最明智的做法便是“隐”——“隐于君而直于父”，如此一来，问题便迎刃而解。也就是说，作为人子，对于父亲之罪错，首先不是告发举报，而是“隐”，这不仅合乎孝道，更合乎直道。朱熹《集注》说：“父子相隐，天理人情之至也。故不求为直，而直在其中。”又《礼记·檀弓上》：“事亲有隐而无犯。……事君有犯而无隐。……事师无犯无隐。”人子对待父母亲，应隐其恶而不犯其颜；对待君主，应犯其颜而不隐其恶；对待老师，应不犯其颜但也不隐其恶。三伦之中，对待父母最为“宽松”，因亲子关系乃唯一绝对之人伦关系，不可代替，亦不可让渡。因此，“隐”不仅合乎天理人情，而且合乎礼。

很少有人注意，夫子说“直在其中”，“其”所指为何？根据上下文，所指即“隐”也。换言之，便是“直在隐中”。也就是说，这里的“直”，非“证中之直”，而是“隐中之直”，不是对君，而是对父。隐如果是囊，“直”便是囊中之锥，“隐”能包“直”，“直”在“隐”中。事实上，“隐中之直”关键不在于外在之表现，而在内在之心地。故孔子所谓“直道而行”，更多是一种诚笃忠信的心性修养工夫。以迹求心，反身而诚，才是“直”。如证父攘羊之事，论迹是直，论心则曲，故为夫子所不齿也。

然则，“隐”又如何体现“直”呢？《论语》中早有答案。《里仁》子曰：“事父母幾谏。”《孝经·谏诤》亦云：“父有诤子，则身不陷于不义。”又上博楚简《内礼》简七云：“孝而不谏，不成孝。”父母有过，孝子绝不会听之任之，而当幾谏不违。由此可知，“隐”这一行为，对于君固然是一消极之举动，对于父，则可转变为积极之谏诤。

不仅如此，因为父子有亲，真正的孝子还要对父亲之过视如己过，有一份担当和责任。如《上海博物馆藏楚竹书（四）》有《内礼》一篇就说：“君子事父母，亡私乐，亡私忧。父母所乐乐之，父母所忧忧之。善则从之，不善则止之；止之而不可，隐而任之，如从己起。”这里的“隐而任之，如从己起”，便是“隐”的积极一面，也就是“隐中之直”，即人子不能自外于父母之过，做一个幸灾乐祸甚至告密揭发的

"陌生人"，而应义不容辞地反复劝止，使其过失降低到最低程度。唯其如此，方可化解血缘亲情与社会公理正义之间的矛盾。

还须指出，真正的"隐"是有前提的，小罪可"隐"，大罪当"简"（通"谏"；谏诤）。如上博简《五行》篇云："不简，不行；不匿，不察于道。""有大罪而大诛之，简也；有小罪而赦之，匿也。""有大罪而弗大诛也，不［行］也；有小罪而弗赦也，不察于道也。""简，义之方也；匿，仁之方也。"因此，"'简'考虑的是社会道义，'匿'考虑的是亲亲之爱。所以隐是有范围的，大罪不能隐，小罪可以隐"（梁涛《〈论语〉"亲亲相隐"章新释》）。

第三，"隐"还可与最具智慧的"权智"与"义道"相通。夫子说："君子之于天下也，无适也，无莫也，义之与比。"又说："无可无不可。""可与适道，未可与权"。若"直"是一种"道"，则"隐"便是一种"权"，反经达权，依旧不离于道。否则，便是"绞"。朱子释《泰伯》"直而无礼则绞"时，两次提及证父攘羊之事，说："若不当直后，却须要直，如证羊之类，便是绞。"又说："绞如绳两头绞得紧，都不宽舒，则有证父攘羊之事矣。"（《朱子语类》卷第三十五）也就是说，相比"绞以为直"的"证父攘羊"之举，"父子相隐"不过是一"直在隐中"的"权宜之计"，其出发点不是包庇犯罪，而是本能地选择绝不主动加害于亲人罢了。盖父子之亲，先于君臣之义，前者属"自然法"，后者属"实在法"，后者必须以前者为前提，当两者发生冲突，后者亦当为前者稍作妥协与让步。特别是在中国文化中，礼制远比法制更具融摄力，父子之亲又为礼制所规定，故不能因刑而违礼、因法而悖情、因君而杀父、因国而灭家，凡此种种，皆"不察于道也"。因此，这里的"直在其中"，亦可理解为"礼在其中""义在其中""权在其中"。儒家的这一通达权变之思想，道家亦表认同。如《庄子·盗跖篇》说："直躬证父，尾生溺死，信之患也。"《淮南子·氾论训》也说："唯圣人为能知权。言而必信，期而必当，天下之高行也。直躬其父攘羊而子证之，尾生与妇人期而死之。直而证父，信而溺死，虽有直信，孰能贵之？"

今按：叶公所在之楚国，礼乐教化较中原为晚，故其法令严酷，刻薄寡恩，常以国法凌驾于亲情之上，直躬证父之事，恰恰说明其“刑主德辅”，本末倒置，以致“近者不悦，远者不来”。夫子深谙叶公之潜台词，故直言相告，至于叶公能否心领神会，就不得而知了。

又按：如进一步探讨“亲亲互隐”在法律上的可行性问题，还可引入现代法律之“沉默权”概念。“沉默权”包含有被告人有权聘请律师，如其无力请律师，法庭有义务为他指定律师等权利。而律师的职责是尽量为被告人作辩护，使其依法享受应该享受之基本权利。既然被告人都可享有不被强制说出于己不利之供词的“沉默权”，为什么亲属不可以依法享有同样的权利？亲属当然无权充当辩护律师，但保持沉默、避免让亲人遭受更严厉的司法处罚，此一人性之本能心理和情感当被理解和尊重，方是善法良治，和谐社会。职是之故，“亲亲互隐”的“隐”，既可作“容隐”讲，亦可理解为“沉默”。

子贡曰：“夫子之文章，可得而闻也；夫子之言性与天道，不可得而闻也。”窃谓此章所论，正所谓“性与天道”者也！“大义灭亲”与“亲亲互隐”，正法家与儒家之不同，苛政与仁政之分辨，极权与良政之分野，不可不知，不可不戒！

## 13.19 樊迟问仁。子曰：“居处恭，执事敬，与人忠①；虽之夷狄②，不可弃也。”

**新注** ①居处恭：一人独居时恭谨慎独。执事敬：做事敬业。与人忠：与人交往能尽忠道。 ②夷狄：指落后蛮荒的少数民族地区。

**新译** 樊迟问什么是仁。孔子说：“一人独处时恭谨慎独，做事敬业，待人忠诚，即便到了未开化的夷狄之邦，这些品德也不可以放弃啊！”

**新识** 整部《论语》，问仁最多者便是樊迟。如《雍也》篇樊迟问仁，子曰“仁者先难而后获，可谓仁矣”；《颜渊》篇樊迟问仁，子曰“爱人”。本章樊迟又问仁，夫子乃以恭、敬、忠三语答之。是知夫子因材施教、问同答异并非因人而异一端，同是一人，不同阶段问同一问题，亦能应机设教，根据其人为学之浅深次第而予以生动而体贴的开示。此真圣人之教也！

今按：《集注》胡安国称："樊迟问仁者三：此最先，'先难'次之，'爱人'其最后乎？"窃以为，"先难后获"最先，"爱人"其次，此章"居处恭，执事敬，与人忠"则当在最后。盖因樊迟资质平平，初入孔门曾学稼学圃，被夫子斥为"小人"，后逐渐开窍，乃关注形上问题，遂问及仁智之义。夫子必因势利导，先从事上磨炼他，故首次问仁，告以"先难后获"，犹如前章以"先事后得"为"崇德"。及其学有所得后，再问仁智之道，夫子乃告以"爱人""知人"之旨。又据《孔子家语》，樊迟"弱仕于季氏"，则其未弱冠即在孔门，二十出头即为季氏家臣，故此章所言，或在其出仕之前，夫子谆谆告诫之。《卫灵公》篇子张问行，子曰："言忠信，行笃敬，虽蛮貊之邦，行矣；言不忠信，行不笃敬，虽州里，行乎哉？"可与此章"虽之夷狄，不可弃也"并参，皆语重心长，切实可行，可见夫子人师风范。

又按：《家语》称樊迟"少孔子四十六岁"，则夫子去世时，其年仅二十七。联系子路以子羔为费宰，夫子说"贼夫人之子"，谓其年纪尚轻，学业未成，可知樊迟弱冠出仕，必为夫子所允许。由此可见，同为后进弟子，樊迟之才质或在子羔之上，又加其心地单纯，勤学好问，故夫子每加呵护，循循诱之、不倦诲之有如此。良师仁心，班班可考、在在可见矣！

13.20 **子贡问曰："何如斯可谓之士矣？"子曰："行己有耻，使于四方，不辱君命①，可谓士矣。"曰："敢问其次②。"曰："宗族称孝焉，乡党称弟③焉。"曰："敢问其次。"曰："言必信，行必果，硁硁然④小人哉！抑亦可以为次矣。"曰："今之从政者何如？"子曰："噫！斗筲之人⑤，何足算也！"**

**新注** ①不辱君命：辱，辱没，辜负。命，使命。②其次：次一等的士人。③弟（tì）：同"悌"。④硁硁（kēng kēng）然：心胸狭小而固执貌。⑤斗筲之人：斗，量名，容十升。筲，竹器，容斗二升。斗筲之人，言鄙细也。

**新译** 子贡问道："怎样才称得上是士人呢？"孔子说："对自己的言行有羞耻之心，出使他国，能够不辜负君主交付的使命，这样便可以称为士了。"子贡又问："请问次一等的士人。"孔子说："宗族的人都称赞他孝顺，乡里的人都称赞他友爱兄弟。"子贡又问："请问再次一等的士人。"孔子说："言语一定求见信于人，做事一定求有个结果，这是那种像石头般心胸狭小而又固执的人啊！不过这也可以算是再次一等的士了。"子贡再问："当今那些从政的人怎么样呢？"孔子说："咳！那些一斗半筲的人，算什么呀？"

**新识** 本章子贡问"士"，四问四答，由大而小，由国而家，盖欲弘其人格，广其志气。子贡聪明睿智，善于外交，故夫子先期之以君臣之义、国政外交。子贡请问其次，夫子再告之以孝悌之道。子贡依旧"做减法"，又问其次，夫子乃告以言信行果之人，亦可为下等之士，唯不知合义达权，过于迂执固陋，心胸境界类同于小人，如此而已。子贡再问今之从政者如何？显然有备而来，分明已将其人置于上面三者之下，欲求证于夫子。夫子乃答以"斗筲之人"，何足挂齿？前三答皆泛泛而论，后一答则实有所指，盖指当时专权祸国之季氏也。

或问：夫子教人以文行忠信，为何却以"言必信，行必果"者为"小人"？事实上，这里的"小人"既然是次一等的"士"，便非完全的贬义。结合孔子一贯的思想宗旨及当时语境，或可作如下理解：其一，"言必信，行必果"，盖指固陋迂执，坚守小信之人，如直而证父，信而溺死，皆不达权、不知义者也。故《孟子》说："言不必信，行不必果，惟义所在。"此种理解较为常见，《里仁》篇"无适无莫"章已有论述，兹不赘。

其二，联系到夫子此言乃对子贡所讲，故还应有另一种理解："言必信，行必果"乃是指言欲人信而说、行欲有果而做的"执德不弘，信道不笃"之人，这种人言行多有功利诉求，要么遇到苦难便灰心气馁，要么为达目的便作妥协让步。如《史记·孔子世家》载孔子厄于陈蔡时，知弟子有愠心，于是召来试探，先问子路："吾道非邪？吾何为于此？"子路说："意者吾未仁邪？人之不我信也。意者吾未知邪？人之不我行也。"孔子说："有是乎！由，譬使仁者而必信，安有伯夷、叔齐？使知者而必行，安有王子比干？"言下之意，合道之言，即使别人不信，也要说；合道之事，即使没有结果，也要做。此正"知其不可而为之"也。夫子又拿同样的话问子贡。子贡则说："夫子之道至大也，故天下莫能容夫子。夫子盖少贬焉？"这是子贡一贯的"做减法"套路。孔子曰："今尔不修尔道而求为容。赐，而志不远矣！"言下之意，因为自己不能见容于天下，便要降格以求，退求其次，还是求道之志不坚定啊！由此可知，夫子所谓"抑亦可以为次"的"硁硁然"之"小人"，差不多相当于"小人儒"，如能坚定信念，守死善道，知义达权，勇猛精进，还有上升为"君子儒"的空间！

正是在这个意义上，夫子斥责当政者为"斗筲之人，何足算也"，才显得摧枯拉朽、雷霆万钧！《荀子·非十二子》中关于"诚君子"的一段话不妨再引如下：

> 君子能为可贵，不能使人必贵己；能为可信，不能使人必信己；能为可用，不能使人必用己。故君子耻不修，不耻见污；耻不信，不耻不见信；耻不能，不耻不见用。是以不诱于誉，不恐于诽，率道而行，端然正己，不为物倾侧，夫是之谓诚君子。

今按：夫子答子贡，似乎隐含着对于"士"的次第高下之认知，即安邦定国者为"上士"，孝悌忠信者为"中士"，言信行果者为"下士"。《老子》第四十一章云："上士闻道，勤而行之；中士闻道，若存若亡；下士闻道，大笑之。不笑不足以为道。"可与并参。

## 13.21 子曰："不得中行而与之，必也狂狷乎①！狂者进取，狷者有所不为也。"

**新注** ①中行：行为适中，不偏不倚。狂狷（juàn）：狂，积极进取的人；狷，洁身自好的人。

**新译** 孔子说：“如果不能与行中道的人相处，那就一定要与狂士和狷介的人相交往！狂士积极进取，狷介之人能够坚守做人的底线。”

**新识** 上章子贡问士，有一“退求其次”的思维理路，本章承之，谓中道难行，可降格以求狂狷之士而与之。“狂者进取，狷者有所不为”，盖言狂者虽过于中道，然尚能进取向上，狷者虽不及中道，然尚能洁身自好，二者各有所长，故而值得交往共事。夫子弟子中，狂者如子路、子张、曾点，狷者如闵子骞、漆雕开，皆斐然成章，不失可爱。《孟子·尽心》云：

> 万章问曰：“孔子在陈曰：‘盍归乎来！吾党之小子狂简，进取，不忘其初。’孔子在陈，何思鲁之狂士？”孟子曰：“孔子‘不得中道而与之，必也狂狷乎！狂者进取，狷者有所不为也’。孔子岂不欲中道哉？不可必得，故思其次也。”“敢问何如斯可谓狂矣？”曰：“如琴张、曾皙、牧皮者，孔子之所谓狂矣。”“何以谓之狂也？”曰：“其志嘐嘐（jiāo）然，曰，‘古之人，古之人。’夷考其行，而不掩焉者也。狂者又不可得，欲得不屑不洁之士而与之，是狷也，是又其次也。”

今按：狂、狷作为人格状态，并非固定不变，而是处于不断调适和移动之中。故狂狷不能机械地理解为过或者不及。孟子甚至提出“四圣”论，曰：“伯夷，圣之清者也；伊尹，圣之任者也；柳下惠，圣之和者也；孔子，圣之时者也。”（《孟子·万章下》）对此钱穆先生论曰：“伊尹圣之任，狂者也。伯夷圣之清，狷者也。狂狷皆得为圣人，唯不如孔子仕止久速之时中。时中，即时时不失于中行，即时而狂时而狷，能不失于中道。故狂狷非过与不及，中行非在狂狷之间。《中庸》‘贤者过之，不肖者不及’，不能移说此章之中行。”（《论语新解》）此论抉幽发微，足资解惑。

**13.22　子曰："南人有言曰：'人而无恒，不可以作巫医①。'善夫！""不恒其德，或承之羞②。"子曰："不占③而已矣。"**

**新注**　①南人：南方之人。巫医：巫师和医生。古代巫医不分，巫所以交鬼神，医所以寄死生，无恒者不可担此任。　②不恒其德，或承之羞：此《周易》恒卦九三爻辞。或，常义。承，续义。言人无恒德，常有羞辱承续其后。　③不占（zhān）：不必占卜。

**新译**　孔子说："南方之人有句话：'人要是没有恒心，便不能够做巫医。'说得好啊！《易经》上讲：'人无恒心，或许紧接着就会招致羞辱。'"孔子说："（没有恒心的人）就用不着去占卜了。"

**新识**　本章言恒德之重要。可注意者有二：

一是对"恒"及巫医的理解。"恒"指恒德恒心。夫子尝曰："善人，吾不得而见之矣，得见有恒者，斯可矣。亡而为有，虚而为盈，约而为泰，难乎有恒矣。"盖指表里不一、徒好夸饰的"为人之学"，难以守死善道，更不可能持之以恒。孟子《滕文公上》说："民之为道也，有恒产者有恒心，无恒产者无恒心。苟无恒心，放辟邪侈，无不为已。"又《梁惠王上》："无恒产而有恒心者，惟士为能。若民，则无恒产，因无恒心。"古代巫道与医道相混，虽属贱业，然巫所以交鬼神，医所以托死生，人而无恒，何足以担当此任？夫子所以欣赏此言，盖因"子之所慎斋、战、疾"三事中，两者与巫医相关。

二是对"不占而已"的理解。"不恒其德，或承之羞。"系《周易·恒卦·九三》爻辞。言人若无恒德，常有羞辱承续其后。"不占"即"不必占卜"之义。意谓若不能修身养德，占卜又有何用？《礼记·缁衣》引此章云：

> 子曰："南人有言曰：'人而无恒，不可以为卜筮。'古之遗言与？龟筮犹不能知也，而况于人乎？《诗》云：'我龟既厌，不我告犹。'《兑命》曰：'爵无及恶德民，立而正事，纯而祭祀，是为不敬。事烦则乱，事神则难。'

《易》曰：‘不恒其德，或承之羞。恒其德贞，妇人吉，夫子凶。’”

又，马王堆帛书《要》载孔子曰：“吾求其德而已，吾与史巫同涂而殊归者也。君子德行焉求福，故祭祀而寡也；仁义焉求吉，故卜筮而希也。祝巫卜筮其后乎！”

今按：夫子乃真知天命、弘人道者，故其专注于道德生命之究竟圆满及文化生命之内在超越，而对淫祀卜筮之事不以为意，此正儒学理性精神与人文价值之内在品格及无限生机之滚滚源泉。故此章可与“敬鬼神而远之”“获罪于天，无所祷也”“丘之祷久矣”诸章同参。

## 13.23 子曰：“君子和而不同①，小人同而不和。”

**新注** ①和而不同：和谐而不求同一。《集注》：“和者，无乖戾之心。同者，有阿比之意。”

**新译** 孔子说：“君子能与人和睦相处，但不求同一；小人与人强求同一，但不能和睦相处。”

**新识** 此章再论君子小人之辨。“和而不同”之思想，对于养成人格、优化制度、改善生态皆有启发意义。

先说人格养成。如同周比、骄泰、刑惠、义利等范畴一样，和同范畴亦相背反，构成君子与小人的重大差异。《集注》尹氏曰：“君子尚义，故有不同。小人尚利，安得而和？”君子主和，故能兼容不同观点，求同存异；小人尚同，故常常睚眦必报，党同伐异。故欲养成君子人格，既要能厚德载物，兼容并包，又要能自证性命，守死善道。

次说制度优化。“和而不同”之思想亦可作为政治制度的基础伦理。《左传·昭公二十年》载：“齐侯至自田，晏子侍于遄台，子犹（梁丘据）驰而造焉。公曰：‘唯据与我和夫！’晏子对曰：‘据亦同也，焉得为和？’公曰：‘和与同异乎？’对曰：‘异。和如羹焉，水、火、醯、醢、盐、梅以烹鱼肉，燀之以薪。宰夫和之，齐之以味，济其不及，以泄其过。君子食之，以平其心。君臣亦然。君所谓可而有否焉，臣献其否以成其可。君所谓否而有可焉，臣献其可以去其否。是以政平而不干，民无争心。……今据不然。君所谓可，据亦曰可；君所谓否，据亦曰否。若以水济水，谁能食之？若琴瑟之专一，谁能听之？同之不可也如是。'”晏子以烹饪为例，说明君臣事事求同并非好事，不如献可替否、取长补短更有助于国政。事实上，广开言路、尊重异见、善纳雅言、保障思想及言论自由等，一直是古今中外开明政治的基本价值认同和制度设计。马克思在《评普鲁士最近的书报检查令》一文中说：

> 你们赞美大自然令人赏心悦目的千姿百态和无穷无尽的丰富宝藏，你们并不要求玫瑰花散发出和紫罗兰一样的芳香，但你们为什么却要求世界上最丰富的东西——精神只能有一种存在形式呢？……每一滴露水在太阳的照耀下都闪现着无穷无尽的色彩。但是精神的太阳，无论它照耀着多少个体，无论它照耀什么事物，却只准产生一种色彩，就是官方的色彩！精神的最主要形式是欢乐、光明，但你们却要使阴暗成为精神的唯一合适的表现；精神只准穿着黑色的衣服，可是花丛中却没有一枝黑色的花朵。精神的实质始终就是真理本身，而你们要把什么东西变成精神的实质呢？谦逊。……天才的谦逊是要忘掉谦逊和不谦逊，使事物本身突现出来。精神的谦逊总的说来就是理性，就是按照事物的本质特征去对待各种事物的那种普遍的思想自由。

马克思的观点可以一言以蔽之，即“和而不同”。夫子说：“攻乎异端，斯害也已。”“人而不仁，疾之已甚，乱也。”皆是反对打压不同意见，哪怕是错误的意见，也当有表达之权利。法国哲学家伏尔泰说：“我不同意你的观点，但我誓死捍卫你说话的权利。”英国哲学家罗素也说：“参差百态乃是幸福之源。”亦可视为对价值多元、思想自由、和谐社会之由衷向往与赞美。

再说生态改善。中国传统文化最重中和之道，主张天人合一，故“和而不同”实乃天道自然之体现。《周易·系辞下》云：“天下同归而殊途，一致而百虑。”又《礼记·中庸》：“致中和，天地位焉，万物育焉。”“万物并育而不相害，道并行而不相悖。”换言之，天下万物，理一分殊，各有其道，尊重差异，甚至促成差异，恰恰有利于彼此更好地生长发展。《国语·郑语》载史伯说：“夫和实生物，同则不继。以他平他谓之和，故能丰长而物归之。若以同裨同尽乃弃矣。故先王以土与金、木、水、火杂，以成百物。”这种“和实生物，同则不继”的哲学思想充满了“大化流行，生生不已”的东方智慧。可以说，“和而不同”的君子人格不仅合乎人道，更合乎天道。君子为何坦荡荡，小人为何长戚戚？盖君子应天顺人，小人逆天悖理也！

今按：夫子“和而不同”之思想，与“己所不欲勿施于人”一样，同为处理人际及国际关系之“黄金法则”。君子守道，故求和，动静皆合于自然；小人逐利，故求同，言行皆悖乎天理。今有浅人以为现代社会，君子人格早已过时，甚至标榜“真小人”总胜过“伪君子”。殊不知，君子小人乃价值判断，真伪乃事实判断，“真小人”自知其恶而不讳，已不可救药；“伪君子”之“伪”，按照荀子的说法“人之性恶，其善者伪”，“伪”即人为也。如一人向往君子之道而不断努力，其未达到时即可谓之“伪君子”或者“准君子”。《大学》云：“小人闲居为不善，无所不至，见君子而后厌然，掩其不善，而著其善。”这里的小人尚自知其不善，便是良知未泯，若能洁己以进，日就月将，未必不可以臻于君子之域也。两相对比，孰优孰劣，何劳辞费？以“真小人”标榜而不知耻，正拜今人求器不求道、谋食不谋道之赐，宜乎今日社会小人大行其道、人心不古、世风日下矣！

**13.24　子贡问曰：“乡人皆好之，何如？”子曰：“未可也。”“乡人皆恶之①，何如？”子曰：“未可也。不如乡人之善者好之，其不善者恶之。”**

**新注**　①好（hào）之：喜欢他。恶（wù）之：讨厌他。

**新译**　子贡问道：“整个乡里的人都喜欢他，这个人怎么样？”孔子说："不行啊。""整个乡里的人都讨厌他，这个人怎么样？"孔子说："也不行啊。不如乡里的好人都喜欢他，不好的人都讨厌他。"

**新识** 此章言乡人之好恶，实则是对君子小人之辨及上章"和同"差异的进一步讨论。君子对待异同之见应如何判断？子贡所谓"乡人皆好"或"皆恶"，便是"小人同而不和"；夫子所谓"善者好不善者恶"，便是"君子和而不同"。夫子目光如炬，洞幽烛微，明察秋毫，发为此论，真真羞煞天下人云亦云者也！朱熹《集注》云："一乡之人宜有公论矣，然其间亦各以类自为好恶也。故善者好之而恶者不恶，则必其有苟合之行。恶者恶之而善者不好，则必其无可好之实。"夫"善者好之而恶者不恶"者，必是"乡愿"之流，"德之贼也"！

今按：此章可与"唯仁者能好人，能恶人"章同参。盖言乡人之好恶，多放于利而行，好恶大于是非，即俗语所谓"有奶就是娘"，也即夫子所谓"爱之欲其生，恶之欲其死，既欲其生，又欲其死，是为惑也"。善善恶恶，是是非非，唯君子为能也。又，此章可以见出夫子绝不相信"真理掌握在多数人手里"，对于今日甚嚣尘上之民粹主义思潮，庶几可为对治之药石也！

## 13.25 子曰："君子易事而难说也①：说之不以道，不说也；及其使人也，器之②。小人难事而易说也：说之虽不以道，说也；及其使人也，求备焉。"

**新注** ①易事而难说（yuè）：容易共事而难以取悦。说，通"悦"。②器之：量才使用。

**新译** 孔子说："君子很容易共事但是很难取悦，如果不以正道取悦他，他是不会高兴的；等到他使用人才时，又能量才使用。小人不容易共事但很容易讨好。即便不以正道讨好他，他也会很高兴；然而等他使用人才时，却往往求全责备。"

**新识** 此章论君子小人与人相处态度之不同。君子喻于义，故易事而难悦；小人喻于利，故难事而易悦。朱熹《集注》说："君子之心公而恕，小人之心私而刻。天理人欲之间，每相反而已矣。”

今按：此章可与“君子周而不比”章并参。君子之心包容而公正，故易事而难悦。小人之心自私而刻薄，故难事而易悦。俗语云“宁得罪君子，不得罪小人”，正此意也。

## 13.26 子曰：“君子泰而不骄[1]，小人骄而不泰。”

**新注** ①泰而不骄：泰，舒泰。骄，骄慢。

**新译** 孔子说：“君子安详舒泰而不骄慢，小人骄慢而不安详舒泰。”

**新识** 此亦君子小人之辨。君子无众寡，无小大，无敢慢，心胸坦荡，谦己下人，故常舒泰而不骄慢。小人私心自用，矜己傲物，外强中干，色厉内荏，患得患失，故虽得志即猖狂，却骄慢而不舒泰。君子遇到顺境，常常戒慎恐惧，居安思危，故能心安理得；小人春风得意，必定飞扬跋扈，盛气凌人，忘乎所以。朱熹《集注》称：“君子循理，故安舒而不矜肆。小人逞欲，故反是。”又，《老子》第七十二章：“圣人自知不自见，自爱不自贵。”亦可与此章相发明。

今按：古时书香门第，常常教育子女克勤克俭，勿生骄娇二气。曾国藩家书中有云：“诸弟在家，总宜教子侄守勤敬。吾在外既有权势，则家中子侄最易流于骄，流于佚。二字皆败家之道也。万望诸弟刻刻留心，勿使后辈近于此二字，至要至要！”“后辈诸儿须走路，不可坐轿骑马。……诸女莫太懒，宜学烧茶煮菜。”“余家后辈子弟，全未见过艰苦模样，眼孔大，口气大，呼奴喝婢，骄傲之气入于膏肓而不自觉，吾深以为虑。”如曾文正公，真可谓修身、齐家、治国、平天下者也！

## 13.27 子曰：“刚、毅、木、讷[1]，近仁。”

**新注** ①木：质朴。讷：言语因谨慎而迟钝。

**新译** 孔子说：“刚强、果敢、质朴、言语慎迟，这四种品质近于仁。”

**新识** 此章为仁者写照，言简意赅，掷地有声，故而脍炙人口。刚毅言其内在品质，木讷言其外在气象。《集注》程子曰："木者，质朴。讷者，迟钝。四者，质之近乎仁者也。"杨氏曰："刚毅则不屈于物欲，木讷则不至于外驰，故近仁。"

今按：此可与"巧言令色鲜矣仁"相照应。刚毅者绝不有令色，木讷者绝不有巧言。不过，夫子说"刚毅木讷"只是"近仁"，终究非即"是仁"。若说巧言令色属"过"，则刚毅木讷便是"不及"。盖仁者必兼智勇，故夫子说："有德者必有言，有言者不必有德。仁者必有勇，勇者不必有仁。"夫子虽主张中道，追求无过无不及，但亦深知人性有偏，过与不及皆难免。然同是一偏，夫子似宁可不及，不愿有过。其尝曰："礼，与其奢也，宁俭；丧，与其易也，宁戚。""奢则不孙，俭则固；与其不孙也，宁固。"由此可知，巧言令色诚然有过，刚毅木讷亦确有未及处。唯夫子选择，宁不及而绝不过也。此章所言，必是夫子有所为而发，"近仁"云云，盖其教诲弟子、勉其精进之方便法门也。

## 13.28 子路问曰："何如斯可谓之士矣？"子曰："切切、偲偲、怡怡如也[①]，可谓士矣。朋友切切、偲偲，兄弟怡怡。"

**新注** ①切切、偲偲（sī）：切切，恳到也。偲偲，详勉也。怡怡如：和悦亲热貌。

**新译** 子路问："怎样才称得上是一个士呢？"孔子说："能够相互切磋勉励，和悦亲热地相处，便可以称得上士了。朋友之间要相互切磋勉励，兄弟之间应该和悦亲热。"

**新识** 本章子路亦问"士"，夫子答以兄弟、朋友相交之道，盖欲养其心性，敛其习气。按照儒家伦理，兄弟、朋友二伦，同中有异，各有其道。兄弟主悌，有"友于"之情，朋友主信，有兄弟之谊，所谓"兄友弟恭""四海之内皆兄弟"也。大抵兄弟为同胞，相与当亲热和悦，不宜苛刻求备；朋友为同道，交往当恪尽款诚，不宜狎昵失礼。《集注》

引胡氏曰："切切，恳到也。偲偲，详勉也。怡怡，和悦也。皆子路所不足，故告之。又恐其混于所施，则兄弟有贼恩之祸，朋友有善柔之损，故又别而言之。"

今按：《孔子家语·六本》孔子云："良药苦口利于病，忠言逆耳利于行。汤武以谔谔而昌，桀纣以唯唯而亡。君无争臣，父无争子，兄无争弟，士无争友，无其过者，未之有也。故曰：君失之，臣得之。父失之，子得之。兄失之，弟得之。己失之，友得之。是以国无危亡之兆，家无悖乱之恶，父子兄弟无失，而交友无绝也。"此论君臣、父子、兄弟、朋友四伦，皆有切磋砥砺、劝勉匡正之责，盖儒学之义理本诸生命及生活，故能圆融自洽，左右逢源。

## 13.29　子曰："善人教民七年，亦可以即戎①矣。"

**新注**　①即戎：上战场。即，就也；戎，兵也。一说，即戎即节戎，今不取。

**新译**　孔子说："善人在位教化百姓七年，也就可以让他们去打仗了。"

**新识**　前面说"善人为邦百年，亦可以胜残去杀矣"，本章又说"善人教民七年，亦可以即戎矣"，二章主语相同，语气相似，意思相反而相成，故可以触类而旁通。夫子一向慎战，甚至反战。《卫灵公》篇载："卫灵公问陈于孔子。孔子对曰：'俎豆之事，则尝闻之矣；军旅之事，未之学也。'明日遂行。"又，《左传·哀公十一年》："孔文子之将攻大叔也，访于仲尼。仲尼曰：'胡簋之事，则尝学之矣；甲兵之事，未之闻也。'退，命驾而行，曰：'鸟则择木，木岂能择鸟？'文子遽止之，曰：'圉岂敢度其私，访卫国之难也。'将止，鲁人以币召之，乃归。"说明夫子两度离开卫国，皆因卫君及大夫问及战阵之事。

然则夫子是否真的不懂军事呢？非也。《孔子家语·正论解》载鲁哀公十一年（前484），齐师伐鲁，季康子派冉求率军抵御，大获全胜：

> 既战，季孙谓冉有曰："子之于战，学之乎？性达之

乎？”对曰：“学之。”季孙曰：“从事孔子，恶乎学？”冉有曰：“即学之孔子也。夫孔子者，大圣，无不该，文武并用兼通。求也适闻其战法，犹未之详也。”

由此可知，夫子不仅深通兵道，且与弟子有过传授。故本章夫子说“善人教民七年，亦可以即戎矣”，同子贡问政，夫子告以“足兵”，均为经验之谈。然则以何教民呢？朱熹《集注》说：“教之孝悌忠信之行，务农讲武之法。……民知亲其上，死其长，故可以即戎。”为何又是七年？程子曰：“七年云者，圣人度其时可矣。如云期月、三年、百年、一世、大国五年、小国七年之类，皆当思其作为如何乃有益。”

今按：一说：“即”为“節”之通假，“节戎”指节制战争（李竞恒《论语新劄》），义虽可通，然与下章“以不教民战”乃相抵牾，故不从。

## 13.30 子曰：“以不教民①战，是谓弃之。”

**新注** ①不教民：不教之民。古贤施政，教民以孝悌忠信之行，务农讲武之法。

**新译** 孔子说：“用没有受过教育训练的百姓去作战，这简直是抛弃他们。”

**新识** 上章言教民即戎之效，此章言不教民即戎之弊。朱熹《集注》称：“言用不教之民以战，必有败亡之祸，是弃其民也。”此说“弃”字吃紧，盖战争杀伐，你死我活，分外残酷，未经训练之庶民，不习战事，好生畏死，荣誉感及团队精神难以形成，仓促应战，不仅不能勇敢杀敌，反而可能临阵怯场，四散逃命，伤亡因而会更加惨重。

今按：如何教民？窃谓第一须使有耻，即孝悌忠信、礼义廉耻，所谓“知耻近乎勇”“仁者必有勇”也。第二须使有勇，俗语说“两军相遇勇者胜”，无勇之师，必败无疑，以必败之师仓促上阵，不是抛弃他们是什么？此又夫子慎战爱民之义也。

# 宪问第十四

**14.1 宪问耻。子曰："邦有道，穀①；邦无道，穀，耻也。""克、伐、怨、欲不行焉②，可以为仁矣？"子曰："可以为难矣，仁则吾不知也。"**

**新注** ①宪：原宪，字子思，孔子弟子。穀：俸禄。 ②克、伐、怨、欲：克，好胜；伐，自夸；怨，怨恨；欲，贪心。不行焉：行不通。

**新译** 原宪问什么是羞耻。孔子说："国家政治清明，当出仕食禄；国家政治黑暗，也出仕食禄，这就是羞耻。"原宪又问："好胜、自夸、怨恨、贪心这四种毛病都没有的人，可以称为仁了吧？"孔子说："可以称得上难得了。至于仁嘛，我就不知道了。"

**新识** 本章原宪问耻，亦可谓"大哉问"。《论语》中，孔子多次言耻："道之以政，齐之以刑，民免而无耻。道之以德，齐之以礼，有耻且格。""士志于道而耻恶衣恶食者，未足与议也。""衣敝缊袍，与衣狐貉者立，而不耻者，其由也与？""邦有道，贫且贱焉，耻也。邦无道，富且贵焉，耻也。"孟子也说："无耻之耻，耻也。"可见"耻感"之培养乃儒家修身之始基，养成君子之第一步。然弟子中问仁、问政、问君子者甚夥，问耻者仅原宪一人，即此一点，便可谓之难矣。原宪家贫，故孔子为司寇时，以之为宰，且与之粟九百，意欲接济之，而宪竟不受，足见其人“耻感”之强。又据《史记·仲尼弟子列传》载：

孔子卒，原宪遂亡在草泽中。子贡相卫，而结驷连骑，排藜藿入穷阎，过谢原宪。宪摄敝衣冠见子贡。子贡耻之，曰：“夫子岂病乎?”原宪曰：“吾闻之，无财者谓之贫，学道而不能行者谓之病。若宪，贫也，非病也。”子贡惭，不怿而去，终身耻其言之过也。

此故事亦关乎“耻”。子贡以原宪贫穷为耻，以病嘲之，原宪却将“贫”“病”细加区分，“学道而不能行者谓之病”一句，何其沉着痛快、光明磊落！子贡本富而好礼之人，因一时失言而终身耻之。盖夫子殁后，子贡于七十子中允称元老，是孔门举足轻重之人物，背离夫子教诲，竟以恶衣恶食为耻，岂不羞煞人也！

此则故事实与本章有内在联系。夫子曰：“邦有道，穀；邦无道，穀，耻也。”言下之意，君子谋道不谋食，邦有道，出仕食禄乃为行道，可以理解；若邦无道，仍致力于俸禄财利，便是可耻之事。原宪谨遵师训，终身不慕荣利，安贫乐道。在原宪身上，体现了一种“苦行僧”式的修道精神，这种鄙薄富贵名利的思想使儒家保留了一脉可与道家接壤与对话的活水。然而，在道家思想备受推崇的魏晋时期，颜回、原宪之类的道德楷模开始受到欲求“身名俱泰”之名士的大胆质疑。据《世说新语·汰侈》载：

石崇每与王敦入学戏，见颜（回）、原（宪）象而叹曰：“若与同升孔堂，去人何必有间！”王曰：“不知余人云何，子贡去卿差近。”石正色云：“士当令身名俱泰，何至以瓮牖语人！”（刘孝标注：“原宪以瓮为户牖。”）

石崇是西晋首富，富可敌国，王敦比之子贡，含讽刺之意，说明在时人心目中，颜回、原宪显然高于子贡（究其原因，当与上引《史记》所载那则故事有关）。而石崇却毫不难堪，并引子贡为同调，认为“身名俱泰”正是自己的追求，原宪那般穷苦潦倒之人何足挂齿？这是原宪和子贡接受史上一个新变化和新现象。

本章原宪接着又问："克、伐、怨、欲不行焉，可以为仁矣？"由问耻转而问仁，实则颇有"克己复礼"之意味。孔子的回答又涉及"仁"与"难"之关系。樊迟问仁，孔子说："仁者先难而后获"；司马牛问仁，孔子曰："仁者其言也讱，……为之难，言之得无讱乎？"本章夫子又说："可以为难矣，仁则吾不知也。"说明，"难"是"仁"的重要前提和必要条件，不经历"难"则无以至"仁"。《集注》程子曰："人而无克、伐、怨、欲，惟仁者能之。有之而能制其情使不行，斯亦难能也。谓之仁则未也。此圣人开示之深，惜乎宪之不能再问也。"

今按：原宪所谓"克、伐、怨、欲不行焉"，如佛家之戒"贪嗔痴"三毒，亦孔门心学之纲目，君子修身之工夫也。

## 14.2 子曰："士而怀居①，不足以为士矣！"

**新注** ①怀居：贪图居室之安。

**新译** 孔子说："一个士人，如果贪图安逸的生活，就不配做一个士人了。"

**新识** 怀居，与食求饱、居求安、怀土、怀惠、耻恶衣恶食等相类，皆为私欲财利所蔽，而无心于求道行道，故不足以为士。不仅不足为士，若不能防微杜渐，甚至会堕入"喻于利""放于利而行""见利忘义"的小人之域。

还须注意：这里的"士"乃"志于道"而非"至于榖"之士君子，非一般平民。否则应是"民而怀居，不可以为民"。故孔子并非要剥夺一般民众追求财富的正当权利，而是要求在上位之士大夫和志于道之君子，应当淡泊荣利、敬业勤政、廉洁自律、慎独克己。因为士君子凭借权力优势和智力优势，最易获得富贵财利，若这样一批社会金字塔尖上的人物，成为一个利欲熏心、贪得无厌的"既得利益者"群体，则民众的基本财产便会被盘剥，正当权利便会被侵犯，礼仪之邦便会堕落为与民争利、弱肉强食的禽兽之国！夫子对于"士"的要求，实际上也是对执政者的要求。

今按:“怀居”便是“欲”,故此章可与上章“克伐怨欲”并参。

## 14.3　子曰:“邦有道,危言危行;邦无道,危行言孙①。”

**新注**　①危言危行:危,正也。言行正直。言孙:孙,通“逊”,顺也。

**新译**　孔子说:“国家政治清明,应该正言直行;国家政治黑暗,行为当正直,言语须逊顺。”

**新识**　此章言君子自处之道。君子处世,用行舍藏,既能共学适道,又能与立与权。邦有道,言路广开,民智提升,君子须循道而行,正言正行以为天下楷则。邦无道,言路闭塞,民智蒙昧,动辄得咎,君子不必以高行高论以矜傲于当世,而当正行言逊。“言逊”二字最为吃紧。言逊并非贪生畏死,而是审时度势,韬光养晦,不做无谓之牺牲。若邦有道能“不废”,邦无道却不能“免于刑戮”,虽可谓有勇,却不可谓有智,甚至有父兄在,闻斯行之者,更属不仁不孝矣。

今按:此章所论,涉及权智与时中,盖夫子不赞成匹夫之勇,亦不赞成灭性之直,能守经达权、无适无莫、智仁勇兼备者,方为真君子。汉末两次党锢之祸,清议名士品核公卿,裁量执政,蹈死赴义,死而无悔者甚多,唯郭林宗不为“危言核论”,虽为太学生领袖,而竟得以全身远祸。或以为其乃老庄信徒,养性全真,终成其道,窃以为不然。郭林宗正贯彻夫子“邦无道危行言孙”之训,明哲保身,故能苟全性命于乱世也。

## 14.4　子曰:“有德者必有言,有言者不必有德;仁者必有勇,勇者不必有仁。”

**新译**　孔子说:“有道德的人一定有嘉言,有嘉言的人不一定有道德;仁者一定勇敢,勇敢的人却不一定是仁者。”

**新识** 此言德言、仁勇之关系。德不以言见，仁不以勇见。德在内，言在外，有德者不贵有言而自有之，如闵子骞，“夫人不言，言必有中”。此言乃善言、嘉言，而非巧言。夫子所谓“巧言令色鲜矣仁”“巧言乱德”也。当然也有无德有善言者，如曾子谓“人之将死，其言也善”。故夫子说：“君子不以言举人，不以人废言。”至于仁勇之辨，亦相类似。仁在内，勇在外，仁者不贵勇而自有之。如伯夷叔齐不食周粟，饿死首阳；夫子畏于匡、困于陈蔡，而能弦歌不辍，皆可谓“仁者必有勇”也。

今按：“为人之学”常贵言尚勇，“为己之学”常贵德尚仁。若徒务有言，岂必有德？徒务有勇，岂必能仁哉？

## 14.5 南宫适①问于孔子曰：“羿善射，奡荡舟②，俱不得其死然；禹、稷躬稼③，而有天下。”夫子不答，南宫适出。子曰：“君子哉若人！尚德哉若人！”

**新注** ①南宫适（kuò）：即南容。《公冶长篇》已见。 ②羿（yì）善射：羿，有穷之君，善射，灭夏后相而篡其位。其臣寒浞又杀羿而代之。奡（ào）荡舟：寒浞之子奡，《春秋传》作“浇”，力能陆地行舟，后为夏后少康所诛。 ③禹、稷躬稼：大禹治水有功，受舜禅而有天下。后稷，周之先祖，教民播种，身亲稼穑之事，至周武王而有天下。

**新译** 南宫适问孔子说：“后羿擅长射箭，奡擅长荡舟水战，然而都不得善终。大禹和后稷亲自下地耕田，却都得到了天下。”孔子没有回答。南宫适出去后，孔子说：“此人真是个君子啊！此人真是崇尚德行啊！”

**新识** 上章言“勇者不必有仁”，此章便举羿善射、奡荡舟之例，《论语》编者心思缜密有如此。南容尝“三复白圭”，孔子赞其“邦有道不废，邦无道免于刑戮”，故以其兄之子妻之。本章南容乃举反正二例四人，好勇斗狠者不得好死，力田躬稼者天下归仁，非知命者不可道，实已具备看透天下之慧眼卓识，故夫子赞其为尚德君子。由此可见，勇力不足凭恃，仁德泽被天下，实儒家最基本之义理精神。或以为夫子所以不答，盖因南容以禹、稷比孔子，孔子不便即答。窃谓南容之言事理俱显，夫子沐浴其中而未及赞美也。

## 14.6　子曰："君子而不仁者有矣夫，未有小人而仁者也。"

**新译**　孔子说："君子偶尔不仁的情况是有的，但从来没有小人而心怀仁德的。"

**新识**　本章论仁，亦君子小人之辨。君子小人非就位言，乃就德言。《集注》谢氏曰："君子志于仁矣，然毫忽之间，心不在焉，则未免为不仁也。"子曰："回也，其心三月不违仁，其余则日月至焉而已矣。"孔门诸弟子，未尝不算君子，然被夫子许仁者仅颜回一人，又令尹子文之忠，陈文子之清，犹不得为仁，足见君子虽以仁德自任，亦不免有不仁也。而小人则不然，《周易·系辞传》："小人，以小善为无益而弗为也，以小恶为无伤而弗去也，故恶积而不可掩，罪大而不可解。"由此可知，小人或有小爱亲情，却少有大爱仁德也。

## 14.7　子曰："爱之，能勿劳乎？忠焉，能勿诲乎①？"

**新注**　①劳：使辛劳。诲：教诲，规劝。

**新译**　孔子说："爱护他，能够不勉励他辛劳吗？忠于他，能够不规劝他奋进吗？"

**新识**　本章似涉及人我关系之两伦：爱之使劳，当系亲子一伦。为人父母，爱子心切，不欲使劳、必欲使逸者多矣。然善为父母者，当时时处处虑及孩子未来，使其勤学服劳，博文约礼，不可怠惰，期其有朝一日能独立支持，顶天立地也。忠之当诲，则更宽泛，君臣、师友皆适用。事君事友，虽不必数数烦琐，然忠告善道，勿欺而犯，则尽忠之要义，关键时刻，甚至事君可见危授命、事友则分道绝交亦在所不惜。故《集注》苏氏曰："爱而勿劳，禽犊之爱也；忠而勿诲，妇寺之忠也。爱而知劳之，则其为爱也深矣；忠而知诲之，则其为忠也大矣。"

今按：有联语云："天地生人，有一人必有一人之业；人生在世，活一日当尽一日之勤。"爱劳忠诲，要在以道义诚笃为准的，以匡正劝善为旨归，苟能如此，则一时龃龉或反目，亦有所不避也。

## 14.8 子曰："为命①：裨谌草创之②，世叔讨论之③，行人子羽修饰之④，东里子产润色之⑤。"

**新注** ①为命：指发布外交辞令，类如今日之公报。 ②裨谌（bì chén）：郑国大夫，姓裨名谌，善谋划。草创：起草原创。 ③世叔讨论之：世叔，游吉，《春秋传》作子太叔，有文采。讨，寻究。论，讲论。 ④行人：掌使之官，相当于外交官。子羽：即郑国大夫公孙挥，字子羽，善外交辞令。 ⑤东里子产润色之：子产是郑国贤相，名公孙侨，因居东里（今郑州），故称。

**新译** 孔子说："郑国在制定外交辞令时，先由裨谌起草初稿，再让世叔对内容加以研讨，接着再让外交官子羽负责修订，最后，则交由东里子产在文辞上加以润色。"

**新识** 本章言郑国多贤，而子产知人善任。《左传·襄公三十一年》载：

> 子产之从政也，择能而使之。冯简子能断大事，子大叔美秀而文，公孙挥能知四国之为，而辨于其大夫之族姓、班位、贵贱、能否，而又善为辞令。裨谌能谋，谋于野则获，谋于邑则否。郑国将有诸侯之事，子产乃问四国之为于子羽，且使多为辞令；与裨谌乘以适野，使谋可否；而告冯简子使断之。事成，乃授子大叔使行之，以应对宾客，是以鲜有败事。北宫文子所谓有礼也。

今按：此章又可见当时辞命公文之创作细节，犹今之所谓"团队合作"也。今人杨义以为，此章可以作为《论语》编纂过程及具体操作细节的"内证"："孔子在这里谈论他所尊敬的郑国贤臣子产如何制作文件，提出了组成一个有智慧的小组，分头草创、讨论、修饰、润色的编纂模式。孔子确定模式，弟子记录模式，《论语》编撰模式以及得名就是遵循夫子遗训，从而也就使得经讨论而裁定取舍，成为编纂过程的关键环节。《论语》也就是经过'论'的一种《语》。"（《论语还原》）以此推测《论语》的编纂过程，虽不中，亦不远矣。

## 14.9 或问子产。子曰："惠人①也。"问子西。曰："彼哉②！彼哉！"问管仲。曰："人也！夺伯氏骈邑三百，饭疏食，没齿无怨言③。"

**新注** ①惠人：对百姓有恩惠的人。 ②子西：楚国令尹公子申。彼哉：那人嘛。不愿评论之义。 ③人也：犹言仁人也。夺伯氏骈（pián）邑三百：伯氏，齐国大夫。骈邑，是其采地，在今山东临朐。有税户三百家。没（mò）齿：犹言终身。

**新译** 有人问起子产，孔子说："是惠及百姓的人。"问起子西，孔子说："就他呀，就他呀！"又问起管仲，孔子说："算是仁人了！伯氏被他剥夺了三百户人家的封地骈邑，落到只能吃粗粮的地步，然而终身对管仲都没有任何怨言。"

**新识** 本章承上章品藻人物，再评子产、子西、管仲三人。夫子极重子产，多次以"惠"称之。如《公冶长》篇子曰："有君子之道四焉：其行己也恭，其事上也敬，其养民也惠，其使民也义。"《孔子家语·辩政》载孔子说："夫子产于民为惠主，于学为博物。"又说自己对子产、晏子皆"兄事之"。故子产卒，仲尼闻之出涕，曰："古之遗爱也。"

子西乃楚国令尹子申，楚平王之弟，平王死，太子珍年幼，大臣欲立子西，子西不可，坚持立太子珍，是为楚昭王。子西与孔子系同时人，且曾阻止楚昭王重用孔子。《史记·孔子世家》载：

> 昭王将以书社地七百里封孔子。楚令尹子西曰："王之使使诸侯有如子贡者乎？"曰："无有。""王之辅相有如颜回者乎？"曰："无有。""王之将率有如子路者乎？"曰：

“无有。”“王之官尹有如宰予者乎?”曰:“无有。”“且楚之祖封于周,号为子男五十里。今孔丘述三五之法,明周召之业,王若用之,则楚安得世世堂堂方数千里乎?夫文王在丰,武王在镐,百里之君卒王天下。今孔丘得据土壤,贤弟子为佐,非楚之福也。”昭王乃止。

子西其人,出于楚国利益而沮孔子,与晏婴之拒孔子极相似,但正如朱熹所说,楚王称王,乃僭越之举,子西“不能革其僭王之号。昭王欲用孔子,又沮止之。其后卒召白公以致祸乱,则其为人可知矣”。故对于子西,孔子为避嫌疑,不便也不屑多言。

相较而言,夫子对管仲似更推崇(“人也”即“仁也”),竟以仁者许管仲,且以伯氏为例以明之。盖管仲虽夺伯氏骈邑三百,乃秉公执法,非有私人恩怨,故不失为仁也。

今按:本章实有惠、仁之辨义,实即子产、管仲之别。《孔子家语·正论解》载:

子游问于孔子曰:“夫子之极言子产之惠也,可得闻乎?”孔子曰:“惠在爱民而已矣。”子游曰:“爱民谓之德教,何翅施惠哉?”孔子曰:“夫子产者,犹众人之母也,能食之,弗能教也。”子游曰:“其事可言乎?”孔子曰:“子产以所乘之舆济冬涉者,是爱无教也。”

观此可知,子产然其施政,“能食之,弗能教也”,犹虽富之而未能教之,故孔子称其为“君子”“惠人”,而尚未及“仁”。不过,在《左传·襄公三十一年》里,子产不毁乡校一事,孔子听闻后,不由赞道:“以是观之,人谓子产不仁,吾不信也。”说明由“惠”及“仁”,只有一步之遥!至于管仲之仁,本章并非佳例,待后文再论之。

## 14.10 子曰:“贫而无怨难,富而无骄易。”

**新译** 孔子说:“贫穷却没有怨恨很难;富贵而不骄慢却容易。”

**新识** 此章非泛论贫富之别,而是讨论人生境界、学问层次,可与《学而篇》“贫而无谄，富而无骄”章相参。“贫而无谄”易，“贫而无怨”难，“贫而乐”尤其难，盖“无谄”未必“无怨”，“无怨”未必能“乐”，是知安贫乐道、君子固穷，绝非易事。反之，“富而无骄”则相对容易，因钱财乃身外之物，学养越高，越不至于以富凌人、以贵傲物。钱穆先生说：“能安于贫，斯无怨。不恃其富，斯无骄。颜渊处贫，子贡居富。使颜渊处子贡之富则易，使子贡居颜渊之贫则难。”

**14.11　子曰：“孟公绰为赵、魏老则优①，不可以为滕、薛大夫②。”**

**新注**　①孟公绰（chuò）：鲁国大夫，为孔子所尊重。为赵、魏老则优：赵、魏皆是晋国重卿。老，家臣之长。优，绰绰有余。　②滕、薛大夫：滕、薛皆是小国，而大夫之政事繁琐，责任重大，以孟公绰之为人与才干，很难胜任。

**新译**　孔子说：“孟公绰如果做晋国赵氏、魏氏的家臣，绰绰有余，但他做不了滕、薛这样小国的大夫。”

**新识**　朱熹《集注》称：“大家势重，而无诸侯之事；家老望尊，而无官守之责。……大夫，任国政者。滕、薛国小政繁，大夫位高责重。然则公绰盖廉静寡欲，而短于才者也。”

今按：此章既是评孟公绰之才能所任，又可见家臣之职与大夫之任有轻重大小之不同。夫子发为此论，可谓知人矣！

**14.12　子路问成人①。子曰：“若臧武仲之知②，公绰之不欲，卞庄子之勇，冉求之艺，文之以礼乐③，亦可以为成人矣。”曰：“今之成人者何必然④？见利思义，见危授命⑤，久要不忘平生之言⑥，亦可以为成人矣。”**

**新注**　①成人：全人。人格完备之人。　②臧武仲之知（zhì）：臧武仲，即鲁国大夫臧孙纥，有智慧。臧武仲因为得罪鲁国的三家，逃到齐国避祸，齐庄公拟赠田给武仲，武仲见齐庄公所为，预料其将败，不愿受田，以免后患，因此在谈话中故意激怒庄公，使其作罢，后果应验，人称其智。 ③公绰之不欲：孟公绰不贪。卞庄子之勇：鲁卞邑大夫，以勇敢著称。冉求之艺：冉求多才多艺。文之以礼乐：以礼乐作为文饰。文，修饰。 ④何必然：为何一定要这样呢？然，这样。 ⑤见危授命：遇到危难，宁肯付出生命也不逃避责任。 ⑥久要（yāo）不忘平生之言：久要，隔了很久的约定。要，同“约”。平生之言，平日所说过的话。意谓平日和人有诺言，隔久能不忘。

**新译** 子路问怎样才算人格完备之成人。孔子说：“像臧武仲那样有智慧，像孟公绰那样廉洁寡欲，像卞庄子那样勇敢，像冉有那样多才多艺，再用礼乐加以修饰，这样也就可以称得上成人了。”又说：“不过如今的成人，何必一定要这样？能够见利不忘义，遇到危难能够献出生命，隔了很久仍不忘平日和人许下的诺言，这样也可以算是成人了。”

**新识** 本章论成人之难。盖成人既可理解为道大德全之圣人，又可视作兼备众长、人格完备之全人。子路问成人，盖有躐等之嫌。故夫子先告之以智、廉、勇、艺四种材质，必须以礼乐作为修饰，如此质文相得益彰，始可谓之“成人”；又告之以“今之成人”，只要能做到“见利思义，见危授命，久要不忘平生之言”则可矣。前言盖以高标诱其上达，后者则以义、勇、信三者为始基，勉其精进也。后一节所言，看似降格言之，实则正当以此为下手工夫，始可一步步走上立德成人之路。所谓“登高必自卑，行远必自迩”也。

今按：此章可明孔子之教育精神，实立人、达人、成人、爱人之教育也。子路身兼义、勇、忠、信、廉之德，唯才艺礼乐或不足耳，然其一生黾勉求之，后遭孔悝之难，结缨而死，亦可谓“见危授命”且“文之以礼乐”矣。

14.13 **子问公叔文子于公明贾[1]曰：“信乎夫子不言、不笑、不取乎？”公明贾对曰：“以告者过[2]也。夫子时然后言，人不厌其言；乐然后笑，人不厌其笑；义然后取[3]，人不厌其取。”子曰：“其然，岂其然乎？”**

**新注** ①公叔文子：卫国大夫公孙拔，一作公孙发。文，谥号。公明贾：卫人，复姓公明，名贾。 ②过：过分。言过其实。 ③时然后言：适时而后言。义然后取：合乎道义然后再取。

**新译** 孔子向公明贾问起公叔文子：“是真的吗？公叔文子先生不说、不笑、不取财物吗？”公明贾答道：“这么讲的人言过其实了。先生是在该说话的时候才说话，人们就不会厌恶他的话；在真正高兴时才笑，人们就不会厌恶他的笑；合于道义的财物才会取，人们就不会厌恶他的取。”孔子说：“是这样吗？难道真是这样吗？”

**新识** 公叔文子，卫国贤大夫。《礼记·檀弓下》载：

> 公叔文子卒，其子戍请谥于君，曰：“日月有时，将葬矣，请所以易其名者。”君曰：“昔者卫国凶饥，夫子为粥与国之饿者，是不亦惠乎！昔者卫国有难，夫子以其死卫寡人，不亦贞乎！夫子听卫国之政，修其班制，以与四邻交，卫国之社稷不辱，不亦文乎！故谓夫子贞惠文子。”

又《左传·襄公二十九年》：“（吴公子札）适卫，说蘧瑗、史狗、史鳝、公子荆、公叔发、公子朝，曰：‘卫多君子，未有患也。’”此皆可见公叔文子之贤也。

孔子去鲁入卫，必有慕贤亲仁之心，又听闻公叔文子不言、不笑、不取，故问于公明贾。而公明贾所言，妙不可言，大有“圣之时者”之意，然其矫枉过正，转比传言更过矣，故孔子半信半疑。朱熹《集注》说：“事适其可，则人不厌，而不觉其有是矣。是以称之或过，而以为不言、不笑、不取也。然此言也，非礼义充溢于中，得时措之宜者不能。文子虽贤，疑未及此，但君子与人为善，不欲正言其非也。故曰

'其然岂其然乎'，盖疑之也。"

今按：本篇下文有蘧伯玉之使者道其"欲寡其过而未能也"，两相比较，公明贾所言骄矜，蘧伯玉使者所言谦退，由言者之优劣，可观被言者之高下也。

## 14.14 子曰："臧武仲以防求为后于鲁①，虽曰不要君②，吾不信也。"

**新注** ①臧武仲：鲁国大夫。武其谥号。以防求为后于鲁：凭据防城要挟鲁君为他立下继承人。防，是臧武仲的封邑。鲁襄公二十三年（前550），武仲为孟氏所谮，构成罪过，出奔到邾，后又从邾回到防邑，派其异母兄送礼给鲁君，求鲁君姑念其祖先功勋，为臧氏立后，以守其先人之祀。鲁君便立其异母兄臧为。武仲把防邑交给臧为之后，便奔到齐国。详见《左传·襄公二十三年》。 ②要（yāo）君：要挟国君。臧武仲厚礼卑辞请求立后，其迹似非要挟国君，然而他先占据封地防城，然后再请立后，实为要挟。因为若国君不答应，便可能据邑叛乱。

**新译** 孔子说："臧武仲凭据防城，要求鲁君封立自己的子弟，虽然嘴上说不敢要挟国君，我才不相信呢。"

**新识** 本章评臧武仲。臧孙仲，史纥。鲁国大夫。短小多智，号称圣人。朱熹《集注》曰："武仲得罪奔邾，自邾如防，使请立后而避邑。以示若不得请，则将据邑以叛，是要君也。"

今按：《左传·襄公二十三年》："臧孙如防，使来告曰：'纥非能害也，知不足也。非敢私请。苟守先祀，无废二勋，敢不辟邑？'乃立臧为。臧纥致防而奔齐。"臧武仲请立后之辞虽甚卑逊，然孔子认为，其得罪出奔，不应据邑以请立后，这便是彻头彻尾的要挟。盖其人好智不好学之过也。

## 14.15 子曰："晋文公谲而不正①，齐桓公②正而不谲。"

**新注** ①晋文公：名重耳，春秋五霸之一。谲（jué）而不正：谲，狡诈。正，正义。 ②齐桓公：名小白，春秋五霸之一。

**新译** 孔子说："晋文公狡诈而不正义，齐桓公正义而不狡诈。"

**新识** 此章论齐桓、晋文之优劣。朱熹《集注》云："二公皆诸侯盟主，攘夷狄以尊周室者也。虽其以力假仁，心皆不正，然桓公伐楚，仗义执言，不由诡道，犹为彼善于此。文公则伐卫以致楚，而阴谋以取胜，其谲甚矣。"

今按：二公虽皆行霸道，然齐桓公九合诸侯不以兵车，足见霸业之正；晋文公则诡谲多诈，虽继之而霸，则与正道不合。夫子独持正见，故有此异同抑扬之论也。

## 14.16 子路曰："桓公杀公子纠①，召忽死之②，管仲不死。曰：未仁乎？"子曰："桓公九合诸侯，不以兵车③，管仲之力也。如其仁④！如其仁！"

**新注** ①公子纠：齐国公子，与公子小白同为齐襄公异母弟。襄公无道，公子纠逃亡鲁国，由管仲、召忽辅佐。公子小白则在鲍叔牙的辅佐下逃往莒国。后齐襄公在内乱中被杀，公子纠和小白回国争夺君位，公子纠派管仲阻截小白，并射中小白的衣带钩。小白佯死脱身，暗中急速回国即位，是为齐桓公。齐桓公使鲁国杀公子纠，交出召忽、管仲。召忽乃为公子纠自杀殉节，管仲不仅没有自杀，反在鲍叔牙的举荐下，做了齐桓公的宰相。 ②召（shào）忽死之：指召忽为公子纠而死。 ③九合诸侯：齐桓公曾经十一次纠合诸侯。九，泛指多。不以兵车：不用武力。 ④如其仁：如，乃。这就是管仲的仁德。

**新译** 子路说："齐桓公杀掉他的兄弟公子纠，召忽为公子纠自杀殉节，而管仲却没有死，可以说管仲不仁吧？"孔子说："齐桓公多次主持诸侯间的会盟，而不凭借武力，靠的正是管仲的力量。这就是他的仁德！这就是他的仁德！”

**新识** 此章论管仲之仁，亦承上章齐桓之正而来。更为详细的记载见于《孔子家语·致思》：

> 子路问于孔子曰：“管仲之为人何如？”子曰：“仁也。”子路曰：“昔管仲说襄公，公不受，是不辩也；欲立公子纠而不能，是不智也；家残于齐，而无忧色，是不慈也；桎梏而居槛车，无惭心，是无丑也；事所射之君，是不贞也；召忽死之，管仲不死，是不忠也。仁人之道，固若是乎？”孔子曰：“管仲说襄公，襄公不受，公之暗也；欲立子纠而不能，不遇时也；家残于齐而无忧色，是知权命也；桎梏而无惭心，自裁审也；事所射之君，通于变也；不死子纠，量轻重也。夫子纠未成君，管仲未成臣，管仲才度义，管仲不死束缚，而立功名，未可非也。召忽虽死，过与取仁，未足多也。”

《说苑·善说》篇亦载此事，文有异同。朱熹《集注》称：“不以兵车，言不假威力也。如其仁，言谁如其仁者，又再言以深许之。盖管仲虽未得为仁人，而其利泽及人，则有仁之功矣。”

子路好勇，善治兵赋，又有忠肝义胆，属于“见危授命”之人，故夫子答其所疑，关键在于两点：其一，管仲辅佐桓公九合诸侯，一匡天下，不以兵车，可谓“智者利仁”之事，其人虽器小而不知礼，然不妨其功业广大，使天下人受益。其二，仁者必兼有智勇，绝不限于小信小义，管仲不死公子纠，亦是合乎大义、明乎权变之举。

今按：夫子显然不赞成为臣者无条件地忠君殉主，如《孟子·梁惠王上》引夫子曰：“始作俑者，其无后乎？”作俑殉葬夫子尚且反对，何况以身殉主？但孔子也说过“见危授命”，那是遇到国家危难之际，士君子当挺身而出，殒身不恤，此亦合乎义智权道。这比子夏的“事君能致其身”，子路的“暴虎冯河，死而无悔”，显然更为通透圆融。夫子之道，无适无莫，彻上彻下，绝不意必固我，于斯可见矣。

**14.17 子贡曰："管仲非仁者与？桓公杀公子纠，不能死，又相之①。"子曰："管仲相桓公，霸诸侯，一匡天下，民到于今受其赐②。微管仲，吾其被发左衽矣③！岂若匹夫匹妇之为谅也，自经于沟渎而莫之知也④。"**

**新注** ①相（xiàng）之：辅佐他。 ②一匡天下：匡，正也。尊王攘夷，使天下安定。受其赐：受到他的恩赐。 ③微管仲：微，没有。被（pī）发左衽（rèn）：被，通"披"。衽，衣襟。披头散发，衣襟向左开，这是夷狄的风俗。华夏风俗，皆为束发右衽。 ④匹夫匹妇之为谅（liàng）：匹夫匹妇，普通老百姓；谅，小信。指普通老百姓的小节小信。自经于沟渎（dú）：自经，自缢；沟渎，沟渠。

**新译** 子贡说："管仲算不上仁者吧？齐桓公杀了公子纠，管仲不能死节，反而辅佐他。"孔子说："管仲辅佐齐桓公，称霸诸侯，匡正了天下，民众直到今天仍然在享受着他的恩赐。如果没有管仲，我们恐怕都要沦为披头散发、衣襟向左开的异族人了。难道要他像普通老百姓那样守着小节小信，自杀于沟渠之间，而完全无人知道吗？"

**新识** 上章论管仲之仁，从功业角度为说，此章再论管仲之仁，乃从大一统之制度及礼乐文明之延续角度立论，夫子应机设教，信手拈来，而往往振聋发聩有如此。夫子论仁，不下定义，而论事论人，论心论迹，终使仁之内涵渐次展开，后人透过《论语》，自可心领神会。就管仲其人而言，其虽有器小僭礼之失，然其辅佐桓公，尊王攘夷，一匡天下，使中华礼乐文明得以延续，此可谓功在千秋之事业；而九合诸侯，不以兵车，使天下不至生灵涂炭，死伤无算，此又无人可及之仁德。夫子论仁，或论心不论迹，如说"我欲仁，斯仁至矣"，其仁至小至易；或论迹不论心，如管仲利在天下，功在后世，其仁虽未必一心为之，而其效则至大至难。令尹子文之忠，陈文子之清，夫子未之许仁，盖其范围不过一邦，功效不过一时。由此可知，儒家之仁德，犹佛教之行菩萨道，非修罗汉果之可比也。

今按：夫子两答弟子管仲之问，却绝口不提召忽，其轻蔑不许可知矣。盖召忽虽殉主死节，不过守小忠小信，“若匹夫匹妇之为谅也”，正夫子所谓“言必信，行必果”的硁硁然之小人也。《礼记·儒行》孔子说：“爱其死以有待也，养其身以有为也。”管仲之不死公子纠，正可作如是观。可知夫子对君臣之义，绝不似后人那般固陋迂执，而有更大的价值关怀。钱穆先生云：“管仲、召忽之于公子纠，君臣之分未定，且管仲之事纠，非挟贰心，其力已尽，运穷势屈，则惟有死之一途而已。而人道之大，则尚有大于君臣之分者。华夷之防，事关百世。使无管仲，后世亦不复能有孔子。孔子之生，而即已编发左衽矣，更何有于孔门七十二弟子，与夫《论语》之传述？故知子路、子贡所疑，徒见其小，而孔子之言，实树万世之大教，非为管仲一人辩白也。盖子贡专以管仲对子纠言，孔子乃以管仲对天下后世言，故不同。”钱氏之言，正合其对国史素怀之“温情与敬意”也！

## 14.18 公叔文子之臣大夫僎，与文子同升诸公①。子闻之，曰：“可以为文矣。”

**新注** ①公叔文子：卫大夫公孙拔。大夫僎（zhuàn）：卫大夫，公叔文子的家臣。同升诸公：一同担任国家的大臣。公，公朝。公叔文子推荐自己的家臣僎做大夫，同朝事君。

**新译** 公叔文子的家臣大夫僎，（在文子的推荐下）与文子一同担任国家大臣。孔子听到此事后，说：“这便可以谥为‘文’了。”

**新识** 朱熹《集注》云：“文者，顺理而成章之谓。谥法亦有所谓锡民爵位曰文者。”洪氏曰：“家臣之贱而引之使与己并，有三善焉：知人，一也；忘己，二也；事君，三也。”公叔文子之贤，信不虚也。

今按：据《周书·谥法》，文有六等：曰经天纬地，曰道德博厚，曰学勤好问，曰慈惠爱民，曰愍民惠礼，曰锡民爵位。这里取“锡民爵位”之义。《论语》中，夫子两度评价大夫之谥号，一是孔文子“学勤好问”，一是本章公叔文子“锡民爵位”，皆与“文”有关，此亦可见孔门尚文之学风。

**14.19 子言卫灵公之无道也，康子曰：“夫如是，奚而不丧[①]？”孔子曰：“仲叔圉治宾客[②]，祝鮀治宗庙[③]，王孙贾治军旅[④]。夫如是，奚其丧？”**

**新注** ①康子：即季康子。奚而不丧：为什么还不失位呢？ ②仲叔圉（yǔ）：即孔文子，卫大夫。治宾客：办理外交。 ③祝鮀（tuó）治宗庙：祝鮀，字子鱼，卫大夫。治宗庙，掌管祭祀。④王孙贾治军旅：王孙贾，卫大夫。治军旅，掌管军队。

**新译** 孔子说起卫灵公的荒淫无道，季康子说：“既然这样，为什么他还没有失位亡国呢？”孔子说：“有仲叔圉替他办理外交，祝鮀替他掌管祭祀，王孙贾替他统率军队，像这样，又怎么会失位亡国呢？”

**新识** 此论卫灵公无道，实则言其虽无道，却知人善任，故卫国得以不亡。夫子对季康子如是说，却对哀公称道卫灵公为“贤君”。《孔子家语·贤君》载：

> 哀公问于孔子曰：“当今之君，孰为最贤？”孔子对曰：“丘未之见也，抑有卫灵公乎？”公曰：“吾闻其闺门之内无别，而子次之贤，何也？”孔子曰：“臣语其朝廷行事，不论其私家之际也。”公曰：“其事何如？”孔子对曰：“灵公之弟曰公子渠牟，其智足以治千乘，其信足以守之，灵公爱而任之。又有士曰林国者，见贤必进之，而退与分其禄，是以灵公无游放之士，灵公贤而尊之。又有士曰庆足者，卫国有大事则必起而治之，国无事则退而容贤，灵公悦而敬之。又有大夫史鳍，以道去卫，而灵公郊舍三日，琴瑟不御，必待史鳍之入，而后敢入。臣以此取之，虽次之贤，不亦可乎？”

或谓夫子言行不一，实则不然。盖言卫灵公之无道者，正与大夫“论其私家之际”也；言其为“贤君”者，乃与国君“语朝廷行事”也。卫灵公私生活虽荒淫无道，然却能选贤任能，礼贤下士，故其在位期间，国家虽已蕴内乱之引线，总体尚能苟安。夫子先后对鲁国君臣说如此，盖寓讽谏之意于言外，此不可不知也。

**14.20 子曰："其言之不怍①，则为之也难！"**

**新注** ①言之不怍（zuò）：大言不惭。怍，惭愧。

**新译** 孔子说："一个人说话大言不惭，真做起事来就难了。"

**新识** 此章再论言行关系。夫子尝曰："为之难，言之得无讱乎？""古者言之不出，耻躬之不逮也。"此章"言之不怍"，实有"言之不讱""不耻"义。盖言之不讱、不怍、不讷、不谨、不信之人，必毫无责任感及羞耻心，故其常是"语言之巨人，行动之矮子"，答应得越快，忘记得也越快，极易之事亦成极难。《集解》马融注："内有其实，则言之不惭，积其实者为之难也。"王弼也说："情动于中而外形于言，情正实而后言之不怍。"又，朱熹《集注》称："大言不惭，则无必为之志，而不自度其能否矣。欲践其言，岂不难哉？"此类人，比起"言必信，行必果"者，恐亦难望其项背，距离君子更遥不可及也！

**14.21 陈成子弑简公①。孔子沐浴而朝，告于哀公曰："陈恒弑其君，请讨之②。"公曰："告夫三子③。"孔子曰："以吾从大夫之后④，不敢不告也。君曰'告夫三子'者！"之三子告，不可。孔子曰："以吾从大夫之后，不敢不告也。"**

**新注** ①陈成子：齐大夫，名恒。简公：齐君，名壬。弑简公，发生在哀公十四年（前481）。 ②沐浴而朝：斋戒沐浴而后上朝。请讨之：请求讨伐陈成子。 ③告夫三子：告诉那三位大夫。指孟孙氏、叔孙氏、季孙氏三家。 ④以吾从大夫之后：因我跟随在大夫之后。自谦之词。

**新译** 陈成子杀害了齐简公，孔子斋戒沐浴后上朝见鲁哀公，报告说："陈恒杀了他的君上，请出兵讨伐他。"哀公说："你去向那三个大夫报告吧。"孔子退朝，说："因为我也曾位列大夫之后，所以不敢不告诉国君，而国君竟说去向那三个大夫报告！"孔子还是到了孟孙、叔孙、季孙三家，一一禀告，他们都不同意。孔子说："因为我也曾位列大夫之后，所以不敢不报告啊！"

**新识** 此事在鲁哀公十四年（前481），孔子年七十一。《左传·哀公十四年》载：

> 甲午（六月初五），齐陈恒弑其君壬于舒州。孔丘三日齐（斋），而请伐齐三。公曰："鲁为齐弱久矣，子之伐之，将若之何？"对曰："陈恒弑其君，民之不与者半。以鲁之众，加齐之半，可克也。"公曰："子告季孙。"孔子辞。退而告人曰："吾以从大夫之后也，故不敢不言。"

《孔子家语·正论解》记此事，又有"孔子闻之，三日沐浴而适朝"之情节，足见夫子对此事的重视程度。

今按：夫子一向慎战，反对征伐，然对此以臣弑君、大逆不道之事，则不得不表明立场，此正"义之与比""知其不可而为之"者也。又，当时鲁君受制于三家，君臣失位，政在大夫，夫子如此行事，一则出于对鲁国政治的忧患，二来也有对三家"敲山震虎"之意。

## 14.22 子路问事君。子曰："勿欺也，而犯之[1]。"

**新注** ①犯：犯颜直谏。而：能也。

**新译** 子路问事君之道，孔子说："不要欺骗君主，（君若有过）要能犯颜直谏。"

**新识** 此章紧承上章，可以看作对夫子请讨陈氏一事的补注。孔子向鲁哀公请讨陈氏，便是遵循"勿欺也，而犯之"的事君之道。又，《礼记·檀弓上》："事君有犯而无隐。""无隐"者，即"勿欺"也。但正如"事父母幾谏"，孔子对劝谏君主亦有讲究，曾说："忠臣之谏君，有五义焉：一曰谲谏，二曰戆谏，三曰降谏，四曰直谏，五曰风谏。唯度主而行之，吾从其风谏乎！"（《孔子家语·辩政》）也就是说，为臣者当尽忠无欺，能够犯颜直谏，但亦须见机行事，不能数数烦琐。又，《郭店楚简·语丛三》："友，君臣之道也。"《语丛一》也说："君臣、朋友，其择者也。"可见，事君与交友其道类同，皆以道义合也。

今按：勿欺也，便是忠；而犯之，便是直。事君能行此忠直二道，不可则止，可以无愧矣！

## 14.23　子曰："君子上达，小人下达①。"

**新注**　①上达、下达：达，通达。上达于道，下达于器。一说：君子日日长进向上，小人日日沉沦向下。

**新译**　孔子说："君子向上通达于形上之道，小人向下通达于形下之器。"

**新识**　此章有两解：一从本末义利为说，如《集解》何晏注："本为上，末为下也。"又皇侃《疏》："上达者，进于仁义也；下达，谓达于财利，所以与君子反也。"盖"上达"达于形上之道，可探希圣希贤之本；"下达"达于形下之器，唯执求财求利之末。故此章实亦涉及义利之辨，君子上达而喻于义，小人下达而喻于利。喻、达二字，异词而近义也。

一从天理人欲为说，如朱熹《集注》："君子循天理，故日进乎高明；小人殉人欲，故日究乎污下。"今按：夫子多次言及上下，如"中人以上，可以语上也；中人以下，不可以语上也"；"唯上知与下愚不移"；"生而知之者，上也；学而知之者，次也；困而学之，又其次也；困而不学，民斯为下矣"。关于"达"，《论语》中亦不止一见，如夫子说："己欲立而立人，己欲达而达人。""赐也达，于从政乎何有？"又以"达"比"闻"更高一次第："夫达也者，质直而好义，察言而观色，虑以下人，在邦必达，在家必达。”故有人以为“君子小人”指位言，“小人下达”乃指“达分地之利”，并无道德上之贬义，不宜理解为日趋下流。此说虽有理，然不周洽。须知夫子尝自称“下学而上达”，则此处“小人下达”即便不能解作“下流”，恐亦绝非“下学”之义。

窃谓上达、下达之间，当有一“中达”境界。欲上达，必由中达，所谓“取法乎上，仅得其中”；不欲中达，势必下达，所谓“取法乎中，仅得其下”。何谓“中达”？盖即夫子所谓“下学”也。学知、困知，己达、达人，博文、约礼，皆“下学”“中达”之境。相反，“放于利而行”“小人穷斯滥矣”“困而不学，民斯为下”，便是“下达”。如说“上达”乃合于天德，“中达”是合于人道，则“下达”便有耽于物欲而“人化物”之可能。何谓“人化物”？《礼记·乐记》说：“夫物之感人无穷，而人之好恶无节，则是物至而人化物也。人化物也者，灭天理而穷人欲者也。”夫物欲固为人之本能，然若徒知贪财好色，不知贤贤好德，必然放辟邪侈，堕落下坠，以至沦为禽兽而不自知也。子贡说：“君子恶居下流，天下之恶皆归焉。”其言虽为商纣辩护而发，却也透露出君子小人虽其性相近，却因习染追求之不同，而差距日远日大之事实。因此，即便以“下流”解“下达”，亦不为过也。

今按：吾国传统文化，正因有此上达、下达之别，故给人以复杂而矛盾之印象，如同一意思，常有完全相反之表达，如有“士可杀不可辱”，又有“好死不如赖活着”；有“威武不能屈，富贵不能淫”，也有“大丈夫能屈能伸”“有钱能使鬼推磨”；有“心底无私天地宽”，也有“人不为己天诛地灭”；有“临难不苟辞”，也有“好汉不吃眼前亏”：诸如此类，不一而足。或以为中国文化虚伪多诈，殊不知此正“上达”与“下达”之真实写照，正如有君子必有小人，余如阴阳、虚实、正反、高下、雅俗等相对之范畴，皆可作如是观。

又按：君子上达，实亦关乎天人之际，即“性与天道”的形上追求。夫子曰：“不怨天，不尤人，下学而上达，知我者其天乎！”夫子所谓“下学”，即博文约礼，贯通人道之“理境”；所谓“上达”，则指上知天命、以人合天之“道境”。《易传》谓“天行健，君子以自强不息”，此正君子法则天地，故能与天地合其德之妙境也。夫子将君子、小人、上、下四者对举，岂无深意哉？又，上达、下达皆属动态变量，上达至难故显其高，下达至易故见其卑，学者不可不知也。

## 14.24　子曰："古之学者为己，今之学者为人。"

**新译**　孔子说："古代的学者，学习是为了成就自己；如今的学者，学习是为了炫耀于他人。"

**新识**　此章为孔门圣学一大纲目，也是分辨学者境界之重要尺度。其间蕴含孔学三大分辨：一是古今之辨，二是人己之辨，三是君子小人之辨。

先说古今之辨。孔子以好古为好学，曾说"述而不作，信而好古"，"我非生而知之者，好古，敏以求之者也"。故在《论语》语境中，古今乃一正反相对之概念，古代表王道、法度、礼乐、君子一极，今则相反。如孔子说："射不主皮，为力不同科，古之道也。""古者言之不出，耻躬之不逮也。"即便弊病，古亦胜今，如子曰："古者民有三疾，今也或是之亡也：古之狂也肆，今之狂也荡；古之矜也廉，今之矜也忿戾；古之愚也直，今之愚也诈而已矣。"必须指出，孔子好古并非盲目复古，而是以古鉴今，鉴往知来，隐含对当时天下无道、礼坏乐崩的严正批判。要言之，孔子所复者，非古也，实礼也，道也。而且，对古之道的向往本身即是对革新的向往。孔子说"齐一变至于鲁，鲁一变至于道"，即包含革故鼎新之意。或以为孔子乃以复古为革新者，其晚年编修《春秋》，属于"托古改制"，亦不无道理。依此而言，"古之学者为己"，自然是孔子赞许认同的对象。

次说人己之辨。人己之辨蕴含两个维度：一是外在的人我相与之道，如五伦等人际关系，须行孝悌忠信，此孔子伦理学之大旨。二是内在的修己成己之道，须以格致诚正修持之，此乃孔子"内圣学"之大义。本章重在第二个维度，即在如何看待"己之得"与"人之知"、"向内求"与"向外求"之间的相互关系。正是在这一点上，孔子表现出了"极高明而道中庸""致广大而尽精微"的大智慧。乍一看，"为人”似乎比“为己”更具道德优越性和“政治正确性”，实则不然。孔子所谓“为己”，非为一己之私利，实为个己学养之成就、人格之圆满；“为人”，亦非为他人之福祉，乃求众人之艳羡、众口之赞誉。正因人之为学，最易堕入“为人”之境，故《论语》开篇就说“人不知而不愠，不亦君子乎”，之后又反复强调：“不患人之不己知，患不知人也。”“不患无位，患所以立；不患莫己知，求为可知也。”凡此种种，皆教人为学，万勿驰骛于外，而应自得于内也。换言之，若自得于内，自可心安理得，必欲人知而后快，则出发点必偏离正道而不纯。故《大学》说：“是故君子有诸己而后求诸人，无诸己而后非诸人。所藏乎身不恕，而能喻诸人者，未之有也。”为己之学，实君子修身成德之学也。

关于为己、为人，古人多有阐释。如《后汉书·桓荣传论》云：“为人者，凭誉以显扬；为己者，因心以会道。”《颜氏家训·勉学篇》：“古之学者为己，以补不足也；今之学者为人，但能说之也。古之学者为人，行道以利世也；今之学者为己，修身以求进也。”朱熹《集注》引程子曰：“为己，欲得之于己也。为人，欲见知于人也。”“古之学者为己，其终至于成物。今之学者为人，其终至于丧己。”

今按：古今与人己实混同一气，内在相连。古今乃一时空维度，人己乃一文化维度，孔子“好古”乃因古今相通，古之人虽不必人人皆为己而成圣，然已有成德成圣者，如尧舜禹汤文武周公，皆孔子所学之古圣先贤。而孔子当时，天下滔滔，即使贤能众多，然或昧于名位而自利，或陷于文献而自专，过犹不及者多，欲速不达者众，孔子不得中行而与之，只好借古讽今，阐明己说。“为己之学”，实吾国文化之明镜，后世学人之良药也！反观今世，学子甫就小学，即被“为人之学”所蛊惑，动辄拯救世界、振兴中华，游谈无根，不切实际，久而久之，反以“为人”为是，“为己”为非，以致夫子所言之况，愈演愈烈，学绝道丧，收拾不住，真可大放一悲声也矣！

再说君子小人之辨。前已说过，古今之辨实已蕴藏君子小人之辨。故此章亦可改作：“君子之学为己，小人之学为人。”《论语·卫灵公篇》子曰：“君子求诸己，小人求诸人。”与本章可谓异曲同工！“求己”“求人”，正“为己”“为人”。求有两解，一作要求，一作责备。

窃谓作责备更精审。“为己”之“为”并非纯是一介词，表方向，亦是一动词。“为己”之学，实亦“责己”“克己”“修己”“立己”“成己”之学也。实则“为己”，正可与孔子教育子路的“修己以敬”“修己以安人”“修己以安百姓”并参互照。也可以说：“君子之学修己，小人之学修人。”故孟子说：“人之患在好为人师。”很多注本解释为己之学，仅仅侧重于“为自己”的一面，没有看出克己、修己、反求诸己的一面。夫子之真义，未得充分发掘，殊为遗憾！

《荀子·劝学》对此有精彩发挥：“君子之学也，入乎耳，著乎心，布乎四体，形乎动静。端而言，蠕而动，一可以为法则。小人之学也，入乎耳，出乎口；口耳之间，则四寸耳，曷足以美七尺之躯哉！古之学者为己，今之学者为人。君子之学也，以美其身；小人之学也，以为禽犊。”荀子提出“美七尺之躯”“以美其身”之主张，将儒家为己修身之学审美化，亦可谓别有会心！

今按：本章实与上章“君子上达，小人下达”相呼应。因为君子学能为己，故精进不已，上达天道，自成一道德主体，完成精神生命之内在超越。钱穆云：“孔子所谓为己，殆指德行之科言。为人，指言语、政事、文学之科言。孔子非不主张学以为人，惟必有为己之本，乃可以达于为人之效。己立己达是为己，立人达人是为人。孔门不薄为人之学，惟必以为己之学树其本，未有不能为己而能为人者。”诚哉是言也！

## 14.25 **蘧伯玉①使人于孔子。孔子与之坐而问焉，曰：“夫子何为？”对曰：“夫子欲寡其过②而未能也。”使者出。子曰：“使乎③！使乎！”**

**新注** ①蘧（qú）伯玉：名瑗，卫国贤大夫。 ②寡其过：减少过失。 ③使乎：赞美之词，犹言“好一位使者”。

**新译** 蘧伯玉派使者来看望孔子，孔子和使者坐下，问道：“老先生最近在做什么呢？”使者回答：“他老人家只想减少自己的过失，却还没能做到。”使者辞退，孔子说：“好一位使者！好一位使者！”

**新识** 上章谈“古之学者为己”，以下数章便就此展开。本章谈及卫国贤大夫蘧伯玉，其“欲寡其过而未能”之境界，与颜回“不贰过”何其相似，正是“为己之学”的生动案例。

本章“过”字最吃紧！古语说：人非圣贤，孰能无过？又说：无心之失曰过，有心之过曰恶。伯玉欲寡之过，盖属“无心之失”，而非“有心之过”。《论语》中“过”字数见，最切己紧要者如“过则无惮改”“不迁怒，不贰过”“见其过而内自讼”“苟有过，人必知之”“过犹不及”，盖见过、自讼、改过、迁善、徙义，实孔门圣学最细密精微之下手工夫！夫子为何独赞颜回为“好学”，盖因唯颜回能体察“为己之学”，且能迁善改过，勇猛精进而不止也。所以，蘧伯玉之“寡其过”，必是经过“见过”“自讼”两大关口，而来到为己之学的第三关！

又，此章亦与易理相通。孔子说“五十以学《易》，可以无大过矣”，实则正是“为己之学”至于“上达”境界之必然要求。古人常以《周易》为“寡过之书”，《系辞》称：“无咎者，善补过也。”又《系辞》也说：“震无咎者存乎悔。”盖人遭遇灾祸，能进行反省，进而悔悟，乃“无咎”之始。故“无咎”者，实与本章“寡过”旁通。“悔”字即“见其过而内自讼”后必然之心理状态，而“震”字，则强调“悔”的程度之深，强度之大。震，动也。这里不说“动”而说“震”，乃因人必须深刻愧悔，才能坚其补过之心，才不至于生咎。黄宗羲曰：“震者，动心忍性也。动则变，变则无咎矣。”（《周易寻门余论》）（此段受孙福万先生言论启发，特此致谢。）

蘧伯玉之使者，虽未留下姓名，却成为《论语》中最具价值之无名氏！皇侃《疏》称：“孔子美使者之为美，故再言‘使乎’者，言伯玉所使为得其人也。颜子尚未能无过，况伯玉乎？而使者曰‘未能’，是得伯玉之心而不见欺也。”又朱熹《集注》说：“言其但欲寡过而犹未能，则其省身克己，常若不及之意可见矣。使者之言愈自卑约，而其主之贤益彰，亦可谓深知君子之心，而善于辞令者矣。故夫子再言使乎以重美之。按庄周称‘伯玉行年五十而知四十九年之非’，又曰‘伯玉行年六十而六十化’，盖其进德之功，老而不倦。是以践履笃实，光辉宣著。不惟使者知之，而夫子亦信之也。”

今按：此章又可与公明贾说公叔文子章同参。公明贾欲尊文子而过犹不及，故夫子有以疑之；伯玉使者以实相对，非为谦辞，反更衬得伯玉之贤。对于使者，孔子曾说“使于四方，不能专对，虽多，亦奚以为”？伯玉之使者可谓善于专对者也。故孔子两言“使乎”，盖言伯玉使得其人，使者言得其主也！

## 14.26 子曰：“不在其位，不谋其政。”曾子曰：“君子思不出其位。”

**新译** 孔子说：“不在那个位置上，便不去谋划那个位置上的政事。”曾子说：“君子所思所虑，不应超出自己的身份与职位。”

**新识** 本章承上章，言君子如何居位与致思。上句与《泰伯篇》第十四章重出。联系到夫子晚年境遇，则此“位”或指大夫之位，此“政”当指国家大政。说已见前，此不赘。

曾子所言，当系后来曾门弟子修纂《论语》时补入。《周易》艮卦象辞云：“君子以思不出其位。”此或曾子之所本。曾子所说的“位”，可指职位、地位，大体与“不在其位不谋其政”同旨。康有为《论语注》说：“位者，职守之名，各有权限，不能出权限之外。……如兵官专司兵事，农官专司农事，不得及它，乃能致精也。若士人无位，则天地之大，万物之夥，皆宜穷极其理。”斯言诚是。然就曾子一生行迹而言，“位”也可作身份、职责、本位讲，盖曾子虽出身世家，却几乎未曾出仕为官，晚年齐、楚、晋三国欲用之，曾子皆未应命。所以，这里的“位”，或与“名”相当，非仅指爵位职位，还可指礼制所规定的不同社会身份与道德名义，如君臣、父子、上下之类。这样理解，方可窥见曾子所言之深层含义。

曾子之学，主孝，主恕，此章即从恕道为说。前曾分析曾子三省己身，皆是恕道发挥。今再与本章联系，则“为人谋而不忠，与朋友交而不信，传不习”三者，亦可以理解为“行不出其位”，与本章“思不出其位”，皆自反而恕、克己复礼之表现。如谋忠、交信、传习、思位，无不是君子“为己之学”的下手工夫。进而言之，思不出位，也即“思无邪”。又夫子尝言君子有“九思”：“视思明，听思聪，色思温，貌思恭，言思忠，事思敬，疑思问，忿思难，见得思义。”此亦可作“思不出其位”注脚也。王夫之解读此句说：“一个人所思不为耳目等官能所欲，以从乎欲，而殉没于物，且能复其性分上物我一体流通无碍之本然，此即思不出其位。”

今按：不出其位，其实还有“安其位”“素其位而行”之意。换言之，思而常出其位者，大多不能安其位，约其礼，守其道，成其德。如季氏八佾舞于庭之类，皆思出其位，而行越其礼之结果。《大学》所谓“知止而后有定，定而后能静，静而后能安，安而后能虑，虑而后能得”，盖此意也。

又按：孔子之学，确有曾子未到处。孔子有谋政一面，所谓“外王”，曾子则转向“内圣”，故其特重致思，孝悌忠恕乃其学问纲目。孔子之心性学问端赖曾子承继，传至子思、孟子而光大。曾子守死善道，无意仕进，有漆雕开、闵子骞、颜回、原宪及其父曾点之风，属“有所不为”一路，故其传承夫子学问，惟精惟一有余，允执厥中不足，境界气象虽有一间之未达，然亦孔门道统之正宗传人，颜回之后，一人而已！

## 14.27　子曰：“君子耻其言而过其行。”

**新译**　孔子说：“君子以自己的言谈超过了行为而感到羞耻。”

**新识**　此章“过”字与上章“出”字相承，言过其行、言出其位，君子皆当以之为耻。故此章又与本篇首章“宪问耻”遥相呼应也。

今按：《礼记·杂记下》：“居其位，无其言，君子耻之；有其言，无其行，君子耻之。”又，夫子尝说：“古者言之不出，耻躬之不逮也。”不逮，即不及。一是言过，一是不及；过犹不及，皆君子之耻也。是故君子出言，当谦退谨慎，恰到好处，时然后言，无过无不及，方能“言必有中”。中者，合乎中道之谓也。

就言行关系讲，言易行难（“为之难，言之得无讱乎”，“言之不怍，则行之也难”），言速行缓（“驷不及舌”），故此“过”字，乃表程度及状态。朱熹说：“过，犹‘行过恭，丧过哀’之‘过’，谓力行也。”（《朱子语类》卷四十四）也就是说，君子当行在言先，“先行其言而后从之”，以免“躬之不逮”“为之也难”。

窃谓此章亦关乎心学工夫。君子或有言过其行时，属无心之失，非有心之过，但君子绝不以无心之失而不自讼，更不会文过饰非，而是引咎自责，反躬自省，闻过则喜，故能常生羞耻之心。君不见今之伶人明星，常有靠“搏出位”“炫富贵”“晒丑闻”“骂名人”而换得一夜成名者，皆思出其位，名高谤随之流，吾不欲观之矣！

## 14.28 子曰：“君子道者三，我无能焉①：仁者不忧，知者不惑，勇者不惧。”子贡曰：“夫子自道②也！”

**新注** ①无能焉：做不到。 ②夫子自道：先生说自己。道，描述，称道。

**新译** 孔子说：“君子之道有三方面，我都没做到：仁者不忧愁，智者不困惑，勇者不恐惧。”子贡说：“老师您是在说自己啊！”

**新识** 此章可谓“君子三道”。前两章谈君子言行居位，不使有过，本章夫子乃自叹“无能”君子之道。类似的表述不止一见。如《礼记·中庸》孔子说：“君子之道四，丘未能一焉：所求乎子，以事父未能也；所求乎臣，以事君未能也；所求乎弟，以事兄未能也；所求乎朋友，先施之未能也。”此又可谓“君子四道”，而夫子皆道“未能”，此盖呼应蘧伯玉之“欲寡其过而未能”，皆君子“为己之学”应有之体验与态度也！《礼记·学记》说：“学然后知不足。”斯之谓也！

或问：夫子为何自道“未能”？岂故作谦虚乎？答曰：不然。夫子自道未能，一方面乃据实而言，此为己之学精进不已而自感亏欠之实情。夫学者求道，唯其心常感不足而有欠，方能温故知新，盈科后进，左右逢源。另一方面，也是夫子应机设教、循循善诱、勉学劝学之自然表现。譬如登山，夫子本已登上山顶，却回至山腰，遥遥接引其弟子，告之曰：任重道远，我虽勤勉努力，而犹有未及之处，尔等更须奋然前行，此正所谓“道不远人”之义也！夫子此言，乃说与子贡听。子贡何等聪明！当下觉悟，“夫子自道”一句，何其明快而有味！

本章“君子三道”，又称“三达德”。达者，通达而周流无碍之义。《中庸》说：“天下之达道五，所以行之者三。曰：君臣也，父子也，夫妇也，兄弟也，朋友之交也。五者，天下之达道也。知、仁、勇三者，天下之达德也，所以行之者一也。”所谓“五达道”，即五伦之常道；“三达德”，乃君子必备之常德。然具此三德，谈何容易！故《中庸》又说：“或生而知之，或学而知之，或困而知之，及其知之，一也。或安而行之，或困而行之，或勉强而行之，及其成功，一也。子曰：‘好学近乎知，力行近乎仁，知耻近乎勇。知斯三者，则知所以修身；知所以修身，则知所以治人；知所以治人，则知所以治天下国家矣。’”盖“好学”“力行”“知耻”三者，正夫子为后学精心设计的“方便法门”，我辈后生小子由此入手，勇猛精进，当可日就月将、修道成德、升堂入室矣！

今按：“君子三道”，《子罕》篇已见，唯顺序与本章不同，作“知者不惑，仁者不忧，勇者不惧”，窃谓本章以仁、智、勇为序，次第更为精确。故《集注》尹氏曰：“成德以仁为先，进学以知为先。故夫子之言，其序有不同者以此。”

又按：仁、智、勇之序，乃按高下分；若按先后次第以进，或当先智、次勇、次仁。夫子四十不惑，是智者之境，由进学而至；五十知天命，是勇者之境，故能“知其不可而为之”；六十而耳顺，乃仁者之境，不仅对逆耳之言不觉其逆，反能具一份同情与悲悯心，故其志弥坚，其心弥阔。至七十岁，“从心所欲不逾矩”，便是圣人之境，由必然王国至于自由王国矣。古今中外，至于此化境者，不过各宗教教主，屈指可数矣。是故吾国文化，实一圣人文化，非由神主，乃由人主也！圣人也者，正人之极也！

## 14.29 子贡方人[①]。子曰："赐也贤乎哉？夫我则不暇[②]。"

**新注** ①方人：方，比较，批评。一说：方同"谤"。 ②不暇：没工夫。

**新译** 子贡经常批评人。孔子说："赐啊，你自己就那么好吗？我却没有这闲工夫（批评他人）。"

**新识** 本章承上章子贡说"夫子自道"，又记"子贡方人"。"方"有二解：一作批评，同"谤"，如郑玄注称："方人，言人之过恶。"一作比方、比较，如朱熹《集注》："比方人物而较其短长，虽亦穷理之事。"这里须注意，无论批评还是比方，皆属"为人之学"，而不能切己。子贡乃孔门言语科高弟，智商奇高，口才极好，擅长外交，使于四方，不仅能专对，甚至能改变天下大势。不唯如此，子贡还是孔门首富，货殖经商，亿则屡中，又善居室理财，致"家累千金"。如此大才，自然心高气傲，《史记》称子贡"喜扬人之美，不能匿人之恶"，正可与此章互为印证。夫子应机设教，乃当头棒喝之。言下之意：有时间还是好好修正你自己吧！正是要其反求诸己，见过自讼，"攻其恶，无攻人之恶"之意。关于"方人"之弊，朱熹《集注》说："然专务为此，则心驰于外，而所以自治者疏矣。故褒之而疑其辞，复自贬以深抑之。"又引谢氏曰："圣人责人，辞不迫切而意已独至如此。"

俗话说：人前莫论他人非，背后常思自己过。对治"方人"之病的药方，莫过于"反己"。《传习录》有一则故事说：

> 一友常易动气责人，先生警之曰："学须反己。若徒责人，只见得人不是，不见自己非。若能反己，方见自己有许多未尽处，奚暇责人？舜能化得象的傲，其机括只是不见象的不是。若舜只要正他的奸恶，就见得象的不是矣。象是傲人，必不肯相下，如何感化得他？"是友感悔，曰："你今后只不要去论人之是非，凡当责辩人时，就把做一件大己私克去方可。"

阳明先生之言，真是探本穷源之论！今之学者，有专以批评为能事甚至为职业者，好斗善辩，才高气盛，专论人非，且常“不惮以最坏的恶意推测他人”，甚至死到临头，仍说“一个都不宽恕”。此种人等，或以为斗士、为先锋，殊不知常行此道者，大多养成其所批判之习气，内心阴暗，戾气盈胸，于人不利，于己无益，得不偿失。吾少时常以此辈为榜样，今则以为过犹不及，盖为人之学，可博一时一世之名，难成千秋万世之功也！

今按：《礼记·学记》言为师之道云：“学者有四失，教者必知之。人之学也，或失则多，或失则寡，或失则易，或失则止。此四者，心之莫同也。知其心，然后能救其失也，教也者，长善而救其失者也。”观此可知，夫子乃真能“长善而救其失者也”！

## 14.30 子曰：“不患人之不己知，患其不能也。”

**新译** 孔子说：“不要担心别人不知道自己，应该担心的是自己没有能力啊。”

**新识** 此章依旧是“为己之学”话头，可与“不患人之莫己知，求为可知也”章同参。盖人之知己者，名也；己之能者，实也。故此章亦涉及名实之辨。君子为学，当反求诸己，不假外求，若自己真有所能，又何患人不己知也？朱熹说：“此章凡四见，而文皆有异。则圣人于此一事，盖屡言之，其丁宁之意亦可见矣。”

## 14.31 子曰：“不逆诈①，不亿不信，抑亦先觉者②，是贤乎！”

**新注** ①不逆诈：逆，逆测。诈，欺骗。人未待我以诈，我先逆以为其诈，是为逆诈。 ②不亿（yì）不信：亿，通“臆”。未见而意之也。不信，谓人疑己。先觉：事先觉察。

**新译** 孔子说：“不事先推测别人欺诈，也不臆测别人不守信用，但对别人的欺诈又能够提前觉察，这样就可以算是贤者了！”

**新识** 本章亦谈人己相与之道，涉及仁智之辨。“不逆诈，不亿不信”，是仁；“先觉”，是智。既仁且智，方是贤者。《老子》第四十九章云：“圣人无常心，以百姓心为心。善者吾善之，不善者吾亦善之，德善。信者吾信之，不信者吾亦信之，德信。”这是说善信二德皆有化人之功，略同于仁。同书第二十三章又说：“信不足焉，有不信焉。”意谓诚信不足之人，就有不相信他的人，略同于智。故朱熹说：“人有诈、不信，吾之明足以知之，是之谓‘先觉’。彼未必诈，而逆以诈待之；彼未必不信，而先亿度其不信，此则不可。”（《朱子语类》卷第四十四）钱穆亦云：“我不逆测他人之不信，而他人如有诈与不信，我亦能事先察觉，是我之明。疑生于不明。我果明，自不疑。此所以为贤。己不能明，而于人多疑，是先自陷于诈与不信之列。此所以为愚也。”（《论语新解》）

俗语说：“害人之心不可有，防人之心不可无。”然“防人之心”太多，便会机心重重，钩心斗角，尔虞我诈，长此以往，人心世风必然大坏！且逆诈、亿不信之人，多自私、狭隘、固执、愚蠢之辈，其人际关系常常愁云惨雾、四面楚歌。试想，常把他人当地狱，自己怎能成天堂？君子待人，当周而不比，信而不疑，此是基本底线；然君子可欺也，不可罔也，遇有恶意欺诈、存心害人者，以君子之明远睿智，察言观色，人焉廋哉？故夫子教人与人为善，以诚信待人，实亦为己之学，前提是相信人性本善，唯有直道而行，世间才会充满良善与友爱。如人人先存逆诈、亿不信之心，则自己已成小人——小人眼中，世上哪有君子？故常持人性恶为说者，必是心中有恶而不知去，有过而不知改者，一叶障目，不见森林，而自以为得计，岂不悲哉！

清咸丰七年（1857），曾国藩致函其弟国荃，说：“左季高（左宗棠）待弟极关切，弟即宜以真心相向，不可常怀智术以相迎拒。凡人以伪来，我以诚往，久之则伪者亦共趋于诚矣。”好一个“人以伪来，我以诚往”！诚往者，非不知其伪也，只是不欲因人之伪而破己之诚也！此亦直道而行也。君子为己之学，自当如是。

今按：《中庸》云：“不诚无物，是故君子诚之为贵。”又说：“至诚之道，可以前知。”“前知”者，正“先觉”也！小人最怕上当，却往往上当；君子不怕上当，却能明察秋毫，逢凶化吉，遇难成祥。夫子说“君子坦荡荡，小人长戚戚”，此之谓也！

## 14.32 微生亩[①]谓孔子曰：“丘何为是栖栖者与？无乃为佞乎[②]？”孔子曰：“非敢为佞也，疾固也[③]。”

**新注** ①微生亩：或作尾生母。一说微生高。年齿或尊于孔子。②栖栖（xī xī）：到处奔波、不得安宁貌。无乃为佞：无乃，莫不是。为佞，卖弄口才。 ③疾固：疾，恶也。固，执一而不通也。

**新译** 微生亩对孔子说：“孔丘！你为什么这样忙忙碌碌呢？莫非你是要卖弄你的口才吗？”孔子回答：“我不敢卖弄口才啊，我只是讨厌那些顽固不化的人啊！”

**新识** 本章“佞”字吃紧！《论语》中“佞”字数见，皆贬义，孔子尝曰：“焉用佞？”“是故恶夫佞者！”“放郑声，远佞人；郑声淫，佞人殆”。夫子一向对佞者深闭固拒，本章却被微生亩疑为“为佞”，恐亦始料未及。可以说，微生亩的这一质疑，开启了《论语》中隐士异人对孔子讥评挖苦的序幕。此后如晨门、荷蓧、长沮、桀溺、楚狂接舆等各色人等，轮番登场，其言其行，超然卓异，与夫子及其门徒形成别开生面的“对话”关系，使《论语》的生命现场更为丰富而鲜活，多元而真实。

今按：微生亩年辈或长于孔子，既有道家人物底色，又有犬儒主义趣味。他见孔子周游列国，游说诸侯，聚徒讲学，弦歌不辍，难免将其视为纵横家者流，以为徒逞口才而栖栖于“为佞”。此一误解其来有自，也与后世无数诋孔侮圣者构成了古今呼应之关系。此等人，或遗世高蹈，粪土王侯；或高标自是，睥睨万物：他们完全不能理解生逢乱世的孔子，何以如此孜孜矻矻，热心于救世，以致颠沛流离，四处碰壁而在所不惜。他们更不明白，孔子本欲效法天地之“无言”，其之所以言说，乃属不得已而为之，而其所以“言必有中”，允为不刊之论，盖因“有德者必有言”，而非巧言乱德、沽名钓誉！

面对此质疑，夫子“以直报怨”，答曰：“非敢为佞也，疾固也。”

言词委婉，而掷地有声。“疾固”之“固”，固执义，可与“子绝四：意必固我”章同参。夫子之言，盖隐含两层意思：一是天下无道，礼乐尽失，冥顽不化者众矣，既然不能忘怀于天下，岂能袖手旁观，置之不顾？一是如微生亩这等贤者，虽怀“卷而怀之”之心，逍遥卒岁，然弃天下于不顾，何必来人世一遭？此一种隔岸观火、纵身世外之态度，何尝不是另一种“意必固我”？故朱熹《集注》称：“圣人之于达尊，礼恭而言直如此，其警之亦深矣。”又，钱穆亦云：“孔子言我之席不暇暖，非务以辩取信。若知道不行而决意弃世绝物，则是己之固执，不肯多方以求道之行，我所疾在此。”夫子此言，一语双关，机带双敲，细玩深思方知其妙！

## 14.33　子曰：“骥不称其力，称其德也。”

**新译**　孔子说：“千里马称为骥，并非赞美它的力气，而是赞美它的品德。”

**新识**　此章可谓“德力之辨”。《集注》引尹氏曰：“骥虽有力，其称在德。人有才而无德，则亦奚足尚哉？”朱子也说：“世固有有才而无德者，亦有有德而短于才者，夫子亦自以德与力分言矣。”（《朱子语类》卷第四十四）

今按：此章具体语境虽不可知，然亦当有所指而言。力，除了作能力解，还可作事功解。能力来自天赋或努力，事功，则须天命决定其大小成败。夫子此言，实则隐含着对当时质疑者的回答。言下之意，千里马尚且不称其力，而称其德，何况人乎？天下人不要只看我奔走天下而无所成功，还须看我不成功，已成仁！盖“人能弘道，非道弘人”，行道弘道之事，唯其不成功，方更显此志之坚，此仁之弘，此道之大！正如颜回称道夫子所言：“夫子之道至大，故天下莫能容；虽然，不容何病？不容然后见君子！”

## 14.34 或曰："以德报怨，何如？"子曰："何以报德？以直报怨，以德报德。"

**新译** 有人说："以恩德来回报仇怨，怎么样？"孔子说："那用什么来回报恩德呢？还是以正直来回报仇怨，以恩德来回报恩德为好。"

**新识** 本章又承上章"德"字，可谓"德怨之辨"。前面夫子回答微生亩，即可见直道而行为何物，更可见儒释道三家心法之不同。本章或人曰"以德报怨"，便有佛、老二氏意趣。《老子》三十六章说："大小、多少，报怨以德。"四十九章又说："善者，吾善之；不善者，吾亦善之，德善。信者，吾信之；不信者，吾亦信之，德信。"分明便是"以德报怨""以善待恶""以信报不信"。又佛教《四十二章经》亦称："人愚，以吾为不善，吾以四等慈（慈悲喜舍）护济之。重以恶来者，重以善往。"又讲一故事说：

> 有愚人闻佛守大仁慈，以恶来，以善往，故来骂佛。佛嘿然不答，愍之，痴冥狂愚使然。骂止，问曰："子以礼从人，其人不纳，实礼如之乎？"曰："持归。""今子骂我，我亦不纳。子自持归，祸自身矣！"

这里的"恶来善往"，好比俗话所谓"人家打你左脸，你再伸右脸"，或者如"唾面自干"，逆来顺受。而"持归祸身"，则寄寓佛家因果报应思想，甚至隐有"利己害人"之意。故苏轼《东坡志林》卷二有"改观音咒"一则云：

> 《观音经》云："咒咀诸毒药，所欲害身者，念彼观音力，还著于本人。"东坡居士曰："观音，慈悲者也。今人遭咒咀，念观音之力而使还著于本人，则岂观音之心哉？"今改之曰："咒咀诸毒药，所欲害身者，念彼观音力，两家总没事。"

东坡先生此举，实是儒家"仁民爱物""民胞物与"之仁心发露所使然也。故知夫子所行"以直报怨"之直道，正可纠佛、老二氏之偏。

要言之，"德怨之辨"实则蕴含四种形态：一曰"以德报德，以直报怨”，此儒家中直之道；二曰“以德报怨，恶来善往”，此佛老迂曲之道；三曰“以怨报怨，以牙还牙”，此硁硁小人之道；四曰“以怨报德，恩将仇报”，此禽兽之道，人所不齿也！

今按：儒家“为己之学”强调严以律己，宽以待人，成人之美，不成人之恶，即使遭谄被怨，亦可人不知而不愠，淡然处之，一笑了之，甚至“闻过则喜”“闻义能徙”，故绝不主张“以牙还牙”“以怨报怨”。然话又说回来，儒家士君子，从道集义，是非分明，好善恶恶，不容半点含糊，故对待有心之恶、无妄之害、杀亲灭祖之仇、欺师侮圣之怨，亦绝不姑息养奸，文过饰非，混淆视听，败义丧德！只要有可能，必深闭固拒之，口诛笔伐之，正言谠论，激浊扬清，祛恶扬善，在所不辞！故夫子曰：“巧言令色足恭，左丘明耻之，丘亦耻之；匿怨而友其人，左丘明耻之，丘亦耻之。”今亦可照此为说：“以德报怨，左丘明耻之，丘亦耻之！”

又按：在儒学视野中，“以直报怨”是君子，“以怨报怨”是小人，“以德报怨”是乡愿，“以怨报德”是禽兽。君子，德之直也；小人，德之绞也；乡愿，德之贼也；禽兽，德之弃也！

**14.35　子曰：“莫我知也夫！”子贡曰：“何为其莫知子也？”子曰：“不怨天，不尤人①；下学而上达。知我者其天乎！”**

**新注**　①莫我知：莫知我。没人了解我。不尤人：尤，责备。

**新译**　孔子说：“没有人能了解我啊！”子贡问道：“为什么没有人能了解您呢？”孔子说：“我不怨恨天，不责备人，下学人事，上达天命，能了解我的大概只有上天了！”

**新识**　此章乃“夫子自道”其学行次第、规模气象，是《论语》中最具义理趣味和阐释价值的条目，可与“叶公问子路”章同参。上章谈“以直报怨”，此章又说“不怨天，不尤人”，前后相应，接榫无间。《史记·孔子世家》以此章系于鲁哀公十四年：

鲁哀公十四年春，狩大野。叔孙氏车子鉏商获兽，以为不祥。仲尼视之，曰：“麟也。”取之。曰：“河不出图，雒不出书，吾已矣夫！”颜渊死，孔子曰：“天丧予！”及西狩见麟，曰：“吾道穷矣！”喟然叹曰：“莫知我夫！”子贡曰：“何为莫知子？”子曰：“不怨天，不尤人；下学而上达，知我者其天乎！”

或问：为己之学，不欲人知，夫子何有人不知我之叹？答曰：此“知”非仅“闻知”义，实“相知”义。夫子之名，当时何人不知，称圣称仁者亦不乏其人，故夫子非求见闻于当时，而是自道一种“下学上达”之后“四顾无人”的孤独心境和文化感喟。此时或颜回已死，弟子中再无默识心通之知音，而子贡之问，大有“天下谁人不识君”之意，足证其于夫子之学问境界与道德生命，相去尚远。再看夫子所言，乃退一步为说，“不怨天，不尤人；下学而上达”，何其谦抑而婉转！又何其恢弘而阔大！《礼记·中庸》云：“君子素其位而行，不愿乎其外。素富贵，行乎富贵；素贫贱，行乎贫贱；素夷狄，行乎夷狄；素患难，行乎患难。君子无入而不自得焉。在上位，不陵下；在下位，不援上；正己而不求于人则无怨。上不怨天，下不尤人。故君子居易以俟命，小人行险以徼幸。子曰：‘射有似乎君子。失诸正鹄，反求诸其身。’”此正可作“不怨天不尤人”之注脚也。又朱熹《集注》称：“不得于天而不怨天，不合于人而不尤人，但知下学而自然上达。此但自言其反己自修，循序渐进耳，无以甚异于人而致其知也。然深味其语意，则见其中自有人不及知而天独知之之妙。盖在孔门，惟子贡之智几足以及此，故特语以发之。惜乎其犹有所未达也！”可以说，此时之夫子，早已完成精神生命的自足圆满与内在超越，而卓然立于华夏文明之峰巅，正是“从心所欲不逾矩”之圣人妙境，个中次第及风光，又岂子贡之徒所能与知者哉！

钱穆先生临终前曾撰《中国文化对人类未来可有的贡献》一文说：

中国人是把“天”和“人”和合起来看。中国人认为天命就表露在人生上，离开人生，也就无从来讲天命。离开天命，也就无从来讲人生。所以中国古人认为“人生”与“天命”最高贵最伟大处，便在能把他们两者和合为一。离开了人，又从何处来证明有天。所以中国古人，认为一切人文演进都顺天道来。违背了天命，即无人文可言。“天命”和“人生”和合为一，这一观念，中国古人早有认识。我以为“天人合一”观，是中国古代文化最古老最有贡献的一种主张。

今按：《老子》第七十章云：“吾言甚易知，甚易行，天下莫能知，莫能行。言有宗，事有君。夫唯无知，是以不我知也。知我者希，则我贵矣。是以圣人被褐怀玉。”此虽道家言，亦可作本章注脚。夫子知命不怨，耳顺不尤，知命为智，耳顺即仁，仁智双运，故能妙合天道，参赞天地之化育，泽被后世之人文。其下学，即行道也；其上达，乃知命矣。此正天人合一、以人合天之境也！

**14.36 公伯寮诉子路于季孙①。子服景伯②以告，曰：“夫子固有惑志③于公伯寮，吾力犹能肆诸市朝④。”子曰：“道之将行也与？命也。道之将废也与？命也。公伯寮其如命何！”**

**新注** ①公伯寮（liáo）：鲁人，字子周，公伯为复姓。诉：毁谤。②子服景伯：即鲁大夫子服何，景，其谥号。 ③夫子固有惑志：夫子，指季孙。惑，疑惑。言季孙氏被公伯寮之言所迷惑。 ④肆诸市朝：肆，陈尸。言欲诛寮。

**新译** 公伯寮在季孙面前毁谤子路。子服景伯告诉孔子说：“季夫子已经被公伯寮迷惑了，但我还有力量把公伯寮陈尸于街头！”孔子说：“我的道如果将能推行呢？这是天命；我的道如果将被废弃呢？也是天命。公伯寮又能把天命怎么样呢？”

**新识** 本章所记之事，当在子路为季氏宰时。据《史记·孔子世家》载：“定公十三年夏，孔子言于定公曰：‘臣无藏甲，大夫毋百雉之城。’使仲由为季氏宰，将堕三都。”今按：孔子为鲁司寇并兼摄相事，乃鲁定公十二年（前 498）事。当时，鲁国公室暗弱，三家豪强，大权掌于季氏，为削弱三家势力，孔子乃派子路为季氏宰，使其堕三都（堕，古同“隳”，毁也）。三都，即季孙氏私邑费（今山东费县）、孟孙氏私邑郕（今山东宁阳）、叔孙氏私邑郈（今山东东平）。又，清儒崔述《朱子考信录》说：“盖孔子为鲁司寇，子路为季氏宰，实相表里，子路见疑，即孔子不用之由，然则伯寮之诉当在孔子将去鲁之前也。”据此可知，本章公伯寮构陷子路于季氏，当在鲁定公十二年（前 498）夏秋之际。

公伯寮其人，《史记》列入《仲尼弟子列传》，《集解》马融注，亦以为孔子弟子。若是，则公伯寮吃里扒外，离间季氏与孔门，可谓孔门败类也。子服景伯，乃鲁国大夫，其必不满于鲁国当时政权现状，故支持孔子堕三都，得知公伯寮构陷子路，欲凭借手中权力杀之以为孔子“清理门户”。面对公伯寮之背叛和挑拨，夫子不可能不气愤，但其宅心仁厚，反对杀戮，最终阻止了子服景伯。夫子政治生涯中最为重要的“堕三都”计划，因触及当时“既得利益者”之利益，而以失败告终。《史记·鲁周公世家》载：“（定公）十二年，使仲由毁三桓城，收其甲兵。孟孙不肯堕，伐之，不克而止。季桓子受齐女乐，孔子去。”又《论语·微子篇》：“齐人归女乐，季桓子受之，三日不朝，孔子行。”“孔子行”三字虽简，其中却隐藏着万般无奈与依依不舍之情！关于孔子去鲁的时间，颇有歧说，今人杨义以为应在公元前 498 年 12 月末（《论语还原》）。从之者有子路、颜回、子贡、冉有诸弟子，而这次人类历史上最伟大的长征的第一站，就是鲁国之邻邦——卫国。

综上可知，鲁定公十二、十三年之交，实乃夫子人生之重大拐点。是年夫子五十五岁，遭遇了一生中最大的困境，不唯依依不舍离开父母之邦——鲁国，且又经历适卫被谄而去卫、适陈过匡而被困等挫折。更值得注意的是，夫子在此年，两度说出与“天”“命”相关之言，如本章在鲁时说：“公伯寮其如命何？”去卫过匡时说：“匡人其如予何？”夫子晚年自称“五十而知天命”，盖此之谓也。

今按：此章所记，乃夫子政治生涯中遭遇重挫时之表现，真可谓

“不怨天，不尤人”，“尽人事，听天命”。孟子私淑于夫子，自然亦深谙此理。其在鲁国时，鲁平公本欲拜访他，因受嬖人臧仓挑拨，而取消了计划。孟子闻之，说：“行，或使之；止，或尼之。行止，非人所能也；吾之不遇鲁侯，天也。臧氏之子焉能使予不遇哉？”（《孟子·梁惠王下》）完全是夫子当年口吻。《尧曰》篇也即最后一章夫子说：“不知命，无以为君子。”观此章，可知夫子所言不虚。君子必兼智、仁、勇“三达德”，而后可言“知命”矣！

## 14.37 子曰：“贤者辟世①，其次辟地，其次辟色，其次辟言。”子曰：“作者七人矣。”

**新注** ①辟（bì）世：逃避乱世。辟，通“避”。

**新译** 孔子说：“贤德之人避开乱世而隐居；其次则避开一邦，择地而居；又其次，避开不好的脸色；再其次，则避开别人的恶言恶语。”孔子又说：“这么做的人已经有七位了。”

**新识** 本章可谓“贤者四避”。看似宕开一笔，实则与上章紧密相承，盖上章隐含夫子仕途舛错，后不得不去鲁适卫，周游列国，正是“贤者”有所“避”也。《论语》篇章编排，内在实有条贯，熟读方看得出肌理清晰，线索宛然。《周易·坤卦·文言》曰：“天地闭，贤者隐。”朱熹《集注》说：“辟世，天下无道而隐，若伯夷太公是也。辟地，去乱国，适治邦。辟色，礼貌衰而去。辟言，有违言而后去也。”程子曰：“四者虽以大小次第言之，然非有优劣也，所遇不同耳。”

“作者七人”，说法不一。《集解》包咸以为：“为之者七人，谓长沮、桀溺、丈人、石门、荷蒉、仪封人、楚狂接舆。”又，皇侃《疏》引王弼曰：“七人：伯夷、叔齐、虞仲、夷逸、朱张、柳下惠、少连也。”郑玄甚至以为有十人，盖“七”“十”形近致误也。

今按：窃谓七人究竟是谁并不重要，重要的是，《论语》编者将此章系于此处，实暗示夫子亦有所避者，唯夫子所避者，乃“地”“色”“言”也，非“世”也。所谓“避人之士”也。此正夫子与七人不同处。此章对后世名士文化影响不小，魏晋名士群体“竹林七贤”之命名，盖由此章而来。详参陈寅恪《陶渊明之思想与魏晋清谈之关系》一文。

## 14.38 子路宿于石门。晨门曰：“奚自[1]？”子路曰：“自孔氏。”曰：“是知其不可而为之者与？”

**新注** ①石门：地名。晨门：掌管早晨开启城门者。奚自：自奚。从哪里来。

**新译** 子路在石门过夜，早晨开城门的人问他：“你从哪里来呀？”子路回答：“从孔夫子那儿来。”守门人说：“是那个明知其道不可行却还要去做的人吗？”

**新识** 石门，据郑玄《注》，乃鲁城之外门。晨门，即主管城门早晚开闭之人。《太平寰宇记》载：“古鲁城凡有七门，次南第二门名石门。”此章所记，或许在夫子客居卫国不久，让子路回鲁国家中传递信息，子路到鲁城门外已是夜里，城门关闭，只好宿于鲁城门外。早晨守城者开门，看到子路，乃有此一番对话。晨门以夫子为“知其不可而为之者”，非常人所能言，或谓此晨门盖贤人隐于抱关者，良有以也。

今按：“知其不可而为之”，真是一语道破天机！“其不可”的“其”字吃紧！窃以为，“其”非指夫子其人，乃指夫子之道。正与前面“道之将行”“将废”之“道”，若合符节。言下之意，明知其道在此礼崩乐坏之乱世绝不可行，却还要栖栖遑遑勉力为之，真是何苦来哉？晨门本是讥刺夫子不识时务，却不料一语中的，千年之后读来，此人反倒成了夫子的“知音”。盖知天命之后的夫子，虽知生逢乱世，道不可行，然绝不就此认命，而是一往无前，“造次必于是，颠沛必于是”，此一种大仁大智大勇，正人类面对无法掌控之命运时，最可宝贵、最足自豪之精神！吾国上古之神话传说，想象奇瑰，愿力无边，如“夸父追日”“女娲补天”“精卫填海”等，皆“知其不可而为之”者也！神话乃民族精神最具“原型”价值的意识形态，吾国文明之所以历经数千年而不亡，端赖有此一种“知其不可而为之”的精神！故夫子之精神，实亦中华民族之精神也！

**14.39　子击磬①于卫。有荷蒉②而过孔氏之门者，曰：“有心哉③！击磬乎！”既而曰：“鄙哉！硁硁乎④！莫己知也，斯己而已矣⑤。深则厉，浅则揭⑥。”子曰：“果哉！末之难矣⑦。”**

**新注**　①击磬（qìng）：古代一种石制的敲击乐器。　②荷蒉（hè kuì）：背着草筐。蒉，草筐。　③有心哉：（这磬声里）有心事啊。　④硁硁（kēng kēng）：坚定、顽固义。　⑤斯己而已矣：就随世行已也就罢了。一说：“斯己”作“斯已”，今不从。　⑥深则厉，浅则揭（qì）：出自《诗经·邶风·匏有苦叶》。《集注》：“以衣涉水曰厉（砅，履石渡水），摄衣涉水曰揭。”　⑦果哉，末之难（nàn）矣：果哉，坚决义。难，驳难、论难。

**新译**　孔子在卫国，一日，他在敲击石磬时，一位背着草筐的人路过孔子的门口，他听到磬声，说：“有心事啊，这敲磬的人！”过了一会儿，又说：“太鄙陋了吧！真是坚确而又固执啊！不就是没有人了解自己吗，那就随世行已算了！如果水深，干脆踩着石头过河；如果水浅，就把衣襟撩起来趟过去。”孔子说：“这人太果决了，我没有什么可以和他论难的。”

**新识**　此章记夫子在卫之事，正与上章相连。盖夫子去国怀乡，平居之时，必有乡关何处之思，壮志难酬之憾，情动于中，必形之于外，乃借音乐以抒解。磬，是一种石制打击乐器，其形合乎礼，其声清脆悠扬，能移人情。夫子初到卫国，住在卫都帝丘（今河南省滑县）子路妻兄颜浊邹家。后适陈未果，乃经匡地再返卫国，住卫国贤大夫蘧伯玉家。本章所记孔子击磬，《史记》系于夫子第二次入卫时，或在蘧伯玉家，亦未可知。有一点可以肯定，此时的夫子迭经挫折，正在思考“天命”或者“性与天道”等诸多“大哉问”，也即知其不可还要不要为的问题。

这时，有荷蒉者过其门，闻声知音，先道其“有心哉”（忧世用世之心），又讽其“鄙哉！硁硁乎”（既鄙陋又固执）。可知此人亦非一般农人，盖夫子所谓“避世”之“贤者”也。其所荷之“蒉”，与夫子所击之“磬”，恰相映照，出世入世，礼野雅俗，一望可知，颇具象征意味。与上章晨门一样，荷蒉者也一语道破夫子当时心境，“斯己而已矣”数句，盖劝夫子既然天下已不可救，世人不能理解你，何不做“避世”之人，与世沉浮，俯仰自如？“深则厉，浅则揭”句，包咸注称：“言随世以行己，若过水必以济，知其不可，则当不为。”正如庄子所言：“与其相濡以沫，不如相忘于江湖！”

今按：《论语》编者对人物之记述大体有三种情形：一是有主名者，或姓名或谥号，其人可考，其事可稽。二是无主名者，比如或人、仪封人、太宰、达巷党人、阙党童子等，知其人却不知其何许人。三是象征性人物，取其某一特征以概其类，如上章晨门、本章荷蒉，以及后文之荷蓧、长沮、桀溺、接舆等，皆属此类。此类人不仅为隐姓埋名之人，还是与《论语》或孔子所主张之价值适成反对者。从这一角度看，《论语》并非只有一种声音，而是“嘈嘈切切错杂弹”的历史回音壁，从中可以看出，孔子之学之道，在当时就饱受质疑、误解和讽刺，但夫子坚信“德不孤，必有邻”，“近者悦，远者来”，故其常能临危不惧，处变不惊，真正做到了“不怨天，不尤人”。如他对荷蒉者的评价：“果哉！末之难矣！”果，古注解释称：“夫子以荷蒉所言，不知己志而辄讥己，是为果也。”此一“果”字，亦可参考《老子》第三十章“果而勿矜，果而勿伐，果而勿骄，果而不得已，果而勿强”之语，盖此荷蒉者，正老子所谓“果而矜、伐、骄、强”之辈也。亦《阳货篇》夫子所谓“果敢而窒者”也。荷蒉者虽以涉水为喻，自以为懂得权宜时中之道，实则在夫子看来，不过弃世逃责、全身远祸而已，何足道哉？故而不屑置辩。此与夫子适楚，闻楚狂接舆之歌而欲与之共言，不可同日而语。

又按：荷蒉者所言“斯己而已矣”看似“为己”之学，实则纯如杨朱之“为我”——“拔一毛而利天下，不为也”——故夫子不之取。朱熹《集注》说：“圣人心同天地，视天下犹一家，中国犹一人，不能一日忘也。故闻荷蒉之言，而叹其果于忘世。且言人之出处，若但如此，则亦无所难矣。”盖夫子主张“为己之学”，绝非仅做独善其身之“自了汉”，而是欲担荷天下道义于己身。夫子固然说过“危邦不入，乱邦不居”“天下有道则见，无道则隐”，但其内心深处，实做不到如此绝情于天下，甚至认为正因世道混乱才更须迎难而上，而非知难而退。如《微子篇》夫子说：“鸟兽不可与同群，吾非斯人之徒与而谁与？天下有道，丘不与易也。”此一种“天塌下来我顶着”“我不下地狱谁下地狱”的仁心和担当，真可谓惊天地、泣鬼神！后世道家中人或自以为“进步”的左右异端人物，每每指责孔子不识时务，诋毁孔子为统治者服务，调侃孔子周游列国乃为“找工作”，此真“夏虫不可以语于冰”者也！尤其近世以来，毁孔侮圣之声不绝于耳，无良政客、无行文人竞相表演，丑态百出，全不知孔子者，道也，帝王者，势也，若因粪土王侯而毁孔侮圣，则物极必反，恰恰站在了权势一方，成了权势最大的帮凶。历代帝王虽多属造反起家，却绝不敢毁孔侮圣、离经叛道，盖其深知，王朝政权之合法性，绝非来自武力强权，而是来自应天顺人、秉公合道！

又按：今河南卫辉市有“孔子击磬处”石碑一方，上有诗云：“荷蒉人者识有心，既讥揭浅厉于深。知其一未知其二，玉振金声冠古今。”此诗颇有会心，姑录此以备参。

**14.40　子张曰：“《书》云：‘高宗谅阴①，三年不言’，何谓也？”子曰：“何必高宗？古之人皆然。君薨，百官总己以听于冢宰三年②。”**

**新注**　①高宗谅（liàng）阴（ān）：高宗，即商王武丁。谅阴，又作梁闇，天子居丧之庐。　②薨（hōng）：王侯去世曰薨。总己：谓总摄己职。冢宰：官名，相当于宰相。

**新译**　子张问：“《尚书》上说：‘高宗守孝，住在凶庐里，三年没有说话。’这是什么意思？”孔子说：“何止是高宗呢，古人都是这样的。君主去世后，（嗣君守孝期间，）百官都各守其职，听命于总宰三年。”

**新识** 本章谈丧葬之礼，君主亦须谨遵。或许编者以为前此数章，皆“杂音混响”，故有意“拨乱反正”，乃系本章于此。此事记载不一。如《礼记·檀弓下》：“子张问曰：‘《书》云：高宗三年不言，言乃讙。有诸？’仲尼曰：‘胡为其不然也？古者天子崩，王世子听于冢宰三年。’”又如《孔子家语·正论解》：“子张问：‘《书》云：高宗三年不言，言乃雍，有诸？’孔子曰：‘胡为其不然也？古者天子崩，则世子委政于冢宰三年。成汤既没，太甲听于伊尹；武王既丧，成王听于周公，其义一也。”盖传闻异词，更证此事之真实可信。

今按：此章看似谈古之丧礼，实则亦是论政论学。《礼记·王制》云：“父母之丧，三年不从政。”同书《杂记下》：“三年之丧，祥而从政。”又《孟子·滕文公上》载滕定公薨，孟子说：“三年之丧，齐疏之服，飦粥之食，自天子达于庶人，三代共之。”又引孔子曰：“君薨，听于冢宰，歠粥，面深墨，即位而哭，百官有司莫敢不哀，先之也。上有好者，下必有甚焉者矣。君子之德，风也；小人之德，草也。草尚之风，必偃。”可知“三年不言”之“言”，乃“不言政”之义。又，夫子说：“政者，正也。子帅以正，孰敢不正？”是君主守丧期间，虽不言政，实则以身垂范，有比言政更大之榜样作用，故百官是则，各司其职，听于冢宰三年而秩序井然。此正“为政以德，譬如北辰，居其所而众星共之”也。

又按：儒家之德治和礼治思想中，实亦包含“虚君共和”“万邦自主”“百姓自治”等因素在内，今人以所谓“现代性”为圭臬，必以古代为落后，今日为先进，等于先入为主地认为古人比今人弱智，实在如“矮子看戏”，人云亦云，莫名其妙也！

## 14.41 子曰：“上好礼，则民易使也。”

**新译** 孔子说：“在上位者如果爱好礼，那么百姓就容易听指挥了。”

**新识** 上章谈“三年不言”之丧礼，本章则谈“上好礼，民易使”，正是上行下效，正人先须正己之意。类似表达《论语》中不止一见。如《子路》篇夫子曰：“上好礼，则民莫敢不敬；上好义，则民莫敢不服；上好信，则民莫敢不用情。”又《阳货》篇夫子曰：“君子学道则爱人，小人学道则易使。”皆可参考。

14.42 **子路问君子。子曰：“修己以敬①。”曰：“如斯而已乎？”曰：“修己以安人。”曰：“如斯而已乎？”曰：“修己以安百姓。修己以安百姓，尧、舜其犹病诸！”**

**新注** ①修己以敬：修养自己，心存诚敬。

**新译** 子路问君子之道。孔子说：“修养自己，心存诚敬。”问：“这样就可以了吗？”孔子说：“修养自己，并能使身边人得到安乐。”又问：“这样便可以了吗？”孔子说：“修养自己，以安顿天下百姓。修养自己以安顿天下百姓，连尧和舜尚且都担心自己做不到吧！”

**新识** 此章乃整部《论语》之大关目，为学次第，在在分明，堪称一篇大文章！

前面说过，君子“为己之学”本有修己、克己、立己、成己之内涵，子路性情刚直，鲁莽好勇，长于治人，短于修己，故夫子教其修身反己，先起恭敬心而后再言他。此一“敬”字，实乃儒学内圣之秘钥也。宋儒程颐子说：“涵养须用敬，进学在致知。”（《二程遗书》卷十八）正是此意。套用佛家语，“敬”的功夫，非“顿悟”，乃“渐悟”也，不可快进速成，只能循序以进。然子路不满足于此，故又率性而问——我们真要感谢子路此问——而且是一问再问，夫子只好一答再答。于是我们知道，“修己”之后，小则足以“安人”，大则足以“安百姓”！此真可谓“小叩而大鸣”也！

今按：“修己以敬”，便如佛家罗汉果，修成正果便是一“自了汉”。“修己以安人”，好比佛家之菩萨道，不满足于“自了”，定要“普度众生”，这便是“己欲立而立人，己欲达而达人”，此正仁者之境界。而“修己以安百姓”，则有参赞天地化育之功，乃佛陀圣王之境界，此一“大道之行，天下为公”之大同境界，正如大化流行，生生不息，无远弗届，故虽如则天法地之尧舜，亦力有未及也。窃以为，《大学》首章或即受此章启发敷衍而成，试看其章句：

大学之道，在明明德，在亲民，在止于至善。知止而后有定，定而后能静，静而后能安，安而后能虑，虑而后能得。物有本末，事有终始，知所先后，则近道矣。古之欲明明德于天下者，先治其国；欲治其国者，先齐其家；欲齐其家者，先修其身；欲修其身者，先正其心；欲正其心者，先诚其意；欲诚其意者，先致其知，致知在格物。物格而后知至，知至而后意诚，意诚而后心正，心正而后身修，身修而后家齐，家齐而后国治，国治而后天下平。自天子以至于庶人，壹是皆以修身为本。其本乱而末治者，否矣。其所厚者薄，而其所薄者厚，未之有也。

今按：“修己”即“修身”，“安人”即“齐家”，“安百姓”即“治国平天下”也。儒家“内圣外王”之学，吾国吾民千古命脉，夫子早已在此“导夫先路”矣！

不唯儒家，道家亦讲“修身”。《老子》第五十四章云：“修之于身其德乃真，修之于家其德乃余，修之于乡其德乃长，修之于邦其德乃丰，修之于天下其德乃普。故以身观身，以家观家，以乡观乡，以邦观邦，以天下观天下。吾何以知天下之然哉？以此。”观此数语，其致思路径与孔子并无二致。钱穆先生经过缜密考证，认为《老子》或成书于战国中后期，乃在《论语》甚至《庄子》之后，虽未必定为“真相”，然亦绝非凿空之论也！

## 14.43 原壤夷俟①。子曰：“幼而不孙弟，长而无述焉②，老而不死，是为贼！”以杖叩其胫③。

**新注** ①原壤：鲁人，孔子的老朋友。夷（yí）俟（sì）：犹箕踞。

张开两腿坐在地上等孔子。 ②孙（xùn）弟（tì）：逊悌。谦逊恭谨。长而无述：长大后无可称述。 ③胫：小腿。

**新译** 原壤张开两腿坐在地上等孔子，孔子道："你小时候傲慢无礼，长大后又无可称述，到老了还赖活着不死，真是害人精！"说着，用拐杖敲了敲原壤的小腿（使其不再箕踞）。

**新识** 本章夫子忽又开骂，煞是好看！据朱熹《集注》："原壤，孔子之故人。母死而歌，盖老氏之流，自放于礼法之外者。……以其自幼至长，无一善状，而久生于世，徒足以败常乱俗，则是贼而已矣。"又《礼记·檀弓下》："孔子之故人曰原壤，其母死，夫子助之沐椁。原壤登木曰：'久矣。予之不托于音也。'歌曰：'狸首之斑然，执女手之卷然。'夫子为弗闻也者而过之。"可知原壤其人，或比夫子小几岁，夫子见其为老不尊，老而无礼，乃以杖叩其胫。古时六十岁可扶杖而行，此必夫子晚年返鲁之后事也。

今按：《大戴礼记·曾子立事篇》云："少称不弟焉，耻也；壮称无德焉，辱也；老称无礼焉，罪也。"又，清代大史家赵翼诗云："迂拙自惭更事少，圣明独虑弃才多。"若原壤者，亦可谓"人间弃才"也！夫子所以兴学传道，或正由原壤之徒所刺激使然，亦未可知也。

## 14.44 阙党童子将命①。或问之曰："益者与②？"子曰："吾见其居于位也，见其与先生并行也。非求益者也，欲速成者也。"

**新注** ①阙（què）党：鲁地名。在今山东曲阜。童子：少年。将命：传达宾主之辞命。 ②益者：长进。与：同"欤"。

**新译** 阙党的一位少年来向孔子传达信息。有人问孔子："这是个求长进的孩子吗？"孔子说："我看到他坐在大人的席位上，又看到他与长辈们并肩而行。他恐怕不是个求长进的人，只是一个急于求成的人罢了。"

**新识** 上章言原壤"幼而不孙弟"，观此章阙党小子之言行，正其选也。

《荀子·儒效》有夫子“居于阙党”之说。朱熹《集注》称：“将命，谓传宾主之言。或人疑此童子学有进益，故孔子使之传命以宠异之也。”“礼，童子当隅坐随行。孔子言吾见此童子，不循此礼。非能求益，但欲速成尔。故使之给使令之役，观长少之序，习揖逊之容。盖所以抑而教之，非宠而异之也。”又，《困学纪闻》卷七称：“互乡童子则进之，开其善也；阙党童子则抑之，勉其学也。”

今按：近世以来，受西学影响，学子不知尊师，孩童不屑敬长，余常见写新诗者，乳臭未干即与前辈称兄道弟，行止坐卧，旁若无人，且美其名曰“人无尊卑，诗无大小”。呜呼！此皆“非求益者也，欲速成者也”，盖拜近百年“诗教”陵夷、礼坏乐崩之赐也。抚今追昔，沿波讨源，岂皆阙党小子之苗裔乎？

# 卫灵公第十五

**15.1　卫灵公问陈①于孔子。孔子对曰："俎豆②之事，则尝闻之矣；军旅③之事，未之学也。"明日遂行。**

**新注**　①问陈（zhèn）：请教战阵之事。陈，"阵"的古字。　②俎豆（zǔ dòu）：古代祭祀时盛放食物的礼器。　③军旅：军队战伐。郑玄注："万二千五百人为军，五百人为旅。"

**新译**　卫灵公向孔子请教军阵行伍之事。孔子答道："礼仪的事情，我还听说过一些；至于带兵打仗之事，我没有学过。"第二天就离开了卫国。

**新识**　卫国乃孔子周游列国时最大"中转站"，故本篇以卫灵公问阵事居首，亦与《宪问》篇"子击磬于卫"相呼应。据《史记·孔子世家》记载，夫子在卫国曾五入五出：

第一次是去鲁之后："孔子遂适卫，主于子路妻兄颜浊邹家。卫灵公问孔子：'居鲁得禄几何？'对曰：'奉粟六万。'卫人亦致粟六万。居顷之，或谮孔子于卫灵公。灵公使公孙余假一出一入。孔子恐获罪焉，居十月，去卫。”

第二次是过匡被围后返卫：“居卫月余，灵公与夫人同车，宦者雍渠参乘，出，使孔子为次乘，招摇市过之。孔子曰：‘吾未见好德如好色者也。’于是丑之，去卫，过曹。”

第三次是去曹适宋过郑，在陈三年后又返卫：“灵公老，怠于政，不用孔子。孔子喟然叹曰：‘苟有用我者，期月而已，三年有成。’孔子行。”

第四次是去卫，将西见赵简子。至于河而闻窦鸣犊、舜华之死也，临河而叹曰：“美哉水，洋洋乎！丘之不济此，命也夫！”而反乎卫，入主蘧伯玉家。《史记》将灵公问阵事系于此时，并将“明日遂行”之原因交代如下：

> 他日，灵公问兵陈。孔子曰：“俎豆之事则尝闻之，军旅之事未之学也。”明日，与孔子语，见蜚雁，仰视之，色不在孔子。孔子遂行，复如陈。

观此可知，夫子去卫适陈，实乃“辟色”“辟人”也。此后孔子自蔡如叶，又自叶反蔡，在蔡三年，后遇陈蔡绝粮之事，又辗转从楚国返回卫国。是年孔子年六十三，盖鲁哀公六年也。其后夫子一直住在卫国，直至返鲁。

今按：夫子何以不答灵公问阵？郑玄《注》称：“军旅末事，本未立，不可教以末事。”邢昺《疏》亦承其说。《集注》尹氏曰：“卫灵公，无道之君也，复有志于战伐之事，故答以未学而去之。”此说似是而非，卫乃小国，灵公虽无道，亦非穷兵黩武之君。郑汝谐《论语意原》卷四云：“灵公诚有意于用夫子，虽问阵，可以对也。必以礼貌辞色已无用之意，是以因问阵而遂行。”其说庶几近于情实。

**15.2　在陈绝粮，从者病，莫能兴①。子路愠见曰：“君子亦有穷②乎？”子曰：“君子固穷，小人穷，斯滥矣③。”**

**新注**　①兴：起。　②愠见：生气求见。穷：困境。走投无路。

③固穷：固守穷困。滥：溢也；泛滥无所不为。

**新译** 孔子在陈国断了粮食，跟随的弟子们都病倒了，站都站不起来。子路很生气地去见夫子，说："君子也有山穷水尽的时候吗？"孔子说："唯有君子才能固守于穷困而不改其志，小人一旦陷入穷困，就会肆无忌惮地胡作非为了。"

**新识** 在陈绝粮乃夫子一生遭遇之最大困境。事在鲁哀公六年（前489），当时孔子已在蔡国近三年，吴国伐陈，楚国往救，知夫子在陈、蔡之间，便派使者聘请孔子入楚。陈蔡大夫恐夫子助楚而危己，于是围孔子于旷野，师徒绝粮多日，弟子心思涣散，子路表现得尤其明显。除本章外，古籍对此事多有传述，如《孔子家语·在厄》载：

> 子路问于孔子曰："君子亦有忧乎？"子曰："无也。君子之修行也，其未得之，则乐其意，既得之，又乐其治，是以有终身之乐，无一日之忧。小人则不然，其未得也，患弗得之，既得之，又恐失之，是以有终身之忧，无一日之乐也。"

《史记·孔子世家》记载更详细：

> 孔子知弟子有愠心，乃召子路而问曰："《诗》云'匪兕匪虎，率彼旷野'。吾道非邪？吾何为于此？"子路曰："意者吾未仁邪？人之不我信也。意者吾未知邪？人之不我行也。"孔子曰："有是乎！由，譬使仁者而必信，安有伯夷、叔齐？使知者而必行，安有王子比干？"子路出，子贡入见。孔子曰……子贡曰："夫子之道至大也，故天下莫能容夫子。夫子盖少贬焉？"孔子曰："赐，良农能稼而不能为穑，良工能巧而不能为顺。君子能修其道，纲而纪之，统而理之，而不能为容。今尔不修尔道而求为容。赐，而志不远矣！"子贡出，颜回入见。孔子曰……颜回曰："夫子之道至大，故天下莫能容。虽然，夫子推而行之，不容何病？不容然后见君子！夫道之不修也，是吾丑也。夫道既已大修而不用，是有国者之丑也。不容何病？不容然后

见君子！”孔子欣然而笑曰：“有是哉颜氏之子！使尔多财，吾为尔宰。”

《荀子·宥坐》《庄子·让王》皆有相关记述，此不赘引。

今按：上述记载虽属传闻异词，然其大旨则一。皆可见夫子值生死困穷之境地，依然能保持乐观心境，甚至以困厄为人生难得之幸事，此即所谓“仁者不忧”。《集解》何晏称：“言君子固有穷时，不若小人穷则放溢为非。”《集注》程子曰：“固穷者，固守其穷。”朱熹则谓：“圣人当行而行，无所顾虑。处困而亨，无所怨悔。”是年夫子六十三岁，其自言“六十而耳顺”，观此章可知也。

又按：朱子以此章与上章合为一章，然陈蔡绝粮事距灵公问阵、夫子去卫，时隔数年，故以分为二章为是。

## 15.3 子曰：“赐也，女以予为多学而识之者与[①]？”对曰：“然，非与？”曰：“非也。予一以贯之。”

**新注** ①赐：即端木赐，字子贡。识（zhì）：通“志”，记。

**新译** 孔子说：“赐啊，你以为我是一个博闻强记的人吗？”子贡回答：“是啊，难道不是吗？”孔子说：“不是的，我的道是由一个根本的东西贯彻始终的呀！”

**新识** 本章再次出现“一以贯之”，可与《里仁》篇“参乎！吾道一以贯之”章同参。曾参以夫子一贯之道为“忠恕”，后子贡问“有一言而可以终身行之者乎”，夫子乃以“恕”为答。似乎一贯之道便是“忠恕”二字。不过，本章夫子答子贡，似乎另有语境。

《史记·孔子世家》将此事系于陈蔡绝粮时，并在前面加了四个字：“子贡色作。”“子贡色作”，大概也如“子路愠见”，皆其学在外，未能一贯之表现。如《史记》可信，则此处所谓“一以贯之”，便须结合上下两章来解读。上章陈蔡绝粮，夫子说：“君子固穷，小人穷斯滥矣。”下章夫子又对子路说：“知德者鲜矣！”窃以为，本章夹在两章之间，大有深意。夫子因材施教，对刚勇之子路，径以君子小人之不同言之，可谓当头棒喝。对通达强记之子贡，则先以“多学而识之非吾之一贯之道”启发之，使其思考，吾道若非“闻见之知”的“学”，究竟是什么？窃谓此处“予”盖指“予之道”，而“一以贯之”者，当是指“德”。夫子言下之意，你们以为遭遇困厄，能支撑我“固穷不忧”“弦歌不辍”的仅是博学多闻吗？非也！能使我“不怨天，不尤人，下学而上达”的“一贯之道”无他，唯我心中浑然天成、不假外铄的这一片仁之心！这一股道之气！这一团德之火！夫子此“德”，正可涵盖智、仁、勇，纵贯孝悌忠恕、仁义礼智等德性也。夫子正赖有此诸德，故可临危不惧，处变不惊，内省不疚，知命不忧。夫子似乎在说：吾岂徒事记问之经师耶？吾实欲成一以身履道之人师也！

今按：《中庸》云：“物有本末，事有终始，知所先后，则近道矣。”《子张篇》亦说：“有始有卒者，其惟圣人乎？”皆可知夫子“一以贯之”非虚语也，乃实证力行者也。《中庸》又说：“故君子尊德性而道问学，致广大而尽精微，极高明而道中庸，温故而知新，敦厚以崇礼。”此正教人“尊德性”与“道问学”不可偏废，亦夫子所谓“博学于文，约之以礼，亦可以弗畔矣夫”。

又按：夫子之学，皆从实践中来，其中又深蕴义理。如其所谓“一以贯之”，实“中学”与“西学”大分野之所在。盖中学重综合，西学重分析；中学重感通，西学重逻辑；中学重体验，西学重推演；中学重内省，西学重外求；中学重一贯，西学求旁通……凡此种种，不一而足。故中学开出以“内在超越”为旨归的心性哲学、道德与精神文明，西学则开出以“外在超越”为旨归的思辨哲学、科技与物质文明。孔子之学，不可谓不博矣，然其绝非驰骛于外求，而是贯通于内在之理性良知与道德生命。老子说：“为学日益，为道日损。”夫子更强调，由博返约，一以贯之，下学在多闻，上达在一贯。后儒所谓“道通为一”“以一统众”“理一分殊”“月印万川”诸说，皆由此彰明而开显。此学者不可不知也。

## 15.4　子曰："由！知德者鲜矣。"

**新译**　孔子说："仲由呀！懂得德行的人太少了。"

**新识**　此章语境未详，阐释空间反而增大。如杨义先生以为此章盖夫子在卫时所言，当与《雍也》篇"子见南子"、本篇"已矣乎！吾未见好德如好色者也"、《阳货》篇"唯女子与小人为难养也"诸章同参（《论语还原》）。此说颇新耳目，可供参考。

窃以为，此章置于上章"一以贯之"之下，不为无因。盖孔门弟子，唯颜回、漆雕开、闵子骞、原宪诸人能知求道，余则唯知求学求知，不知践道约礼，观子路"何必读书，然后为学"之诘，可以见矣。陈蔡绝粮，子路最先发难，正是"执德不弘，信道不笃"之表现。故夫子耳提面命："知德者鲜矣！"言下之意，"德"之为物，难道是死记硬背的高头讲章吗？夫"德行"二字，在内为德，在外为行，面临生死攸关之困厄磨难时，最能见其人"知德"与否也！故朱熹《集注》称："德，谓义理之得于己者。非己有之，不能知其意味之实也。"又，李炳南《论语讲要》云："德的本字是，从直心。心的本体寂然不动，名之为道。动则必变，虽动尚未变化，其必仍直，而不枉曲，这叫做德。不是修道的人不能知德，所以知德者少。"由此可知，闻见之知易学，德性之知难明。

进而言之，夫子所谓"知德者鲜"，实是"行德者鲜"的委婉表达。夫子尝曰："中庸之为德也，其至矣乎！民鲜久矣。""民鲜久矣"，绝非仅指"民鲜知"，更多乃指"民鲜行"。故朱子"为政以德"章注云："德之为言得也，行道而有得于心也。"又《尚书·说命》："非知之艰，行之惟艰。"孔传："言知之易，行之难。"正此意也。

今按：夫子此言，实亦开启后世"知行之辨"。程朱重知，认为"知先行后"，如程颐说："人谓要力行，亦只是浅近语。人既能知见，岂有不能行？"朱熹也说："义理不明，如何践履？今人多教人践履，皆是自立标致去教人。"而阳明则以知行为一体，说："知行如何分得开？……行是知的功夫。知是行之始，行是知之成。若会得时，只说一个知，已自有行在。只说一个行，已自有知在。……故遂终身不行，亦遂终身不知。”追本溯源，诸家之说实亦导源乎夫子“知德者鲜”也！

## 15.5　子曰：“无为而治者，其舜也与！夫何为哉？恭己正南面①而已矣。”

**新注**　①恭己正南面：恭己，恭谨律己，即“行己也恭”义。南面，即面南，古代以面南为贵，代指君主。

**新译**　孔子说：“自己清静无为而能让天下太平的，大概就是大舜了吧？他做了些什么呢？不过是心存恭敬，端正己身，面南坐在君位上而已。”

**新识**　本章谈无为而治，大道至简。可与《为政》篇“为政以德”章旁通。“无为而治”在儒家思想中，正与“德治”同调。如《尚书·武成》说：“惇信明义，崇德报功，垂拱而天下治。”《大戴礼记·主言篇》：“昔者舜左禹而右皋陶，不下席而天下治。”《新序·杂事三》：“故王者劳于求人，佚得于贤。舜举众贤在位，垂衣裳恭己无为而天下治。”又，赵岐《孟子注》：“言任官得其人，故无为而治。”《周易·系辞下》：“黄帝、尧、舜垂衣裳而天下治，盖取诸乾坤。”《中庸》亦云：“君子动而世为天下道，行而世为天下法，言而世为天下则。远之，则有望；近之，则不厌。”“君子不动而敬，不言而信。”“君子笃恭而天下平。”朱熹《集注》释此章云：“圣人德盛而民化，不待其有所作为也。……恭己者，圣人敬德之容。”又引范祖禹说：“为政以德，则不动而化、不言而信、无为而成。所守者至简而能御烦，所处者至静而能制动，所务者至寡而能服众。”盖无为而治，必待至德之人而后可。故“正南面”，实指正其天子之位以领袖群伦也。

今按：儒家之“无为”与道家不同。《老子》第二章说：“圣人处无为之事，行不言之教。”第三章：“为无为，则无不治。”第十章：“爱民治国，能无为乎？”第十七章：“太上，不知有之；其次，亲之誉之；其次，畏之；其次，侮之。”第三十七章：“道常无为而无不为。”

第四十三章："天下之至柔，驰骋天下之至坚。无有入于无间，吾是以知无为之有益。不言之教，无为之益，天下希及之。"第四十八章："为学日益，为道日损。损之又损，以至于无为。无为而无不为。故取天下常以无事，及其有事，不足以取天下。"第五十七章："我无为而民自化，我好静而民自正，我无事而民自富，我无欲而民自朴。"第六十四章："为者败之，执者失之。是以圣人无为故无败，无执故无失。"又，《吕氏春秋·分职》："无智，故能使众智也，故能使众能也。无为，故能使众为也。"可知老子之"无为"，乃"不妄为"，其目标是"无不为"而"无不治"，实则是向外求之"君人南面之术"。再看《庄子·天道》篇的"无为"说：

> 夫虚静恬淡寂漠无为者，万物之本也。明此以南乡，尧之为君也；明此以北面，舜之为臣也。以此处上，帝王天子之德也；以此处下，玄圣素王之道也。……夫帝王之德，以天地为宗，以道德为主，以无为为常。无为也，则用天下而有余；有为也，则为天下用而不足。故古之人贵夫无为也。上无为也，下亦无为也，是下与上同德，下与上同德则不臣；下有为也，上亦有为也，是上与下同道，上与下同道则不主。上必无为而用天下，下必有为为天下用，此不易之道也。

观此可知，庄子与老子虽同主"无为"，而又略有不同。

今按：儒家之"无为"，实际上是君主先须正己、克己、修己，成为道德上之楷模，"内圣"之后自然开出"外王"，"上无为而下有为"，此即所谓"絜矩之道"。孔子之所以推崇三代之治，比之"大同"，正为其以"天下为公，选贤与能，讲信修睦"，上行下效，人皆自治自为也。反观今日之治理，过分强调"有所作为"，反对"行政不作为"，致使官员热心于"政绩"，而不重"慎独"，以致"胆大妄为""为所欲为"。所谓"无为而治"，反倒成为不切实际的乌托邦和理想国了！

**15.6 子张问行①。子曰："言忠信，行笃敬，虽蛮貊之邦②，行矣；言不忠信，行不笃敬，虽州里③，行乎哉？立，则见其参于前④也；在舆，则见其倚于衡⑤也。夫然后行！"子张书诸绅⑥。**

**新注** ①行：通行。 ②言忠信，行笃敬：言语忠信，行为笃敬。蛮貊（mán mò）之邦：蛮在南，貊在北，皆异族。犹言野蛮地区。 ③州里：古代二千五百家为州，二十五家为里。本为行政建制，亦指乡里或本土。又，四里为族，五族为党，五党为州，五州为乡。乡，万二千五百户。 ④则见其参（cān）于前：参于前，参然出现于前。如有字矗立于前，正对着自己。 ⑤在舆（yú），则见其倚于衡：舆，车。衡，车上的横木。其，代指'忠信笃敬'四字。 ⑥书诸绅：写在衣带上。绅，衣带。

**新译** 子张请教怎样才能通行无阻。孔子说："言语忠诚信实，行为厚道恭敬，即便到了野蛮地区也行得通。如果言语不忠诚信实，行为不厚道恭敬，即便在本乡本土，能行得通吗？你站立时，就像看见'忠信笃敬'参然在眼前；坐车时，就像看见'忠信笃敬'倚靠在车衡上。（像这样念念不忘，）然后才能通行无阻。"子张把老师的话写在衣带上。

**新识** 本章言忠信笃敬之要。可与"十室之邑必有忠信"章同参。忠信、笃敬之为德，虽蛮貊之邦，亦必可行；反之，即便州里乡党，亦不可行也。子张学为外行，夫子偏欲其内修，不容一毫含糊！故朱熹《集注》称："子张意在得行于外，故夫子反于身而言之，犹答干禄问达之意也。"夫子教子路"修己以敬"，与此章可谓异曲同工。

今按："立，则见其参于前也；在舆，则见其倚于衡也。"此句最为吃紧！此乃夫子"化性"之教，由内而外，必欲使其视听言动、行止坐卧，皆守此德、行此道也。孟子对此亦有精彩发挥：

> 广土众民，君子欲之，所乐不存焉。中天下而立，定四海之民，君子乐之，所性不存焉。君子所性，虽大行不

加焉，虽穷居不损焉，分定故也。君子所性，仁义礼智根于心，其生色也睟然，见于面，盎于背，施于四体，四体不言而喻。(《孟子·尽心上》)

前引《荀子·劝学》也说："君子之学也，入乎耳，著乎心，布乎四体，形乎动静。端而言，蠕而动，一可以为法则。小人之学也，入乎耳，出乎口；口耳之间，则四寸耳，曷足以美七尺之躯哉?"夫子乃告诫子张，君子之学，内美自然外修，忠信笃敬形诸于外，不唯行于州里蛮貊，即便行于天下四海，亦无往而不自得也。

**15.7 子曰："直哉史鱼！邦有道，如矢①；邦无道，如矢。君子哉蘧伯玉！邦有道，则仕；邦无道，则可卷而怀之②。"**

**新注** ①直哉史鱼：史，官名。鱼，卫大夫，名鳅，字子鱼。如矢：如箭。言其直。 ②卷而怀之：卷，收义；怀，藏义。意谓把自己的德能收藏起来。包咸注："卷而怀，谓不与时政，柔顺不忤于人。"

**新译** 孔子说："真是刚直啊史鱼！国家有道时他像箭一样直，国家无道时他还是像箭一样直。真是君子啊蘧伯玉！国家有道时，他就出仕；国家无道时，他就把自己的德能收藏起来。"

**新识** 本章论史鱼、蘧伯玉二贤，涉及直道与权道。前引《左传·襄公二十九年》载："（吴公子札）适卫，说蘧瑗、史狗、史鳅、公子荆、公叔发、公子朝，曰：'卫多君子，未有患也。'"可知蘧伯玉、史鱼皆在君子之列。

史鱼其人，乃卫国最为正直之大夫，《孔子家语·困誓》载其"尸谏"之事曰：

卫蘧伯玉贤而灵公不用，弥子瑕不肖反任之，史鱼骤谏而不从。史鱼病将卒，命其子曰："吾在卫朝，不能进蘧伯玉退弥子瑕，是吾为臣不能正君也。生而不能正君，则死无以成礼。我死，汝置尸牖下，于我毕矣。"其子从之，灵公吊焉，怪而问焉，其子以其父言告公，公愕然失容曰："是寡人之过也。"于是命之殡于客位，进蘧伯玉而用之，退弥子瑕而远之。孔子闻之曰："古之列谏之者，死则已矣，未有若史鱼死而尸谏，忠感其君者也，不可谓直乎?"

又，《韩诗外传》卷七谓其"生以身谏，死以尸谏"。史鱼之直，真可谓"生死以之"！

蘧伯玉与夫子更可谓挚友，孔子周游列国十四年，近十年在卫，且大多住在蘧伯玉家。孔子赞其为"君子"，盖因伯玉其人进退出处，皆合于道。

这里须说明，孔子对二贤的评价，涉及对"君子"的理解，隐含着如下判断，即君子能包"直"，而"直"不能包君子。不过，就史鱼而言，偏偏是一位正直君子。有例为证。《说苑·杂言》载："仲尼曰：'史鰌有君子之道三：不仕而敬上，不祀而敬鬼，直能曲于人。'""直能曲于人"一句吃紧！换言之，如史鱼仅仅是直，还不足以成为君子。夫子说过："君子之于天下也，无适也，无莫也，义之与比。"孟子也说："可以仕则仕，可以止则止，可以久则久，可以速则速，孔子也。"如仅能共学、适道，不能与立、与权，终究不能算成德之君子。

今按：邦有道，邦无道，时也，命也；直不直，仕不仕，义也，权也。夫子赞许直道而行，但更认同用行舍藏、明哲保身、时中达权之君子。夫子的这一判断，可以从"邦有道，不废；邦无道，免于刑戮""邦有道则知，邦无道则愚，其知可及也，其愚不可及也""天下有道则见，无道则隐"诸章得到印证。此夫子道大德全，绝不"意必固我"之证也！

## 15.8 子曰："可与言而不与之言，失人①；不可与言而与之言，失言。知者不失人，亦不失言。"

**新注** ①失人：错失人才或知音。

**新译** 孔子说："可以与他交谈却不与他交谈，这是待人有失；不可以与他交谈却与他交谈，这是言语有失。有智慧的人既不会待人有失，也不会言语有失。”

**新识** 前章已论及君子出处当时中合义，本章又论君子与人交往，当知言知人。孔门四科中第二科便是“言语”，足见其在孔门中地位举足轻重。夫子说：“有德者必有言，有言者不必有德。”此一句便揭示了“知人”先须“知言”。故《尧曰》篇也即《论语》末章末句便是夫子说：“不知言，无以知人也。”而孟子一生最引为自豪的便是“我知言，我善养吾浩然之气”。

本章主要谈“言”与“人”之关系。换言之，君子之言说，须注意对象，其身份、人品、修养将直接决定言说之效果。俗话说：“酒逢知己千杯少，话不投机半句多。”可与言而不言，会错失最好的朋友；不可与言而言，则浪费时间甚至授人以柄！事实上，“言”不仅与“人”有关，与“时”的关系更为微妙。《宪问》篇公明贾曾说公叔文子“时然后言，人不厌其言”，《季氏》篇孔子说“侍于君子有三愆：言未及之而言，谓之躁；言及之而不言，谓之隐；未见颜色而言，谓之瞽”，便足以说明言说的时机、场合、对象，皆须精准把握，才不至于言多必失，甚至祸从口出！

今按：《老子》说：“知人者智，自知者明。”又说：“知者不言，言者不知。”如在一错误地点，错误时间，碰到一错误的言说对象，君子最好的选择便是三缄其口，沉默是金！《世说新语·赏誉》有云：“不能言而能不言。”明达此理者，方可谓之智也！

## 15.9 子曰：“志士仁人，无求生以害仁，有杀身以成仁。”

**新译** 孔子说：“志士仁人，不会为了求生而妨害仁德，却有牺牲生命来成就仁德的。”

**新识** 前两章谈明哲保身、时中达权、知人知言，或许会使人以为君子都是“滑头”，故此章乃以“志士仁人”提振士气！如说前几章言“德”（忠信笃敬）立足于“仁”，上章立足于“智”，本章则立足于

“勇”。《论语》编排之内在肌理与节奏，张弛有度，摇曳多姿，充满了生命感！

今按：夫子虽赞同守经达权，义之与比，但并不等于和稀泥和无操守。遇到大是大非，危急存亡之秋，士君子绝不苟且偷生。孟子说得好：“生，亦我所欲也，义，亦我所欲也，二者不可得兼，舍生而取义者也。生亦我所欲，所欲有甚于生者，故不为苟得也。死亦我所恶，所恶有甚于死者，故患有所不避也。如使人之所欲莫甚于生，则凡可以得生者何不用也！使人之所恶莫甚于死者，则凡可以避患者何不为也！由是则生而有不用也；由是则可以避患而有不为也。是故所欲有甚于生者，所恶有甚于死者。非独贤者有是心也，人皆有之，贤者能勿丧耳。”（《孟子·告子上》）又朱熹《集注》云：“志士，有志之士。仁人，则成德之人也。理当死而求生，则于其心有不安矣，是害其心之德也。当死而死，则心安而德全矣。”

## 15.10 子贡问为仁①。子曰：“工欲善其事，必先利其器②。居是邦也，事其大夫之贤者，友其士之仁者。”

**新注** ①为仁：行仁；修养仁德。 ②工欲善其事：工匠想要做好自己的事。利其器：利，快利，使精良。器，工具。

**新译** 子贡问如何修养仁德。孔子说：“工人要想干好他的工作，必须先把自己的工具做得精良而快利。居住在一个国家，就要奉事大夫中的贤者，并且与士人中的仁者交朋友。”

**新识** 上章谈杀身成仁，本章谈为仁养仁。夫子打了个比方：“工欲善其事，必先利其器。”其事为何？为仁也。其器为何？友仁也。言下之意，欲为仁者，必先养仁，欲养仁者，必先事贤友仁。此即“泛爱众而亲仁”“就有道而正焉”“里仁为美”“贤贤贱不肖”“尚友古人”之义也。故钱穆说：“工无利器，不能善其业。犹人无才德，不能尽其仁。”

今按：此章实亦涉及环境及交往对象对人之影响。《说苑·杂言》载：“孔子曰：‘不知其子，视其所友；不知其君，视其所使。’又曰：

‘与善人居，如入兰芷之室，久而不闻其香，则与之化矣；与恶人居，如入鲍鱼之肆，久而不闻其臭，亦与之化矣。”事贤友仁，皆君子成德之必要条件，否则孤芳自赏，固步自封，绝无进步之可能矣。

**15.11 颜渊问为邦①。子曰：“行夏之时，乘殷之辂，服周之冕，乐则《韶》舞②。放郑声，远佞人。郑声淫，佞人殆③。”**

**新注** ①为邦：治国。 ②行夏之时：施行夏朝的历法。今日所用农历，便是夏历。乘殷之辂（lù）：乘用商代的车子。服周之冕：穿戴周代的衣冠。乐则《韶》舞：乐舞采用《韶》乐。 ③放郑声，远佞人：放，舍弃、禁绝。远，疏远。佞人，巧言令色的小人。殆：危险。

**新译** 颜渊请教治国之道。孔子说：“实行夏朝的历法，乘坐商代的车子，穿戴周代的衣冠，乐舞则采用《韶》乐。舍弃郑国的音乐，疏远巧言令色的小人。因为郑国的乐曲滥无节制，而巧言令色的小人太危险。”

**新识** 颜渊问为邦，即问治国平天下之道。夫子乃告以治国纲目，先历法，次舆服，次音乐，再次论及郑声淫、佞人殆，可谓知无不言，言无不尽。故程子曰：“问政多矣，惟颜渊告之以此。盖三代之制，皆因时损益，及其久也，不能无弊。周衰，圣人不作，故孔子斟酌先王之礼，立万世常行之道，发此以为之兆尔。由是求之，则余皆可考也。”

夏之时，即夏历，今之阴历以一月为正月；殷以阴历十二月为正月；周以阴历十一月为正月。阴历合于农时，故谓之农历。孔子重农事，故主行夏时。辂，乃天子所乘之车。周天子之辂，饰以金玉，过于奢华；殷之辂，则木制，尚质不奢，故孔子主乘殷之辂。冕，乃祭祀时所戴之冠。周之冕，形制华美，贵而不奢，孔子主服周冕，有尚文之意。《韶》为虞舜之乐，尽善尽美，孔子取之，盖以教化百姓，移风易俗。

前面说过，古时之声、音、乐，本有雅俗、高下之别。情动于中，故形于声；声成文，谓之音；“德音”方可谓之“乐”。故这里的“郑声”，乃郑国之音调，而非《诗经》之“郑风”。《礼记·乐记》说：“郑音好滥淫志，宋音燕女溺志，卫音趋数烦志，齐音敖辟乔志，此四者，皆淫于色而害于德，是以祭祀勿用也。”又，《五经异义》：“鲁论说，郑国之俗，有溱洧之水，男女聚会，讴歌相感，故云郑声淫。”朱熹《诗集传》则称：“《卫》犹为男悦女，《郑》皆为女惑男。卫人犹多刺讥惩创之意，郑人无复羞愧悔悟之萌，故夫子独以郑声为戒。”《礼记·乐记》记魏文侯“听郑卫之音，则不知倦”，请教子夏音乐之理。子夏说：“今君之所问者乐也，所好者音也！夫乐者，与音相近而不同。……德音之谓乐。……今君之所好者，其溺音乎？”可知，“郑声淫”，几乎是当时之常识。

至于“远佞人”，实则便是“贤贤贱不肖”，“举直错诸枉，能使枉者直”。唯其如此，则国可治，天下可平。遗憾的是，在具体实践中，“远佞人”并不容易，故王应麟《困学纪闻》卷七说：“唐太宗文学馆学士，许敬宗与焉；裴晋公淮西宾佐，李宗闵与焉。以是知佞人之难远。”类似名单可以开出一大串，历朝历代，不绝于书，盖佞人巧言令色，长袖善舞，非圣王明君，难以窥破其庐山真面，其“殆”、其“险”正在于此！

## 15.12　子曰：“人无远虑，必有近忧。”

**新译**　孔子说：“一个人没有深远的考虑，必然会有眼前的忧患。”

**新识**　《集注》苏氏曰：“人之所履者，容足之外，皆为无用之地，而不可废也。故虑不在千里之外，则患在几席之下矣。”王应麟《困学纪闻》卷七称：“思欲近，近则精；虑欲远，远则周。”皆可备参。

今按：君子远虑，进退从容，故能坦荡荡；小人近忧，患得患失，因而长戚戚。远近既可以地言，亦可以时言。

## 15.13　子曰："已矣乎！吾未见好德如好色者也。"

**新译**　孔子说："算了吧！我还没有见到像好色一样好德的人呢。"

**新识**　皇侃《疏》云："既先云已矣，明久已不见也。疾时色兴德废，故起斯叹也。"

今按：本章与《子罕》篇第18章重出，盖夫子在卫，见灵公轻德好色时所言。人生在世，当发扬良知，善导情欲，事贤友仁，贤贤易色，如此方可下学上达，免堕小人之域也。

## 15.14　子曰："臧文仲其窃位①者与？知柳下惠之贤而不与立②也。"

**新注**　①窃位：窃据官位，犹言尸位素餐。《集解》孔安国曰："知其贤而不举，是为窃位。"朱熹《集注》称："窃位，言不称其位而有愧于心，如盗得而阴据之也。"　②柳下惠：鲁大夫展获，字禽，食邑柳下，谥曰惠。与立：谓与之并立于朝。

**新译**　孔子说："臧文仲是个尸位素餐的人吧？他明知道柳下惠贤德，却不举荐他使他与自己并立于朝。"

**新识**　臧文仲，《公冶长》篇已见。夫子谓"臧文仲居蔡，山节藻棁，何如其知也？"言其不知礼。本章又称其"窃位"，是不贤。盖臧氏世为司寇，柳下惠曾为士师，正是其属官，臧氏知其贤而不举，故夫子不取焉。《集注》范氏曰："臧文仲为政于鲁，若不知贤，是不明也；知而不举，是蔽贤也。不明之罪小，蔽贤之罪大。故孔子以为不仁，又以为窃位。"

今按：此章与举贤有关。可与《宪问》篇"公叔文子之臣大夫僎，与文子同升诸公"章同参。公叔文子与臧文仲，皆得谥为"文"，其境界相差有如此！

## 15.15 子曰："躬自厚而薄责于人[1]，则远怨矣！"

**新注** ①躬自厚：对自己要求严格。躬，自身。薄责于人：对别人要求宽松。责，要求。

**新译** 孔子说："对自己的错误责备得厚重一些，而对别人的过失不要苛责，就会远离怨恨了。"

**新识** 《集解》孔安国曰："责己厚，责人薄，所以远怨咎。"朱熹《集注》："责己厚，故身益修；责人薄，故人易从。所以人不得而怨之。"王引之《经义述闻》："躬自厚者，躬自责也，因下薄责于人而省'责'字。"责己，盖反求诸己也。

今按：本章论人我相与之道，君子厚责于己，薄责于人，小人反是。子曰："君子求诸己，小人求诸人。"又说："攻其恶，无攻人之恶。""求"与"攻"，皆与本章"责"字同义。君子内省不疚，故能不知不愠；小人不知内省，故而怨天尤人。是知为己之学，实修己、克己、责己之学也。

## 15.16 子曰："不曰'如之何、如之何'者，吾末如之何[1]也已矣。"

**新注** ①末如之何：末，无，没有。如之何，怎么办。

**新译** 孔子说："不念叨'怎么办、怎么办'的人，我真不知道该拿他怎么办了。"

**新识** 此章可见夫子言行之敬慎。朱熹《集注》说："如之何如之何者，熟思而审处之辞也。不如是而妄行，虽圣人亦无如之何矣。"故此章可与"言寡尤，行寡悔""临事而惧，好谋而成""为之难，言之得无讱乎？""言之不怍，则为之也难"诸章相参照。可知夫子对言行鲁莽、"闻斯行诸"之人，大不以为然。

今按：细玩此章语气，或对性情刚猛好勇如子路者所言，亦未可知也。

## 15.17 子曰："群居终日，言不及义，好行小慧①，难矣哉！"

**新注** ①言不及义：所谈不及道义。小慧：私智，小聪明。

**新译** 孔子说："一群人相处一整天，所谈完全不及道义，却喜欢卖弄小聪明，这就难办了！"

**新识** 朱熹《集注》称："小慧，私智也。言不及义，则放辟邪侈之心滋。好行小慧，则行险侥幸之机熟。难矣哉者，言其无以入德，而将有患害也。"

今按：顾炎武《日知录》卷十三引此章以概"南北学者之病"云："'饱食终日，无所用心，难矣哉！'今日北方之学者是也。'群居终日，言不及义，好行小慧，难矣哉！'今日南方之学者是也。"实则此言亦深中今人之病，今之手机微信群朋友圈，亦充斥"言不及义，好行小慧"者，若不收视反听，时加检束，则极易沉湎于此，于进学成德大有妨碍！

## 15.18 子曰："君子义以为质①，礼以行之，孙以出之②，信以成之。君子哉！"

**新注** ①义以为质：以义为质。质，实质。下三"之"字亦指"义"。 ②孙（xùn）以出之：孙，通"逊"。

**新译** 孔子说："君子把道义作为自己行事的实质和准则，用礼来推行它，用谦逊的言辞来阐述它，用诚信的态度来完成它。这才是君子啊！"

**新识** 上章谈"言不及义"，本章则论"义以为质"，前后相贯，气韵生动。"义"在儒学价值系统中，与仁、礼、智、信相辅而行，不唯是一"德"，实亦是一"智"。夫子所谓"义以为质"者，即"以义为本"也。郑玄注云："义以为质，谓操行。孙以出之，谓言语。"朱熹《集注》称："义者，制事之本，故以为质干。而行之必有节文，出之必以退逊，成之必在诚实，乃君子之道也。”程子曰：“义以为质，如质干然。礼行此，孙出此，信成此。此四句只是一事，以义为本。”

今按：礼以行之，礼义也；逊以出之，仁义也；信以成之，信义也。无德而不合义，方可谓之君子也！

## 15.19 子曰：“君子病无能焉，不病人之不己知也。”

**新译** 孔子说：“君子只忧虑自己没有能力，不会担忧别人不知道自己。”

**新识** 此又谈为己之学，涉及名实之辨。能者，实也；知者，名也；君子当不患莫己知，求为可知也。《集解》包咸注：“君子之人，但病无圣人之道，不病人之不己知。”关于好名之病，《传习录》卷上载：

> 先生曰：“为学大病在好名。”侃曰：“从前岁，自谓此病已轻。此来精察，乃知全未。岂必务外为人？只闻誉而喜，闻毁而闷，即是此病发来。”曰：“最是。名与实对。务实之心重一分，则务名之心轻一分。全是务实之心，即全无务名之心。若务实之心，如饥之求食，渴之求饮，安得更有工夫好名？”

今按：古之学者为己，故能务实精进；今之学者为人，唯知务名喜功：此其所以不同。

## 15.20 子曰：“君子疾没世而名不称焉①。”

**新注** ①疾：恨、遗憾义。没世：去世。名不称（chèn）：称，相称。一说称颂，亦可通。

**新译** 孔子说：“君子感到遗憾的是，自己一直到死都名不副实。”

**新识** 此章承上章，言君子对名的态度。“称”字有二读，故此句亦有两解：一种以“称”为称颂、称许。如司马迁《史记·孔子世家》载：“子曰：‘弗乎弗乎！君子疾没世而名不称焉。吾道不行矣，吾何以自见于后世哉？'乃因史记作《春秋》，上至隐公，下至哀公十四年，十二公。"朱熹《集注》引范氏曰："君子学以为己，不求人知。然没世而名不称焉，则无为善之实可知矣。"

另一种则以"称"读作"chèn"，作相称解，言君子当名副其实。《周书·谥法》："大行受大名，细行受细名。"若细行而受大名，君子耻之。王阳明《传习录》卷上云："'疾没世而名不称'。称字去声读。亦'声闻过情，君子耻之'之意。实不称名，生犹可补。没则无及矣。'四十五十而无闻'，是不闻道，非无声闻也。孔子云，'是闻也，非达也'。安肯以此忘人？"又，薛应旂《薛方山先生集·尚实》称："子言之：君子疾没世而名不称焉。'称'非称许之称，乃实称其名之'称'也。非疾其无名也，疾其无实也。"顾炎武《日知录》卷七"君子疾没世而名不称焉"条亦云："疾名之不称，则必求其实矣，君子岂有务名之心哉？是以《乾》初九之传曰：'不易乎世，不成乎名。'古人求没世之名，今人求当世之名。吾自幼及老，见人所以求当世之名者，无非为利也。名之所在，则利归之，故求之惟恐不及也。苟不求利，亦何慕名？"

今按：孔子一生追求为己之学，故其绝不以寂寂无名为耻，故说："君子病无能焉，不病人之不己知也。"又《中庸》子曰："君子依乎中庸，遁世不见知而不悔，唯圣者能之。"孟子所谓"声闻过情，君子耻之"，源头在此。

## 15.21 子曰："君子求诸己，小人求诸人。"

**新译** 孔子说："君子凡事责求于自己，小人凡事责求于别人。"

**新识** 本章既是人己之辨，又是君子小人之辨，乃夫子为己之学"独传心法"，影响深远。"求"有二义：一曰要求，二曰责备。前者平易，后者吃紧！何晏《集解》称："君子责己，小人责人。"《集注》引谢氏曰："君子无不反求诸己，小人反是。此君子小人所以分也。"

孟子对此阐发尤明，其文曰：

> 君子所以异于人者，以其存心也。君子以仁存心，以礼存心。仁者爱人，有礼者敬人。爱人者，人恒爱之；敬人者，人恒敬之。有人于此，其待我以横逆，则君子必自反也："我必不仁也，必无礼也，此物奚宜至哉？"其自反而仁矣，自反而有礼矣，其横逆由是也，君子必自反也："我必不忠。"自反而忠矣，其横逆由是也，君子曰："此亦妄人也已矣。如此，则与禽兽奚择哉？于禽兽又何难焉？"是故君子有终身之忧，无一朝之患也。（《孟子·离娄下》）

孟子还说："行有不得者，皆反求诸己，其身正而天下归之。""仁者如射。射者正己而后发，发而不中，不怨胜己者，反求诸己而已矣。"若无此一种反身自讼之克己精神，欲达"不怨天，不尤人"之君子境界，其不难矣哉?!

## 15.22 子曰："君子矜而不争，群而不党①。"

**新注** ①矜（jīn）而不争：矜重而不争胜。群而不党：合群而不偏私。

**新译** 孔子说："君子自尊自重而不与人争胜，合群乐群而不拉帮结党。"

**新识** 本章再谈君子风度，未及小人而小人自在。朱熹《集注》说："庄以持己曰矜；然无乖戾之心，故不争。和以处众曰群；然无阿比之意，故不党。"

今按：矜而不争，即泰而不骄也；群而不党，即周而不比也。

## 15.23 子曰："君子不以言举人，不以人废言。"

**新译** 孔子说："君子不会只根据一个人说了一句善言而举荐他，也不会因为一个人品格不好而否定他说的善言。"

**新识**　《集解》包咸曰："有言者不必有德，故不可以言举人。"

今按："以人废言"之"人"，既可指德，亦可指位。就德而言，不可以无德而废其善言。就位而言，刍荛之议，必有可采，故亦不可以无位而废其忠言。

## 15.24　子贡问曰："有一言而可以终身行之者乎？"子曰："其'恕'乎！己所不欲，勿施于人。"

**新译**　子贡问道："有没有一个字能让我终生奉行的呢？"孔子说："大概只有'恕'了吧！自己不想要的东西，也不要强加给他人。"

**新识**　本章再谈"恕道"。朱熹《集注》说："推己及物，其施不穷，故可以终身行之。"尹氏曰："学贵于知要。子贡之问，可谓知要矣。孔子告以求仁之方也。推而极之，虽圣人之无我，不出乎此。终身行之，不亦宜乎？"

今按：《颜渊》篇仲弓问仁时，夫子告以"己所不欲，勿施于人"，尚未揭橥此一"恕"字，此番答子贡终身可行之道，则先标"恕"这"一字真经"，再答以"八字心法"，可谓纲举目张，毫发毕现。"忠恕"之道，《里仁》篇第15章已有阐发，可参看。

## 15.25　子曰："吾之于人也，谁毁谁誉①？如有所誉者，其有所试②矣。斯民也，三代③之所以直道而行也。"

**新注**　①谁毁谁誉：即毁谁誉谁。毁不枉毁，誉不虚誉。　②试：验证。　③三代：指夏、商、周三代。斯民：指三代之民。

**新译**　孔子说："我对于人，诋毁过谁？又称赞过谁呢？如果对人有所称赞，也一定是经过考察验证的。（夏商周三代的）这些正直的民众啊，正是三代能够直道而行的基础啊！"

**新识**　本章谈毁誉有试，直道而行。朱熹《集注》称："毁者，称人之恶而损其真。誉者，扬人之善而过其实。夫子无是也。然或有所誉者，则必尝有以试之，而知其将然矣。圣人善善之速，而无所苟如此。若其恶恶，则已缓矣。是以虽有以前知其恶，而终无所毁也。”又说：“斯民者，今此之人也。三代，夏、商、周也。直道，无私曲也。言吾之所以无所毁誉者，盖以此民，即三代之时所以善其善、恶其恶而无所私曲之民。故我今亦不得而枉其是非之实也。”又引尹氏曰：“孔子之于人也，岂有意于毁誉之哉？其所以誉之者，盖试而知其美故也。斯民也，三代所以直道而行，岂得容私于其间哉？”

今按：夫子为人，心底无私，不轻毁誉，如有所誉，则必有所验，绝不虚美夸饰，此便是直道。所以叹美三代，盖因夫子当时之天下，如此直道而行者鲜矣。其实何止夫子当时，今日之天下，善恶毁誉，早无准的，巧言令色之徒，大受追捧，世道人心，每况愈下。所谓“后之视今，亦犹今之视昔”，信然！此夫子所以好古之由也。

## 15.26 子曰：“吾犹及史之阙文①也，有马者借人乘之②。今亡矣夫！”

**新注** ①史之阙文：古时优良的史官，遇有疑问，则阙如不记。一说：遇有字不识，则阙之待问，不妄以己意别写一字代之。 ②有马者借人乘之：有马的人不能调御使其驯良，则借请善于调御的人乘服之。

**新译** 孔子说：“我从前还看到过史书上的阙文，人有马自己不能调御，则虚心请人驯服。这些事情今天没有了吧！”

**新识** 前说直道而行，本章便是其例。《集解》包咸曰：“古之良史于书字有疑，则阙之以待知者也。有马不能调良，则借人乘习之。孔子自谓及见其人如此，至今无有矣。言此者，以俗多穿凿也。”皇侃《疏》：“史者，掌书之官也。古史为书，若于字有不识者，则悬而阙之以俟知者，不敢擅造为者也。”

今按：此两事，阙文属书，乘马属御，皆六艺之学也。朱熹《集注》说：“愚谓此必有为而言。盖虽细故，而时变之大者可知矣。”盖人心不古，世风日下，直道缺失，俗人竞伪，是以夫子极叹而深忧之。

## 15.27 子曰：“巧言乱德，小不忍则乱大谋。”

**新译** 孔子说：“花言巧语足以败坏品德。小处不能忍耐就会坏大事。”

**新识** 本章承上两章，再论不直不智之弊。巧言非直，小不忍非智，皆人之易犯之过。朱熹《集注》说：“巧言，变乱是非，听之使人丧其所守。小不忍，如妇人之仁、匹夫之勇皆是。”

今按：《老子》第八十一章云：“信言不美，美言不信。善者不辩，辩者不善。”“美言不信”，盖即“巧言乱德”也。故巧言虽属小不义，却足以乱大德；小不忍虽属小仁小勇，却足以乱大谋。大谋者，大智也。仁者方能安仁、安智，智者方能利仁、利勇。

## 15.28 子曰：“众恶之，必察焉；众好之，必察焉。”

**新译** 孔子说：“众人都讨厌他，一定要去考察一下；众人都喜欢他，也一定要去考察一下。”

**新识** 本章论众好众恶，皆须省察。夫子对众人之好恶，向怀疑虑，盖人心不能无私，若放于利而行，则其好恶大可怀疑，甚至必须警惕。夫子说“唯仁者能好人，能恶人”，又说“未若乡人之善者好之，其不善者而恶之”，原因在此。《集注》杨氏曰：“惟仁者能好恶人。众好恶之而不察，则或蔽于私矣。”孟子继承孔子这一思想，指出：

> 国君进贤，如不得已，将使卑逾尊，疏逾戚，可不慎与？左右皆曰“贤”，未可也；诸大夫皆曰“贤”，未可也；国人皆曰“贤”，然后察之；见贤焉，然后用之。左右皆曰“不可”，勿听；诸大夫皆曰“不可”，勿听；国人皆曰“不可”，然后察之；见不可焉，然后去之。左右皆曰“可杀”，勿听；诸大夫皆曰“可杀”，勿听；国人皆曰

"可杀"，然后察之，见可杀焉，然后杀之。故曰，"国人杀之"也。如此，然后可以为民父母。(《孟子·梁惠王下》)

孔孟这一对民众或乡人好恶的"怀疑论倾向"，对于矫正"民粹主义"以及反思现实政治制度提供了一个重要参照。今人蒋庆以为，理想政治当具"三重合法性"：一曰天道合法性（即超越神圣合法性），二曰地道合法性（即历史文化合法性），三曰人道合法性（即人心民意合法性）。若此三项皆能满足，互相制衡，和而不同，便是所谓"王道政治"。蒋氏又论民主政治之弊，在于"民意合法性一重独大"，"人民主权"代替"上帝主权"固然体现一时的进步，但其偏执性却如出一辙，特别是对个体权利与民众理性的过分夸大，极有可能导致极端世俗化与人欲化，就政治制度而言，民主极易诱发"民族主义"和"民粹主义"倾向，甚至会导致"多数人的暴政"。此其一家之言，可供参考。

今按：众好众恶，皆必察焉。虽说善政在人，人亡政息，但制度性的监督机制必不可少，甚至是区分良治与恶政之重要标准。蒋经国晚年痛定思痛，开放党禁报禁，且说了一句意味深长的话："我到底做错了什么事情？为什么人们赞扬我？"可知，当一个政治人物获得万民拥戴之时，或许正是其倒行逆施、剥夺了众人之理性和思考权利之时！夫子说"众好之，必察焉"，正是此意。所以，在理想之"王道政治"未能到来之前，"民主政治"依然可谓"最不坏的政治"，因为民主政治不仅预设天赋人权至高无上，同时还预设"绝对权力绝对导致腐败"，从而将民众一时无法判断其善恶的当权者关进笼子！

## 15.29　子曰："人能弘道，非道弘人。"

**新译**　孔子说："人能够弘扬道，而不是道来弘扬人。"

**新识**　本章论人与道之关系，关乎人之道德使命。道之为物，至大至宏，绝无偏私，故除非人主动行道，道绝不会主动迎人。道由人兴，亦由人行，故人当主动弘道，而非坐待道来弘人。《集解》王肃曰："才大者道随大，才小者道随小，故不能弘人。”皇侃《疏》引蔡谟云：“道者寂然不动，行之由人。人可适道，故曰人能弘道；道不适人，故曰非道弘人。”又朱熹《集注》：“弘，廓而大之也。人外无道，道外无人。然人心有觉，而道体无为；故人能大其道，道不能大其人也。”张子亦云：“心能尽性，人能弘道也；性不知检其心，非道弘人也。”

今按：道虽不弘人，然亦绝不离人。故《中庸》云：“道也者，不可须臾离也，可离非道也。”“道不远人，人之为道而远人，不可以为道也。”又说：“苟不至德，至道不凝焉。”盖言非至德之人，大道绝不在其身凝聚，此亦反证“人能弘道，非道弘人”也。

## 15.30　子曰：“过而不改，是谓过矣！”

**新译**　孔子说：“犯了过失而不去改正，那就真成为过错了！”

**新识**　夫子最重修身，故于迁善改过，多有强调，如“过则无惮改”，“德之不修，学之不讲，闻义不能徙，不善不能改，是吾忧也”，“法语之言，能无从乎？改之为贵”，“丘也幸，苟有过，人必知之”等，皆是。又《韩诗外传三》孔子曰：“过而改之，是不过也。”《穀梁传·僖公二十二年》：“过而不改，又之，是谓之过。”皆可与此章相发明。若从为己之学来看，过而不改，其实便是“为人之学”的典型表现。过而能改，事实上便是君子反求诸己，便是慎独之道。故朱熹《集注》称：“过而能改，则复于无过。惟不改则其过遂成，而将不及改矣。”

今按：《中庸》云：“子曰：‘回之为人也：择乎中庸，得一善，则拳拳服膺，而弗失之矣。’”正因不善能改，闻义能徙，颜回才能达到“不贰过”之境界。人非圣贤，不能无过，要在能改，此不可不知也。

## 15.31　子曰：“吾尝终日不食，终夜不寝，以思，无益，不如学也。”

**新译**　孔子说：“我曾经整天不吃饭，整夜不睡觉，只是耽于思考，结果却没有什么益处和长进，还不如不断求学来得好啊！”

**新识** 此章关乎学思之辨。学与思须相辅而行，互为促进，始可有成。故夫子说：“学而不思则罔，思而不学则殆。”朱熹《集注》云：“此为思而不学者言之。盖劳心以必求，不如逊志而自得也。”《荀子·劝学》也说：“吾尝终日而思矣，不如须臾之所学也；吾尝跂而望矣，不如登高之博见也。”可见“学”之重要性，更在“思”之上。不过，孟子对于“思”之作用推崇备至，认为：“耳目之官不思，而蔽于物。物交物，则引之而已矣。心之官则思，思则得之，不思则不得也。此天之所与我者。”（《告子上》）

今按：夫子显然主张在“学”之基础上去“思”，而非不学无术，苦思冥想甚至胡思乱想。盖因“思”主内，“学”主外，“思”有时不免陷入成见偏见之中，而“学”则可打开视野，尚友古人，进入孟子所谓“深造自得，左右逢源”之境界！

## 15.32 子曰：“君子谋道不谋食。耕也，馁在其中[1]矣；学也，禄在其中矣。君子忧道不忧贫。”

**新注** ①耕也馁（něi）在其中：馁，饥饿。言耕所以谋食，而未必得食。

**新译** 孔子说：“君子谋求于道业而不谋求于衣食。耕田，也常常会饿肚子；求学，则常常会得到俸禄。所以君子只管担心道业成就与否而不必担心生活贫困。”

**新识** 本章谈学、道与食、禄之关系，可谓大小、广狭之辨。君子谋道必为学，手眼胸襟自大，所得必丰；小人谋食而废学，仅从耕田入手，所见所虑自小，所得必薄。樊迟学稼学圃，夫子斥其为“小人”，盖由于此。故董仲舒说：“皇皇求财利，常恐乏匮者，庶人之意也。皇皇求仁义，常恐不能化民者，大夫之意也。”（《汉书·董仲舒传》）

必须指出，“学也禄在其中”，盖言谋道当从求学始，求学当志在求道，而非志在得禄，得禄不过求学求道途中自然可得而非志在必得之事。《论语》中“某在其中”之例甚多，如“乐在其中”“直在其中”“仁在其中”，皆退一步而言，故“禄在其中”，即“禄在学中”，非“学在禄中”也！道、学、禄、食、耕，盖有大小轻重之别也。故朱熹《集注》说：“耕所以谋食，而未必得食。学所以谋道，而禄在其中。然其学也，忧不得乎道而已；非为忧贫之故，而欲为是以得禄也。”圣人立言，不事雕琢，而周流无碍、左右逢源有如此！

今按：本章说君子，小人已在。既然君子谋道不谋食，忧道不忧贫，则小人谋食不谋道，忧贫不忧道，推而可知矣。俗话说：“道心之中有衣食，衣食之中无道心。”此之谓也！

**15.33 子曰：“知及之①，仁不能守之，虽得之，必失之。知及之，仁能守之，不庄以莅之②，则民不敬。知及之，仁能守之，庄以莅之，动之不以礼，未善也。”**

**新注** ①知（zhì）及之：知，通“智”。及之、守之的“之”，盖指治民之道。 ②庄以莅之：庄，庄重。莅，临。莅之、动之的“之”，盖指百姓。

**新译** 孔子说：“如果智慧足以了解道，仁德却不足以守护道，虽然暂时得到了它，终究也会失去。如果智慧足以了解道，仁德也足以守护道，却不能以庄重的态度来对待百姓，老百姓就不会心怀恭敬。如果智慧足以了解道，仁德也足以守护道，又能以庄重的态度来对待百姓，却不能按照礼的要求来指挥调动百姓，终究还算不上完善。”

**新识** 本章言治民之道。前两“之”字即“道”，后两“之”字指“民”。知能及道，仁能守道，以庄莅民，以礼动民，可谓善政矣！

今按：知及，仁守，庄莅，礼动，一线贯穿，守仁其大纲也。王阳明名守仁，盖本乎此。

## 15. 34 子曰："君子不可小知，而可大受①也；小人不可大受，而可小知也。"

**新注** ①小知：通过小事去了解。一说：知，可观。大受：接受大的使命。

**新译** 孔子说："君子不可以从小处去了解，却可以承担大的责任和使命。小人不能承担大的责任和使命，却可以从小处去了解他。"

**新识** 本章亦君子小人之辨。何晏《集解》云："君子之道深远，不可以小了知，而可大受。"皇侃《疏》引张凭曰："谓之君子必有大成之量，不必能为小善也，故宜推诚暗信，虚以将受之，不可求备，责以细行也。"此即《淮南子·主术训》所谓"譬犹狸之不可使搏牛，虎之不可使搏鼠也"。又，朱熹《集注》："此言观人之法。知，我知之也。受，彼所受也。盖君子于细事未必可观，而材德足以任重；小人虽器量浅狭，而未必无一长可取。"

今按：夫子曰："君子而不仁者有矣夫，未有小人而仁者也。"又说："大德不逾闲，小德出入可也。"（《论语·子张》）可与此章同参。大德犹言公德大节，小德犹言私德小节。私德有亏，公德未必不善；公德不善，私德必定有亏。小知易，大受难，君子之可贵在此。

## 15. 35 子曰："民之于仁也，甚于水火①。水火，吾见蹈②而死者矣，未见蹈仁而死者也。"

**新注** ①甚于水火：超过了对水火的需要。《孟子·尽心上》："民非水火不生活。" ②蹈：踩，踏。

**新译** 孔子说："民众对仁德的需要，超过了对水火的需要。水火，我见过赴汤蹈火而死的人，却从未见过因为践行仁道而死的人。"

**新识** 此章谈民与仁之关系，水火不过其参照物。《集解》马融注："水火与仁皆民所仰而生者，仁最为甚。蹈水火或时杀人，仁未尝杀人。"王弼则以为："民之远于仁，甚于远水火也。见有蹈水火死者，未尝蹈仁死者也。”此以远近为说，未免胶柱鼓瑟。朱熹《集注》则说：“民之于水火，所赖以生，不可一日无。其于仁也亦然。但水火外物，而仁在己。无水火，不过害人之身，而不仁则失其心。是仁有甚于水火，而尤不可以一日无也。况水火或有时而杀人，仁则未尝杀人，亦何惮而不为哉?”此解颇融洽，可深思而细玩之。

今按：仁之于人，如同空气，虽不可闻见，然有益而无害，须臾不可或离。故郑玄注云：“甚于水火，于仁最急也。”言比之水火，仁德更为斯世斯民所急需者。惜乎孔子当时，天下之无道也久矣，赴汤蹈火者多，践仁行义者少，此夫子所以致叹也！

## 15.36 子曰：“当仁①，不让于师。”

**新注** ①当仁：面对仁德。当，临也。

**新译** 孔子说：“面对推行仁德之事，（当勇往直前，）就是对老师也不必谦让。”

**新识** 此章承接上章，谈行仁之急切。孔子一向主让，射礼讲揖让，问政则温良恭俭让，治国更须礼让，然唯独当仁，夫子偏说“不让于师”，盖极言仁德之急也。《集解》孔安国注：“当行之事，不复让于师，行仁急也。”朱熹《集注》说：“当仁，以仁为己任也。虽师亦无所逊，言当勇往而必为也。盖仁者，人所自有而自为之，非有争也，何逊之有?”又，王阳明《答罗整庵少宰书》云：“夫学贵得之于心。求之于心而非也，虽其言之出于孔子，不敢以为是也，而况其未及孔子者乎！求之于心而是也，虽其言之出于庸常，不敢以为非也，而况其出于孔子者乎！”康有为《论语注》也说：“礼尚辞让，独至于为仁之事，则宜以为己任，勇往当之，无所辞让。即至于师，亦不必让。师不为，则己为之，不必避长者也……虽过于师，可也。”又刘宝楠《正义》说：“此章实夫子示门人语。盖事师之礼，必请命而后行，独当仁则宜急行，故告以不让于师之道，恐以辗转误人生死也。”此正夫子所谓“为仁由己，而由人乎哉”之义也！

今按：古希腊哲人亚里士多德尝云："吾爱吾师，吾更爱真理。"以往常以此言印证本章内涵，美其名曰"东学西学，心理攸同"。久之，则发现二语实有高下之分。亚氏将"吾师"与"真理"并置，表明学生之求知欲一往无前，一旦掌握真理便可凌越"吾师"之上，充其量不过荀子所谓"青出于蓝而胜于蓝"之义。然夫子"当仁不让于师"，则是将自己和"吾师"并列于仁道之前，意谓当行仁时，可挺身而出，一往无前，即便老师在旁，亦不必谦让，此一种境界，显然是比"求知"更高一层的"行仁""弘道"之义。此正可见西学乃向外求知，追求客观世界之"外在超越"，而中学则向内求道，追求道德生命之"内在超越"。"当仁不让于师"，非自己学识修养超过老师之谓，而是面对行仁之事，自当争先恐后，切莫因老师在前而逊让。此恰恰从一侧面证明了老师平日教育之成效。亚氏之言，乃以弟子立场慷慨陈词，颇有师心自用之义；夫子此言，则以师者仁心勉励弟子行仁弘道，夫子之气象境界，比亚氏为高为大，居然可见矣！

## 15.37　子曰："君子贞而不谅①。"

**新注**　①贞而不谅：贞，正也；谅，信而不通也，这里指守小信。

**新译**　孔子说："君子坚贞中正，但不固守于小信。"

**新识**　此章论君子贞正而不固执于小信。亦可谓之经权之辨也。贞，即守经；不谅，即达权。君子义以为质，既可与立，又可与权，故能无适无莫，义之与比，无可无不可，从心所欲不逾矩。此章可与"言必信，行必果，硁硁然小人哉""岂若匹夫匹妇之为谅也"诸章同参。

## 15.38　子曰："事君，敬其事而后其食。"

**新译**　孔子说："奉事君上，应当先勤勉其事，恪尽职守，而把获得俸禄放在后面。"

**新识**　本章谈事君之道，当先事后食。朱熹《集注》说："君子之仕也，有官守者修其职，有言责者尽其忠。皆以敬吾之事而已，不可先有求禄之心也。”夫子曰：“仁者先难而后获，可谓仁矣。”又说：“先事后得，非崇德与?”又《大学》说：“物有本末，事有终始，知所先后，则近道矣。”可知“敬其事而后其食”，便是“知所先后”，不仅是忠恕之道，亦是仁义之道。俗语云：“食人之禄，忠人之事。”盖此意也。

今按：今日之后生求职，未曾敬其事，便欲获其食，先以“底薪”“待遇”相询，而不能守先待后，先难后获，先事后得，遇有不满，动辄“跳槽”，殊不知，“跳槽”越多，“口碑”越差，以致进退维谷，四面楚歌。此皆不知先后、进退之道者也。

## 15.39　子曰：“有教无类。”

**新译**　孔子说：“人人都有受教育的权利，没有尊卑、高下的差别。”(或：“人享有了教育之后，就没有原来因出身、禀赋不同而产生的差别了。”)

**新识**　此章乃孔子教育大本。略有二解：一如《集解》马融注：“言人所在见教，无有种类。”一如朱熹《集注》：“人性皆善，而其类有善恶之殊者，气习之染也。故君子有教，则人皆可以复于善，而不当复论其类之恶矣。”两说各有其理，而有高下深浅之别，朱子复于善性之说似更胜一筹。近世大儒马一浮在杭州创办“复性书院”，盖亦本于此。

今按：孔子认为人之根性虽近而有等差，加之习性相乖，出身不同，故有上下、智愚、贤不肖之别，“实质平等”非不欲也，实不能也。故其兴办私学，有教无类，盖欲通过机会、起点之平等，弭合出身、根性之不同，此真大悲心、大愿力也。今人不知，悲夫!

## 15.40　子曰：“道不同，不相为谋。”

**新译**　孔子说：“所行之道不同，就不必相商共谋了。”

**新识**　朱熹《集注》说：“不同，如善恶邪正之异。”其实，道者，路也，亦不必若是之对立。《庄子·天下》说："古之所谓道术者恶乎在？曰：无所不在。"道既无所不在，不同之道术，自然可以并行。故《中庸》云："万物并育而不相害，道并行而不相悖。"

今按：此必夫子有为而说。或在夫子晚年返鲁之后，与哀公、季氏多有龃龉，致生此喟叹，亦未可知也。

## 15.41 子曰："辞，达而已矣。"

**新译** 孔子说："言语辞令，做到明白畅达就可以了。"

**新识** 本章论辞令须达。"达"字《论语》中多见，有闻达义，如"在邦必达，在家必达"；有达成义，如"诵诗三百，授之以政，不达"；有通达义，如"赐也达，于从政乎何有""己欲立而立人，己欲达而达人"。本章"达"字则当作"畅达"解，盖指文章辞令须明白晓畅，诚信畅达。故朱熹《集注》："辞，取达意而止，不以富丽为工。"

今按：须注意夫子说此言的语气，"而已矣"三字，似乎表明，"达"不过是文章辞令首先之要求，不达之文辞，必非好文章！观《论语》中夫子之言，诚可作为"辞达"的典范。除了"达"，还须满足哪些条件呢？《礼记·表记》："子曰：'情欲信，辞欲巧。'"也就是情信辞巧。又《周易·系辞传》："修辞立其诚。"情感的诚恳信实更是文章之本，犹今之所谓"真情实感"。清人严复在《天演论》"译例言"中说："译事三难：信、达、雅。求其信已大难矣，顾信矣不达，虽译犹不译也，则达尚焉。"盖亦深得夫子之意也。

## 15.42 师冕①见，及阶，子曰："阶也。"及席，子曰："席也。"皆坐，子告之曰："某在斯，某在斯。"师冕出。子张问曰："与师言之道与？"子曰："然。固相师之道②也。"

**新注** ①师冕：乐师，名冕。古代乐师多以盲人担任。 ②相

(xiàng) 师之道：相，助也，导也。引导盲人乐师的方法。

**新译** 师冕来见孔子，走到台阶前，孔子说："台阶到了。"走到坐席边，孔子说："这是坐席。"大家都坐好后，孔子又一一告诉他："某人在这边，某人在那边。"师冕告辞后，子张问："这是与盲人乐师讲话的方法吗？"孔子说："是啊。这本就是帮助、引导盲人乐师的方法啊。"

**新识** 朱熹《集注》说："盖圣人于此，非作意而为之，但尽其道而已。"尹氏曰："圣人处己为人，其心一致，无不尽其诚故也。有志于学者，求圣人之心，于斯亦可见矣。"范氏曰："圣人不侮鳏寡，不虐无告，可见于此。推之天下，无一物不得其所矣。"

今按：孔子尊瞽者，既是相师之道，亦是尊礼重乐也。夫子仁心敬意，呼之欲出！

# 季氏第十六

16.1 季氏将伐颛臾[1]。冉有、季路见于孔子，曰：“季氏将有事[2]于颛臾。”孔子曰：“求！无乃尔是过与[3]？夫颛臾，昔者先王以为东蒙主[4]，且在邦域之中矣，是社稷之臣也。何以伐为？”冉有曰：“夫子欲之，吾二臣者皆不欲也。”孔子曰：“求！周任有言曰：‘陈力就列，不能者止。’[5]危而不持，颠而不扶，则将焉用彼相矣？且尔言过矣。虎兕出于柙，龟玉毁于椟中[6]，是谁之过与？”

冉有曰：“今夫颛臾，固而近于费[7]。今不取，后世必为子孙忧。”孔子曰：“求！君子疾夫舍曰欲之，而必为之辞[8]。丘也闻有国有家者，不患寡而患不均，不患贫而患不安。盖均无贫，和无寡，安无倾[9]。夫如是，故远人不服，则修文德以来之。既来之，则安之。今由与求也，相夫子，远人不服而不能来也，邦分崩离析而不能守也，而谋动干戈于邦内。吾恐季孙之忧，不在颛臾，而在萧墙之内也[10]。”

**新注** ①季氏将伐颛臾（zhuān yú）：季氏，指季康子。颛臾，国名。鲁国的附庸。 ②有事：指发动战争。 ③求，无乃尔是过与：求，指冉有，时为季康子家宰。尔是过，即“是过尔”，过，作动词，责备义。 ④东蒙主：东蒙，山名。先王封颛臾于此山之下，使主其祭，在鲁地七百里之中。社稷之臣数句，言颛臾乃先王封国，不可伐；在邦域之中，不必伐；是社稷之臣，非季氏所当伐。 ⑤周任：古代良史名。“陈力就列，不能者止”：陈，布也。列，位也。量度自己的能力，能去做官就接受职位，不能胜任就停止引退。 ⑥相：扶持盲人的人。兕（sì）：野牛。柙（xiá）：槛，木栅栏。椟：藏龟玉的匣子。猛虎犀牛冲出笼子，龟甲美玉毁坏于匣中。 ⑦固而近于费（bì）：固，谓城郭完固。费，季氏私邑。 ⑧疾夫舍曰欲之，而必为之辞：疾，讨厌；舍曰欲之，不说自己想要什么；而必为之辞，非要找个说法做借口。辞，借口。 ⑨不患寡而患不均，不患贫而患不安：应为“不患贫而患不均，不患寡而患不安”。意谓不担心贫穷，而担心不平均；不担心百姓少，而担心不能相安。无倾：不会倾危。 ⑩萧墙之内：萧，肃也。古代国君于宫殿门内树有屏风，大臣至屏前而肃然起敬，故曰萧墙。萧墙之内，指鲁君公室。其时，季氏把持朝政，与鲁哀公矛盾很大。季氏攻打颛臾，其矛头所指正是哀公。

**新译** 季氏将要攻打颛臾。冉有、子路来见孔子，说：“季氏将对颛臾用兵了。”孔子说：“冉求，这件事难道不应该责备你吗？颛臾，先王命其掌管东蒙山的祭祀，而且处于鲁国境内，也算是鲁国的社稷之臣，为什么要去攻打他们呢？”冉有说：“是季夫子想要这么干，我们两个做臣下的并不愿意。”孔子说：“冉求啊，史官周任说过：‘能够贡献自己的力量，就去做官，如果不能胜任就不要做官。’如果盲人遇到危险，却不去扶持；快要摔倒了，却不去搀扶，那还要那助手做什么呢？况且你的话实在错了，老虎、犀牛跑出了笼子，龟甲、美玉被毁坏在匣中，这算是谁的过失呢？”

冉有说：“如今的颛臾，城墙牢固而且靠近季氏的私邑费城，现在不攻取它，将来一定会给子孙留下麻烦。”孔子说：“冉求，君子讨厌那种故意不说自己想要什么，非要找个说法做借口的人。我听说过无论是诸侯还是大夫，不用担心贫穷而应担心分配不均，不应担心人口稀少而应担心社会动荡不安。财富分配合宜，就无所谓贫穷；境内和平团结，就不会感到人口稀少；国家安定和睦，就不会倾覆。做到这些，如果远方的人还不来归服，那就修好礼乐文教来吸引他们。如果他们已经来了，就要安抚他们。如今仲由和冉求你们两个辅佐季夫子，远方的人不来归服，又不能吸引他们；国家支离破碎却不能很好地守护，却还谋划着要在国内大动干戈。我恐怕季孙氏所担忧的，不在颛臾之地，而恰在我们国君的宫廷之内吧！”

**新识** 本章对于全篇而言，具有总纲意义，旨在说明“天下有道，政不在大夫”。其可注意者有三：

其一，春秋中期，诸侯征战，大国兼并小国，如颛臾之类小国，便沦为鲁国的附庸国。《礼记·王制》：“天子之田方千里，公侯田方百里，伯七十里，子男五十里。不能五十里者，不合于天子，附于诸侯，曰附庸。”鲁国当时兵力，分为四份，其中季氏占其二，孟孙、叔孙各取其一，作为附庸的颛臾不属于三家，尚为公臣。因颛臾离季氏封邑费邑最近，故季氏便欲占为己有。正如“陈成子弑齐君”，孔子请讨于哀公，哀公要其“告夫三子”一样，“季氏将伐颛臾”，亦完全是越过鲁君，自行其是的军事行动，足以说明当时鲁国“君弱臣强”，政局危殆。此时冉有为季氏家臣，必预其谋，其不敢独自请教夫子，乃邀请时在卫国从政的子路同行，颇有为自己“壮胆”之意。冉有做季氏宰后，未能遵循夫子“从道不从君”之教，对季氏旅于泰山、改田赋饱私囊等违礼不义之事，不敢劝阻，甚至为虎作伥，致使孔子对其大失所望。此番冉有又来为季康子说项，夫子自然忍无可忍，乃义正辞严，表明自己反对一切不义之战的立场。

其二，尤其值得注意的是，孔子对于权力膨胀的警惕和批评。“虎兕出于柙”的比喻，正与西方现代宪法政治精神不谋而合。坊间盛传美国前总统小布什在一次演讲时说：

人类千万年的历史，最为珍贵的不是令人炫目的科技，不是浩瀚的大师们的经典著作，不是政客们天花乱坠的演讲，而是实现了对统治者的驯服，实现了把他们关在笼子里的梦想。因为只有驯服了他们，把他们关起来才不会害人。我现在就是站在笼子里向你们讲话。

小布什的“笼中讲话”，与孔子所说的“虎兕出于柙”“苛政猛于虎”，何其相似乃尔！其有一共同特征，就是将不受约束的权力比作猛兽或老虎，并认为衡量一种治理是否良善，关键在于能否将权力之虎“关进笼子”（“柙”）！而孔子比小布什，整整早了2500年！这说明，以孔子为代表的儒家政治思想，其中蕴藏着足以与现代政治思想“互文”和“接轨”的合理性与生命力。

其三，孔子的“不患寡（贫）而患不均，不患贫（寡）而患不安”，实亦蕴含着非常朴素的经济思想与执政理念。至于“均无贫，和无寡，安无倾”，“远人不服，则修文德以来之，既来之，则安之”，更是比较中庸而稳健的治国大道。《集注》谢氏曰：“当是时，三家强，公室弱，冉求又欲伐颛臾以附益之。夫子所以深罪之，为其瘠鲁以肥三家也。”夫子秉承仁德与公道，对季氏不修文德、“谋动干戈于邦内”的悖逆行为，严加斥责，当头棒喝，此一种道义担荷，非大仁、大智、大勇者焉能有此？

今按：本篇以《季氏》为名，盖与上篇《卫灵公》相接，又引出下篇《阳货》，正好构成一国君、大夫、陪臣逐级递减之系列。又，此篇“子曰”皆作“孔子曰”，记述者与其他诸篇显非一人，或孔门后学所追记，亦未可知。钱穆先生按曰：“本篇或以为《齐论》，因每章皆称孔子曰，而三友三乐三愆三戒三畏九思等，行文不与他篇相类。”又说：“《论语》杂出多手，而上下论之编集亦非一时。记者既不同，而论而集之之意亦有精粗，下十篇之论定，似稍逊于上十篇，而本篇尤然。”又，今人杨义将此章系于鲁哀公十三年（前482），是年夫子七十一岁矣。

**16.2 孔子曰："天下有道，则礼乐征伐自天子出[①]；天下无道，则礼乐征伐自诸侯出。自诸侯出，盖十世希不失矣[②]；自大夫出，五世希不失矣；陪臣执国命[③]，三世希不失矣。天下有道，则政不在大夫；天下有道，则庶人不议。"**

**新注** ①礼乐征伐自天子出：礼乐，制礼作乐；征伐，上伐下曰征，出兵打仗。礼乐征伐，指对内对外的各种政令。 ②希不失：少有不失其位者。希，通"稀"。 ③陪臣：家臣。执国命：掌握国家政权。

**新译** 孔子说："天下政治清明，制定礼乐及出兵打仗就都由天子做主；天下政治黑暗，则制定礼乐及出兵打仗之事便由诸侯做主。国家大事由诸侯做主，十代之后，很少有不失位丧国的；国家大事由大夫做主，五代之后，很少有不失位丧国的；若是大夫的家臣把持国家政权，则三代之后，很少有不失位丧国的。天下政治清明，国家政权就不会掌握在大夫的手中；天下政治清明，百姓也就不会议论纷纷。"

**新识** 本章承上章，为当时政治乱相之久暂"算账"，可谓孔子的"政治经济学"。夫子判断天下有道与否，以礼乐征伐自何人出作为标准：自天子出则为有道，自诸侯出便为无道。《中庸》云："非天子，不议礼，不制度。虽有其德，苟无其位，不敢作礼乐焉。"《孟子·尽心下》也说："征者，上伐下也，敌国不相征也。"这里的"敌国"，是指势均力敌的诸侯国。又朱熹《集注》："先王之制，诸侯不得变礼乐，专征伐。"此一原则，今日亦为各国所遵循，如对外宣战之事，必由最高统帅发号施令，方具法律与道义效力，居然可见矣。

既然天下无道，势必不能长久。礼乐征伐自诸侯出，十世即亡；自大夫出，五世即亡；陪臣执国命，三世即亡。此"世"字，当作"代"解，不必三十年也。朱熹《集注》释云："逆理愈甚，则其失之愈速。大约世数，不过如此。"事实上，夫子此言，绝非愤激之语，而是洞察历史与政治演变所作出的实证结论。对此，清儒刘逢禄考证甚明：

自诸侯出，盖十世希不失，何也？曰：齐自僖公小霸，桓公合诸侯，历孝、昭、懿、惠、顷、灵、庄、景，凡十世，而陈氏专国。晋自献公启疆，历惠、怀、文，而代齐霸，襄、灵、成、景、厉、悼、平、昭、顷，而公族复为强臣所灭，凡十世。鲁自隐公僭礼乐灭极，至昭公出奔，凡十世。曰：自大夫出，五世希不失，独验于三桓，而齐陈氏、晋三家终于窃国，何也？曰：陈氏、三家，皆异姓公侯之后，其本国亡，故复其始也。曰：陪臣执国命，若南蒯、公山弗扰、阳虎，皆及身失之。而云三世而失者，何也？曰：计其同恶相连，故称三世也。（《论语述何》）

"天下有道，则政不在大夫。天下有道，则庶人不议。"此句颇有歧义。或以为："政不在大夫"，是将政"隐在庶人身上，也就是由庶人来负责政"，"天下有道，则政不出自大夫、国君，也无法出自天子，那只有出自庶民，庶民不议政事，如何有道呢？"（许仁图《子曰论语》，第611页）熊十力先生《原儒》亦持此观点，甚至以为"此当为六国时儒生之染于商韩而拥护君主制度者妄行增窜"。窃以为，此皆昧于今之所谓"言论自由"而强为解说，反而曲解背离了夫子本意。事实上，本章数句乃是一"圆形结构"，最后四句正好呼应前四句。"天下有道，政不在大夫"，正是"礼乐征伐自天子出"的另一种表达；而"天下有道，则庶人不议"，正是夫子自况，言下之意，正因"天下无道"，政出大夫，干戈四起，才会导致民怨沸腾，物议纷起。这与西方民主政治保障公民言论自由，实非一事！朱熹《集注》称："上无失政，则下无私议。非钳其口使不敢言也。此章通论天下之势。"此解可谓得之。

今按：揆诸事实，越是权势当道，贫富悬殊，公平正义稀缺之国家，百姓越是关心政治，渴盼圣主明君；越是经济发达，生活幸福，福利奇高，自由充分之社会，民众越是对政治议题缺乏兴趣。此亦可证夫子"天下有道，则庶人不议"之言，真可谓放之四海而皆准，俟诸百世而不惑者也！

## 16.3 孔子曰：“禄之去公室，五世矣。政逮于大夫，四世矣①。故夫三桓之子孙微矣②。”

**新注** ①禄之去公室：禄，爵位俸禄，指政权。公室，指鲁君。政逮于大夫：逮，及；落到。四世：《集解》孔安国注：“文子、武子、悼子、平子。”江永《群经补义》：“当以文子、武子、平子、桓子为四世。” ②三桓之子孙微矣：三桓即指孟孙氏、叔孙氏、季孙氏三家，三家皆出于鲁桓公，故称三桓之子孙。微，衰微，衰败。

**新译** 孔子说：“爵禄之权从鲁君手中失去，已经五代了。政权落到大夫之手，也已经四代了。所以鲁桓公的三房子孙现在也衰败了。”

**新识** 本章承上章，再论“政不在大夫”之义。“禄之去公室，五世矣”，《集解》郑玄注：“言此之时，鲁定公之初。鲁自东门襄仲，杀文公之子赤，而立宣公，于是政在大夫，爵禄不从君出，至定公为五世矣。”朱熹《集注》亦称：“鲁自文公薨，公子遂杀子赤，立宣公，而君失其政。历成、襄、昭、定，凡五公。”此可证夫子所言不虚。

“政逮于大夫，四世矣”，亦有明证。朱熹《集注》称：“自季武子始专国政，历悼、平、桓子，凡四世，而为家臣阳虎所执。”又引苏氏曰：“礼乐征伐自诸侯出，宜诸侯之强也，而鲁以失政。政逮于大夫，宜大夫之强也，而三桓以微。何也？强生于安，安生于上下之分定。今诸侯大夫皆陵其上，则无以令其下矣。故皆不久而失之也。”

今按：本篇前三章，皆关乎鲁国政治，夫子站在“天下”之立场，仗义执言，守先待后，其所下大判断，一则与既往历史相吻合，一则与未来政治相呼应，极具历史感和预言性，足证夫子此时已臻圣域，天道人道，无不贯通。《中庸》云：“唯天下至诚为能尽其性。能尽其性，则能尽人之性。能尽人之性，则能尽物之性。能尽物之性，则可以赞天地之化育。可以赞天地之化育，则可以与天地参矣。”又说：“至诚之道可以前知。国家将兴，必有祯祥；国家将亡，必有妖孽。见乎蓍龟，动乎四体。祸福将至，善必先知之；不善，必先知之。故至诚如神。”其斯之谓欤？

## 16.4 孔子曰：“益者三友，损者三友：友直，友谅[1]，友多闻，益矣；友便辟，友善柔，友便佞[2]，损矣。”

**新注** ①友直：朋友正直。友谅：朋友宽厚守信。 ②便辟（pián pì）：便，熟习。辟，通“僻”。谓习于威仪而无诚。善柔：善于媚悦而不直。便佞（pián nìng）：习于花言巧语而不仁。

**新译** 孔子说：“有益的朋友有三种，有害的朋友也有三种。朋友正直，朋友宽信，朋友见多识广，这便于己有益。朋友虚伪不直，朋友谄媚不实，朋友花言巧语，这便于己有害。”

**新识** 本章再论交友之道。夫子尝曰“无友不如己者”，便是教人交“益友”，莫交“损友”。“益友”或正直、或宽信、或多闻，皆可见贤思齐，择善而从。“损友”或便辟而“足恭”，或善柔而“令色”，或便佞而“巧言”，皆“左丘明耻之，丘亦耻之”者，与之交往，如入鲍鱼之肆不闻其臭，久之则缺德下达而不知。是三者之损益，正相反也。

今按：友之损益，如人饮水，冷暖自知。交益友，则君子上达；交损友，则小人下达矣。推人及物，乃有“君子比德”之说。宋林景熙《王云梅舍记》称：“即其居累土为山，种梅百本，与乔松、修篁为岁寒友。”后以为“岁寒三友”，今又有以“三友斋”为室名者，盖源于此。

## 16.5 孔子曰：“益者三乐，损者三乐：乐节礼乐，乐道人之善[1]，乐多贤友，益矣；乐骄乐，乐佚游，乐宴乐[2]，损矣。”

**新注** ①乐节礼乐：以礼乐约束自我为乐。节，节制，约束。乐道人之善：以称道他人之善为乐。道，称道。一说：道，通“导”。亦通。 ②乐骄乐（jiāo lè）：以骄奢放肆为乐。乐佚游：以过度的游玩为乐。乐宴乐（yàn lè）：以饮宴吃喝为乐。

**新译** 孔子说：“有益的快乐有三种，有损的快乐也有三种：以礼乐约束自我为乐，以称道他人之善为乐，以多交贤友为乐，这便于己有益。以骄纵放肆为乐，以没有节制的游玩为乐，以饮宴吃喝为乐，这便于己有害。”

**新识** 本章谈乐之三益三损。朱熹《集注》称：“骄乐，则侈肆而不知节。佚游，则惰慢而恶闻善。宴乐，则淫溺而狎小人。三者损益，亦相反也。”

说到“乐道人之善”，汉末孔融可为典型。史载孔融拜太中大夫，“宽容少忌，好士，喜诱益后进。及退闲职，宾客日盈其门。常叹曰：‘坐上客恒满，尊中酒不空，吾无忧矣。’……融闻人之善，若出诸己；言有可采，必演而成之；面告其短，而退称所长；荐达贤士，多所奖进，知而未言，以为己过，故海内英俊皆信服之。”（《后汉书·郑孔荀列传》）须知孔融乃孔子第二十代孙，如此奖掖后进，乐道人善，不愧圣人之后也！

今按：益者三乐，久之可以成君子；损者三乐，久之只能为小人。

## 16.6 孔子曰：“侍于君子有三愆：言未及之而言，谓之躁；言及之而不言，谓之隐；未见颜色而言，谓之瞽①。”

**新注** ①愆（qiān）：过失。躁：急躁。隐：隐瞒。瞽：目盲。

**新译** 孔子说：“陪君子说话常有三种过失：还没轮到他说话便抢先发言，这叫急躁；该他说话却不发言，这叫隐瞒；不看对方的脸色便贸然发言，这叫盲目。”

**新识** 本章谈“侍于君子有三愆”。愆，即过失。三愆所指，皆与言语应对有关。《集解》郑玄注：“躁，不安静也。”孔安国注：“隐，不尽情实也。”周生烈注：“未见君子颜色所趣向，而便逆先意语者，犹瞽者也。”

三愆之中，“躁”之危害最重，故其居首。《老子》第二十六章云：“重为轻根，静为躁君。……轻则失根，躁则失君。”又《周易·系辞下》：“吉人之辞寡，躁人之辞多。”有例为证。《世说新语·品藻》载：

王黄门兄弟三人俱诣谢公，子猷（徽之）、子重（操之）多说俗事，子敬（献之）寒温而已。既出，坐客问谢公："向三贤孰愈?"谢公曰："小者最胜。"客曰："何以知之?"谢公曰："吉人之辞寡，躁人之辞多。推此知之。"

王徽之、操之二人"多说俗事"，喋喋不休，正坐"言躁"之病，而王献之"寒温而已"，正是内敛含蓄，虚己待人。谢安善于"相士"，关键在于察言而观色，知言以知人。

今按："三愆"均涉及说话之"礼"与"时"。故荀子《劝学》说："礼恭，而后可与言道之方；辞顺，而后可与言道之理；色从而后可与言道之致。故未可与言而言谓之傲，可与言而不言谓之隐，不观气色而言谓之瞽，故君子不傲、不隐、不瞽，谨顺其身。"又，《集注》尹氏亦曰："时然后言，则无三者之过矣。"此诸说，皆可参考。

**16.7 孔子曰："君子有三戒①：少之时，血气未定，戒之在色；及其壮也，血气方刚，戒之在斗；及其老也，血气既衰，戒之在得。"**

**新注** ①戒：戒备，警惕。

**新译** 孔子说："君子当有三件事须要戒备警惕：少年之时，血气还没有稳定，须要戒备的是贪恋美色；到了壮年，血气正是刚强之时，须要戒备的是好勇斗狠；等到年老，血气已经衰微，须要戒备的是好利贪得。"

**新识** 本章承上章，可谓"君子三戒"。"戒"之为字，十分警醒。《说文》："戒，警也。从廾戈。持戈以戒不虞。"可知戒本义为警戒他人之侵犯，而夫子则将其引入君子修身领域。《淮南子·诠言训》说："凡人之性，少则猖狂，壮则强暴，老则好利。"也即是说，少、壮、老，一生三个时段，性情皆有偏失之过，故凡欲为君子者，自当持戒自修。《集注》范氏说："圣人同于人者血气也，异于人者志气也。血气有时而衰，志气则无时而衰也。少未定、壮而刚、老而衰者，血气也。戒于色、戒于斗、戒于得者，志气也。君子养其志气，故不为血气所动，是以年弥高而德弥劭也。”唯有以“志气”胜“血气”，乃可进德修业以成君子也。

今按：佛教修行，亦有所谓“三戒”：戒贪、戒痴、戒嗔。古人修养工夫，亦有自家所守之“三戒”，如宋王应麟《困学纪闻·杂识》说：“齐斋倪公三戒：不妄出入、不妄言语、不妄忧虑。”清沈复《浮生六记·养生记道》说：“卫生切要知三戒：大怒，大欲并大醉。”凡此，皆可作为修身成德之借鉴。

## 16.8 孔子曰：“君子有三畏：畏天命，畏大人，畏圣人之言。小人不知天命而不畏也，狎大人，侮圣人之言①。”

**新注** ①畏：敬畏。天命：天所赋予的正理与性命。大人：有德有位者。狎（xiá）：轻慢无礼。侮：侮辱亵渎。

**新译** 孔子说：“君子有三种敬畏：敬畏天命，敬畏有德有位之人，敬畏圣人的言论。小人则因为不懂得天命而不知敬畏，还轻慢有德有位的人，亵渎圣人的言论。”

**新识** 本章又承前几章，谈“君子三畏”。可一言以蔽之：君子有德故知畏，小人无德故无畏。

“畏”字尤吃紧！朱熹《集注》称：“畏者，严惮之意也。……知其可畏，则其戒谨恐惧，自有不能已者。而付畀（bì）之重，可以不失矣。大人圣言，皆天命所当畏。知畏天命，则不得不畏之矣。”又《礼记·表记》：“狎侮，死焉而不畏也。”此一种敬畏心，实是君子小人之重大区别。故《中庸》引仲尼曰：“君子中庸，小人反中庸。君子之中庸也，君子而时中。小人之（反）中庸也，小人而无忌惮也。”君子之所畏，小人不学不知，故而其狎侮大人及圣人之言，不以为耻，反以为直，是小人不唯可恶，亦甚可怜也！

今按：君子有畏，未必无勇；小人无畏，未必有勇。此亦君子小人之辨也。《老子》第二十章说："人之所畏，不可不畏。"一般人之所畏，尚须畏之，而况君子之所畏哉？

又按：此章夫子特将"君子"与"大人"并列而加以区分，大有深意。君子本系有位者，与"大人"同类，然在本章，"君子"未必是有位者，而成了有德者的代名词。此盖夫子欲通过"有教无类"之平民教育，培养更多虽未必有位却一定有德之"士君子"也。此一种不易觉察的"话语转换"，实蕴含夫子欲挽狂澜于既倒、欲匡天下于既乱的伟大抱负！

## 16.9 孔子曰："生而知之者，上也；学而知之者，次也；困而学之，又其次也。困而不学，民斯为下矣！"

**新译** 孔子说："生下来就知道的，那是最上等的人；通过学习而后才知道的，那是次一等的人；有了困惑而发奋学习的，又次一等；遇到困惑却不知道学习，这种人真是等而下之了。"

**新识** 本章看似论人，实则谈学；看似根据根性将人分为四等，实则乃根据学不学将人分为上、中、下三等，此即所谓"三品论人"。夫子尝言："中人以上，可以语上也；中人以下，不可以语上也。"又说："唯上智与下愚不移。"与此章合观，可知"生而知之"乃属"上智"，"困而不学"则为"下愚"，而"学而知之"和"困而学之"者，正"中人以上"者。故此章乃夫子勉学、劝学之教也。又可见夫子内心深处，实未将人划分等次，而是秉承一种更为恢弘博大的"平等"观念，而维系此一"大平等"者无他，盖学也！"下学"必能"上达"，"不学"只能"下达"。故《中庸》说："或生而知之，或学而知之，或困而知之，及其知之，一也。"《集注》杨氏曰："生知学知以至困学，虽其质不同，然及其知之一也。故君子惟学之为贵。困而不学，然后为下。"《中庸》又说："人一能之己百之，人十能之己千之。果能此道矣，虽愚必明，虽柔必强。"由此可知，为学如登山，起点低、功底差没关系，只要困而知学，勇猛精进，必能步步为营，下学上达！

今按：孔子尝说：“我非生而知之者，好古，敏以求之者也。”可知夫子绝不以“生知”自诩，而以“学知”自励。宋儒王应麟著有《困学纪闻》，也以自己为“又其次”的“困而学之”者。古圣先贤正因有此一种发扬蹈厉之精神，方能成就大学问，铸就大人格！

16.10 **孔子曰：“君子有九思：视思明，听思聪，色思温，貌思恭，言思忠，事思敬，疑思问，忿思难[①]，见得思义。”**

**新注** ①思：思虑，反思。忿思难（nàn）：忿，发怒。难，灾难，祸患。

**新译** 孔子说：“君子要在九个方面反思考虑：看东西要考虑是否看得明白，听声音要考虑是否听得清楚，自己的脸色要考虑是否温和，容貌要考虑是否谦恭，说话要考虑是否诚恳，办事时要考虑是否敬慎，有疑惑要考虑是否该向人请教，发怒时要考虑是否会引起后患，看见可得之利要考虑是否合乎道义。”

**新识** 本章言“君子九思”。《集注》程子曰：“九思各专其一。”谢氏曰：“未至于从容中道，无时而不自省察也。虽有不存焉者寡矣，此之谓思诚。”

今按：此章又可与“非礼勿视，非礼勿听，非礼勿言，非礼勿动”章合观，正可见夫子“治心”宗旨。盖做到“九思”，正是“非礼勿思”，亦即“思无邪”之“内圣”境界矣！孟子说：“心之官则思，不思则不得。”其斯之谓欤？

16.11 **孔子曰：“见善如不及，见不善如探汤[①]。吾见其人矣，吾闻其语矣。隐居以求其志，行义以达其道。吾闻其语矣，未见其人也。”**

**新注** ①如不及：好像赶不上。探汤：伸手探入开水中。汤，开水。

**新译** 孔子说："见到善的便好像赶不上似的（而努力追赶）；见到不善的就好像手伸到开水里似的（而努力避开）。我见过这样的人，也听过这样的话。隐居避世以追求自己的志向，施行正义来达成仁道。我听过这样的话，却还没见过这样的人啊！"

**新识** 本章涉及对两句古语的评价。"见善如不及，见不善如探汤"，可与《大戴礼记·曾子立事》"见善恐不得与焉，见不善者恐其及己也"并观；"隐居以求其志，行义以达其道"，可与《孟子》所谓"士穷不失义，达不离道"同参。此二句，必当时耳熟能详之熟语，然夫子显以前者易行，后者难能。盖趋利避害，人之本能，准此自能好善恶恶，扬长避短；而求志达道，仁义之事，绝非泛泛之可及，非圣贤君子莫办也。是可知此二句实有轻重次第。故朱熹《集注》说："求其志，守其所达之道也。达其道，行其所求之志也。盖惟伊尹、太公之流，可以当之。当时若颜子，亦庶乎此。然隐而未见，又不幸而蚤死，故夫子云然。"程瑶田《论学小记》云："隐居以求其志，求其所达之道也；当其求时，犹未及行，故谓之'志'；行义以达其道，行其所求之志也；及其行时，不止于求，故谓之'道'。志与道，通一无二，故曰'士何事？曰尚志'。"

今按：夫子所言，盖叹好善恶恶之良知易有，居仁由义之良能难得也。此章可与"圣人吾不得而见之矣，得见君子者斯可矣"章同参，皆有中道难行，退求其次之义。

## 16.12 齐景公有马千驷①，死之日，民无德而称焉。伯夷、叔齐饿于首阳之下，民到于今称之②。其斯之谓与？

**新注** ①齐景公：齐国国君，名杵臼。公元前547年－前490年在位。千驷：四千匹马。 ②饿于首阳之下：伯夷、叔齐，在周灭殷后，耻食周粟，饿死于首阳山。称之：称颂他们。

**新译** 齐景公拥有四千匹骏马，可他死的时候，百姓却想不出他有什么德行可以称述。伯夷、叔齐饿死在首阳山下，百姓到今天还在称颂他们。那就是这个意思吧！

**新识** 本章未详何人所言，盖记者追述之语。“其斯之谓与”一句，突兀而来，或以为错简。《集注》引胡氏曰：“程子以为第十二篇错简‘诚不以富，亦祗以异’，当在此章之首。今详文势，似当在此句之上。言人之所称，不在于富，而在于异也。”其言可从。

今按：本章涉及“生前事”与“身后名”之关系问题。生前富贵者，若无德，寂寂无名；生前屯蹇者，若有德，千古流芳。所谓公道自在人心，是非自有公论。故此章可与“君子疾没世而名不称焉”诸章并参。

16.13 **陈亢问于伯鱼曰：“子亦有异闻乎①？”对曰：“未也。尝独立，鲤趋而过庭。曰：‘学《诗》乎？’对曰：‘未也。’‘不学《诗》，无以言。’鲤退而学《诗》。他日，又独立，鲤趋而过庭。曰：‘学礼乎？’对曰：‘未也。’‘不学礼，无以立！’鲤退而学礼。闻斯二者。”陈亢退而喜曰：“问一得三：闻《诗》，闻礼，又闻君子之远其子也②。”**

**新注** ①陈亢（gāng）：即子禽。伯鱼：即孔子儿子孔鲤。异闻：与众不同的教诲。 ②问一得三：问一个问题却得到三个启发。远其子：远，不偏私义。

**新译** 陈亢问伯鱼道：“您在您父亲那里听到些与众不同的教诲吗？”伯鱼回答：“没有啊。有一次父亲独立在堂上，我快步走过庭院，父亲见了问我：‘学《诗》了吗？’我回答：‘还没有。’父亲说：‘不学《诗》，就无法发言。’我便退下来学《诗》。过了一段时间，父亲又独立在堂上，我快步走过庭院，父亲问我：‘学礼了吗？’我回答：‘还没有。’父亲说：‘不学礼，就无法安身立命。’我便退下来学礼。我只听到这两次教诲。”陈亢回去高兴地说：“我问了一个问题，却得到三个收获：知道了要学《诗》，要学礼，还知道君子并没有偏爱自己的儿子。”

**新识** 本章可谓叨陪鲤对，乃庭训课子之生动教材。陈亢问一得三，学《诗》、学礼自不必多说，唯“君子远其子”，则大有讲究。君子为何远其子？此涉及教子之道。盖父子有亲，本易亲昵而无间，然古之君子，既为人父母，便自然承担教子之责任。《孟子·离娄上》载：

> 公孙丑曰：“君子之不教子，何也？”孟子曰：“势不行也，教者必以正；以正不行，继之以怒。继之以怒，则反夷矣。‘夫子教我以正，夫子未出于正也。’则是父子相夷也。父子相夷，则恶矣。古者易子而教之，父子之间不责善。责善则离，离则不祥莫大焉。”

父子不责善，便是不求备。又，《礼记·曲礼上》：“礼曰：‘君子抱孙不抱子。’”此即俗语所谓“隔代亲”。其实并非仅仅是人至老年，必欲子孙绕膝而后快，实则父子一伦，亦如师徒，虽有亲而不可过狎。《颜氏家训·教子》说：“父母威严而有慈，则子女畏慎而生孝矣。”又说：“父子之严，不可以狎；骨肉之爱，不可以简。简则慈孝不接，狎则怠慢生焉。”《礼记·学记》云：“凡学之道：严师为难。师严然后道尊，道尊然后民知敬学。是故君之所不臣于其臣者二：当其为尸，则弗臣也；当其为师，则弗臣也。大学之礼，虽诏于天子无北面，所以尊师也。”故古人主张“易子而教”，就是欲树立师道尊严。

今按：“君子远其子”，司马光《家范》释云：“远者，非疏远之谓也。谓其进见有说，接遇有礼，不朝夕嘻嘻相聚亵狎也。”俗话说：“养不教，父之过。”“慈母多败儿。”今之为父母者，受西学影响，多有慈爱其子而不行其教者，平时一味纵容，“两小无猜”，最后至于“多年父子成兄弟”，更有隔代相亲，“刚做爷爷，便成孙子”者。伦常失范，必有后患，不可不慎也！

**16.14 邦君之妻，君称之曰夫人，夫人自称曰小童；邦人称之曰君夫人，称诸异邦曰寡小君；异邦人称之，亦曰君夫人。**

**新译**　国君的正妻，国君称她为“夫人”，她对国君自称为“小童”；国人称她为“君夫人”，在外国人面前称她为“寡小君”；外国人称她，也叫“君夫人”。

**新识**　本章记邦君妻之异称。《集解》孔安国曰：“当此之时，诸侯嫡妾不正，称号不审，故孔子正言其礼也。”又，《礼记·曲礼下》：“天子之妃曰后，诸侯曰夫人，大夫曰孺人，士曰妇人，庶人曰妻。公侯有夫人，有世妇，有妻，有妾。夫人自称于天子，曰老妇；自称于诸侯，曰寡小君；自称于其君，曰小童。自世妇以下，自称曰婢子。子于父母则自名也。”

今按：夫子说：“名不正则言不顺。”观此信然。

# 阳货第十七

17.1 **阳货欲见孔子，孔子不见，归孔子豚①。孔子时其亡也，而往拜之，遇诸涂②。谓孔子曰：“来！予与尔言。”曰:“怀其宝而迷其邦③，可谓仁乎?”曰：“不可。” “好从事而亟失时④，可谓知乎?”曰：“不可。”“日月逝矣，岁不我与⑤。”孔子曰：“诺。吾将仕矣。”**

**新注** ①阳货：即阳虎，季氏家臣，专权乱政，后败逃至齐国、晋国。归（kuì）孔子豚：归，馈也，赠送。豚，蒸熟的小猪。 ②时其亡（wú）：时，伺，趁着。亡，通“无”，不在家。遇诸涂：诸，之于。涂，通“途”。 ③怀其宝而迷其邦：怀，藏也。宝，指道德和才干。迷其邦，使国家陷入迷乱。 ④好（hào）从事而亟（qì）失时：喜欢做事参政，却多次失去时机。亟，屡次。 ⑤岁不我与：犹言时不我待。与，给予，引申为等待。

**新译** 阳货想要见孔子，孔子避而不见，他便赠送一只蒸熟的小猪给孔子。孔子趁阳货不在家的时候去回拜他。没想到两人却在路上碰面了。阳货对孔子说：“来，我告诉你。自己身怀道德才能，却置国家陷于迷乱而不顾，这算得上是仁德吗？”孔子说：“算不上。”“想从政却又屡次放过机会，这算得上是智慧吗？”孔子说：“算不上。”“日子一天天过去，岁月不等人啊！”孔子说：“好吧，我就要准备出仕了。”

**新识** 阳货，名虎，字货，鲁国大夫季平子家臣，季氏数代把持鲁国朝政，阳货又窃掌季氏之家政。本篇以《阳货》名篇，盖承接《卫灵公》《季氏》二篇，以明天下大势，由政出诸侯、政在大夫，而至于“陪臣执国命”，可谓每况愈下矣。

孔子与阳货，一生皆有“交集”。孔子少时，即与阳货发生过冲突，当时孔子丧母不久，要绖赴季平子飨士之宴，被阳货拒于门外。《史记·孔子世家》载：“孔子要绖，季氏飨士，孔子与往。阳虎绌曰：‘季氏飨士，非敢飨子也。’孔子由是退。”是年夫子约在十七岁。

季平子死后，季桓子嗣位，根基未稳，阳货乃越权执掌鲁国政事，竟至囚禁季桓子，迫其妥协就范于己。后阳货又与公山弗扰（《史记》作公山不狃）共谋杀害季桓子，失败后去鲁奔晋。《史记·孔子世家》载其囚季桓子而释之，云：

> 阳虎由此益轻季氏。季氏亦僭于公室，陪臣执国政，是以鲁自大夫以下皆僭离于正道。故孔子不仕，退而修《诗》《书》《礼》《乐》，弟子弥众，至自远方，莫不受业焉。定公八年，公山不狃不得意于季氏，因阳虎为乱，欲废三桓之适，更立其庶孽阳虎素所善者，遂执季桓子。桓子诈之，得脱。定公九年，阳虎不胜，奔于齐。是时孔子年五十。

由此可知，本章所记，乃在定公八年（前502）前，时孔子年四十九，见鲁国君臣无道，遂不仕，退而修《诗》《书》《礼》《乐》。此时阳货把持国政，欲去三桓之势力，有借孔子威望以自树之意，遂有本章所记之事。《孟子·滕文公下》载此事说：“阳货欲见孔子而恶无礼。大夫有赐于士，不得受于其家，则往拜其门。阳货瞰孔子之亡也，而馈孔子蒸豚；孔子亦瞰其亡也，而往拜之。当是时，阳货先，岂得不见？”

据此可知，阳货当时或已僭为大夫，知孔子不欲见之，乃伺夫子不在家之机，前往馈赠一豚，阳货料定，孔子深通古礼，必当择时登门辞谢，此犹今之所谓“放长线钓大鱼”也。孔子不欲见阳货，然依礼不得不登门辞谢，就趁其不在家时前往，没想到竟在途中狭路相逢——窃谓此必阳货故布疑阵，诱使孔子就范之预谋。

观阳货与孔子一番对答，紧扣“仁”“知”“时”三点，涉及乱世之中，夫子在出处选择上的诸多现实无奈和道义困境。盖当时三家强而公室弱，夫子虽有匡扶之志，却无从着力，此时陪臣如阳货之流，亦欲削弱三家，虽与夫子出发点不同，结果未尝不相似。之所以夫子面对阳货、公山弗扰、佛肸之召，有“将仕”“欲往”之心，盖夫子五十之前，用世之心弥笃而又毫无施展机会，其自称“吾岂匏瓜也哉，焉能系而不食?”“如有用我者，吾其为东周乎”，皆属言为心声。不过夫子虽有用世之心，要在“行义以达其道”，不义悖礼之事，必当不为，此正所谓“上智不移”也。此诸章，非夫子“行迹”，实其“心迹”耳。故扬雄《法言·五百卷》载：

> 或问：“圣人有诎（屈）乎?”曰：“有。”曰：“焉诎乎?”曰：“仲尼于南子，所不欲见也；阳虎，所不欲敬也。见所不见，敬所不敬，不诎如何?”曰：“卫灵公问陈，则何以不诎?”曰：“诎身，将以信（伸）道也。如诎道而信身，虽天下不为也。”

观此可知，夫子与阳货周旋，乃“诎身将以信道”，此亦守经达权之一例。

今按：夫子虽未应阳货之请，后又因阳货而遇险。《史记·孔子世家》载：“将适陈，过匡，颜刻为仆，以其策指之曰：‘昔吾入此，由彼缺也。’匡人闻之，以为鲁之阳虎。阳虎尝暴匡人，匡人于是遂止孔子。”又《说苑·杂言》：“孔子之宋，匡简子将杀阳虎，孔子似之。甲士以围孔子之舍，子路怒，奋戟将下斗。孔子止之，曰：‘何仁义之不免俗也？夫诗、书之不习，礼、乐之不修也，是丘之过也。若似阳虎，则非丘之罪也，命也夫。由，歌予和汝。’子路歌，孔子和之，三终而甲罢。”是知夫子一生，与阳货颇有瓜葛，所谓“似阳虎”，盖形似也，非神似，或许阳货身材高大，亦未可知。

又按：钱穆先生以为“孔子曰”以上数句皆阳货所言，今不取。

## 17.2 子曰：“性相近也，习相远①也。”

**新注** ①性：天性。习：习染。

**新译** 孔子说：“人的天性是相近的，由于习染不同而渐行渐远。”

**新识** 本章可谓性习之辨。窃谓此即子贡所谓不可得闻之“性与天道”。皇侃《疏》引王弼曰：“孔子曰：性相近也。若全同也，相近之辞不生；若全异也，相近之辞亦不得立。今云近者，有同有异，取其共是。无善无恶则同也，有浓有薄则异也，虽异而未相远，故曰近也。”又，朱熹《集注》：“所谓性，兼气质而言者也。气质之性，固有美恶之不同矣。然以其初而言，则皆不甚相远也。但习于善则善，习于恶则恶，于是始相远耳。”程子也说：“此言气质之性。非言性之本也。若言其本，则性即是理，理无不善，孟子之言性善是也。何相近之有哉？”程子所谓“性之本”，盖张载所谓“天地之性”，而“性相近”之性，非“天地之性”，实指“气质之性”。人秉天地之气，性情原无大异，然由于后天习染学行有别，故渐行渐远。夫子说“十室之邑必有忠信如丘者焉，不如丘之好学也”，盖亦蕴含此意。

今按：此章紧承“阳货欲见孔子”章，亦有深意。盖夫子与阳货，形貌颇相似，可谓“性相近”，然一为圣人，一为恶人，相去不啻霄壤，岂非“习相远”哉？

又按：习者，学也，行也，夫子责习不责性，实亦勉人为学也。

## 17.3 子曰：“唯上知与下愚不移。”

**新译** 孔子说：“只有最有智慧之人和最愚笨的人才不会轻易改变。”

**新识** 此章承上章，继续谈性习之辨。窃谓“性相近”乃“中人”境界，“习”则有上下两种情况：习于善勤于学则上达为“上知”，习于不善困而不学则下达为“下愚”。不移，不改也。《集解》孔安国曰：“上智不可使为恶，下愚不可使强贤。”颜回箪食瓢饮，不改其乐，孟子“贫贱不能移”，便是“上智不移”。阳货犯上作乱，一意孤行，盗跖啸聚江湖，无恶不作，便是“下愚不移”。可知“不移”乃中性词，有褒有贬，全看上达抑或下达。然此句亦给“中人”留下极大空间：上智下愚不移，无法施加任何影响，而“中人”则有“移”之可能与空间。故夫子为此言，依旧是勉人好学不倦矣！

今按：可与为善，不可与为恶，上智也；可与为善，可与为恶，中人也；可与为恶，不可与为善，下愚也。吾辈皆中人之资，其性相近，尚可迁移，故虽不能“生知安行”，要当“学知力行，困知勉行”也！学而时习之悦乐，正在能通过学习，迁善改过、亲仁徙义、下学上达也！

**17.4　子之武城[①]，闻弦歌之声。夫子莞尔而笑曰：“割鸡焉用牛刀？”子游对曰：“昔者偃也闻诸夫子曰：‘君子学道则爱人；小人学道则易使也。’”子曰：“二三子！偃之言是也。前言戏之耳！”**

**新注**　①武城：鲁之小邑。时，子游为武城宰，以礼乐为教，故邑人皆弦歌也。

**新译**　孔子来到武城，听到弹琴歌咏之声。孔子微微一笑说：“杀鸡哪里用得上宰牛的刀啊？”子游回答说：“从前弟子曾经听老师您说过：‘在位的君子如果学习礼乐就会懂得爱人，平民百姓学习礼乐就容易听从指挥了。’”孔子说：“弟子们！言偃的话是对的。刚才我不过是和他开个玩笑罢了。”

**新识**　此章言君子小人学道之效，盖亦呼应上两章性习之辨。朱熹《集注》说：“君子小人，以位言之。子游所称，盖夫子之常言。言君子小人，皆不可以不学。故武城虽小，亦必教以礼乐。”朱子又说：“‘君子学道'，是晓得那'己欲立而立人，己欲达而达人'，与'乾称父，坤称母'底道理，方能爱人。'小人学道'不过晓得孝悌忠信而已，故易使也。"（《朱子语类》卷第四十七）是知"学道"便是"习"，"爱人"和"易使"便是"习"之所得也！此又可见，"上智下愚不移"之说亦非绝对，盖人性本善，即便"下愚"之人，如能"人一能之，己百之；人十能之，己千之"，好学不倦，精进不已，岂有不可移易之理？

## 17.5 公山弗扰以费畔[①]，召，子欲往。子路不说，曰："末之也已[②]，何必公山氏之之也？"子曰："夫召我者而岂徒哉[③]？如有用我者，吾其为东周乎[④]？"

**新注** ①公山弗扰：季氏家臣，又作"公山不狃"。与阳货共执季桓子，据邑以叛。以费（bì）畔：以，凭借。费，邑名，属季氏。畔，通"叛"。②说（yuè）：通"悦"。末之也已：没有地方可去也就算了。已，止。③岂徒哉：难道会白白地邀请我吗？徒，白白地。④为东周：复兴一个新的东周。

**新译** 公山弗扰占据费城以背叛季孙氏，来邀请孔子，孔子想要去。子路很不高兴，说："您没有地方去也就算了，为什么一定要到公山那里去呢？"孔子说："那要召我去的人，难道会白白召我吗？如果真能用我，我难道不能兴起一个新的东周吗？"

**新识** 本章遥承本篇首章，再记孔子未仕之前，出处抉择之心迹。公山弗扰，即公山不狃，季氏宰，孔子堕三都时据费邑以叛。此章当为孔门弟子所追记，存在"时间叠加"现象，盖因公山不狃后来的反叛之行，反观其以前行迹，遂有此记载。今按《左传·定公十二年》（前498）载："仲由为季氏宰，将堕三都，于是叔孙氏堕郈。季氏将堕费，公山不狃、叔孙辄帅费人以袭鲁。……仲尼命申句须、乐颀下，伐之，费人北（败）。国人追之，败诸姑蔑。二子奔齐，遂堕费。"可知，公山不狃据费叛乱时，正夫子为鲁司寇下令堕三都时，岂有闻召"欲往"之理？揆诸史实，公山不狃召孔子，当在定公八年（前502），不狃伙同阳货谋害季平子之时，孔子是年不及五十，其“欲往”之理由，前已分析，盖用世之心使然，而当时公山不狃亦未显反迹，不似阳货之豺声已露也。《集注》程子曰：“圣人以天下无不可有为之人，亦无不可改过之人，故欲往。然而终不往者，知其必不能改故也。”

今按：夫子欲往，出乎仁；终不往，本乎智。既仁且智，不亦宜乎！

**17.6　子张问仁于孔子。孔子曰：“能行五者于天下，为仁矣。”请问之。曰：“恭、宽、信、敏、惠。恭则不侮，宽则得众，信则人任焉①，敏则有功，惠则足以使人。”**

**新注**　①信则人任：为人信实就会得到任用。

**新译**　子张向孔子请教何为仁。孔子说：“能够在天下实行五种品德，就是仁了。”子张请问哪五种。孔子说：“恭敬、宽厚、诚信、敏捷、恩惠。待人恭敬就不会遭受侮辱，为人宽厚就能得到拥护，诚实守信就会得到任用，做事敏捷就会容易成功，仁慈恩惠就能指挥得动民众。”

**新识**　朱熹《集注》称：“行是五者，则心存而理得矣。于天下，言无适而不然，犹所谓虽之夷狄不可弃者。五者之目，盖因子张所不足而言耳。”

今按：子张问仁，而夫子答语颇似言政，或以为所问即仁政。窃谓仁者，乃以天地万物为一体，“能行五者于天下”，盖仁者修己以敬而能安天下之百姓。故仁者虽不必从政，亦有从政之效也。

**17.7　佛肸①召，子欲往。子路曰：“昔者由也闻诸夫子曰：‘亲于其身为不善者，君子不入也。’佛肸以中牟畔②，子之往也，如之何？”子曰：“然。有是言也。不曰坚乎，磨而不磷；不曰白乎，涅而不缁③。吾岂**

匏瓜④也哉？焉能系而不食？”

**新注** ①佛肸（bì xī）：晋大夫范氏家臣，据中牟以叛赵简子。②以中牟畔（pàn）：中牟，在今河北邢台与邯郸之间。畔，通“叛”。③磨而不磷（lìn）：磷，薄也。涅而不缁：涅，一种黑矾石，可作染料。缁，黑色。④匏（páo）瓜：即葫芦。古人多用于作瓢或盛酒器，故在其老熟之前，一直挂在藤上，不被摘取。

**新译** 佛肸曾来召请孔子，孔子想要去。子路说：“从前仲由曾听夫子说过：‘亲自干坏事的人，君子是不到他那里去的。’现在佛肸在中牟叛乱，您却要前往，这又怎么解释呢？”孔子说：“是的，我说过这话。不是有这样的说法吗？真正坚硬的东西，再磨也磨不薄。真正洁白的东西，再染也染不黑。我难道是一只中看不中用的匏瓜吗？怎么能够总是挂在那里而不被人食用呢？”

**新识** 本章呼应本篇第一、第五章，皆明夫子用世之心也。《史记·孔子世家》将此事系于孔子第三次离开卫国之后：“灵公老，怠于政，不用孔子。孔子喟然叹曰：‘苟有用我者，期月而已，三年有成。’孔子行。佛肸为中牟宰。赵简子攻范、中行，伐中牟。佛肸畔，使人召孔子。”这是夫子生命中第二次闻召欲往。第一次夫子在鲁，尚未从政；这一次夫子去鲁又去卫，风尘仆仆，正不知何去何从之时。不过夫子终究还是未应佛肸之召，并非为子路劝止，实夫子虽急于用世，然已知天命不与，故能不为不义之事。《史记》接着写道：“孔子既不得用于卫，将西见赵简子。至于河而闻窦鸣犊、舜华之死也，临河而叹曰：‘美哉，水洋洋乎！丘之不济此，命也夫！’”窦鸣犊、舜华皆晋国贤大夫，曾有恩于赵简子，结果却为其所杀，夫子闻听此事，知赵简子乃虎狼之人，绝不愿为其所用，故又返回卫国，入住于蘧伯玉家。

子贡与夫子的对话颇有意味。夫子说“坚乎磨而不磷”“白乎涅而不缁”，正是“上智不移”“无可无不可”之意。言下之意，若志行高洁，自可出淤泥而不染，当权者虽无道，然若用有道之人如我，或可有助于天下苍生也。“吾岂匏瓜也哉？焉能系而不食？”此句可见夫子道心拳拳，宁可冒着名声被玷污之危险，也绝不愿弃绝天下，独善其身，彼情彼景，仔细思之，真可催人泪下！故《集注》张敬夫曰："子路昔者之所闻，君子守身之常法。夫子今日之所言，圣人体道之大权也。然夫子于公山、佛肸之召皆欲往者，以天下无不可变之人，无不可为之事也。其卒不往者，知其人之终不可变而事之终不可为耳。一则生物之仁，一则知人之智也。"张氏以仁、智解读夫子"欲往未往"之义，庶几得之！

今按：今人杨义说："孔子在'邦无道'之时，一再有意于支持邑宰反叛'礼乐征伐'所从出的卿大夫，在不可为处发现可为，这种政治立场和事业意志，是值得注意的。从'公山弗扰以费畔'到'佛肸以中牟畔'，地隔七百里，时经十三年，前后隔章的意义逻辑的勾连，呈现了孔子坎坷的政治生涯和独特的政治选择。"（《论语还原》）这种"以史解经"的诠释理路，为我们理解尘封已久的孔子生平"行迹"和"心迹"，提供了一种相对公允和平情的视角与方向。

**17.8 子曰："由也，女闻'六言六蔽'①矣乎？"对曰："未也。""居！吾语女②。好仁不好学，其蔽也愚；好知不好学，其蔽也荡；好信不好学，其蔽也贼；好直不好学，其蔽也绞；好勇不好学，其蔽也乱；好刚不好学，其蔽也狂③。"**

**新注** ①六言六蔽：六言，指下面的仁、智、信、直、勇、刚六种美德。六言皆美德，然徒好之而不学以明其理，则各有所蔽。蔽，遮蔽，弊病。 ②居！吾语女：坐下，我告诉你。 ③愚：愚蠢。荡：放荡。贼：谓伤害于物。绞：急切尖刻。乱：悖乱。狂：狂躁妄为。

**新译** 孔子说："仲由啊，你听说过六言六蔽吗？"子路回答说："没有。"孔子说："那么你坐下，我来告诉你。爱好仁德却不好学，其弊病在愚蠢；爱好聪明却不好学，其弊病在放荡不羁；爱好诚实却不好学，其弊病在害人害己；爱好耿直却不好学，其弊病在尖刻偏激；爱好勇敢却不好学，其弊病在犯上作乱；爱好刚强却不好学，其弊病在胆大妄为。”

**新识** 本章夫子教子路“好学”之义。子路之病，在刚猛好勇，过犹不及。仁、智、信、直、勇、刚这六种美德，子路皆具一体，然发挥时，却常有过，沦为愚、荡、贼、绞、乱、狂六种弊病，此正“不好学”之过也。“何必读书，然后为学”，便是其豪言壮语。

今按：《泰伯》篇子曰：“恭而无礼则劳，慎而无礼则葸，勇而无礼则乱，直而无礼则绞。”可知“好学”者，好礼、好义之谓也。一切美德之好，若无礼义为权衡节制，皆易生流弊，此学者不可不知也。

**17.9 子曰：“小子！何莫学夫《诗》？《诗》可以兴，可以观，可以群，可以怨①。迩之事父，远之事君。多识于鸟兽草木之名。”**

**新注** ①何莫：何不。兴观群怨：兴，兴发志意；观，考见得失；群，和而不流；怨，怨而不怒。

**新译** 孔子说：“年轻人！为何不去学习《诗》呢？《诗》三百，可以兴发志意，萌生感动；可以观察风俗，考见得失；可以让人合群乐群，和而不流；可以怨刺讽谏，抒解哀愁。就近处讲，可以用来奉事父母；就远处讲，可以用来奉事君上。还可以多多认识一些鸟兽草木的名称。”

**新识** 上章言“好学”之义，然则学什么？此章则说，“小子何莫学夫《诗》”。《诗》者，盖指《诗三百》也。

本章涉及《诗经》的功能论。

一是社会功能，“兴观群怨”四字，便是《诗》学社会功能论之总纲领。先说“兴”。夫子说：“兴于《诗》，立于礼，成于乐。”可知《诗》之最大功能便在于能“兴”。《集解》孔安国注：“兴，引譬连类。”朱熹《集注》：“感发志意。”又朱子也说：“读《诗》，见其不美者，令人羞恶；见其美者，令人兴起。”（《朱子语类》卷第四十七）《论语》中多有“兴”的生动实例，如子贡“如切如磋”、子夏“礼后乎”之对，皆引譬连类，别开生面。可以说，“兴”发挥的是《诗》的情感功能。

次说“观”。《集解》郑玄注：“观风俗之盛衰。”朱熹《集注》：“考见得失。”《诗大序》说：“治世之音安以乐，其政和；乱世之音怨以怒，其政乖；亡国之音哀以思，其民困。故正得失，动天地，感鬼神，莫近于《诗》。”由此可知，“观”发挥的是《诗》的政教功能。

次说“群”。孔安国注：“群居相切磋。”朱熹《集注》：“和而不流。”古时《诗》广泛用于社会生活及外交诸方面，故孔子说：“不学《诗》，无以言。”又说：“诵《诗三百》，授之以政，不达；使于四方，不能专对，虽多，亦奚以为？”皆可说明，“群”发挥的是《诗》的社交功能。

再说“怨”。孔安国注：“怨刺上政。”朱熹《集注》则谓：“怨而不怒。”《诗大序》所谓“上以风化下，下以风刺上。主文而谲谏，言之者无罪，闻之者足以戒”。又说：“国史明乎得失之迹，伤人伦之废，哀刑政之苛，吟咏情性，以风其上，达于事变而怀其旧俗者也。故变风发乎情，止乎礼义。发乎情，民之性也；止乎礼义，先王之泽也。”说明“怨”所承担的是《诗》的讽谏功能。

二是伦理功能。“迩之事父，远之事君”，事实上已涉及“五伦”中的父子、君臣二伦，此二伦实又维系着夫妇、兄弟、朋友等三伦关系，可谓牵一发而动全身。《诗经》中的许多篇章，乃“先王以是经夫妇，成孝敬，厚人伦，美教化，移风俗”，故有着非常重要的人格塑造和伦理构建作用。

三是认知功能。《诗经》是百科全书，包罗万象，其所涉及之名物众多，足成一专门之学。三国东吴学者陆玑著有《毛诗草木鸟兽虫鱼疏》，在《诗经》学史上影响深远。民国学者胡朴安著有《诗经学》一书，指出“《诗经》一切之学，包括文字、文章、史地、礼教、博物而浑同之”；其中“博物”之学，便是建立在“多识于鸟兽草木之名”基础上的专门学问。然夫子此处所谓“多识”，不仅在于“多学而识之”，实有更深内涵。《中庸》说："诗云：'鸢飞戾天，鱼跃于渊。'言其上下察也。"鸢飞鱼跃，生意无穷，皆有助于君子体察天地之道，养成"天地万物为一体"之仁心。《世说新语·言语》载："简文帝入华林园，顾谓左右曰：'会心处不必在远，翳然林水，便自有濠、濮间想也，觉鸟兽禽鱼自来亲人。'"追求人与自然万物之亲和，实儒道两家共同尊奉的一种自然观。又，《宋元学案·明道学案》载宋儒程颢轶事曰：

> 明道先生窗前草茂覆砌，或劝之芟。明道曰："不可，欲常见造化生意。"又置盆池畜小鱼数尾，时时观之，或问其故？曰："欲观万物自得意。"草之与鱼，人所共见，唯明道见草则知生意，见鱼则知自得意，此岂流俗之见可同日而语！

这一种"万物静观皆自得，四时佳兴与人同"（程明道《秋日偶成》）的"与道逍遥"之境界，何其令人向往！此皆"深于诗"者也。钱穆先生论此章说："诗尚比兴，多就眼前事物，比类而相通，感发而兴起。故学于诗，对天地间鸟兽草木之名能多熟识，此小言之。若大言之，则俯仰之间，万物一体，鸢飞鱼跃，道无不在，可以渐跻于化境，岂止多识其名而已。孔子教人多识于鸟兽草木之名者，乃所以广大其心，导达其仁。诗教本于性情，不徒务于多识。"

今按：夫子此言，是对"思无邪"的进一步伸发，正因有如上所述之诸多功能，《诗经》才成为"温柔敦厚"的"诗之教"，影响中华文明三千年。惜乎今日诗教陵夷，国人身心满是戾气，"温润如玉"之君子真是"多乎哉？不多也"矣！

## 17.10 子谓伯鱼曰："女为《周南》《召南》①矣乎？人而不为《周南》《召南》，其犹正墙面而立②也与！"

**新注** ①伯鱼：孔子的独生子孔鲤。《周南》《召（shào）南》：《诗经·国风》的两部分，所言皆修身齐家之事，是《诗经》中最具教化作用的作品。 ②正墙面而立：正对着墙壁站立，比喻目光短浅。

**新译** 孔子对伯鱼说："你学过《诗经》中的《周南》《召南》了吗？一个人如果没有学过《周南》《召南》，那就好像面对着墙壁站立一样啊！"

**新识** 本章承上章，再言学《诗》之义。《周南》《召南》，《诗经》首二篇之名，所言皆君子修身之事，夫妇齐家之道。《中庸》说："君子之道，造端乎夫妇。"夫子以二《南》嘱伯鱼，盖此时伯鱼当已成人，欲其明室家夫妇之道也。朱熹《集注》说："正墙面而立，言即其至近之地，而一物无所见，一步不可行。"又说："不知所以修身齐家，则不待出门，便已动不得了。所以谓之'正墙面'者，谓其至近之地亦行不得故也。"（《朱子语类》卷第四十七）

今按：《诗经》之二《南》，人伦之本，王化之基，不知不行，不可修身齐家也。《大学》云："《诗》云：'桃之夭夭，其叶蓁蓁。之子于归，宜其家人。'宜其家人，而后可以教国人。《诗》云：'宜兄宜弟。'宜兄宜弟，而后可以教国人。《诗》云：'其仪不忒，正是四国。'其为父子兄弟足法，而后民法之也，此谓治国在齐其家。"此之谓也！

## 17.11 子曰："礼云礼云！玉帛云乎哉？乐云乐云！钟鼓云乎哉？"

**新译** 孔子说："礼呀礼呀，难道就是指玉器和丝绸这些东西吗？乐呀乐呀，难道就是指钟鼓这些乐器吗？"

**新识** 本章又承上两章，谈礼乐之义。正对应夫子"兴于《诗》，立于礼，成于乐"之教也。《集注》："敬而将之以玉帛，则为礼；和而发之以钟鼓，则为乐。遗其本而专事其末，则岂礼乐之谓哉？"程子曰："礼只是一个序，乐只是一个和。只此两字，含蓄多少义理。天下无一物无礼乐。"

今按：子曰："人而不仁，如礼何？人而不仁，如乐何？"可知礼之本即仁，玉帛钟鼓则是礼之末。夫子此言，正教执礼为政者不要舍本逐末。

## 17.12 子曰："色厉而内荏，譬诸小人，其犹穿窬之盗也与[1]？"

**新注** ①荏（rěn）：软弱，怯懦。穿窬（yú）之盗：穿墙打洞的盗贼。

**新译** 孔子说："外表严厉而内心怯弱。拿没有品行的小人来比喻这种人，就像那穿墙打洞的小偷吧！"

**新识** 本章以下数章，皆批评败义伤德之人。色厉内荏，即外表严厉、内心怯懦、外强中干之人。穿窬之盗，即穿墙打洞的小偷，窃人财物而常畏人知，这种人连"盗"都够不上。夫子主张直道而行，故对表里不一、虚伪不直之小人，耻与为伍。又，《礼记·表记》："君子不以色亲人。情疏而貌亲，在小人则穿窬之盗也与？"这里的"情疏而貌亲"，犹言"匿怨而友其人"，与"色厉而内荏"皆属表里不一，以"穿窬之盗"喻之，既形象又辛辣，令人过目不忘！

## 17.13 子曰："乡原[1]，德之贼也！"

**新注** ①乡原（yuàn）：亦作"乡愿"。指乡里因伪善欺世而受到欢迎的好好先生。

**新译** 孔子说："那些伪善欺世、不分是非的好好先生，真是道德上的祸害啊！"

**新识** 上章谈"盗"，此章谈"贼"，编《论语》者，岂有意哉？朱熹《集注》说："乡原，乡人之愿者也。盖其同流合污以媚于世，故在乡人之中，独以愿称。夫子以其似德非德，而反乱乎德，故以为德之贼而深恶之。"关于乡愿，《孟子·尽心下》有更精细的分析，先是孟子说："孔子曰：过我门而不入我室，我不憾焉者，其惟乡原乎！乡原，德之贼也。"这大概是孔子此言的真实语境，足见孔子对乡愿的轻蔑。接着万章又向孟子请教：

> 曰："何如，斯可谓之乡原矣？"（孟子）曰："……阉

然媚于世也者，是乡原也。”万子曰：“一乡皆称原人焉，无所往而不为原人，孔子以为德之贼，何哉?”曰：“非之无举也，刺之无刺也，同乎流俗，合乎污世，居之似忠信，行之似廉洁，众皆悦之，自以为是，而不可与入尧舜之道，故曰‘德之贼’也。”

由此可知，乡愿看似忠厚，实则奸猾；看似诚信，实则伪诈；看似有德，实则乱德害德；夫子所谓“巧言、令色、足恭”“匿怨而友其人”“色取仁而行违”，子贡所谓“乡人皆好之”、有子所谓“知和而和，不以礼节之”者，正其人也!

## 17.14 子曰：“道听而涂①说，德之弃也!”

**新注** ①涂：通“途”。

**新译** 孔子说：“在道路上听到传言便在道路上传播，这是对美德的一种抛弃!”

**新识** 本章承上章“德之贼”，言“德之弃”。“道听途说”，极言出口之快。夫子一向对语言保持怀疑和警惕，主张“多闻阙疑”“默而识之”，又说“古者言之不出，耻躬之不逮”，“君子敏于事而讷于言”，“敏于事而慎于言”，“为之难，言之得无讱乎”? 盖夫子以为，不负责任地信口开河，本身便是不道德的表现。道听途说，更有不分青红皂白地人云亦云，甚至幸灾乐祸地传播谣言之意，性质尤为恶劣。故朱熹《集注》说：“虽闻善言，不为己有，是自弃其德也。”又引王氏曰：“君子多识前言往行以畜其德，道听涂说，则弃之矣。”

今按：俗话说：“谣言止于智者。”实则，能止息谣言者，不唯有智，亦必有德。又，《荀子·劝学》云：“君子之学也，入乎耳，著乎心，布乎四体，形乎动静；端而言，蝡而动，一可以为法则。小人之学也，入乎耳，出乎口，口耳之间则四寸耳，曷足以美七尺之躯哉?”君子之学为己，故能入耳入心，学在己身；小人之学为人，故入耳出口，急欲人知。道听途说者，正入耳出口不假思索、喜欢搬弄是非之小人也!

17.15 **子曰:“鄙夫可与事君也与哉?其未得之也,患得之[①];既得之,患失之。苟患失之,无所不至矣。”**

**新注** ①鄙夫:鄙俗之人。患得之:谓患不能得之。

**新译** 孔子说:“鄙俗之人可以与他共同奉事国君吗?当他没有得到的时候,唯恐得不到;已经得到了,又唯恐失去。假如害怕失去所得,那就什么事情都做得出来了。”

**新识** 上章言“弃”,本章言“得”,涉及事君之道,可与“事君,敬其事而后其食”章并参。朱熹《集注》说:“鄙夫,庸恶陋劣之称。”盖纯取贬义。鄙夫为何不可与事君?盖因其心地鄙陋自私,常常患得患失。得失者何?功名利禄也。

今按:《集注》胡氏曰:“许昌靳裁之有言曰:‘士之品大概有三:志于道德者,功名不足以累其心;志于功名者,富贵不足以累其心;志于富贵而已者,则亦无所不至矣。’志于富贵,即孔子所谓鄙夫也。”鄙夫也者,犹今之所谓“既得利益者”,此种人总想保住自己的“既得利益”,因此贪赃枉法、徇私舞弊、瞒天过海、暗度陈仓、铤而走险,无所不用其极。人若至此,谓其“鄙夫”都是抬举他,不过是一“仓鼠”“蛀虫”“苍蝇”而已!

17.16 **子曰:“古者民有三疾,今也或是之亡也[①]。古之狂也肆,今之狂也荡;古之矜也廉,今之矜也忿戾[②];古之愚也直,今之愚也诈而已矣。”**

**新注** ①三疾:三种毛病。或是之亡(wú):或许这三种毛病也不可得。亡,通“无”。 ②肆:肆意直言。荡:放荡无礼。廉:本义指物体的棱角,这里指一个人方正有威。忿戾(lì):发怒暴虐。

**新译** 孔子说:“古人有三种毛病,如今恐怕连这三种毛病也不可得了。古代的狂人是肆意直言，如今的狂人是放荡无礼；古代人的矜持是有棱角而不可侵犯，如今的矜持却成了狂怒暴虐；古代的愚者还不失正直，如今的愚者则虚伪变诈自欺欺人。”

**新识** 朱熹《集注》释云：“狂者，志愿太高。肆，谓不拘小节。荡则逾大闲矣。矜者，持守太严。廉，谓棱角峭厉。忿戾则至于争矣。愚者，暗昧不明。直，谓径行自遂。诈则挟私妄作矣。”

今按：与“六言六蔽”章相反，本章乃从反面为说。狂、矜、愚，三者皆负面性格，然即便是一病，古人反中有正，肆、廉、直，尚有可观；今人则一负到底，荡、戾、诈，每况愈下。此亦古今之辨，盖夫子借古以讽今也。

## 17.17 子曰：“巧言令色，鲜矣仁。”

**新译** 孔子说：“用花言巧语，谄颜媚态取悦他人的人，很少有真正的仁德。”

**新识** 此章重出，详见《学而》篇第三章“新识”。《集解》王肃曰：“巧言无实，令色无质。”

## 17.18 子曰：“恶紫之夺朱也，恶郑声之乱雅乐也，恶利口之覆邦家者①。”

**新注** ①恶（wù）紫之夺朱：憎恶紫色夺去赤色的光彩。雅乐：雅正的音乐。覆邦家：倾覆国家。

**新译** 孔子说：“我憎恶紫色夺去了红色的光彩，憎恶郑国的靡靡之音扰乱了雅正的音乐，憎恶那些靠着伶牙俐齿而颠覆了国家的人。”

**新识** 本章可谓“夫子三恶”，皆关乎礼乐为邦之事。可与“放郑声，远佞人；郑声淫，佞人殆”章同参。朱熹《集注》释云：“朱，正色。紫，间色。雅，正也。利口，捷给。覆，倾败也。”范氏曰：“天下之理，正而胜者常少，不正而胜者常多，圣人所以恶之也。利口之人，以是为非，以非为是，以贤为不肖，以不肖为贤。人君苟悦而信之，则国家之覆也不难矣。”盖夫子所恶者，皆邪以乱正，枉以措直，佞以夺义等乱相，此仁者之好恶也。

关于“郑声之乱雅乐”，《诗大序》说：“至于王道衰，礼义废，政教失，国异政，家殊俗，而‘变风’‘变雅’作矣。国史明乎得失之迹，伤人伦之废，哀刑政之苛，吟咏情性，以风其上，达于事变而怀其旧俗者也。故变风发乎情，止乎礼义。发乎情，民之性也；止乎礼义，先王之泽也。”对于礼乐崩坏之局面，夫子不遗余力予以匡救。《子罕》篇子曰：“吾自卫反鲁，然后乐正，《雅》《颂》各得其所。”夫子不唯是一批判家，更是一实干家。

今按：夫子所恶者不止此三事。《孟子·尽心下》引孔子曰：“恶似而非者：恶莠，恐其乱苗也；恶佞，恐其乱义也；恶利口，恐其乱信也；恶郑声，恐其乱乐也；恶紫，恐其乱朱也；恶乡原，恐其乱德也。”夫子好善恶恶、贤贤贱不肖，亦可谓一以贯之矣！

## 17.19 子曰：“予欲无言。”子贡曰：“子如不言，则小子何述①焉？”子曰：“天何言哉？四时行焉，百物生焉，天何言哉？”

**新注** ①何述：述何。传述什么。

**新译** 孔子说：“我不想说话了。”子贡说：“夫子如果不讲话了，那我们这些弟子们该传述些什么呢？”孔子说：“天说了什么呢？四季照常运行，百物照常生长，天说了什么呢？”

**新识** 本章乃夫子晚年下学上达，参透天道之后所言，可与《宪问》篇“莫我知也夫”章并参。两章听者皆为子贡，此必颜回死后，夫子有意传道于子贡也。然子贡执着于言语闻见之学，“小子何述”一语，可知其终未能了悟夫子深意。故朱熹《集注》称：“四时行，百物生，莫非天理发见流行之实，不待言而可见。圣人一动一静，莫非妙道精义之发，亦天而已，岂待言而显哉？此亦开示子贡之切，惜乎其终不喻也。”

夫子说："不怨天，不尤人，下学而上达，知我者其天乎！"此即孟子所谓"尽心知性，尽性知天"之境界。夫子又说："唯天为大，唯尧则之。"本章又说"予欲无言""天何言哉"，分明便是法天则天之意。"四时行焉，百物生焉"，正是《周易》所谓"天行健，君子以自强不息；地势坤，君子以厚德载物"，亦《中庸》所谓"致中和，天地位焉，万物育焉"！夫子所开创的儒家"内圣"工夫，不仅强调见贤思齐，事贤友仁，爱众亲仁，完成世俗世界之人格提升，更教人摆落人类社会之局限，在信仰世界乃至宗教层面向上攀登跃进，达至以人合天，天人合一之终极化境。周敦颐说"士希贤，贤希圣，圣希天"，良有以也！

今按：古人云："鸢飞鱼跃，道无不在。"夫子之教，动静语默之间随处可见，诚实无隐。此亦《老子》第二章所谓"圣人处无为之事，行不言之教"也。故夫子说："吾无行而不与二三子者。"又说："我欲载之空言，不如见之于行事之深切著明也。"身教更胜于言教，行事更胜于空言，于斯可见。

又按：此章实亦涉及语言之有限性问题。《老子》开篇即说："道可道，非常道；名可名，非常名。"又说："知者不言，言者不知。"又，《周易·系辞上》说："书不尽言，言不尽意。"《庄子·外物》也说："筌者所以在鱼，得鱼而忘筌；蹄者所以在兔，得兔而忘蹄；言者所以在意，得意而忘言。"皆此意也！夫子说"予欲无言"，盖感叹语言在表意及言道时之有限，甚至会成为感知道体的障碍，故发为此言，提醒弟子不要执着于言筌，懈怠于行道。此意西哲维特根斯坦亦有揭示，他说："凡不可说的，应该保持沉默。"唯西人悟得此理，开启所谓"语言分析哲学"，已在两千年之后矣！

**17.20 孺悲[①]欲见孔子，孔子辞以疾。将命者出户，取瑟而歌，使之闻之。**

**新注** ①孺悲：鲁国人，曾从孔子学习士丧礼。

**新译** 孺悲想来求见孔子，孔子以身体不适推辞了。传话的人出了门，孔子却鼓瑟而歌，故意使孺悲听到。

**新识** 此章颇耐寻味。夫子一向乐善好施，奖掖后进，何以不欲见孺悲且辞以疾？辞以疾倒也罢了，还要鼓瑟而歌，让其知己之无疾？《仪礼·士相见礼·疏》说："孺悲欲见孔子，不由介绍，孔子辞以疾。"然夫子一向"与其进也，不与其退也"，岂会因"不由介绍"而拒人于门外？《礼记·杂记下》则说："恤由之丧，哀公使孺悲之孔子学士丧礼，《士丧礼》于是乎书。"可知孺悲确曾向夫子学过礼，夫子亦未之拒。那么，此次辞疾鼓瑟之举，或在其求见之初，亦未可知。

杨义先生以此事发生在鲁哀公十三年（前482）。此时因治国理念迥异，孔子与鲁哀公、季康子渐行渐远，备受冷落。"哀公不再亲自问政，而是派遣孺悲问士丧礼，不是把孔子当政治家，而是礼仪专家对待；不是亲自请问，而是派使者请问。因此，孔子以取瑟而歌的方式奚落孺悲，作弄孺悲，实则对哀公以示不满。"（《论语还原》）说极有理。

今按：孟子曰："教亦多术矣。予不屑之教诲也者，是亦教诲之而已矣。"朱熹《集注》："当是时必有以得罪者。故辞以疾，而又使知其非疾，以警教之也。"程子曰："此孟子所谓不屑之教诲，所以深教之也。"教无定法，不屑之教，亦可谓之教也。

**17.21 宰我问："三年之丧，期[①]已久矣。君子三年不为礼，礼必坏；三年不为乐，乐必崩。旧谷既没，新谷既升[②]，钻燧改火，期可已矣[③]。"子曰："食夫稻，衣夫锦[④]，于女安乎？"曰："安。""女安则为之！夫君子之居丧，食旨不甘[⑤]，闻乐不乐，居处不安，故不为也。今女安，则为之！"宰我出。子曰："予之不仁也！子生三年，然后免于父母之怀[⑥]。夫三年之丧，天下之通丧也[⑦]。予也有三年之爱于其父母乎？"**

**新注** ①期：期限，时间。 ②旧谷既没，新谷既升：去年的旧谷已经吃完，今年的新谷便已经登场。 ③钻燧改火，期（jī）可已矣：期，一周年。《周书·月令》有更火之文，春取榆柳之火，夏取枣杏之火，季夏取桑柘之火，秋取柞楢之火，冬取槐檀之火。一年之中，钻火各异木，故曰改火也。意谓三年的丧礼，守满一周年也就可以了。 ④衣（yì）夫锦：衣，作动词，穿。锦，带花纹的绸缎。古制，服丧期间，禁止食稻衣锦。 ⑤食旨不甘：吃美味也不觉得香甜。旨，美味。 ⑥免于父母之怀：离开父母的怀抱。 ⑦通丧：通行的丧制。

**新译** 宰我问道："父母去世，守孝三年，时间也太久了。君子三年不去演习礼仪，礼仪必然荒废；三年不去演奏音乐，音乐必然崩坏。去年的旧谷已经吃完，今年的新谷已经登场，钻火用的木头一季一换也只是循环一年，守丧守满一周年也就可以了。"孔子说："服丧期间就去吃白米饭，穿锦缎衣，你心安吗？"宰我说："心安。"孔子说："你心安你就去做吧！君子在服丧期间，吃美味也不觉得香甜，听音乐也不觉得好听，住在家中也不觉得舒服，所以才不做这些事情。如今你觉得心安，你就去做吧！"宰我退下来，孔子说："宰予真不仁啊！小孩子出生三年以后，才能逐渐离开父母的怀抱。三年的丧制，是天下通行的丧制。宰予难道就没有从他的父母那里得到过三年的关爱呵护吗？"

**新识** 本章谈三年之丧，可与《学而》篇"三年无改于父之道"及《宪问》篇"高宗谅阴，三年不言"诸章并参。宰我为言语科高弟，言行多有舛互，故夫子耳提面命，不遗余力。此番宰我又以三年之丧时间太久，且以礼坏乐崩为说辞，期望减为一年。"旧谷既没，新谷既升"云云，盖言期年则天运一周，时物皆变，自然规律，故丧期至此可止也。宰我以礼为说，言之未尝无理，而夫子则以情为说，"予之不仁也！……予也有三年之爱于其父母乎？"实则揭示出礼本乎情，"人而不仁如礼何"的深刻内涵。进而言之，夫子之所以批评宰我，并非全由丧期长短，而是按照士君子之标准要求宰我。夫子发现，这个擅长言语应对的弟子，显然并未“达标”。

众所周知，儒家三年丧礼，并非三十六月。《礼记·三年问》：“三年之丧，二十五月而毕。”此一礼制规定，实已充分考虑到生者的现实需要。而孔子本人，亦未尝不同情有丧者，并以三年之丧为久。《礼记·檀弓上》载：“鲁人有朝祥而莫（暮）歌者，子路笑之，夫子曰：‘由，尔责于人，终无已夫？三年之丧，亦已久矣夫！’子路出，夫子曰：‘又多乎哉？逾月则其善也。’”孔颖达疏：“祥，谓二十五月大祥。歌哭不同日，故仲由笑之也。”观此可知，夫子对待三年之丧，实有一中和适度之权宜判断：宰我必以三年之丧为久，且以食稻衣锦为“安”，此已有不仁之心、怠惰之意在焉，故夫子动之以情，晓之以理；而子路刚直好义，大孝之人，其必能坚持三年之丧而不违礼，但其嘲笑他人“朝祥而莫歌”，亦流于刻薄，故夫子出言以教之。子路是“过”，宰我是“不及”，而夫子则“君子时中”，无过无不及也！

今按：《礼记·檀弓上》：“孔子既祥，五日弹琴而不成声，十日而成笙歌。”言夫子守丧期满，尚有余哀，其所以弹琴笙歌，正欲化悲痛为力量，重新面对生活。窃谓夫子赞成三年之丧，心情应不无矛盾，一方面他对一般守丧者之苦心存同情，并未求全责备，此即所谓“礼不下庶人”。《孔子家语·五行解》：“所谓礼不下庶人者，以庶人遽其事而不能充礼，故不责之以备礼也。”但另一方面，夫子又担心若无此礼，则人心浇薄，奸恶丛生，放辟邪侈，甚至沦为禽兽而不自知矣。

圣人宅心仁厚，不仅为生者计，亦且为死者计，盖生死原本一体，养生与送死同等重要。《礼记·礼运》称：“故礼义也者，人之大端也……所以养生送死，事鬼神之大端也。”孙希旦《集解》：“以明则养生送死，以幽则事鬼神，亦惟礼义为大端绪也。”夫子说：“未能事人，焉能事鬼？”其实倒过来也成立——“未能事鬼，焉能事人”？故孟子说：“养生者不足以当大事，惟送死可以当大事。”（《孟子·离娄下》）《中庸》也说：“事死如事生，事亡如事存，孝之至也。”儒家所以重视丧祭之礼，正在敦化人心，不使其因生死存亡而有别，此正儒学与宗教相通之处也。

**17.22　子曰："饱食终日，无所用心，难矣哉！不有博弈者乎，为之犹贤乎已[①]。"**

**新注**　①博弈：博，局戏。弈，围棋。这里指下棋。贤乎已：贤，胜也。已，止也。

**新译**　孔子说："整天吃饱了饭，无所事事，这就难办了啊！不是有博彩下棋的游戏吗，就是博彩下棋，也比无所事事要好些。"

**新识**　本章夫子戒"懒"劝学，涉及博弈，所谓"游于艺"。《集注》李氏曰："圣人非教人博弈也，所以甚言无所用心之不可尔。"朱子就"心"字为说："心若有用，则心有所主。只看如今才读书，心便主于读书；才写字，心便主于写字。若是悠悠荡荡，未有不入于邪僻。"盖夫子只是劝人勤学，不要虚度光阴；只是教人游艺，不要浑浑噩噩。

今按：《卫灵公》篇子曰："群居终日，言不及义，好行小慧，难矣哉！"本章与其语气主旨近似，或即同时所言，亦未可知。顾炎武《日知录》卷十三《南北学者之病》便将二章并列而言："'饱食终日，无所用心，难矣哉'，今日北方之学者是也。'群居终日，言不及义，好行小慧，难矣哉'，今日南方之学者是也。"其实，无论南方北方，学者皆当引以为戒，勿使自己染上懒病惰习也。

**17.23　子路曰："君子尚勇乎？"子曰："君子义以为上[①]。君子有勇而无义为乱，小人有勇而无义为盗。"**

**新注**　①义以为上：以义为上。上，尚也。

**新译**　子路问："君子崇尚勇敢吗？"孔子说："君子认为义是最值得崇尚的。君子如果只有勇而没有义，就会犯上作乱，小人如果只有勇而没有义就会沦为强盗。"

**新识**　本章可谓义勇之辨。子路好勇，故以"君子尚勇"为问。夫子说"义以为上"，其实便是"尚义不尚勇"。夫子说："君子之于天下也，无适也，无莫也，义之与比。"亦是"义以为上"之意。夫子又说：

"见义不为，无勇也。"也就是说，义勇之间，义在勇先，合乎义的勇才是值得提倡的，不合乎义的勇，非乱即盗。故夫子说"好勇疾贫，乱也"，"勇而无礼则乱"，"君子好勇无义为乱，小人好勇无义为盗"。朱熹《集注》说："君子为乱，小人为盗，皆以位而言者也。"尹氏曰："义以为尚，则其勇也大矣。子路好勇，故夫子以此救其失也。"

**17.24 子贡曰："君子亦有恶①乎？"子曰："有恶。恶称人之恶者，恶居下流而讪上②者，恶勇而无礼者，恶果敢而窒③者。"曰："赐也亦有恶乎？""恶徼以为知者，恶不孙以为勇者，恶讦以为直者④。"**

**新注** ①恶（wù）：憎恶。 ②讪（shàn）上：讪，诽谤。君子憎恶在下位而诽谤上级的人。 ③果敢而窒：言人执拗而不通人情事理。窒，不通。 ④徼（jiāo）以为知者：徼，抄袭。讦（jié）：攻击揭发别人的隐私。

**新译** 子贡说："君子也会有所憎恶吗？"孔子说："有憎恶。君子憎恶喜欢讲别人坏话的人，憎恶在下位而诽谤上级的人，憎恶勇敢却不懂礼节的人，憎恶果敢专断而执拗不通情理的人。"孔子又说："赐啊，你也有所憎恶吗？"子贡答道："我憎恶以抄袭他人为聪明的人，憎恶以不逊无礼为勇敢的人，憎恶以攻击别人的隐私为直率的人。"

**新识** 本章言"君子之恶"，与前"夫子三恶"相呼应。子贡先问夫子，夫子再反问子贡，此种对答，《论语》中极为少见，盖颜回卒后，夫子颇重子贡，诲之不倦也。

夫子所讲"四恶"，皆性之偏过，有失中道之情况。其中"恶称人之恶者"，与前"乐道人之善"意同词异，又与"子贡方人"章呼应，盖告诫子贡当有容人之量，自反之心。后三恶"居下流而讪上""勇而无礼""果敢而窒"恐亦有所指，窃谓此三种偏失之过，弟子中子路、子张容或有之，他人如阳货、公山、佛肸之流所必不免也。朱子释"果敢而窒”说：“勇是以气加人，故易至于无礼。果敢，是率然敢为。盖果敢而不窒，则所为之事必当于理。窒而不果敢，则于理虽不通，然亦未敢轻为。惟果敢而窒者，则不论是非而率然妄作，此圣人所以恶之也。”（《朱子语类》卷第四十七）

今按：子贡所言“三恶”，句式相同，对知、勇、直三者之伪诈情况予以反思，相比夫子，涵盖面大为缩小，所指不过一“伪”字。言下之意，那些“徼以为知”“不孙以为勇”“讦以为直”者，不过“打肿脸充胖子”，欺世盗名而已。细玩子贡此言，颇有为其素喜“方人”辩护之意。言下之意，非我喜欢褒贬人，实在是没出息、不成器的人太多了！

## 17.25 子曰：“唯女子与小人为难养也，近之则不孙，远之则怨①。”

**新注** ①难养：难以相处。孙（xùn）：通“逊”。

**新译** 孔子说：“唯有妾妇与小人是最难相处的，你亲近他们，他们就会无礼；你疏远他们，他们就会怨恨。”

**新识** 本章在《论语》的传播接受史上，最有阐释价值，歧解纷出，饱受争议。关键在于此章涉及对女性的评价，实亦关乎儒学如何处理与“半边天”的关系问题。今试做疏解如下：

首先，本章的“女子”究竟何所指？盖有三种说法：一种将“女子”视为“臣妾”，包围圈缩小，旨在为孔子作道德“减压”。如朱熹《集注》就说：“此小人，亦谓仆隶下人也。君子之于臣妾，庄以莅之，慈以畜之，则无二者之患矣。”清儒汪绂《四书诠义》称：“此言修身齐家者不可有一事之可轻，一物之可慢，毋谓仆妾微贱，可以惟我所使，而忽以处之也。”此说将本章夫子所言，解释为不可以仆妾微贱而轻慢忽略，言之有理，但取消了夫子的批评力度，属于过度阐释。实则孔子对女性并无歧视，尤其对夫妇一伦，一向重视有加，未尝不敬。《孔子家语·大昏解》载孔子曰：“昔三代明王必敬妻子也，盖有道焉。

妻也者亲之主也，子也者亲之后也，敢不敬与?”故大可不必强为解说。许仁图就说：“仆妾唯主人之命是从，焉会难以对待，胆敢亲近不谦逊，疏远则有怨言?”（《子曰论语》）故此一解释虽有“护法”之诚，却未免胶柱鼓瑟，难以信从。

第二种，认为“女子”盖特指，即卫灵公夫人南子。今人金纲先生说：“在全部记载孔子事迹和言论的秦汉文献中，除了‘唯女子与小人为难养也’这一句话，再也没有看到孔子表述对女性‘不敬’的意见。这不过是一个孤证。孤证往往不一定可信。所以，孔子此论有可能为特指。指谁呢？有没有可能是指卫灵公和南子呢?”（《论语鼓吹》）这个怀疑除了将卫灵公与小人对应稍欠谨慎外，将南子对应“女子”的推测则颇具阐释价值。无独有偶。标举“以史解经、以礼解经、以生命解经”的杨义先生则指出：“唯有回到本真的历史现场，才会发现，《卫灵公篇》子曰‘吾未见好德如好色者也’章，与《阳货篇》‘子曰：唯女子与小人为难养也’章之间，存在着隔章呼应，相互阐发的关系。所谓女子对应于南子，指的是女色；小人对应于弥子瑕之类，孔子之言乃是为其在卫国遭遇的特殊情境而发，指责为政者不能沉迷于女色与小人。”（《论语还原》）其说颇具历史现场感，或较接近于事实，亦未可知也。

第三种，则以为“女子”就是泛指一般女性。如皇侃《疏》：“君子之人，人愈近愈敬；而女子小人，近之则其诚狎而不为逊从也。君子之交如水，亦相忘于江湖；而女子小人，若远之则生怨恨，言人不接己也。”又，《左传·僖公二十四年》：“女德无极，妇怨无终。”杜预注：“妇女之志，近之则不知止足，远之则忿怨无已。”《后汉书·杨震传》疏曰：“夫女子小人，近之喜，远之怨，实为难养。”

此外，亦有更具“颠覆性”的看法，如金纲先生又指出：“《论语》中有十九处说到‘女’，其中17处都表示‘汝’的意思。……就这个意义上说，‘唯女子与小人’的‘女’，是否指称‘女人’，还是悬案。如果此处的‘女’是‘汝’的意思，本章的题旨就要重新估量。”（《论语鼓吹》）此解于逻辑学与语言学上皆无懈可击，然一旦“女子”成为“汝子”，又与“小孩子”画上等号，则本章蕴含的深刻的社会学乃至人类学意义反而大大缩水，故此说亦未敢轻许。

今按：窃谓“唯女子与小人为难养”，只是一事实判断，并非价值判断。就其本质而言，实未曾贬低女性，抬高男性。而只是对女性中一部分人，或女性共存的某一部分性格特征，据实予以描述而已。这种描述即便女性，恐怕亦难以否认。换言之，就像“小人”常常指男性一样，这里的“女子”，盖亦特指“女小人”或者“小女人”，犹今之所谓“作女”也。对此，今人南怀瑾解释说：“孔子说女子与小人最难办了，对她太爱护了，太好了，她就恃宠而骄，搞得你啼笑皆非，动辄得咎。对她不好，她又恨死你，至死方休，这的确是事实，是无可否认的天下难事。但问题是，世界上的男人，够得上资格免于‘小人’罪名的，实在少之又少。孔子这一句话，虽然表面上骂尽了天下的女人，但是又有几个男人不在被骂之列呢？我们男士，在得意之余，不妨扪心自问一番。”（《论语别裁》）此说颇得折中调和之趣，故录之如上，以供参考。

## 17.26　子曰：“年四十而见恶①焉，其终也已。”

**新注**　①见恶（wù）：被人厌恶。

**新译**　孔子说：“一个人年过四十还被人厌恶，这辈子也就算完了。”

**新识**　《论语》中关于四十之年，有三种说法：一曰“四十不惑”；二曰“四十五十而无闻焉，斯亦不足畏也已”；三即本章“四十见恶，其终也已”。朱熹《集注》称：“四十，成德之时。见恶于人，则止于此而已，勉人及时迁善改过也。”又引苏氏曰：“此亦有为而言，不知其为谁也。”

今按：夫子究竟对谁而言，虽不可知，然古今读者，皆可引以自戒，以求自爱、自新、自强也。读《论语》，若无此一种反求诸己之精神，“如入宝山空手回”，岂不可惜！

# 微子第十八

## 18.1 微子去之[①]，箕子为之奴[②]，比干谏而死[③]。孔子曰："殷有三仁焉。"

**新注** ①微子去之：微子，名启，是商纣王的庶兄，封于微。见纣王无道，便逃之。 ②箕子为之奴：箕子，纣王叔父，因力谏纣王获罪，被贬为奴，乃佯狂受辱以免死。 ③比干谏而死：比干，纣王叔父，因力谏纣王获罪，被挖心而死。

**新译** 微子离开了商纣，箕子被贬为奴，比干因为力谏被挖心而死。孔子说："殷朝有三位仁者啊！"

**新识** 本篇以《微子》名篇，大有深意。盖此篇所记，皆关乎前贤往圣出处进退之义，而以"殷之三仁"居首，实有追溯孔子先祖家世，彰显其乃"圣人之后"的深刻用心。同时此篇紧接《卫灵公》《季氏》《阳货》，实亦呈现出值此"天下无道"之乱世，品性高洁之士当何去何从之艰难选择。故本篇所记，可谓"乱世圣贤出处群像"也。《论语》全书，大开大阖，收放自如，目击心遇，令人流连忘返。

关于出处去就之道，《史记·宋微子世家》记微子说："父子有骨肉，而臣主以义属。故父有过，子三谏不听，则随而号之；人臣三谏不听，则其义可以去矣。”同书《殷本纪》又说：“纣愈淫乱不止。微子数谏不听，乃与大师、少师谋，遂去。比干曰：‘为人臣者，不得不以死争。’乃强谏纣。纣怒曰：‘吾闻圣人心有七窍。’剖比干，观其心。箕子惧，乃详狂为奴，纣又囚之。”又朱熹《集注》称：“微子见纣无道，去之以存宗祀。箕子、比干皆谏，纣杀比干，囚箕子以为奴，箕子因佯狂而受辱。”可知三人之谏，有去谏，有死谏，有狂谏，皆足以惊天地而泣鬼神！

今按：三子之行，各有其道，而夫子俱以“仁”许之，可谓极高礼赞。《集解》何晏曰：“仁者爱人。三人行异而同称仁，以其俱在安乱宁民。”《集注》引杨氏曰：“此三人者，各得其本心，故同谓之仁。”又，杨义以为“从中可见孔子重仁的思想，具有殷文化基因，是一种来自祖源的‘元思想’；也可见孔子‘兴灭国，继绝世，举逸民’，为仁人之事，由此而‘天下之心归焉’”。其说可从。

**18.2 柳下惠为士师，三黜①。人曰：“子未可以去乎?”曰:“直道而事人，焉往而不三黜？枉道而事人②，何必去父母之邦?”**

**新注** ①柳下惠为士师：柳下惠，姓展名获，一名季，字禽。封于柳下，死后谥号惠，故称柳下惠。士师，典狱官，即司法官。三黜：三次被罢免。 ②焉往：到哪里去。枉道而事人：以邪曲之道待人。

**新译** 柳下惠做司法官，三次被罢免，有人说：“您不可以离开鲁国吗?”柳下惠说：“以正直之道待人，到哪里不会被多次罢免呢？以谄曲之道待人，又何必离开父母之邦呢?”

**新识** 本章又谈及鲁国贤人柳下惠。《卫灵公》子曰：“臧文仲其窃位者与？知柳下惠之贤而不与立也。”今又言其终为士师而遭“三黜”（三次被罢免）。根据夫子“用之则行，舍之则藏”之训，柳下惠完全可“藏”而“去”，即离开政治，来一个“邦无道则可卷而怀之”。然而柳下惠偏偏“不去”，且说“直道而事人，焉往而不三黜？枉道而事人，何必去父母之邦?”言下之意，我立身行事，秉承直道而不改，到哪里都一样！

孟子对柳下惠评价很高，说他“不以三公易其介”（《孟子·尽心上》），又说：“柳下惠不羞污君，不辞小官。进不隐贤，必以其道。遗佚而不怨，厄穷而不悯。与乡人处，由由然不忍去也。‘尔为尔，我为我，虽袒裼裸裎于我侧，尔焉能浼我哉?’故闻柳下惠之风者，鄙夫宽，薄夫敦。”甚至将其抬到圣人之高度，谓之“圣之和者也”（《孟子·万章下》）。又朱熹《集注》称：“柳下惠三黜不去，而其辞气雍容如此，可谓和矣。然其不能枉道之意，则有确乎其不可拔者。是则所谓必以其道，而不自失焉者也。”窃谓柳下惠之“介”与“和”，颇有道家人物气象。《老子》第五十六章云：“挫其锐，解其纷；和其光，同其尘：是谓玄同。故不可得而亲，不可得而疏；不可得而利，不可得而害；不可得而贵，不可得而贱：故为天下贵。”

今按：“何必去父母之邦”一句，尤令人低回。言下之意，我宁愿在父母之邦而被黜，亦不愿去国“枉道而事人”。其所表达的不仅是一种正直耿介的风骨精神，亦蕴藏着对父母之邦的深切眷恋。由此而引出下章“孔子行”，不亦宜乎！

**18.3　齐景公待孔子，曰：“若季氏，则吾不能，以季、孟之间待之①。”曰：“吾老矣，不能用也。”孔子行。**

**新注**　①季、孟之间：以次于季孙氏、高于孟孙氏的待遇。待：对待，待遇。

**新译**　齐景公讲到如何礼遇孔子时，说：“像鲁君对待季氏那样，我做不到，就以季氏、孟氏之间的规格来礼遇他吧。”不久，又说道：“我老了，不能用他了。”于是孔子就离开了齐国。

**新识**　本章所记，盖夫子三十五岁去鲁适齐时事。《史记·孔子世家》载：

孔子年三十五，而季平子与郈昭伯以斗鸡故，得罪鲁昭公，昭公率师击平子，平子与孟氏、叔孙氏三家共攻昭公，昭公师败，奔于齐，齐处昭公乾侯。其后顷之，鲁乱。孔子适齐，为高昭子家臣，欲以通乎景公。与齐太师语乐，闻《韶》音，学之，三月不知肉味，齐人称之。

景公问政孔子，孔子曰："君君，臣臣，父父，子子。"景公曰："善哉！信如君不君，臣不臣，父不父，子不子，虽有粟，吾岂得而食诸！"他日又复问政于孔子，孔子曰："政在节财。"景公说，将欲以尼溪田封孔子。晏婴进曰："夫儒者滑稽而不可轨法；倨傲自顺，不可以为下；崇丧遂哀，破产厚葬，不可以为俗；游说乞贷，不可以为国。自大贤之息，周室既衰，礼乐缺有间。今孔子盛容饰，繁登降之礼，趋详之节，累世不能殚其学，当年不能究其礼。君欲用之以移齐俗，非所以先细民也。"后景公敬见孔子，不问其礼。异日，景公止孔子曰："奉子以季氏，吾不能。"以季孟之间待之。齐大夫欲害孔子，孔子闻之。景公曰："吾老矣，弗能用也。"孔子遂行，反乎鲁。

观此可知，夫子不见用于景公，与晏婴进谏阻之有关。朱熹《集注》说："鲁三卿，季氏最贵，孟氏为下卿。孔子去之，事见《世家》。然此言必非面语孔子，盖自以告其臣，而孔子闻之尔。"又《孟子·告子下》载：

陈子曰："古之君子何如则仕？"孟子曰："所就三，所去三。迎之致敬以有礼，言将行其言也，则就之。礼貌未衰，言弗行也，则去之。其次，虽未行其言也，迎之致敬以有礼，则就之。礼貌衰，则去之。"

是又可知，孔子去齐，非为待遇有差，实因齐国君臣"礼貌衰"也。

## 18.4 齐人归女乐①，季桓子②受之，三日不朝。孔子行。

**新注** ①归（kuì）女乐：归，通“馈”，馈赠，赠送。女乐，歌姬舞女。按《史记》：“定公十四年，孔子为鲁司寇，摄行相事。齐人惧，归女乐以沮之。” ②季桓子：名斯，鲁国上卿。

**新译** 齐国送给鲁国一批歌姬舞女，季桓子接受了，三天都没有上朝办公。孔子就离开了鲁国。

**新识** 此章承上章，记夫子去鲁适卫之因由，是年夫子五十六岁（周岁五十五）。《史记·孔子世家》载：

> 定公十四年，孔子年五十六，由大司寇行摄相事，……与闻国政三月，粥羔豚者弗饰贾；男女行者别于涂；涂不拾遗；四方之客至乎邑者不求有司，皆予之以归。齐人闻而惧，曰：“孔子为政必霸，霸则吾地近焉，我之为先并矣。盍致地焉？”黎鉏曰：“请先尝沮之；沮之而不可则致地，庸迟乎！”于是选齐国中女子好者八十人，皆衣文衣而舞《康乐》，文马三十驷，遗鲁君。陈女乐文马于鲁城南高门外，季桓子微服往观再三，将受，乃语鲁君为周道游，往观终日，怠于政事。子路曰：“夫子可以行矣。”孔子曰：“鲁今且郊，如致膰乎大夫，则吾犹可以止。”桓子卒受齐女乐，三日不听政；郊，又不致膰俎于大夫。孔子遂行。

齐人归女乐，不过孔子去鲁之外在原因，其内在原因是鲁国君臣无礼失道。故孟子说：“孔子为鲁司寇，不用，从而祭，燔肉不至，不税冕而行。不知者以为为肉也，其知者以为为无礼也。乃孔子则欲以微罪行，不欲为苟去。君子之所为，众人固不识也。”（《孟子·告子下》）孟子，真可谓夫子“隔代知音”也！

今按：“孔子行”三字吃紧。孔子一生，多次出行，唯独这一次，正上章柳下惠所谓“去父母之邦”！其中悲苦无奈，岂足与外人道哉？太史公接着写道：

> 孔子遂行，宿乎屯。而师己送，曰：“夫子则非罪。”

孔子曰："吾歌可夫？"歌曰："彼妇之口，可以出走；彼妇之谒，可以死败。盖优哉游哉，维以卒岁！"师己反，桓子曰："孔子亦何言？"师己以实告。桓子喟然叹曰："夫子罪我以群婢故也夫！"（《史记·孔子世家》）

屯，地名，当在鲁国境内。行而宿，实有依依不舍之意。此与二十年前离开齐国，大为不同。故孟子说："孔子之去齐，接淅而行；去鲁，曰：'迟迟吾行也，去父母国之道也。'可以速而速，可以久而久，可以处而处，可以仕而仕，孔子也。"（《孟子·万章下》）朱熹《集注》称："接，犹承也；淅，渍米水也。渍米将炊，而欲去之速，故以手承水取米而行，不及炊也。"夫子去齐，迫不及待，义无反顾；去鲁，则"迟迟吾行"，一步三回头；千言万语，尽在其中矣！夫子绝对想不到，他这一"行"，竟然长达十四年，耗尽了他五分之一的生命！静夜思之，岂不令人恻然！

**18.5 楚狂接舆①歌而过孔子曰："凤兮！凤兮！何德之衰②？往者不可谏，来者犹可追③。已而！已而！今之从政者殆而④！"孔子下，欲与之言。趋而辟之，不得与之言。**

**新注** ①楚狂接舆：楚国隐士，接舆非其名，盖与夫子车舆相接之意也，因以称之，与后文长沮、桀溺、荷蓧等类似。一说：姓陆名通，字接舆，因其佯狂避世，世人谓之楚狂。 ②凤兮！凤兮！何德之衰：世有道则凤鸟见，无道则隐。接舆以凤比孔子，世无道而不能隐，为德行衰败之兆。 ③往者不可谏，来者犹可追：过去的事情，不可谏阻；未来的事情尚可追及，而能补救。 ④已而：算了吧。而，语气词。殆：危险。

**新译** 楚国的狂人接舆唱着歌从孔子的车旁经过，唱道："凤啊凤啊，你的品德为什么如此衰败呢？过去的已然无法挽回，未来的还可以设法补救。算了吧！算了吧！如今从政的人都很危险啊！"孔子走下车，想要与他交谈。他却快步避开了，孔子来不及和他说上话。

**新识** 上章言“孔子行”，此章则一跃而至楚国，其间适卫、过宋、畏匡、居陈诸事皆未之及，时空序列突然发生断裂，可谓奇峰突至，令人错愕惊叹！今人杨义分析其编纂逻辑说：“《微子篇》今本首章之后，是离开孔子祖源而紧随着的第二章‘柳下惠为士师’，第三章‘齐景公待孔子’，第四章‘齐人归女乐’，显得略为芜杂凌乱，……然则，篇章的杂乱也有杂乱的若干道理，杂乱中有潜话语和自由度存焉。编纂者趁乱将自由思绪投向一个苍茫无垠的空间。上面三章的视野还在鲁、齐之间晃动，到了第五章就将视野投向楚国了。晃动是为了把物体投得更远吗？”这一段解读颇具生命之诗意，于读者理解《论语》之编纂肌理颇有助益。

今按：“凤德”二字吃紧！《论语》中夫子曾被仪封人喻为“木铎”，此章又被接舆喻为“凤鸟”，皆大有深意在焉。夫子曾叹：“凤鸟不至，河不出图，吾已矣夫！”盖叹天下无道，吾道难行。故朱熹《集注》说：“凤有道则见，无道则隐，接舆以比孔子，而讥其不能隐为德衰也。”夫子在卫国击磬时，曾被荷蒉者道出其心事，此番楚狂又以凤喻夫子，不唯道出夫子心中感伤，“今之从政者殆而”一句，正与《子路篇》夫子答子贡“今之从政者……斗筲之人，何足算也？”一句明通暗合。他乡竟遇知音，夫子自然又惊又喜，乃下车“欲与之言”，然楚狂却无意与夫子结交，竟“趋而辟之”，扬长而去！

又按：夫子虽说过“天下有道则见，无道则隐”，然终不能忘情于天下！是知圣人与隐士大有不同：圣人之情仁，隐士之情忍；圣人之德溥，隐士之德薄。以夫子观之，此天下虽不可为，亦必有不可忘、不可逃之义也。“知其不可而为之”，此正夫子高于隐士之处，亦夫子感动千秋万代之故也！

**18.6 长沮、桀溺耦而耕，孔子过之，使子路问津焉①。长沮曰：“夫执舆②者为谁？”子路曰：“为孔丘。”曰：“是鲁孔丘与？”曰：“是也。”曰：“是知津矣。”问**

**于桀溺，桀溺曰："子为谁？"曰："为仲由。"曰："是鲁孔丘之徒与？"对曰："然。"曰："滔滔者天下皆是也，而谁以易之③？且而与其从辟人之士也，岂若从辟世之士哉？"耰而不辍④。子路行以告。夫子怃然曰："鸟兽不可与同群，吾非斯人之徒与而谁与⑤？天下有道，丘不与易也。"**

**新注** ①长沮（jū）、桀溺（jié nì）耦而耕：长沮、桀溺，是当时两位隐士，事迹不详。耦而耕，并排耕田。问津：津，渡口。 ②执舆：手执拉马的缰绳。 ③滔滔者天下皆是：如同洪水滔滔一般混乱，天下到处都是如此。谁以易之：即"谁与易之"。 ④辟人之士：即逃避不好的政治环境。辟，通"避"。辟世：避开整个世道。耰（yōu）而不辍：耰，农具名，作动词用，指播种之后，以土覆之。不辍，不止。 ⑤怃（wǔ）然：怅然失意貌。吾非斯人之徒与而谁与：我不与这些天下人在一起，要与谁在一起呢？谁与，与谁。

**新译** 隐士长沮、桀溺正在并肩耕田，孔子一行从旁路过，便让子路去询问过河的渡口在哪里。长沮问："那个手执缰绳的人是谁？"子路回答："是孔丘。"问："是鲁国的那个孔丘吗？"答："是的。"长沮说："他该知道渡口在哪里呀。"子路又去问桀溺。桀溺说："您是谁？"答："我叫仲由。"问："你是鲁国孔丘的徒弟吗？"答："是的。"桀溺说："你看那浊浪滔滔的河水，如今全天下都是如此啊，你又和谁一起去改变它呢？再说你与其追随躲避坏人的人，还不如追随躲避整个世道的人呢！"说完，只顾埋头覆种不止。子路回来报告给孔子。孔子怅然若失地说："人是不能与鸟兽同群的呀，我不同这些芸芸众生在一起，又同谁在一起呢？如果天下有道，我孔丘也就不会参与改变天下的事了。"

**新识** 上章已将时空聚焦于楚国，此章又记夫子离开楚国途中所遇之逸民。《史记·孔子世家》将此事系于"去叶，反于蔡"时。当时蔡国先为楚灵王所灭，而至楚平王复立，蔡平侯迁都于新蔡，离楚国之叶地颇近。哀公二年（前493），蔡昭侯又自新蔡迁于州来（今安徽凤台县），相当于流亡政府。哀公四年（前491），孔子自陈迁于蔡。适逢吴楚相争愈演愈烈，形格势禁，蔡昭侯又欲附吴迁都，遂被疲于奔命的大夫所弑，楚国亦乘势入侵蔡国。据《左传·哀公四年》载，叶公诸梁等人“致蔡于负函”，即在负函（今河南信阳境内）安抚故蔡之遗民。夫子或于此年流亡至楚国，遂有叶公问孔子于子路及问政诸事，故夫子与叶公的交往应当不在叶而在负函。推测起来，本章所记“子路问津”及下章遇荷蓧丈人二事，当在夫子一行从负函北行，欲入蔡国之际，时在鲁哀公五年（前490），孔子六十二岁。当时政局动荡，民不聊生，如长沮、桀溺，或许正是为蔡侯所遗弃之民，谓之遗民恰如其分。

长沮、桀溺与子路的对答颇有意味。子路问津，长沮不答，反问执舆者为谁，待其知是孔子时，说“是知津矣”。此言虽不无揶揄，亦可见夫子早已闻名遐迩，无人不知。“知津”二字，正与“迷路”相对，言下之意，孔丘既然欲救天下，岂可不知津？既然知津，又何必问津于我？桀溺劝子路的话亦大有深意，意谓天下到处浊浪滔滔，就如这河水一样，谁能改变呢？你与其追随孔丘那样的避人（即避地、避色、避言）之人，还不如跟随我们这些看破红尘的避世之人呢！《论语》全书，既有孔门师弟子为学求道之“主旋律”，亦有长沮、桀溺诸隐士逸民发出的“变调杂音”，犹如一曲“复调音乐”，八音克谐，交相辉映，真可谓“洋洋乎盈耳哉”！

最令人震撼的是夫子所言：“鸟兽不可与同群，吾非斯人之徒与而谁与？天下有道，丘不与易也。”也就是说，既然生而为人，自当力行人道，岂可与鸟兽为伍，以避世自高，对无道之天下袖手旁观？朱熹《集注》说：“言所当与同群者，斯人而已，岂可绝人逃世以为洁哉？天下若已平治，则我无用变易之。正为天下无道，故欲以道易之耳。”程子曰：“圣人不敢有忘天下之心，故其言如此也。”夫子一方面对长沮、桀溺之避世选择表示尊重，但另一方面，也表明了自己“以道易无道”的淑世理想和“知其不可而为之”的坚定信念。此正“上智不移”的“耳顺”之境也！

今按：夫子数语，关乎儒道仕隐之分际，盖夫子以为，“人能弘道，非道弘人”，活一天人，就要尽一天人的责任！避世之人虽亦可谓贤者，然其放弃作为人的现实使命，终日与鸟兽同群，此夫子不敢苟同者也。夫子的这一种“舍我其谁”的担荷，既是大仁大智，更是大悲大勇！圣者仁心，天地可鉴！惜乎不足与俗人道也。今有学者竟以夫子周游列国乃为“找工作”，已不仅是无知无畏或好行小慧了，其字里行间甚至充满了小人的阴损与刻毒！

**18.7 子路从而后，遇丈人，以杖荷蓧①。子路问曰：“子见夫子乎？”丈人曰：“四体不勤，五谷不分②，孰为夫子？”植其杖而芸③。子路拱而立④。止子路宿，杀鸡为黍而食之，见其二子焉⑤。明日，子路行以告。子曰：“隐者也。”使子路反见之。至则行矣。子路曰：“不仕无义⑥。长幼之节，不可废也；君臣之义，如之何其废之？欲洁其身，而乱大伦。君子之仕也，行其义也。道之不行，已知之矣。”**

**新注** ①丈人：老人。荷蓧（diào）：荷，担负；蓧，除草用的工具。 ②五谷不分：五谷，麻、黍、稷、麦、豆也。一说：稻、黍、稷、麦、菽。朱熹《集注》：“五谷不分，犹言不辨菽麦尔，责其不事农业而从师远游也。” ③植其杖而芸：将拐杖插在地上，而去田中除草。植，插。芸，除草。 ④拱而立：两手在胸前相合，以示恭敬。 ⑤为黍（shǔ）：做黍米饭。食（sì）：给人吃。见（xiàn）：同“现”，引见。 ⑥不仕无义：不仕不合道义的邦国或君主。

**新译** 子路跟随孔子出行，落在后面，遇到了一位老人，用拐杖挑着除草工具。子路上前请问：“您看见我的先生了吗？”老人说：“四肢不勤劳，五谷分不清，谁是你的先生？”说着将拐杖插在地上，而去田中除草。子路恭敬地拱手站着。老人后来留子路住下，杀鸡、做饭给他吃，并且叫两个儿子出来与他相见。第二天，子路赶路追上孔子，报告了此事，孔子说："这是位隐士啊。"便让子路返回找他，到了那里，老人却已经走开了。子路便留下话说："君子不仕不合道义的君主。长幼之间的礼节，尚且不能废弃，君臣之间的道义，又怎么能够废弃呢？自己想要洁身自爱，却搞乱了君臣这一人伦之道，（这怎么可以？）君子之所以出仕，是在遵循他的道义行事啊。不过大道在这个时代行不通，我们已经知道了。"

**新识** 本章承上章，所记之事或亦同时而稍有先后。荷蓧丈人与子路的对话颇具张力，相当于两个回合：

第一回合，荷蓧丈人占了上风。"四体不勤，五谷不分，孰为夫子"？一句，多有歧解。一种以为是针对子路所说，如《集解》包咸曰："不勤劳四体，不分植五谷，谁为夫子而索之邪？"皇《疏》亦云："言当今乱世，汝不勤劳四体，以播五谷，而周流远走，问谁为汝之夫子，而问我索之乎？"又朱熹《集注》："五谷不分，犹言不辨菽麦尔，责其不事农业而从师远游也。"三说盖一脉相承。又有"别解"以为"二语丈人自谓"，此说自宋人吕本中始开，后世亦有宗主之者，如钱穆先生译作："我四体来不及勤劳，五谷来不及分辨，哪是你的先生呀！"二说相比，当以前说为是。窃谓荷蓧丈人非一般逸民，似有农家之影子，故其以"四体不勤，五谷不分"质疑孔子及其弟子，不能亲为稼穑，而汲汲于救世，岂非舍本逐末哉？面对质疑，子路无言以对，唯拱手而立。此举赢得丈人好感，乃留宿款待，并引见其二子。

第二回合，乃子路独白，不分上下。"不仕无义"，一般解作"不做官是不合道义的"。窃以为不妥。一般以为，本章子路之言乃为夫子代言，如子路说"道之不行，已知之矣"，盖从夫子处"知之"也。有例为证。如《礼记·中庸》子曰："道之不行也，我知之矣：知者过之，愚者不及也。"如将子路所言当作为孔子代言，则"不仕无义"当以解作"不仕无义之君国"为上。首先，孔子乃无适无莫、"无可无不可"之人，绝不可能以不仕为不义。其次，从词法语义上讲，"无义"并非"不义"，而是"没有道义"，与《阳货篇》"君子好勇而无义则乱”之“无义”意同。故“不仕无义”乃“不仕没有道义之君国”之义。此与夫子所谓“邦有道则仕，邦无道则隐”“危邦不入，乱邦不居”并无二致。其三，夫子一生，大部分时间处于“不仕”状态，难道皆是“不义”？显然说不通。其实，理解此句当结合本篇“出处去就”这一主旨。“孔子行”三字反复出现，体现的正是夫子一以贯之的“不仕无义”、“从道不从君”的严正立场和价值判断！且下文紧接着说“君臣之义”以及“君子之仕也，行其义也”，皆可证“不仕无义”乃“仕必合义”也。《集注》范氏曰：“隐者为高，故往而不反。仕者为通，故溺而不止。不与鸟兽同群，则决性命之情以饕富贵。此二者皆惑也，是以依乎中庸者为难。惟圣人不废君臣之义，而必以其正，所以或出或处而终不离于道也。”

今按：本章涉及仕隐之辨。夫子说：“隐居以求其志，行义以达其道。”如说荷蓧丈人乃“隐居以求其志”，则夫子、子路诸人便是“行义以达其道”，与本章所说“君子之仕也，行其义也”，其揆一也。子路见丈人留宿并见其二子，尚不废长幼之义，故以君臣之义劝之，“道之不行，已知之矣”，颇有夫子“知其不可而为之”之气度，故子路此一回合虽无对手，亦可谓义正辞严、得其所哉！

**18.8 逸民①：伯夷、叔齐、虞仲②、夷逸、朱张、柳下惠、少连③。子曰：“不降其志，不辱其身④，伯夷、叔齐与！”谓柳下惠、少连：“降志辱身矣。言中伦，行中虑⑤，其斯而已矣。”谓虞仲、夷逸：“隐居放言，身中清，废中权⑥。我则异于是，无可无不可。”**

**新注** ①逸民：逸，节行超逸也。《集注》：“逸，遗。逸民者，无位之称。”犹隐士。 ②虞仲：即仲雍，周朝始祖古公亶父之次子。古公亶父欲立少子季历，仲雍遂与兄长泰伯一起逃至荆蛮之地，建立吴国。 ③夷逸、朱张：生平不详。少连：东夷人。 ④不降其志，不辱其身：不降低自己的志向，不辱没自己的身份。 ⑤言中伦，行中虑：言语合于法度，行为合乎情理。⑥隐居放言：隐居山林，闭口不言。放，置也。身中清，废中权：立身行事合乎清洁之道，自我废弃合于权变之道。

**新译** 隐逸之人有：伯夷、叔齐、虞仲、夷逸、朱张、柳下惠、少连。孔子说："不放弃自己的志向，不辱没自己的身份，伯夷、叔齐大概做到了吧？"又说柳下惠、少连："已经降低自己的志向，辱没自己的身份了。却能言语合于法度，行为合乎情理，也不过如此罢了。"谈到虞仲、夷逸则说："他们隐居山林，闭口不言，其立身行事合乎清洁之道，自我废弃又合于权变之道。我和这些人都不同：没有什么可以，也没有什么不可以。"

**新识** 本章夫子论"逸民"七人之德。何晏《集解》说："逸民者，节行超逸者也。"包咸曰："此七人皆逸民之贤者。"皇侃《疏》："逸民者，谓民中节行超逸不拘于世者也。其人在下，伯夷一人也，叔齐二人也，虞仲三人也，夷逸四人也，朱张五人也，柳下惠六人也，少连七人也。"故此章可与"贤者避世""作者七人"章合观。

七人中，夫子评价了六人，分成三个层次：其一是"不降其志，不辱其身"，伯夷、叔齐当之。对此，皇侃《疏》云："夷齐隐居饿死，是不降志也；不仕乱朝，是不辱身也，是心迹俱超逸也。"又《孟子·万章下》孟子曰："伯夷，目不视恶色，耳不听恶声。非其君不事，非其民不使。治则进，乱则退。横政之所出，横民之所止，不忍居也。思与乡人处，如以朝衣朝冠坐于涂炭也。当纣之时，居北海之滨，以待天下之清也。故闻伯夷之风者，顽夫廉，懦夫有立志。"

其二是"降志辱身矣。言中伦，行中虑"，柳下惠、少连当之。对此，皇侃《疏》云："此二人心逸迹不逸也，并仕鲁朝，而柳下惠三黜，则是降志辱身也。虽降志辱身，而言行必中于伦虑，故云其斯而已矣。"孟子解释说："柳下惠不羞污君，不辞小官。进不隐贤，必以其道。遗佚而不怨，厄穷而不悯。与乡人处，由由然不忍去也。'尔为尔，我为我，虽袒裼裸裎于我侧，尔焉能浼我哉？'故闻柳下惠之风者，鄙夫宽，薄夫敦。"（《孟子·万章下》）又说："圣人，百世之师也，伯夷、柳下惠是也。故闻伯夷之风者，顽夫廉，懦夫有立志；闻柳下惠之风者，薄夫敦，鄙夫宽。奋乎百世之上，百世之下，闻者莫不兴起也。非圣人而能若是乎？而况于亲炙之者乎？”（《孟子·尽心下》）孟子以逸民为圣人，评价不可谓不高。又朱熹《集注》说：“少连事不可考，然《记》称其善居丧，三日不怠，三月不懈，期悲哀，三年忧，则行之中虑亦可见矣。”

其三是“隐居放言，身中清，废中权”，虞仲、夷逸当之。对此，皇侃《疏》云：“放，置也。隐居幽处，废置事务，事务不须及言之者也。身不仕乱朝，是中清洁也。废事免于世患，是合于权智也。”朱熹《集注》说：“仲雍居吴，断发文身，裸以为饰，隐居独善，合乎道之清；放言自废，合乎道之权。”

然而，本章关键处在夫子所言：“我则异于是，无可无不可。”此一句“夫子自道”至关重要，从中可以看出夫子的自我定位，与其所评论之七人，完全不同而更高一筹。孟子虽以伯夷、柳下惠为圣人，但“圣人”之“成色”却有差异，前引《万章下》中，孟子说：“伯夷，圣之清者也；伊尹，圣之任者也；柳下惠，圣之和者也；孔子，圣之时者也。”“圣之时”，正“无可无不可”之谓也。孟子又说：“孔子之谓集大成。集大成也者，金声而玉振之也。金声也者，始条理也。玉振之也者，终条理也。始条理者，智之事也；终条理者，圣之事也。”扬雄曰：“观乎圣人则见贤人。是以孟子语夷、惠，亦必以孔子断之。”盖孟子、扬雄显然以为夫子为“圣”，诸人为“智”为“贤”，相去甚远。又，《集注》引尹氏曰：“七人各守其一节，而孔子则无可无不可，此所以常适其可，而异于逸民之徒也。”近人程树德说：“是出亦可，处亦可，所谓无可无不可者，当作如此解。则故未尝逸，未尝民也，直尧舜文武万世矣。故文王既没，文不在兹乎，此孔子以道统自任也，其辞显。此章孔子以治统自任也，其辞隐。”（《论语集释》）程氏竟以此章乃夫子以治统自任，亦可谓别具只眼。窃谓在夫子眼里，道统、治统原无分别，本末一贯，体用一如，观其“是亦为政，奚其为为政”之言可知矣！

今按：此章表彰“逸民”，于吾国文化史具有特出意义。此后正史必有《逸民列传》，成为历史文化一大风景，极大地拓展和提升了国人之心灵空间和精神高度。钱穆先生说："今天我们只看重得志成功和有表现的人，却忽略了那些不得志失败和无表现的人。……但历史的大命脉正在此等人身上。中国历史之伟大，正在其由大批若和历史不相干的人来负荷此历史。"又说："当知各人的成败，全视其'志''业'。但业是外在的，在我之身外，我们自难有把握要业必成。志则是内在的，只在我心，用我自己的心力便可掌握住。故对每一人，且莫问其事业，当先看其意志。"（《中国历史研究法》第六讲《如何研究历史人物》）诚哉是言也！

## 18.9 大师挚适齐，亚饭干适楚①，三饭缭适蔡，四饭缺适秦。鼓方叔入于河②，播鼗武入于汉，少师阳、击磬襄入于海③。

**新注** ①大（tài）师挚适齐：大师，乐师之长。适，到。亚饭：乐官名。古代天子、诸侯用餐，须有音乐伴奏，故有亚饭、三饭、四饭之乐师。 ②鼓方叔入于河：负责击鼓的方叔到了黄河之滨。③播鼗（táo）武：鼗，一种手摇的拨浪鼓。负责摇鼗的人，叫武。少师：太师的副手。

**新译** 太师挚流落到了齐国，亚饭乐师干流落到楚国，三饭乐师缭流落到蔡，四饭乐师缺流落到秦国，打鼓的乐师方叔避隐于黄河之滨，摇鼗的乐师武居于汉水，少师阳、击磬的乐师襄隐居于大海边。

**新识** 本章记鲁国乐官星散，可谓"礼崩乐坏"矣。《集注》张子曰："周衰乐废，夫子自卫反鲁，一尝治之。其后伶人贱工识乐之正。及鲁益衰，三桓僭妄，自大师以下，皆知散之四方，逾河蹈海以去乱。圣人俄顷之助，功化如此。如有用我，期月而可。岂虚语哉？"又赵翼《陔馀丛考》卷四云："诸侯三饭，卿大夫再饭，尊卑之差也。然则四饭乃天子之制。今鲁亦有四饭，则僭越已甚，诸人之去，其即以此，而不特以乐职之紊乱欤？"

今按：此章可与"师挚之始，关雎之乱，洋洋乎盈耳哉""吾自卫反鲁，然后乐正，雅颂各得其所”二章并参。盖孔子去鲁后，鲁国君臣无道，礼乐崩坏，必待圣人而后可正也。

## 18.10 周公谓鲁公①曰：“君子不施其亲；不使大臣怨乎不以②；故旧无大故③，则不弃也；无求备于一人。”

**新注** ①周公：周公旦，姬姓。鲁公：周公之子伯禽封于鲁，故称鲁公。 ②不施其亲：施，通“弛”，松弛，此处作怠慢解。不以：不被重用。以，用。 ③故旧无大故：故旧，指老朋友、老下属。大故，指恶逆之事。

**新译** 周公对鲁公说：“君子不会怠慢他的亲族，也不会使大臣埋怨不被重用，故交旧臣如没有恶逆之事，就不要抛弃他们。不要对某一个人求全责备。”

**新识** 本章可谓“周公戒子”。《集注》胡氏曰：“此伯禽受封之国，周公训戒之辞。鲁人传诵，久而不忘也。其或夫子尝与门弟子言之欤?”李氏曰：“四者皆君子之事，忠厚之至也。”

“君子不施其亲”，盖言亲亲之道。《学而》篇有子曰：“因不失其亲，亦可宗也。”不施其亲，亦不失其亲也。《泰伯》篇子曰：“君子笃于亲，则民兴于仁。”又《礼记·坊记》：“子云：君子弛其亲之过，而敬其美。”这里的“弛”则有放松、宽容义，皆可为此句注脚。

“不使大臣怨乎不以”则谈君臣之道。“大臣”二字吃紧。所谓大臣者，“以道事君，不可则止”，故大臣者可谓君之股肱、国之栋梁，不可埋没不用。故朱熹《集注》说：“大臣非其人则去之，在其位则不可不用。”如说上句谈仁，此句则谈义。孟子所谓“未有仁而遗其亲者也，未有义而后其君者也”（《孟子·梁惠王上》），当即由此开出。

“故旧无大故，则不弃也”，实则是谈朋友之道，正与《泰伯》篇“故旧不遗，则民不偷”同旨。而“无求备于一人”，则是“居上宽下”之义。不仅是君子之道，实亦为政临民之道。为人君者，若要“求备于一人”，也不当是他人，而是自己。此亦遥遥呼应《尧曰》篇“万方有罪，罪在朕躬”“百姓有过，在予一人”诸语。

今按：周公戒子，不止一事。《史记·鲁周公世家》周公戒伯禽曰：“我，文王之子，武王之弟，成王之叔父，我于天下亦不贱矣。然我一沐三捉发，一饭三吐哺，起以待士，犹恐失天下之贤人。子之鲁，慎无以国骄人。”可与此章并参。

## 18.11 周有八士①：伯达、伯适，仲突、仲忽，叔夜、叔夏，季随、季騧②。

**新注** ①周有八士：传说周时，有一母四次生产，每次产二子，共八子，后皆成贤士。 ②伯达……季騧（guā）：皆人名。

**新译** 周朝曾有一母所生的八位贤士：伯达、伯适；仲突、仲忽；叔夜、叔夏；季随、季騧。

**新识** 朱熹《集注》：“三仁则无间然矣，其余数君子者，亦皆一世之高士。若使得闻圣人之道，以裁其所过而勉其所不及，则其所立，岂止于此而已哉？”

今按：殷之三仁在前，周之八士殿后，首尾完具，巧妙收官。唯八士生平不详，《集解》包咸谓“周时四乳生八子，皆为显士”，盖以之与接舆、长沮、桀溺、荷蓧互为映衬，以明“行义以达其道”乃得显亲扬名，胜过避世之士隐姓埋名，仅以一物一行而为人所知也。

# 子张第十九

**19.1　子张曰："士见危致命，见得思义，祭思敬，丧思哀，其可已矣。"**

**新译**　子张说："一个士人，遇到国家危难时，不惜献出生命；看见有利可得，要考虑是否合乎道义；祭祀时要考虑自己是否诚敬；守丧时要考虑自己是否足够哀戚，这样也就可以了。"

**新识**　本篇以《子张》名篇，或"子张之儒"所为，亦可见孔子殁后，子张在孔门中，地位举足轻重。据何晏《论语集解序》："鲁公王时，尝欲以孔子宅为宫，坏，得古文《论语》。《齐论》有《问王》（按：当作《问玉》）《知道》，多于《鲁论》二篇。《古论》亦无此二篇，分《尧曰》下章'子张问'以为一篇，有两《子张》，凡二十一篇，篇次不与齐、鲁《论》同。"可知《古论》竟有两篇《子张》，则其极有可能主持过《论语》编纂。钱穆先生说："本篇皆记门弟子之言。盖自孔子殁后，述遗教以诱后学，以及同门相切磋，以其能发明圣义，故编者集为一篇，以置《论语》之后。无颜渊、子路诸人语，以其殁在前。"其说有理。又，今人杨义以为："在有若主事的二三年间，对于仲弓、子游、子夏编纂的《论语》初稿，进行再修订，此时子张发挥了很大的

作用，才大体形成日后《论语》的篇章学面貌。”（《论语还原》）

本章子张所言，涉及君臣之义、义利之辨、祭礼和丧礼四端。朱熹《集注》说：“四者立身之大节，一有不至，则余无足观。故言士能如此，则庶乎其可矣。”

今按：实则子张所言，亦来自孔子。《文选》殷仲文《解尚书表》注引《论语》：“子张问士。子曰：‘见危授命，见得思义。’”又《宪问篇》子曰“见利思义，见危授命”，《季氏篇》“君子有九思”章“见得思义”诸语，皆为其证。至于“祭思敬，丧思哀”，亦孔门常识，非子张独创。可知子张之学，博闻强记，由《卫灵公》篇“子张书诸绅”及《孔子家语·入官》“子张既闻孔子斯言，遂退而记之”诸语可知矣。又，“其可也已”，黄式三《论语后案》引吕伯恭曰：“可者，仅足之辞，言能尽行此数事，庶可为士，非曰可以止也。”或许子张还有高见，只是未说而已。

## 19.2 子张曰：“执德不弘，信道不笃①，焉能为有？焉能为亡②？”

**新注** ①执德不弘：执，守；弘，大。笃：坚实。 ②焉能为有，焉能为亡（wú）：怎能算他有？又怎能算他无？有此一人不为重，无此一人不为轻。言此人无足轻重。

**新译** 子张说：“执守道德却不能弘大，信奉道义却不够笃实，这样的人，怎能算他有？又怎能算他无？”

**新识** 本章承上章，再言“士”之德操。“执德不弘，信道不笃”，正曾子所谓“士不可以不弘毅”也，又与夫子“笃信好学，守死善道”说若合符节。“焉能为有，焉能为亡”句，皇侃《疏》：“世无此人不足为轻，世有此人不足为重。”又朱熹《集注》：“有所得而守之太狭，则德孤；有所闻而信之不笃，则道废。焉能为有无，犹言不足为轻重。”

今按：子张此言颇具警示意味。清儒李颙《四书反身录》云：“每读《论语》‘焉能为有？焉能为无？’中心不胜惧悚，不胜怅恨，惭平生见道未明，德业未就，恨平生凡庸罔似，于事无补，虚度待死，与草木何异？猛然一醒，痛自振奋，少自别于草木，庶不负此一生。”古人有此自反自警之心，故学问有所成，人格有所立也。

19.3 **子夏之门人问交于子张。子张曰：“子夏云何①？”对曰：“子夏曰：‘可者与之，其不可者拒之。’”子张曰：“异乎吾所闻：君子尊贤而容众，嘉善而矜不能。我之大贤与，于人何所不容？我之不贤与，人将拒我，如之何其拒人也？”**

**新注** ①问交：请教交友之道。云何：何云。说了什么。

**新译** 子夏的弟子向子张请教交友之道。子张说：“子夏是怎么说的呢？”弟子答：“子夏说：‘可交的就与他交往，不可交的就拒绝他。’”子张说：“我听到的不是这样：君子尊重贤者且能包容众人，赞许善者并且同情不能的人。如果我是个大贤之人，那对人有什么不能包容的呢？如果我不是个大贤之人，人家将会拒绝我，我哪还有资格去拒绝别人呢？”

**新识** 本章谈交友之道。子夏、子张，年龄相仿，或有竞心。故子贡常问夫子“师与商也孰贤”，夫子则说“师也过，商也不及”，盖二人各有其偏。观本章子夏、子张之言，宜乎“过犹不及”之评也！朱熹《集注》说：“子夏之言迫狭，子张讥之是也。但其所言亦有过高之病。盖大贤虽无所不容，然大故亦所当绝；不贤固不可以拒人，然损友亦所当远。学者不可不察。”《韩诗外传》卷九则以“尊贤而容众，嘉善而矜不能”属子贡，窃谓子贡好“方人”，恐未能及此。

今按：《孟子·公孙丑上》说：“子夏、子游、子张，皆得圣人之一体。”子夏、子张论交友，虽各有其是，亦各有其偏，皆不若夫子“泛爱众而亲仁”也。又，子张“异乎吾所闻”，亦可注意，说明夫子因材施教之实，正《礼记·学记》所谓“长善而救其失者也”。

## 19.4　子夏曰："虽小道，必有可观者焉；致远恐泥①，是以君子不为也。"

**新注**　①小道：小技能，小学问。如农圃医卜之属。可观：可取也。即便是小技艺，也一定有可取之处。致远恐泥：致远，追求大道；恐泥（nì），恐有妨碍。泥，窒碍不通。

**新译**　子夏说："即便是一些小技艺，也一定有其可取之处。但想以此去追求大道，恐怕就行不通了，所以君子是不会从事这些小技艺的。"

**新识**　子夏论小道不能致远。可与"君子不器""女为君子儒，无为小人儒"二章并参。

今按：小道近乎器，玩物易丧志，故君子当戒之。然小道亦非一无是处，如博弈之类，总胜过"群居终日，无所用心"，此子夏"小道必有可观"之旨也。

## 19.5　子夏曰："日知其所亡①，月无忘其所能，可谓好学也已矣。"

**新注**　①亡（wú）：通"无"。谓己之所未有。

**新译**　子夏说："每天知道一些过去不知道的东西，每月又能不忘自己之所能，这便可以说是好学了。"

**新识**　本章子夏言好学，可与"温故知新"章并参。"日知其所亡"，即是"知新"；"月无忘其所能"，便是"温故"。此与夫子"学如不及，犹恐失之"同一旨趣。《集注》尹氏曰："好学者日新而不失。"

今按："日知其所亡"，即"博学于文"；"月无忘其所能"，即"约之以礼"。如此，则可下学而上达，知行合一、深造自得也。子夏后教授于西河，为魏文侯师，门人有田子方、段干木、吴起、禽滑厘、公羊高之徒，卓然一大师巨擘，正赖此"日知""月无忘"之功也。然，"日知""月无忘"极易给人以读书求知即是好学之印象，不如夫子赞颜回“不迁怒，不贰过”为好学，规模更大，气象更弘，此学者不可不知也。

## 19.6 子夏曰:“博学而笃志，切问而近思①，仁在其中矣。”

**新注** ①笃志：志向坚定。笃，定。切问：真切追问，切近思考。

**新译** 子夏说：“广博学习而又志向坚定，切实追问而又切己运思，仁德就在其中了。”

**新识** 本章子夏论仁，涉及学问之道。《集解》何晏曰：“切问者，切问于己所学而未悟之事也。近思者，近思于己所能及之事也。”朱熹《集注》：“四者皆学问思辨之事耳，未及乎力行而为仁也。然从事于此，则心不外驰，而所存自熟，故曰仁在其中矣。”程子曰：“学不博则不能守约，志不笃则不能力行。切问近思在己者，则仁在其中矣。”又曰:“近思者以类而推。”苏氏曰：“博学而志不笃，则大而无成；泛问远思，则劳而无功。”

今按：窃谓“博学而笃志”言忠，“切问而近思”言恕，所谓“忠恕违道不远”，“强恕而行，求仁莫近”，正此意耳。夫子说“为仁由己，而由人乎哉”？正是在切己上，子夏可谓深得夫子真传。《中庸》所谓“博学之，审问之，慎思之，明辨之，笃行之”，盖亦本此。

## 19.7 子夏曰：“百工居肆①以成其事，君子学以致其道。”

**新注** ①百工：指各类工匠。肆：做工的场所。

**新译** 子夏说：“各种工匠居住在作坊中才能完成他们的工作，君子也必通过求学才能达至君子之道。”

**新识** 本章可谓“学以致道”。朱熹《集注》说：“工不居肆，则迁于异物而业不精。君子不学，则夺于外诱而志不笃。”尹氏曰：“学所以致其道也。百工居肆，必务成其事。君子之于学，可不知所务哉?”

今按：本章可与《卫灵公》篇“工欲善其事，必先利其器。居是邦也，事其大夫之贤者，友其士之仁者”章相发明。夫子说“居乡”，子夏说“居肆”；夫子说事贤友仁，子夏说学以致道，学问脉络清晰可见。唯夫子之“学”，已在“道”上，子夏之学，去道犹未达一间。钱穆云：“君子终身于学，犹百工之长日居肆中。”是知学问如广厦，宜乎君子之长处而安居之也。

## 19.8 子夏曰：“小人之过也必文①。”

**新注** ①文：掩饰。

**新译** 子夏说：“小人犯了过错，一定要掩饰一番。”

**新识** 本章可谓“文过饰非”，涉及对待过失之态度。君子“过则无惮改”，“闻过则喜”，不善能改，闻义能徙，故能自强自新；小人则讳疾忌医，惮于改过，而不惮于自欺，文过饰非，反重其过，故至自暴而自弃。夫子曰：“过而不改，是为过矣！”

今按：冯友兰在“文革”中迫于压力，曾撰文批判孔子，晚年则痛定思痛，作出如下反思：“我们说一句话，写一篇文章都要表达自己真实的见解，自己的见解是怎么样，就怎么样说，怎么样写。这就叫‘立其诚’。自己的见解可能不正确、不全面，但只要确实是自己的见解，说出了写出来，就是立其诚了。自己有了确实的见解，又能虚心听别人的意见，以改其错误、补其不足，有则改之，无则加勉，这就叫走群众路线。如果自己没有真实的见解或把他隐蔽起来，只是附和暂时流行的意见，以求得到某一方面的吹捧，这就是伪。这叫哗众取宠，……我在当时的思想，真是毫无实事求是之意，而有哗众取宠之心，不是立其诚而是立其伪。”（《三松堂自序》）冯氏虽然曾经“立其伪”，但“过则勿惮改”，并未文过饰非，仍不失为君子风范。巴金晚年作《随想录》，反思“文革”浩劫，直面自己人格之扭曲，对自己所犯下的罪错追悔莫及，亦可作如是观。然二公未能守死善道，独立不迁，终未可以“上智不移”“威武不屈”之士大夫目之矣！

## 19.9　子夏曰："君子有三变：望之俨然[①]，即之也温，听其言也厉。"

**新注**　①俨然：庄重严肃貌。

**新译**　子夏说："君子给人的观感，有三种变化：远处望见他，很庄重严肃；和他接近时，却又很温和；听他说话时，又很严厉。"

**新识**　本章可谓"君子三变"。窃谓君子者，盖指孔子也。三变，指貌、色、辞三方面之变化。朱熹《集注》称："俨然者，貌之庄。温者，色之和。厉者，辞之确。"程子曰："他人俨然则不温，温则不厉，惟孔子全之。"又，钱穆先生说："君子敬以直内，义以方外，仁德浑然。望之俨然，礼之存。即之也温，仁之著。听其言厉，义之发。君子实无变。"以礼、仁、义统一于一身，正夫子圣贤气象之显现，故虽似三变，实则万变不离其宗也！

## 19.10　子夏曰："君子信而后劳其民，未信，则以为厉己也[①]；信而后谏，未信，则以为谤己也。"

**新注**　①劳其民：劳役其民众。厉己：虐待自己。厉，犹病也。一说：厉，通"疠"。

**新译**　子夏说："君子先要取得民众的信赖，才能劳动民众，如未得信赖，民众就会以为你在虐待他们。先要取得君主的信任，然后才进谏，如未得信任，君主就会以为你在毁谤他。"

**新识**　本章子夏谈信，涉及君子事上与使下两个层面。朱熹《集注》说："事上使下，皆必诚意交孚，而后可以有为。"

今按：上言临民，下言事君，临民以庄、以宽、以惠、以信，事君以礼、以道、以谏、以犯。此亦夫子所谓"主忠信""人而无信不知其可""民无信不立"之意也。

## 19.11 子夏曰："大德不逾闲①，小德出入可也。"

**新注** ①闲（xián）：阑也。限。

**新译** 子夏说："大节不出格，小节有些出入是可以的。"

**新识** 朱熹《集注》："大德小德，犹言大节小节。闲，阑也，所以止物之出入。言人能先立乎其大者，则小节虽或未尽合理，亦无害也。"吴氏曰："此章之言，不能无弊。学者详之。"弊在何处？弊在为无德小人之自我辩解，提供了动机及口实。子夏专爱研究大小之辨及先后次第。前面说"小道"，此处又说"小节"，宜乎夫子诫其"无为小人儒"也！

今按：本章可与"临大节而不可夺""君子而不仁者有矣夫！""无求备于一人"诸章共参。

## 19.12 子游曰："子夏之门人小子，当洒扫、应对、进退，则可矣。抑末也，本之则无①。如之何？"子夏闻之，曰："噫！言游过矣！君子之道，孰先传焉？孰后倦焉②？譬诸草木，区以别矣。君子之道，焉可诬也？有始有卒者③，其惟圣人乎！"

**新注** ①抑末也，本之则无：抑，然而，表转折。 ②孰先传焉？孰后倦焉？譬诸草木，区以别矣：传，传授；倦，倦教，亦教授义。一说：倦，通"劝"，劝勉义。亦可通。 ③诬：诬枉，曲解。有始有卒：即有始有终。

**新译** 子游说："子夏的学生，让他们做做洒水扫地、酬答宾客、进退礼仪的事情，是可以的。然而这些只是细枝末节，学问的根本却没有建立，这怎么行呢？"子夏听说后，说道："咳！言游说错了！君子之道（既有本末，又有次第），哪些应该先传授？哪些应该后教授？原本就像草和树一样，都是应该根据不同的种类而加以区别的。君子之道，怎么可以随意歪曲呢？（能将君子之道按照次序）有始有终地教授弟子（而又本末一贯的），大概只有圣人吧！"

**新识** 上章言小大之辨，本章便谈先后始终之义。子游、子夏同为文学科高弟，而为学侧重有不同。子游重礼乐，欲致广大，子夏尚诗书，欲尽精微，此二子大体之区别。

本章最难处在“倦”字的解读上。《集解》包咸曰：“言先传业者必先厌倦，故我门人先教以小事，后将教以大道也。”是以“倦”为“传”。程子亦说：“君子教人有序，先传以小者近者，而后教以大者远者。非先传以近小，而后不教以远大也。”又曰：“洒扫应对，便是形而上者，理无大小故也。故君子只在慎独。”此以先近小、后远大为说。朱熹《集注》则以为：“区，犹类也。言君子之道，非以其末为先而传之，非以其本为后而倦教。但学者所至，自有浅深，如草木之有大小，其类固有别矣。若不量其浅深，不问其生熟，而概以高且远者强而语之，则是诬之而已。君子之道，岂可如此?”根据朱子此说，似乎子夏主张学不躐等，因材施教。言下之意，你看重教学之内容，我看重教育之对象，唯有圣人才能将二者融合无间，应对裕如!

今按：本章所论在教育教学之道。子夏重先后始终之次第，似在一时间维度上展开教学；子游则尚本末近远之一贯，似在空间维度上展开论说。两者各有其理，亦各有其偏。二子之争，实隐汉宋之争与“尊德性”“道问学”之辨。曾子、子思乃有以廓清之。如《大学》云：“大学之道，在明明德，在亲民，在止于至善。知止而后有定；定而后能静；静而后能安；安而后能虑；虑而后能得。物有本末，事有终始。知所先后，则近道矣。古之欲明明德于天下者，先治其国；欲治其国者，先齐其家；欲齐其家者，先修其身；欲修其身者，先正其心；欲正其心者，先诚其意；欲诚其意者，先致其知；致知在格物。物格而后知至；知至而后意诚；意诚而后心正；心正而后身修；身修而后家齐；家齐而后国治；国治而后天下平。自天子以至于庶人，壹是皆以修身为本。其本乱而末治者，否矣。其所厚者薄，而其所薄者厚，未之有也!”再如《中庸》：“君子之道，辟如行远必自迩，辟如登高必自卑。”“故君子尊德性而道问学，致广大而尽精微，极高明而道中庸。”这里，便将为学之先后次第与本末近远辨析无碍，令人豁然开朗。

至孟子，又将始终问题再做发挥，其称道孔子乃“集大成者”，说：

“集大成也者，金声而玉振之也。金声也者，始条理也；玉振之也者，终条理也。始条理者，智之事也；终条理者，圣之事也。”（《孟子·万章下》）正与子夏“有始有卒者，其惟圣人乎”之说一脉相承。故子夏与子游关于教育之分歧，既可见孔子殁后，孔门高弟在教育上各有宗旨与“家法”，又可从一侧面看出，夫子道大德全，能将本末小大、先后次第，涵融无间，一以贯之，此一种彻上彻下、首尾一如之“道境”，诚非追求“学问”和“理境”的后生小子，所能望其项背、及其万一！

又按：今日之学校教育，正过分注重先后次第，而忽略本末小大之教育。就语文教育而言，其阶段化、格式化、碎片化、工具化、功利化之弊已日趋明显，甚至到了积重难返的地步！如何改变语文教育舍本逐末、顾此失彼、厚今薄古、人文脱节、知行背离之现状，恐怕是每一位教育者都应思考和应对之问题。

## 19.13　子夏曰：“仕而优则学，学而优则仕①。”

**新注**　①优：有余力。

**新译**　子夏说：“做官而有余力，就可进一步学习；为学而有余力，则可以出来做官。”

**新识**　本章可谓学仕之辨。皇侃《疏》：“故学业优足则必仕进也。”朱熹《集注》称：“仕与学理同而事异，故当其事者，必先有以尽其事，而后可及其余。然仕而学，则所以资其仕者益深；学而仕，则所以验其学者益广。”

今按：两句次序或有可商。定州汉墓出土的《论语》简书作“子夏曰：学而优则仕，仕而优则学”。于义为佳。当今之世，学仕分离，致使从政者忙于政务而疏于为学，为学者执于专业而无从问政，“学统”“政统”之疏离，致使“道统”失去凭依，变成孤悬于世外之名相义理，而与现实生活渺不相关。或谓方今之日，名教陵夷，学绝道丧，礼乐不振云云，虽言之有过，亦不无道理。观今之落马之“苍蝇”“老虎”，大多皆“仕而优不学”者，可以知矣！

## 19.14 子游曰："丧，致乎哀而止①。"

**新注** ①丧（sāng）：丧礼。致：至也，极也。

**新译** 子游说："丧葬之礼，只要充分地表达哀伤之情就可以了。"

**新识** 本章子游论丧礼虽当尽哀，要在"毁不灭性"，适可而止。儒家丧礼，一方面主张"丧，与其易也，宁戚"，强调哀戚之情的充分显露；一方面也主张"葬之以礼"，即一切孝行均须"以礼节之"，不可过度。故《孝经·丧亲》称："三日而食，教民无以死伤生。毁不灭性，此圣人之政也。"唐玄宗注："不食三日，哀毁过情；灭性而死，皆亏孝道。故圣人制礼施教，不令至于殒灭。"《孔子家语·本命解》亦云："故为父母斩衰三年，以恩制者也。……父母之丧，衰冠，绳缨，菅屦，三日而食，三月而沐，期而练，毁不灭性，不以死伤生。"又《礼记·檀弓下》："丧不虑居，毁不危身。丧不虑居，为无庙也；毁不危身，为无后也。"郑玄注："谓憔悴将灭性。""毁不灭性"，即"毁不危身"，若因丧亲悲恸，以致伤神丧命，则显然过犹不及，不孝之至，盖"不孝有三，无后为大"也！

今按：皇侃《疏》云："虽丧礼主哀，然孝子不得过哀以灭性，故使各至极哀而止。"又朱熹《集注》："致极其哀，不尚文饰也。"杨氏曰："丧，与其易也宁戚，不若礼不足而哀有余之意。"可知，"致乎哀而止"虽有极哀尽哀、不尚文饰、不顾形象之意，但亦不主张过哀灭性，危及生命。哀不足，当思"致"；恸有过，当思"止"，此中分寸，至难拿捏。故儒学，既是义理的，亦是践行的，要在动静合度，不为已甚，此学者不可不知也。

## 19.15 子游曰："吾友张也，为难能也，然而未仁。"

**新译** 子游说："我的朋友子张啊，算是难能可贵了，然而尚未达到仁的境界。"

**新识** 此章承上启下，承上章子游之说，启下章曾子再论子张。"吾友张也”一句，大可注意。盖子游与子张年龄相若，过从甚密。王应麟《困学纪闻》卷五说：“曾子之子：元、申。子张之子：申祥。子游之子：言思。”阎若璩按：“言思为申祥妻之昆弟，则子张与子游，儿女姻家也。”是知子张之子申祥，娶了子游之女，二人乃儿女亲家也。

子游之学，颇重礼乐，内修道本；子张之学，博闻强记，外求高广。《孔子家语·七十二弟子解》说子张：“为人有容貌，资质宽冲，博接从容自务居，不务立于仁义之行，孔子门人友之而弗敬。”又《集解》包咸曰：“言子张容仪为难及。”可知子张相貌堂堂，才高意广，故子游赞其“难能”。“然而未仁”，则是说其仁德不足，尚须好自修持。朱熹《集注》说：“子张行过高，而少诚实恻怛之意。”钱穆亦说：“子张务为高广，人所难能，但未得为仁道。”

今按：《孟子·公孙丑上》：“子夏、子游、子张，皆得圣人之一体。”子游深谙交友之道，尝说“朋友数，斯疏矣”，或子张便有“朋友数”“求备于一人”之弊，亦未可知也。

## 19.16 曾子曰：“堂堂乎张也①，难与并为仁矣。”

**新注** ①堂堂乎张也：堂堂，容貌之盛。张，子张。

**新译** 曾子说：“子张真是相貌堂堂啊，只是难以和他共同践行仁道了。”

**新识** 本章曾子论子张，可作上章补注。“堂堂乎”便是“难能也”，“难与并为仁”便是“未仁”，意思更为显豁。《集解》郑玄曰：“言子张容仪盛，而于人道薄也。”朱熹《集注》说：“言其务外自高，不可辅而为仁，亦不能有以辅人之仁也。”又引范氏曰：“子张外有余而内不足，故门人皆不与其为仁。子曰：‘刚毅木讷近仁。’宁外不足而内有余，庶可以为仁矣。”此正夫子所谓“可与共学，未可与适道”者也。又，刘宝楠《正义》云：

> 弟子群居，修德讲学，皆是为仁。但必忠信笃敬，虑以下人，而后与人以能亲，容人可以受，故可与并为仁。若容仪过盛，则疑于矜己，或绝物矣，故难与并为仁。《列

子·仲尼篇》:“子曰:‘师之庄,贤于丘也。’”又曰:“师能庄而不能同。”“庄”即谓“堂堂”,“不能同”即“难与并”之意。

今按:前此数章,皆孔门后进弟子相与论学之实况,子张、子夏、子游鱼贯而出,而至此章以后四章,乃曾子之言,颇有“小结”之意,或为曾门弟子如子思辈,最终定稿时所“插入”,亦未可知。

## 19.17 曾子曰:“吾闻诸夫子:人未有自致①者也,必也亲丧乎!”

**新注** ①自致:致,尽其极也。指情感不能自已。

**新译** 曾子说:“我听夫子说过:人很少有情感难以自控的时候,如果有,那一定是在父母去世的时候吧!”

**新识** 此章呼应子游“丧致乎哀而止”一章。朱熹《集注》:“致,尽其极也。盖人之真情所不能自已者。”尹氏曰:“亲丧固所自尽也,于此不用其诚,恶乎用其诚?”子游所强调在一“止”字,曾子或夫子所侧重在一“致”字。

今按:生身父母,一旦丧亡,儿女但凡有情,谁能自控?孟子说:“尽其心者,知其性也。知其性,则知天矣。”又说:“亲丧,固所自尽也。”言下之意,人在平时,情感皆能自我节制,唯独父母丧亡时,“泪飞顿作倾盆雨”,哭天抢地,捶胸顿足,情感发挥到极致,才能真正达到尽心、知性,进而知天、知命之境界!

## 19.18 曾子曰:“吾闻诸夫子:孟庄子①之孝也,其他可能也;其不改父之臣,与父之政,是难能也。”

**新注** ①孟庄子:鲁国大夫,名速。

**新译** 曾子说:“我听夫子说过:孟庄子的孝行,别的还都容易做到;而他不改换父亲的臣属与父亲的政令,这是很难做到的。”

**新识** 本章论孝，乃曾子转述夫子之言。孟庄子，鲁国大夫，其父献子，名蔑。朱熹《集注》称："献子有贤德，而庄子能用其臣，守其政。故其他孝行虽有可称，而皆不若此事之为难。"此即夫子所谓"三年无改于父之道，可谓孝矣"！

## 19.19 孟氏使阳肤为士师①，问于曾子。曾子曰："上失其道，民散久矣。如得其情，则哀矜而勿喜②。"

**新注** ①孟氏：孟孙氏，或即问曾子疾的孟敬子。阳肤：曾子弟子。士师：典狱官。 ②得其情：查出犯罪事实。情，事实。哀矜：悲悯，可怜。

**新译** 孟氏任命曾子的弟子阳肤做司法官，阳肤向曾子请教。曾子说："在上者背离正道，百姓离心离德已经很久了。你断案时如能审查出犯人犯罪的实情，也应该同情可怜他们，而不要沾沾自喜。"

**新识** 本章曾子诫阳肤士师之道。朱熹《集注》："民散，谓情义乖离，不相维系。"谢氏曰："民之散也，以使之无道，教之无素。故其犯法也，非迫于不得已，则陷于不知也。故得其情，则哀矜而勿喜。"又，《盐铁论·后刑》引曾子曰："夫不伤民之不治，而伐己之能得奸，犹弋者观鸟兽挂罻罗而喜也。"此正自反罪己、"必也无讼"之意也。

儒家仁政，主张德主刑辅，体恤民情。如《尚书大传·周传》引子曰："古之听民者，察贫穷，哀孤独矜寡，宥老幼不肖无告，有过必赦，小罪勿增，大罪勿累，老弱不受刑，有过不受罚。故老而受刑谓之悖，弱而受刑谓之克，不赦有过谓之贼，逆率过以小谓之枳。故与其杀不辜，宁失有罪；与其增以有罪，宁失过以有赦。"又说："听讼虽得其指，必哀矜之。死者不可复生，绝者不可复续也。《书》曰：'哀矜折狱。'"（《孔子集语》卷十）仁民爱物之情，溢于言表。

今按："哀矜而勿喜"一句，堪为天下司法官之座右铭。唯至孝者，方能至慈。曾子正至孝者，故其学问盖由恕道入手，推己及人，反求诸己，此颇可见儒者悲心，直与天地相似矣！反观今之执法者，不知"德主刑辅”“哀矜勿喜”之义，动辄“严打”“强拆”“收容”“取缔”，更有所谓“城管”之徒，暴力执法，拳打脚踢，竟置无辜良民于死地！此类事件，每有所闻，人心不古，世风日下，莫此为甚！是曾子之言，可为今之镜鉴药石矣！

## 19.20 子贡曰：“纣之不善，不如是之甚也。是以君子恶居下流[①]，天下之恶皆归焉。”

**新注** ①纣：即商纣王，名辛，纣是其谥号。恶（wù）居下流：憎恶居于下流之地。下流，地形卑下之处，众流之所归。

**新译** 子贡说：“商纣的不善，恐怕不像后世传说的那么过分吧！因此君子不肯居于下流之处，一旦如此，则天下所有的恶名就都归集到他身上了。”

**新识** 本章以下至篇末，皆子贡所言，构成一“独立单元”，子贡言语及智慧之成就，及其于孔学之贡献，尽显于此。

本章子贡看似为商纣辩护，实则揭示出人间好恶聚讼，常有极端夸张之弊，大势所趋之时，“众口铄金，积毁销骨”，舆论未必尽合真相。此亦犹今之所谓“墙倒众人推”“形势比人强”也。子贡能为此言，足见其聪明睿智，过于常人。朱熹《集注》说：“喻人身有污贱之实，亦恶名之所聚也。子贡言此，欲人常自警省，不可一置其身于不善之地。非谓纣本无罪，而虚被恶名也。”

今按：夫子说：“众好之，必察焉；众恶之，必察焉。”如商纣，正是“众恶之”者，故“天下之恶皆归焉”。子贡发为此言，既有警示效尤之意义，又有勉人上进之用心。“君子恶居下流”，正是盈科后进、自强自新之意也。

## 19.21 子贡曰：“君子之过也，如日月之食[①]焉：过也，人皆见之；更也，人皆仰之。”

**新注** ①日月之食：即日食和月食。食，又作蚀。

**新译** 子贡说："君子的过失，就像那日食月食一样：他犯过失的时候，人人都看得见；他改正过错的时候，人人都仰望着他。"

**新识** 本章可谓"君子之过也必更"，正与"小人之过也必文"恰成对照。子贡将"君子之过"比作"日月之食"，其过人皆见之，其更人皆仰之，真是锦心绣口，如诗如画，妙不可言！

有学者据《述而》篇子曰"丘也幸，苟有过，人必知之"诸语，以为此章乃子贡"师承师说"（《子曰论语》）。窃以为未必。首先，子贡为言语科高弟，告往知来，举一反三，引譬连类，妙语如珠，有其"温良恭俭让""博施济众""夫子自道"诸语可证，焉知此语非其首创？其次，此处"君子"当指孔子，"日月之食"必仰望者所言，岂日月所言哉？第三，子贡以日月比孔子，不止一见，本篇下文子贡说"仲尼，日月也，无得而逾焉"，即为明证。故本章之言，非子贡莫属也！

今按：宋儒有"天不生仲尼，万古如长夜"之说，正以夫子为日月，或当受子贡此喻启发而来。

**19.22 卫公孙朝[1]问于子贡曰："仲尼焉学[2]？"子贡曰："文、武之道，未坠于地[3]，在人。贤者识其大者，不贤者识其小者。莫不有文、武之道焉。夫子焉不学？而亦何常师之有？"**

**新注** ①卫公孙朝：卫大夫。春秋时鲁、郑、楚三国皆有公孙朝，故加卫字以别之。 ②焉学：犹言从哪里学。焉，于何。 ③文、武之道：谓文王、武王之道，即周之礼乐文章。未坠于地：犹言未曾失传。

**新译** 卫国大夫公孙朝问子贡："仲尼那样的学问，从哪里学来的呀？"子贡说："文王武王之道，之所以没有失传，关键在于人。贤人能认识其中的大道，不贤之人能认识其中的小道。所以到处都有文武之道。夫子在哪里不可以学习呢？为什么非得有固定的老师？"

**新识** 本章子贡言夫子学无常师。此番问答，当发生在夫子殁后，子贡庐墓六年之间。此时子贡不唯主持丧祭之礼，而且协调孔门上下事务，并充当孔门对外“发言人”的角色，是故公孙朝径直向子贡咨询请教。子贡所答，蕴含两层意思：

其一，弘道在人。“文、武之道，未坠于地，在人。”意谓圣王能解悟天地之道，而圣王之道又能被后世之人所解悟。所谓“道沿圣以垂文，圣因文而明道”（《文心雕龙·明道》）。此王道所以不坠，斯文所以在兹也。又，《中庸》子曰：“文武之政，布在方策，其人存，则其政举；其人亡，则其政息。”此一思想极具人文价值，即夫子所谓“人能弘道，非道弘人”！

其二，学无常师。“贤者识其大者，不贤者识其小者。莫不有文、武之道焉。”此正《中庸》所谓：“君子之道费而隐。夫妇之愚，可以与知焉，及其至也，虽圣人亦有所不知焉。夫妇之不肖，可以能行焉，及其至也，虽圣人亦有所不能焉。天地之大也，人犹有所憾。故君子语大，天下莫能载焉，语小，天下莫能破焉。”正因为弘道在人，故每人身上皆可明道之一体，行道之一端，唯大小、浅深有不同耳。夫子说“三人行，必有我师焉，择其善者而从之，其不善者而改之”，正此意也！

夫子一生，谦恭好学，虑以下人，故其学无常师，深造自得，左右逢源。《史记·仲尼弟子列传》载：“孔子之所严事：于周，则老子；于卫，蘧伯玉；于齐，晏平仲；于楚，老莱子；于郑，子产；于鲁，孟公绰。数称臧文仲、柳下惠、铜鞮伯华、介山子然，孔子皆后之，不并世。”唯其如此，夫子方能超凡而入圣，成就一种后世无法企及之道德境界与文化奇观！

今按：杜甫《戏为六绝句》诗云：“未及前贤更勿疑，递相祖述复先谁。别裁伪体亲风雅，转益多师是汝师。”子美所以成为“诗圣”，端赖有此一种学无常师、转益多师之精神！

19.23 **叔孙武叔语大夫于朝①，曰：“子贡贤于仲尼。”子服景伯②以告子贡。子贡曰：“譬之宫墙，赐之墙也**

**及肩，窥见室家之好③。夫子之墙数仞，不得其门而入，不见宗庙之美、百官之富④。得其门者或寡矣。夫子之云⑤，不亦宜乎！”**

**新注** ①叔孙武叔：叔孙州仇，鲁国大夫。武，谥号。据《左传·定公十二年》，叔孙武叔在孔子任鲁国司寇时，因孔子堕三都而心生怨怼。语：告诉。 ②子服景伯：即子服何，鲁国大夫。 ③宫墙：宫室或住宅的围墙。室家：此处泛指住房。 ④仞：古代长度单位。七尺或八尺为一仞。宗庙之美、百官之富：宗庙，祭祖的家庙。古时宗庙与家室相连。百官，各种房屋；官，通“馆”。 ⑤夫子之云：先生所言。夫子，指叔孙武叔。

**新译** 叔孙武叔在朝廷上对大夫们说：“子贡比仲尼还要贤能些。”子服景伯把这话告诉了子贡，子贡说：“就拿房屋的围墙打比方吧，我家的围墙只有齐肩高，一眼就可以看见房屋的好坏；夫子家的围墙却有数丈之高，如果找不到门进去，便看不见墙内宗庙的辉煌壮观，和各种房舍的富丽多彩。能够找到夫子大门的人恐怕极少吧。叔孙武叔这么说，不也很自然吗！”

**新识** 《史记·儒林列传》云：“自孔子卒后，七十子之徒散游诸侯，大者为师傅卿相，小者友教士大夫，或隐而不见。”众弟子中，尤以子贡之影响最为显著，故如叔孙武叔之流乃扬子贡、抑夫子。子贡则以宫墙为喻，极赞夫子之贤，称自己之墙才可“及肩”，可以“窥见室家之好”；夫子之墙“数仞”，“不得其门而入，不见宗庙之美、百官之富”，真是高下相形，妙不可言！故扬雄《法言·问明》说：“仲尼，圣人也，或劣诸子贡，子贡辞而精（明）之，然后阔如也。”又，《论衡·讲瑞》载：“子贡事孔子一年，自谓过孔子；二年自谓与孔子同；三年自知不及孔子。当一年二年之时，未知孔子圣也，三年之后，然乃知之。”如此说可信，则子贡当年何其恃才傲物，然三年之后识得圣人大体，乃自愧不如，不唯自知不及夫子远矣，即连颜回，子贡亦甘拜下风。尤令人动容者，子贡此一番敬意，并未因夫子辞世而稍减，此正大德化人，上智不移之证。据此又可知，夫子殁后，子贡学问德行更胜于往昔，可无疑也！

今按：清儒崔述赞子贡曰："子贡之推崇孔子至矣，则孔子之道所以昌明于世者，大率由于子贡，其功不可没也。"又论子贡与曾子光大圣学之功说："圣道之显，多由子贡；圣道之传，多由曾子。子贡之功在当时，曾子之功在后世。"（《洙泗考信余录》）诚哉斯言也！

**19.24 叔孙武叔毁仲尼①。子贡曰："无以为也，仲尼不可毁也。他人之贤者，丘陵也，犹可逾也②；仲尼，日月也，无得而逾焉。人虽欲自绝③，其何伤于日月乎？多见其不知量也④！"**

**新注** ①毁：诋毁。 ②逾：逾越，超越。 ③自绝：自弃于日月。绝，弃绝。《集注》："自绝，谓以谤毁自绝于孔子。"亦可通。④多见其不知量：多，做适字讲。不知量，不自知其分量。

**新译** 叔孙武叔毁谤仲尼。子贡说："不要这么做！仲尼是毁谤不了的。别人的贤德，像小山坡，还可以超越；仲尼的贤德，犹如日月，是无法超越的。一个人非要自弃于日月，对日月又有什么伤害呢？只不过表明他太不自量罢了！"

**新识** 本章承上章，记叔孙武叔由"语"转"毁"，竟至诽谤夫子，子贡上章还以礼待之，此番则毫不留情地予以驳斥。更令人称奇者，子贡又以高下之对比设喻，称一般贤人相比常人，不过丘陵，"犹可逾也"；而夫子之贤则如日月，"无得而逾焉"。相比于宫墙的同类设喻，日月与丘陵属于异类设喻，对比之效果更为鲜明而强烈！凡夫与圣贤之别，于此一览无余，蔚为壮观！"虽欲自绝"一语尤为警醒，盖言毁夫子者欲自绝于夫子，正如人欲自绝于日月，不过自逃光明，自居黑暗而已，其于日月之光明，又有何损？子贡既为此峻厉之言，当亦做好自绝于叔孙武叔之准备，"不知量"云云，直以井底之蛙、挡车之螳目之矣！子贡之言语应对之美，岂常人所能及哉？

今按：今有毁孔侮圣之辈，对子贡捍卫夫子大加调侃，说："学生是靠老师出名，老师是靠学生出名，但归根结底，是老师靠学生出名。"为此言者，或许学富五车，但亦不过"博文"而已矣，岂知"约礼"为何物哉？不过"下学"而已矣，岂知"上达"为何哉？观子贡与叔孙武叔的两次交锋，但凡设身处地、带着"了解之同情"去体会，皆不免为之动容。子贡之言，岂仅为"靠老师出名"者所可比？夫子之道，又岂仅为"靠学生出名"者所能知？呜呼！古之读书人，无论根底深浅，皆知对往圣先贤心存敬畏，其人其学，终能传世以益后学；今之读书人，稍通文墨，甫就学坛，便以先进或真理自居，呵佛骂祖，唐突圣贤，无所不用其极。然若你猛然回头，看看此辈嘴脸，皆骄且吝者，皆孤且傲者，皆刻且薄者，皆陋且酸者也！真是"一为文人，便无足观"！此等人，正如叔孙武叔之流，纵能哗众取宠，欺世盗名于一时，而置诸历史与文化之长河，终不过是逆流一波、浊浪一朵，又何足道哉?!

19.25 **陈子禽谓子贡曰："子为恭①也，仲尼岂贤于子乎?"子贡曰："君子一言以为知，一言以为不知，言不可不慎也。夫子之不可及也，犹天之不可阶而升②也。夫子之得邦家③者，所谓立之斯立，道之斯行，绥之斯来，动之斯和④。其生也荣，其死也哀⑤。如之何其可及也!"**

**新注** ①陈子禽：陈亢，字子禽。《学而篇》已见。为恭：故作谦恭。 ②阶而升：顺着阶梯爬上高处。阶，台阶，用作动词。③邦家：邦，诸侯；家，大夫。谓孔子若得诸侯、大夫之位。④立之斯立：以礼立人，民自然能立。之，代指百姓。言礼教。道（dǎo）之斯行：以德行引导，则百姓奉行。道，通"导"，引导。言德教。绥之斯来：以仁政安抚，则百姓归附。绥，安抚。言政教。动之斯和：以音乐感动，则百姓和睦。动，鼓动，感动。言乐教。 ⑤其生也荣，其死也哀：夫子生时，百姓荣之，夫子死后，百姓哀之。

**新译** 陈子禽对子贡说："您是在故作谦恭吧，仲尼怎么会比您还贤德呢？"子贡说："君子一句话能表现出他有智慧，一句话也能表现他无智慧，说话不可以不谨慎啊！夫子的境界是高不可及的，就像天是不可以攀着阶梯登上去一样。如果夫子能够得到诸侯或卿大夫之位，那他真能像人们说的那样，想要百姓立于礼，百姓就会立于礼；想要引导百姓以德行事，百姓就会以德行事；想要用仁政安抚百姓，百姓就会远来归附；想要以乐教感动百姓，百姓就能和睦安乐。夫子健在时，百姓以之为荣；夫子去世时，百姓为之哀痛。这样伟大的圣人，我们怎么可以企及呢？"

**新识** 此章承上两章，子贡答子禽之问，再度巧为譬喻，盛赞夫子之为人。由数仞之宫墙到日月，已是高不可攀，此番又将夫子比作"天"——"犹天之不可阶而升也"，寥寥数语，便画出夫子圣人气象，子贡锦心绣口，辩才无碍，真非常人所可及也！此与《子罕篇》子贡赞孔子"固天纵之将圣，又多能也"，可相印证。故《集注》程子曰："此圣人之神化，上下与天地同流者也。"谢氏亦云："观子贡称圣人语，乃知晚年进德，盖极于高远也。""立之斯立，道之斯行，绥之斯来，动之斯和"四句，分别涉及礼教、德治、仁政、乐教四端，言圣人德化之功，感应之速。言下之意，夫子"未得邦家"，固然是其一生功业之遗憾，亦天下宇内广土众民之遗憾也！此数句可与夫子"如有用我者，吾其为东周乎"之语相发明。子贡必是深信夫子之才之德，方有如此脱口而出之赞美，若以弟子对老师之谀辞视之，"多见其不知量也"！

本章尤可注意者，在"其生也荣，其死也哀"八字！《论语》编者将此章系于此处，大有深意。如以《尧曰篇》为全书"后序"，则此章实为全书"煞尾"。盖前此数百章，夫子与弟子穿梭应答，时隐时现，可谓"其生也荣"，至此章，突然间言及"其死也哀"，犹如天外飞石，劈面而来，出人意表，惊魂动魄！一个"死"字，实则也为夫子一生，画上了一个句号！何以子贡能出此言？盖夫子身后丧葬之事，皆由子贡一手操持，事无巨细，亲力亲为，夫子之道大德全，也许正在其辞世之日，方得光大与彰显！子贡作为亲历者和见证者，其内心深处，必然发生过如地震海啸般的精神大震荡，其所见所闻，必是刻骨铭心，永志不忘！关于夫子临终之事，《史记·孔子世家》所记尤为感人：

明岁，子路死于卫。孔子病，子贡请见。孔子方负杖，逍遥于门，曰："赐，汝来何其晚也？"孔子因叹，歌曰："太山坏乎！梁柱摧乎！哲人萎乎！"因以涕下。谓子贡曰："天下无道久矣，莫能宗予。夏人殡于东阶，周人于西阶，殷人两柱间。昨暮予梦坐奠两柱之间，予始殷人也。"后七日，卒。……孔子葬鲁城北泗上，弟子皆服三年。三年心丧毕，相诀而去，则哭，各复尽哀；或复留。唯子赣庐于冢上，凡六年，然后去。

《孔子家语·终记解》篇所记更为详尽：

孔子蚤晨作，负手曳杖，逍遥于门而歌曰："泰山其颓乎！梁木其坏乎！哲人其萎乎！"既歌而入，当户而坐。子贡闻之，曰："泰山其颓，则吾将安仰？梁木其坏，则吾将安杖？哲人其萎，吾将安放？夫子殆将病也。"遂趋而入。夫子叹而言曰："赐！汝来何迟？予畴昔梦坐奠于两楹之间，夏后氏殡于东阶之上，则犹在阼；殷人殡于两楹之间，则与宾主夹之；周人殡于西阶之上，则犹宾之。而丘也即殷人。夫明王不兴，则天下其孰能宗余？余逮将死。"遂寝病，七日而终。时年七十二矣。

读此两段文字，遥想当时情景，一老翁欲去"来迟"之语，一壮年心丧六年之哀，怎不令人闻之心伤，思之泪下！再看《左传·哀公十六年》：

夏四月己丑，孔丘卒。公诔之曰："旻天不吊，不憖遗一老。俾屏余一人以在位，茕茕余在疚。呜呼哀哉！尼父！无自律。"子赣曰："君其不没于鲁乎！夫子之言曰：'礼失则昏，名失则愆。'失志为昏，失所为愆。生不能用，死而诔之，非礼也。称一人，非名也。君两失之。"

哀公诔文与子贡谏辞，亦见于《孔子家语·终记解》，其后复记夫子丧礼云：

> 既卒，门人疑所以服夫子者。子贡曰："昔夫子丧颜回也，若丧其子而无服。丧子路亦然。今请丧夫子若丧父而无服。"于是弟子皆吊服而加麻。出有所之，则由绖。子夏曰："入宜绖可也，出则不绖。"子游曰："吾闻诸夫子，丧朋友，居则绖，出则否；丧所尊，虽绖而出，可也。"

观此可知，"丧夫子若丧父而无服"，此礼乃子贡所创制；弟子守丧期间，"绖而出入"，则子游所主张。自此而后，师弟子之亲，更有逾于往昔者，子贡、子游之功也。夫子生前曾对子路说："且予与其死于臣之手也，无宁死于二三子之手乎！"今观夫子死后，二三子用命尽孝之情景，真可谓"生荣死哀"矣！本章子贡所言，如纯为谀辞，意欲自高托大，又岂可感人至深有如此者！

又，《孟子·公孙丑上》载孟子述孔门诸弟子之言曰：

> 宰我、子贡、有若，智足以知圣人，污不至阿其所好。宰我曰："以予观于夫子，贤于尧舜远矣。"子贡曰："见其礼而知其政，闻其乐而知其德，由百世之后，等百世之王，莫之能违也。自生民以来，未有夫子也。"有若曰："岂惟民哉？麒麟之于走兽，凤凰之于飞鸟，太山之于丘垤，河海之于行潦，类也。圣人之于民，亦类也。出于其类，拔乎其萃，自生民以来，未有盛于孔子也。"

"污不至阿其所好"，盖以三子即便德行再低下，亦不至于阿谀奉承，标榜自高。孟子自己何尝不是如此？其尝谓："予未得为孔子徒也，予私淑诸人也。"（《离娄上》）又说："伯夷，圣之清者也；伊尹，圣之任者也；柳下惠，圣之和者也；孔子，圣之时者也。孔子之谓集大成，集大成也者，金声而玉振之也；金声也者，始条理也；玉振之也者，终条理也；始条理者，智之事也；终条理者，圣之事也。"（《万章下》）孟子乃"亚圣"之才，一向主张"以意逆志""知人论世"，其信仰爱敬若非发自内心，焉得盛赞推崇以至于斯？

今按：《史记·孔子世家》终章太史公曰："《诗》有之：'高山仰止，景行行止。'虽不能至，然心乡往之。余读孔氏书，想见其为人。适鲁，观仲尼庙堂车服礼器，诸生以时习礼其家，余祗回留之不能去云。天下君王至于贤人众矣，当时则荣，没则已焉。孔子布衣，传十馀世，学者宗之。自天子王侯，中国言六艺者折中于夫子，可谓至圣矣！"此段文字，余每反复讽诵，于太史公乃至历代大儒名贤之规模用心，渐能扪摸体贴一二，其中滋味，如人饮水，冷暖自知，诚不足与外人道也！

# 尧曰第二十

20.1 尧曰："咨！尔舜！天之历数在尔躬①。允执其中。四海困穷，天禄永终②。"舜亦以命禹。

曰："予小子履，敢用玄牡③，敢昭告于皇皇后帝：有罪不敢赦。帝臣不蔽，简在帝心④。朕躬有罪，无以万方；万方有罪，罪在朕躬⑤。"

周有大赉，善人是富。"虽有周亲，不如仁人⑥。百姓有过，在予一人。"

谨权量，审法度，修废官，四方之政行焉。兴灭国，继绝世，举逸民，天下之民归心焉。所重：民、食、丧、祭。宽则得众，信则民任焉，敏则有功，公则说。

**新注** ①咨！尔舜：咨，感叹词。尔，你。舜，即虞舜。天之历数在尔躬：天命已经落在你身上了。历数，命运。 ②允执其中：允，信，真诚。执，把握。中，中庸之道。天禄永终：天禄，天赐的禄位。 ③予小子履：履，商汤名。此处曰字上当脱一"汤"字。玄牡：黑色的公牛。此为商汤祷雨，为民受罪之辞。 ④有罪不敢赦：有罪之人，我不敢轻易赦免。帝臣不蔽，简在帝心：蔽，隐瞒。简，选择。 ⑤朕躬有罪，无以万方；万方有罪，罪在朕躬：朕躬，我也。万方，天下各方的百姓。 ⑥周有大赉（lài），善人是富：周王朝得天独厚，一时善人最多。赉，赐予。周亲：至亲。

**新译** 尧（禅位于舜时）说："啊！你舜呀！上天的命数已经落在你身上了，真诚而又公允地秉持着中道而行吧！假如四海之内的百姓陷入贫苦困穷，天赐予你的禄位也就永远终止了！"舜禅位给禹时，也说了同样的话。

（商汤在祈雨时）说："我小子履，谨用黑色的公牛来祭祀，斗胆向光明而伟大的天帝明白祷告：如果有罪过，不敢求赦免。作为天帝的臣民，我不敢隐瞒什么，因为您心如明镜，自能作出最佳选择。如我有罪，请不要怪罪天下各方的百姓。如果百姓有罪，请让我一人承担罪责吧！"

周武王奉天承运，得天独厚，朝廷上下，善人特多。（武王说：）"商纣虽然至亲众多，不如我有仁德之人。老百姓有罪过，应该由我一人来承担！"

谨慎统一权衡度量之制，仔细审察礼仪法度，修整已经荒废的官制，四方之政便能顺利推行。复兴已灭的诸侯之国，接续已经断绝的世家大族，举用隐超在野的高士逸民，天下自然也就民心归服。所应重视的四件事：民众、粮食、丧礼、祭祀。在上位的人，只要宽厚，就会得到百姓的拥护；只要忠信，就会得到百姓的信任；办事勤勉敏捷，就能多有功效；为政公正公平，百姓就会心悦诚服。

**新识** 本篇以"尧曰"为题，大有深意。王应麟《困学纪闻》卷八云："《论语》终于《尧曰篇》，《孟子》终于'尧舜汤文孔子'，而《荀子》亦终于《尧问》，其意一也。"邢昺《论语注疏》："此篇记二帝三王，及孔子之语，明天命政化之美，皆是圣人之道，可以垂训将来，故殿诸篇。"故此章实已逸出《论语》本文之外，再度将时空界限伸展至于远古，对自尧帝至于孔子诸圣人之"法语之言"予以表彰，盖以明圣人道统之传递，以为天地立心，为生民立命，为万世立法垂范也！

本章可分四节：第一节，尧帝告诫大舜之言。《尚书·大禹谟》作："人心惟危，道心惟微，惟精惟一，允执厥中。"此"十六字心传"，乃圣王治道要诀，千古不刊。"允执厥中"四字最为吃紧，点明先王之道，乃中庸守常，不偏不倚之道，须臾不可或离也。

第二节，乃商汤祝祷之辞，亦见于《商书·汤诰》，有异文。朱子以为："盖汤既放桀而告诸侯也。……言桀有罪，己不敢赦。而天下贤人，皆上帝之臣，己不敢蔽。简在帝心，惟帝所命。此述其初请命而伐桀之辞也。又言君有罪非民所致，民有罪实君所为，见其厚于责己薄于责人之意。此其告诸侯之辞也。"亦可参考。其中，汤王之罪己精神，尤令人感恻！后世帝王，每遇天灾人祸，常常下诏"罪己"，盖其余绪也。

第三节，则是武王克商，大赉于四海所言。言其所富者，皆善人也。诗序云"赉所以锡予善人"，盖本于此。"百姓有过，在予一人"，则承前文，以明见过自讼之心。《庄子·则阳》有云："古之君人者，以得为在民，以失为在己；以正为在民，以枉为在己。故一形有失其形者，退而自责。今则不然：匿为物而愚不识，大为难而罪不敢，重为任而罚不胜，远其途而诛不至。民知力竭，则以伪继之，日出多伪，士民安取不伪！夫力不足则伪，知不足则欺，财不足则盗。盗窃之行，于谁责而可乎？"此一种"退而自责"之精神，实在难能可贵！

第四节，汉儒以为乃孔子之言，皇侃《疏》以为明二帝三王所修治理之道。又可分四层：一言法令制度；二言兴灭继绝；三言民食丧祭；四言宽信敏功。其中兴灭继绝，谓封黄帝、尧、舜、夏、商之后。举逸民，谓释箕子之囚，复商容之位。《史记·乐书》载："武王克殷反商，未及下车，而封黄帝之后于蓟，封帝尧之后于祝，封帝舜之后于陈；下车而封夏后氏之后于杞，封殷之后于宋，封王子比干之墓，释箕子之囚，使之行商容而复其位。""民食丧祭"，与《周书·武成》"重民五教，惟食丧祭"之说，其揆一也。故《集解》孔安国曰："重民，国之本也；重食，民之命也；重丧，所以尽哀；重祭，所以致敬。"至于宽信敏功，《阳货》篇孔子告子张语已及之，此不赘述。

今按：关于此章编撰之意义逻辑，柳宗元《论语辨》称：

或问之曰：《论语》书记问对之辞尔。今卒篇之首章然有是，何也？柳先生曰：《论语》之大，莫大乎是也。是乃孔子常常讽道之辞云尔。彼孔子者，覆生人之器者也。上之尧、舜之不遭，而禅不及己；下之无汤之势，而己不得为天吏。生人无以泽其德，日视闻其劳死怨呼，而己之德涸然无所依而施，故于常常讽道云尔而止也。此圣人之大志也，无容问对于其间。弟子或知之，或疑之不能明，相与传之。故于其为书也，卒篇之首，严而立之。

柳氏盖以孔门弟子推尊孔子，以为祖述尧舜，宪章文武，故缀之于先王之后，有以王者自任之意。此说因文献不足，实难求证。钱穆先生论此章与全书之关系云：

盖此章非孔子之言，又非其门弟子之语，而自尧、舜、禹、汤而至于武王，终以孔子，其次序有条不紊，其为全书后序而出于编订者某一人或某几人之手，殆无可疑。又此章下接子张问于孔子曰，体例甚不类。《汉书·艺文志》，《论语》古二十一篇，出孔子壁中，有两《子张》篇，当是古《论语》即以此下子张问一章为另一《子张》篇，则《尧曰》篇实即以此章为一篇。体例正与《乡党》篇相同，亦只以一章为一篇。如是则上下论最后一篇均不分章，下论《尧曰》篇乃仿上论《乡党》篇之例而为之。(《论语新解》)

钱氏之说，理据分明，故录之如上，以广见闻。

**20.2　子张问于孔子曰："何如斯可以从政矣？"子曰："尊五美，屏四恶[①]，斯可以从政矣。"子张曰："何谓五美？"子曰："君子惠而不费[②]，劳而不怨，欲而不贪，泰而不骄，威而不猛。"子张曰："何谓惠而不费？"子曰："因民之所利而利之[③]，斯不亦惠而不费**

**乎！择可劳而劳之，又谁怨？欲仁而得仁，又焉贪？君子无众寡，无小大，无敢慢[④]，斯不亦泰而不骄乎！君子正其衣冠，尊其瞻视，俨然人望而畏之[⑤]，斯不亦威而不猛乎！”子张曰：“何谓四恶？”子曰：“不教而杀谓之虐；不戒视成谓之暴；慢令致期谓之贼[⑥]；犹之与人也，出纳之吝，谓之有司[⑦]。”**

**新注** ①尊五美，屏（bǐng）四恶：崇尚五种美德，屏除四种恶政。屏，摒弃。 ②惠而不费：惠民而不耗费财力。 ③因民之所利而利之：根据百姓可能获利的方面，从政策引导他们去获利。 ④无众寡，无小大，无敢慢：无论人多人少，事大事小，都不敢怠慢。 ⑤正其衣冠，尊其瞻视，俨然人望而畏之：衣冠整齐，非礼勿视，仪态端庄，让人看上去肃然起敬。 ⑥不戒视成：不先告诫而视其有成。慢令致期：政令下达缓慢，期限到了却刻不容缓。 ⑦犹之与人也，出纳之吝，谓之有司：犹之，同之。同是给人东西，但在给予的时候却又吝啬不舍，这叫作有司。有司，古时管事者之称，因其职务卑微，常有吝啬之举。

**新译** 子张问孔子：“怎样做才可以从政呢？”孔子说：“要崇尚五种美德，摒弃四种恶政，就可以从政了。”子张问：“什么叫五种美德？”孔子说：“君子从政，惠民而不耗费财力，劳民而不招民怨，有欲而无自私之贪，心中安泰而不骄傲，有威仪而不凶猛。”子张问：“怎么叫作惠民而不耗费财力呢？”孔子说：“看百姓在哪方面可以得利，便在哪方面诱导他们去得利，这不就是惠民而不耗费财力吗？选择可以劳动的（时机、情况和人力），再去劳动他们，又有谁会埋怨呢？欲行仁政而得行仁政，又贪求什么呢？无论人多人少，事大事小，都不敢怠慢，这不就是心中安泰而不骄傲吗？衣冠整齐，仪态端庄，让人看上去肃然起敬，这不就是有威仪而不凶猛吗？”子张问：“什么叫作四种恶政呢？”孔子说：“事先不加以教育，犯了罪便杀戮，这叫作酷虐；事先不告诫，突然视其所成而治罪，这叫作残暴；下命令时很缓慢，期限到了却刻不容缓，这叫作贼害；同是给人东西，但在给予的时候却又吝啬小气，这叫作精于算计的有司。”

**新识** 本章子张问政，夫子答以“尊五美，屏四恶”。“五美”指五种美政，即惠而不费，劳而不怨，欲而不贪，泰而不骄，威而不猛；“四恶”指四种恶政，即不教而杀之虐，不戒视成之暴，慢令致期之贼，出纳皆吝之有司。

“五美”极易明白，“四恶”则费思索。朱熹《集注》解之甚详：“虐，谓残酷不仁。暴，谓卒遽无渐。致期，刻期也。贼者，切害之意。缓于前而急于后，以误其民，而必刑之，是贼害之也。犹之，犹言均之也。均之以物与人，而于其出纳之际，乃或吝而不果。则是有司之事，而非为政之体。”此类表述典籍中多见。如《孔子家语·始诛》子曰：

> “上失其道，而杀其下，非理也。不教以孝，而听其狱，是杀不辜。三军大败，不可斩也；狱犴不治，不可刑也。何者？上教之不行，罪不在民故也。夫慢令谨诛，贼也；征敛无时，暴也；不试责成，虐也。政无此三者，然后刑可即也。”

这里，“四恶”有三，而以“慢令谨诛”释“贼”，以“征敛无时”释“暴”，以“不试责成”释“虐”，似比本章更为明晰。又《韩诗外传》卷三载孔子曰：“不戒责成，害也；慢令致期，暴也；不教而诛，贼也。君子为政，避此三者。”亦可与并参。

说到“出纳之吝”，《老子》第八十一章说：“圣人不积，既以为人己愈有，既以与人己愈多。”财富如水，当知能舍才能得，能聚财而不能散财者，亦可谓之“有司”也！

今按：《阳货》篇：“子张问仁于孔子。孔子曰：‘能行五者于天下，为仁矣。’请问之。曰：‘恭、宽、信、敏、惠。恭则不侮，宽则得众，信则人任焉，敏则有功，惠则足以使人。’”与本章文势语气相似，钱穆以为出自一人之手，且与《论语》他章体例不同，或在《论语》

全书中，此二章为最后编入者，亦未可知也。

## 20.3 孔子曰："不知命，无以为君子也。不知礼，无以立也。不知言，无以知人也。"

**新译** 孔子说："不懂得天命，就无法成为君子。不懂得礼，就无法安身立命于世间。不懂得辨析别人语言的真实含义，就无法真正了解人。"

**新识** 本章为一部《论语》之终章。谈知命、知礼、知言的重要性。先说知命。命即天命，盖不知所以然而然者也。孔子尝曰："君子有三畏：畏天命，畏大人，畏圣人之言。"君子所以畏天命，必是先知天命而后然。何以君子必须知天命？《韩诗外传》解释说："天之所生，皆有仁义礼智顺善之心。不知天之所以命生，则无仁义礼智顺善之心，谓之小人。故曰：不知命无以为君子。"又《集注》引程子曰："知命者，知有命而信之也。人不知命，则见害必避，见利必趋，何以为君子？"可知夫子所言知命，非孟子"知命者不立于岩墙之下"的知命，而是"道之不行，已知之矣"所体现之"智"，"天下有道，丘不与易也"所体现之"仁"，与"知其不可而为之"所体现之"勇"，是这"三达德"交互渗透、相得益彰的一种道德理想与生命境界！君子因为"知命"，所以能"固穷"，所以能"耳顺"，所以能"不惑不忧不惧"也！

次说知礼。此又与子禽问于伯鱼章"不学礼，无以立" "兴于《诗》，立于礼，成于乐"二章遥相呼应。朱熹《集注》说："不知礼，则耳目无所加，手足无所措。"夫子三十而立，便是知礼而后立于礼也！《郭店楚简·语丛一》说："知己而后知人，知人而后知礼，知礼而后知行。""其知博，然后知命。"是不知礼，则无以安身立命也。

再说知言。知言之要，在于知人。夫子尝叹："以言取人，失之宰我。"又说："可与言而不与之言，失人；不可与言而与之言，失言。知者不失人，亦不失言。"是智者必能知言以知人也。朱熹《集注》说："言之得失，可以知人之邪正。"《中庸》说："百世以俟圣人而不惑，知人也。”孟子尝自称“我知言”，以为“诐辞知其所蔽，淫辞知其所陷，邪辞知其所离，遁辞知其所穷”。又，《周易·系辞下》：“将叛者其辞惭，中心疑者其辞枝；吉人之辞寡，躁人之辞多，诬善之人其辞游，失其守者其辞屈。”皆知言以知人之明训也。

今按：此章可谓“圣学三知”，与《学而》篇首章“圣学三乐”，遥遥呼应，真乃周而复始，循环往复，首尾一如。《集注》尹氏曰：“知斯三者，则君子之事备矣。弟子记此以终篇，得无意乎？学者少而读之，老而不知一言为可用，不几于侮圣言者乎？夫子之罪人也，可不念哉?”——《论语》全书，于此圆满收官，不亦宜乎！

# 主要参考书目

皇侃．论语集解义疏［M］．新北：广文书局，1991．

邢昺．论语注疏［M］．李学勤，主编．北京：北京大学出版社，1999．

朱熹．四书章句集注［M］．北京：中华书局，1983．

朱熹．朱子语类［M］．北京：中华书局，1986．

王阳明．传习录［M］．郑州：中州古籍出版社，2008．

王夫之．读四书大全说［M］．北京：中华书局，2009．

刘宝楠．论语正义［M］．北京：中华书局，1990．

孙希旦．礼记集解［M］．北京：中华书局，1989．

程树德．论语集释［M］．北京：中华书局，1990．

钱穆．论语新解［M］．北京：三联书店，2002．

钱穆．孔子传［M］．北京：三联书店，2005．

钱穆．四书释义［M］．北京：九州出版社，2010．

杨树达．论语疏证［M］．上海：上海古籍出版社，2007．

李炳南．论语讲要［M］．武汉：长江文艺出版社，2011．

马一浮．复性书院讲录［M］．杭州：浙江古籍出版社，2012．

蒋伯潜．四书新解［M］．北京：中国致公出版社，2011．

杨伯峻．论语译注［M］．北京：中华书局，2009．

李泽厚．论语今读［M］．北京：三联书店，2004．

王恩洋．论语新疏［M］//王恩洋先生论著集：第七卷．成都：四川人民出版社，2000．

南怀瑾. 论语别裁［M］. 上海：复旦大学出版社，2011.

杨义. 论语还原［M］. 北京：中华书局，2015.

金纲. 论语鼓吹：圣贤的光荣与漏洞［M］. 天津：天津人民出版社，2007.

鲍鹏山. 论语新读［M］. 北京：东方出版中心，2006.

杨朝明，宋立林. 孔子家语通解［M］. 济南：齐鲁书社，2013.

杨朝明. 论语诠解［M］. 济南：山东友谊出版社，2013.

李竞恒. 论语新劄［M］. 福州：福建教育出版社，2014.

许仁图. 子曰论语［M］. 上海：上海三联书店，2014.

张松辉，张景. 论语译注与解析［M］. 长沙：岳麓书社，2014.

徐梵澄. 孔学古微［M］. 上海：华东师范大学出版社，2015.

# 跋　尾

《论语》一书，虽不在六经之列，然其于吾国文化之重要性，绝不在六经之下，故自其成书迄今，注疏诠释者代不乏人，相关著述，汗牛充栋，络绎不绝。近人著作中，若以传布论，问世于 1958 年的杨伯峻《论语译注》可拔头筹；若以成就论，初版于 1963 年的钱穆《论语新解》堪为翘楚。二书先后问世，各擅胜场：前者可导初学者拾级入门，后者可诱深造者升堂入室，其泽被学林，有功圣学，自不待言。唯杨注长于训诂，于义理思想似显隔膜，个别解释，颇有未安处；钱解义理精深，道气贯注，亦不免千虑一失，尤其多采前贤言论而未能标明出处，虽事出有因，言已在先，然读者若欲明其渊源所自，得失所存，仍须遍检程树德《论语集释》等书，方可左右逢源。余读讲《论语》有年，教学相长，亹亹忘倦，私心常想，若能得一卷在手，既可疏通章句文义，使初学者易入，又能辨明义理微言，使深造者自得，岂不妙哉？故此书之撰，亦颇有附杨、钱二先生骥尾，折衷弥缝，查漏补缺之意也。然拙编既成，将付梓人时，反躬自问，则不禁赧然而愧，惶然而惊，惕然而恐！盖著述之事，如登高山，必自卑处而后可，岂有止境？注经之业，如行远路，必自迩者而始能，孰可完工？小子何物，竟敢躐等而进、妄为述作、贪天之功?！此真挟泰山以超北海、自不量力之事也！故编辑催稿愈急，心中戒惧愈甚，当日豪情，竟一扫而空！所可告慰者，不过是寒往暑来，既往三百数十余日未曾虚度；日积月累，所撰数百页书稿还算“修辞立其诚”。仅此而已，岂有他哉！

此书之问世，颇得力于岳麓书社总编辑曾德明先生的支持与厚爱；

责任编辑饶毅女史一年来音书往返、敦促斧正，亦惠我良多；林安梧先生与我合带之博士生赵国阳首校全书，多有勘误；还有众多儒门及学界之良师益友，皆曾予我以莫大关怀、鼓励与匡正。在此一并表示衷心感谢！

是为跋尾。

丙申端午前夕　刘强　谨识于浦东守中斋

**图书在版编目(CIP)数据**

论语新识/刘强著．—长沙：岳麓书社，2016.9(2018.8 重印)
ISBN 978-7-5538-0614-3

Ⅰ.①论…　Ⅱ.①刘…　Ⅲ.①儒家②《论语》—研究
Ⅳ.①B222.25

中国版本图书馆 CIP 数据核字(2016)第 121080 号

LUNYU XINSHI

**论语新识**

作　　者：刘　强
责任编辑：饶　毅
责任校对：舒　舍
封面设计：胡　斌

岳麓书社出版发行
地址：湖南省长沙市爱民路 47 号
直销电话：0731-88804152　0731-88885616
邮编：410006
岳麓书社网址：www.yueluhistory.com

2016 年 9 月第 1 版　2018 年 8 月第 3 次印刷
开本：640×960　1/16
印张：36
字数：484 千字
印数：36 001—40 000
ISBN 978-7-5538-0614-3
定价：48.00 元

承印：长沙鸿发印务实业有限公司